노자
역주

노자역주 老子譯註

초판 4쇄 2015년 11월 15일 • 지은이 김경수 • 펴낸이 김기창

기획 임종수 • 표지디자인 정신영 • 본문디자인 최은경
펴낸곳 도서출판 문사철 • 주소 서울 종로구 창경궁로 265 상가동 2층 2호
전화 02-741-7719 • 팩스 0303-0300-7719
홈페이지 www.lihiphi.com • 이메일 lihiphi@lihiphi.com
출판등록 제300-2008-40호

ISBN 978-89-93958-04-1 (93150)

* 값은 뒤표지에 있습니다.

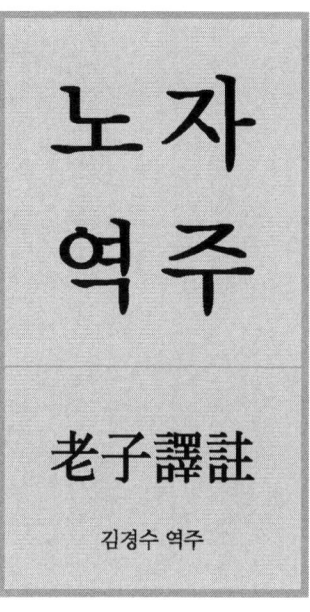

노자 역주

老子譯註

김경수 역주

도서출판문사철

□ 머 리 말

불과 5,000자 가량의 아주 적은 분량의 책인 『노자』(『도덕경』이라고도 칭함)는 2천년 이상의 장구한 시간이 흘렀음에도 불구하고 여전히 많은 사람들에게 읽혀지고 있다. 세계 각처에서 원문 번역과 함께 각종 연구가 활발히 이루어졌으며, 한국에서도 이미 적지 않은 번역서가 출간된 바 있다. 『노자』란 책이 이토록 오랜 시간 동안 많은 사람들에게 널리 읽혀졌다는 사실만 보아도 알 수 있듯이, 이 책에는 사람들의 마음을 움직이게 하는 특별한 매력이 있다. 『노자』는 과학문명의 발달로 인해 진보의 신화에 사로잡혀 있는 현대인들에게 많은 경고의 메시지를 줄 뿐만 아니라 서양의 사유와는 다른 사유의 길을 우리에게 보여주고 있다는 점에서 중요한 의미를 갖는다. 그런데 『노자』에 대한 연구과 이미 많이 이루어졌음에도 불구하고 『노자』에 대한 이해가 여전히 쉽지만은 않다. 그 이유는 다음과 같다.

첫째, 어떠한 사상도 시대를 초월한 보편적 진리를 논의할 수는 없다. 사상은 궁극적으로 자신이 살았던 시대의 산물이기 때문이다. 물론 어떠한 사상 속에서 보편의 진리를 발견할 수는 있지만, 그 보편성이란 것도 시대적 상황을 초월해 존재할 수는 없다. 따라서 노자의 사상을 이해하려면 노자가 살았던 시대적·지역적 배경에 대한 이해가 필요하다. 특히 노자가 살았던 춘추전국시대는 사상의 격동기였으며, 각 제후국들은 단순한 지방이 아닌 각기 다른 문화적 배경을 갖고 있는 별개의 국가들이었다는 점에서 더욱 그러하다. 그런데 노자란 인물은 어느 시대에 어느 지역에서 태어났는지 분명하지 않다. 노자에 대한 기록이 없는 것은 아니다. 『사기』 「노자한비열전老子韓非列傳」의 서두에 "노자는 초楚나라 고현苦懸・여향勵鄕・곡인리曲仁里 출신이다. 성은 이李씨이고, 이름은 이耳이고, 자字는 담聃이다. 주나라 도서관을 지키던 관리였다. 공자는 주나라에 가서 노자에게 예를 물었다.[老子者, 楚苦懸勵鄕曲仁里人也. 周守藏室之史也. 孔子適周, 將問禮於老子.]"고 하였다. 이처럼 『사기』에서, 노자는 초楚나라 사람으로서 공자가 한때 허리를 굽혀 예를 물었던 인물이었다고 기록하고 있다. 많은 학자들이 사마천司馬遷의 기록에 의거해 노자의 생애를 재구성하였으나 사마천의 기록을 전적으로 신뢰할 수만은 없다. 노자의 생애에 대해선 오래전부터 이미 여러 학자들에 의해 의심을 받아왔으며, 지금에 와서도 다양한 이견들이 제기되고 있다. 필자의 견해로는 노자는 당시에 알려지지 않은 일개 무명의 지식인이었는데 사후에 차츰 유명해지자 그의 생애에 대한 추측들이 난무하게 되었다고 본다. 이처럼 노자의 전기에 대한 불분명함으로 인해 그의 사상적 배경을 이해하는 데 어려움이 뒤따른다.

둘째, 수 백 종에 달하는 많은 판본들이 있다는 점 또한 『노자』를 이해하는 데 있어서 어렵게 만드는 부분이다. 중요한 판본들을 대략 열거해 보면, 동한東漢 시기의 판본으로 알려진 하상공본河上公本이 있고, 위진 시대의 판본으로는 왕필본王弼本이 있고, 당대의 판본으로는 부혁본傅奕本・이약본李約本・육희성본陸希聲本・고환본顧歡本 등이 있고, 송대에서 청대에 이르는 판본으로는 진경원본陳景元本・진상고본陳象古本・소철본蘇轍本・여혜경본呂惠卿本・임희일본林希逸本・오징본吳澄本・팽사본彭耜本・초횡본焦竑本 등이 있다. 근래에는 묘지에서 『노자』가 출토되기도 하였다. 마왕퇴 한묘와 곽점 초묘에서 출토된 『노자』가 그 대표적인 예이다. 1973년 호남성湖南省 장사長沙에 있는 마왕퇴馬王堆 한묘漢墓에서 다량의 문헌들과 함께 백서帛書(비단에 쓴 글) 갑본甲本과 을본乙本 두 종류의 판본이 발굴되었다. 두 판본은 기존의 오래된 판본인 하상공본(후한 시대로 추정)과 왕필본(위진 시대)보다 더욱 오래된 한나라 초기의 판본이란 점에서 학계에 신선한 충격을 주었다. 그런데 이보다 더욱 충격적인 사건이 또 다시 벌어졌다. 그것은 1993년 겨울 호북성湖北省·형문시荊門市에 있는 곽점郭店 1호의 초楚나라 묘지에서 통행본『노자』의 5분의 2 정도인 2,000여자의 죽간竹簡(대나무에 쓴 글) 『노자』가 출토되었다는 점이다. 묘주墓主가 전국시대 초나라 사람이므로 죽간본 『노자』역시 전국시대의 판본이다. 이상과 같이 『노자』의 판본은 실로 많으며, 이러한 다양한 판본들은 『노자』의 이해를 한층 복잡하게 만들었다.

셋째, 내용면에 있어서도 애매한 표현, 상식에 반하는 역설, 단편적인 경구警句들로 이루어져 있어서 이해하기가 쉽지 않다. 『노자』란 책의 난해함을 입증이라도 하듯 역대에 다양한 해석들이 있어왔다. 가령 한비韓非와 같이 '법가적'으로 해석하는 방법, 하상공과 같이 한대의 '양생론적'으로 해석하는 방법, 위진남북조 시대의 왕필과 같이 '현학적玄學的'으로 해석하는 방법, 감산憨山과 같이 '불교적'으로 해석하는 방법, 소철(자:소자유蘇子由)이나 임희일林希逸과 같이 '유가적'으로 해석하는 방법들이 있어왔다. 오늘날엔 마르크스주의의 유물사관과 같은 서양의 방법론에 입각하여 해석하기도 하였다. 이러한 다양한 견해들은 『노자』를 이해하는 데 있어서 다양한 시각을 제공해주었다는 긍정적인 측면도 있지만, 이 다양성이 자칫 노자 사상의 이해를 오히려 난잡하게 할 수도 있다는 점에서 부정적인 측면 또한 없지 않다.

넷째, 한자 자체가 다양하게 해석되어질 여지가 많은데, 『노자』의 경우엔 그 정도가 더욱 심각하다. 『노자』에는 '도道' '덕德' '무위無爲' '자연自然'

'치治' '천지天地' '물物' '성聖' '지智' '학學' '무無' '유有' '반反' '유약柔弱' '정精' '기氣' '혼混' '우愚' '명名' '상常' '기紀' '복復' '현玄' '묘妙' '제帝' '신神' '명明' 등과 같은 개념들이 등장한다. 그런데 이러한 개념들에 대한 이해 없이는 『노자』의 전체 이해가 불가능하다고 말하더라도 결코 과언은 아니다. 더욱이 이러한 개념들의 잘못된 이해를 바탕으로 『노자』를 해석할 경우 원의와는 전혀 동떨어진 해석도 가능하다. 『노자』에는 이러한 개념들에 대한 구체적인 설명이 거의 전무하므로 개념들을 올바로 파악하고 이해하는 데 어려움이 있다.

이상에 비추어볼 때 『노자』란 책이 분량이 적다고 해서 쉽게 번역할 수 있는 책이 아니라고 본다. 그럼에도 국내에 이미 많은 『노자』 번역서들이 출간되었다. 기존의 번역서들은 나름대로의 열정과 땀으로 이루어진 것이란 점에서 높이 평가받아야 하지만, 번역과 해설에 있어서 여러 문제점들이 눈에 띄는 것도 사실이다. 가령 많은 번역서들이 지나치게 왕필본에 의존하고 있다는 점, 천편일률적으로 해석하거나 이와 반대로 지나치게 자의적으로 해석하고 있다는 점, 중국이나 일본 학자들의 연구 성과물을 거의 베끼다시피 했으면서도 이에 대한 출처를 전혀 밝히지 않아 마치 자신의 연구 성과물인 것처럼 보이게 한 점, 『노자』에 나타난 많은 개념들에 대해 구체적인 고증이나 논증도 없이 자신의 주관적 잣대에 의거해 풀이하였다는 점 등이 그러하다.

물론 기존의 번역서들이 일반 독자들이 읽기엔 오히려 적합할 수 있을 수도 있다. 문제는 학술적 가치를 지닌 번역서들이 거의 전무하다는 점이다. 이것은 비단 『노자』만이 그러한 것이 아니며, 대부분의 동양 고전 번역서들이 그러하다. 이러한 배경에는 번역 경시 풍조가 한몫하고 있지만, 보다 근본적인 이유는 아직까지 한국 동양학계의 수준이 중국이나 일본 번역물을 가까스로 베끼는 수준에서 크게 탈피하지 못하였기 때문이라고 본다. 본 역서는 『노자』를 좀 더 심도 있게 연구하고자 하는 독자들을 대상으로 쓰인 학술적인 역서이다. 본 역서의 특징은 다음과 같다.

첫째, 죽간본과 백서본을 포함한 다양한 판본들을 정리하여 수록하였다. 본 역서는 『노자』의 종합적인 이해를 위해 쓰인 것이므로 판본문제에 대해선 상세히 다루지는 않았지만, 판본 여하에 따라 문장 해석이 달라질 수 있는 부분, 논란의 여지가 있는 부분, 통행본으로 삼고 있는 왕필본이 그르다고 판단되어지는 부분에 있어서는 비교적 상세히 다루었다. 필자는 단순히 판본에 대한 기존의 연구를 종합적으로 소개한 데 그친 것이 아니라, 필자 나름대로의 고증을 통해 판본을 정리하였다. 본 역서의 원문은 기존의 어떤 판본을 저본으로 삼은 것이 아니라 필자가 고증한 것을 저본으로 삼은 것이다.

둘째, 기존의 역대 주석서 중에서 탁월하다고 여겨지는 주석들을 엄선하여 수록하였다. 특히 하상공·왕필·소자유·감산의 문장을 위주로 수록하였다. 그 외에도 노자 원의를 가장 충실히 반영했다고 판단되어지는 주석, 노자의 원의와는 다소 거리가 있지만 논쟁거리가 될 만한 주석도 엄선하여 수록하였다. 이처럼 다양한 주석들을 소개한 목적은 독자들에게 『노자』에 대한 다양한 관점들을 접할 수 있는 기회를 제공하고자 함에 있다.

셋째, 『노자』에 나타난 개념들에 대해 상세히 고증하여 설명하였다. 즉 개념들을 보다 명확히 파악하기 위해 학자들의 다양한 연구 성과물들을 참조한 동시에 고대 문헌에서 유사 개념들을 인용하여 고증하였다.

넷째, 각 문장마다 상세한 해설을 달아 문장의 의미를 보다 명확히 설명하고자 했다. 노자에 대한 학자들의 다양한 견해들을 소개함과 함께 노자

사상의 보다 객관적인 이해를 위해 『노자』와 관련된 문헌들을 방대하게 인용하여 비교 분석하였다. 아울러 노자 사상의 현대적 의미에 대해서도 모색해보았다.

　　필자의 이러한 작업은 무엇보다도 많은 물리적 시간을 요구하는 지루한 고행이었다. 문장 하나하나에 대해 만족스런 번역과 해설을 찾기 위해 많은 주석서들을 뒤적거렸으며, 이를 통해서도 만족스런 답을 찾지 못했을 경우엔 나름대로의 해답을 찾기 위해 고심하였다. 그런데 본 역서는 단순히 기존의 주석들을 모아놓은 책이 아니다. 본 역서에선 노자에 대한 한층 높은 이해를 위해 판본 문제, 개념의 설명, 문장의 해석에 있어서 필자 나름의 새로운 견해들을 제시하였다. 물론 필자의 의도가 성공적으로 끝났는지 아닌지에 대해선 필자 자신이 판단할 문제가 아니므로 전적으로 독자들의 판단에 맡긴다. 이 방대한 작업을 혼자서 감당하다보니 미진한 부분이 적지 않을 것이나, 동료나 후학들이 이 미진한 부분들을 보완해 나간다면 향후 더욱 훌륭한 『노자』 번역물들이 나올 수 있으리라 기대해본다.

2009년 10월 김경수

□ 차 례

머리말 • 5

제1장 • 13	제2장 • 33
제3장 • 51	제4장 • 67
제5장 • 79	제6장 • 89
제7장 • 97	제8장 • 107
제9장 • 121	제10장 • 131
제11장 • 149	제12장 • 157
제13장 • 165	제14장 • 177
제15장 • 191	제16장 • 211
제17장 • 233	제18장 • 245
제19장 • 255	제20장 • 267
제21장 • 287	제22장 • 299
제23장 • 311	제24장 • 321
제25장 • 327	제26장 • 349
제27장 • 357	제28장 • 371
제29장 • 385	제30장 • 395
제31장 • 405	제32장 • 415
제33장 • 425	제34장 • 437
제35장 • 445	제36장 • 453
제37장 • 461	제38장 • 469
제39장 • 489	제40장 • 503
제41장 • 513	제42장 • 533

제43장 • 545
제45장 • 559
제47장 • 577
제49장 • 591
제51장 • 609
제53장 • 631
제55장 • 649
제57장 • 673
제59장 • 697
제61장 • 717
제63장 • 737
제65장 • 757
제67장 • 775
제69장 • 793
제71장 • 807
제73장 • 821
제75장 • 843
제77장 • 859
제79장 • 877
제81장 • 897

제44장 • 551
제46장 • 569
제48장 • 583
제50장 • 601
제52장 • 621
제54장 • 641
제56장 • 663
제58장 • 687
제60장 • 707
제62장 • 727
제64장 • 745
제66장 • 767
제68장 • 787
제70장 • 801
제72장 • 813
제74장 • 835
제76장 • 851
제78장 • 867
제80장 • 885

역대의 대표적 주석가 및 판본 • 909
참고문헌 • 918

제 1 장

道, 可道, 非常道也, 名, 可名, 非常名也.
無, 名天地之始, 有, 名萬物之母.
故常無, 欲以觀其妙, 常有, 欲以觀其皦.
此兩者, 同, 出而異名. 同謂之玄.
玄之又玄, 衆妙之門.

도를 말하게 되면 영원한 도가 아니며, 이름을 규정지으면 영원한 이름이 아니다.
무無는 '천지天地의 시작'임을 일컬은 것이며, 유有는 '만물萬物의 어머니'임을 일컬은 것이다.
그러므로 영원한 무는 심원함[妙]을 보려고 하고, 영원한 유는 밝음[皦]을 보려고 한다.
이 둘[有無]은 본래 같은 것으로, 나올 때에 이름을 달리한 것이다. 그 같은 것을 일컬어 '현玄'이라고 한다.
현묘하고도 또 현묘하니, 일체의 미묘한 것들이 쏟아져 나오는 문과 같구나!

道, 可道, 非常道(也), 名, 可名, 非常名(也).

도를 말하게 되면 영원한 도가 아니며, 이름을 규정지으면 영원한 이름이 아니다.

주1 왕필본王弼本을 비롯한 통행본通行本에서는 "도道, 가도可道, 비상도非常道, 명名, 가명可名, 비상명非常名."으로 되어 있는데, 백서본帛書本에는 네 개의 '야也'가 첨가되어 있다. 즉 "도道, 가도야可道也, 비항도야非恒道也, 명名, 가명야可名也, 비항명야非恒名也."로 되어 있다.『한비자韓非子』「해로解老」에는 '도지가도道之可道, 비상도야非常道也'로 되어 있어 끝에 '야也'가 있다. 끝에 '야也'가 있는 것이 옳다고 본다. 왕필본을 비롯한 통행본에는 상常으로 되어 있으나, 백서본帛書本에는 '상常'이 '항恒'으로 되어 있다. 한비자본韓非子本에도 왕필본과 같이 '상常'으로 되어 있다는 점에서 '상常'으로 봄이 좋다.

주2 '도道, 가도可道, 비상도야非常道也'에 대한 역대의 해석들은 실로 다양한데, 이 해석들은 크게 세 가지 견해로 나누어 살펴볼 수 있다. 첫째, "도란 이미 언어나 개체들의 모습을 떠나 있으므로 도를 말하게 된다면 참다운 도가 아니다."로 풀이하는 경우이다. 왕필王弼은 "말할 수 있는 도와 이름 부를 수 있는 이름은 사물을 지시하고 형태를 이루는 것이므로 한결같은 것이 아니다. 그러므로 (도에 대하여) 말할 수 없고 이름 부를 수 없다.[可道之道, 可名之名, 指事造形, 非其常也. 故不可道, 不可名也.]"고 하였다. 감산憨山도 "참으로 한결같은 도는 본래 일정한 모습이나 일정한 이름이 없어서 설명할 수가 없다. 말할 수 있는 것은 참으로 한결같은 도가 아니므로, '비상도非常道'라고 했다.[眞常之道, 本無相無名, 不可言說. 凡可言者, 則非眞常之道矣, 故非常道]"고 하였다.

둘째, '가도可道'를 세상 사람들이 흔히 말하는 도(가령 유가의 인의仁義나 선왕의 도道)로 보아, "진정한 도는 이러한 종류의 도와는 구별된다."로 풀이하는 경우이다. 유기劉驥는 "가도可道와 가명可名은 제자백가諸子百家의 특출난 것들이다. 이러한 것은 각기 장점이 있고 시의 적절하게 쓰이는 것이 있지만, 두루 갖추고 있지 않으며 두루 편력編歷하고 있지 않기 때문에 진정한 항상됨이 아니다.[可道可名, 猶百家衆技也. 各有所長, 時有所用, 不該不徧, 非眞常也.]"라고 하였다.

셋째, '가도可道'를 말 그대로 '말할 수 있다'로 풀이하는 경우이다. 『한비자』 「해로」에서 "성인은 현묘玄妙한 허虛를 보아 두루 감을 사용하였으므로 억지로 자字를 붙여 '도'라고 하였다. 그러나 도는 논할 수가 있다.[聖人觀其玄虛, 用其周行, 强字之曰道. 然而可論.]"고 하였다. 사마광司馬光 역시 "세속世俗에서 도를 말하는 자들은 모두 한결같이 '도체道體는 미묘하여서 이름 붙여 말할 수가 없다'고 말하였다. 노자는 그렇지 않다고 여겨, '도 역시 말할 수 있는 도일뿐이다'고 말하였다. 그러나 일반 사람들이 말하는 그러한 도는 아니다.[世俗之談道者, 皆曰, 道體微妙不可名言. 老子以爲不然, 曰道亦可言道耳. 然非常人之所謂道也.]"고 하였다.

첫 번째 해석이 가장 타당하다고 본다. 많은 학자들도 첫 번째 해석을 취하고 있다.

••• 해설

두 번째의 '도'는 '말할[言] 도'로 풀이하는 방법과 '길[路] 도'로 풀이하는 방법이 있다. '말할 도'로 보면 가可는 조동사가 되고, '길 도'로 보면 가可는 본동사가 된다. 어느 쪽으로 해석하여도 의미는 대동소이 하지만 여기서는 후자로 풀이하였다.

도란 본시 무형無形·무명無名으로서, 유형有形·유명有名의 사물과는 다른 차원의 것이다. 『장자』 「제물론齊物論」에서 "도란 애초부터 (한정된) 경계가 없었다.[夫道未始有封.]"고 말한 것처럼, 도란 본시 한정된 경계가 없으므로 그 무엇으로도 한정할 수 없다. 한정할 수 없으므로 규정할 수도 없다. 도라고 하는 이름[名]도 본래적 의미를 규정하기 위해서 붙여진 것이 아니라 단지 방편적으로 붙여진 것에 지나지 않는다. 따라서 25장에서도 "나는 그 이름을 알 길이 없으므로, 자字를 붙여서 '도'라고 부른 것이다.[吾不知其名, 字之曰道.]"라고 하였다. 도가 이처럼 개념을 떠나 있음에도 불구하고 세상 사람들은 도가 어떠하다고 설명을 덧붙여 규정지으려 한다. 규정하게 되면 왕필의 말처럼, 구체적인 사물이나 일을 지시하는 것이 되어 유형의 형태를 이룬 만물과 같은 차원이 된다. 그러나 도는 구체적인 사물이나 일을 지칭하는 것이 아니며, 규정에 얽매어 있는 것도 아니다. 따라서 노자는 "도(첫 번째의 도)라는 것을 개념화시키게 되면(두 번째의 도), 도가 현상계의 만물과 같은 것이 되므로 본원本源으로서의 도(세 번째의 도)가 될 수 없다."고 하였다.

'도道, 가도可道, 비상도야非常道也'가 도 자체의 측면에서 말한 것이라면, '명名, 가명可名, 비상명야非常名也'는 언어(혹은 개념)의 측면에서 말한 것이다. 노자는 자신의 가장 핵심 개념인 도를 설명하고자 했다. 그런데 제일 먼저 봉착한 문제가 어떠한 언설로도 도를 설명할 수가 없다는 점이다. 이로 인하여 '명名, 가명可名, 비상명야非常名也'를 덧붙여, 언어의 한계성을 부연 설명했다고 본다.

순자荀子의 경우엔 명名,개념이 실實,실재을 반영한다고 보았다. 가령 『순자』「정명正名」에서 "명칭名은 본래적으로 의미가 있는 것이 아니며, 단지 약속에 의해 명명命名한 것이다. 약속이 정해져서 관습이 되어야 (비로소) 그것을 '의미가 있다'고 한다. (반면에) 약속한 것과 다르게 사용하면 그것을 '의미가 없다'고 한다. 명칭에는 본래적으로 실질이 있는 것이 아니며, 약속에 의해서 실질을 명명命名한 것이다. 약속이 정해져서 관습이 되어야 (비로소) 그것을 '실질적인 명칭'이라고 한다.[名無固宜, 約之以命. 約定俗成, 謂之宜. 異於約, 則謂之不宜. 名無固實, 約之以命實. 約定俗成, 謂之實名.]"고 하였다. 순자가 말한 명은 오늘날의 '명칭名稱' 혹은 '개념'을 뜻한다. 순자는 비록 개념이 실질적인 의미를 갖는 것이 아니라 단지 사회적 약속체계에 의해 생겨난 것이라고 보았지만, 궁극적으로 실질적인 것을 반영한다고 보았다는 점에서 개념을 신뢰하는 입장에 서 있다.

그런데 노자는 이와 달리 명이란 실을 반영할 수 없다고 보았다. 가령 산이라는 것을 개념화시켜 설명한다고 하자. 구체적인 모든 산들은 산이라고 하는 개념에 공통적으로 종속되지만 개별들이 갖는 각각의 모습들은 천차만별이다. 하나의 산이라고 하더라도 그 안을 들여다보면, 나무·풀·짐승 등과 같은 각각의 개체들이 무수히 다양한 형태를 띠며 살아가고 있다. 우리가 아무리 온갖 훌륭한 개념들을 다 동원하여 산을 설명하려고 한들 이 각각의 개체들을 모두 포괄할 수 있는 산 자체를 말할 수는 없다. 단지 언표言表할 수 있는 것은 '산에 관한 것'일 따름이다. 이 점에서 본다면 "산을 산이라고 한다면 산이 아니다."라는 말이 성립될 수 있으며, '명名, 가명可名, 비상명야非常名也'도 이와 유사한 의미로 쓰인 것이다. 즉 '명名, 가명可名, 비상명야非常名也'에서 첫째의 명은 통상적으로 말하는 개념으로서의 명이고, 둘째의 명은 '지칭하다' '규정하다'로서의 명이고, 셋째의 명은 실제적 참모습을 담지擔持한 명이다. 본 문장을 풀이해보면, "어떠한 개념(첫 번째 명名)을 아무리 개념화시키더라도(두 번째 명名) 그것은 어디까지나 개념일 뿐으로서 실제적인 것(세 번째 명名)이 될 수 없다."는 의미이다.

우리는 '상常'에 대해 유의할 필요가 있다. 오징吳澄은 "상常이란 영원불변함이다.[常者, 常久不變也.]"라고 하여 '영원불변함'으로 해석하였고, 『한비자』「해로解老」에선 "사물은 한 번 생겨났다가 없어지고, 잠시 살다가 죽고, 처음에는 흥성했다가 조만간에 쇠퇴하므로 '상常'이라고 할 수 없다. 하늘과 땅이 갈라질 때 함께 생겨나서 하늘과 땅이 사라질 때까지 죽지도 않고 쇠퇴하지도 않는 것을 '상常'이라고 한다.[夫物之一存一亡, 乍死乍生, 初盛而後衰者, 不可謂常. 唯夫與天地之剖判也具生, 至天地之消散也, 不死不衰者謂常.]"라고 하여, 불사의 개념으로 해석하였다. 통상적으로 상常을 불변不變의 뜻으로 해석하여, '상도常道란 불변不變하는 도이다'라로 풀이하고 있다. 그러나 상도常道는 플라톤의 이데아처럼 변화하는 현상 너머의 변하지 않는 실체 substance와 같은 의미로 쓰인 것이 아니다. 노자는 도를 시공時空 속에 내재內在된 것으로 보았다는 점에서, 본체와 현상이 철저하게 하나로 있다. 더욱 정확히 말하면 서양에서와 같은 본체와 현상이란 것이 없다. 왜냐하면 노자에게는 오직 생성의 세계만이 있을 뿐으로 생성을 초월한 그 무엇도 상정하지 않았기 때문이다. 생성계에는 초월적 불변성이란 것이 없다는 점에서 도 역시 필연적으로 변화한다. 『장자』「재유在宥」에서도 "하나이지만 변하지 않을 수 없는 것이 '도'이다.[一而不可易者, 道也.]"라고 하였다.

그렇다면 상常은 구체적으로 어떠한 의미로 쓰인 것인가? 우리는 '영원한 진리' '영원한 삶' '영원한 우정' 등을 꿈꾼다. 이러한 꿈은 비단 서양만이 가지고 있는 것이 아니며, 동양 역시 가지고 있다. 왜냐하면 영원성의 추구는 플라톤의 주장처럼 '영혼의 동경'에 의해서 생겨난 것이 아니며, '본능의 갈망'에서 생겨난 것이기 때문이다. 다만 영원함을 추구하는 방식에 있어서 동서양 사이에는 큰 차이가 있다. 서양의 지적 전통에서는 영원함을 추구하기 위해선 불변해야 한다고 보았다. 따라서 영원성과 불변성을 동일한 개념처럼 사용하여 흔히 '영원불변'이라고 말한다. 서양이 이처럼 영원함을 불변성으로 보았던 반면에, 고대 동양에서는 영원함을 추구하기 위해선 지속되어야 한다고 보았다. 동일성과 지속성은 다른 범주의 개념이다. '동일성'이란 시간의 흐름 속에서도 똑같은 상태를 고수함을 말한다. 변화 속에서도 똑같음을 유지하기 위해선 필연적으로 시공을 초월해야 한다. 따라서 플라톤이 말한 이데아idea나 아리스토텔레스가 말한 형상形相은 시간과 공간을 초월해 있다. 가령 뜰 앞에 피어난 붉은 장미꽃이 시들어 없어졌어도 '붉다'란 형상과 '장미꽃'이란 형상은 여전히 사라지지 않는다.

반면에 '지속성'은 변화를 초월해 있는 것이 아니며, 변화를 자신 속에 포용하고 있다. 물을 예로 들어보자. 물은 수십억 년의 장구한 영겁을 뚫고 자신을 지속해왔다. 그러나 물은 끊임없이 변하하여 일정한 형상이 없다. 즉 네모에 임하면 네모가 되고, 세모에 임하면 세모가 된다. 물은 변화할 뿐만 아니라 변화를 통해서만이 오히려 자신을 지속시킬 수 있다. 변화한다는 것은 변화에 적응하기 위함이다. 만일 물이 일정한 고정된 형태만을 고수하게 되면 변화에 적응할 수 없어 오히려 지속할 수 없게 된다. 노자가 도를 물에 자주 비유한 까닭도 물이 변화에 능동적으로 잘 적응해 나간다고 보았기 때문이다.

이상과 같이 서양에서는 영원하기 위해선 불변해야 한다고 본 반면에, 노자는 영원하기 위해선 오히려 변해야 한다고 보았다. 노자가 말한 상도常道란 것도 '지속성'의 개념으로 파악해야 한다. 삼라만상은 시시각각 변화하고 있으며, 도 역시 이 생성계를 떠나 있지 않다는 점에서 필연적으로 변화한다. 이미 변했다고 한다면 어제의 도와 오늘의 도는 결코 동일할 수 없다. 그런데 노자는 이와 동시에 도란 천지가 생겨나기 이전부터 존재하여 왔으며 앞으로도 영원히 존속할 것이라고 하는 도의 항존성恒存性을 말하고 있다. 이것은 도가 삼라만상의 변화를 따라 그 자신도 끊임없이 변화하지만 자신의 정체성은 영원히 지속하고 있음을 의미한다. 이처럼 상常은 불변성의 개념이 아닌 영원성의 개념으로 파악해야 한다. 『주역』「항괘恒卦」에서도 "항恒은 영원함이다.[恒, 久也.]"라고 하여, 항(恒=常)을 영원성의 개념으로 파악하였다.

無, 名天地之始, 有, 名萬物之母.
무는 '천지의 시작'임을 일컬은 것이며, 유는 '만물의 어머니'임을 일컬은 것이다.

제1장　19

주1 무無·유有

여기에는 두 가지 독법讀法이 있다. 무명無名과 유명有名에 구두점을 찍는 독법과 무無와 유有에 구두점을 찍는 독법이 그것이다. 위원魏源은 "사마온공司馬溫公·왕안석王安石·소철蘇轍=蘇子由 등은 모두 유와 무에 구두점을 찍은 반면에, 하상공본河上公本 등 제가諸家들은 모두 '명名'자字와 '욕欲'자字에 구두점을 찍었다.[司馬溫公·王安石·蘇轍, 皆以有無爲讀, 河上公諸家, 皆以名字欲字爲讀.]"고 하였다.

전자 쪽의 견해에 대해서 살펴보면, 하상공은 "무명은 도를 말한다.[無名者謂道.]" "유명은 천지를 말한다[有名謂天地.]"고 하여, 무명을 '도'로 보았고 유명을 '천지'로 보았다. 오징은 "무명은 도이고, 유명은 덕이다.[無名者, 道也. 有名者, 德也.]"라고 하였다. 왕필은 "그러므로 형태가 아직 생겨나지 않았고 이름이 없었을 때가 곧 만물의 시작이다. 유형有形·유명有名의 때에 이르게 되면 성장시키고·기르고·(형체를) 이루어주고·(재질을) 완성시켜주므로 어머니가 된다.[故未形無名之時, 則爲萬物之始. 及其有形有名之時, 則長之, 育之, 亭之, 毒之, 爲其母也.]"고 하여, 무명과 유명을 '무명의 때' '유명의 때'라고 하는 부사격으로 보았다. 무명과 유명에 구두점을 찍어야 한다고 주장하는 학자들은 흔히 그 논리적 근거로 32장의 '도의 한결같은 참모습은 이름이 없다[道常無名]' '처음이 흩어져 이름이 있게 되었다[始制有名]'에서의 무명과 유명을 예로 삼고 있다.

그러나 두 번째 독법이 더욱 타당하다고 본다. 그 이유에 대하여 살펴보자. 왕필은 무명과 유명을 '무명無名의 때' '유명有名의 때'라고 하는 부사격으로 보았지만, 무명과 유명에 구두점을 찍더라도 무명과 유명은 여기서 주격으로 보아야 한다. 하상공은 "무명이란 도를 말한다." "유명이란 천지를 말한다."라고 하였듯이, 무명과 유명을 주격으로 보았지만, 문제는 의미상으로 유명이 결코 만물의 어머니가 될 수 없다는 점이다. 송상성宋常星이 "형상形象에 기인하여 이름이 있게 된다.[因形象而有名.]"고 말한 것처럼,

유명은 이미 형상이 있음을 전제로 하여 생겨난 말이다. 즉 유명은 사물의 차원에서 말한 것이다. 전자를 주장하는 자들이 흔히 내세우는 근거인 '시제유명始制有名'에서의 유명 역시 사물을 지칭한다. 이처럼 유명이 만물에 대한 별칭別稱이라고 한다면, 본 문장은 '만물이 곧 만물의 어머니가 된다'란 의미가 되어 문의文意에 적합하지 않다. 하상공은 비록 유명을 천지天地로 보았지만, 이러한 견해 역시 동일한 문제점으로 남는다. 왜냐하면 노자가 말한 천지에는 유가에서와 같이 만물을 생겨나게 하고 기르게 하는 '생양生養'의 뜻이 없으며 단지 만물의 총칭만을 지칭할 뿐이기 때문이다. 오징은 덕을 유명으로 보았지만, 덕은 모母의 뜻으로서 구체적인 만물을 이루는 작용이지 만물 그 자체는 아니다.

주2 천지지시天地之始

현행본에서는 '천지지시天地之始'로 되어 있는데, 백서본帛書本에는 '만물지시萬物之始'로 되어 있다. 『사기』「일자열전日者列傳」에도 "이것은 노자가 말한 '무명은 만물의 시작이다'라는 뜻이다.[此老子之所謂, 無名者萬物之始也.]"라고 하였다. 의미상으론 '만물지시萬物之始'가 타당하다고 본다. 왜냐하면 52장에서 "천하에 시초始가 있어, 이로써 천하의 어머니[母]가 되었다.[天下有始, 以爲天下母.]"고 하여, 시始와 모母를 모두 천하 만물과 관련시켜 말하고 있기 때문이다. 그러나 여기서는 현행본을 따랐다.

•••● 해 설

여기서의 명名은 동사로서 '이름하다' '일컫다'의 뜻이다. 14장의 "도 그것을 보려고 해도 보이지 않는지라, 일컬어[名] '이夷'라고 한다.[視之不見, 名曰夷.]"에서의 명名과 같은 의미이다.

　　천지와 만물의 관계에 대해, 『장자』「소요유逍遙遊」 곽상주郭象注에서 "천지란 만물의 총칭이다.[天地者, 萬物之總稱也.]"라고 하였으며, 모종삼牟宗三도

제1장 21

"천지란 만물의 총칭이며, 만물은 천지가 흩어진 것을 말한 것이다.[天地是萬物之總稱, 萬物是天地散說.]"라고 하였다.(『재성여현리才性與玄理』, 130쪽.) 이에 의거해 보면, 천지란 개개의 사물들에 대한 총칭인 자연계를 뜻하며, 만물은 구체적인 개개의 사물들을 뜻한다.

시始와 모母에 대하여 살펴보자.『시경詩經』「육아蓼莪」에서 "아버지는 날 낳으시고, 어머니는 나를 길러주신다.[父兮生我, 母兮鞠我.]"고 하였듯이, 시始는 부와 같은 의미로서 '낳다[生]'의 뜻이고, 모母는 '기르다[養]'의 뜻이다. 그런데 51장에서 "도는 만물을 생겨나게 하고 덕은 만물을 기른다.[道生之, 德畜之]"라고 하였듯이, 도에는 '낳다'의 뜻이 있고 덕에는 '기르다'의 뜻이 있다. 이에 의거할 때, 도와 시가, 유와 덕이 서로 짝하는 개념임을 알 수가 있다.

무無란 태초에 원기元氣들이 뒤섞여 있는 혼돈의 상태를 말한다. 혼돈 상태란 일체의 규정도 없는 하나의 상태로 있음을 의미한다. 따라서 도는 무규정의 일자一者로 있다. 그런데 무규정은 곧 무한성을 의미한다. 그리스의 철학자 아낙시만드로스Anaximander는 우주의 근원을 'A-Peiron(무한계無限界)'으로 보았다. A-Peiron에서의 앞의 A는 부정사를 뜻하며 뒤의 Peiron은 Peiras라는 명사로부터 온 것으로 '제약' '한정'을 뜻한다. 아낙시만드로스는 한정됨을 부정함으로 해서 오히려 무한적일 수 있다고 보았다. 이처럼 규정이 없다는 것은 곧 '무한하다'는 것을 의미한다. 이에 의거할 때, 무란 존재의 없음이 아니라 규정의 없음이며, 이 규정의 없음을 통해 오히려 무한한 존재를 긍정하고 있다. 이 무한한 존재에 의해 일체 만물이 거주하는 무한한 생성계가 생겨날 수 있었으므로, "무는 천지의 시작임을 일컬은 것이다."라고 하였다.

그런데 무만을 가지고는 만물이 생겨날 수 없다. 왜냐하면 무는 무규정을 본질로 하고 있는 반면에 만물은 규정을 본질로 하고 있기 때문이다. 그렇다면 어떻게 일자一者에서 다자多者로서의 만물이 생겨날 수 있었는가?

노자는 만물을 길러내게 하는 것을 '유有'라고 보았다. 유는 만물을 이루게 하는 작용을 뜻하는 것으로서, 구체적으로 말하면 51장의 '덕은 만물을 기른다[德畜之]'에서의 덕德이라고 할 수 있다. 도는 일자로 있는 반면에, 덕은 다자와 관련을 맺으며 각각의 만물들을 길러내므로, "유는 만물의 어머니임을 일컬은 것이다."고 하였다.

故常無, 欲以觀其妙, 常有, 欲以觀其皦(徼).

그러므로 영원한 무는 심원함[妙]을 보려고 하고, 영원한 유는 밝음[皦]을 보려고 한다.

주1 상무常無 · 상유常有

여기에는 두 가지 독법이 있다. '상무욕常無欲' '상유욕常有欲'에 구두점을 찍는 독법과 '상무常無' '상유常有'에 구두점을 찍는 독법이 그것이다. 왕필 · 하상공 등은 첫 번째의 독법을 취하고 있어 이미 통설처럼 되어 있다. 더욱이 백서본에는 '상무욕야恒無欲也' '상유욕야恒有欲也'로 되어 있다는 점에서, '상무욕常無欲' '상유욕常有欲'에 구두점을 찍는 독법이 타당해 보인다. 그러나 의미상으로 볼 때 '상무常無' '상유常有'에 구두점을 찍는 독법이 합당하다. 그 이유는 1) '상무욕常無欲' '상유욕常有欲'에 구두점을 찍을 경우 다음 구절인 '차양자此兩者'가 무욕無欲과 유욕有欲이 되어 의미상으로 적합하지 않으며, 2) 유욕有欲은 노자가 배척하는 개념임에도 불구하고 굳이 이 개념을 사용할 필요가 있었겠는가? 이러한 점들을 고려한다면 '상무常無' '상유常有'에 구두점을 찍는 것이 타당해 보인다.

주2 묘妙

왕필 – "묘妙란 아주 미세함이다.[妙者, 微之極也.]"
진고응陳鼓應 – "묘妙는 심미深微하고도 오묘奧妙함이다."

주3 이以

돈황본敦煌本에는 '고故'자와 두 '이以'자가 없다. '이以'가 돈황본敦煌本에 없듯이 연자衍字, 의미 없이 덧붙여진 글자로 봄이 좋다.

주4 요徼

요徼에는 다양한 설說들이 있는데, 이 설들은 크게 다섯 가지 견해로 나누어볼 수 있다. 1)귀歸의 뜻으로 풀이하는 견해가 있다. 하상공은 "요徼는 돌아감이다[徼, 歸也.]"고 하였으며, 왕필도 "요徼는 끝으로 돌아감이다.[徼, 歸終也.]"라고 하였다. 2)규竅, 구멍의 뜻으로 풀이하는 견해가 있다. 황무재본黃茂材本에는 규竅로 되어 있다. 마서륜馬敍倫도 "요徼는 마땅히 규竅가 되어야 한다. 『설문說文』에는 '규竅는 구멍空이다.'고 했다.[徼當作竅. 說文, 竅, 空也.]"고 하였다. 3)변邊, 가장자리의 뜻으로 풀이하는 견해가 있다. 육덕명陸德明은 "요徼는 '가장자리邊'이다.[徼, 邊也.]"라고 했으며, 진경원陳景元은 "대로변에 있는 작은 길을 '요徼'라고 한다.[大路邊有小路, 日徼.]"고 하였다. 4)장석창蔣錫昌은 '구하다求'의 뜻으로 보았다. 5)돈황본敦煌本에는 '교皦'자로 되어 있다. 후꾸나가 미쓰지福永光司는 요徼를 교皦의 차자借字로 보았다. 즉 "요徼는 교皦의 차자借字로 묘妙에 대응해서 운을 붙인 말이다. 묘妙가 옛날에는 묘眇로도 쓰여 깊숙하고 흐릿한 것을 말한 것이며, 교皦는 명백한 형이하학적 세계를 말한 것이다. 14장에서도 '그 위는 밝지 않고, 그 아래는 어둡지 않다.[其上, 不皦, 其下, 不昧.]'고 하여 매昧와 대립하여 사용하고 있음을 참조하라."고 하였다. 주겸지朱謙之 역시 교皦의 차자借字로 보았다. 전체 대의로 볼 때, 묘妙가 어두운 혼돈의 모습을 지칭한 것이라고 한다면 요徼는 그와 반대로 밝은 질서의 세계를 지칭하는 것이 되어야 한다는 점에서 교皦의 차자借字로 보는 것이 좋다. 백서본에는 교噭, 울부짖다로 되어 있는 데, 이 역시 교皦의 차자라고 볼 수 있다.

● ● ● 해 설

욕欲은 '구하려고 하다' '향하려고 하다'의 뜻이다. 감산憨山 역시 "욕欲은 '구하려고 하다要]와 같다.[欲, 猶要也.]"고 하였다. 따라서 '욕관欲觀'이란 '보려고 하다' 혹은 '향하려고 하다'의 뜻이다. 이에 의거하여 본 문장을 풀이해 보면 "무는 하나같이 묘妙로 향하려고 하며, 유는 하나같이 교皦로 향하려고 한다."는 뜻이다. 그렇다면 무無가 지향하려는 묘妙와 유有가 지향하려는 교皦는 구체적으로 무엇을 지칭하는 것인가?

묘妙에 대하여, 『주역』 「설괘說卦」에서는 "신神이란 만물을 미묘妙하게 함을 말한 것이다.[神也者, 妙萬物而爲言也.]"고 하여 '미묘함'이란 뜻으로 사용하였으며, 『포박자抱朴子』 「창현暢玄」에서는 "까마득히 멀기에 '묘妙'라고 칭하였다.[綿邈乎其遠也, 故稱妙焉.]"고 하여 '까마득히 먼 상태'란 뜻으로 사용하였다. 묘妙란 본래 묘眇와 통용되는 자字로서, 신묘한 것들을 무한히 간직하고 있으면서도 깊고 그윽한 곳에 감추어져 있는 듯한 모습을 형용한 것이다. 이 묘는 도 본연의 모습을 묘사하고 있다. 왜냐하면 도는 본래 무형·무명의 세계로서 없는 듯이 보이나 무한함을 안에 간직하고 있기 때문이다. 따라서 '상무常無, 욕이관기묘欲以觀其妙'란 곧 '무는 혼일混一 상태로서의 도 본연의 모습을 지향하려고 한다'란 뜻이다.

묘妙가 까마득히 멀어 어두컴컴함을 형용한 것이라면, 요皦는 교皦의 차자借字로서 '밝은 질서의 세계'를 뜻한다. 따라서 '상유常有, 욕이관기교欲以觀其皦'란 "유는 밝은 질서의 세계를 지향하려고 한다."란 뜻이다. 무가 시원始源으로서의 도의 상태로 돌아가려고 한다는 점에서 도와 가까워지려는 성질이 있는 반면에, 유는 밝은 질서의 세계를 지향하여 시원始源의 도로부터 멀어지려 한다는 점에서 도와 멀어지려는 성질이 있다. 유가 도와 멀어지려고 하는 까닭은 무엇 때문인가? 도에 무만 있다면 도는 언제까지나 무형無形·무명無名의 상태로만 머물러 있게 되어 만물의 다양성을 낳을 수 없다. 만물의 다양성을 낳기 위해서는 반드시 유의 작용이 있어야 한다. 유는 다양성을 갖는 생성계와 관련을 맺고자 하기에 하나같이 자궁 밖으로 나오고자 한다. 자궁 밖으로 나와야 구체적인 사물들을 기를 수가 있기 때문이다. 유가 이처럼 다자와 관련을 맺으며 자궁 밖의 밝은 세계로 나오려고 하기에 시원의 도와 멀어지려는 성질을 갖는다.

此兩者, 同, 出而異名. 同謂之玄.
이 둘은 본래 같은 것으로서, 나올 때에 이름을 달리한 것이다. 그 같은 것을 일컬어 '현玄'이라고 한다.

주1 여기에도 두 가지 독법이 있다. "차량자此兩者, 동출同出, 이이명而異名."으로 구두점을 찍는 독법과 "차량자此兩者, 동同, 출이이명出而異名."으로 구두점을 찍는 독법이 그것이다. 진경원陳景元·오징吳澄·감산憨山 등 소수만이 "차량자此兩者, 동同, 출이이명出而異名."으로 구두점을 찍고 있을 뿐, 대다수 학자들이 "차량자此兩者, 동출同出, 이이명而異名."으로 구두점을 찍고 있어 정설로 되어 있다. 그러나 의미상으로 '동同, 출이이명出而異名'으로 구두점을 찍는 독법이 더욱 타당해 보인다. 그 이유는 다음과 같다. 첫째, 뒤 구절의 '다만 이름만을 달리 하였을 뿐이다[異名]'라는 문의文意에 합당하려면, 앞의 구절은 '본래는 같은 것이었으나'라는 의미로서의 동同을 강조하는 구절이 나와야 한다. 그런데 '동출同出'로 구두점을 찍을 경우에는 '함께 나왔다'로

풀이된다. 여기서의 강조점은 출^出에 있으며 동^同은 부사격으로 단순히 수식의 의미로서만 제한되고 만다. 둘째, 동출^{同出}로 구두점을 찍을 경우에는 의미상으로도 모호해진다. 왕필의 경우에는 동출^{同出}을 '동출어원야^{同出於元也}'라고 하여, '현^玄(원^元)에서 유무가 함께 나왔다'고 풀이하고 있다. 왕필의 견해와 같이 무와 유가 현^玄에서 동출^{同出}하였다면 현과 유무는 시간상의 순차성을 갖는다. 마치 같은 뿌리[同根]에서 파생되어 나온 두 가지라는 식으로 풀이할 수 있다. 그러나 현은 유무의 이칭^{異稱}일 따름인데, 어떻게 같은 것에서 같은 것이 나올 수 있겠는가? 셋째, 뒤의 '동위지현^{同謂之玄}'이란 말을 미루어 살펴볼 때 앞의 구절에는 '동^同'자가 있어야 한다. 이상의 것에 의거할 때 '차양자^{此兩者}, 동^同'으로 보는 것이 타당하다.

주2 차양자^{此兩者}

'차양자^{此兩者}'에 대하여 왕필은 시^始와 모^母라고 풀이하였으며, 하상공은 유욕^{有欲}과 무욕^{無欲}이라고 풀이하였으며, 오징^{吳澄}은 도道와 덕德이라고 풀이하였으나 적당하지 않다. 송상성^{宋常星}이 "차양자^{此兩者}는 상무^{常無}와 상유^{常有}를 말한 것이다.[此兩者, 謂常無常有也]"라고 하였는데, 이 견해가 옳다고 본다.

주3 현^玄

　　오징 - "현^玄이란 그윽하고 어두워 깊이를 측량할 수 없다의 뜻이다.[玄者, 幽昧不可測之意.]"

　　소자유 - "무릇 멀어서 극한에 도달할 수 없는 것에 해당되는 색깔로는 반드시 '검음[玄]'이 되어야 한다. 따라서 노자는 항상 '검음[玄]'으로써 극한에 의탁하였다.[凡遠而無所至極者, 其色必玄. 故老子常以玄寄極也.]"

　　모종삼 - "현^玄은 하나의 동그라미니, 그것을 무라고 말한다면 그것은 무이면서 무가 아닌 유가 된다. 또한 그것을 유라고 말한다면 그것은 유이면서도 유가 아닌 무가 된다."(『中國哲學十九講』, 100쪽.)

엄영봉嚴靈峰 - "옛날의 '현玄'자는 물질의 원시原始임을 엿볼 수가 있으니, 오늘날 자연과학에서 말하는 '자연계의 기본 원소(fundamental paticle of nature)'와 같다."

주4 소자유 - "'형태적인 것'으로써 말한다면 유무有無는 실로 둘이 된다. 그렇게 되면 무가 운행하여 유가 되고 유가 복귀하여 무가 되어 본래 하나 아닌 것이 없음에 대해 어찌 알 수 있겠는가? 그 이름은 비록 다르다 할지라도 근본에 있어서는 하나이다. 근본이 하나임을 아는 것이 곧 '현玄'이다.[以形而言, 有無信兩矣. 安知無運而爲有, 有復而爲無, 未嘗不一哉. 其名雖異, 其本則一. 知本之一也, 則玄矣.]"

이식재李息齋 - "유有는 곧 공空이며, 공空은 곧 유有이다. 그 근본에 있어서는 같으며 말단에 있어서만이 다르다. 따라서 '같은 것을 현玄이라고 말한다.'고 하였다.[有卽空, 空卽有. 其本同, 其末異. 故同謂之玄.]"

• • • 해 설

상식적 견지에서 본다면 유와 무는 서로 상반된 개념이다. 노자 역시 앞 구절에서 무와 유가 서로 다르다고 말하였다. 가령 무는 무형無形・무명無名의 혼돈세계를 지향하는 반면에 유는 유형有形・유명有名의 생성계를 지향한다는 점에서 서로 상반된 속성을 가지고 있다. 그 다름에 대하여 본 문장에서도 '출이이명出而異名'이라고 하였다. '출出'이란 28장의 "통나무가 흩어져서 그릇이 된다.[樸散則爲器]"에서의 산散과 같은 의미로서, 혼돈 상태로서의 도가 유형・유명의 생성계로 나아감을 뜻한다. 우리는 낮과 밤, 선과 악, 아름다움과 추함 등과 같은 대립 속에서 살아가고 있으며, 노자 역시 이러한 차별상에 대하여 인정하였다. 이처럼 유무는 본래 같은 것이지만 생성계로 나오게 되면서부터 서로 달리한다고 보았으므로 "이름을 달리한다.[異名]"고 하였다.

그러나 이와 동시에 '차양자^{此兩者}, 동^{同}'이라고 하였다. 즉 무와 유는 그 근원에 있어서는 동체^{同體}로 있다는 것이다. 동체로 있다는 것은 유무가 비록 생성계에서는 이름을 달리하고 있지만 본래는 '하나로써 있다'는 의미이다. 이에 의거할 때, 차별상은 도 본래의 모습이 아니라 단지 차별적인 현상계에서 바라본 모습일 따름이다.

노자는 이처럼 무와 유를 동체로 보았으며, 이 양자를 포괄하는 근원을 '현^{玄}'이라고 하였다. 현에 대하여 『설문^{說文}』에서 "심원^{深遠}함이다.[幽遠也.]" "검은 색에 붉은 빛깔을 띤 것이 현^{玄}이다.[黑而有赤色者爲玄.]"라고 하였다. 단옥재^{段玉裁}의 주^{注}에서 "(다섯 번째 물들인) 명주에서 이미 미세하게나마 검게 된다. 또 물들이면 더욱 검게 되는데 붉은 빛깔이 오히려 은은하게 드러난다. 따라서 '검은 색에 붉은 빛깔을 띠었다'고 말한다. 일곱 번째 물들이면 붉은 색은 전혀 찾아볼 수 없게 된다.[纔旣微黑. 又染則更黑, 而赤尙隱隱可見也. 故曰黑而有赤色. 至七入則赤不見矣.]"고 하였다. 이처럼 현^{玄}은 몇 번이고 물들이고 또 물들여 아주 새까맣게 되기 일보직전의 색으로서, 약간 붉은 색을 띤 검은 색이다.

그렇다면 노자는 어째서 만물의 근원을 '현'으로 보았는가? 태초의 도는 무형^{無形}·무명^{無名}의 혼돈을 지칭한다. 혼돈은 마치 일체의 빛도 없는 칠흑의 어둠과 같아서 검게 보이므로 '현'이라고 한 것이다. 그런데 주목할 사실은 『설문』에서는 현을 '검다'로 풀이한 동시에 '심원^{深遠}함'으로 풀이하고 있다는 점이다. 사실상 양자는 서로 통하는 말이다. 심원한 것일수록 어둡게 보이며, 어둡게 보일수록 아무 것도 없는 듯이 보이지만 그 속에는 오히려 무한한 것들을 간직하고 있다. 이처럼 현^{玄}은 '어둠'이며 '무'이지만 이와 동시에 '심원함'이며 '무한함'이다. 이 현이야말로 도의 상태를 가장 잘 표현해주는 개념이기에, 노자는 도를 '현'이라고 한 것이다.

玄之又玄, 衆妙之門.

현묘하고도 또 현묘하니, 일체의 미묘한 것들이 쏟아져 나오는 문과 같구나!

주 왕필 – "온갖 미묘한 것들이 모두 같은 곳으로부터 나왔기 때문에, '중묘지문衆妙之門'이라고 하였다.[衆妙皆從同而出, 故曰衆妙之門.]"

조도충曹道冲 – "우현又玄은 두루 변하여 극한이 없음을 말한 것이다. 혹 '중심 축[機樞]'으로 들어갔다가 혹 '중심 축'에서 나오기도 하고, 음양을 열고 닫아 무와 유를 출입시키기 때문에, '온갖 미묘한 것들이 쏟아져 나오는 문이다'고 하였다.[又玄謂通變無極. 或入於機, 或出於機, 開闔陰陽, 出入無有, 故曰衆妙之門.]"

• • • 해 설

'현지우현玄之又玄'과 유사한 표현으로 48장의 '손지우손損之又損'이 있다. 『장자』에서도 '심지우심深之又深'(「천지天地」), '신지우신神之又神'(「천지天地」), '정지우정精之又精'(「달생達生」) 등과 같은 표현이 보인다. '현묘하고도 또 현묘하니[玄之又玄]'란 현묘함[玄]의 기능과 작용을 강조하기 위함이다.

중묘衆妙에 대하여, 곽상郭象은 『장자』「경상초庚桑楚」주注에서 "천문天門이라고 함은 만물들이 모여든 것을 지칭한 것이다. 그것을 '천문'이라고 하는 것은 '중묘지문衆妙之門'이라고 하는 것과 같다.[天門者萬物之都名, 謂之天門, 猶云衆妙之門.]"고 하여, 중묘衆妙를 만물萬物로 보았다. 중묘衆妙가 직접적으로 가리키는 것은 만물이지만, 노자가 만물萬物이라고 말하지 않고 굳이 중묘衆妙라고 말한 까닭은 출出하는 것이 비단 만물만이 아니라 '신묘한 작용[妙用]'까지도 포괄하고 있기 때문이다.

문門은 만물이 출입하는 자연변화自然變化의 문으로서 『장자』「제물론齊物論」에서 말하는 도추道樞, 지도리와 유사한 뜻이다. 또한 이 문은 '자연의 문[天門]'을 의미하기도 한다. 천문天門에 대하여 『장자』「경상초」에서 "들어오고 나옴에 그 모습을 볼 수 없는 것을 일컬어 '천문天門'이라고 한다.[入出而无見其形, 是謂天門]"고 했다.

　　현玄은 텅 비어 있는 듯이 보이므로 무이지만, 그 속에 무한한 생명 활동들이 들어있기에 유이기도 하다. 따라서 현은 유무를 모두 포괄하고 있다. 또한 때에 응하여 현에서 무수한 만물들이 생겨났으므로, 현은 "일체 현상계의 존재를 탄생하게 하는 근원이 된다."고 말하였다. 이처럼 현은 없는 듯이 보이므로 무이지만, 무이기 때문에 오히려 무한한 만물을 창출케 하는 무한한 가능태가 될 수 있었다. 이러한 현의 특징은 동양의 수묵화에서도 여실히 찾아볼 수 있다. 이 점에 대하여 후꾸나가 미쓰지福永光司는 "현이 검정색이라고 한다면 우리들은 쉽게 중국의 대표적인 예술인 수묵화水墨畵에서의 묵墨의 색깔을 연상할 수 있을 것이다. 중국의 수묵화에 있어서 묵의 색깔은 검음이라는 단일한 색채이지만, 그것은 여러가지 변화와 무한한 다양성을 내포한 단일함으로서, 이 때문에 잡다한 색채를 사용해서는 결코 표현할 수 없는 미의 세계를 오히려 자유롭게 표현할 수가 있었다."고 하였다.

제 2 장

天下, 皆知美之爲美, 斯惡已, 皆知善之爲善, 斯不善已.
有無之相生也, 難易之相成也, 長短之相形也, 高下之
相傾也, 音聲之相和也, 先後之 相隨也.
是以聖人處無爲之事, 行不言之敎.
萬物作而不爲始, 爲而不恃, 成而不居.
夫唯不居, 是以不去.

세상 사람들은 모두 아름다운 것이 아름다운 줄로만 알고만 있지만 이것은 추한 것일 따름이며 모두 선한 것이 선인 줄로만 알고 있지만 이것은 선하지 않은 것일 따름이다.
유와 무가 서로 낳고, 어려움과 쉬움이 서로 이루고, 길고 짧은 것이 서로를 드러내고, 높음과 낮음이 서로 기울고, 음과 소리가 서로 조화를 이루고, 앞과 뒤가 서로 따른다.
이런 까닭에 성인은 무위의 일에 처하고, 말없는 가르침을 행한다. 만물을 이루지만 스스로를 근원이 된다고 여기지 않으며, 은혜를 베풀어도 자신의 공을 이에 기대지 않으며, 공을 이루고도 머무르려 하지 않는다.
머무르려 하지 않으므로 떠나감도 없다.

天下, 皆知美之爲美, 斯惡已, 皆知善之爲善, 斯不善已.

세상 사람들은 모두 아름다운 것이 아름다운 줄로만 알고 있지만 이것은 추한 것일 따름이며, 모두 선한 것이 선한 줄로만 알고 있지만 이것은 선하지 않은 것일 따름이다.

주 　왕필王弼 – "아름다움이란 사람들의 마음이 이끌리고 좋아하는 것이며, 추함이란 사람들의 마음이 싫어하고 미워하는 것이다. 아름다움과 추함이란 것은 희로喜怒와 같고, 선善과 불선不善이란 것은 옳고 그름과 같다. 희로喜怒는 같은 뿌리이고 시비是非는 같은 문이므로, 한쪽만을 드러내서는 안 된다.[美者人心之所進樂也, 惡者人心之所惡疾也. 美惡猶喜怒也, 善不善猶是非也. 喜怒同根, 是非同門. 故不可得而偏擧也.]"

　　육희성陸希聲 – "사람들이 말하는 아름다움과 추함이란 모두 정情에서 나왔다. 정情에 적합한 것은 아름다움이 되고, 정에 거슬리는 것은 추함이 된다. 선善이니 불선不善이니 하는 것 또한 이와 같다.[夫人之所謂美惡皆生于情. 以適情爲美, 逆情爲惡. 以至善不善亦然.]"

••• 해설

본 문장에는 두 가지 설說이 있다. '대립물의 상생[相生]'을 말한 것이라고 하는 설과 '대립물의 상호유전相互流轉'을 말한 것이라고 하는 설이 그것이다. 전자에 의거하여 본 문장을 풀이하면 "세상 사람들이 모두 아름다운 것을 아름답다고 인식하였기 때문에 이와 동시에 추함이라고 하는 관념이 생겨나게 되었고, 선한 것을 선으로 인식하였기 때문에 이와 동시에 불선不善이라고 하는 관념이 생겨나게 되었다."가 된다. 후자에 의거하여 본 문장을 풀이해보면 "세상 사람들은 모두 아름다운 것이 아름다움인 줄 알고 있지만 이것은 추한 것이 될 따름이며, 모두 선한 것이 선인 줄 알고 있지만 이것은 선하지 않은 것이 될 따름이다."가 된다.

'대립물의 상생'에 대하여, 진고응陳鼓應은 "노자의 본래 뜻은 미적인 것이 추함으로 변한다는 것을 설명하는 데에 있는 것이 아니라, 어떠한 미적 관념과 추함에 대한 관념이 동시에 생겨난다는 것을 설명하는 데에 있다.[老子的原意不在於說明美的東西變成醜, 而在於說明有了美的觀念, 醜的觀念也同時生産了.]"고 주장하였다. 반면에 김충렬金忠烈은 대립물의 동시 생산을 비판하며 "만일 미추 선악 개념을 상생·상성하는 것으로 본다면, 직접적으로 '미추상생美醜相生' 혹은 '선악상성善惡相成'이라고 하지 않고 왜 어려운 말로 '사오이斯惡已'니 '사불선이斯不善已'니 했겠는가?…… 노자가 여기서 제기한 미니 선이니 하는 개념은 인위적으로 규정한 상대적인 개념이기 때문에 절대가치나 절대진리를 전제로 한 논리를 적용해서는 맞지 않는다고 보았기 때문이다. 즉 노자가 말하는 미와 선은 얼마든지 다른 개념 또는 그 반대 개념으로 뒤바뀔 수 있고, 경우에 따라서는 거짓 선함[僞善]이나 거짓 아름다움[僞美]도 될 수 있다는 말이다."라고 하였다.(『노장철학강의』, 128~129쪽.)

　　필자의 견해론 본 문장은 '대립물의 상생'을 말한 것이라고 본다. 왜냐하면 '대립물의 상호유전'을 말한 것이라고 한다면, '되다'란 뜻의 '爲'가 첨가되어 '사위불선이斯爲不善已' '사위오이斯爲惡已'가 되어야 하기 때문이다. 물론 노자는 '대립물의 상호유전相互流轉' 역시 중시하였다. 가령 58장에서 "재앙[禍]이란 복福이 의지하는 곳이며, 복이란 재앙이 깃들여 있는 곳이니, 누가 그 귀착점을 알 수 있겠는가?[禍兮福所倚, 福兮禍所伏, 孰知其極.]"라고 하였으며, 76장에서도 "강대强大한 것은 아래에 거처하게 되고, 유약柔弱한 것은 위에 거처하게 된다.[强大處下, 柔弱處上.]"고 하여 '대립물의 상호유전相互流轉'을 말하였다. 그런데 만일 본 문장 역시 '대립물의 상호유전'을 말하고자 한 것이라면, 본 문장의 의미는 인간이 판단하는 대상세계는 수시로 변화하기 때문에 그 판단을 신뢰할 수 없음을 경고한 것이 된다. 그러나 본 문장은 대상세계의 변화를 설명한 것이 아니며, 선과 불선, 아름다움과 추함이란 본래적으로 존재하는 것이 아니라 서로가 서로에 기인하여 생겨난

제2장　35

것일 따름임을 설명한 것이다. 다음에 이어지는 문장은 인간의 감정뿐만 아니라 세상의 이치가 그러함을 부연설명하고 있다.

여기서 우리가 주목할 사실은 노자가 어째서 선善의 반대말로 '악惡'이라고 말하지 않고 단지 '불선不善'이라고만 말하였으며, 미美의 반대말로 '추醜'라고 말하지 않고 단지 '오惡, 싫어하다'라고만 말하였는가 하는 점이다. 노자는 선악이란 실체로 존재하는 것이 아니라 단지 인간이 규정해 놓은 산물이라고 보았다. 가령 사회가 규정해 놓은 틀에 맞으면 '선'이 되고 사회가 규정해 놓은 틀에 맞지 않으면 '악'이 된다는 것이다. 따라서 20장에서 "선이라고 하는 것과 악이라고 하는 것의 차이가 얼마나 된단 말인가?(善之與惡, 相去若何.)"라고 하였다. 노자가 불선不善이라고만 말한 까닭도 우리가 흔히 말하는 악이란 것은 사회가 규정해 놓은 틀에 맞지 않은 것에 불과하기 때문이다. 노자는 미와 추에 있어서도 마찬가지로 정해진 실체가 있다고 보지 않았다. 즉 아름다움과 추함이라고 하는 관념은 선험적先驗的인 미적 판단에 의거해서 생겨난 것이 아니라, 어디까지나 나의 주관적인 감정 상태에 의거해서 생겨난 것이라고 보았다. 즉 나의 감정이 좋다고 여기면 미가 되고 나의 감정이 싫다고 여기면 추함이 된다. 노자가 '추醜'라고 말하지 않고 그냥 '오惡'라고 말한 까닭도 추함이란 것은 나의 '싫어하는 감정 상태'에서 나온 것일 따름이라고 여겼기 때문이다.

(故)有無(之)相生也, 難易(之)相成也, 長短(之)相形(較)也, 高下(之)相傾也, 音聲(之)相和也, 先(前)後(之)相隨也. (恒也)

유와 무가 서로 낳고, 어려움과 쉬움이 서로를 이루고, 길고 짧은 것이 서로 드러내고, 높음과 낮음이 서로 기울고, 음과 소리가 서로 조화를 이루고, 앞과 뒤가 서로 따른다.

주1 통행본에는 "고유무상생故有無相生,…… 전후상수前後相隨."로 되어 있는데, 백서본帛書本에는 '고故'자가 빠져 있고 각각의 구절에 '지之'자와 '야也'자가 첨가되어 있다. 즉 "유무지상생야有無之相生也,……"로 되어 있다. 돈황본敦煌本·수주비본遂州碑本·고환본顧歡本에도 '고故'자가 빠져 있으며, 전국시대의 판본인 죽간본竹簡本에도 백서본과 같이 되어 있다는 점에서 백서본이 옳다고 본다. 또한 백서본에는 본 문장 끝에 '항야恒也'가 있으나, 죽간본에는 통행본과 같이 '항야恒也'가 없다는 점에서, 없는 것이 옳다.

주2 유무지상생야有無之相生也 :

하상공 - "있음이 드러나면 없음이 된다.[見有而爲無也]"

주3 장단지상형야長短之相形也 :

왕필본에는 교較로 되어 있으나, 죽간본·백서본·하상공본·부혁본傅奕本 및 기타 고본古本에는 모두 형形으로 되어 있다. 위원魏源은 "왕필본에는 형形이 교較로 되어 있으나, 경傾과의 운韻이 부합되지 않는다.[王弼本, 形作較, 與傾韻不協.]"고 하였다. 형形이 옳다.

주4 고하지상경야高下之相傾也 :

왕필본을 비롯한 통행본通行本에는 경傾으로 되어 있는데, 백서본에는 영盈으로 되어 있고 죽간본에는 영浧으로 되어 있다. 백서정리조帛書整理組에서 "영盈은 통행본에 경傾으로 되어있다. 아마도 한나라 혜제惠帝 유영劉盈을 휘諱하여 고친 것 같다. 영盈은 정呈 혹은 영逞의 차자로서 '드러나다'의 뜻이다. 백서『경법經法』「사탁四度」에서도 '위아래가 그 모습을 가리지 않는다[高下不蔽其形]'고 하였다."고 하였다. 필자의 견해도 영盈으로 보는 것이 타당하다고 본다. 15장에서 "이 도를 보존한 사람은 드러냄을 중시하지 않는다.[保此道者, 不欲尙呈.]"고 하였다. 『곽점초묘죽간郭店楚墓竹簡』의 연구자들은

제2장 37

정로을 영盈의 차자借字로 보았는데, 문맥상으로 자의 그대로 '드러나다[呈]'로 보아야 한다. 아마도 영盈,정로, 영逞이 고대에선 서로 통용되었다고 본다. 그러나 여기서는 기존의 판본을 쫓았다. 경傾에 대하여 엄영봉嚴靈峰은 '능멸하다[陵]' '경쟁하다[競]'의 뜻으로 보았으나, 여기서는 자의字意 그대로 '기울다', 즉 '기울어 상호 변성變成되다'의 뜻으로 보는 것이 좋다. 하상공 역시 "높음을 드러내면 낮아진다.[見高而爲下也.]"고 하여 '기울어 상호 변성變成되다'의 뜻으로 보았다.

주4 음성지상화야音聲之相和也 :

『서경書經』「순전舜典」에 의거해 보면, 음音은 팔음八音으로 쇠金・돌石・실絲・대竹・박匏・가죽革・나무木・흙土 여덟 가지의 재료로 만든 모든 악기의 소리를 뜻하고, 성聲은 음악 소리로서 궁宮・상商・각角・치徵・우羽 다섯 음정을 뜻한다. 그러나 음音을 '악기의 소리'로, 성聲을 '사람의 목소리'로 보는 것도 무방하다. 하상공은 본 구절에 대해 "윗사람이 선창先唱하면 아랫사람은 반드시 화답한다.[上唱, 下必和也.]"고 풀이하였다.

주5 선후지상수야先後之相隨也 :

하상공본과 왕필본 등에는 전前으로 되어 있으나, 죽간본・백서본・돈황본敦煌本・성현영본成玄英本・수주비본遂州碑本・고환본顧歡本・강사제본强思齊本 등에는 선先으로 되어 있다. 선先이 옳다고 본다. 이와 관련하여 장석창蔣錫昌은 "노자서老子書에서는 선과 후를 연결하여 말하고 있는데, 여기서만 유독 다르게 사용한 것은 합당하지 않다. 예를 들면 7장의 '시이후기신이신선是以後其身而身先', 66장의 '욕선민필이신후지欲先民必以身後之', 67장의 '사후차선舍後且先'이 모두 그 증거이다.[老子本書, 先後連言, 不應於此獨異. 如七章, '是以聖人後其身而身先', 六十六章, '欲先民, 必以身後之', 六十七章, '舍後且先', 皆其證也.]"라고 하였다.

◦◦◦ 해설

　노자는 도덕적 판단과 미적 판단의 기준은 단지 주관적인 감정에 의거한 것에 지나지 않는다고 보았다. 더욱이 선은 선 스스로 존재하는 것이 아니라 불선이라고 하는 것이 있음으로 해서 존재하는 것이며, 아름다움은 아름다움 스스로 존재하는 것이 아니라 추함이라고 하는 것이 있으므로 해서 존재하는 것이다. 그런데 상대적인 것은 비단 선악과 미추만이 아니라, 세상만사가 모두 그러하다. 노자는 본 문장에서 그 구체적인 실례들을 제시하였다.

　　도는 본시 짝이 없다. 1장에서 살펴보았듯, 생성계가 출현出現하기 이전의 도의 상태는 일종의 혼돈의 상태였다. 혼돈의 상태에서는 유와 무가 하나로 있었으므로 유와 무라고 하는 이름조차 없었다. 이처럼 도의 본래적인 모습이 일자一者로 있었음에도 불구하고, 차별상差別相 속에서 살아가고 있는 우리들의 관점에서 보면 모든 것에는 본래부터 대립이 있었던 것처럼 생각하기 쉽다. 가령 물질과 정신, 이성과 본능, 선과 악, 아름다움과 추함, 낮과 밤, 유와 무, 귀함과 천함, 높고 낮음 등이 본래부터 규정되어 있었던 것이라고 간주한다.

　　그러나 자연물에는 비록 대칭성은 존재하지만 (완전한 대칭은 존재하지 않는다) 대립성은 존재하지 않는다. 대립성이라고 하는 것은 본래부터 주어진 것이 아니라 단지 추상적 산물로서, 어떠한 것을 지칭하게 됨으로 해서 동시에 그 반대의 것이 자연히 생겨나게 된 것일 따름이다. '유무가 서로를 낳는다[有無相生]'를 예로 들어 살펴보자. 우리가 '컵 안에 무엇이 없다'고 진술할 경우에 이 진술의 의미는 단순히 '아무 것도 없다'는 것을 의미하는 것이 아니다. 만일 단순히 '없다'는 것만을 진술한 것이라면 참이 될 수 없다. 왜냐하면 "그 안에는 분명히 공기가 있지 않느냐?"고 당장에 반박 당할 것이기 때문이다. 여기서 '없다'는 것은 '무엇이 없다'는 의미이다. 가령 컵이 비어 있다는 진술 속에는 무엇(예를 들면 물과 같은 것)이 있어야 하는 데 그 무엇이 없다는 의미가 내포되어 있다. 따라서 '없다'는 부정 속에는 '무엇에 대한' 부정이 들어가 있다. 또한 '무엇에 대한' 부정은 '무엇을 위한'이라는 긍정을 전제로 하여 성립된 것이다. 이에 의거할 때 '없음'은 필연적으로 '있음'을 전제로 하여 성립된 말이다.

이상과 같이 유와 무는 서로에 의거해 생겨난 것일 따름이다. 또한 어렵다는 것은 쉬움을 전제로 하여 나온 것이기에 어려움과 쉬움이 서로를 이루고, 길다는 것은 짧음을 전제로 하여 생겨난 것이기에 길고 짧은 것이 서로를 드러내고, 높음은 낮음을 전제로 하여 나온 것이기에 높은 것과 낮은 것이 서로 기울고, 악기의 소리와 사람의 음성은 서로가 조화를 이루어야 하고, 앞이 있음으로 해서 뒤가 있는 것이기에 선후가 서로 따른다. 이러한 대립물의 상생相生에 대하여 『장자』「제물론齊物論」에서도 "저것은 이것에서 나오고, 이것 역시 저것에서 기인한다.[彼出於是, 是亦因彼.]"고 하였다.

是以聖人處無爲之事, 行不言之敎.
이런 까닭에 성인은 무위의 일에 처하고, 말없는 가르침을 행한다.

주1 시이是以 :

많은 학자들은 앞 문장과 이하 문장의 뜻이 서로 통하지 않음을 지적하고 있다. 가령 고형高亨은 "시이是以 두 자는 아마도 후대 사람이 덧붙인 것 같다. 노자서는 본래 장을 나누지 않았는데 후대 사람이 그것을 억지로 나누었기에 문의文意가 서로 연관되지 않음에도 불구하고 합하여 한 장으로 삼은 것이 있다. 마침내 '시이是以' 혹은 '고故' 등의 글자로써 그것들을 연관시켰는데, 이러한 사례는 아주 많다.…… 본 장의 앞 8구는 노자의 상대론이고, 이후의 8구는 노자의 정치론이다. 문의文意가 끊겨져 서로 연관성이 없음으로 보아, 본래는 '시이是以' 두 자가 없었음이 분명하다.['是以'二字疑後人所加. 蓋老子原書, 本不分章, 後人强爲分之, 有文意不相聯而合爲一章者. 遂可'是以'或'故'等字以聯之, 此類深多.······ 本章此前八句爲老子之相對論, 此後八句爲老子之政治論. 文意截然不相聯, 本無'是以'二字, 明矣.]라고 하였다. 고형高亨의 말처럼 앞 문장은 상대론을 말한 것인 반면에 본 문장은 정치론政治論을 말한 것이라는 점에서 서로 문의가 통하지 않는 면이 있다. 그러나 전국 시대의 판본인 죽간본에서도 전문全文을 하나의 장으로 싣고 있다는 점에서 하나의 장으로 보는 것이 옳다.

주2 성인聖人 :

진고응陳鼓應 – 여기서의 성인聖人은 도가 최고의 이상적인 인물로서 그 인격 형태는 유가儒家와 같지 않다. 유가에서의 성인은 규범화規範化된 도덕인이지만, 도가에서의 성인은 몸소 자연自然에 맡기어 내재적인 생명을 넓혔으며, 허정虛靜과 부쟁不爭으로써 이상적인 생활로 삼았으며, '명분에 대한 가르침名敎'을 천하다고 여겨 버렸으며, 심신心身의 자유로운 생활을 속박케 하는 일체의 영향을 버렸다."

주3 무위無爲 :

모종삼牟宗三 – "무위無爲를 흔히 영문으로 inaction(부동不動)으로 번역하는데, 그것은 본래의 취지를 잃은 것이다. 무위를 언급하게 되면 그 속에 자연自然이 포함되게 된다.······ 도가에서 말하는 자연은 자유자재이고 스스로 그러하며 아무 것에도 의거하는 바가 없는 정신의 독립이다."(『中國哲學十九講』, 90쪽.)

●●● **해설**

'무위지사無爲之事'에서의 무위無爲란 '위爲'를 부정하는 말이지만, 단순히 '행위' 자체를 부정하는 말이 아니다. 만일 무위를 단순히 행위의 부정으로만 본다면, '아무 것도 하지 않음 inaction'이란 뜻이 된다. 전통적으로 이처럼 해석하는 자들도 많았다. 가령 주자朱子는 무위를 자의字意대로 풀이하여 "노자가 말한 무위無爲란 전적으로 아무 것도 하지 않음인 반면에, (유가에서의) 성인聖人이 말한 무위란 일찍이 하지 않음이 없음이다.[老子所謂無爲, 便是全不事事. 聖人所謂無爲者, 未嘗不爲.]"라고 하였다.(『朱子語類』, 卷23.) 이와는 달리 한비韓非의 경우에는 무위를 위정자의 통치술과 관련시켜 설명하였다. 가령 한비는 주장하기를, 신하란 자들은 왕의 눈치만을 슬슬 살피는 자들이므로 왕은 신하들에게 '아무 것도 하지 않는 척'함으로 해서 속마음을 드러내어서는 안된다고 주장하였다. 그의 주장에 의거할 경우 무위란 '아무 것도 하지 않는 척'이란 뜻이 된다.

이상과 같은 해석들은 노자의 본의를 오해한 것이며, 그 발단은 위爲에 대한 오해로부터 비롯된 것이다. 여기서 말한 위爲는 '행위'의 뜻이 아니라 위僞 즉 인위人爲의 뜻이다. 따라서 무위란 '행위 자체에 대한 부정'을 뜻하는 것이 아니라 '인위에 대한 부정'을 뜻한다. 또한 그가 인위를 부정한 까닭은, 모종삼이 "무위를 언급하게 되면 그 속에 자연自然이 포함되게 된다."고 한 것처럼, 자연에 따르고자 함에 있었다.

그렇다면 자연과 인위는 구체적으로 어떠한 차이점이 있는가? 자연自然과 인위人爲의 차이점에 대하여, 『장자』「추수秋水」에서 "소나 말에게 각기 네 발이 있는 것, 이것을 '자연'이라고 한다. 말머리에 고삐를 달고 소의 코에 구멍을 뚫는 것, 이것을 '인위'라고 한다.[牛馬四足, 是謂天. 絡馬首, 穿牛鼻, 是謂人]"고 했다. 우리는 이 구절을 피상적으로 이해할 경우, 자연과 인위를 단순히 자연물과 인공물로 간주하기 쉽다. 자연물과 인공물은 자연과 인위를 구별하는 하나의 척도는 될 수 있지만 절대적인 척도는 될 수 없다.

여기서의 자연과 인위는 보다 폭넓은 의미를 갖는다. 즉 자연이란 말 그대로 '저절로 그러함[自然而然]'을 뜻하며, 인위란 '저절로 그러함'과는 무관하게 계산적 혹은 의도적인 행위를 뜻한다. 후꾸나가 미쓰지福永光司는 자연을 묘사하기를, "천지자연의 세계에서는 만물이 여러 가지 형태를 가지고 생겨나고 온갖 모양으로 성장 변화하면서도 각각 충실한 생명의 전개를 보여주고 있다. 강가의 버들은 푸르게 싹이 트고 산 속의 동백은 붉게 꽃을 피우며, 새는 하늘 높이 날며, 물고기는 물 속 깊은 곳에서 헤엄쳐 노닌다. 거기에는 아무런 작위적인 의지나 가치의식價値意識이 없고, 구구한 설명이나 이유 같은 것도 없기에, 고의적으로는 무엇 하나 행해지지 않는다. 천지자연의 세계는 있는 그대로여서 인간처럼 조작하거나 부당하게 노력하거나 하는 일도 없다."고 하였다. 여기서도 볼 수 있듯이 자연이란 '자연히 그러함'을 뜻하지만, 이와 동시에 '본성에 따름'을 뜻한다. 가령 새싹이 자라나고 새가 하늘 높이 날아가고 물고기가 헤엄쳐 노니는 것은 '자연히 그러한 것'이며, 자연히 그러하다는 것은 또한 각자가 자신의 본성에 따른다는 뜻이기도 하다.

이상과 같이 무위란 인위를 부정하고 자연에 따름이며, 자연에 따름이란 곧 생명본성에 따름이다. 따라서 '무위의 일에 처한다[處無爲之事]'란 애써 무엇인가를 이루려고 하지 않으며 단지 생명본성에 충실히 따른다는 뜻이다.

'불언지교不言之敎'는 가르침을 부정한 말이 아니다. '불언지교不言之敎'라고 할 때, 불언不言은 수식어구이며 핵심어는 교敎에 있다. 노자가 이미 교를 말한 이상 가르침을 긍정하고 있다. 다만 가르침의 방법으로 불언不言을 말한 것이다. 교敎는 '교화敎化'의 뜻이다. 성인이 백성을 교화한다는 것은 단지 '도덕적인 가르침을 제시한다.'는 것 외에도 '백성들을 다스리다'란 의미를 포함하고 있다. 따라서 성인은 다른 한편으론 왕을 지칭하기도 한다. 성인은 본래 도덕을 몸소 체득하여 완성시킨다고 하는 내성內聖을 의미하지만,

제2장 43

도가에서는 내성內聖 뿐만 아니라 백성을 가르치고 다스린다고 하는 외왕外王까지도 포괄하고 있다.

그렇다면 노자는 어째서 교教의 방법으로 불언不言을 말하였는가? 불언不言을 말한 까닭은 언어의 역기능을 비판하기 위해서였다. 노자는 여러 곳에서 언어를 비판하고 있다. 예를 들면 56장에서 "아는 사람은 말하지 않고 말하는 사람은 알지 못한다.[知者不言, 言者不知.]"고 했으며, 81장에서도 '번지르르한 말에는 신의가 없다[美言不信]'고 했다. 노자가 이처럼 말을 부정한 까닭은 대부분의 사람들이 자기 자신을 과장되게 꾸미기 위해서 많은 말들을 한다고 보았기 때문이다.

사람들은 자신의 공덕功德을 과시하기 위해 숱한 말을 하지만, 하늘의 도는 만물에 대해 무한한 은혜를 베풀면서도 자신의 공덕을 과시하기 위한 말이 일체 없다. 이와 관련하여 『논어』「양화」에서도 "하늘이 무슨 말을 하겠는가? 사계절이 운행되고 온갖 만물이 생겨나지만 하늘이 무슨 말을 하겠는가?[天何言哉, 四時行焉, 百物生焉, 天何言哉.]"라고 했으며, 『장자』「지북유知北遊」에서도 "천지는 커다란 아름다움을 가지고 있으면서도 말하지 않고, 사계절은 뚜렷한 법칙이 있으면서도 의론하지 않고, 만물에는 이루는 이치가 있으면서도 언설言說하지 않는다.[天地有大美而不言, 四時有明法而不議, 萬物有成理而不說.]"고 했다.

하늘의 도를 가장 잘 체득한 성인 역시 이와 같다. 즉 백성들에게 가르침을 행하여 무한한 공덕功德을 이루지만 이것은 무위無心 가운데 행해지는 것이므로 공덕을 공덕으로 여기지 않는다. 또한 공덕을 공덕으로 여기지 않으므로 공덕만을 베풀 뿐 이 공덕에 대하여 구차한 말들이 필요가 없다. 이처럼 구차한 말들이 필요 없기에 '말없는 가르침을 행한다'고 하였다.

萬物作(焉)而不爲始(辭), (生而不有,) 爲而不恃, (功)成而不居.

만물을 이루지만 스스로를 근원이 된다고 여기지 않으며, 만물을 생겨나게 하면서도 그것을 자기의 소유물로 여기지 않으며, 은혜를 베풀어도 이것에 기대지 않으며, 공을 이루고도 머무르려 하지 않는다.

주1 왕필본을 비롯한 통행본에는 "만물작언이불사萬物作焉而不辭, 생이불유生而不有, 위이불시爲而不恃, 공성이불거功成而不居."로 되어 있다. 죽간본에는 "만물작이불시야萬物作而弗始也, 위이불지(시)야爲而弗志(=恃)也, 성이불거成而弗居."로 되어 있으며, 백서을본에는 "만물석「작」이불시萬物昔「作」而弗始, 위이불시(=시)야爲而弗侍(=恃)也, 성공이불거야成功而弗居也."로 되어 있다.

　　죽간본과 백서본 뿐만 아니라 경룡본景龍本・경복본景福本・누고본樓古本・팽사본彭耜本・오징본吳澄本 등에도 '언焉'자가 없다는 점에서 '언焉'이 없는 것이 옳다. 또한 '불사不辭'가 죽간본과 백서본에는 '불시弗始'로 되어 있는데, 부혁본傅奕本・성현영본成玄英本・돈황본敦煌本・범응원본范應元本에는 '불위시不爲始'로 되어 있다. '불시弗始' 혹은 '불위시不爲始'가 옳다고 본다. 주2)를 참조 바람. 또한 죽간본과 백서본 뿐만 아니라, 돈황본・수주비본邃州碑本에도 '생이불유生而不有'가 빠져 있다는 점에서, '생이불유生而不有'는 후대 사람에 의해서 첨가된 구절이라고 본다. 왕필본에는 '공성이불거功成而不居'로 되어 있으나, 백서본에는 '성공이불거야成功而弗居也'로 되어 있으며, 죽간본에는 '성이불거成而不居'로 되어 있으며, 범응원본范應元本에는 '공성이불처功成而不處'로 되어 있다. 여기서는 죽간본을 따랐다.

주2 불위시不爲始 :

　　왕필본을 비롯한 통행본에는 불사不辭로 되어 있으나, 부혁본傅奕本・성현영본成玄英本・돈황본敦煌本・범응원본范應元本에는 '불위시不爲始'로 되어 있다. 사辭에 대한 풀이에도 여러가지 견해가 있다. 1)'사양하다'의 뜻으로 보는 견해가 있다. 하상공은 "만물萬物은 제각각 스스로 움직이나, 사양하지 않고 도를 맞이한다.[各自動也, 不辭謝而逆之.]"고 하였다. 2)'말하다'의 뜻으로 보는 견해가 있다. 엄영봉嚴靈峰은 이에 대하여 "사계절이 운행되고 만물이 생겨나지만 하늘이 무슨 말을 하겠는가? 천지에는 커다란 아름다움이 있지만 말하지 않고, 사계절은 밝은 법칙이 있지만 의론議論하지 않고, 만물에는 이루는 이치가 있으면서도 말하지 않는다. 이것을 지칭하여 '대도大道가 만물을 화육化育하되 말하지 않는다'고 하는 것이다.[四時行焉, 百物生焉, 天何言哉! 天地有大美而不言, 四時有明法而不議, 萬物有成理而不說. 此謂大道化育萬物而不言說也.]"라고 하였다. 3)'주재主宰하다'의 뜻으로 보는 견해가 있다. 고형高亨은 사辭를 사司의 뜻으로 보았다. 그 예증으로 10장과 51장에 '장이부재長而不宰'가 있음을 예로써 들고 있다. 그러나 필자의 견해론 '불위시不爲始'가 옳다고 본다. 그 이유를 살펴보면 다음과 같다. 첫째, 현행 왕필본에는 비록 '불사不辭'로 되어 있으나, 17장의 왕필주王弼注에 "대인재상大人在上, 거무위지사居無爲之事, 행불언지교行不言之敎, 만물작언이불위시萬物作焉而不爲始."로 되어 있는 것에 의거해 볼 때 왕필본 역시 본래는 '불위시不爲始'로 되어 있었다고 본다. 둘째, 최고最古의 판본인 죽간본과 백서본에는 '불시弗始'로 되어 있다. '불시弗始'는 부혁본·돈황본·범응원본에서의 '불위시不爲始'와 같은 의미로 '근원이라고 여기지 않는다'의 뜻이다. 따라서 '불위시不爲始' 혹은 '불시弗始'로 보는 것이 타당하다. 노건勞健이 "아마도 두 자는 옛날에 글자 형태가 본래 서로 비슷했다.[蓋二字古文形本相近.]"고 하였듯이, 시始와 사辭는 옛날의 글자 형태가 비슷하여 잘못 옮겨 적은 것 같다.

주3 생이불유生而不有 :

고형高亨 – "불유不有란 만물을 자신의 사유물로 삼지 않음이다.[不有者, 不以萬物爲己之私物也.]"

주4 위이불시爲而不恃 :

고형은 "위爲는 베풂[施]이고, 시恃는 은덕이다. 만물에 은덕을 베풀면서도 은혜로 여기지 않음을 말한 것이다. 마음속으로 은혜로 여긴다는 뜻이다.[爲, 施也. 恃, 德也. 心以爲恩之意也..]"라고 하여, '은혜로 여기다'로 풀이하였는데, 자의 그대로 '기대다' '의존하다'로 봄이 타당하다. 『설문說文』에서 '의지하다[賴也]'라고 풀이하였고, 하상공 역시 34장의 주注에서 "시恃란 기댐이다[恃, 待也.]"고 하였다.

주5 성이불거成而不居

왕필-"사물의 본성을 따라 사용하므로 공은 상대방으로부터 이루어진 것이다. 따라서 그 공에 거처하지 않는다.[因物而用, 功自彼成. 故不居也.]"

※ ● ● 해 설

본 문장의 주어를 도로 볼 수도 있고, 성인으로 볼 수도 있다. 앞 문장의 주어가 성인이란 점에서 성인으로 봄이 옳지만, 여기서의 성인은 도를 체득한 자를 말하므로 도로 보더라도 무난하다. '만물작萬物作'에는 두 가지 풀이가 있다. '만물이 이루어지지만'이라고 풀이하는 방법과 '작만물作萬物'의 도치로 보아 '도가 만물을 이루지만'이라고 풀이하는 방법이 그것이다. 본 문장의 전체 주어가 도라는 점에서 후자 쪽의 풀이가 좋다. 시始는 본원本源 혹은 근본根本의 뜻으로서, '불위시不爲始'는 '근원이 된다고 여기지 않는다'의 뜻이다. '위이불시爲而不恃'에서의 위爲는 '은혜를 베풀다'의 뜻이고, 시恃는 '의존하다恃'의 뜻이다. 성成은 백서본에 '성공成功'으로 되어 있듯이 '공을 이룸이다'의 뜻이다.

본 문장의 의미를 풀이해보면 다음과 같다. - 도는 만물을 생겨나게 했다는 점에서 도는 모든 만물의 근원이 된다. 그러나 도는 만물에 대하여 가장 앞선 근원이 된다고 여기지 않는다. 만물들 제 스스로 생겨난 것이기 때문이다. 도는 만물을 자라나게 하지만 자신의 소유물로 삼지 않는다. 생명체 그 자체가 바로 자신의 주인이기 때문이다. 도는 만물에 대하여 무한한 은덕을 베풀지만 이 공에 의존하지 않는다. 허심虛心한 가운데 은덕을 베풀었기 때문이다. 도는 만물에 대하여 허심虛心한 가운데 은덕을 베풀었으므로 비록 하해河海와 같은 큰 공功이 있지만 공을 공으로 여기지 않는다. 이미 공을 공으로 여기는 마음이 없으므로 만물에 대하여 무한한 은덕을 베풀면서도 공 가운데 머무르려 하지 않는다.

夫唯不居, 是以不去.

머무르려 하지 않으므로 떠나감도 없다.

주   하상공 – "전적으로 공功이 이루어졌으나 직위에 거처하려 하지 않기 때문에, 복과 덕이 항상 있어 자신에게서 떠나가지 않는다.[夫惟功成, 不居其位, 福德常在, 不去其身也.]"

왕필 – "자기한테로 공功을 돌린다면, 그 공은 오래갈 수 없다.[使功在己, 則功不可久也.]"

여길보呂吉甫 – "머무르려 함이 있으면 떠나감도 있게 된다. 자기에게 머무르려 함이 없으니 어찌 떠나가겠는가?[夫有居則有去. 在己無居, 夫將安去哉.]"

••• 해설

여기서의 불거不居는 단순히 '머무르려 하지 않는다'란 의미가 아니다. 애써 겸손히 하려는 것 역시 하나의 인위人爲일 뿐으로서, 겸손하고자 함의 무의식

속에는 오히려 오만함이 깃들여 있다. 따라서 불거不居란 무한한 공功이 있으면서도 저절로 그러한 것일 뿐이라고 여기며 공이 있음을 의식하지 않음이다.

　대립물이란 그 스스로가 규정한 것이 아니라 타자에 의해서 규정된 것이다. '떠나감'이란 말 역시 그 스스로에 의해서 정립된 개념이 아니라, 거처한다는 말에 의해서 정립된 상대적인 개념일 따름이다. 그런데 도의 경우 무한한 공을 이루더라도 공에 머무르려고 하는 일체의 마음이 없다. 만물이 잘 다스려질지라도 자신의 공덕 때문이라고 여기지 않으며, 단지 '저절로 그러했을 뿐이라고 여긴다. 이처럼 머무르려는 일체의 마음이 없으므로, 비록 거처하였다고 할지라도 거처한 것이 아니다. 또한 애초부터 거처한 것이 없는데 어찌 떠날 것이 있겠는가?

제 3 장

不尙賢, 使民不爭.
不貴難得之貨, 使民不爲盜.
不見可欲, 使心不亂
是以聖人之治, 虛其心, 實其腹, 弱其志, 强其骨.
常使民, 無知無欲, 使夫智者, 不敢爲也.
爲無爲則無不治.

(위정자가) 현명함을 중시하지 않는다면 백성들로 하여금 다툼이 없게 할 수 있다.
얻기 어려운 재물을 귀하게 여기지 않는다면 백성들로 하여금 도둑질하지 않게 할 수 있다.
욕심내게 할 만한 것들을 보이지 않는다면 마음을 어지럽히지 않게 할 수 있다.
이런 까닭에 성인의 정치에선 백성들의 마음을 비우게 하고 배를 채우게 하며, 의지를 약하게 하고 기골^{肌骨}을 강하게 만든다.
언제나 백성들을 무지·무욕케 하여, 식자^{識者}들로 하여금 감히 손댈 수 없게 하여야 한다.
무위를 행하게 되면 곧 질서를 이루지 않음이 없게 된다.

不尙賢, 使民不爭.

(위정자가) 현명함을 중시하지 않는다면 백성들로 하여금 다툼이 없게 할 수 있다.

주1 　상현^{尙賢} :

　　왕필본을 비롯한 대다수의 판본에는 상현^{尙賢}으로 되어 있는데, 백서본^{帛書本}・수주본^{遂州本}・경룡비본^{景龍碑本}에는 상현^{上賢}으로 되어 있다. 돈황본^{敦煌本}에는 상현^{尙賢}이 상보^{上寶}로 되어 있다. 상현^{尙賢}이 묵자^{墨子}의 중요한 개념임을 내세워, 상현^{上賢}으로 보아야 한다고 주장하는 학자들도 있다. 그러나 기존의 판본을 좇아 상현^{尙賢}으로 보는 것이 좋다. 그 이유에 대하여 살펴보면, 첫째, 상현^{尙賢}을 묵자 이후의 개념으로 보아야 할 특별한 근거가 없기 때문이다. 상현^{尙賢}은 묵자의 독창적인 개념이기보다는 당시에 유행하던 개념을 그가 차용하여 특화시킨 것에 불과하다. 둘째, 상현^{上賢}으로 볼 경우, 여기서의 상^上은 부정적인 의미로 사용한 것인데, 『노자』에서의 '상^上'자는 대부분 '최상의 것' 혹은 '상대를 초월한 절대'라는 긍정적인 의미로 사용하고 있기 때문이다. '상선^{上善}'(8장), '태상^{太上}'(17장), '염담위상^{恬淡爲上}'(31장), '상덕^{上德}'(38장・41장), '상사^{上士}'(41장), '성인처상^{聖人處上}'(66장) '지^知, 부지^{不知}, 상^上'(71장) 등이 바로 그 예증들이다.

주2 　하상공^{河上公} – "현명함[賢]이란 세속적인 현명함으로서, 말을 잘하여 꾸밈에 밝고, 정도를 벗어나 임기응변[權]만을 행하고, 질박함에서 벗어나 꾸밈에만 주력함을 말한 것이다. 중시하지 않는 자는 녹봉^{祿俸}때문에 현명함을 귀하게 여기지 않고, 관직 때문에 현명함을 숭상하지 않는다.[賢, 謂世俗之賢, 辯口明文, 離道行權, 去質爲文也. 不尙者, 不貴之以祿, 不尊之以官也.]"

　　왕필^{王弼} – "현^賢이란 '능력'이다. 상^尙이란 '훌륭하게 여김'을 지칭한 것이다.[賢, 猶能也. 尙者, 嘉之名也.]"

　　소자유^{蘇子由} – "현명함을 중시하면, 백성들은 현명한 자보다 못함을 치욕으로 여겨 다툼에까지 이르게 된다.[尙賢, 則民恥於不若而至於爭.]"

감산憨山 – "현명함을 중시하게 되면 명예를 좋아하는 된다. 명예란 다툼의 단서이다.[尙賢, 好名也. 名, 爭之端也.]"

●●● 해 설

여기서의 현賢은 '어짊'의 뜻보다는 '현명함' 혹은 '능력'의 뜻으로 사용되었다. 『한서지리지漢書地理志』(28권·하)에서 "주공이 '무엇으로써 나라를 다스리려고 합니까?'라고 묻자, 태공이 '현명한 자[賢]를 등용하여 공功을 이루게 하겠습니다.'라고 답하였다.[周公問, 何以治齊, 太公曰, 擧賢而上功.]"에서의 현賢도 '현명함' '능력'이란 뜻으로 사용되었다. '상현尙賢'은 묵자墨子의 중심 개념 가운데 하나이다. 그러나 '상현尙賢'은 비단 묵자만이 아닌 선진先秦의 많은 사상가들이 중시하는 개념이었다.

당시 춘추전국시대春秋戰國時代의 제후국들은 모두 하나같이 부국강병을 도모하고자 했는데, 부국강병을 도모하기 위해선 현명한 자를 존중하며 기용해야 한다는 것이 당시에 널리 퍼져있던 사상이었다. 그런데 감산은 "현명함을 중시하게 되면 명예를 좋아하는 된다. 명예란 다툼의 단서이다."라고 하였다. 『장자』「인간세人間世」에서도 "덕은 명예심으로 녹아 흐르고, 지식은 경쟁심에서 나온다. 명예란 서로 헐뜯는 것이며, 지식이란 다툼의 도구이다.[德蕩乎名, 知出乎爭. 名也者相軋也, 知也者爭之器也.]"라고 하였다.

현명한 자들은 항상 '옳음'을 말하며, 그 옳음은 대의에 맞는 옳음이라고 강변한다. 그들은 자신의 옳음을 진리와 정의라고 굳게 믿고 있으며, 이 진리와 정의를 지키기 위해선 심지어 죽음조차 마다하지 않는 경우도 많다. 그런데 옳음을 외쳐대는 사람들은 타인의 작은 비판조차 허용하지 못한 채 쉽게 분노하며 자신의 옳음을 방어하고자 혈안이 되곤 한다. 또한 현명한 자들이 모이면 늘 상 싸움만이 일어난다. 그렇다면 과연 그들이 정말로 지키고자 하는 것은 진리와 정의인가, 아니면 진리와 정의라는 이름 속에 감춰진 공명심과 권력욕인가? 또한 자신의 주장을 진리와 정의라고 믿는 그 마음은 신념인가, 아니면 독선인가? 노자와 장자는 현명함이나 지식이란 것은 오히려 다툼의 단서가 된다고 말하였는데, 이것은 현명함을 주장하는 자들의 이면을 깊이 통찰한 말이 아닐 수 없다.

不貴難得之貨, 使民不爲盜.

얻기 어려운 재물을 귀하게 여기지 않는다면 백성들로 하여금 도둑질하지 않게 할 수 있다.

주　　하상공 – "임금이 진귀한 보배를 좋아하지 않아 황금을 산에다 버리고 구슬이나 옥을 연못 속에다 던져버림을 말한 것이다. (이처럼) 위가 맑고 고요하다면 아래도 탐하는 사람이 없게 된다.[言人君不御好珍寶, 黃金棄於山, 珠玉捐於淵. 上化淸靜, 下無貪人.]"

　　소자유 – "얻기 어려운 재화를 귀하게 여긴다면, 백성들이 소유하지 못함을 애통하게 여겨 도둑질하는 데까지 이르게 된다.[貴難得之貨, 則民病於無有而至於盜.]"

● ● ● 해설

'얻기 어려운 재물[難得之貨]'이란 다이아몬드와 같은 귀중한 재물을 뜻한다. 얻기 어려운 재물이란 것은 누구나 귀하게 여기는 것이지만, 실생활에 있어서는 그다지 필요하지 않은 것들이 많다. 그런데도 사람들은 진귀한 것을 탐하여 급기야는 탐하는 것을 얻기 위해서라면 도둑질조차 서슴지 않는다.

노자 당시의 사회를 살펴보자. 위정자들은 많은 세금을 탈취하여 자신들의 창고엔 금은보화와 곡식들로 가득 차 있으면서도, 정작 백성들은 위정자들을 살찌우기 위하여 굶주림에 허덕여야 했다. 위정자들은 그것도 모자라 천하 패권을 장악하기 위하여 온갖 전쟁을 도발하였으며, 이로 인하여 가뜩이나 굶주림에 허덕이던 백성들은 또다시 전쟁터라는 사지死地에서 죽어가야 했다. 이러한 사회적 모순이 생겨난 근본적인 원인은 무엇 때문인가? 노자는 위정자가 자신의 삶에 있어서 필요한 것 이상의 것을 탐하고자 하는 마음을 가졌기 때문이라고 보았다.

그렇다면 이 탐하는 마음은 무엇 때문에 생겨난 것일까? 노자는 탐하는 대상이 있기 때문에 탐하는 마음이 생겨난 것이라고 보았다. 그 단적인 예로 얻기 어려운 재화가 있기 때문에 남의 것을 훔치는 도둑이 생겨났다고 하였다. 그가 이렇게 본 까닭은 인간의 심성을 긍정적으로 보았기 때문이다. 내 마음속에 탐하려고 하는 본성이 있다는 것을 인정하게 되면 이것은 인간의 심성 속에 부정적인 측면도 있음을 인정하는 것이 된다. 그러나 노자는 만물이 도로부터 최상의 가치를 부여받았다고 보았으므로 인간의 심성 속에는 최상의 가치를 간직하고 있다고 믿었다. 따라서 탐하는 원인을 내적인 것에서가 아닌 외적인 것에서 찾고자 하였다.

不見可欲, 使心(民)不亂.

욕심내게 할 만한 것들을 보이지 않는다면 마음을 어지럽히지 않게 할 수 있다.

주1 사심불난 使心不亂 :
왕필본에는 '사민심불난 使民心不亂'으로 되어 있으나, 백서을본에는 '사

민불난使民不亂'으로 되어 있으며, 하상공본에는 '사심불난使心不亂'으로 되어 있다. 유사배劉師培는 '사민심불난使民心不亂'으로 보았으며, 그 이유에 대하여 "『문선文選』「동도부東都賦」의 주注에서 인용한 것은 '사심불난使心不亂'으로 되어 있다. 『주역』「간괘艮卦」에 인용된 공영달孔穎達의 소疏에서도 이 문장을 인용하였는데, 역시 '민民'자가 없다. 아마도 당唐나라 초기에 휘諱하여 이 자字를 없앤 것 같다. 고본古本에는 실제로 '民'자가 있었으며, 위의 두 '民'자와 하나의 운율을 이룬다.[文選東京賦注引作'使心不亂', 易艮卦孔疏引此文亦無'民'字, 蓋唐初避諱刪此字也. 古本實有'民'字, 與上兩'民'一律.]"고 하였다. 고대에서는 윗사람들의 실명實名을 직접 부르는 것을 기피하는 풍습이 있었는데 이것을 '휘諱'라고 한다. 특히 당시 고대사회에서는 왕의 이름을 직접 칭하지 않는 것이 관례였다. 이처럼 유사배는 당나라 고조인 이세민李世民의 이름을 휘諱하여 '민民'자가 빠졌다고 주장하고 있다. 그러나 주겸지朱謙之는 "이처럼 휘諱한 것과 관련이 있다면, 어째서 위에 있는 두 구에서의 '민民'자도 아울러 없애지 않았는가?[此如與避諱有關, 則何不並上兩句'民'字刪之.]"라고 반론을 제기하였다. 필자 역시 주겸지朱謙之의 견해와 같이 '사심불난使心不亂'이 되어야 한다고 본다. 물론 여기서의 심心은 민심民心을 뜻한다.

주2 여길보呂吉甫 – "군자君子가 원하는 것은 어짊이고, 소인小人이 원하는 것은 재화이다. 내가 욕심 낼만한 것들을 전혀 보지 않는다면, 마음이 어지러워지지 않는다.[君子之所欲者賢也, 小人之所欲者貨也. 我皆不見其可欲, 則心不亂矣.]"

● ● ● 해설

많은 학자들은 욕欲을 어짊[賢]·재화[貨]와 대등한 관계로 보아, 앞의 두 문장과 본 문장을 병렬식의 문장으로 보았다. 그러나 가욕可欲이란 욕심을 일으키게 할 만한 것들의 총체를 말한다. 욕심을 일으키게 하는 대상에는 '현賢'과 '화貨'도 내포되어 있다. 이처럼 가욕可欲에는 현명함과 재화가 내포되어 있다는 점에서 본 문장은 앞의 두 문장에 대한 결론 격으로 보는 것이 좋다. 왕필 역시 뒤의 구 문장을 설명하고 나서 결론 격으로 "그러므로 욕심 낼만한 것들을 보이지 않는다면 마음에 어지러운 것이 없게 된다.[故不見可欲, 則心無所亂也.]"고 하였다.

현명함을 숭상하게 되면 공명심에 사로잡히게 되고, 얻기 어려운 재물을 귀하게 여기면 재물을 탐하게 된다. 공명심에 사로잡히게 되면 이 공명심을 얻기 위하여 서로가 자신의 것만이 진리라고 외치며 다툼을 일삼게 되고, 재물을 탐하게 되면 서로가 더욱 많은 재물을 소유하고자 쟁탈을 벌이게 된다. 이것은 곧 사회의 모순을 일으키게 하는 근본원인이기도 하다. 그렇다면 이것에 대한 해결책으로는 무엇이 있겠는가? 노자는 욕심을 일으키게 할 만한 일체의 것들을 애초부터 보이지 않는 것이 상책이라고 주장하였다. "욕심을 일으킬만한 것들을 일체 보이지 않는다면 무엇에 기인하여 욕심이 생겨날 수 있겠는가?"라는 것이 그의 근본적인 취지이다. 노자는 사회모순의 원인을 법가法家나 유가儒家보다도 더욱 근본적으로 파악한 동시에 더욱 근원적인 해결책을 제시하고 있다. 어째서인가?

도둑들이 난무하는 사회가 있다고 하자. 과연 어떻게 해야 도둑들을 없앨 수 있겠는가? 법가·유가·도가는 서로 각기 다른 해결책을 제시하고 있으며, 이들의 주장에는 각기 일장일단이 있다.

한비韓非의 경우 도덕적 교화로부터 얻어지는 효과란 것은 거의 없는 반면에, 형벌이라고 하는 강력한 수단을 발휘하면 곧바로 효과가 나타낸다고 보았다. 이와 관련하여『한비자』「오두五蠹」에서 "지금 버릇이 나쁜 자식이 있다고 하자. 부모가 꾸짖어도 고치지 않았고, 마을 사람들이 나무라도 꿈적도 하지 않았고, 스승과 어른이 가르쳐도 바뀌지 않았다. 이처럼 부모의 사랑과 마을 사람들의 (모범적인) 행동과 스승이나 어른의 지혜라고 하는 세 가지 뛰어난 점이 더해졌는데도 끝내 그의 정강이 털조차 움직이지 않았으므로 버릇을 고치지 못한 것이다. 그런데 고을의 관리가 관병을 거느리고서 공법公法을 시행코자 간악한 사람들을 찾아다닌다고 하자. 그러한 뒤에야 그는 두려워하며 자신의 버릇을 고치고 자신의 행동을 바꾸었다. 이처럼 부모의 사랑을 가지고는 자식을 가르치기에 충분하지 못하며, 반드시 고을 관청의 엄한 형벌을 기다려야 한다. 백성들은 본래 사랑 앞에서는 교만하게 굴지만 위압威壓 앞에서는 경청하는 법이다.[今有不才之子, 父母怒之弗爲改, 鄕人譙之弗爲動, 師長敎之弗爲變. 夫以父母之愛, 鄕人之行, 師長之智, 三美加焉, 而終不動其脛毛, 不改. 州部之吏, 操官兵, 推公法而求索姦人. 然後恐懼, 變其節, 易其行矣. 故父母之愛不足以敎子, 必待州部之嚴刑者. 民固驕於愛, 聽於威矣.]"라고 하였다. 한비韓非의 경우 도덕적 교화로부터 얻어지는 효과란 것은 거의 없는 반면에, 형벌이라고 하는 강력한 수단을 발휘하면 금세 효과를 나타낸다고 보았다.

　한비의 주장처럼 형벌에는 즉시 효과를 보이는 측면이 있으며, 이 점은 법이 갖는 강점이라고 할 수 있다. 그러나 한비가 간과했던 점은 인간의 마음을 진정으로 움직이게 하는 것은 위압威壓에 의해서가 아닌 자발적인 심복心腹에 의해서라는 사실이다. 한비의 주장처럼 버릇이 나쁜 자식이 위압威壓에 의해 일시적으로 자신의 나쁜 행동을 하지 않았다고 하자. 이것은 일시적으로 하지 않은 것일 뿐이지 나쁜 행동을 근본적으로 고친 것은 아니다. 이것은 바로 형벌의 한계이며, 이 한계에 대해서는 유가에서도 이미 잘 갈파하고 있었다. 가령『논어』「위정爲政」에서 공자는 "법령으로 이끌고 형벌로써 다스린다면, 설령 백성들이 이것을 모면한다고 하더라도 수치로 여기지 않을 것이다. 그러나 덕으로써 이끌고 예로써 다스린다면 백성들은 수치심을 알게 되어 바름에 이르게 된다.[道之以政, 齊之以刑, 民免而無恥. 道之以德, 齊之以禮, 有恥且格.]"고 하였다. 이처럼 유가에서는 강제성에 의하여 얻어진 효과의 한계성을 잘 인식하고 있었으므로 도덕적인 교화를 통한 자율을 중요시했다.

　도가의 입장은 유가보다도 더욱 근본적이다. 노자의 경우 이미 사람들을 현혹시키게 할 만한 것들을 만들어 놓고서 법으로 금지하거나 도덕적으로 교화시키려고 한다면, 이것은 거짓 위선만을 만들어 낼뿐이라고 보았다. 애초부터 귀하게 여길만한 것이 없다면 탐함이 생겨날리 만무하다. 가령 공명심功名心을 하나의 뜬구름처럼 여긴다면 무엇을 좇아 공명功名을 위해 다투겠는가? 제아무리 귀한 재화가 있다고 하더라도 이것을 길거리에 나뒹구는 돌멩이처럼 여긴다면 무엇을 좇아 '훔치려는 마음'이 생겨날 수 있겠는가? 이것이 바로 노자가 말하고자 한 근본적인 취지이다.

是以, 聖人之治, 虛其心, 實其腹, 弱其志, 强其骨.

이런 까닭에 성인의 정치에 선 백성들의 마음을 비우게 하고 배를 채우게 하며, 의지를 약하게 하고 기골肌骨을 강하게 만든다.

주　　하상공 – "욕심을 없애고 번잡함을 제거하며, 도를 품고 하나를 안아서 '다섯 가지의 신명함[五神]'을 지킨다.[除嗜慾, 去煩亂, 懷道抱一, 守五神也.]"

　　　왕필 – "마음은 앎[智]을 생각하고 배는 먹을 것을 생각한다. 그러므로 앎을 비우고 무지無知로 채워야 한다.[心懷智而腹懷食. 虛有智而實無知也.]"

　　　감산憨山 – "소인들은 닭이 울자마자 일어나 부지런히 이익을 도모하고, 군자는 닭이 울자마자 일어나 부지런히 명예를 도모하니, 이것이 바로 뜻을 강하게 함이다.…… 백성들이 탐하여 구하는 것들을 스스로 끊어서 경쟁으로 치달으려는 뜻을 일으키지 않는다면, 그 뜻은 저절로 약해진다. 따라서 '뜻을 약하게 하라'고 말하였다.[小人鷄鳴而起, 孳孳爲利, 君子鷄鳴而起, 孳孳爲名, 此强志也.…… 則民自絕貪求, 不起奔競之志, 其志自弱. 故曰弱其志.]"

●●● 해 설

심心은 항상 외물外物에 대하여 반응하기 때문에 자칫 헛된 공명심이나 얻기 어려운 재물 등에 사로잡혀 욕심을 발동하기가 쉽다. 이것은 결과적으로 자신의 순수한 본성을 해쳐, 분쟁·문식文飾·위선 등을 낳게 하는 원인이 된다. 따라서 노자는 마음을 비우라고 했으니, 이것은 곧 욕심을 없애라는 말이다.

'실기복實其腹'에서의 복腹은 12장에 나오는 "성인은 배腹를 위할 뿐이지 눈을 위하지 않는다.[聖人, 爲腹, 不爲目.]"에서의 복腹과 같은 의미로 쓰였다. 눈은 마음과 마찬가지로 감각기관인 동시에 욕을 출입케 하는 통로이기도 하다. 반면에 배란 인간의 소박한 본성을 의미한다. 따라서 '실기복實其腹'이란 인간의 소박한 생명본성에 충실히 할 것을 말한 것이다. 창고에 가득 쌓인 재화나 부귀영화가 우리의 생존에 있어서 얼마나 필요한 것인가? 이 점에 대하여 『장자』「소요유逍遙遊」에서도 "깊은 숲에서 둥지를 친다고 하여도 나무가지 하나면 족하고, 두더지가 강물을 마신다고 하여도 작은 배를 채우는데 불과하다.[鷦鷯巢於深林, 不過一枝. 偃鼠飮河, 不過滿腹.]"고 하였다. 노자 역시 인간에게 있어 필요한 최소의 것만을 추구할 것을 역설力說하였다.

'약기지弱其志'에서의 지志에 대해, 『맹자』「공손추公孫丑」에서의 주자주朱子注에서도 "뜻이란 마음이 나아감이다.[志固心之所之.]"고 했다. 지志란 '마음이 하나의 방향으로 나아감'이란 의미로서, '의지'를 뜻한다. 강한 의지를 갖게 되면 하나의 방향으로만 치닫게 되며, 하나의 방향으로만 치닫게 되면 자연본성으로부터 멀어지게 된다. 따라서 '뜻을 약하게 하라'고 말하였다.

'강기골强其骨'에서의 골骨이란 기골肌骨을 뜻한다. 모든 생명체들은 자연계 속에서 살아가면서 강인한 생명력을 키운다. 인간 역시 자연에 충실히 하며 살아간다면 자연히 강한 생명력을 키우게 될 것이다. 가령 육체

노동을 하게 되면 자연스럽게 기골이 강대해진다. 반면에 강한 의지에 사로잡혀 있는 선비들은 육체노동보다는 골방에 처박혀 독서와 사색에 골몰하기에 자연히 왜소한 체격을 갖게 된다. 따라서 '강기골強其骨'이란 활동함의 결과로서 나타난 자연스런 모습을 형용한 것이다.

常使民, 無知無欲, 使夫智(知)者, 不敢爲也. 爲無爲則無不治.

언제나 백성들을 무지 · 무욕케 하여 식자識者들로 하여금 감히 손댈 수 없게 하여야 한다. 무위를 행하게 되면 곧 질서를 이루지 않음이 없게 된다.

주1 왕필본 · 하상공본 등 통행본에는 "사부지자使夫智者, 불감위야不敢爲也. 위무위칙무불치爲無爲則無不治."로 되어 있는 반면에, 백서본에는 "사부지使夫知, 불감不敢, 불위이이弗爲而已, 칙무불치의則无不治矣."로 되어 있다. 성현영본成玄英本에도 '사지자使知者, 불감불위不敢不爲, 칙무불치則無不治'로 되어 있어, 백서본과 거의 비슷하다. 수주비본遂州碑本에도 '불감불위야不敢爲也'로 되어 있다. 주겸지朱謙之 또한 '불감불위不敢不爲'가 옳다고 보았다. 그 이유로 '불감不敢' '불위不爲'는 앞 문장의 '무지無知' '무욕無欲'과 서로 대구를 이루기 때문이라고 주장하였다. 주겸지의 주장에도 일리가 있지만, 여기서는 통행본을 따랐다.

　　왕필본을 비롯한 다수의 판본에는 '지자智者'로 되어있는데, 부혁본傅奕本 · 경룡본景龍本 · 어주본御注本 · 돈황본敦煌本 등에는 '지자知者'로 되어 있으며, 백서을본에는 '지知'로 되어있다. '지智'자가 옳다고 본다. 『노자』에서는 지知와 지智를 구별해 사용하고 있다. 지知란 '진정한 앎'이란 뜻으로, 노자

제3장 61

는 이것을 대체로 긍정의 뜻으로 보았다. 가령 47장에서 "그 나아감이 더욱 멀수록 앎이 더욱 적어진다[其出彌遠, 其知彌少]"고 하였으며, 56장에서도 "아는 자는 말하지 않는다[知者不言]"고 하였다. 반면에 지智는 '영민함' '분별지分別智'의 뜻으로 사용되었으며, 이 경우에는 대부분 부정적인 뜻을 담고 있다. 가령 18장에서 "총명함이 생겨나자 이에 큰 거짓이 있게 되었다.[慧智出, 安有大僞.]"고 하였으며, 19장에도 '절성기지絶聖棄智'를 말하였다. 본 문장에서도 부정적인 의미로 사용하고 있다는 점에서 지자智者로 보는 것이 좋다.

주2　엄영봉嚴靈峰 – "백성들에게 지智가 없다면 어짊을 숭상하지 않게 되며, 욕심이 없다면 재화를 귀하게 여기지 않게 된다. 따라서 백성들에게 참됨[眞]을 지키게 하고 참된 본성[樸]으로 돌아가게 한다면 무지無智·무욕無欲할 것이다."

• • • 해 설

여러 학자들은 본 문장을 들어서 노자가 '우민정치愚民政治'를 주장했다고 말하고 있다. 가령 임계유任繼愈는 "노자는 우민愚民을 주장하였는데, 이것은 인민의 두뇌가 단순할수록 통치하는 데 더욱 편리하다고 인식하였기 때문이다. 이 점은 공자가 '백성들은 따라오게 할 수는 있어도, 그들로 하여금 알게 해서는 안 된다'고 한 우민정책과 일치한다."고 말하였다.(『老子新譯』, 66쪽.) 그러나 이러한 해석은 노자의 사상을 근본적으로 곡해한 것이다. 우민정치의 목적은 권력자의 권력강화에 있다. 따라서 노자가 우민정치를 주장했다면, 그 의도는 필시 권력강화에 있었을 것이다. 그렇지만 노자는 누구보다도 지배자의 통치 권력을 비판한 사상가였다. '사부지자, 불감위야使夫智者, 不敢爲也'란 말이 이를 잘 보여주고 있다. 여기서의 지자智者란 식자층을 말한 것이지만, 동시에 통치계급을 뜻한다. 노자는 이 통치계급이 감히 다스릴 수 없도록 해야 한다고 말한 것이다.

그렇다면 노자는 어째서 통치계급이 백성들을 다스리는 것에 대하여 반대하고 있는가? 『맹자』 「등문공滕文公」(상)에 "'그러므로 옛말에 이르기를 '혹은 마음을 수고롭게 하기도 하고 혹은 몸을 수고롭게 하기도 한다. 마음을 수고롭게 하는 자는 남을 다스리고, 육체를 수고롭게 하는 자는 남에게서 다스림을 받는다.'고 하였다. 남에게서 다스림을 받는 자가 남을 먹여주고, 남을 다스리는 자가 남에게서 얻어먹는 것은 천하에 통용되는 이치이다.[故曰, 或勞心, 或勞力. 勞心者治人, 勞力者治於人. 治於人者食人, 治人者食於人, 天下之通義也.]"라고 하였다. 맹자는 마음을 수고롭게 한 자가 그 대가로 녹봉祿俸을 얻는 것은 정당한 일이라고 보았다. 그러나 노자가 보기에 이것은 참으로 가소로운 주장이 아닐 수 없다. 노자는 뜻만을 일삼는 통치자들에 대하여 53장에서 "조정은 지나치게 정돈되어 있고, 논밭은 아주 황폐해졌고, 창고는 텅 비어 있다. 게다가 위정자들은 화려한 비단옷을 입었으며, 예리한 칼을 찼으며, 물리도록 먹고 마셨으며, 재화財貨는 (물 쓰듯 써도) 남아돌았다. 이것을 일러 '도둑질하여 얻은 부귀영화'라고 하는 것이니, 참다운 도가 아니다.[朝甚除, 田甚蕪, 倉甚虛. 服文綵, 帶利劍, 厭飮食, 財貨有餘, 是謂盜夸, 非道也哉.]"라고 신랄하게 비난하고 있다.

도대체 위정자들은 백성들에게 어떠한 혜택을 주었는가? 노자가 보기에 위정자들은 국가를 위한 것이라는 명분하에 백성들을 전쟁터인 사지死地로 몰아넣었으며, 백성들의 고혈膏血을 짜서 포식과 사치만을 일삼았으며, 온갖 법령을 만들어서 백성들을 그물질하여 죄인으로 몰아넣었으며, 이기利器를 만들어서 백성들의 마음을 혼란스럽게 했으며, 문식文飾을 조장하여 백성들의 소박한 본성을 없애고 꾸밈에만 치중케 하였을 뿐이었다. 따라서 통치자가 백성들을 간섭하지 않는 정치를 최상의 정치라고 보았다. (17장 참조) 그의 '무위정치無爲之治'도 바로 이러한 배경 하에서 나온 것이다.

그렇다면 노자는 어째서 무지無知·무욕無欲을 말하였는가? 위정자들은 자신들의 통치를 용이하도록 하기 위해서 통치의 정당성을 들고 나오기 마련이다. 가령 국가가 강해져야 외적의 침략을 막아 백성들의 목숨을 보존할 수 있다든지, 나라가 부강해야 백성들이 잘 살 수 있다든지, 뛰어난 문화를 배워야 선진국민이 된다든지, 지식과 문명의 이기利器를 잘 습득하여야 생활이 풍요로워진다든지 하는 것들을 주장한다. 이러한 주장들은 매혹적이므로 현혹되기 쉽다. 만일 백성들이 이들의 말에 현혹된다면 아무리 권력을 비판한들 소용없는 일이다. 노자가 백성들의 무지·무욕을 주장한 이유도 바로 여기에 있다. 즉 백성들이 위정자의 말에 현혹된 까닭은 앎과 욕欲에 대한 집착 때문이므로, 백성들로 하여금 무지·무욕케 한다면 통치자들이 감언이설로 그들을 아무리 현혹시키더라도 그들의 마음을 동요시킬 수 없다고 보았던 것이다.

그런데 노자가 '우민정치'를 주장했다는 견해와는 정반대로, 국가와 권력을 일체 부정하는 '무정부주의'를 주장했다고 보는 견해들도 많다. 노자는 분명 국가와 권력을 비판하고는 있지만, 그렇다고 이 비판을 곧바로 국가와 권력을 부정한 것이라고 보는 것은 지나친 확대해석이다. 노자가 가장 이상적 인물로 내세운 성인聖人은 비록 도를 완전히 체득한 자이지만, 이와 동시에 백성들을 다스리는 군주란 뜻을 내포되어 있다. 이처럼 성인과 군주를 동일시했다는 것은 군주의 필요성을 긍정하였음을 의미한다. 또한 성인의 치를 말한 이상 위정자의 다스림 또한 긍정하고 있다.

그러나 여기서 유의할 점은 노자가 말한 치治는 단순히 '통치統治'를 의미하는 것이 아니라, 난亂에 대립되는 '질서'를 의미한다는 점이다. 치에는 '통치'와 '질서'라는 두 가지 뜻이 있으며, 당시에는 양자를 거의 동일한 개념으로 사용하였다. 왜냐하면 통치란 것은 곧 '질서 이룸'을 뜻하기 때문이다. 그러나 노자에게 있어서의 통치는 비록 아무리 잘 다스린다고 할지라도 궁극적으로 유위有爲의 범주에 속한다. 따라서 무위 속에는 인위적인 통치에 대한 부정의 뜻을 담고 있다. 당시 사람들은 왕의 통치가 없다면 혼란을 초래한다고 보았던 반면에, 노자는 위정자의 통치가 없어야 오히려 '무불치無不治'의 이상을 실현시킬 수 있다고 보았다. 여기서의 '무불위無不治'란 '질서를 이루지 않음이 없음'을 뜻한다. 노자는 위정자의 통치를 통하여 질서를 구현하고자 했던 기존의 사고와는 달리, 위정자의 통치를 배제함으로 해서 질서를 구현하고자 했던 것이다.

제 4 장

道沖, 而用之又不盈.
淵兮, 似萬物之宗.
(挫其銳, 解其紛, 和其光, 同其塵.)
湛兮, 似或存.
吾不知其誰之子, 象帝之先.

도는 텅 비어 있지만, 그것을 사용함에 또한 다함이 없다.
깊어서 흡사 만물의 조상인 듯하다.
(그 날카로움을 꺾어서 어지러움을 풀고, 그 빛을 조화롭게 하여 티끌들을 같게 한다.)
깊어서 흡사 있는 듯 없는 듯하다.
내 누구의 자식인지 모르겠으나, 아마도 천제天帝보다 앞서는 것 같다.

道沖, 而用之又(或)不盈.

도는 텅 비어 있지만, 그것을 사용함에 또한 다함이 없다.

주1 충沖:

충沖에 대하여 하상공河上公은 '충沖, 중야中也.'라고 하여 '중中'의 뜻으로 보았고, 진상고陳象古는 '충沖, 화야和也.'라고 하여 '화和'의 뜻으로 보았으나 타당하지 않다. 부혁본傅奕本에는 충盅으로 되어 있다. 유월俞樾은 "『설문說文』「명부皿部」에 '충盅은 그릇이 빈 것이다. 노자가 〈도충이용지道盅而用之〉라고 말했다.'고 하였다. 충盅의 뜻은 허虛로서, 영盈과 더불어 정반대가 된다. 충沖이라고 쓴 것은 차자借字이다.[說文皿部, 盅, 器虛也. 老子曰, 道盅而用之. 盅訓虛, 與盈正相對. 作沖者, 假字也.]"라고 하였다. 초횡焦竑도 "충沖은 원본에 충盅으로 되어 있다. 그릇이 비어있음이다.[沖本作盅. 器之虛也.]"라고 하였다.

주2 우又:

왕필본王弼本을 비롯한 다수의 판본에는 혹或으로 되어 있는데, 혹或에는 크게 세 가지 견해가 있다. 1)상常의 뜻으로 보는 견해가 있다. 하상공은 "혹或은 항상됨이다.[或, 常也.]"라고 하여, 혹或을 상常의 뜻으로 보았다. 유월俞樾은 "당唐나라 경룡비景龍碑에는 혹或이 구久로 되어 있다.[唐景龍碑或作久.]"고 하였으며, 주겸지朱謙之도 이에 의거하여 혹或을 구久의 뜻으로 보았다. 2)'추측'의 뜻으로 보는 견해가 있다. 감산憨山은 "혹或과 사似는 모두 단정하지 않음에 대한 말이다.[或, 似, 皆不定之辭.]"라고 했으며, 소자유蘇子由도 '사불영似不盈'이라고 풀이하여 혹或을 '사似'의 뜻으로 보았다. 3)'우又'의 뜻으로 보는 견해가 있다. 엄영봉嚴靈峰은 우又의 뜻으로 풀이하였으며, 상이본想爾本・수주본遂州本・돈황갑본敦煌甲本・범응원본范應元本에는 '우又'로 되어 있다.

'우又'로 보는 것이 옳다. 그 이유에 대하여 살펴보자. 1) 하상공은 혹或

을 상常의 뜻으로 풀이하고 있지만, 혹或에는 상常의 뜻이 없다는 점에서 혹을 상의 뜻으로 풀이한 것은 타당하지 않다. 유월이나 주겸지가 혹或을 구久로 본 근거로써 당唐나라 경룡비본景龍碑本의 '구불영久不盈'을 들고 있지만, 유사배劉師培는 경룡비본에 있는 구久는 우又를 잘못 판독한 것이라고 주장하고 있다. 따라서 상常으로 보는 견해는 타당하지 않다. 2)'추측'의 뜻으로 보는 견해 역시 타당하지 않다. 왜냐하면 노자는 도 자체의 경우엔 우리들의 인식으로써 규정할 수 없기 때문에 추측으로 묘사하고 있지만, 그 작용에 있어서는 무한함을 갖는다고 단정적으로 말하고 있기 때문이다. 5장에서 "움직일수록 더욱 나온다.[動而愈出]"고 한 것과 6장에서 "그것을 사용함에 다함이 없다.[用之不勤]"고 한 것이 그 단적인 예이다. 3)왕필은 주注에서 '우부불영又復不盈'이라고 하여 혹或을 우又로 풀이한 것으로 보아, 왕필본에는 본래 '우又'로 되어 있었다고 볼 수 있다. 4)백서을본帛書乙本에는 '유불영야有弗盈也'로 되어 있다. 고어古語에서는 유有와 우又가 서로 통용되므로, 여기서의 유有와 우又는 같은 글자이다. 5)본 문장을 인용한 다른 텍스트3에서도 우又로 되어 있다. 그 예증으로『회남자淮南子』「도응훈道應訓」에 "도충道沖, 용지우불영야用之又弗盈也."라고 하였으며,『문자文子』「미명微明」에도 "도충道沖, 용지우불만야用之又不滿也."라고 하였다.

주3 불영不盈 :

고형高亨은 "'도충道沖, 이용지혹불영而用之或不盈.'이란 도는 허虛이지만 그것을 사용함에 혹 '다함이 없음[不盡]'을 말한 것이다. 6장에서 도를 지칭하여 '용지부근用之不勤'이라고 말하였는데, 근勤 역시 '진盡'의 뜻이다. 35장에서 도를 지칭하여 '용지불가기用之不可旣'라고 말하였는데, 기旣 역시 '진盡'의 뜻이며, 아울러 이 구句와 같은 뜻이다. 또한 5장에서 '용이불굴虛而不屈'이라고 하였는데, 굴屈 또한 '진盡'의 뜻이다. 45장에서 '대영약충, 기용불궁大盈若沖, 其用不窮.'이라고 하였는데, 궁窮 역시 '진盡'의 뜻이다."고 하여, 다함이

없다^{주盡}의 뜻으로 보았다. '사용하지만'에 상응하는 말로는 '채워짐이 없다'
보다는 '다함이 없다'가 문의^{文釋}에 적합하다는 점에서 고형의 견해가 옳다
고 본다.

^{주4}   왕필 – "한 집안을 다스릴 역량만을 가진 사람은 집안을 온전히 할 수
없으며, 한 나라를 다스릴 역량만을 가진 사람은 나라를 이룰 수가 없다.
왜냐하면 사력을 다해 무거운 것을 들면 (더 이상) 힘을 쓸 수가 없기 때문
이다. …… 비어 있는 것을 사용하게 되면 제아무리 많이 사용하더라도 다
할 수가 없다. 반면에 가득 찬 상태에서 새로운 내용물[實]을 담으려고 할
경우 내용물이 들어오더라도 하더라도 곧 넘치고 만다.[夫執一家之量者, 不能
全家, 執一國之量者, 不能成國. 窮力擧重, 不能爲用. …… 沖而用之, 用乃不能窮. 滿以
造實, 實來則溢.]"

　　소자유^{蘇子由} – "도는 텅 비어 있어서 지극한 무일 따름이다. 그러나 그
것으로써 온갖 유에로 나아가게 되면, 비록 천지가 아무리 크고 산하^{山河}가
아무리 넓다고 하더라도 두루 미치지 않음이 없다.[夫道沖然至無耳. 然以之
適衆有, 雖天地之大, 山河之廣, 無所不遍.]"

● ● ● **해 설**

충^沖은 영문으로 '무한히 큰 그릇(limitless vessel)'으로 번역되기도 하고 '빈
그릇(empty vessel)'으로 번역되기도 하는 데, 노자에게 있어서 양자의 의미
는 서로 통한다. 충^沖은 본래 '그릇이 비어 있다'는 뜻으로 무에 대한 이칭<sup>異
稱</sup>이다. 『회남자』「원도훈」에선 "비어 있음으로 해서 더디게 채워진다.[沖
而徐盈]"고 하였는데, 충^沖에 대한 고유주^{高誘注}에서 '허야^{虛也}'라고 하였다.
이에 의거할 때, 충^沖은 충^盅과 동자^{同字}로서 '허^虛'의 뜻이다. 따라서 '도충^{道沖}'
이란 도가 허^虛로 있음을 뜻한다. 흔히 허^虛를 단순히 '없음(Nothing)'으로
생각하기 쉬운데, 허가 만일 '존재의 없음'이라고 한다면 다음 구절의

'그것을 사용함에 또한 다함이 없다[用之又不盈]'에 대한 설명이 불가능해진다. 다음 구절에 의거할 때 허虛가 단순히 '없음'이 아님을 알 수가 있다. 그렇다면 노자는 어째서 허에서 무한한 것들이 나올 수 있다고 보았는가?

　　노자가 말한 무는 존재에 대한 부정사가 아니며, 한정限定에 대한 부정사이다. 한정을 이루게 하는 것은 경계에 의한 것이므로 한정에 대한 부정은 곧 경계에 대한 부정이기도 하다. 노자가 경계의 무를 말한 까닭은 경계가 존재를 제약한다고 보았기 때문이다. 가령 작은 컵과 큰 컵이 있다고 하자. 대소 여하에 따라서 컵 안의 내용물이 규정되어진다. 즉 작은 컵은 그 컵의 경계만큼 존재를 담을 수 있고 큰 컵은 그 컵의 경계만큼 존재를 담을 수 있다. 이처럼 존재의 대소는 바로 컵이라고 하는 경계의 대소에 의해서 제약되어진다. 노자가 경계의 무를 말한 까닭도 경계에 의해서 한정되어진 존재들을 제약으로부터 벗어나게 하고자 함이었다. 따라서 충沖은 '빈 그릇(empty vessel)'을 뜻하지만 이와 동시에 '무한히 큰 그릇(limitless vessel)'을 뜻하기도 하다.

　　그러나 노자가 단순히 경계의 무만을 주장했다면 다음과 같은 의혹이 제기될 것이다. 그것은 "우리가 무엇인가를 담으려고 한다면 반드시 담을 수 있는 그릇이 있어야 한다. 그런데 노자의 주장처럼 경계가 없다고 한다면 이것은 곧 담을 수 있는 그릇 자체가 없는 것과도 같다. 이에 의거해 본다면, 노자가 비록 '무한'의 무를 말하였다고는 하지만 결과적으로 '없음'의 무를 말한 것과 같지 않은가?"하는 점이다. 여기서 유의할 점은 노자가 경계 자체를 부정한 것이 아니라는 사실이다. 노자가 말한 무는 '유를 포함한 무[有之無]'이며, 유는 '무를 포함한 유[無之有]'이다. 유有에 의해서 다양한 만물이 생겨났다는 것은 곧 유에 의해서 만물의 경계가 이루어졌다는 의미와도 통한다. 왜냐하면 다자多者가 되었다는 것은 필연적으로 경계가 있음을 전제로 하기 때문이다. 노자는 유의 이러한 기능을 부정하지 않았을 뿐만 아니라, 유 역시 도의 한 속성이라고 보았다. 또한 유가 도의 한 속성이라는 점에서 경계를 이룸 역시 도의 한 속성이라고 할 수 있다. 다만 만물은 개별성을 갖지만 이와 동시에 도 본연의 모습인 일자一者로 복귀해야 한다. 이에 의거할 때 경계는 존재를 규정짓는다는 입장에서는 취해져야 하지만, 한정짓는다는 입장에서는 버려져야 한다. 따라서 노자가 말한 경계의 무는 규정해주는 경계 자체를 부정한 것이 아니라, 다만 한정하여 제약시키는 경계境界를 경계警戒한 것이다.

淵兮, 似萬物之宗.

깊어서 흡사 만물의 조상인 듯하다.

주1   연혜淵兮 :

감산憨山 – "연淵이란 고요하고 깊어 움직이지 않음이다.[淵, 靜深不動也]"

주2   종宗 :

고형高亨 : "종宗, 조야祖也."

주3   하상공 – "도는 깊어서 알 수가 없으나 아마도 만물의 조상인 듯하다. [道淵深不可知也, 似爲萬物之宗祖.]"

감산 – "도체道體는 깊고 적막하지만, 그 실제에 있어서는 만물을 발육시키고 만물로 하여금 귀의歸依하도록 한다. 단지 생겨나게 할 뿐 소유하지 않으며, 이루게 할 뿐 주재하지 않는다. 따라서 '흡사 만물의 종宗과 같다'고 말했다.[道體深淵寂寞, 其實能發育萬物, 而爲萬物所依歸. 但生而不有, 爲而不宰. 故曰似萬物之宗.]"

● ● ● 해 설

연淵은 8장의 '마음에 있어서 깊은 곳에 잘 처하며[心善淵]'에서의 연淵과 같은 뜻으로 '깊다'의 뜻이다. 연혜淵兮는 '깊은 모양'을 뜻한다. 종宗은 조종祖宗과 같은 말로서, 도가 만물의 조상이 된다고 하는 '근원'을 뜻한다.

각각의 만물들은 도를 얻어서 생겨났다. 만물이 도에 의해서 생겨났다는 점에서 도는 만물에 대하여 근원적인 조상이 된다. 이런 맥락에서 보면 도와 만물은 조물주와 피조물의 관계로서 기독교에서의 하나님과 피조물의 관계처럼 보일 수도 있다. 그러나 기독교에서의 하나님과는 다음과 같은 차이점이 있다. 첫째, 기독교에서의 하나님은 시공時空을 초월해 있다는 점에서 초월적인 반면에, 도는 시공 안에 머무르면서 자신을 전개시켜 나간다는 점에서 내재적內在的이다. 둘째, 기독교에서의 하나님과 만물의 관계는 조물주와 피조물이라고 하는 주종主從의 관계이지만, 도와 만물의 관계는 상호 합일을 구하는 대등한 관계이다. 셋째, 기독교에서는 시간이란 하나님의 섭리에 의해 예정되어진 것을 구현해가는 과정이라고 보았다는 점에서 목적론을 갖고 있지만, 도를 얻어 생겨난 각각의 만물들은 그 스스로가 생화生化하기 때문에 목적론이 없다.

이상과 같이 기독교에서의 하나님과 도가 상이한 차이점을 보인 까닭은 무엇 때문인가? 그 단적인 원인은 도가 만물의 조상 혹은 근원이 되기는 하지만 그렇다고 도가 만물을 창생創生한 것이 아니기 때문이다. 도와 만물은 일자一者와 다자多者의 관계로서, 여기서의 다多는일에 의해서 창조된 것이 아니라 단지 분화分化된 것이다.(42장 참조)

挫其銳, 解其紛, 和其光, 同其塵.

본 문장은 56장에도 똑같이 수록되어 있다. 대다수 주석가들은 56장의 문장이 본 장에 잘못 들어간 것이라고 주장하고 있다. 본 문장은 전체 문장과 연결시켜 볼 때 앞 뒤 논리가 맞지 않다는 점에서, 56장의 문장이 잘못 들어온 것이라는 주장이 타당해 보인다. 56장을 참고하기 바람.

湛兮, 似或存.

깊어서 흡사 있는 듯 없는 듯하다.

주1 혹或 :

  왕필본을 비롯한 통행본에서는 "잠혜湛兮, 사혹존似或存."으로 되어 있으며, 대다수 학자들은 혹或을 사似의 뜻으로 보아 추측의 말로 해석하고 있다. 경룡본景龍本・어주본御注本에는 '잠상존湛常存'으로 되어 있고, 상이본想爾本・돈황갑본敦煌甲本・수주본遂州本에는 '잠사상존湛似常存'으로 되어 있다.

주2 잠혜湛兮 :

  해동奚侗 - "도道는 볼 수 없기 때문에, 잠湛이라고 하였다. 『설문說文』에 '잠湛은 은닉됨이다[湛, 沒也.]'고 하였다."

  엄영봉嚴靈峰 - "도가 깊이 간직되어 있어서 이름이 없고, 적막하여 형체가 없기 때문에, '잠혜湛兮'라고 하였다.[道隱無名, 寂寞無形, 故曰湛兮.]"

주3 소자유 - "비록 있지만 사람들은 그것을 알지 못하기 때문에, '흡사 있는

듯하다'고 하였다.[雖存而人莫之識, 故曰, 似或存耳.]

● ● ● 해 설

잠湛은 연淵과 같은 말로 '깊다'의 뜻이며, '혹존或存'은 6장의 '면면약존綿綿若存'에서의 '약존若存'과 같은 말로서, '혹존혹망或存或亡'이 생략된 형태이다. 이것은 있는 듯 없는 듯 알쏭달쏭함을 뜻한다. 이와 유사한 표현으로 21장의 황恍·홀惚이 있다. 황·홀 역시 도에 대한 표현으로, '있는 듯[恍]' '없는 듯[惚]'의 뜻이다. 15장에서 "깊어서 알 수가 없다.[深不可識]"고 한 것처럼, 깊을수록 그 안을 알기가 어렵기에, '깊어서 있는 듯 없는 듯 하다'고 말한 것이다. 그러나 물이 깊을수록 그 안에 더욱 많은 것이 내재되어 있듯이 도 역시 깊을수록 더욱 많은 것을 그 안에 간직하고 있다. 따라서 '있는 듯 없는 듯하다'는 것은 있는지 없는지 알지 못하겠다는 '불가지不可知'를 말한 것이 아니라, 무한한 것을 함장含藏하고 있음을 역설적으로 표현한 것이다.

吾不知(其)誰之子, 象帝之先.

내 누구의 자식인지 모르겠으나, 아마도 천제天帝보다 앞서는 것 같다.

주1 왕필본에는 '기其'자가 없으나, 백서본·경복본景福本·범응원본范應元本 등에는 '기其'자가 있다. 장석창蔣錫昌은 "왕필본에는 지知 아래에 '기其'자가 있다. 25장에서의 왕필주王弼注인 '부지기수지자不知其誰之子'는 본 문장을 끌어들인 것으로서, 그 증거가 된다."고 하였다. '기其'자가 있는 것이 타당하다.

주2 상象 :

　　성현영成玄英 – "상象, 사야似也."

　　엄영봉 – "상像,본뜨다과 통한다. 『주역』「계사전繫辭傳」에서 '상象이란 이것을 본뜬다는 것이다.[象也者, 像此者也]'고 하였듯이, 사似와 같은 뜻이다."

주3 제帝 :

　　왕필은 "제帝는 천제天帝이다.[帝, 天帝也]"라고 풀이하였으며, 성현영은 "제帝는 하늘이다.[帝, 天也.]"라고 풀이하였다. 풍달보馮達甫가 "여기서 말한 제帝는 곧 자연自然을 대신하여 칭한 것으로, 종교가들이 소위 말하는 상제上帝와 같은 것은 아니다."고 풀이한 것이 좋다.

주4 하상공 – "도는 흡사 천제天帝보다 앞서 있었던 것 같다고 했는데, 이것은 도란 천지가 생겨난 것보다 앞서 있음을 말한 것이다.[道似在天帝之前, 此言道乃先天地生也.]"

　　왕필 – "땅은 형체를 고수하였으므로 그 덕성은 만물의 실어줌을 넘어설 수가 없으며, 하늘은 상象에 만족해하므로 그 덕성은 만물의 덮어줌을 넘어설 수가 없다. 이처럼 천지는 (도에) 미칠 수가 없으므로 천제帝보다 앞서있는 것 같지 아니한가?[地守其形, 德不能過其載, 天慊其象, 德不能過其覆. 天地莫能及之, 不亦似帝之先乎.]"

• • • 해 설

『한비자』「해로解老」에서 "사람들은 살아있는 코끼리를 거의 볼 수가 없으므로 죽은 코끼리의 뼈를 얻어 살아 있는 모습을 상상함으로 해서 그 모습을 그려보았다. 따라서 사람들이 추측하는 것들을 모두 '상象'이라고 한다.[人希見生象也, 而得死象之骨, 案其圖以想其生也. 故諸人之所以意想者, 皆謂之象也.]"고 하였다. 이와 같이 상象은 사似의 뜻으로 '무엇일 것이다'라고 하는 추측의 뜻이다. "도가 누구의 자식인 모르겠다."고 한 것은 도를 생겨나게 한 근원에 대해서 알지 못하겠다는 뜻이다. 그러나 노자는 이와 동시에 '상제지선象帝之先'이라고 말하였다.

노자가 인격적인 상제上帝의 존재를 인정했다고 보기 어렵다는 점에서, 제帝는 인격성을 가진 상제上帝 즉 신神이기보다는 천지 대자연의 영묘함을 인격화한 것이라고 볼 수 있다. 서복관徐復觀의 말에 의거하면, 천天과 제帝는 서로 상응하는 것으로서, 제帝가 지고무상至高無上한 신적 인격성을 표현한 것이라면, 천天은 이 하나의 인격신이 거주하는 세계를 표현한 것이다. (『中國人性論史』, 18쪽 참조.) 즉 천天과 제帝는 하나로서, 다만 천은 자연계라는 물질적 입장에서 칭한 것이고, 제는 주재主宰적인 입장에서 칭한 것이다. 따라서 도가 상제보다 앞서 있다는 말은 도가 천지보다 앞서 존재하였음을 뜻한다. 도가 천지보다 앞서 있다는 점에 대하여 25장에서 "물物과 뒤섞인 것이 있는데 이것은 천지가 생겨난 것보다 앞서 있다.[有物混成, 先天地生.]"고 하였으며, 『장자』「대종사大宗師」에서도 "도는 천지가 있기 이전에 옛날부터 본래 있어왔다.[未有天地, 自古以固存.]"고 하였다.

도가 천지보다 앞서 있다고 하는 사고는 당시의 상식에 비추어볼 때 다소 파격적이다. 당시까지만 하여도 만물의 궁극적인 근원을 천지로 보았으며, 천지 이전의 것을 소급하지 않았다. 이와 관련하여 『묵자』「경설經說」에서 "하늘이 붕괴되는 일이 없다는 것은 본래부터 없는 것을 없다고 한 것이다.[無天陷, 則無之而無.]"라고 하였다. 하늘이란 영원한 것이어서 결코 붕괴되는 일이 없다. 따라서 '하늘이 붕괴되는 일이 없다'는 것은 없는 것을 없다고 말한 동어 반복에 지나지 않는다는 의미이다. 이 진술은 하늘을 무시무종無始無終한 영원한 것으로 보았던 당시의 상식을 반영한 것이다.

그렇다면 노자는 어째서 도를 하늘보다 앞선 존재로 보았는가? 이에 대하여 고야나끼 시께다小柳司氣太는 "노자는 눈에 보이는 자연계의 현상現象, 또는 음양陰陽·오행五行의 착종변화를 설명하는 사상을 배척하고 나아가 그 대원리大原理를 파악하여 무명無名이라고 불렀다. 이를 송유宋儒들의 말로 표현하면 '당연한 이치[當然之理]'에서 '어떠한 원인으로서의 이치[所以然之理]'로 일보 전진했던 것이다."고 하였다.(『老莊の思想と道敎』, 78쪽.) 당시 선진시대의 자연관은 감각에 의해 나타난 세계에 기초하고 있다. 노자 역시 감각에 의해 나타난 총체적 세계를 추상화시켜 '천지天地'라고 지칭하였는데, 이것은 오늘날의 자연계와 비슷한 개념이다. 그런데 당시의 사람들은 천지를 만물의 근원으로 보았으므로, 천지에 앞선 어떠한 근원을 상정하지 않았다. 반면에 노자는 현상 세계인 천지는 유형·무명의 세계라는 점에서 이미 규정된 세계이기에 근원자가 될 수 없으며, 필시 이 천지보다 앞서 있는 무규정의 세계인 근원자가 있을 것이라고 보았다. 이 근원자는 태초부터 있어 왔으며 무한한 작용을 통하여 만물을 생성하였다. 또한 현상 세계가 이미 이루어졌을 때에도 이 현상계와 더불어 지속적으로 존재하여 왔다. 노자는 이 근원자를 '도道'라고 칭하였다.

    모든 만물의 근원을 계속 소급해 나아간다면 도보다 앞선 또 하나의 근원이 있을 수도 있다. 그러나 노자는 그 근원의 근원에 대해선 알 수 없다고 말하고 있다. 따라서 "도가 누구의 자식인 모르겠다."고 고백하였다. 도가 비록 무엇으로부터 근원하였는지에 대해서는 모르겠지만 최소한 천지보다는 앞서 있는 것이라고 생각하였다. 따라서 '아마도 천제天帝보다 앞서는 것 같다'고 하였다.

제 5 장

天地不仁, 以萬物, 爲芻狗. 聖人不仁, 以百姓, 爲芻狗.
天地之間, 其猶橐籥乎. 虛而不屈, 動而愈出.
多聞數窮, 不如守中.

천지는 어질지 않으므로 만물들을 추구(짚으로 만든 개)처럼 내버려 둘 뿐이다. 성인은 어질지 않으므로 백성들을 추구처럼 내버려둘 뿐이다.
천지 사이는 풀무와도 같구나! 텅 비어 있으나 다함이 없고 움직일수록 더욱 나온다.
많이 들으면 자주 궁핍해지기에 중심中心을 지킴만 못하다.

天地不仁, 以萬物, 爲芻狗. 聖人不仁, 以百姓, 爲芻狗.

천지는 어질지 않으므로 만물들을 추구(지푸라기로 만든 개)처럼 내버려둘 뿐이다. 성인은 어질지 않으므로 백성들을 추구처럼 내버려 둘 뿐이다.

주 왕필王弼 – "천지는 저절로 그러함에 맡기기 때문에 행함도 없고 조작하려 함도 없다. 만물들 스스로가 서로 간에 질서를 이루기 때문에 어질지 않다. 인仁하게 되면 반드시 이루어 세우고 베풀어 교화시키기 때문에 은혜가 있게 되고 행함이 있게 된다.[天地任自然, 無爲無造. 萬物自相治理, 故不仁也. 仁者, 必造立施化, 有恩有爲.]"

하상공河上公 – "하늘이 만물에게 베풀고 땅이 만물을 변하게 한 까닭은 어진 은혜 때문이 아니라 저절로 그러함에 맡겼기 때문이다.[天施地化, 不以仁恩, 任自然也.]"

소자유蘇子由 – "천지는 사사로움이 없이 만물이 저절로 그러함만을 듣는다. 따라서 만물은 저절로 생겨났다가 저절로 죽는다. 죽는 것은 내가(=천지가) 학대했기 때문이 아니며, 사는 것은 내가 인애仁愛했기 때문이 아니다. 비유하자면 짚을 엮어 개로 만들어서 그것을 제사에 진열한 까닭은 장식을 극진히 하여 제사를 받들고자 함 때문이다. 이 어찌 좋아해서이겠는가? 때마침 그러했을 뿐이다. 이미 다 사용하게 되면 길가는 자가 그것을 밟고 지나간다. 어찌 미워해서이겠는가? 이 역시 마침 그러했을 뿐이다.[天地無私, 而聽萬物之自然. 故萬物自生自死. 死非吾虐之, 生非吾仁之也. 譬如結芻以爲狗, 設之於祭祀, 盡飾以奉之. 夫豈愛之. 時適然也. 旣事而棄之, 行者踐之. 夫豈惡之. 亦適然也.]"

• • • 해 설

추구芻狗란 '짚[芻]로 만든 개[狗]'를 뜻한다. 『회남자淮南子』「설림훈說林訓」에서 "유행병에는 추구芻狗를 사용한다.[疾疫之芻狗]"고 한 것처럼 유행병을 퇴치

하기 위한 제사 때의 장식으로서, 제사가 끝나 더 이상 필요가 없게 되면 길거리에 버려져서 길가는 사람들이 밟고 지나간다. 따라서 『장자』「천운天運」에서도 "추구芻狗는 아직 제사에 진열하기 이전에는 (훌륭한) 상자에 담아서 자수 놓은 아름다운 천으로 덮어두었다가 신주가 제계齋戒하면서 그것을 바친다. 이미 진열하고 나면, (길거리에 내버려져) 길가는 사람들이 그 머리며 등을 밟고 지나가며, 벌초하는 자가 주어다가 불 때는 데나 사용할 따름이다.[夫芻狗之未陳也, 盛以篋衍, 巾以文繡, 尸祝齊戒以將之. 及其已陳也, 行者踐其首脊, 蘇者取而爨之而已.]"라고 하였다.

후쿠나가 미쓰지福永光司는 이 문장을 예로 들어 인간의 사사로움을 돌보는 기독교의 하나님과는 달리 노자가 말한 천은 인간에게 있어서 냉엄한 존재라고 평하였다. 이 평가는 어느 면에선 타당성이 있어 보인다. 노자가 살았던 당시 춘추전국시대는 그야말로 약육강식의 시대였다. 제후국들 사이의 관계를 지탱시켜주던 평화협약이 깨진지 오래였으며, 오직 힘의 논리만이 강한 설득력을 갖고 있었다. 그런 가운데 정작 가장 많은 피해를 본 당사자들은 백성들이었다. 각 제후국들은 전쟁준비를 위하여 백성들에게 가혹한 세금을 부과했고, 징병된 많은 사람들이 전쟁터에서 죽어가야 했다. 전쟁과 굶주림으로 인해 무수한 시체들이 거리에 나뒹굴어 까마귀 떼의 허기진 배만을 채우게 했다. 사람들은 냉혹한 현실 속에서 처절히 죽어갔지만, 저 하늘은 여전히 푸르고 구름은 여전히 평온하게 둥실둥실 떠다닌다. 사람들이 추구芻狗처럼 현실 속에서 버려졌을 때 아무리 원망 섞인 말로 하늘을 향해 외쳐대지만 저 하늘은 귀머거리모양 그저 가만히 있을 따름이다. 이에 반하여 기독교의 하나님은 어떠한가? 하나님은 정情을 갖고 있어서 아파하고 절망하는 사람들의 절규를 듣고서 어루만져주며 위로한다. 이러한 하나님에 비할 때 저 하늘은 실로 냉정하기 짝이 없으며, 믿고 의지할만한 존재가 못된다. 이와 관련하여 『시경詩經』「소아小雅·정월正月」에서도 "백성들은 지금 위태로운데도 하늘을 보니 흐리멍덩만 하네.

[民今方殆, 視天夢夢]"라고 하였다. 당시의 백성들이 무심하기만 한 하늘을 원망한 말이다. 그렇다면 노자는 정말로 하늘을 무정한 존재로 보았는가?

노자는 하늘의 무정함을 말한 것이 아니라 단지 허심虛心을 말한 것이다. 도는 만물에 대하여 허심으로 임하므로 만물을 이루려고 하지도 않고 공덕을 베풀려고 하지도 않는다. 사물마다 각각의 본성대로 살아가도록 그냥 내버려 둘 따름이다. 이 허심은 외면적으로는 무정한 것처럼 보일 수 있다. 그러나 하늘이 정말로 무정한 것이 아니라 인간의 편협한 눈으로 볼 때 무정하게 보인 것일 따름이다. 우리들이 자애롭다고 믿는 것은 오히려 자애로운 것이 아니며 그와 반대로 무정하게 보이는 저 하늘이야말로 진정으로 자애로울 수 있다. 어째서인가?

천지가 만물을 인애仁愛했다면 비록 은혜는 있지만, 이 은혜는 필연적으로 공公의 무너짐과 함께 편애偏愛에 빠져든다. 가령 어떤 자가 추위를 싫어하고 더위를 좋아하여 여름만이 있기를 갈구하고, 또 어떤 자는 더위를 싫어하고 추위를 좋아하여 겨울만이 있기를 갈구한다고 하자. 과연 하늘은 누구의 편에 서야 옳은가? 만일 하늘이 인자함을 가지고 있어서 소망하는 자들의 목소리를 일일이 다 들어준다면 그것은 곧 누구에게는 여름만이 지속되고 누구에게는 겨울만이 지속되어야 하는데, 이것은 불가능한 일이다. 그렇다고 해서 하늘이 일방적으로 한쪽 말만을 들어주게 된다면 이 은혜는 곧 편애가 될 것이다.

반면에 기독교의 하나님은 인간의 사정私情을 귀담아 듣는 자애로운 존재처럼 보이지만, 여기에 오히려 더욱 큰 문제점이 있다. 한 예를 들어보자. 모세는 이집트에서 노예상태로 있던 유대인 백성들을 이끌고 자신들의 옛 땅을 되찾겠다는 명분으로 가나안 땅에 쳐들어갔다. 그런 가운데 유대인들은 가나안 지역에서 숱한 약탈을 자행하였다. 이와 관련하여『성경』에서 "이스라엘 자손이 미디안의 부녀들과 그 아이들을 사로잡고, 그 가축과 양떼와 재물을 다 탈취하고, 그 거처하는 성읍과 촌락을 다 불사르고,

탈취한 것·노략질 한 것·사람과 짐승을 다 취하니라."(「민수기」 31장, 9절-11절.)라고 하였다. 하나님은 유대인의 편에 서 있었기에, 유대인의 침략은 정의가 되고 가나안 땅 사람들의 처절한 항거는 불의가 된다. 유대인들 입장에서 보면 이러한 하나님이 자애롭거나 정의로울지 모르나 가나안 사람들의 입장에서도 과연 똑같이 그렇게 느낄 수 있겠는가? 자신들의 땅을 빼앗기고 자신들이 애써 모은 재산을 모두 강탈당하고 자신들의 아내와 딸이 적국의 사내들에 의해 강제로 유린당하는 처절한 현실 속에서 과연 하나님을 공의롭고 인자하다고 볼 수 있겠는가? 가나안 사람들은 당연히 항거하기 마련이며, 이 항거는 자신들의 삶의 터전과 부모와 형제를 지키기 위한 지극히 자연스러운 항거이다. 이처럼 기독교의 하나님은 한쪽에서는 정의와 사랑이 되지만 다른 한쪽에서는 불의와 증오가 될 수도 있다.

  자연계 속에서 운행하는 사계절은 우리가 원한다고 해서 늦춰지는 것이 아니며, 우리가 원한다고 해서 빨라지는 것도 아니다. 이것은 무심한 가운데 한 치의 오차도 없이 운행할 따름이다. 도 역시 허심 가운데 운행하며 만물을 생장^{生長}시킬 뿐 아무런 말도 없다. 도는 만물을 소유하려 하거나 나의 생각을 주장하며 관철시키려 하지도 않는다. 이것은 우리의 사사로운 정에 냉담함 존재인 것처럼 보일 수 있지만, 무심 가운데 운행되어야 비로소 참다운 은혜를 베풀 수 있는 것이다. 따라서 불인^{不仁}은 인 자체를 부정한 것이 아니라 편협한 인에 얽매임을 비판한 것이며, 이것이야말로 곧 진정한 의미의 인이라고도 할 수 있다. 『장자』「제물론^{齊物論}」에서도 "대인^{大人}은 어질지 않다.[大人不仁]"고 하였으며, 「경상초^{庚桑楚}」에서도 "지극한 사람은 사사로운 친함이 없다.[至人無親]"고 하였다.

天地之間, 其猶橐籥乎. 虛而不屈, 動而愈出.

천지 사이는 풀무와도 같구나! 텅 비어 있으나 다함이 없고 움직일수록 더욱 나온다.

주1 탁약橐籥 :

왕필은 "탁橐은 풀무이고, 약籥은 피리이다.[橐, 排橐. 籥, 樂籥.]"라고 하여, 탁과 약을 따로따로 해석하였다. 반면에 오징吳澄은 "탁약은 주조하는 데 사용되는 것으로, 바람을 불게 하여 불을 지피게 하는 기구이다.[橐籥, 冶鑄所用, 噓風熾火之器也.]"라고 하여 '풀무(바람통)'로 풀이하였다. 오징의 설이 좋다.

주2 굴屈 :

굴屈은 '다하다[竭]'의 뜻이다. 하상공・마서륜馬敍倫・고형高亨・엄복嚴復 등은 굴屈을 갈竭, 다하다의 뜻으로 풀이하였다. 『회남자』「원도훈原道訓」에서의 '용불굴혜用不屈兮'라는 구절에 대한 고유주高誘注에서도 "굴屈은 다함이다.[屈, 竭也.]"고 하였다.

주3 왕필 - "풀무와 피리 속은 텅 비어있어서 감정도 없고 작위作爲함도 없으므로, 비어있지만 다할 수 없으며, 움직이지만 고갈되는 일이 없다.[橐籥之中空洞, 無情無爲, 故虛而不得窮屈, 動而不可竭盡也.]"

• • • 해 설

'천지지간天地之間'이란 일체 만물들이 거주하는 자연계를 지칭한 말이다. 탁약橐籥이란 대장간에서 사용하는 풀무로서, 속은 텅 비어있지만 펌프질하면 바람이 나와서 불을 지펴준다. '천지의 사이는 탁약과 같다'고 한 것은 자연계는 탁약처럼 텅 비어 있음을 말한 것이다.

도는 텅 빈 마음으로 만물에 임한다. 만물을 소유하지 않으며 자신의 공덕을 과시하지 않으며 인위적으로 주재하지도 않는다. 이러한 도심道心은 마치 텅 비어 있는 것 같기에 '허虛'하다고 하였다.

그러나 노자는 이 천지의 마음이 단순한 허심虛心이 아니라고 보았다. 그 예증으로 "텅 비어 있으나 다함이 없고, 움직일수록 더욱 나온다.[虛而不屈, 動而愈出.]"고 하였다. '허이불굴虛而不屈'은 도의 체성體性을 말한 것이다. 체體로서의 탁약(바람통)은 텅 빈 공허인 것 같지만 이것은 단순히 아무 것도 없음이 아니라, 그 속에 무한함을 가지고 있다는 의미이다. 즉 무한한 존재를 창출할 수 있는 가능태로 있음을 뜻한다. '동이유출動而愈出'에서의 동動은 '작용[用]'을 말하며, '더욱 나온다[愈出]'란 무한한 가능태로 있는 바람통이 일단 작용하게 되면 무한한 만물들이 창출될 수 있다는 뜻이다.

多聞(言)數窮, 不如守中.

많이 들으면 자주 궁핍해지기에 중심中心을 지킴만 못하다.

주1 다문多聞:

왕필본을 비롯한 많은 판본에는 '다언多言'으로 되어 있으나, 백서본・성현영본成玄英本・수주본遂州本・상이본相爾本 등에는 '다문多聞'으로 되어 있다. 『회남자』「도응훈道應訓」에는 '다언삭궁多言數窮'으로 되어 있고, 『문자文子』「도원道原」에는 '다문삭궁多聞數窮'으로 되어 있다. 판본만으로 본다면 진위를 판가름하기 어렵지만, 의미상으로 볼 때 '다문삭궁多聞數窮'으로 보는 것이 타당하다. 그 이유에 대하여 살펴보자. '다문삭궁多聞數窮'은 앞 문장인 '텅 비었으나 다함이 없고, 움직일수록 더욱 나온다[虛而不屈, 動而愈出]'와 대립적인 의미로 사용된 것이다. 따라서 '텅 비어있으나 다함이 없고, 움직

제5장 85

일수록 더욱 나온다[虛而不屈, 動而愈出]'가 '안에서 밖으로 무한히 표출되어 나옴'을 뜻하는 것이라고 한다면, '다문삭궁多聞數窮'은 마땅히 그 반대적인 의미인 '밖에서 안으로 들어옴'이 되어야 한다. 그런데 다언多言 역시 안에서 밖으로 표출되는 것이라는 점에서 '동이유출動而愈出'의 대립적 의미로 보는 것은 적합하지 않다. 반면에 '다문多聞'은 밖의 것을 안으로 수용하는 것이라는 점에서 '다문삭궁多聞數窮'이 문의文意에 적합하다.

주2 삭數 :

삭數에 대하여 대다수 학자들은 '자주[數]'의 뜻으로 풀이한 반면에, 오징吳澄과 마서륜馬敍倫은 '빠르다[速]'의 뜻으로 풀이하였다. '자주'의 뜻으로 보는 것이 좋다.

주3 수중守中 :

돈황본敦煌本과 수주비본遂州碑本에는 충忠으로 되어 있다. 중中은 유가에서 중시하는 개념일 뿐만 아니라, 본 장은 허虛를 주제로 한 것이라는 점을 들어, 중中을 충冲으로 풀이한 주석가들도 있다. 가령 엄영봉嚴靈峰은 "중中은 아마도 충冲이 결괴缺壞되어 [氵] 방旁을 잃어버렸는데, 교정한 자가 살피지 않고 마침내 중中이라고 고쳐 쓴 것 같다. '수중守中'은 유가의 말로서 노자의 참 뜻은 아니다."고 하였다. 그러나 이 견해는 타당하지 않다. 그 이유는 무엇보다도 '충冲'으로 된 판본이 없다. 4장과 42장에 이미 '충冲'자가 있는데, 본 장만이 유독 모든 판본에서 충冲을 중中으로 보았다는 것은 수긍하기가 어렵다. 또한 최고본最古本인 죽간본 16장에는 '수중守中'이라는 구절이 있다. 물론 여기서의 중中은 유가에서 말한 중용中庸으로서의 중中과는 다른 개념이다. 이 차이점에 대하여 장묵생張黙生은 "'불여수중不如守中'의 '중中'자는 유가에서 말한 것과는 다르다. 유가에서의 '중中'자는 극단으로 나가지 않고 중용의 도리에 합치됨이다. 그가 말한 '중中'자는 '속이 빔[中空]'의 뜻이다."라고 하였다. 중中은 중심中心을 말한 것으로서, 밖外에 대한 안內을 뜻한다.

주4 장석창蔣錫昌 – "말이 많음은 불언不言의 반대가 되고 또한 무위無爲와도 반대가 된다. 그러므로 말이 많음은 곧 유위有爲가 된다.[多言爲不言之反, 亦爲無爲之反. 故多言卽有爲也.]"

●●● 해 설

다문多聞에서의 문聞은 '견문見聞'을 뜻하며, 삭궁數窮은 '자주 궁핍해진다'의 뜻이다. 수중守中이란 '마음 속 깊이 간직된 소중한 것을 지킴'이다.

앞서 말했듯 도는 풀무와도 같이 그 속이 텅 비어 있어서 마치 아무 것도 없는 듯하지만, 움직일수록 오히려 더욱 나와 한순간의 고갈됨도 없다. 세상 일체의 것들은 아무리 많은 양으로 채워져 있더라도 사용하는 만큼 고갈되기 마련인데, 도는 오히려 사용하면 할수록 더욱 많이 생겨난다고 하였다. 도를 간직하고 있는 우리들의 마음 역시 이와 마찬가지로 사용하면 사용할수록 더욱 생겨난다. 그럼에도 불구하고 우리는 안의 것을 방치한 채 외부의 대상 세계에서 앎을 구하려고 한다. 가령 세상 곳곳을 찾아다니며 견문을 넓히려 하고, 자연계를 관찰하려 하고, 선인들의 학문들을 배워 학식을 높이려고 한다. 그러나 아무리 많은 것을 수용한다고 할지라도 이것은 어디까지나 무한함을 그대로 방치해 둔 채 유한함을 추구하는 것에 불과하며 결과적으로 자주 궁핍해질 따름이다. 이와 관련하여 47장에서 '그 나아감이 더욱 멀수록 앎이 더욱 적어진다[其出彌遠, 其知彌少]'고 하였다.

제5장 87

제 6 장

谷神不死, 是謂玄牝.
玄牝之門, 是謂天地之根.
綿綿若存, 用之不勤.

계곡의 신령스러움은 죽지 않으니, 이것을 '검은 암컷'이라고 말한다.
검은 암컷의 문, 이것을 '천지의 뿌리'라고 말한다.
근근이 이어져 내려와 있는 듯 없는 듯하지만, 그것을 사용함에 다함이 없다.

谷神不死, 是謂玄牝.

계곡의 신령스러움이 죽지 않으니 이것을 '검은 암컷'이라고 말한다.

주1 곡咀에는 '기르다'로 보는 설과 '공허'로 보는 설이 있다. '기르다'로 보는 설에 대하여, 육덕명^{陸德明}은 "곡咀은 하상공본^{河上公本}에 욕^浴으로 되어 있다. 욕^浴은 기름[養]이다.[谷, 河上本作浴. 浴, 養.]"라고 하였다. 이에 반해 장석창^{蔣錫昌}은 "노자가 곡咀에 대하여 말한 것이 많다. 예를 들면 15장에서 '텅 비어있는 것이 흡사 계곡과 같다[曠兮, 其若谷]'고 하였으며, 28장에서 '천하의 계곡이 된다[爲天下谷]'고 하였으며, 32장에서 '비유하자면 도가 천하에 있음은 마치 내와 계곡이 강과 바다로 흘러 들어감과 같다.[譬道之在天下, 猶川谷之於江海.]'고 하였으며, 39장에서 '계곡은 하나를 얻어 채워진다[谷得一以盈]'고 하였으며, 41장에서 '최상의 덕은 계곡과 같다[上德若谷]'고 하였는데, 뜻은 한결같이 '공허하여 깊이 간직함[空虛深藏]'을 취하고 있어서 다른 것으로 해석할 수가 없으며 이 글자 또한 마찬가지다."라고 하였다. 장석창의 견해가 옳다. 백서본^{帛書本}에도 욕^浴으로 되어 있지만, 죽간본^{竹簡本}과 백서본에는 대다수 '곡咀'자가 욕^浴으로 되어 있다는 점에서 욕^浴은 곡咀의 차자^{借字}이다.

주2 하상공 - "곡咀은 기름이다. 사람들이 신^神을 기를 수 있다면 죽지 않는다. 신^神은 오장^{五臟}에서의 신명^{神明}을 말한 것이다. 간장^{肝臟}은 혼魂을 간직하고, 폐장^{肺臟}은 백魄을 간직하고, 심장^{心臟}은 신^神을 간직하고, 신장^{腎臟}은 정精을 간직하고, 비장^{脾臟}은 지志를 간직한다. 오장이 모두 손상되면 곧 오신^{五神}이 떠나간다.[谷, 養也. 人能養神則不死也. 神謂五藏之神也. 肝藏魂, 肺藏魄, 心藏神, 腎藏精, 脾藏志. 五藏盡傷, 則五神去矣.]"

왕필 - "곡신^{谷神}이란 계곡 가운데가 비어있음이다. 형태도 없고 그림자도 없으며, 거슬림도 없고 어긋남도 없으며, 낮은 곳에 거처하여 움직이지 않고, 정靜을 지키어 쇠퇴하지 않는다. (계곡 안의) 만물들은 이것으로써 이루어지지만 그 형태를 볼 수가 없으니, 이것이야말로 지극한 존재이다.[谷神, 谷中央無者也. 無形無影, 無逆無違, 處卑不動, 守靜不衰. 物以之成, 而不見其形, 此至物也.]"

사마광司馬光 – "가운데가 비어있기 때문에 '곡谷'이라고 하였으며, (깊이를) 헤아릴 수가 없기 때문에 '신神'이라고 하였으며, 천지는 유한하지만 도는 무한하기 때문에 '불사不死'라고 하였다.[中虛故曰谷, 不測故曰神, 天地有窮而道無窮, 故曰不死.]"

박세당朴世堂 – "곡谷은 허虛이고, 신神은 묘함妙이다. 불사不死란 앞장에서의 불굴不屈과 같다. 그 본체에 있어서는 허虛이지만 그 작용에 있어서는 미묘하기에, 불굴不屈로써 도를 말한 것이다.[谷, 虛也. 神, 妙也. 不死, 猶上章不屈也. 其體虛, 而其用妙, 故能不屈, 以言道也.]"

••• 해설

곡谷에 대해서는, 15장에서 "텅 비어있는 것이 흡사 계곡과 같다.[曠兮, 其若谷]"고 하였으며, 39장에서 "계곡은 하나를 얻어 채워진다.[谷得一以盈]"고 하였다. 이에 의거해 볼 때 곡谷은 텅 비어 있는 모습으로서 4장의 '충冲'이나 5장의 '탁약槖籥'과 같은 의미이다. 이것은 외양적으로 텅 빈 듯한 도의 모습을 말한 것이다. 신神에 대해서 레게James Legge나 우John C.H. Wu는 영문으로 '신령spirit'이라고 번역하였고, 한센Chad Hansen은 '에너지energy'로 번역하였는데, 양자의 의미를 모두 포괄하고 있다. 신神에 대하여 29장에서 "천하는 신령스런 그릇이다.[天下神器]"라고 하였으며, 39장에서 "신령스러움은 하나를 얻어 영험해진다.[神得一以靈]"고 하였으며, 60장에서 "도로써 천하에 임하게 되면, 그 귀신은 신령스럽지 못하게 된다.[以道莅天下, 其鬼不神.]"고 하였다. 『주역』「설괘전」에서는 "신神이란 만물을 미묘하게 함을 말한 것이다.[神也者, 妙萬物而爲言也.]"라고 하였으며, 『맹자』「진심장盡心章」에서도

제6장 91

"신령스러워서 알 수가 없는 것을 '신神'이라고 한다.[聖而不可知之之謂神.]"고 하였다. 이상에서 볼 수 있듯이 신神이란 '신령스러움'이란 뜻이다. 그러나 이것은 단순한 신령함만을 뜻하는 것이 아닌 도의 작용作用이나 활동을 포괄하고 있다. 따라서 곡신谷神이란 무한한 허체虛體 속에 간직된 신묘한 작용들을 의미한다.

그렇다면 이 곡신이 죽지 않는다고 말한 까닭은 무엇 때문인가? 작용이 유한함에 메어 있다면 그 작용 역시 유한성을 갖게 되므로 어느 순간이 되면 고갈되어 죽고 만다. 반면에 작용이 무한함에 메어있게 되면 작용 역시 무한성을 갖게 된다. 노자는 신神이라고 하는 신묘한 작용이 곡谷이라고 하는 무한한 허체虛體에 메어있기에 죽는 법이 없다고 하였다.

곡신谷神에 대하여, 후꾸나가 미쓰지福永光司는 "곡신은 골짜기의 오목한 땅에 묵고 있는 신령이란 뜻으로 여성의 음부를 신비스럽게 표현한 것이다."라고 하여 여성의 음부로 해석하고 있다. 고대 여러 나라들 특히 농경사회에서의 신화를 보면 여성의 자궁을 숭배한 사례들이 적지 않다. 그 까닭은 여성의 자궁이 다산多産을 상징하고 있기 때문이다. 곡신谷神 역시 생산성과 길러줌을 상징하는 여성의 자궁을 비유적으로 표현한 말이다. 즉 곡谷은 여성의 자궁을 비유한 것이며, 신神은 여성의 자궁 속에서 생명을 배태하기는 신비스런 작용을 비유한 것이다.

곡신谷神은 곧 '현빈玄牝'을 뜻하기도 한다. 가령 현玄은 계곡谷의 외양적인 모습을 형용한 것이다. 즉 깊은 계곡을 멀리서 바라보면 컴컴하여 검게 보이기에 '현玄'이라고 표현하였다. 또한 빈牝은 '암컷'이란 뜻이지만 기르다[畜]의 의미를 가지고 있다는 점에서 신神과 같은 뜻이다.

사람들은 높은 곳에 있기를 좋아하므로 정상에 오르기 위해선 어떠한 어려움도 감내한다. 정상에 올라 천하를 보면 천하가 모두 발굽 아래 있으므로 통쾌함을 느낀다. 그러나 신비스런 생명을 잉태케 하는 그 근원은 오히려 가장 낮은 골짜기에 있다. 가장 낮은 곳에 처해 있으므로 가장 깊은 골짜기가 되었으며, 어둡고 깊은 곳에 있으므로 '현玄'이라고 하였다. 왜냐하면 현은 '어둡다'와 '깊다'의 뜻을 동시에 가지고 있기 때문이다.(1장 참조) 그러나 이 깊고 어두운 곳은 단순히 없는 곳이 아니라 생명을 가진 신비스런 존재들을 잉태케 하는 무한한 가능태로 있다. 또한 신비스런 생명을 잉태케 하는 이 계곡의 신령한 작용은 한순간의 고갈됨도 없으므로 '불사不死'라고 하였다.

玄牝之門, 是謂天地(之)根.

검은 암컷의 문, 이것을 '천지의 뿌리'라고 말한다.

주1 왕필본을 비롯한 많은 판본에는 "현빈지문玄牝之門, 시위천지근是謂天地根."으로 되어 있으나, 경룡본景龍本・이현본易玄本・수주본遂州本에는 "현빈문玄牝門, 천지근天地根."으로 되어 있으며, 백서본帛書本・경복본景福本・부혁본傅奕本 등에는 "현빈지문玄牝之門, 시위천지지근是謂天地之根."으로 되어 있다. '지之'자가 첨가된 "현빈지문玄牝之門, 시위천지지근是謂天地之根."으로 보는 것이 좋다. 왕필주에도 '천지지근야天地之根也'로 되어 있다는 점에서 본래 왕필본에도 '지之'자가 있었다고 볼 수 있다.

주2 왕필 – "문이란 검은 암컷이 말미암는 곳이다. 그 말미암은 곳을 근본으로 하여 태극과 더불어 한 몸이 되므로, 그것을 '천지의 뿌리이다'고 하였다.[門, 玄牝之所由也. 本其所由, 與(太)極同體, 故謂之天地之根也.]"

감산憨山 – "문은 곧 출입하는 중심 축[機樞]이다. 도가 '중심 축'이 된다고 말한 까닭은 만물이 모두 기추機樞에서 나와 기추機樞로 들어가기 때문이다. 따라서 '검은 암컷의 문, 이것을 천지의 뿌리라고 한다.'고 말하였다.[門, 卽出入之樞機. 謂道爲樞機, 萬物皆出於機, 入於機, 故曰, 玄牝之門, 是謂天地之根.]"

••• 해설

가토오 죠켄加藤常賢은 본 문장을 생식기生殖器로 풀이하였다. 가령 문門을 여성의 성기性器로 보았고, 근根을 남근여근男根女根의 근根으로 보았다.(『老子原義の硏究』 30쪽 참조.) 후꾸나가 미쓰지福永光司 또한 본 문장에 대해, "천지의 뿌리[根]에서 뿌리는 남근男根·여근女根 할 때의 근根과 같은 뜻으로 성기性器를 말한다. 여기서는 도가 천지 만물을 만들어 내는 생명의 근원이란 것을 여성 성기의 생식력에 비유해서 말한 것이다."라고 하였다. 본 문장을 생식기와 관련시켜 풀이한 것은 일면 타당성이 있다. 앞에서 보았듯 곡谷은 깊숙하여 어두컴컴한 여성의 자궁 속을 상징한 것이다. 자궁 속은 비록 어두컴컴하여 아무 것도 없는 듯하지만, 모든 일체의 생명들이 그 속에서 나온다. 이처럼 일체의 생명들이 나오는 문을 노자는 '현빈지문玄牝之門'이라고 표현하였다. 이 문은 1장의 '중묘지문衆妙之門'에서의 문과 같은 뜻으로서, 만물의 총칭이라고 할 수 있는 천지를 생성케 하는 문이라고 하는 점에서 천지의 뿌리라고 할 수 있다. 따라서 "검은 암컷의 문은 천지만물의 뿌리[根]가 된다."고 하였다.

綿綿若存, 用之不勤.

근근이 이어져 내려와 있는 듯 없는 듯하지만, 그것을 사용함에 다함이 없다.

주1 근勤 :

'수고롭다[勞]'로 풀이하는 견해와 '다하다[盡]'로 풀이하는 견해가 있다. 왕필은 "사물을 이루지 않음이 없으므로 수고롭다[勞]고 여기지 않는다.[無物不成而不勞也.]"고 풀이하여, '수고롭다'의 의미로 해석하였다. 이에 반해 고형高亨은 "근勤은 진盡이다. 『회남자淮南子』, 「원도原道」의 '섬세하면서도 다함이 없다[纖微而不可勤]'에서의 고유주高誘注에도 '근勤, 진야盡也.'라고 했다."고 하여 '다하다[盡]'의 뜻으로 풀이하였다. 후자의 뜻이 좋다고 본다.

주2 면면綿綿 :

성현영成玄英 – "면면이란 미세하게나마 끊어지지 않는 모습이다[綿綿, 微細不斷貌也.]"

주3 왕필 – "'있다'고 말하려 해도 그 형태를 볼 수가 없으며 '없다'고 말하려 해도 만물이 그것에 의해 생겨났다. 따라서 '근근이 이어져 내려와 있는 듯 없는 듯 하다'고 하였다.[欲言存也, 則不見其形, 欲言亡也, 萬物以之生. 故綿綿若存也.]"

소자유蘇子由 – "면면綿綿이란 미세하지만 끊어지지 않음이다. 약존若存이란 있기는 하지만 볼 수 없음이다. 이와 같을 수 있다면 비록 종일토록 쓰더라도 수고롭지 않다.[綿綿, 微而不絶也. 若存, 存而不可見也. 能如是, 雖終日用之而不勞矣.]"

감산憨山 – "움직일수록 더욱 나오며, 사용하더라도 고갈됨이 없기 때문에 '수고롭지 않다[不勤]'고 하였다. 무릇 유심으로 작위作爲하려고 함을 '수고롭다[勤]'고 한다. 대개 도체道體는 지극히 공허하여 무심하게 쓰임에 응하므로 '수고롭지 않다'고 하였다.[愈動而愈出, 用之不竭, 故曰不勤. 凡有心要作, 謂之勤. 蓋道體至虛, 無心而應用, 故不勤耳.]"

제6장 95

주소현周紹賢 - "면면綿綿이란 '미세하지만 끊어지지 않는다'란 뜻이고, 약존若存이란 '흡사 있는 것 같기도 하고 흡사 없는 것 같기도 하다'이다.[綿綿爲細微而不絶之意, 若存爲似有似無.]"

••• 해설

각각의 생명체들이 여성의 생식기에서 생겨났듯이 일체 만물은 도라고 하는 현빈玄牝의 문에서 생겨났다. 노자는 만물이 생겨나는 과정을 '면면약존綿綿若存' '용지부근用之不勤'이란 말로 표현하였다.

 도가 만물의 근원이 되기는 하지만 이미 생성계가 나타난 이후엔 도가 사라진 것처럼 보인다. 따라서 '면면약존綿綿若存'하다고 말하였다. 면면綿綿이란 끊어짐이 없이 면면히 이어져 내려오는 도의 모습을 형용한 것이다. 도가 면면綿綿하다고 말한 까닭은, 도가 간신히 명맥만을 유지하고 있는 듯이 보이기 때문이다. '약존若存'은 4장의 '사혹존似或存'과 같은 의미로서, '있다'고도 할 수 없고 '없다'고도 할 수 없는 알쏭달쏭한 도의 모습을 형용한 것이다. 그런데 5장에서 "도는 텅 비어 있는 듯하지만 그것을 사용함에 또한 다하는 일이 없다.[道沖, 而用之又不盈.]"고 하여, 도는 텅 비어 있는 듯하지만 그것을 사용하게 되면 무한한 작용을 일으키게 된다고 하였다. 여기서도 도는 있는 듯 없는 듯하지만 오히려 '용지부근用之不勤'하다고 말하였다. '부근不勤'은 '다함이 없다[不盡]'란 뜻으로, 도는 있는 듯 없는 듯 하지만 도를 사용할 경우 한순간도 고갈됨이 없다는 의미이다.

제 7 장

天長地久.
天地所以能長且久者, 以其不自生. 故能長生.
是以聖人後其身而身先, 外其身而身存.
以其無私, 故能成其私.

천지는 영원하다.
천지가 영원할 수 있었던 까닭은 그 자신이 스스로 살아간다고 여기지 않았기 때문이다. 그러므로 영원한 삶을 살 수 있었다.
이처럼 성인은 자신을 뒷전에 두지만 자신은 오히려 앞서고, 자신을 도외시하지만 자신은 오히려 보존된다.
사사로움이 없었기 때문에, 사사로움을 이룰 수가 있다.

天長地久. 天地所以能長且久者, 以其不自生. 故能長久(生).

천지는 영원하다. 천지가 영원할 수 있었던 까닭은 그 자신이 스스로 살아간다고 여기지 않았기 때문이다. 그러므로 영원한 삶을 살 수가 있었다.

주1 통행본에는 천장지구天長地久로 되어 있는데, 성현영본成玄英本・수주비본邃州碑本에는 '천지장구天地長久'로 되어 있다. 수주본邃州本・경룡비본景龍碑本・이현본易玄本에는 '차且'자가 없다. 또한 성현영본成玄英本・상이본想爾本・수주본邃州本・경룡본景龍本・오징본吳澄本・차해본次解本・이도순본李道純本・위대유본危大有本・구재질본寇才質本・강사제본强思齊本 등에는 끝에 있는 '장생長生'이 '장구長久'로 되어 있다. '장생長生'이 개별적인 생명체에 쓰이는 개념이라는 점에서 '장구長久'로 보는 것이 타당성이 있어 보이지만, 노자는 천지를 하나의 거대한 생명체로 보았으므로 '장생長生'으로 보아도 무방하다.

주2 천장지구天長地久 :

일반적으로 장長은 '크다'고 하는 공간적 개념으로 사용되며, 구久는 '영원하다'고 하는 시간적 개념으로 사용된다. 그런데 많은 학자들이 천天은 시간적 개념에 속하고, 지地는 공간적 개념에 속한다고 보았다. 이에 의거할 때 '천구지장天久地長'이라고 해야 할 것이다. 그렇다면 노자는 어째서 '천구지장天久地長'이라고 말하지 않고 '천장지구天長地久'라고 말했는가? 여길보呂吉甫는 이에 대하여 "길고 짧음은 형태적인 것이고, 멀고 가까움은 시간적인 것이다. 하늘은 시간으로써 운행하고 있는데 형태적인 것이 부족하다고 오인할 수도 있으므로 (공간적 개념인) '장長'으로써 말한 것이다. 땅은 형태로써 운행하고 있는데 시간적인 것이 부족하다고 오인할 수도 있으므로 (시간적 개념인) '구久'로써 말한 것이다.[長短形也. 久近時也. 天以時行者也, 嫌不足于形, 故以長言之. 地以形運者也, 嫌不足于時, 故以久言之.]"라고 하였다.

많은 학자들이 장長을 '크다'고 하는 공간적 개념으로 해석했는데, 이 견해는 타당하지 않다. 『설문說文』에 "장長이란 영원함이다.[長, 久遠也]"라고 하였듯이, 장長에는 시간적으로 '영원하다'의 뜻이 있다. 본 문장에서의 장長과 구久는 모두 시간적 개념으로 사용된 것이다. 여기뿐만이 아니라 다른 장에서도 장長이 시간적 개념으로 사용된 사례들이 많다. 가령 9장의 '장보長保'란 '오래 보존하다'의 뜻이라는 점에서 장長은 구久의 뜻이고, 24장의 '자긍자불장自矜者不長'이란 '스스로 자부심을 느끼는 자는 오래 가지 못하고'의 뜻이라는 점에서 장長 역시 구久의 뜻이다. 또한 44장의 '가이장구可以長久'에서의 장長 역시 구久의 뜻이고, 59장의 '장생구시長生久視'에서의 장長 역시 구久의 뜻이다. 이처럼 『노자』에서는 장長이 '구久'의 의미로 사용된 사례가 많다. 여기서 장長이라고 말한 것은 구久와 중복되는 것을 피하기 위해서이다. 따라서 천장지구天長地久 역시 '천지는 시간적으로 영원하다'의 뜻이다.

주2 이기부자생以其不自生 :

성현영成玄英 – "자기의 삶을 스스로 영위營爲하지 않는다.[不自營己之生也.]"
감산憨山 – "삶을 스스로 사사로이 하지 않기 때문이다.[以其不自私其生.]"

주3 하상공河上公 – "천지만이 유독 장구할 수 있었던 까닭은 사람들이 거처함에 있어서 자신을 풍요롭게 하는 이로움만을 추구하는 데 급급해 하고 남의 것을 빼앗아 자신의 것에 보태려고 하는 것과는 달리, 안정되어 있으며 베풀면서도 보답을 요구하지 않기 때문이다.[天地所以獨長且久者, 以其安靜, 施不求報, 不如人居處, 汲汲求自饒之利, 奪人以自與也.]"

왕필王弼 – "자신만 살려고 한다면 만물들과 다투게 되고, 자신만 살려고 하지 않는다면 만물들은 (자신에게로) 돌아오게 된다.[自生則與物爭, 不自生則物歸也.]"

정구程俱 – "하늘과 땅과 사람은 하나의 근원에서 생겨났을 따름이므로, 하늘이 하늘이 된 까닭과 땅이 땅이 된 까닭과 사람이 사람이 된 까닭은 본래 같다. 그런데 천지가 장구할 수 있었음에도 불구하고 인간만은 유독 그렇지 못했던 까닭은 무엇 때문인가? 하늘은 그 자신이 하늘임을 알지 못하였고, 땅은 그 자신이 땅임을 알지 못하였기 때문이다. 이제 한 번 형태를 부여받아서 사람이 되자 자신을 위하는 것만을 생각하며, '오직 사람만이 있을 따름이다' '오직 사람만이 있을 따름이다'라고 말했다. 삶을 기르기 위해서는 외물外物이 없어서는 안 된다고 말함으로 해서 무익한 것을 구하기 위해 치달았으며, 몸을 가지고 있기에 자신을 아끼지 않을 수 없다고 말함으로 해서 (내 것과 네 것을) 나누고分 (자신의 소유를) 표시[表]하는 일을 부지런히 도모하였다. 그런데 자신의 삶을 두텁게 하고자 할수록 삶은 더욱 상처를 입게 되고 자신의 몸을 기를수록 자신은 더욱 병들게 되어, 도중에 요절하는 않는 것만으로도 오히려 다행이다.[天地人一原耳, 天之所以爲天, 地之所以爲地, 人之所以爲人, 固同. 而天地之能長且久, 而人獨不然, 何哉. 天不知其爲天, 地不知其爲地. 今一受其形而爲人, 則認以爲己, 日人耳人耳. 謂其養生不可以無物也, 則騁無益之求, 謂其有身不可以不無愛也, 而營分表之事. 厚其生而生愈傷, 養其軀而身愈病, 其不爲中道夭者亦幸矣.]"

••• 해설

개개의 만물들은 잠시 생겨났다가 곧바로 사멸하고 말지만, 이 만물들이 의탁하고 있는 천지 즉 자연계自然界는 시간적으로 무한하다. 천지가 이처럼 시간적으로 무한할 수 있었던 까닭은 무엇 때문인가? 노자는 그 원인을 '부자생不自生' 때문이라고 보았다. 여기서의 '부자생不自生'은 단순히 '자생하지 않는다'의 뜻이 아니다. 왜냐하면 노자는 자생自生·자화自化를 중시하였기 때문이다. '부不'자는 통상적으로 '무엇이 어떠하다'에 대해 '무엇이 어떠하지 않다'란 뜻으로 사용되지만, '부不'자에는 단순히 '무엇이 어떠하지 않다'란 용례 외에도 '무엇이 어떠하다고 여기지 않다'의 뜻으로 사용되는 경우가 있다. 예를 들면 『장자』「추수秋收」에서 "소이불과小而不寡, 대이불다大而不多"라고 했는데, 이것은 "작다고 해서 하찮다고 여기지 않고, 크다고 해서 뛰어나다고 여기지 않는다."의 뜻이다. 여기서의 '불과不寡'와 '불다不多'는 '무엇이라고 여기다' '무엇이라고 생각하다'라는 뜻으로서의 위爲가 생략된 말이다. 『주역』「계사전繫辭傳」(상)에의 "유공이부덕有功而不德" 역시 "공功이 있지만 자신의 덕德으로 여기지 않는다."의 뜻이다. 이러한 용례들은 『노자』에 자주 보인다. 『노자』에서의 '불不'자가 '무엇이라고 여기지 않다'의 뜻임에도 불구하고 자의字意 그대로 해석하여 오해를 초래한 경우가 많았다. 2장에서도 '불위시不爲始'가 죽간본竹簡本과 백서본帛書本에 '불시弗始'로 되어 있다는 점에서 원본原本에는 '불시不始'였다고 볼 수 있다. 여기서의 '불시不始' 역시 '시작(근원)이 된다고 여기지 않는다'란 의미의 '불위시不爲始'에서 위爲가 생략된 것이다. '부자생不自生' 역시 '불위자생不爲自生'의 생략형으로서, '(자생하지만) 자생한다고 여기지 않는다'의 뜻이다.

　　본 문장의 대의大義는 다음과 같다. 만물은 찰나에 생겨났다가 찰나에 사멸死滅하는 존재이지만 자연계는 예로부터 지금에 이르기까지 장구하였다. 천지가 이처럼 장구할 수 있었던 까닭은 무엇 때문인가? 그 까닭은 자생하지만 자생한다고 여기지 않았기 때문이다. 물로써 예를 들어보자. 물은 자신을 고집함이 없다. 네모에 임하면 네모가 되고 원에 임하면 원이 된다. 물이 만일 원만을 고집한다면 원 이외의 다른 것에 대해서는 적응하지 못하고 조만간 사멸되고 말 것이다. 물은 이처럼 자신을 고집함이 없으므로 해서 영원성을 획득할 수가 있었다. 천지 역시 생에 대한 집착이 없기에 자생自生하되 자생한다고 여기지 않는다. 자생한다고 여기지 않기 때문에 자신을 고집함이 없이 단지 변화에 응하여 살아갈 따름이다. 이처럼 변화에 응하며 살아가기 때문에 '변화 속에서의 적합성'을 획득하며 무한한 삶을 영위할 수가 있었다.

是以聖人後其身而身先, 外其身而身存.

이처럼 성인은 자신을 뒷전에 두지만 자신은 오히려 앞서고, 자신을 도외시하지만 자신은 오히려 보존된다.

주　　하상공 - "(후기신後其身이란) 남을 먼저하고 자기를 뒤로함이다. (신선身先이란) 천하가 그를 공경하므로 앞장세워 '지도자'로 삼음이다. (외기신外其身이란) 자기에게 인색하게 하면서 남에게는 두텁게 함이다. 백성들이 그를 부모와 같이 사랑하고, 신명神明이 그를 어린아이처럼 보살펴 주기 때문에, 자신은 항상 보존된다.[先人而後己者也. 天下敬之, 先以爲官長. 薄己而厚人也. 百姓愛之如父母, 神明祐之若赤子, 故身常存.]"

●●● 해설

앞 문장은 천지(=자연계)에 대하여 말한 것이고, 본 문장은 성인에 대하여 말한 것이다. 동양 사상의 큰 특징의 하나는 인도人道의 표준을 천도天道에서 찾으려고 했다는 점이다. 따라서 천도는 인도의 척도가 되며, 성인이란 이 천도를 체득한 자이다. 이 점에서 본다면 유가의 성인과 도가의 성인은 공통적으로 천도를 행위의 준칙으로 삼고 이를 몸소 체득한 자이다.

　　천지가 장구할 수 있었던 까닭은 자신에게 얽매이지 않았기 때문임에 대하여 이미 살펴보았다. 천지의 대도를 체득한 성인 역시 '후기신後其身' '외기신外其身' 하다고 하였다. '후기신後其身'이란 '자신을 뒤로하다'의 뜻이지만, 이것은 의도적으로 그러한 것이 아니다. 인위적인 노력이 가미되면 그것은 이미 유위有爲가 되어 거짓된 것이 될 수도 있기 때문이다. 따라서 내 자신을 뒤로한다고 함은 물이 높은 곳에서 낮은 곳으로 흐르는 것처럼 자연스러워야 한다는 의미이다. 성인은 또한 '외기신外其身' 하다고 하였는데, 외外란 '도외시한다' '무관심하다'의 의미이다. 따라서 '외기신外其身'은 곧 망아忘我를 뜻한다. 즉 내가 있음조차 잊어버림이다. 내가 있음조차 잊어버린다고 함은 나를 둘러싼 경계를 망각한다는 의미이다. 본시 천지란 어떠한 경계도 없었다. 경계를 이룬 것은 사물 스스로가 경계를 지어 집아執我에 빠져들었기 때문이다. 이처럼 나와 나를 둘러싼 일체의 경계를 잊어버리게 되면 이미 분별하는 경계가 없어져 아我와 타他가 일체가 될 수 있다. 노자는 자신의 존재를 잊어버리고 타자와 일체가 될 때, 오히려 진정으로 자신을 보존할 수가 있다고 보았다.

이처럼 자기 긍정은 오히려 자기 부정화로 나아가고 자기 부정은 오히려 자기 긍정화로 나아간다고 노자는 역설하고 있다. 이와 유사한 역설에 대하여 『성경』에서도 "누구든지 자기를 높이는 자는 낮아지고 누구든지 자기를 낮추는 자는 높아지리라."라고 하였다.(「마태복음」 23장, 12절.)

(非)以其無私(邪), 故能成其私.

사사로움이 없었기 때문에, 사사로움을 이룰 수가 있다.

주1 왕필본을 비롯한 통행본에는 '비이기무사야非以其無私邪'로 되어 있으며, 백서본에는 '불이기무사여不以其无私輿'로 되어 있다. 몇 개의 글자는 틀리지만, 해석에 있어서는 같다. 즉 "그것은 사私라는 것이 없기 때문이 아닌가? 따라서 사사로움을 이룰 수가 있다."로 풀이된다. 그런데 경룡본景龍本에는 '이기무사以其無私'로 되어있고, 상이본想爾本·수주본遂州本·성현영본成玄英本에는 '이기무시以其無尸'로 되어 있다. 시尸는 사私의 오자誤字이다. 이들 판본에 의거할 때, 본 문장은 "사사로움이 없었기 때문에 사사로움을 이룰 수가 있었다."로 풀이된다. 대다수 판본들이 전자를 취하고 있다는 점에서 숫자상으로는 전자가 압도적이지만, 의미상으로 볼 때 다소 어색하다.

반면에 '이기무사以其無私'로 보면 뜻이 보다 분명해진다. 앞 문장에서도 "이기불자생以其不自生, 고능자생故能自生."으로 되어 있다. 또한 이와 유사한 의미의 문장으로서 34장의 "끝내 스스로 크다고 여기지 않기 때문에 그 큼을 이룰 수가 있었다.[以其終不自爲大, 故能成其大.]"가 있다. 여기에서도 '비非'와 '야邪'가 없다. 이에 의거해 볼 때 본 문장 역시, "이기무사以其無私, 고능성기사故能成其私."로 보는 것이 타당하다.

주2 하상공 – "사람들 중에 사사로움을 행하는 자들은 자신을 두텁게 하고자 한다. 반면에 성인은 사사로움이 없지만 저절로 두터워지기 때문에 사사로움을 이룰 수가 있었다.[人以爲私者, 欲以厚己也. 聖人無私而自厚, 故能成其私也.]"

왕필 – "사사로움이 없다는 것은 자신에 대해서 무위함을 뜻한다. (그렇게 되면) 자신이 앞서고 자신이 보존되기 때문에, '사사로움을 이룰 수 있다'고 말하였다.[無私者, 無爲於身也. 身先身存, 故曰能成其私也.]"

왕회王淮 – "이른바 '사사로움이 없다無私'란 '후기신後其身'과 '외기신外其身'을 말한 것이고, 이른바 '사사로움을 이룰 수 있었다能成其私'란 '신선身先'과 '신존身存'을 말한 것이다.

• • • 해 설

『노자』라는 텍스트는 불과 오천여 자에 지나지 않지만, 부정의 개념들이 자주 보인다. 이 점에 의거해 볼 때 노자의 사상을 '부정의 사상'이라고 특징지을 수도 있다. 그런데 흔히 부정이란 긍정의 대립 개념으로 생각하기 쉽다. 따라서 노자를 '소극적' '허무적' '존재 부정적' 사상가로 평가하기도 한다. 그러나 노자가 말한 부정은 단순한 부정을 위한 부정이 아님에 유의할 필요가 있다. 본 구절에서의 '무사無私' 역시 '자기 부정'을 뜻하지만, 자아 자체에 대한 부정이 아니라 소아小我에 대한 부정일 따름이다. 더욱이 소아小我를 부정하는 목적도 대아大我로 나아가기 위함이다. 바다가 바다일 수 있었던 까닭은 가장 낮은 위치에 처해 있었기 때문이다. 가장 낮은 곳에 처하여 있다는 것은 자기 부정을 의미한다. 바다는 자기 부정을 통하여 온갖 사물들을 포용함으로 해서 오히려 제왕의 위치에 서게 되었다. 이와 마찬가지로 성인도 집아執我로서의 나를 부정함으로 해서 더욱 큰 세계를 지향할 수 있었다. 이러한 점에서 본다면 자기 부정은 그 자체가 목적이 아니라 더 큰 긍정에 이르는 수단일 따름이다. 이와 유사한 사례로, 노자는 3장에서 "무위를 행하게 되면 곧 다스려지지 않음이 없게 된다.[爲無爲則無不治.]"고 했으며, 34장에서 "끝내 스스로 크다고 여기지 않기 때문에 그 큼을 이룰 수가 있었다.[以其終不自爲大, 故能成其大.]"고 했으며, 48장에서 "덜고 덜어서 무위無爲에 이르게 되면 행하지 않음이 없게 된다.[損之又損, 以至於無爲, 無爲而無不爲.]"고 했으며, 66장에서 "강과 바다가 온갖 계곡의 제왕이 될 수 있는 까닭은 그 자신이 낮은 곳에 잘 처해 있었기 때문이다.[江海所以能爲百谷王者, 以其善下之.]"고 했다. 노자가 이루려는 목적은 '자신을 이룸' '큼을 이룸' '행하지 않음이 없음' '온갖 계곡의 제왕'에 있다. 이 점에서 본다면 노자는 그 어느 사상가들보다 더욱 큰 긍정을 도모하려고 하였다. 다만 일반적으로 긍정을 추구하기 위하여 긍정의 방법을 택했던 것과는 달리, 노자는 긍정을 추구하기 위하여 부정의 방법을 택했다. 양자가 지향하는 목표는 모두 긍정에 있으며, 단지 추구하는 방법에 있어서만이 차이가 있을 따름이다. 이처럼 방법상의 차이만을 가지고 노자의 사상을 '소극적' '허무적' '존재 부정적' 사상이라고 규정한다면, 이러한 평가는 부당한 것이 아닐 수 없다.

제 8 장

上善若水. 水善利萬物而不爭, 處衆人所惡, 故幾於道.
居善地,
心善淵,
與善仁,
言善信,
正善治,
事善能,
動善時.
夫惟不爭, 故, 無尤.

가장 좋은 것은 물과 같다. 물은 만물을 잘 이롭게 하면서도 다투지 않고, 보통 사람들이 싫어하는 낮은 곳에 거처하므로, 도에 가깝다.
(이러한 물은) 거처함에 있어서는 땅과 같은 낮은 곳에 잘 처하며,
마음에 있어서는 깊은 곳에 잘 처하며,
남에게 베품에 있어서는 친애親愛함을 잘하며,
말에 있어서는 신의를 잘 지키며,
정사政事 있어서는 질서를 잘 도모하며,
매사의 일을 처리함에 있어서는 능력을 잘 발휘하며,
움직임에 있어서는 제때에 잘 거처한다.
오직 다투지 않으므로 원망 받을 것이 없다.

上善若水. 水善利萬物而不爭, 處衆人所惡. 故幾於道.

가장 좋은 것은 물과 같다. 물은 만물을 잘 이롭게 하면서도 다투지 않고, 보통 사람들이 싫어하는 낮은 곳에 거처하므로 도에 가깝다.

주1 　왕필본王弼本을 비롯한 대다수 판본에는 '부쟁不爭'으로 되어 있으나, 백서갑본帛書甲本에는 '유정有靜'으로 되어 있다. '유정有靜'으로 볼 경우 본 문장은 '물은 만물을 잘 이롭게 하며 고요함을 가지고 있다'가 된다. 고명高明은 '유정有靜'으로 보아야 한다고 주장하고 있으나, '부쟁不爭'으로 보는 것이 옳다. 왜냐하면 물은 변화에 응하여 끊임없이 흘러간다는 점에서 동적인 성질을 갖고 있기 때문이다. 물론 물이 고요함을 가질 수는 있지만, 이것은 물 자체의 속성이기보다는 낮은 곳에 거처함으로 인한 결과에 의한 것이다. 더욱이 다음에 이어지는 '일반 사람들이 싫어하는 낮은 곳에 거처한다[處衆人所惡]'와 관련시켜 볼 때 의미상으로 '유정'보다 '부쟁'이 더욱 적합하다.

주2 　상선약수上善若水 :
　　하상공河上公 - "상선上善의 사람은 마치 물의 품성과 같다.[上善之人, 如水之性]"
　　성현영成玄英 - "선善에는 두 종류가 있다. 첫 번째는 집착이오, 두 번째는 잊음[忘]이다. 여기서는 잊음으로서의 선善이기에 상上이 된다고 일컬은 것이다.[善有二種, 一執, 二忘. 此是忘善, 故稱爲上.]"
　　장석창蔣錫昌 - "상선上善은 상선上善의 사람을 말한 것으로, 곧 성인聖人이다.[上善, 謂上善之人, 卽聖人也.]"
　　후꾸나가 미쓰지福永光司 - "상선上善은 최상의 선한 덕[善德]이란 뜻이다. 상上이라고 한 것은 선악善惡에서의 상대적인 선과 구별하기 위해서이다. 41장에서 "상덕上德은 골짜기와 같다.[上德若谷]"고 하였으며, 38장에서 "상덕上德은 덕으로 여기지 않는다.[上德, 不德]"고 하였으며, 『장자』「추수秋水」

에서 상덕上德을 '지덕至德'이라고 한 것을 참조하라."

주3 선리만물善利萬物 :

하상공 - "물은 하늘에 있으면 안개와 이슬이 되고, 땅에 있으면 원천源泉이 된다.[水在天爲霧露, 在地爲源泉.]"

주4 고기어도故幾於道 :

왕필 - "도는 무無이고 물은 유有이기 때문에, '가깝다[幾]'고 말했다.[道無水有, 故曰幾也.]"

• • • 해 설

상선上善은 '가장 좋은 것'이란 뜻이다. 기幾는 '가깝다[近]'의 뜻으로서, '기어도幾於道'란 '도에 가깝다'란 의미이다.

    노자는 가장 좋은 것이 물과 같다고 보았다. 그가 언급하고 있는 물의 덕성에 대하여 살펴보자. 첫째, 만물을 잘 이롭게 한다. 물이 없다면 만물은 잠시도 생존할 수 없다는 점에서, 물은 모든 생명을 지탱시켜주는 원천이 된다. 따라서 물은 만물을 가장 이롭게 하는 것 중의 하나라고 할 수 있다. 둘째, 다투지 않는다. 흔히들 다툼이란 시비를 가리기 위해서라고 말하지만, 엄밀하게 말한다면 각각의 개별들이 자신의 것만을 옳다고 여기며 자신을 과시하기 위해서이다. 반면에 물은 만물에게 생명의 원천을 제공해 준다는 점에서 만물에 대하여 무한한 공덕을 가지고 있지만, 자신의 공덕을 과시하려 하지 않는다. 이처럼 자신을 과시하려는 일체의 마음이 없으므로 다툼이 없다. 셋째, 일반 사람들이 거처하기 싫어하는 낮은 곳에 있고자 한다. 사람들은 하나같이 낮은 곳에서 높은 곳으로 향하려고 하는 반면에 물은 하나같이 높은 곳에서 낮은 곳으로 향하려고 한다.

    이상과 같이 물의 성질은 곧 도의 덕성德性을 가장 잘 표현해주고 있다. 왜냐하면 도의 덕성은 만물을 잘 이롭게 할 뿐 다투지 않으며 일반 사람들이 거처하기 싫어하는 낮은 곳에 거처하려 하기 때문이다. 따라서 물의 덕성이 도에 가장 '가깝다[幾]'고 하였다.

居善地

거처함에 있어서는 땅과 같은 낮은 곳에 잘 처하며

주 　소자유蘇子由 – "(물은) 높은 곳을 피하여 아래로 내려가서 거슬리는 것이 있지 않기 때문에, 땅에 잘 처한다.[避高趨下, 未嘗有所逆, 善地也.]"

● ● ● 해설

본 구절 이하는 두 가지 해석 방법이 있다. '거처함에 있어서는 땅과 같은 비하한 곳에 잘 처하며'로 풀이하는 방법과 '좋은 땅에 거처하며'로 풀이하는 방법이 그것이다. 의미상으로 볼 때 전자 쪽의 풀이가 좋다.

본 문장은 물의 성질을 통하여 성인의 덕을 밝힌 것이다. 물의 성질을 통하여 성인의 덕을 밝힌 까닭은 사물 중에서 물이 도의 속성을 가장 많이 닮았기 때문이다.

지地는 낮음을 뜻한다. 『주역』「계사전繫辭傳」(상)에서 "하늘은 높고 땅은 낮다.[天尊地卑]"고 하였으며, 『순자』「유효儒效」에서도 "지극히 낮은 것을 '땅'이라고 한다.[至下謂之地]"고 하였다. '선지善地'는 '선처지善處地'가 생략된 형태로서 '땅에 잘 거처한다'의 뜻이다. 따라서 '거선지居善地'란 "물의 속성을 가장 잘 실천한 성인은 거처함에 있어서 땅과 같은 비하한 곳에 잘 거처한다."는 의미이다. 이것은 66장에서 "강과 바다가 온갖 계곡의 왕이 될 수 있었던 까닭은 잘 아래에 처해 있기 때문이다.[江海所以能爲百谷王者, 以

其善下之.]"에서의 '잘 아래에 처해 있다'와 같은 의미이다. 물의 속성은 높은 곳에서 낮은 곳으로 처하려 한다는 점에서, 비하卑下한 곳에 처하기를 좋아한다. 그러나 비하한 곳에 처하려 할수록 오히려 자신은 더욱 높아진다고 하는 역설적 의미가 그 속에 내포되어 있다.

心善淵

마음에 있어서는 깊은 곳에 잘 처하며

주   하상공 – "물의 성질은 공허하여서, 깊고 맑다.[水性空虛, 淵深淸明.]"
    설혜薛惠 – "마음속에 미묘微妙한 것들을 간직하여 깊어서 알 수가 없기 때문에, 깊은 곳에 잘 처한다.[藏心微妙, 深不可識, 善淵也.]"

●●● 해 설

연淵은 4장의 "깊어서 흡사 만물의 종조宗祖인 듯하다.[淵兮, 似萬物之宗.]"에서의 연淵과 같은 뜻으로 '깊다[深]'의 뜻이다. 그런데 감산憨山은 4장의 주注에서 "연淵이란 고요하고 깊어 움직이지 않음이다.[淵, 靜深不動也.]"라고 하여 '깊다'와 함께 '고요하다'의 뜻으로 풀이하였다. 『장자』「천지天地」에서도 "고요히 있지만 백성들은 안정되어 있다.[淵靜而百姓定.]"고 하여, 연淵을 '고요하다[靜]'의 뜻으로 보았다. 이에 의거할 때 연淵에는 '깊다[深]'의 뜻과 함께 '고요하다[靜]'의 뜻도 포함하고 있다.

앞에서 언급했듯이 물의 속성은 높은 곳에서 낮은 곳으로 자연스럽게 흘러가므로 비하한 곳에 잘 거처한다. 그런데 비하한 곳에 잘 처할수록 이에 비례하여 그만큼 깊어질 수가 있으며 깊어질수록 그만큼 고요해질 수가 있다. 바다야말로 가장 깊고도 가장 고요하다고 할만하다.

與善仁

남에게 베풂에 있어서는 친애親愛함을 잘하며

주1 여與 :

'주다'와 '함께하다' 두 가지 해석이 있다. 감산의 경우 "여與는 '서로 함께 하다'와 같다.[與, 猶相與.]"고 하여 여與를 '서로 함께하다'의 뜻으로 보았지만, 백서본에는 여予, 주다로 되어 있는 점에서 '주다'의 뜻으로 보는 것이 좋다.

주2 인仁 :

마서륜馬敍倫은 "인人과 인仁은 옛날에 통용되었다.[人仁古通.]"고 하여, 인人으로 보았다. 엄영봉嚴靈峰 또한 "경룡본景龍本・부혁본傅奕本・하상공본河上公本・등기본鄧錡本・이가모본李嘉謀本에는 인仁이 모두 인人으로 되어 있다. 아마도 79장의 뒤 문장 '천도무친天道無親, 상여선인常與善人'의 구句가 탈실脫失되어 '여선인與善人' 세 자만이 남아 있었는데, 교정을 보는 자가 살피지 않고 '언선신言善信'의 구와 관련시켜서 억지로 인人을 고쳐 '심선연心善淵' 구 아래에 제멋대로 넣은 것 같다. 『노자』 가운데는 세 자로 된 구는 모두 짝수로 되어 있는데, 유독 이 장만이 홀수인 7구로 되어 있다. …… 또한 노자의 사상은 인仁을 중시하지 않았다. …… '여선인與善仁' 구句는 아마도 착간되어 거듭나온 듯 하기에 마땅히 삭제해야 할 것 같다."고 하였다. 이처럼 여러 학자들은 인仁을 인人으로 보아야 한다고 주장했지만 타당하지 않다. 그 이유에 대하여 살펴보자. 첫째, 인人으로 볼 경우 본 문장은 "함께 함에 있어서 (혹은 남에게 줌에 있어서) 사람에게 잘 베풀어준다."고 해석할 수 있다. 그런데 본 문장에서는 비록 물의 덕성을 통하여 성인의 덕성을 간접적으로 시사하고는 있지만, 직접적인 주어는 어디까지나 물이다. 주어를 물로 볼 경우 베푸는 대상을 유독 사람에게만 한정시키는 것은 적합하지 못하다. 둘째, 노자는 인仁이 갖는 장점조차 전적으로 부정한 것은 아니다.

유가에 대한 대결의식을 갖고서 인仁을 노골적으로 비판했던 것은 『장자』 이후이다. 셋째, 물의 덕성이 인仁함에 대하여, 『관자管子』 「수지水地」에서도 "물은 부드럽고 유약하여 맑기에, 사람들의 나쁜 것을 씻어내기를 좋아하니, 참으로 인仁하다.[夫水淖弱以清, 而好灑人之惡, 仁也.]"고 언급하고 있다.

주3 소자유 - "만물을 이롭게 하고, 베풀면서도 그 보답을 구하지 않기 때문에, 인애仁愛함을 잘한다.[利澤萬物, 施而不求報, 善仁也]"

설혜薛惠 - "겸애兼愛를 베풀어 사사로움이 없기 때문에 인애仁愛함을 잘한다.[其施兼愛而無私, 善仁也.]"

•••● 해 설

여與가 백서본에 여予로 되어 있듯이, 여與와 여予는 동자同字이다. 『설문說文』에 "여予란 남에게 양도해 줌이다[予, 推予]"라고 하였듯이 '주다'의 뜻이다. 구체적으로 말하면 '시施, 베풀다'의 의미이다. 인仁은 '친애親愛함'의 뜻이다.

앞에서 '물은 만물을 잘 이롭게 한다[水善利萬物]'고 하였듯이 물은 만물을 잘 이롭게 한다. 만일 물이 없다면 만물은 잠시도 생존할 수 없다. 이것은 곧 물이 만물에게 은혜를 잘 베푸는 것이다. 따라서 물의 덕성은 남에게 베풀어줌에 친애함을 잘한다고 하였다.

言善信

말에 있어서는 신의를 잘 지키며

주 하상공 - "물속의 그림자가 형체를 비춤에 있어 그 '참모습'을 잃지 않는다.[水內影照形, 不失其情也.]"

소자유 – "원이 되면 반드시 선회하고, 네모지면 반드시 꺾이고, 막히면 반드시 머무르고, 물꼬가 트이면 흘러가므로, 신의를 잘 지킨다.[圓必旋, 方必折, 塞必止, 決必流, 善信也.]"

• • • 해 설

'선신善信'이란 '선수신善守信'과 같은 말로, '신의를 잘 지키다'의 뜻이다. 노자는 과장되게 꾸미는 것을 싫어하였다. 왜냐하면 꾸밈은 자신의 참됨을 왜곡시킨다고 보았기 때문이다. 따라서 81장에서 "진실한 말은 아름답지 못하고, 번지르르한 말은 신의가 없다.[信言不美, 美言不信.]"고 하였다. 그런데 물은 만물을 있는 그대로 비추는 거울처럼 외물外物에 대하여 있는 그대로 응한다. 이처럼 무심無心한 가운데 있는 그대로 응하고 있기에 한 치도 자신을 과장되게 꾸미지 않는다. 자신을 조금도 과장되게 꾸미지 않기 때문에 그 말에 신의가 있다고 하였다.

正善治

정사政事에 있어서는 질서를 잘 도모하며

주1 정正:

필원畢沅은 "왕필본에는 '정正'으로 되어 있다. 『영락대전永樂大典』에는 '정政'으로 되어 있으니, '정正'이라고 한 것은 옳지 않다.[王弼作正. 永樂大典作'政', 作'正'者非.]"고 하였다.

주2　하상공 – "(물은) 씻어내지 않음이 없으므로, 맑게 하고 고르게 한다.[無有不洗, 淸且平也.]"

　　소자유 – "무리의 더러움을 씻어내고 높낮이를 고르게 하므로, 질서를 잘 도모한다.[洗滌群穢, 平準高下, 善治也.]"

　　설혜薛蕙 – "나라를 다스리는 데에 있어서 청정淸靜하여 저절로 바르게 되므로, 질서를 잘 도모한다.[治國則淸靜自正, 善治也.]"

• • • 해 설

『영락대전永樂大典』에도 정正이 '정政'으로 되어 있듯이, '정선치正善治'에서 정正은 정政의 뜻이다. 『논어』 「안연顏淵」에서 "정政, 정야正也."라고 하였듯이, 옛날에는 정正과 정政이 서로 통용되었다. 고형高亨 역시 "정正의 뜻은 정政이다."라고 하였다. 정正은 구체적으로 정사政事를 뜻하며, 치治는 난亂의 반대말로 '질서'를 뜻한다.

　　폭우로 인하여 물이 순식간에 혼탁해지더라도 얼마 안 있으면 이내 맑아진다. 왜냐하면 물의 덕성은 고요하기 때문이다. 물은 고요함을 통하여 온갖 더러운 것들을 다 씻어내어 맑고 깨끗함을 유지한다. 따라서 물이야말로 질서를 잘 도모한다고 하였다. 물의 덕성을 본받은 성인 역시 고요함으로 인하여 천하의 질서를 도모한다. 따라서 45장에서 "맑고 고요한 것이야말로 천하의 바름이 된다.[淸靜可以爲天下正.]"고 하였으며, 57장에서 "나는 고요함을 좋아하지만, 백성들은 저절로 바르게 된다.[我好靜而民自正.]"고 하였다.

事善能

매사의 일을 처리함에 있어서는 능력을 잘 발휘하며

주　하상공 - "네모가 될 수 있고 원이 될 수도 있다. (이처럼 물이) 굽기도 하고 곧기도 한 까닭은 사물의 모습[形]을 따랐기 때문이다.[能方能圓. 曲直隨形]"

　　소자유 - "사물과 만나면 형태가 주어지지만 한결같음에 머무르지 않으므로, 능력을 잘 발휘한다.[遇物賦形, 而不留於一, 善能也.]"

••• 해 설

물은 일정한 형태가 없으므로 무형無形이라 할 수 있다. 그러나 무형이란 일정한 형태가 없다는 의미이지, 형태 자체가 없다는 의미가 아니다. 물은 일정한 형태가 없으므로 무한한 형상을 이루는 가능태로써 있다. 이처럼 물은 형태를 쫓아 무한한 형상을 이룰 수 있으므로 '매사의 일에 있어서 능력을 잘 발휘한다'고 하였다.

動善時.

움직임에 있어서는 제때에 잘 거처한다.

주　하상공 - "여름철에는 (녹아서) 흩어지고 겨울철에는 (얼어서) 응결된다. (이처럼) 절기節氣에 따라 움직이는 까닭은 천시天時를 잃지 않았기 때문이다.[夏散冬凝. 應期而動, 不失天時.]"

　　소자유 - "겨울철에는 응결되고 봄철에는 녹는다. 이처럼 마르고 넘침에

절기를 잃지 않았으므로, 때에 잘 거처한다.[冬凝春泮. 涸溢不失節, 善時也.]

••• 해 설

우리는 시時와 시간時間을 구별할 필요가 있다. 시時가 '변화變化'를 뜻한다고 한다면, 시간時間이란 변화時의 흐름을 세부적으로 '나눈 것間'이다. 변화는 본래 연속적인 하나의 흐름으로 있는 것이라는 점에서 나눌 수가 없다. 나눈다는 것은 추상 위에서만이 가능하다. 따라서 시간은 추상적 개념이라고 할 수 있다. 여기서의 시는 시간을 뜻하는 것이 아니라 변화를 뜻한다. '선시善時'란 '시의적절時宜適切하게 변화에 잘 처하다'의 뜻이다. 물은 자신을 고집하지 않으며, 단지 변화에 응하여 변화의 마땅함만을 추구하고자 한다. 가령 평지에 있을 경우 잔잔히 흘러가고 가파른 경사가 있을 경우 가파르게 흘러가며, 장애물이 있으면 장애물을 비켜나간다. 이처럼 물의 덕성은 시의적절時宜適切히 변화에 응하기에 "움직임에 있어서 변화에 잘 거처한다."고 하였다. 『손자병법』「허실虛實」에서도 "병兵은 한결같은 세勢가 없으며, 물[水]은 한결같은 모양이 없다.[兵無常勢, 水無常形.]"고 하였다.

夫惟不爭, 故, 無尤.

오직 다투지 않으므로 원망 받을 것이 없다.

주1 고환본顧歡本 · 부혁본傳奕本 · 팽사본彭耜本에는 우尤 뒤에 '의矣'자가 있다.

주2 우尤 :
우尤를 원망으로 풀이하는 견해와 허물로 풀이하는 견해가 있다.

하상공은 '원우怨尤'로 풀이하였으며, 오징吳澄 또한 '원구怨咎' 즉 '원망'의 뜻
으로 풀이하였다. 마서륜馬敍倫은 "우尤는 우訧가 생략된 것이다. 『설문』에
서 '우訧는 허물罪이다.'고 말했다.[尤爲訧省, 說文曰, 訧 罪也.]"고 하였다. 여
기서는 '원망'의 뜻으로 보는 것이 좋다.

주3　이굉보李宏輔 – "사람들은 위에 거처하려고 하는데 저것[물]만은 유독
아래에 거처하려고 하며, 사람들은 높은 곳에 거처하려고 하는데 저것만
은 유독 낮은 곳에 거처하려고 하며, 사람들은 평평한 데에 거처하려고 하
는데 저것만은 유독 험난한 데에 거처하려고 하며, 사람들은 따름에 거처
하려고 하는데 저것만은 유독 거스름에 거처하려고 하며, 사람들은 깨끗
한 곳에 거처하려고 하는데 저것만은 유독 더러운 곳에 거처하려고 한다.
이처럼 거처한 곳이 일반인이 싫어하는 곳이니, 누가 그와 더불어 다투겠
는가? 다툼이 없으므로 원망도 없다. 이것이 바로 상선上善이 되는 까닭이
다.[衆人處上, 彼獨處下, 彼獨處下, 衆人處高, 彼獨處卑, 衆人處易, 彼獨處險, 衆人處
順, 彼獨處逆, 衆人處潔, 彼獨處穢. 所處盡處衆人之所惡, 夫雖與之爭乎. 不爭則無尤
矣. 此所以爲上善也.]"

●●● 해설

흔히 다툼이란 진위眞僞라고 하는 객관적인 시비의 문제 때문에 생겨난 것
이라고 생각하기 쉽지만, 사실은 서로가 높아지고자 하거나 혹은 자신의
뜻을 타인에게 관철시키고자 하는 심리적인 태도 때문에 생겨난 것이다.
그러나 물의 덕성은 자기의 주장을 앞세우지 않으며, 자신을 가로막는 장
애물에 대해 장애물로 여기지 않으며, 남들이 싫어하는 비하한 곳에 거처
하려 한다. 이처럼 물은 허심한 가운데 도도히 흘러갈 뿐이다. 따라서 물
은 일체의 다툼이 없다. 노자는 79장에서 "큰 원한을 화해하여 풀더라도
반드시 남은 앙금이 있게 마련이다.[和大怨, 必有餘怨.]"고 한 것처럼, 원망이

쌓여 큰 원망이 되면 비록 화해한다고 할지라도 씻을 수 없는 앙금이 남기 마련이다. 그러나 물은 이미 일체의 다툼이 없기 때문에, 응어리질만한 일체의 원한도 없다.

물은 잠시의 머무름도 없이 끊임없이 흘러간다는 점에서 본다면 변화의 상징물이다. 노자가 물을 즐겨 비유한 이유도 변화를 중시하였기 때문이다. 반면에 서양은 전통적으로 변화보다 불변을 중시하였다. 그런데 예외적으로 변화를 중시한 인물이 있었다. 그는 바로 그리스의 사상가 헤라클레이토스이다. 그런데 헤라클레이토스의 사상에서 주목할 점은 변화하는 것을 일종의 투쟁으로 보았다는 사실이다. 변화를 투쟁으로 보았던 것은 비단 헤라클레이토스만이 아니며, 대다수 서양 학자들의 공통된 견해였다. 가령 헤겔은 변화를 자기 부정의 과정으로 보았으며, 마르크스주의 역시 역사를 계급투쟁의 과정으로 보았다. 다윈 또한 '적자생존'이라고 하는 냉혹한 생존의 법칙에 의해 생명체가 진화해 왔다고 주장하였다.

여기서 우리는 다음과 같은 의문을 제기해본다. 과연 변화의 과정이 정말로 투쟁의 과정인가? 서양의 지적 전통에서 본다면 대체로 그렇다고 대답할 수 있을 것이다. 그러나 노자는 전혀 다른 사유의 길을 제시하고 있다. 노자는 그 누구보다도 변화를 중시했지만, 변화하는 것을 투쟁의 과정이 아닌 조화의 과정으로 보았다. 그 대표적인 예로 변화의 상징물로 물을 제시하였다는 점이다. 헤라클레이토스가 변화의 상징으로 불을 대표적인 이미지를 내세운 반면에, 노자는 물을 대표적인 이미지로 내세웠다. 불과 물은 모두 한순간의 머무름도 없이 끊임없이 움직인다는 점에서 공통적으로 변화를 상징한다. 양자가 모두 변화를 상징하고 있지만, 양자의 이미지는 오히려 전혀 상반된다. 양자의 차이점을 살펴보자. 첫째, 불은 낮은 곳에서 높은 곳으로 상승하려고 하는 반면에, 물은 높은 곳에서 낮은 곳으로 하강하려고 한다. 둘째, 불은 대상을 향해 돌진하여 모든 것을 타 없애는 반면에, 물은 대상이 가로막혀 있으면 그 대상을 비켜나간다.

셋째, 불은 대상을 타 없앰으로 해서 자신을 지속시키는 반면에, 물은 낮은 곳으로 흘러가면서 만물들에게 혜택을 준다. 이와 같이 불이 투쟁의 이미지를 갖는 반면에 물은 조화의 이미지를 갖는다.

　　헤라클레이토스나 마르크스주의가 본 변화는 새로운 세계로 나아가기 위해 낡은 세계를 불태워 없애는 과정이다. 혁명을 꿈꾸는 자들은 진리와 정의라는 이름으로 자신의 낡은 사회를 불태운다. 많은 사람들은 활활 타오르는 불길을 보고 어떠한 심정을 갖겠는가? 새로운 세계의 탄생을 고대하며 마음이 한껏 부풀어있겠는가? 아니면 광란의 불길 속에서 자신 또한 언제 타들어갈지 모른다는 생각으로 두려움에 떨겠는가? 뜨거운 불길 속에 휩싸일 때 사람들은 광란의 열정에 사로잡힐 수 있지만, 차가운 잿더미가 된 폐허를 보았을 때 두려움과 후회가 생겨날 것이다. 그렇기에 서양 사람들의 마음 한구석에는 늘 변화에 대한 막연한 두려움을 갖고 있다. 그러나 노자는 변화를 투쟁이 아닌 조화로 보았다. 가령 노자가 즐겨 비유한 물은 끊임없이 변화하면서도 투쟁하지 않는다. 투쟁하지 않으므로 어떠한 원한관계도 없다. 따라서 "오직 다투지 않는지라 원망 받을 것이 없다."고 하였다. 물은 투쟁하지 않을 뿐만 아니라 겸허함 속에서 만물에게 수많은 은혜를 베푼다. 여기서 중요한 것은 노자의 주장이 과연 옳으냐 그르냐에 있는 것이 아니라, 서양의 사로思路에서는 거의 없는 새로운 사고의 길을 제시하고 있다는 데 있다.

제 9 장

持而盈之, 不如其已, 揣而銳之, 不可長保.
金玉盈室, 莫之能守, 富貴而驕, 自遺其咎.
功遂身退, 天之道也.

이미 가득 찬 것을 계속 지키려는 것은 제때에 그만 둠만 못하고, 이미 날카로워진 것을 부단히 측량하려는 것은 오래 보존할 수 없다. 금과 옥이 집안에 가득하면 그것을 잘 지킬 수가 없고, 부귀하면서 교만하게 되면 스스로 재앙만을 초래한다.
공을 이루면 몸이 물러나는 것은 하늘의 도이다.

持而盈之, 不如其已, 揣而銳之, 不可長保.

가득 찬 것을 지키려는 것은 제때에 그만 둠만 못하고, 이미 날카로워진 것을 부단히 측량하려는 것은 오래 보존할 수 없다.

주1 하상공본河上公本 및 기타 고본古本에는 모두 '예銳'로 되어 있으나, 왕필본王弼本과 육덕명본陸德明本에는 '탈梲, 막대기'로 되어 있다. 그런데 왕필의 주에서는 '날카롭게 하여 잘 들게 함[銳之令利]'이라고 풀이하였으며, 육덕명 또한 '탈梲의 음은 예銳이다[梲音銳]'라고 하였다. 탈梲은 예銳의 차자借字라고 볼 수 있다. 그런데 죽간본竹簡本에는 췌이예지揣而銳之가 단이군지湍而羣之로 되어 있다. 이케다 토모히사池田知久나 윤진배尹振环는 단湍을 췌揣의 차자借字로 보았다. 여기서는 기존의 판본을 따랐다.

주2 지이영지持而盈之, 췌이예지揣而銳之:

그냥 순서 그대로 보는 견해와 '영이지지盈而持之' '예이췌지銳而揣之'의 도치로 보는 두 견해가 있다. 일반적으로 순서 그대로 보아 '지니고서 그것을 채우려 하다' '측량하여 뾰족하게 만들다'로 풀이하고 있다. 도치로 보는 견해에 대해서 초횡焦竑은 "'지이영지持而盈之'는 '영이지지盈而持之'를 말한 것이다. '췌이예지揣而銳之'는 '예지췌지銳而揣之'를 말한 것이다. 고문에는 도치된 말이 많다. 넘치는 것을 두려워하여 좌우에서 유지하려는 것을 '지持'라고 하며, 부러지는 것을 두려워하여 조절하고 측량하여 바로잡으려는 것을 '췌揣'라고 한다.[持而盈之謂盈而持之也. 揣而銳之謂銳而揣之也. 古文多倒語耳. 懼其溢而左右以持之曰持, 懼其折而節量以治之曰揣.]"고 말하였다. 여기서는 초횡의 견해처럼 도치된 문장으로 보는 것이 좋다. 그 이유는 첫째, 지持는 67장에서의 "나에게는 세 가지 보배가 있으니, 그것을 잘 지키어 보존하고 있다.[我有三寶, 持而保之.]"에서의 지持와 같은 말로서 '지키다'의 뜻이다. 지킨다는 것은 '무엇을 지킨다'는 의미이므로 여기에는 마땅히 지켜야 할 어떠한 대상이 있어야 한다. 둘째, 가득 참을 지킴에 대한 용례로,『국어國語』「월어越語」(하)에서도 "국가의 일에는 가득 찬 상태를 (계속적으로) 지키려는 것이 있다.[夫國家之事, 有持盈.]"가 있다. 셋째, 본 장의 전체 주제는 가득 찬 것은 결코 오래가지 못함을 말하고자 한 것이라는 점에서도 도치로 보는 것이 좋다.

주3 췌揣 :

췌揣에는 '헤아리다'로 풀이하는 견해와 '두들겨 단련시키다'로 풀이하는 견해가 있다. 손이양孫詒讓의 경우는 췌揣를 '추揰, 두들겨 단련시킴'의 뜻으로 보았으나, 여기서는 자의字義 그대로 '헤아리다' '측량하다'의 뜻으로 보는 것이 좋다.

주4 이르 :

하상공河上公 – "이르는 그침이다.[已, 止也.]"

주5 하상공 – "가득 참을 간직하게 되면 반드시 기울게 된다.[持滿必傾.]"
왕필 – "지持란 덕을 잃지 않으려 함이다. 이미 덕을 잃지 않으려 하고 또한 채우려고까지 한다면, 세勢는 반드시 기울고 위태로워지게 된다. 따라서 그만 둠만 못하다.[持, 謂不失德也. 旣不失德, 又盈之, 勢必傾危. 故不如其已.]"

• • • 해 설

'지이영지持而盈之'는 '영이지지盈而持之'가 도치된 문장이다. 영盈은 하상공이 "영盈이란 가득 참이다.[盈, 滿也.]"라고 한 것처럼, '가득 참'이란 뜻이다. 지持는 '지키다守'의 뜻이다. 따라서 지이영지持而盈之란 가득 찬 것을 잃지 않기 위하여 애써 지킴이다. 이르는 '그치다止'의 뜻이지만, 단순히 '그치다'의 뜻이 아니라, 마땅히 그쳐야 할 때를 알아 그침이다.

제9장 123

'췌이예지揣而銳之'는 '예이췌지銳而揣之'가 도치된 문장이다. 예銳는 날카로운 칼날과 같은 '예리함'의 뜻이다. 췌揣는 『맹자』「고자告子」(하)에서 '그 근본을 헤아리지[揣] 않고 그 끝만을 가지런히 한다면[不揣其木而齊其末]'이라고 하였듯이, '헤아리다揣'의 뜻이다. 본 문장에서는 구체적으로 '부단히 측량함'이란 뜻으로 사용되었다. 따라서 '췌이예지揣而銳之'란 칼날과 같이 이미 예리해진 것을 지속시키고자 부단히 측량함이다.

본 장은 크게 세 단락으로 구성되어 있다. 각 단락마다의 특징을 보면, 첫째 단락은 자연 현상의 영허성쇠盈虛盛衰를 말한 것이고, 둘째 단락은 인간 사회의 영허성쇠盈虛盛衰를 말한 것이고, 셋째 단락은 인간사회의 영허성쇠 속에서 처신處身하는 방법을 말한 것이다.

본 단락에서는 모든 현상은 극에 달하면 반드시 그 반대의 것으로 돌아간다고 하는 '극즉반極則反'의 사상을 피력하고 있다. 고대 중국인들은 자연 현상으로부터 인간사회의 가치를 찾으려고 하였는데, '극즉반'의 사고가 그 단적인 예이다. 가령 달은 차면 기울고, 기울면 다시 차오른다. 한낮의 태양은 저물게 되고, 칠흑의 어둠은 다시 새벽을 알리는 전주곡前奏曲이 된다. 이러한 자연현상으로부터 당시 사람들은 오늘의 화려함이 곧 내일의 절망이 될 수 있고, 오늘의 절망이 곧 내일의 화려함이 될 수도 있다고 하는 삶의 지혜를 터득하였다. 『주역』「풍괘豐卦」에서도 "해는 중천에 오면 기울고, 달은 차면 일그러진다. 천지의 충만함과 비어있음은 때와 더불어 사라지기도 하고 자라나기도 하는데, 하물며 사람에게 있어서랴? 하물며 귀신에게 있어서랴?[日中則昃, 月盈則食. 天地盈虛, 與時消息, 而況於人乎? 況於鬼神乎?]"라고 하였다.

'극즉반極則反'의 사고는 서양과는 다른 동양적 시간관에 기초하고 있다. 가령 『주역』에는 총 64괘卦가 있는데, 63번째 괘가 '기제괘旣濟卦'이고, 마지막의 64번째 괘가 '미제괘未濟卦'이다. 기제旣濟란 '이미 이루었다'의 뜻이고, 미제未濟란 '아직 이루어지지 않았다'의 뜻이다. 이것은 서양의 시간관에 비추어 볼 때 다소 납득하기 어렵다. 왜냐하면 서양의 시간관에 입각한다면 이미 완성되었다는 뜻의 기제괘가 마지막에 와야 하는데, 『주역』에서는 오히려 미완성의 뜻인 미제괘가 마지막에 와 있기 때문이다. 이것은 동양적 시간관의 특징을 잘 말해 주고 있다. 즉 서양의 직선사관에 입각할 경우 시간은 완성이라는 최종목표로 향한다고 본 반면에, 동양의 주기사관週期史觀의 경우 시간은 완결로 향하지만 이 완결은 또 다른 출발점이 된다고 보았던 것이다. 따라서 완성의 뜻인 기제괘 다음으로 미완성의 뜻인 미제괘가 온다고 하였다. (흔히 동양의 사관을 순환사관으로 보고 있는데 여기서 주기사관이라고 말한 까닭은, 순환사관으로 볼 경우 자칫 동일한 것의 되풀이로 볼 우려가 있기 때문이다. 주기사관이란 '동일한 것의 되풀이'가 아닌 '패턴의 반복'을 뜻한다.)

　　가득 채워진 것과 예리하게 간 것 역시 이와 마찬가지이다. 가득 채워진 것은 소멸되어갈 운명에 처해 있으며, 예리하게 간 것은 오래 보존되지 못한다. 만월滿月이 쇠퇴하는 것은 자연의 이치이므로 이것을 막는 것은 자연의 섭리에 역행하는 것이다. 이와 마찬가지로 가득 채운 것과 예리하게 간 것을 지속적으로 유지하기 위해 부단히 노력하는 것은 자연의 섭리에 역행하는 허망한 몸부림에 지나지 않는다.

金玉盈室(滿堂), 莫之能守, 富貴而驕, 自遺其咎.

금과 옥이 집안에 가득하면 그것을 잘 지킬 수가 없고, 부귀하면서 교만하게 되면 스스로 재앙만을 초래한다.

주1 영실盈室 :

많은 판본에는 만당滿堂으로 되어 있으나, 부혁본傅奕本・범응원본范應元本에는 만실滿室로 되어 있다. 후꾸나가 미쓰지福永光司는 "만당滿堂이 만실滿室로 된 텍스트도 있지만, 대청까지도 넘치는 금金과 옥玉의 많음을 표현한 말로서는 '만당滿堂' 쪽이 옳다."고 말하였다. 그러나 당堂보다는 실室로 보는 것이 옳다. 그 이유를 살펴보면, 1)최고본最古本인 죽간본과 백서본에는 영실盈室로 되어 있다. 2)현행 왕필본과 엄준본嚴遵本에는 만당滿堂으로 되어 있으나, 진경원陳景元이 "엄군평본嚴君平本과 왕필본에는 '금옥만실金玉滿室'로 되어 있다.[嚴君平, 王弼本, 作金玉滿室.]"고 한 것에 의거해 볼 때, 진경원이 본 엄군평본과 왕필본에는 '금옥만실金玉滿室'로 되어 있다. 3)필원畢沅이 "대다수 판본에는 모두 만당滿堂으로 되어 있으나, 뜻에 의거해 볼 때 실室 쪽이 옳다.[諸本竝作滿堂, 依義作室是.]"고 하였으며, 마서륜馬敍倫은 '실室과 수守가 운韻이 맞는대室與守韻]'고 하였듯이, 뜻과 운에 있어서 실室로 보는 것이 낫기 때문이다. 이상의 것에 의거해 볼 때, 죽간본이나 백서본과 같이 '영실盈室'로 보는 쪽이 타당하다.

• • • 해 설

실室에는 '집'의 뜻과 '방'의 뜻이 있는데, 여기서는 '집'의 뜻으로 보는 것이 좋다. 따라서 영실盈室은 '금은보화와 같은 진귀한 것들이 집안에 가득 차 있다'로 풀이할 수 있다. 구咎는 '재앙'의 뜻이고, 유遺는 자自와 짝을 이루어 '스스로가 자초하다'의 뜻이다.

앞 문장에서는 자연현상의 일반적 사례를 말한 것이고, 본 문장에서는 이에 대한 구체적인 사례를 말한 것이다. 자연현상은 극極에 달하면 다시 원점으로 돌아오듯 인간세상 역시 마찬가지이다. 오늘의 화려함은 내일의 욕됨이 될 수 있고, 오늘의 절망은 내일의 희망이 될 수 있다. 가령 집안에 금이나 옥과 같은 보배들로 가득 차있다고 함은 복의 극치이지만, 복은 영원히 복일 수 없으며 그 속에는 반드시 재앙이 숨겨져 있다. 복의 정점은 오히려 숨겨져 있던 화禍가 다시 표면으로 드러나는 시기이기도 하다는 점에서 복은 재앙의 시초라고 할 수 있다. 그렇기에 노자는 58장에서 "재앙이란 복이 의지하는 곳이며, 복이란 재앙이 깃들여 있는 곳이니, 누가 그 귀착점을 알 수 있겠는가?[禍兮福之所倚, 福兮禍之所伏, 孰知其極.]"라고 했다. 『주역』「건괘乾卦」에서도 "지나치게 높은 곳에 있는 용은 후회가 있다.[亢龍, 有悔.]"고 하였다. 이 말은 상식적으로 보면 납득하기가 어렵다. 건괘乾卦는 천의 자리로서 64괘 가운데 가장 좋은 괘이다. 따라서 뭇 효爻들은 상서로움을 상징하는 용의 형상으로 표현되고 있다. 상구上九는 '여섯 효' 중에서도 가장 높은 곳에 있다. 이처럼 최상의 괘인 데다가 가장 높은 위치를 점하고 있으면서도, 『주역』에서는 오히려 '지나치게 높은 곳에 있는 용은 후회가 있다'고 하여 '여섯 효' 중에서 가장 나쁜 효로 설명하고 있다. 어째서인가? 항亢이란 이미 지나치게 높이 올라가 있어서 더 이상 오를 곳이 없다는 뜻이기도 하다. 더 이상 오를 곳이 없다는 말은 곧 내려갈 수밖에 없다는 말과도 같기에 후회가 있다고 말한 것이다.

功遂身退, 天之道(也).

공을 이루면 몸이 물러나는 것은 하늘의 도이다.

주1   왕필본에는 "공수신퇴功遂身退, 천지도天之道."로 되어 있다. 그런데 '공수신퇴功遂身退'가 하상공본 · 성현영본成玄英本 · 경룡본景龍本 · 어주본御注本 · 경복본景福本 · 범응원본 · 팽사본彭耜本 · 초횡본焦竑本 등에는 '공성功成, 명수名遂, 신퇴身退'로 되어 있다. 『문자文子』「상덕上德」과 『회남자』「도응훈道應訓」에도

'공성功成, 명수名遂, 신퇴身退'로 되어 있다. 부혁본에는 '성명成名, 공수功遂, 신퇴身退'로 되어 있고, 상이본想爾本・형현본邢玄本・수주본遂州本에는 '명성名成, 공수功遂, 신퇴身退'로 되어 있다. 그러나 왕필본에서와 같이 '공수신퇴功遂身退'로 보는 것이 옳다. 그 이유는 죽간본・백서본과 같은 최고본最古本에도 '공수신퇴功遂身退'로 되어 있으며, 문장 전체가 네 자로 되어있다는 점에서 여기에서도 네 자로 보는 것이 타당하기 때문이다. 또한 죽간본과 백서본에는 도 아래에 '야也'자가 있으며, 『문자文子』「도덕道德」에서도 "공성功成, 신퇴身退, 천지도야天之道也."로 되어 있어 '야也'자가 있다. 문장 전체가 네 자로 되어 있다는 점에서 '천지도야天之道也'로 보는 것이 좋다.

주2 천天 :

성현영成玄英 – "천이란 자연을 말한 것이다.[天, 自然之謂也.]"

주3 하상공 – "사람들이 행함에 있어서 공이 이루어져 일이 세워졌고 명성 또한 이루었다고 칭할만하더라도 몸은 물러나 직위를 피하지 않는다면 해로움을 당하게 된다. 이것이 곧 하늘의 항상된 법칙[常道]이다. 비유컨대 해가 중천에 뜨면 옮겨가고 달이 차면 기울고 만물이 성행하면 쇠퇴하고 즐거움이 극도에 달하면 슬퍼지는 것과 같다.[言人所爲, 功成事立, 名亦稱遂, 不退身避位, 則遇於害. 此乃天之常道也. 譬如日中則移, 月滿則虧, 物盛則衰, 樂極則哀.]"

왕필 – "사계절이 번갈아 운행함에, 공功이 이루어지면 옮겨간다.[四時更運, 功成則移.]"

감산憨山 – "사람만이 유독 하늘의 도가 채움을 미워하고 겸손함을 좋아한다는 사실에 대해 알지 못하며, 유독 사계절이 공을 이루면 물러난다는 사실을 보지 못한다. 사람이 만일 공을 이루고 명성을 이루었더라도 자신은 물러날 수만 있다면 이것은 곧 하늘의 도를 얻은 것이다.[人殊不知天道惡盈而好謙, 獨不見四時乎成功者退. 人者功成名遂而身退, 此乃得天之道也.]"

••• 해 설

가의賈誼의 『신서新書』 「도술道術」에 "공을 이루고 스스로 물러나는 것을 '퇴退'라고 한다.[功遂自卻, 謂之退.]"고 한 것처럼, 퇴退란 물러나야 할 때를 알아 물러남이다. 여기서의 천天은 곧 자연自然을 뜻한다는 점에서 '천지도天之道'란 곧 '자연의 이치'를 말한다.

자연의 이치는 공功을 이루더라도 이 공에 집착하지 않으며 때가 되면 스스럼없이 물러날 줄 안다. 가령 사계절은 번갈아 운행하며 만물에 은택恩澤을 주지만 시류와 함께 그 자신은 물러난다. 이와 마찬가지로 영허성쇠盈虛盛衰하는 세상 속에서 보신保身하는 방법은 공덕을 이루더라도 시류에 응하여 물러날 줄 아는 데 있다.

여기서 우리는 '그침[已]'의 지혜를 배울 필요가 있다. '그침'이라고 하는 것은 도중에 그만두라는 소극적인 말이 아니며, 오히려 집착을 버리고 변화에 능동적으로 따라야 한다는 적극적인 말이다. 만월滿月은 비록 가득 차 있는 상태이지만 가득 차 있음에 집착하지 않는다. 이미 집착하는 마음이 없으므로 쇠퇴함을 억지로 막으려고 애쓰지도 않는다. 다만 변화한다는 사실을 자연스럽게 받아들일 따름이다. 이와 마찬가지로 비록 오늘날 화려한 영광을 얻었더라도 이것은 지속될 수 있는 것이 아니며 잠시 찾아든 불청객일 뿐이다. 따라서 우리에게 무엇보다 중요한 것은 물러날 시기에 물러날 줄 아는 데 있다.

『주역』 「건괘乾卦」에서도 "여러 용龍들을 봄에 머리[首]가 없으면, 길하게 된다.[見群龍, 無首, 吉.]"고 하였다. 예로부터 용은 제왕을 상징한다는 점에서, 여러 용들을 본다는 것은 제왕의 지위를 누린다는 의미이다. 『주역』에서는 제왕의 지위를 누릴지라도 이와 동시에 '무수無首'해야 함을 말하고 있다. 용이 이미 최상의 위位에 처해 있는데다가 용의 머리까지 된다면 금상첨화이지만, "지나치게 높이 있는 용은 후회가 있을 것이다."라고 하였듯이 용의 머리가 되면 오히려 쇠퇴하는 운세에 처하게 된다. '머리가 없다

[無首]'란 비록 최상의 지위에 있더라도 자신이 최상의 지위에 있음을 의식하지 말고 물러날 시기가 되면 물러날 줄 알아야함을 말한 것이다. 이와 관련하여 「계사전繫辭傳」(하)에서도 "군자는 편안할 때에도 위태로움을 잊지 않고, 보존하면서도 없어질 것을 잊지 않고, 다스려져도 어지러움을 잊지 않는다.[君子安而不忘危, 存而不忘亡, 治而不忘亂.]"고 하였다.

제10장

載營魄抱一, 能無離乎.
專氣致柔, 能如嬰兒乎.
滌除玄覽, 能無疵乎.
愛民治國, 能無爲乎.
天門開闔, 能爲雌乎.
明白四達, 能無知乎.
生之畜之.
生而不有, 爲而不恃, 長而不宰. 是謂玄德.

분주히 활동하는 만물을 실어 하나로써 포용하여 도로부터 떠나가지 않게 할 수 있겠는가?
기운을 하나같이 하고 부드러움[柔]을 극진히 하여 어린아이와 같아질 수 있겠는가?
현묘한 마음의 거울을 닦아 먼지가 없게 할 수 있겠는가?
백성들을 사랑하고 나라를 다스리면서도 무위할 수 있겠는가?
자연계의 문이 열리고 닫히면서도 암컷이 될 수 있겠는가?
명백히 알아 사방에 통달하면서도 무지할 수 있는가?
도는 만물을 생겨나게 하고 기른다.
도가 만물을 생겨나게 하면서도 자신의 소유물로 여기지 않으며, 공을 베풀면서도 이에 의존하지 않으며, 잘 자라나도록 도우면서도 지배하지 않는다. 이것을 일컬어 '현덕玄德'이라고 한다.

載營魄抱一, 能無離乎.

분주히 활동하는 만물을 실어 하나로써 포용하여 도로부터 떠나가지 않게 할 수 있겠는가?

주1 재載 :

재載에 대해서는 여러 가지 설들이 있다. 첫째, 당唐나라 현종玄宗과 마서륜馬敍倫은 본 구절을 제외한 전체 문장이 네 자로 되어 있다는 점을 들어, 재載를 감탄사로 보아 앞장인 9장 마지막 구에 붙여 '천지도재天之道載'로 보아야 한다고 주장했다. 둘째, 재載를 발어사로 보는 견해이다. 육희성陸希聲은 "재載는 부夫와 같다. 발어사發語辭이다.[載, 猶夫也. 發語之端也.]"라고 했으며, 장묵생張黙生은 "『시경』에 나오는 '재소재언載笑載言'에서의 '재載'자와 같은 말로서, '부夫'자의 용법과 비슷하다.[如詩經中'載笑載言'的載字, 和'夫'字的用法差不多.]"고 하였다. 셋째, 하상공河上公은 '타다[乘]'의 뜻으로 보았다. 넷째, 임희일林希逸은 "재載는 '수레가 짐을 싣다'와 같은 뜻이다.[載, 猶車載物也]"고 하여, '싣다'의 뜻으로 보았다.

현종玄宗의 견해처럼 재載를 9장에 붙여 '천지도재天之道載'로 보는 설은 타당하지 않다. 그 이유는 다른 장에서는 감탄사를 '재哉'라는 말로 사용하고 있는데 여기에서만 유독 '재載'로 보는 것은 적합하지 않으며, 9장에서의 '천지도天之道'는 본래 '천지도야天之道也'에서 '야也'가 누락된 것이기 때문이다. 재載를 발어사로 보는 것 역시 뒤의 문장인 '전기치유專氣治柔' '척제현람滌除玄覽' '애민치국愛民治國'이 모두 '동사+목적어'로 구성되어 있으며, 본 구절역시 이와 동일한 문장 관계로 보아야 하기 때문에 타당하지 않다. 하상공은 '타다[乘]'로 보았지만 특별히 그렇게 보아야 할 근거는 없다. 따라서 재載는 자의字意 그대로 '싣다'로 봄이 타당하다.

주2 영백營魄:

영백營魄에서의 영營은 크게 두 가지로 풀이할 수 있다. '혼魂'으로 풀이하는 방법과 '분주히 활동함'으로 풀이하는 방법이 그것이다. 대다수 학자들은 전자로 풀이하고 있다. 가령 하상공은 "영백營魄은 혼백이다.[營魄, 魂魄也.]"고 하였으며, 범응원范應元도 "영백營魄은 혼백이다. 『내관경內觀經』에서 '동動으로써 몸을 영위營爲하는 것을 혼魂이라고 하며, 정靜으로써 형태를 누르는 것을 백魄이라고 한다.'고 했다.[營魄, 魂魄也. 內觀經日, 動以營身謂之魂, 靜以鎭形謂之魄]"고 하였다. 이처럼 영백營魄을 혼백魂魄으로 풀이한 유력한 근거로서, 『초사楚辭』「원유遠遊」에서 '재형백이등하혜載營魄而登霞兮'라고 하였는데 왕일주王逸注에서 혼백魂魄으로 풀이하였음을 내세우고 있다. 이에 반하여 초횡焦竑은 "형營은 경영經營이나 정영怔營, 두려워 어찌할 줄 모름에서의 영營이다. 『백호통白虎通』에서 '분주히 하여 일정함이 없는 모양이다'라고 말한 것이 이것이다.[營如經營怔營之營. 白虎通日營營不定貌, 是也.]"고 하여, 영營을 '분주히 활동함'이란 뜻으로 풀이하였다.

영營을 '분주히 활동함'으로 보는 견해가 타당하다. 그 이유에 대해 살펴보면 다음과 같다. 1) '재영백이등하혜載營魄而登霞兮'에서의 왕일주王逸注는 타당하지 않다고 본다. 오히려 같은 「원유遠遊」에서 "혼이 분주하게 활동하니[營營] 어느덧 새벽이 되었다.[魂營營而至曙]"고 하여 영영營營을 명백히 '분주히 활동함'이란 뜻으로 사용되고 있다. 2) 포일抱一의 의미는 무수히 다양한 것들을 하나로 묶는다는 의미라는 점에서 묶는 대상을 혼과 백 두 가지로만 상정하는 것은 부적절하다. 여기서는 마땅히 그 대상을 무수한 다수로 보아야 한다. 3) 혼백을 말한 것은 이미 물질성과 정신성의 구별이 있음을 전제로 한 것인데 『노자』전체를 통해서 볼 때 이러한 구별의 근거는 전혀 찾아볼 수 없다. 이상의 것들에 의거해볼 때 영營을 '분주히 활동함'이란 뜻으로 보는 것이 좋다.

● ● ● **해설**

재載란 (만물을) '싣다'의 뜻이다. 영백營魄은 분주히 활동하는 형체, 즉 생동하는 만물을 뜻한다. 포일抱一에서의 포抱는 '포섭包攝' '포용包容의 뜻이다. 즉 각각의 개별자들을 하나의 보편적 척도에 의거해 획일화시킴을 의미하는 것이 아니라, 개별성을 그대로 살리면서 두루 포용함이다. 일은 22장의 "그러므로 성인聖人은 하나를 안아서[抱] 천하의 법도로 삼는다.[是以聖人抱一, 爲天下式.]"와 39장의 '옛날에 (현상계의 총체는) 하나를 얻었는데[古之得一者]'에서의 일과 같은 뜻으로서 도의 이칭異稱이다.

　　노자는 만물이란 하나로서의 도道가 흩어져[散] 이루어진 다자多者라고 보았다. 이와 동시에 다자는 다시 본래적 상태로 돌아가야 한다는 '복귀復歸'를 강조하고 있다. 여기서 본래적 상태란 일자一者의 상태로 있음을 뜻한다. 따라서 복귀란 다자의 일자화一者化라고도 볼 수 있다. 노자는 이러한 다자의 일자화를 포일抱一이라고 칭하였다. 따라서 포일이란 다수의 만물들을 '하나로 한데 묶다' '하나로 포용하다'는 의미이다. '능무리호能無離乎'란 '만물이 비록 개별성과 이 개별들의 독자적인 활동성을 갖고 있으면서도 동시에 일자로서의 도로부터 벗어나지 않게 할 수 있겠느냐'의 의미이다.

專氣致柔, 能如嬰兒乎.

기운을 하나같이 하고 부드러움을 극진히 하여 어린아이와 같아질 수 있겠는가?

주1　전專 :

　　주소현周紹賢 – "전專은 전적으로 하나같이 하여 흩어지지 않게 함이니, 곧 기氣를 두루 포섭하여 이것으로 하여금 소모시켜 흩어지지 않게 함이다.

[專者, 專一不散, 卽統攝其氣, 不使之耗散.]"

주2 왕필王弼 - "전專은 '맡기다'의 뜻이다. 치致는 '극진히 하다'의 뜻이다. 저절로 그러한 기운에 맡기고 지극한 부드러움의 조화를 극진히 하여 마치 갓난아이가 욕심냄이 없는 것처럼 한다면, 사물들은 온전해져서 (참다운) 본성을 얻게 됨을 말한 것이다.[專, 任也. 致, 極也. 言任自然之氣, 致至柔之和, 能若嬰兒之無所欲乎, 則物全而性得矣.]"

◦◦◦● 해 설

『노자』 전체에서 기氣가 세 번 나온다. 본 문장과 55장의 "마음이 기운[氣]을 부리는 것을 '강强'이라고 한다.[心使氣曰强.]"와 42장의 "충기沖氣로써 조화로 삼는다.[沖氣以爲和]"가 그것이다. 세 곳에서의 기氣는 모두 '기운氣運'을 뜻한다. 전專은 '하나같이 함'이란 뜻이지만, 왕필이 '맡기다[任]'의 뜻으로 보았듯이 '자연에 그대로 맡기다'의 의미가 내포되어 있다. 따라서 전기專氣란 '기운을 하나같이 해서 자연에 그대로 맡기다'란 뜻이다.

여기서 우리는 '기운을 하나같이 함[專氣]'과 '뜻을 하나같이 함[專志]'을 구별할 필요가 있다. 지志에 대하여 『맹자』「공손추公孫丑」(상)의 주자주朱子注에서 "뜻이란 본래 마음이 나아가는 것이다.[志固心之所之.]"고 했다. 지志란 마음이 외물外物에 이끌려 밖으로 향함을 말한 것으로서, '뜻을 하나같이 함[專志]'이란 생명의 발로發露와는 무관하게 외물에 이끌림을 뜻한다. 또한 55장에서 "마음이 기운을 부리는 것을 '강强'이라고 한다.[心使氣曰强.]"고 한 것처럼, 마음이 외물外物에 이끌리게 되면 자연스런 본성을 마음대로 부리게 된다. 반면에 기운氣運이란 생명 스스로가 자발적으로 발현된 것으로서 철저히 무위적이다.

치유致柔에서 치致는 '극진히 하다'의 의미이다. 유柔는 55장의 "마음이 기운氣運을 부리는 것을 '강强'이라고 한다.[心使氣曰强.]"에서의 강强과 반대되는 말로서, 강强이 변화에 대한 '경직성'을 뜻한다고 한다면, 유柔란 변화에 대한 '유연성'을 뜻한다.

"기운을 오로지 하고 부드러움[柔]을 극진히 하여, 어린아이와 같을 수 있겠는가?"라고 말한 까닭은 어린아이야말로 부드러움을 극진히 하였기 때문이다. 가령 55장에서도 말하고 있듯, 어린아이의 뼈는 약하고 힘줄은 부드럽지만 움켜잡는 힘이 강하고, 종일토록 울어대도 목쉬는 일이 없으며, 남녀의 결합을 모르지만 정력이 넘쳐흐른다. 그 이유는 자연스럽게 발현된 기운에 전적으로 따랐기 때문이다.

滌除玄覽, 能無疵乎.
현묘한 마음의 거울을 닦아 먼지가 없게 할 수 있겠는가?

주1 척제滌除 :

고형高亨 – "때를 씻어냄을 '척滌'이라고 하며, 먼지를 제거함을 '제除'라고 한다.[洗垢之謂滌, 去塵之謂除.]"

주2 현람玄覽 :

왕필은 람覽을 자의 그대로 '보다'라는 동사로 풀이하였다. 문정식文廷式도 "람覽은 봄이다.[覽, 見也.]"라고 하였다. 그러나 여기서는 '거울'의 뜻으로 보는 것이 좋다. 고형高亨은 "람覽을 풀이하면 감鑒이 된다. 람覽·감鑒은 옛날에 통용되었다.[覽讀爲鑒. 覽鑒古通用.]"고 한 것처럼, 람覽·감鑒·경鏡은 모두 거울이란 뜻으로 옛날에 통용해 썼다. 백서갑본帛書甲本에는 람監으로 되어 있고, 을본乙本에는 감鑑으로 되어 있는데, 람監과 감鑑은 '감鑒'자와 통한다.

주3　자疵:

　　『설문說文』-"자疵란 병폐이다.[疵, 病也.]"

주4　왕필 - "현玄은 사물의 궁극이다. 사특한 꾸밈을 제거하여 지극한 관조에 이를 수 있고 외물外物로써 밝음을 가려 정신을 병들지 않게 할 수만 있다면, 마침내 현玄과 더불어 같아질 수가 있음을 말한 것이다.[玄, 物之極也. 言能滌除邪飾, 至於極覽, 能不以物介其明, 疵之其神乎, 則終與玄同也.]"

••• 해 설

척滌이란 (물로써) '때를 씻어냄'이란 뜻이고, 제除란 '먼지를 제거함'이란 뜻이다. 람覽은 경鏡과 통용되는 글자로서 '거울'이란 뜻이다. 거울은 도가와 불교에서 인식으로서의 심을 말할 때 즐겨 비유하는 대상이기도 하다. 『장자』「천도天道」에서도 "물도 고요하면 밝게 비추어 주는데, 하물며 성인의 마음이 고요함에 있어서랴! (성인의 마음은) 천지의 귀감이며, 만물의 거울이다.[水靜猶明, 而況聖人之心靜乎. 天地之鑑, 萬物之鏡也.]"라고 하였다. 자疵는 거울에 낀 때나 먼지를 뜻하는 것으로서, '병폐'나 '티'를 의미한다.

　　거울을 흔히 심에 비유한 까닭은 거울의 특징이 사심 없이 사물을 있는 그대로 비추어주기 때문이다. 즉 자신을 고집함이 없는 허심虛心 그 자체이기에, 억지로 사물을 맞아들이거나 억지로 내보내려고 하지 않는다. 『장자』「응제왕應帝王」에서도 "지인至人의 마음의 작용은 거울과도 같다. 사물을 보냄도 맞이함도 없으며, 외물外物에 응하면서도 간직하지 않는다.[至人之用心若鏡. 不將不迎. 應而不藏]"고 했다. 이 거울은 단순히 허심만을 뜻하는 것은 아니다. 허심한 가운데 오히려 무한한 효능을 발휘하기 때문에 람覽에 현玄을 덧붙여 '현람玄覽'이라고 하였다.

본래 사람의 마음은 투명한 거울처럼 사물을 있는 그대로 받아들이고, 있는 그대로 내보낸다. 그런데 사람들은 외물에 현혹되어 욕정을 발휘하고 자신이 지닌 것을 귀하게 여기어 이에 집착한다. 이것은 본래 한 점의 먼지도 없는 마음의 명경明鏡에 무수히 많은 때와 먼지를 쌓게 하는 결과를 초래한다. 거울에 먼지가 쌓이게 되면 거울로서의 본래기능을 잃게 된다. 여기서 우리는 하나의 수양공부가 필요한데, 무엇보다도 심의 본래적 기능을 발휘하기 위해서는 이 거울에 낀 먼지를 제거해야 한다는 점이다. 노자는 이 제거 과정을 '척제滌除'라고 표현하였다. 마음에 낀 때를 깨끗이 씻어내어 한 점의 흠疵조차 없을 때 참다운 수양공부가 될 수 있다고 노자는 본 것이다.

불교에서도 마음의 거울을 닦는 것을 중시하였다. 가령 신수神秀는 다음과 같은 시를 썼다. "몸은 보리수요 마음은 맑은 거울과 같다. 밤낮으로 갈고 닦아 티끌에 의해 더럽혀지지 말지어다.[身是菩提樹, 心如明鏡臺. 朝夕勤拂拭, 莫使惹塵埃.]" 이 글에 대해 혜능慧能은 "보리는 본래 나무가 아니오, 명경 또한 대가 아니다. 본래 아무 것도 없는데 무엇에서 초래된 티끌이란 말인가?[菩提本無樹, 明鏡亦非臺, 本來無一物, 何處惹塵埃.]"라는 반론의 시를 썼다. 사실 혜능의 견해가 신수의 견해보다는 반야계통의 불교교리에 더욱 가깝다. 왜냐하면 마음 또한 공空한 것이므로 혜능의 견해처럼 닦아야 할 마음의 실체가 없기 때문이다. 이처럼 혜능의 입장이 반야계통의 불교에 더욱 가까웠기 때문에 선불교의 적통으로 계승될 수 있었다. 신수의 입장은 오히려 노자의 관점과 유사하다. 노자 역시 마음의 실재를 긍정하고 있으며, 이 마음을 투명한 거울처럼 깨끗하게 닦아야 함을 주장하였다.

愛民治國, 能無爲(無知)乎.

백성들을 사랑하고 나라를 다스림에 무위할 수 있겠는가?

주1 무위無爲 :

백서본과 왕필본에는 무지無知로 되어 있으나, 경룡본景龍本・임희일본林希逸本・오징본吳澄本・초횡본焦竑本 등 다수의 판본에는 무위無爲로 되어 있다. 유월兪樾은 "살펴보건대 당唐나라 경룡비에는 '애민치국능무위愛民治國能無爲? 천문개합능위자天門開闔能爲雌? 명백사달능무지明白四達能無知?'로 되어 있는데, 그 뜻이 또한 나으니 마땅히 쫓아야 한다. '애민치국능무위愛民治國能無爲'는 곧 공자孔子가 말한 '무위로써 다스린다[無爲而治]'의 뜻이다. '명백사달능무지明白四達能無知'는 즉 '흰 것을 알고서 검은 것을 지킨다[知白守黑]'의 뜻이다. 왕필본에선 잘못 도치시킨 것이다.[兪樾曰, 按唐景龍碑, 作'愛民治國能無爲? 天門開闔能爲雌? 明白四達能無知?', 其義並勝, 當從之. '愛民治國能無爲', 卽孔子'無爲而治'之旨. '明白四達能無知', 卽'知白守黑'之義也. 王弼本誤倒之.]"라고 하였으며, 왕회王淮도 "'위爲'자가 하상공본河上公本・왕필본王弼本 등에 모두 '지知'자로 되어 있으며 주注에서의 문장 역시 마찬가지지만, 그 잘못된 것을 안지가 오래되어 당唐나라 경룡비와 명明나라 초횡에 인용된 여러 판본에는 모두가 위爲로 되어 있다."고 하였다. 의미상으로 위爲가 타당하다고 본다.

주2 이식재李息齋 – "사랑으로 백성들을 친애한다면 사랑은 처음부터 두루하지 못하게 되며, 일[事]로써 나라를 다스린다면 나라는 처음부터 다스려지지 못하게 된다. 청정淸淨한 것으로써 백성들에게 임한다면 백성들은 장차 저절로 교화될 것이므로, '무위할 수 있겠는가?'라고 말하였다.[以愛愛民, 愛始不周, 以事治國, 國始不治. 淸靜臨民, 民將自化, 故曰, 能無爲乎.]"

◦ ◦ ● 해설

여기서의 애愛는 '자애慈愛'의 뜻이고, 치治는 단순히 '다스리다'의 뜻이 아니라 난亂과 반대되는 말로서 '질서'의 뜻이다.

위정자의 가장 큰 역할은 백성들을 자식처럼 친애하여 잘 보살피는 것과 어지러운 사회를 바로 잡는 데 있다. 노자 역시 백성들에게 자애를 베풀 것과 나라를 바로 잡음을 중시하였다. 다만 치治의 방법에 있어서 기존의 통념과는 다르다. 기존의 통념에 의거할 때 잘 다스린다는 것은 곧 잘 통치하는 것과 같다. 그러나 노자는 아무리 잘 통치하더라도 그것은 어디까지나 유위有爲의 범주에 지나지 않는다고 보았다. 오히려 무위를 통해서만이 백성들을 친애親愛할 수 있고, 잘 다스릴 수 있다고 여겼다.

天門開闔, 能爲(無)雌乎.

자연계의 문이 열리고 닫히면서도 암컷이 될 수 있겠는가?

주1 왕필본에는 '무자無雌'로 되어 있으나, 대다수 판본에는 위자爲雌로 되어 있다. 범응원范應元은 "하상공본과 소자유주에는 모두 '위자爲雌'로 되어 있다. 어떤 판본에는 '무자無雌'로 되어 있으나, 『경經』에서의 뜻은 아닌 것 같다. 『경』 안에 '수컷을 알고서 암컷을 지켜야 한다[知其雄, 守其雌]'가 있다는 점에서, 이치적으로 마땅히 '위자爲雌'가 되어야 한다.[河上公並蘇註皆作爲雌, 一本或作無雌, 恐非經義. 蓋當經中有知其雄守其雌也, 理亦當作爲雌.]"고 하였다. 위자爲雌로 보는 것이 옳다.

주2 천문天門:

천문天門을 감각기관으로 풀이한 견해와, 자연의 이치로 풀이한 견해와, 정치론적으로 풀이한 견해가 있다. 1)감각기관으로 보는 견해에 대하여, 고형高亨은 "귀는 소리의 문이고, 눈은 색깔의 문이고, 입은 음식飮食과 말의 문이고, 코는 냄새의 문이니, 모두 하늘로부터 부여받은 것이다. 따라서 그것을 '천문天門'이라고 한다.[耳爲聲之門, 目爲色之門, 口爲飮食言語之門, 鼻爲臭之門, 而皆天所賦與. 故謂之天門也.]"라고 했으며, 황등산黃登山은 "노자老子·장자莊子의 '천문天門' 회남자淮南子의 '삼관三關' 순자荀子의 '천관天官'은 모두 이목구비 등 일체의 오관기능官能을 가리켜 말한 것이다."고 했다. 『장자』에서의 천문을 살펴보면, 「천운天運」에서 "그 마음이 그렇지 않다고 여기면 천문은 열리지 않는다.[其心以爲不然者, 天門弗開矣.]"고 했다. 『회남자』에서의 삼관三關을 살펴보면, 「주술主術」에서 "눈은 망령되이 보면 음란[淫]해지고, 귀는 망령되이 들으면 미혹[惑]되고, 입은 망령되이 말하면 어지러워[亂]지니, 대저 삼관三關은 삼가 하지 않을 수 없다.[目妄視則淫, 耳妄聽則惑, 口妄言則亂, 夫三關者不可不愼也.]"고 했다. 『순자』에서의 천관天官을 살펴보면, 「천론天論」에서 "이목구비와 형태가 능히 각각 외물과 접함이 있으나 서로가 각자의 역할을 침범할 수가 없는 것이니, 이것을 '하늘로부터 부여받은 감각기관[天官]'이라고 한다.[耳目口鼻形態「能」各有接而不相能也, 夫是之謂天官.]"고 했다. 2)자연의 이치로 보는 견해에 대하여, 임희일林希逸은 "천문天門이란 곧 천지간의 저절로 그러한 이치이다.[天門卽天地間自然之理也.]"고 하였다. 3)정치론적으로 보는 견해에 대하여, 왕필은 "천문天門은 천하의 모든 것들이 좇아 나오는 곳을 말한 것이다. 열고 닫음이란 다스려지고 어지러워지는 때이다.[天門, 謂天下之所由從也. 開闔, 治亂之際也.]"고 하였으며, 소자유도 "천문이란 치란治亂과 흥폐興廢가 좇아 나오는 곳이다.[天門者, 治亂廢興所從出也.]"고 하였다. 여기서는 두 번째 견해, 즉 자연의 이치로 보는 것이 타당하다고 본다.

● ● ● 해 설

천天은 자연계自然界를 뜻하며, 문門은 1장의 '중묘지문衆妙之門'과 6장의 '현빈지문玄牝之門'에서의 문과 같은 뜻으로서 만물을 개벽하는 문이다. 따라서 천문天門이란 것은 일체 자연계의 만물을 출입케 하는 총문總門을 뜻한다. 『장자』에서 말하는 도추道樞, 지도리와 유사한 의미이다.

개합開闔이란 '열고 닫다'의 뜻이다. 『주역』「계사전繫辭傳」(상)에서도 "문을 닫는 것을 '곤坤'이라고 부르며, 문을 여는 것을 '건乾'이라고 부른다. 한 번 열리고 한 번 닫히는 것을 '변화'라고 부른다.[闔戶謂之乾, 闢戶謂之坤. 一闔一闢謂之變.]"고 하였다. 한 번 문이 닫히고 한 번 문이 열리는 끊임없는 과정을 '변화[變]'라고 부른 것처럼, 여기서의 천문天門도 끊임없이 열리고 닫혀 생성계의 만물이 나오기도 하고 생성계의 만물이 다시 본원적 도의 상태로 돌아가기도 한다는 뜻이다.

그런데 대부분의 학자들은 개開를 동動으로 합闔을 정靜으로 보았다. 그 근거로 개開는 양陽이기에 동動하고, 합闔은 음陰이기에 정靜하기 때문임을 들고 있다. 그러나 이러한 견해는 잘못된 것이라고 본다. 개합開闔은 무한한 변화에 응하여 끊임없이 열리고 닫치는 변화의 과정 그 자체라는 점에서, 양자가 모두 변화變인 동시에 동動이기 때문이다. 이처럼 개합開闔이 동을 뜻하는 것이라고 한다면, 자雌는 '암컷'이란 뜻으로 정靜을 뜻한다. 따라서 본 문장은 '자연계의 문은 끊임없이 열리고 닫치는 동적인 것일 수 있으면서도, 안으로는 정적인 것을 품을 수 있겠는가?'라는 의미이다.

明白四達, 能無知乎.

명백히 알아 사방에 통달하면서도 무지할 수 있는가?

주1 왕필본에는 무지無知가 무위無爲로 되어 있으나, 하상공본·소자유본·오징본吳澄本·팽사본彭耜本 등에는 무지無知로 되어 있다. 백서을본帛書乙本에는 '능무이지호能毋以知乎'로 되어 있다. 무지無知로 보는 것이 타당하다.

주2 명明 :

　　오오하마 아끼라大濱晧 – "명明은 노자에 있어서 앎의 궁극인 절대지絶對知를 의미한다. '명백히 알아 사방에 통달한다.[明白四達]'(10장), '상常을 아는 것을 밝음이라고 한다.[知常日明]'(16장), '자신을 내세우지 않는 까닭에 밝다.[不自見故明]'(22장), '밝음을 잇는다.[襲明]'(27장), '미묘한 밝음[微明]'(36장) 등에서의 명明은 모두 절대지를 가리킨다."(『老子の哲學』, 116쪽.)

주3 이굉보李宏甫 – "신神은 지극한 허虛이다. 허하게 되면 자연적으로 명백明白해진다. 신神은 지극한 영험함이다. 영험하게 되면 자연적으로 사통팔달四通八達하게 된다.[夫神至虛也. 虛則自然明白. 神至靈也. 靈則自然四達.]"

• • • 해 설

명백明白이란 인식에 있어서 상대지相對知를 포괄한 절대지絶代知이다. 사달四達에 대해서 『장자』「각의刻意」에서 "정신은 사방으로 아울러 흘러가 이르지 않는 곳이 없다.[精神四達竝流, 無所不極.]"고 하였다. 사달四達이란 사방 각처로 뻗어나가 미치지 않는 곳이 없다는 뜻이다.

　　의식은 하나의 방향으로 향하고자 하는 속성을 갖고 있다. 이것은 사물을 인식하는 데 있어서 필수적이다. 그러나 하나의 방향만을 고수하게 되면 집착에 빠지게 되며, 집착에 빠지게 되면 편재성偏在性, 한곳에만 치우쳐 있으려는 속성에 빠지게 되며, 편재성에 빠지게 되면 상대지에 빠지게 된다. 이 상대지 자체는 사물의 인식에 있어서 필수적인 기능을 하지만 그 속에는 역기능을 동시에 포함하고 있다. 역사를 보건대 저마다 진리라는 이름하에 숱한 투쟁이 있어왔다. 그러나 진리라는 이름의 포장 이면을 살펴보면, 대개가 상대지를 통한 편협성에 기인하는 경우들이 많다. 노자 역시 당시 춘추전국시대에 온갖 학파들이 자신들의 진리를 지키기 위해서 치열히 싸우는 것을 목도하고 상대지를 포괄하는 절대지를 내세웠다. 그러나 여기서의 절대지란 단순히 '불변의 진리'를 뜻하는 것이 아니며, 시류(=변화)에 무심히 응함이다. 자신을 고집함이 없이 허심虛心한 가운데 시류에 응하기 때문에 막힘이 없으며, 막힘이 없기 때문에 그 지知는 사방 어느 곳이라도 이르지 않는 곳이 없다. 따라서 "명백히 알아 사방에 두루 미친다."고 하였다.

그런데 그는 동시에 '무지無知할 수 있겠느냐'라고 반문하고 있다. 상식적 견지에서 볼 때 명백사달明白四達과 무지無知는 서로 대립 관계에 있기 때문에 양립할 수 없는 것처럼 보인다. 그러나 노자는 명백사달明白四達하기 위해서는 오히려 '무지無知'해야만 한다고 보았다. 그렇다면 여기서의 무지無知는 단순히 앎의 부정이 아님을 알 수가 있다. 노자가 말한 무지無知에서의 무는 지知 자체를 부정한 말이 아니라, 단지 '한정된' 혹은 '집착하는' 지를 부정한 말이다. 우리의 지가 사통팔달하기 위해서 반드시 전제되어져야 할 것은 앎에의 집착을 버리는 일이며, 이처럼 집착을 버림이 바로 무지이다.

生之畜之. 生而不有, 爲而不恃, 長而不宰. 是謂玄德.

도는 만물을 생겨나게 하고 기른다. 도가 만물을 생겨나게 하면서도 자신의 소유물로 여기지 않으며, 공을 베풀면서도 이에 의존하지 않으며, 잘 자라나도록 도우면서도 지배하지 않는다. 이것을 일컬어 '현덕玄德'이라고 한다.

주1 본 문장은 51장과 중복된다. 마서륜馬敍倫이 '생지휵지生之畜之' 이하는 위 문장의 뜻과 서로 부합하지 않기에 51장의 문장이 착간錯簡된 것이라고 보았는데, 필자 역시 의미상으로 볼 때 본 문장은 51장의 문장이 잘못 들어온 것이라고 본다. 또한 백서을본帛書乙本에는 '위이불시爲而不恃'가 빠져 있다.

주2 생지生之:

왕필 - "그 근원을 막지 않음이다.[不塞其原也.]"

주3 휵지畜之:

왕필 - "그 본성을 막지 않음이다.[不禁其性也.]"

주4 왕필 - "그 근원을 막지 않는다면 사물은 저절로 생겨날 것이니, 무슨 공이 있겠는가? 그 본성을 막지 않는다면 사물은 저절로 이루어질 것이니, 무슨 자랑할 것이 있겠는가? 만물이 저절로 자라나고 만족해하는 것일 따름으로 내가 주재하여 이룬 것이 아니다. 덕은 있으면서도 주인이 없으니 이것은 현묘함이 아니고 무엇이겠는가? 무릇 '현덕玄德'이라 함은 덕은 있지만 그 주인을 알지 못함이니, 그윽이 어두운 곳에서 나온다는 말이다.[不塞其原, 則物自生, 何功之有. 不禁其性, 則物自濟, 何爲之恃. 物自長足, 不吾宰成. 有德無主, 非玄而何. 凡言玄德, 皆有德而不知其主, 出乎幽冥.]"

● ● ● 해설

'생지生之'는 '낳다'의 뜻이고, '휵지畜之'는 '기르다'의 뜻이다. 51장에서 '도생지道生之' '덕휵지德畜之'라고 하였듯이, 도는 만물을 생겨나게 하고, 덕은 만물을 길러준다. 이 점에서 본다면 도와 덕은 다른 기능을 한다. 그렇다면 노자는 어째서 '도생지道生之' '덕휵지德畜之'라고 말하지 않고 단지 '생지휵지

生之畜之'라고 말하였는가? 도와 덕은 본래 하나로서, 도가 만물 속에 내재된 것을 '덕'이라고 지칭했을 따름이다. 즉 도와 덕은 같은 것으로서, 도가 일자一者의 측면에서 본 것이라고 한다면 덕은 다자多者의 측면에서 본 것이다.(51장 참조)

'생이불유生而不有'에서 생生이란 '낳다'의 뜻이고, 불유不有는 '소유하지 않다'의 뜻이다. 부모가 자식을 내 속으로 낳았다고 하여 자식을 자신의 소유물로 여길 수 없다. 생명은 그 스스로가 주인이기 때문이다. 도 역시 만물을 낳았지만, 도는 만물을 자신의 소유물로 여기지 않는다. 만물 스스로가 주인이기 때문이다.

'위이불시爲而不恃'에서 위爲란 공덕을 '베풂'이란 뜻이고, 불시不恃란 '의존하지 않는다' '기대지 않는다'란 뜻이다. 부모가 자식에게 무한한 은덕을 베풀지만, 부모는 그것을 공덕이라 여기지 않는다. 공덕이라 여기지 않음으로 이 공덕에 기대어 대가를 바라지 않는다. 도 역시 만물에게 무한한 공덕을 베풀지만 그 공덕에 기대어 대가를 바라지 않는다.

'장이부재長而不宰'에서 장長은 맹자가 말한 조장助長의 뜻으로 '잘 자라나도록 돕다'의 뜻이고, 재宰는 '주재하다' 혹은 '지배하다'의 뜻이다. 부모는 자식이 잘 자라나도록 돕지만, 자식의 행동 하나하나에 대해 시시콜콜 관여하지 않는다. 생명이란 궁극적으로 그 스스로가 자라나는 것이기 때문이다. 도 역시 만물을 길러 자라나게 하지만 그것을 빌미로 하여 시시콜콜하게 관여하며 지배하지 않는다.

노자는 이상과 같은 도의 덕성을 '현덕玄德'이라고 칭하였다. 1장에서 이미 살펴보았듯이, 현은 어둠이며 무이지만 이와 동시에 심원深遠함이며 무한함이다. 덕이란 만물을 생장시키는 작용이다. 따라서 현덕이란 '무한한 깊음을 가진 작용'을 뜻한다.

만물을 생겨나게 하고 베풀고 성장시키게 하는 것은 덕의 작용이다. 그런데 만물을 생겨나게 하면서 자신의 소유물로 여기며, 공을 베풀면서 자신의 공에 기대지 않으며, 잘 자라나도록 돕는다는 이유로 일일이 관여한다면 그 덕은 참다운 덕이 아니다. 왜냐하면 이러한 덕은 '깊음'이 없기 때문이다. 반면에 만물을 생겨나게 하면서도 자신의 소유물로 여기지 않으며, 공을 베풀면서도 자신의 공을 자랑하지 않으며, 자라나게 하면서도 주재하지 않음이야말로 진정한 덕이라고 할 수 있다. 왜냐하면 여기서의 덕은 무한한 깊음이 있기 때문이다. 노자는 이 무한한 깊음을 가진 덕을 '현덕玄德'이라고 하였다.

제 1 1 장

三十輻共一轂. 當其無, 有車之用.
埏埴以爲器. 當其無, 有器之用.
鑿戶牖以爲室. 當其無, 有室之用.
故有之以爲利, 無之以爲用.

서른 개의 바큇살이 하나의 바퀴통에 모여 든다. 바퀴통이 비어 있음에 의거하여 수레의 쓰임이 있게 된 것이다.
찰흙을 이겨서 그릇을 만든다. 그릇의 비어 있음에 의거하여 그릇의 쓰임이 있게 된 것이다.
문과 창문을 뚫어서 방을 만든다. 문과 창문의 비어 있음에 의거하여 방의 쓰임이 있게 된 것이다.
그러므로 있음으로써 이로움으로 삼을 수 있었던 까닭은 없음을 가지고 쓰임으로 삼았기 때문이다.

三十輻共一轂. 當其無, 有車之用.

서른 개의 바큇살이 하나의 바퀴통에 모여 든다. 바퀴통이 비어 있음에 의거하여 수레의 쓰임이 있게 된 것이다.

주1 '당기무, 유거지용當其無, 有車之用'에는 두 가지 독법이 있다. 전통적인 독법은 '당기무, 유거지용當其無, 有車之用'으로 구두점을 찍는 것인데, '당기무유, 거지용當其無有, 車之用'으로 구두점을 찍어야 한다는 견해도 있다. 전자에 따르면 '그 없음에 의거하여, 수레의 쓰임이 있게 된다'가 되고, 후자에 따르면 '그 없음과 있음에 의거하여 수레가 쓰이게 된다'가 된다. 후자의 견해에 대하여 필원畢沅은 "판본들은 모두가 '당기무當其無'에서 구句를 나누었다. 살펴보건대『고공기考工記』에는 '이륜자利輪者, 이무유위용야以無有爲用也.'로 되어 있으니, 여기서도 의당 '유有'자에서 구句를 나누어야 한다. 아래도 역시 마찬가지다.[本皆以當其無斷句. 案考工記'利轉者, 以無有爲用也'. 是應以有字斷句. 下並同.]"라고 하였으며, 고형高亨도 "당當은 재在와 같다. 무無는 수레의 빈곳을 일컬은 것이며, 유有는 수레의 몸체를 일컬은 것으로, 수레의 쓰임은 빈곳과 몸체에 있음을 말한 것이다.[當猶在也. 無謂輪之空處, 有謂輪之實體, 言車之用在空處與實體也.]"라고 하였다. 본 장의 취지는 무의 쓰임에 대하여 말한 것이라는 점에서 전자의 독법이 타당하다.

주2 하상공河上公 - "옛날의 수레가 서른 개의 바큇살로 이루어진 까닭은 달의 수를 본받았기 때문이다. '하나의 바퀴통에 모이다'란 바퀴통 안에 구멍이 있기 때문에 많은 바큇살들이 그곳에 함께 모여듦이다.[古者車三十輻, 法月數也. 共一轂者, 轂中有孔, 故衆輻共湊之.]" "무는 비어있음을 말한 것이다. 바퀴통 속이 비어 있어서 바퀴가 굴러갈 수가 있고, 수레 안이 비어 있어서 사람들이 그 위에다가 실을 수가 있다.[无謂空虛, 轂中空虛, 輪得轉行, 轝中空虛, 人得載其上也.]"

왕필王弼 – "바퀴통이 서른 개의 바큇살을 거느릴 수 있었던 까닭은 비어 있기 때문이다. 비어 있음으로 해서 외물外物을 받아들일 수가 있었기 때문에 적은 것으로써 많은 것을 통괄할 수 있었다.[轂所以能統三十輻者, 無也. 以其無能受物之故, 故能以寡統衆也.]"

●●● 해 설

복輻은 바큇살을 뜻하고, 곡轂은 바퀴통을 뜻한다. 당當은 '의거하다' '직면하다'의 뜻이다. 공共은 『논어』 「위정爲政」에서 "덕으로써 정치를 행함은, 비유하자면 마치 북극성이 제자리에 머물러 있으면 뭇 별들이 그것으로 '향하는[共]' 것과 같다.[爲政以德, 譬如北辰居其所, 而衆星共之.]"에서의 '공共'과 같은 의미이다. 주자주朱子注에 "공共이란 '향하다'의 뜻이다.[共, 向也.]"라고 하였다. 바큇살들이 모두 하나의 바퀴통을 향해 모여 있기 때문에, 노자는 이것을 '공共'이라고 말한 것이다. 여기서 바큇살을 서른 개로 한 까닭은 하상공의 주注에서도 살펴볼 수 있듯이 달의 수에 의거했기 때문이다.

뭇 별들이 북극성에 모여든 까닭은 북극성이 강압적으로 이끌었기 때문이 아니다. 북극성은 그저 말없이 있을 뿐인데도 뭇 별들이 자발적으로 모여들었을 뿐이다. 바퀴통은 서른 개의 바큇살을 한데 묶는 주축이 되지만, 이 역시 어떠한 작용에 의해 이끌었기 때문이 아니며 오히려 그 속이 비어 있음으로 해서이다. 노자는 이 비유를 통하여 무란 단순히 아무것도 없는 허체虛體가 아니며 그 속에는 무한한 쓰임을 가지고 있음을 말하였다.

埏埴以爲器. 當其無, 有器之用.

찰흙을 이겨서 그릇을 만든다. 그릇의 비어 있음에 의거하여 그릇의 쓰임이 있게 된 것이다.

주1 하상공 - "선埏은 잘 배합함이며, 식埴은 흙이다. 흙을 잘 배합하여 음식을 담는 그릇으로 만든다.[埏, 和也, 埴, 土也. 和土以爲飮食之器.]"

◦◦◦ 해 설

선식埏埴에서 선埏은 '찰흙을 반죽함'이란 뜻이고, 식埴은 '찰흙'이란 뜻이다. 『고공기考工記』에서 "선埏은 잘 배합함이며, 식埴은 점토이다.[埏, 和, 埴, 黏也.]"라고 하였으며, 『순자』 「성악性惡」에서도 "그릇을 만드는 사람은 찰흙을 잘 반죽하여 그릇으로 만들었다.[陶人, 埏埴而爲器]"고 하였다. 하상공이 선埏을 '잘 배합한다'란 뜻으로서의 '화和'로 풀이했듯, 찰흙을 반죽할 때 배합이 잘 이루어져야 한다. 이렇게 만들어진 그릇은 쓰임을 이루지만, 그 쓰임은 안에 무엇인가로 채워져 있기 때문이 아니라 오히려 비어 있기 때문이다.

鑿戶牖以爲室. 當其無, 有室之用.

문과 창문을 뚫어서 방을 만든다. 문과 창문의 비어 있음에 의거하여 방의 쓰임이 있게 된 것이다.

주   하상공 - "출입문과 창문이 비어 있기 때문에 사람들이 출입하고 볼 수가 있으며, 집안이 비어 있기 때문에 사람들이 거처할 수가 있음을 말한 것이다. 이것이 그 쓰임인 것이다.[言戶牖空虛, 人得以出入觀視, 室中空虛, 人得以居處. 是其用.]"
　　　엄영봉嚴靈峰 - "옛날에는 혈거생활을 했는데, 동굴 안의 땅을 파서 문과 창문을 만들어 방에 거처하였다. 그 방안의 비어 있는 곳을 취하여 거주하고 출입하는 쓰임으로 사용하였다.[古者穴居, 穿鑿穴中之土, 以爲戶牖居室. 取其室中空虛之處, 以供居住出入之用.]"

●●● 해설

착鑿은 '뚫다'의 뜻이다. 호戶는 '출입문'의 뜻이고, 유牖는 '창문'의 뜻이다. 출입문과 창문을 뚫어서 방으로 만들었다는 것은 옛날 혈거생활穴居生活을 할 적에 굴을 파서 출입문과 창문을 만들어 방으로 삼았음을 예로 들어 말한 것 같다.

　　　방의 역할은 그 안이 비어 있어야만 비로소 가능하다. 만약 방이 무엇인가로 가득 채워져 있어서 기거할 공간이 없다면, 이미 방으로서의 역할은 사라지고 말 것이다. 따라서 방은 비어 있음으로 해서 쓰임으로 삼을 수 있다고 말하였다.

故有之以爲利, 無之以爲用.

그러므로 있음으로써 이로움으로 삼을 수 있었던 까닭은 없음을 가지고 쓰임으로 삼았기 때문이다.

주1　지之 :

　　'유지有之' '무지無之'로 보면 '있게 하다' '없게 하다'의 뜻으로서 동사가 된다. 본 문장은 명사로서의 유와 무에 대한 설명이라는 점에서, 두 개의 '지之'자를 연자衍字, 의미 없이 덧붙여진 글자로 보는 것이 좋다. 고형 역시 "두 '지之'자는 아마도 연자衍字인 듯하다. '유이위리有以爲利, 무이위용無以爲用.'은 '유로써 이로움이 되는 것은 무로써 작용하기 때문이다.[以有爲利, 以無爲用也.]'고

제11장　153

말한 것과 같다."고 하였다.

주2 왕필 - "나무・찰흙・벽 세 가지 예를 제시하였던 까닭은 모두 무로써 쓰임으로 삼았기 때문이다. 무란 유가 이롭게 되는 까닭이니, 모두가 무에 의거하여 쓰임이 된다는 말이다.[木・埴・壁所以成三者, 而皆以無爲用也. 言無者, 有之所以爲利, 皆賴無以爲用也.]"

설군채薛君采 - "장章 안에서는 비록 유무有無를 서로 열거하여 말하였지만, 가리키는 뜻을 돌이켜보면 실제론 유에 의거하여 무가 귀하게 됨을 밝힌 것이다. 유가 이로움이 되는 것에 대해서는 사람들이 알지 못함이 없지만, 무가 쓰임이 되는 것에 대해서는 모두 소홀히 하여 살피지 않았다. 따라서 노자는 몇 가지 예를 들어 깨우치게 하려고 했던 것이다.[章內雖互擧有無而言, 顧其指意, 實卽有而發明無之爲貴也. 蓋有之爲利, 人莫不知, 而無之爲用, 則皆忽而不察. 故老子借數者而曉之.]"

고형 - "이 장 또한 노자의 상대론이다. 일반 사람들은 모두 유를 소중히 여기고 무를 경시하였으며, 유를 취하고 무를 버렸으며, 유는 사람들에게 쓸모가 있지만 무는 사람들에게 쓸모가 없다고 생각하였기 때문에, 노자는 이러한 편견을 타파하고자 이와 같은 말을 한 것이다.[此章亦老子之相對論也. 常人皆重有而輕無, 取有而舍無, 以爲有有用於人, 無無用於人, 老子欲破此成見, 故有斯言.]"

● ● ● 해설

본 구절은 무의 쓰임과 유의 이로움에 대하여 말하고 있다. 왕회王淮는 이利와 용用에 대하여 다음과 같이 구별하고 있다. 1)이利는 실물實物에서의 존재이며, 용用은 허공虛空 속에서의 존재이다. 2)이利의 가치는 유한하며, 용用의 가치는 무한하다. 3)이利는 얕아서 쉽게 볼 수 있고, 용用은 깊어서 알기 어렵다. 4)이利는 말末이고 용用이다. 용用은 본本이고 체體이다.

본 장에서의 유무^{有無}와 1장에서의 유무 사이에는 차이점이 있다. 가령 본 장에서의 유무가 일상적 의미의 '있음'과 '없음'으로서의 유무라고 한다면, 1장에서의 유무는 도의 이중성^{二重性}으로서 본원적인 의미로서의 유무라는 점이다. 진고응^{陳鼓應}도 이러한 차이점에 대하여 "본 장에서 말한 유무는 현상계로부터 말한 것이며, 1장에서 말한 유무는 현상계를 넘어선 것으로부터 말한 것으로, 양자는 층차가 같지 않다."고 하였다.

여기서의 무는 앞에서와 같이 비어 있음(虛)을 뜻한다. 우리는 흔히 비어 있음이란 말 그대로 아무것도 없는 것이기 때문에 쓰일 곳이 없다고 생각하기 쉽다. 그러나 노자는 오히려 "있음을 가지고 이로움으로 삼을 수 있었던 까닭은 비어있음을 가지고 쓰임으로 삼았기 때문이다."라고 하여, 무의 쓰임을 말하였다. 그릇이나 방을 예로서 들어보자. 그릇이나 방 그 자체는 있음(有)이며, 이 있음은 우리들에게 많은 이로움(利)을 준다. 가령 그릇 속에다 물건을 담고 방안에서 편안히 휴식을 취할 수 있었던 것은 모두 유의 이로움 때문이다. 그런데 그릇이나 방이 우리들에게 이로움을 줄 수 있었던 까닭은 있음 그 자체에 의해서가 아니라 오히려 비어 있음을 통해서이다.

이 무의 쓰임은 다방면에 영향을 주었는데, 특히 동양의 예술정신에 지대한 영향을 주었다. 후꾸나가 미쓰지^{福永光司}는 이 점에 대하여 다음과 같이 말하고 있다. "회화^{繪畵}에 있어서 공백^{空白}의 중요성을 설명하는데, 도말만폭$^{塗抹滿幅, 화면을\ 온통\ 칠하는\ 것}$을 경계한 자로는 송나라 곽희^{郭熙}가 있고, 명나라 동기창^{董其昌}도 회화에 있어서 붓 사용법[用筆]의 허실^{虛實}을 논하여, '산수를 그리는 데에는 허실을 분명히 하지 않으면 안 된다. 허실이란 것은 각 단 가운데 용필^{用筆}의 상세함과 간략함이다. 한 곳에 자세한 곳이 있으면 반드시 다른 한 곳에 약한 곳이 있어야 하는 것이니, 실과 허를 번갈아 써야 한다. 왜냐하면 엉성하면 깊지가 못하고, 빽빽하면 운치를 감소시키기 때문이다. 다만 허실의 이치를 살펴서 그러한 마음가짐으로 그리면, 그림은 저절로 재미있게 된다.'라고 말하고 있다.(『畵禪室隨筆』, 卷二) 또한 서법書法에 있어서 행간의 공백을 중시하여 '허로서 실을 삼으면 끊어진 곳이 함께 이어진다.'고 한 사람은 청나라 장기蔣驥였고, 그림에 관해서도 '대저 실한 곳의 미묘함은 모두 허한 곳에 의해 생긴다.'고 말한 것은 그의 아들 장화蔣和였다.…… 노자의 '무無의 쓰임[用]'이란 철학은 중국에서의 예술론과 함께 일본에서의 예술론에 있어서도 지대한 역할을 하고 있다. 동양 예술론에서 노장老莊의 철학을 무시하고는 충분히 그 정수를 얻을 수 없다고 말해지는 까닭도 바로 여기에 있다."

제 1 2 장

五色, 令人目盲. 五音, 令人耳聾, 五味, 令人口爽.
馳騁田獵, 令人心發狂, 難得之貨, 令人行妨.
是以聖人爲腹, 不爲目, 故去彼取此.

다섯 가지 빛깔은 사람의 눈을 멀게 하고, 다섯 가지 음은 사람의 귀를 먹게 하고, 다섯 가지 맛은 사람의 입맛을 상하게 한다.
말 타고 달리며 사냥하면 사람의 마음을 미치게 만들고, 얻기 어려운 귀한 재물은 사람의 행동을 삐뚤어지게 만든다.
이처럼 성인은 배를 위할 뿐 눈을 위하지 않기 때문에, 저것을 버리고 이것을 취한다.

五色, 令人目盲, 五音, 令人耳聾, 五味, 令人口爽.

다섯 가지 빛깔은 사람의 눈을 멀게 하고, 다섯 가지 음은 사람의 귀를 먹게 하고, 다섯 가지 맛은 사람의 입맛을 상하게 한다.

주1 오색五色, 영인목맹令人目盲 :

이식재李息齋 – "눈은 색을 볼 수 있지만, 눈 때문에 색맹色盲이 된다.[目能視色, 然目以色盲.]"

엄영봉嚴靈峰 – "맹盲은 눈이 실명失明한 것이다. 오색이 눈을 어지럽혀 눈을 밝지 못하게 하였기에 '맹盲'이라고 했다."

주2 오음五音, 영인이롱令人耳聾 :

하상공河上公 – "오음五音을 듣기 좋아한다면, 조화로운 기운이 마음을 떠나게 되어 소리 없는 소리를 들을 수가 없다.[好聽五音, 則和氣去心, 不能聽無聲之聲.]"

주3 오미五味, 영인구상令人口爽 :

하상공 – "상爽은 '손상되다[亡]'의 뜻이다. 사람이 입으로 다섯 가지 맛을 즐기면 입은 손상된다. (이것은) 도를 상실하였음을 말한 것이다.[爽, 亡也. 人嗜五味於口, 則口亡. 言失於(味)道也.]"* 왕가王*의 견해를 좇아 미味를 연자衍字로 보았다.

왕필王弼 – "상爽은 어긋나 잃어버림이다. 입의 기능을 잃어버렸기 때문에, 그것을 '상爽'이라고 말한 것이다.[爽, 差失也. 失口之用, 故謂之爽.]"

주4 소자유蘇子由 – "색을 보고 음을 듣고 맛보는 그 근원은 모두 본성으로부터 나온 것이다. 이것들이 본성을 위할 뿐 외물에 빠지지 않아야 지극해질 수 있다. 그런데 눈이 오색五色에 의거하고 귀가 오음五音에 의거하고 입이

오미五味에 의거한다. 이처럼 의거한 것에 의해 마음이 빼앗겨 근원을 잃어 버리게 되면, 비록 보더라도 실은 장님과 다름없으며 비록 듣더라도 실은 귀머거리와 다름없으며 비록 맛보더라도 실은 맛을 모르는 것과 다름없 다.[視色聽音嘗味, 其本皆出于性. 方其爲性, 而未有物也, 至矣. 及目緣五色, 耳緣五 音, 口緣五味. 奪於所緣, 而忘其本, 則雖見而實盲, 雖聞而實聾, 雖嘗而實爽也.]"

이이李珥 – "상爽은 '상실'의 뜻이다. 오색五色·오음五音·오미五味는 본 래 사람을 기르게 하는 것이지, 사람을 해치게 하는 것이 아니다. 그러나 사람들이 욕망을 좇는 것이 많아져 절제를 알지 못하기 때문에, 색을 좋아 하는 자들은 올바로 봄을 상실하고 음을 좋아하는 자들은 올바로 들음을 상실하고 맛을 좋아하는 자들은 올바로 맛봄을 상실한다.[爽, 失也. 五色, 五 音, 五味, 本以養人, 非所以害人. 而人多循欲而不知節, 故悅色者失其正見, 悅音者失 其正聽, 悅味者失其正味也.]"

••• 해 설

오색五色은 청靑·황黃·적赤·백白·흑黑 다섯 가지 빛깔을 뜻하고, 오음五音 은 궁宮·상商·각角·치徵·우羽 다섯 음정을 뜻하고, 오미五味는 신맛[酸]· 쓴맛[苦]·단맛[甘]·매운맛[辛]·짠맛[鹹] 다섯 가지 맛을 뜻한다. 오색·오 음·오미는 오행五行사상과 밀접한 관련이 있다. 오행 사상이란 각각의 사 물이나 일들을 크게 다섯 가지로 분류하여 오행五行에 귀속시킴을 뜻한다. 오색五色·오음五音·오미五味에 대하여, 『춘추좌씨전春秋左氏傳』「소공昭公·원 년元年」에서 "하늘에 육기六氣가 있어서, 내려와 오미五味를 생겨나게 했고, 드러나 오색五色이 되었고, 징험徵驗으로 나타나 오성五聲이 되었다.[天有六氣, 降生五味, 發爲五色, 徵爲五聲]"고 하였다. 영令은 '사使'와 같은 말로 '하여금'의 뜻이다. 목맹目盲은 '눈이 실명함'이란 뜻이고, 이롱耳聾은 '귀가 먹음'이란 뜻 이다. 구상口爽에서의 상爽은 『광아廣雅』『석고釋詁』에서 "상爽은 '상하다[傷]' 이다.[爽, 傷也.]"라고 하였다. '구상口爽'은 '입맛이 손상됨'이란 뜻이다.

오색五色 · 오음五音 · 오미五味는 감각대상을 말한 것이고, 눈 · 귀 · 입은 감각기관을 말한 것이다. 그런데 감각기관은 자칫 자연본성과는 무관하게 외부의 사물에 이끌려 현혹될 수 있다. 노자는 외물外物에 의해 감각기관이 현혹되어서는 안 된다고 보았다. 그 이유는 외물에 빠지게 되면 감각기관이 그 본래의 기능을 상실하게 되며, 감각기관이 본래의 기능을 상실하게 되면 인간의 참다운 본성을 손상시킬 수도 있다고 보았기 때문이다.

馳騁田獵, 令人心發狂, 難得之貨, 令人行妨.

말 타고 달리며 사냥하면 사람의 마음을 미치게 만들고,
얻기 어려운 귀한 재물은 사람의 행동을 비뚤어지게 만든다.

주1 왕필본王弼本에는 전田이 전畋으로 되어 있다. 전田과 전畋은 서로 통용되는 글자로서, '사냥하다'의 뜻이다.

주2 발광發狂 :
하상공 - "정신이 분산되어 사라지기에 '발광한다'고 하였다.[精神散亡, 故發狂也.]"

주3 난득지화難得之貨, 영인행방令人行妨 :
하상공 - "방妨은 손상됨이다. 얻기 어려운 재화란 금 · 은 · 주옥을 말한다. 마음이 탐하고 생각이 욕심에만 있다면 만족을 알지 못하게 되어 행동에 손상을 입고 자신은 욕되게 된다.[妨, 傷也. 難得之貨, 謂金銀珠玉. 心貪意欲, 不知饜足, 則行傷身辱也.]"

• • • 해 설

'치빙전렵馳騁田獵'에서 치빙馳騁은 말 타고서 마음 내키는 대로 마구 달림을 뜻한다. 전렵田獵은 사냥을 뜻한다. 『이아爾雅』「석천釋天」에서 "봄 사냥을 '수蒐'라고 하며, 여름 사냥을 '묘苗'라고 하며, 가을 사냥을 '선獮'이라고 하며, 겨울 사냥을 '수狩'라고 한다.[春獵爲蒐, 夏獵爲苗, 秋獵爲獮, 冬獵爲狩]"고 하였듯이 렵獵은 사계절의 사냥을 총칭하여 말한 것이다. '치빙馳騁'과 '전렵田獵'을 따로 보아 '말타기'와 '사냥함'이라고 풀이할 수도 있으나, 하나의 구로 보아 '말을 타고 달리며 사냥을 함'이라고 풀이하는 것이 좋다.

말 타고 달리면서 사냥하는 것은 당시의 귀족계급에게 최고의 오락이다. 오락에 지나치게 빠지게 되면 발광하게 된다. 발광이란 속된 말로 표현하면 '미쳐 날뛴다'의 뜻이다. 이러한 오락들은 인간의 기본적인 삶의 욕구와는 무관한 것들이다. 우리는 감각 대상인 외물에 지나치게 몰두하게 되면 자신의 본래적 기능을 상실하고 마는 것처럼, 너무 지나치게 오락적인 것에 탐닉하게 되면 그 마음은 본래적 기능을 잃고 만다.

'얻기 어려운 재화[難得之貨]'란 쉽게 얻을 수 없는 진귀한 것들을 말한다. 영인행방令人行妨에서 영令은 '하여금[使]'의 뜻이고, 방妨은 '비뚤어지다'의 뜻이다. 3장에서 "얻기 어려운 귀한 재물을 귀하게 여기지 않는다면, 백성들로 하여금 도둑질하지 않게 할 수 있다.[不貴難得之貨, 使民不爲盜.]"고 하였다. 얻기 어려운 재물을 귀하게 여기면 이것을 탐하는 마음이 생겨나게 되며, 이것을 탐하는 마음이 생겨나게 되면 이것을 얻고자 혈안이 되며, 이것을 얻고자 혈안이 되면 얻지 않고서는 못 견디게 되며, 얻지 않고서는 못 견디게 되면 도둑질조차 서슴지 않아 종국에 가서는 우리들의 행동거지를 비뚤어지게 만든다.

是以聖人(之治也), 爲腹, 不爲目. 故, 去彼取此.

이처럼 성인은 배를 위할 뿐 눈을 위하지 않기 때문에, 저것(눈을 위한 것)을 버리고 이것(배를 위한 것)을 취한다.

주1 왕필본을 비롯한 통행본에서는 성인^{聖人}으로 되어 있는데, 백서본에서는 '성인지치야^{聖人之治也}'로 되어 있다. 고명^{高明}의 경우, 본 문장은 3장의 "이런 까닭에 성인의 정치에선 백성들의 마음을 비우게 하고 배를 채우게 한다.[是以, 聖人之治也, 虛其心, 實其腹.]"와 의미상으로 일치한다는 점에서, 현행본에는 '지치야^{之治也}'가 누락된 것으로 보아야 한다고 주장했다. 그러나 이 견해는 타당하지 않다. 성인으로 볼 경우 '위복^{爲腹}, 불위목^{不爲目}'의 대상은 성인이 되지만, 고명의 견해와 같이 '성인지치야^{聖人之治也}'로 볼 경우 '위복^{爲腹}, 불위목^{不爲目}'의 대상은 백성이 된다. 실제로 3장의 경우에는 그 대상이 백성이다. 그러나 여기서는 그 대상을 백성으로 보기 어렵다. 왜냐하면 본 문장이 성인(=王)과 백성[民]의 관계를 논한 것이라고 한다면 위문장의 경우 그 대상은 반드시 민^民이 되어야 하는데, 노자는 인^人이라고 말하고 있기 때문이다. 말 타고 사냥하는 것은 일반백성들과는 전혀 무관한 귀족들만의 오락이라는 점에서 인은 '왕'이나 '귀족'을 뜻한다. 따라서 여기서는 성인으로 보는 것이 좋다.

주2 왕필 - "배를 위하는 자는 사물[物]로써 자기를 기르지만, 눈을 위하는 자는 사물[物]로써 자기를 부린다. 따라서 성인은 눈을 위하지 않는다.[爲腹者, 以物養己, 爲目者, 以物役己. 故聖人不爲目也.]"

　　소자유 - "성인이 배를 위하고 일반 사람들이 눈을 위하는 까닭은, 눈은 탐하지만 받아들일 수 없으며 배는 받아들이지만 일찍이 탐하지 않기 때문이다. 저것[目]은 물^物이 외부로부터 온 것을 의미하며, 이것[腹]은 본성이 안에서 응축된 것을 의미한다.[聖人爲腹, 而衆人爲目, 目貪而不能受, 腹受而

未嘗貪故也. 彼, 物之自外至者也, 此, 性之凝於內者也.]"

장석창蔣錫昌 – "복복腹은 무지無知·무욕無欲하기 때문에 비록 바깥에 욕심 낼만한 것이 있더라도 또한 보지 않는다. 눈은 외물을 볼 수가 있기 때문에 외부로부터의 유혹을 쉽사리 받아들여 '저절로 그러함'을 손상시킨다.[腹者, 無知無欲, 雖外有可欲之境而亦不可見. 目者, 可見外物, 易受外境之誘惑而傷自然.]"

●●● 해 설

복腹은 안으로부터 나온 것을 뜻하고, 목目은 밖에서부터 들어옴을 뜻한다. '위복爲腹'이란 생명본성이 요구하는 기본적인 욕구에 충실히 따름이다. 가령 배고플 때 밥 먹고 졸리면 자는 것들이 그 예이다. 반면에 '위목爲目'이란 기본적 욕구와는 무관하게 감각적인 것에 미혹됨이다. 가령 말을 타고 달리며 사냥하는 것들이 그 예이다. 노자는 감각적인 것만을 추구하는 것을 비판하고 생명본성에 충실히 따를 것을 강조하였다. 따라서 눈을 위하는 것들을 버리고 기본적 욕구에 충실히 따를 것을 말하였다.

여기서 우리는 노자의 과욕론寡慾論에 대한 한 단면을 엿볼 수 있다. 과욕寡欲이란 단순히 '욕심을 적게 하라'는 의미보다는 '기본적인 욕구에 충실히 하라'는 의미이다. 사실상 생존에 필요한 욕구는 불과 얼마 되지 않는다.『장자』「소요유逍遙遊」에서도 "뱁새가 깊은 숲에서 둥지를 친다고 하여도 나뭇가지 하나면 족하고, 두더지가 황하의 물을 마신다고 하더라도 작은 배를 채우는 데 불과하다.[鷦鷯巢於深林, 不過一枝. 偃鼠飮河, 不過滿腹.]"고 하였다. 그럼에도 불구하고 인류가 서로 치열히 싸웠던 까닭은 인간의 기본적인 욕구와는 무관하게 더욱 많은 것들을 소유하기 위해서였다. 즉 생존을 위해서가 아닌 탐욕을 위해서였으며, 노자가 비판하려고 했던 것도 바로 이 때문이었다.

제 1 3 장

寵辱若驚, 貴大患若身.
何謂寵辱. 寵爲下, 得之, 若驚, 失之, 若驚. 是謂寵辱若驚.
何謂貴大患若身. 吾所以有大患者, 爲吾有身. 及吾無身, 吾有何患.
故貴以身爲天下, 可以託天下, 愛以身爲天下, 可以寄天下.

총애를 받는 것은 수치스러운 것인데도 놀란 듯이 하며, 귀함은 커다란 근심거리인데도 자기 몸처럼 아낀다.
'총애를 받는 것은 수치스러운 것이다'란 무엇을 말하는가? 총애란 비천한 것임에도 불구하고 그것을 얻으면 얻는 대로 놀라고 그것을 잃으면 잃는 대로 놀란다. 이것을 가리켜 '총애를 받는 것은 수치스러운 것인데도 놀란 듯이 한다'고 하는 것이다.
'귀함은 커다란 근심거리인 데도 자기 몸처럼 아낀다'란 무엇을 말하는 것인가? 나에게 커다란 근심거리가 있는 까닭은 내가 몸을 가지고 있기 때문이다. 내가 몸이 없는 데까지 이르게 된다면 나에게 무슨 근심거리가 있겠는가?
그러므로 몸을 귀하게 하는 것으로써 천하를 위한다면 천하를 의탁할 수 있으며, 제 몸을 아끼는 것으로써 천하를 위한다면 천하를 맡길 수 있다.

寵辱若驚, 貴大患若身.

총애를 받는 것은 수치스러운 것인데도 놀란 듯이 하며, 귀함은 커다란 근심거리인데도 자기 몸처럼 아낀다.

주 본 장은 『노자』 전체에서 가장 난해한 장이며, 그 중에서도 본 문장은 가장 난해한 문장이다. 난해한 만큼 역대 주석가들의 해석도 실로 다양하다. 무엇보다도 본 문장의 주어를 성인으로 보느냐 일반사람으로 보느냐에 따라 두 가지 견해로 나누어질 수 있다. 주어를 일반사람으로 보는 해석에 대하여, 많은 학자들은 "(일반 사람들은) 총애와 욕됨을 모두 놀란 듯이 하고, 큰 우환을 귀하게 여김을 내 몸과 같이 한다."고 해석하고 있다. 그런데 이처럼 해석할 경우 '큰 우환[大患]을 귀하게 여김을 내 몸과 같이 한다'란 의미가 명확히 다가오지 않는다. 통상적으로 대환大患을 '부귀영화'로 풀이하여, "큰 우환이 되는 부귀영화를 귀하게 여김을 내 몸과 같이 소중히 여긴다."로 해석하고 있다. 이러한 풀이는 그런대로 문맥이 통하기는 하지만, 이 해석의 가장 큰 문제점은 대환이 부귀영화를 소중히 함에 의한 결과이지 부귀영화 그 자체는 아니라는 사실이다. 첫 문장에서부터 결과로서의 대환을 가지고 곧바로 부귀영화로 풀이하는 것은 논리적 비약이다.

따라서 왕도王道나 초횡焦竑과 같은 주석가들은 '귀대환약신貴大患若身'은 '귀신약대환貴身若大患'이 도치된 구절이라고 주장하고 있다. 가령 왕도王道는 "'귀대환약신貴大患若身'은 '귀신약대환貴身若大患'이라고 해야 마땅하다. 도치시켜 말했기 때문에 문장이 이상해진 것이다. 옛 말 중에 많은 사례들이 이와 같다.[貴大患若身, 當云貴身若大患. 倒而言之, 文之奇也. 古語多類如此者.]"고 하였다. 이에 따르면 "몸을 귀하게 여김을 큰 우환처럼 여긴다."로 풀이할 수 있다. 이 해석은 앞의 해석보다는 의미상으로 순조롭지만 이 해석에도 문제점이 있다. 왜냐하면 몸을 귀하게 여김을 우환처럼 여길 수 있는 경지에까지 이를 수 있는 것은 일반인으로선 불가능한 일이며 도를 체득한 성인만이 가능하기 때문이다. 만일 그러하다면 본 문장의 주어는 마땅히 일반인이 아닌 성인이 되어야 한다. 그래서 소자유蘇子由와 같은 주석가들은 주어를 성인으로 보고, "옛날의 달인達人이 총애에 대한 놀람을 마치 욕됨에 대한 놀람과 같이 했던 것은 총애가 욕됨의 으뜸이 됨을 알았기 때문이다. 몸을 귀하게 여김을 마치 큰 우환을 귀하게 여김과 같이 했던 것은 몸이 우환의 근본이 됨을 알았기 때문이다.[古之達人, 驚寵如驚辱, 知寵之爲辱先也. 貴身如貴大患, 知身之爲患本也.]"라고 해석하였다. 그러나 이와 같은 해석은 노자가 마치 육신을 고뇌의 덩어리인 것처럼 간주했다고 본 것인데, 노자는 몸을 결코 경시하지 않았다.

본 문장은 "총애를 받는 것은 욕된 것이나 이것을 잃어버릴까봐 노심초사 놀라며, 귀함은 커다란 근심거리만을 가져다줌에도 불구하고 자기 몸처럼 소중히 아낀다."로 해석해야 한다. 그 이유는 다음과 같다. 첫째, 뒤 구절의 '총위하寵爲下'에 의거할 때, '총욕약경寵辱若驚'에서의 주어는 총욕寵辱이 아니라 총寵이어야 한다. 둘째, '총욕약경寵辱若驚'과 '귀대환약신貴大患若身'은 동일한 문법구조일 뿐만 아니라 동일한 의미구조를 이루고 있기 때문이다. 즉 총寵과 귀貴, 욕辱과 대환大患, 약경若驚과 약신若身이 의미상으로 서로 상응한다. 이에 의거하여 두 구절의 의미를 서로 비교하면서 풀이해보면 다음과 같다. 총애[寵]나 귀함[貴]은 모든 사람들이 소중히 여기는 것이다. 비록 총애나 귀함은 모든 사람들이 갈망하는 것이기는 하지만, 이것은 욕됨[辱]이 되고 큰 우환[大患]이 된다. 그런데도 사람들은 이것을 혹시라도 잃을까봐 놀란 듯이[若驚] 하거나, 자신의 몸처럼 귀하게[若身] 여긴다.

● ● ● 해설

총애寵에 대하여 여길보呂吉甫가 "총애를 받는 자는 남에게서 기름을 받는 자이다.[寵者, 畜于人者也.]"고 한 것처럼, 총애[寵]란 남의 권력에 빌붙어 자기의 권력인 것 처럼 행사함이다. 욕辱은 욕됨의 뜻으로서, '수치스러움'을 의미한다. 약경若驚은 '놀란 듯이 한다'의 뜻이다.

우리는 귀한 자리에 있는 사람에게서 총애 받기를 원한다. 그러나 이러한 총애의 실상에 대하여『장자』「열어구列禦寇」에서 "진秦나라 왕이 병이 나서 의사를 불러, 종기를 터트려 고름을 뺀 자에게는 수레 한 대를 주었고, 치질을 핥아서 고친 자에게는 수레 다섯 대를 주었다. 치료하는 곳이 더러운 곳으로 내려가면 갈수록 수레를 더욱 많이 얻었다.[秦王有病召醫, 破癰潰痤者, 得車一乘. 舐痔者, 得車五乘. 所治愈下, 得車愈多.]"고 하였다.『장자』에서는 인간이란 존재가 총애를 얻기 위해서라면 얼마나 비열하고 더러운 짓거리도 서슴없이 할 수 있는가에 대해 단적으로 보여주고 있다. 사람들이 그토록 기를 쓰고 얻으려는 그 총애란 것은 참으로 수치스런 것이다. 그럼에도 불구하고 사람들은 이렇게 하여 얻어진 총애가 얼마나 수치스러운 것이지 조차 알지 못할 뿐만 아니라 슬프게도 그것을 혹시라도 잃지나 않을까 봐 노심초사하고 있다.

귀함貴에 대해 여길보呂吉甫가 "귀한 자는 남을 기르는 자이다.[貴者, 畜人者也.]"라고 말한 것처럼, 귀함[貴]이란 자신 스스로 권력을 행사하는 높은 자리이다. 총애를 받는 자는 남에 의해 기름을 받지만 귀한 자는 그 스스로 권력을 행사한다. 그런데 귀한 자리에 있는 자들은 언제나 걱정거리가 끊기지 않는다. 왜냐하면 그들에겐 막중한 의무와 책임이 주어지기 때문이다. 가령 왕은 백성들을 잘 다스려야 하는 의무와 책임이 있으며, 이것을 다하지 못하였을 경우 그 자리가 위태로워질 수 있다. 이와 같이 귀함은 끊임없이 근심걱정을 낳게 함에도 불구하고 자신의 몸처럼 귀하게 여긴다.

何謂寵辱(若驚). 寵爲下, 得之, 若驚, 失之, 若驚. 是謂寵辱若驚.

'총애를 받는 것은 수치스러운 것이다'란 무엇을 말하는가? 총애란 비천한 것임에도 불구하고 그것을 얻으면 얻는 대로 놀라고 그것을 잃으면 잃는 대로 놀란다. 이것을 가리켜 '총애를 받는 것은 수치스러운 것인데도 놀란 듯이 한다'고 하는 것이다.

주   본 문장은 판본마다 차이점이 있다. 왕필본王弼本과 백서본을 비롯한 많은 판본에는 '하위총욕약경何謂寵辱若驚'으로 되어 있는데, 죽간본竹簡本・하상공본河上公本・상이본想爾本・경룡본景龍本・어주본御注本・경복본景福本・돈황병본敦煌丙本에는 '약경若驚' 두 자가 없다. 또한 죽간본・왕필본・부혁본傅奕本・범응원본范應元本 등에는 '총위하寵爲下'로 되어 있으며, 백서갑본帛書甲本에는 '총지위하寵之爲下'로 되어 있으며, 하상공본에는 '욕위하辱爲下'로 되어 있으며, 진경원본陳景元本・경복본・이도순본李道純本에는 '총위상寵爲上, 욕위하辱爲下'로 되어 있다. '총위상寵爲上, 욕위하辱爲下'의 경우엔 '득지得之' '실지失之'에서의 '지之'가 총寵과 욕辱을 동시에 받는 것이 되어 적당하지 않다. 또한 하상공본河上公本에서와 같이 '욕위하辱爲下'로 보게 되면 욕辱이 주어가 되는데, 전체 문의文意는 욕辱에 대한 말이 아니고 총寵에 대한 말이기에 적당하지 않다. 따라서 '총위하寵爲下'가 옳다.

• • • 해 설

총애는 남에게 기생하여 권력을 얻으려고 하는 것이므로 참으로 수치스런 것이다. 그럼에도 불구하고 총애를 얻는 일이라면 남의 똥구멍조차 거리낌 없이 핥는다고 한 『장자』의 비유를 통해서 볼 수 있듯이, 사람들은 총애를 얻기 위해서라면 어떠한 수단방법도 가리지 않는다. 남에게서 음식물을 얻어먹는 거지와 남에게서 총애를 구걸하며 살아가는 자 사이에는 과연 어느 만큼의 차이가 있는 것인가? 빌어먹고 산다는 점에서는 총애를 구걸하는 자들 역시 일종의 거지라고 할 수 있다. 거지는 그나마 생계를 위한 다는 절박한 현실적인 이유가 있지만, 총애를 구걸하는 자들에게는 그러한 절박한 현실적 이유조차 없다. 이처럼 절박한 이유도 없이 구걸하는 자들이야말로 정녕 거지 중의 상거지가 아니겠는가? 이것은 참으로 비천하기 짝이 없으며 수치스러운 것이다. 그런데도 사람들은 이것을 얻으면 마치 느닷없이 귀한 보배라도 얻은 듯이 기뻐 놀란다. 또한 평소에 그것을 잃지나 않을까 노심초사하다가 어느 날 느닷없이 잃게 되면 슬퍼 놀란다. 이것을 가리켜 '총애는 욕된 것인데도 놀란 듯이 한다.[寵辱若驚]'고 한 것이다.

何謂貴大患若身. 吾所以有大患者, 爲吾有身. 及吾無身, 吾有何患.

'귀함은 커다란 근심거리인데도 자기 몸처럼 아낀다'란 무엇을 말하는 것인가? 나에게 커다란 근심거리가 있는 까닭은 내가 몸을 가지고 있기 때문이다. 내가 몸이 없는 데까지 이르게 된다면 나에게 무슨 근심거리가 있겠는가?

주   왕원택王元澤 – "노자는 총애와 귀함의 얽매임에 대하여 먼저 밝혔으니, 총애와 귀함에의 얽매임은 모두가 몸을 가지고 있음에 의거하여 생겨난 것이다. 따라서 '귀하게 여김을 제 몸처럼 여긴다'는 비유에 의거하여 마침내 '몸이 없음'이라는 미묘함에까지 미치게 되었다. 장자가 '(세상 사람들은) 잊어서는 안 될 것은 잊고 잊어야 할 것은 잊지 않으니, 이것이야말로 정말로 잊어버림이라고 할 수 있다.'고 하였으니, 역시 이와 같은 뜻을 밝힌 것이다. 공자가 말한 '무아毋我' 역시 이치상으로 이와 같다. 배움이란 것은 이것에서 기약할 따름이다.[老子先明寵貴之累, 而寵貴之累皆緣有身而生. 故因譬貴

之若身, 遂及無身之妙. 莊子曰, 忘其所不忘, 而不忘其所忘, 是之謂誠忘, 亦明此義. 而孔子毋我, 理與是同, 學期於此而已.]"

● ● ● 해 설

여기서의 신身은 정신에 대립하는 '육체'를 뜻하는 것이 아니라 '몸'을 뜻하는 것으로, 넓은 의미로는 '자기 자신'이다. 위오유신爲吾有身에서의 위爲는 '때문이다'로 풀이된다.

　유가에서의 성인은 백성들을 위해 불철주야 노력하며 백성들을 행여 잘 돌보지 못할까를 항상 근심한다.『주역』「계사繫辭」(하)에서도 "역易을 지은 자는 우환이 있었을 것이다.[作易者, 其有憂患乎.]"라고 하였다. 그런데 노자는 귀한 자들이 근심하는 까닭은 궁극적으로 자기자신을 소중히 하기 때문이라고 보았다. 즉 백성들의 삶을 윤택하게 하기 위해 문명을 창시한 성인도, 난세를 구제하기 위한 영웅도, 백성들을 위해 불철주야 노력하는 성군聖君도 사실은 모두가 자기자신을 위한 것이다. 따라서 천하를 걱정하는 마음도 모두 알고 보면 내 자신을 걱정하는 마음일 따름이다. 따라서 귀하게 여기는 내 자신이 없다고 한다면 나에게 근심거리가 없어질 것이라고 하였다.

故貴以身爲天下, 可以託(寄)天下, 愛以身爲天下, 可以寄(託)天下.

그러므로 몸을 귀하게 하는 것으로써 천하를 위한다면 천하를 의탁할 수 있으며, 제 몸을 아끼는 것으로써 천하를 위한다면 천하를 맡길 수 있다.

주 본 문장은 판본마다 약간씩의 차이점이 있다.

　　1) 죽간본 : "□□□□□爲天下, 若可以託天下矣, 愛以身爲天下, 若可以寄天下矣."

　　2) 백서본 : "故貴爲身於爲天下, 若可託天下矣, 愛以身爲天下, 若可以寄天下."

　　3) 왕필본 : "故貴以身爲天下, 若可寄天下, 愛以身爲天下, 若可以託天下."

　　4) 하상공본 : "故貴以身爲天下者, 則可寄於天下, 愛以身爲天下者, 及可以託天下."

　　5) 경룡본景龍本 : "故貴身於天下, 若可託天下, 愛以身爲天下者, 若可寄天下."

　　6) 수주본遂州本 : "故貴以身於天下者, 可託天下, 愛以身爲天下者, 可寄天下."

　　7) 부혁본傅奕本・범응원본范應元本 : "故貴以身爲天下者, 則可以託於天下矣, 愛以身爲天下者, 則可以寄天下矣."

　　8) 초횡본焦竑本 : "故貴以身爲天下者, 可以寄天下, 愛以身爲天下者, 及可以託天下."

　　* 왕필본을 비롯한 많은 판본에는 '기寄'자가 앞에 있고 '탁託'자가 뒤에 있는데, 죽간본・백서본・경룡본・수주본・부혁본・범응원본范應元本 등에는 '탁託'자가 앞에 있고 '기寄'자가 뒤에 있다. 후자 쪽이 옳다고 본다. 왜냐하면 최고본에 속하는 죽간본과 백서본에 '탁託'자가 앞에 있고 '기寄'자가 뒤에 있을 뿐만 아니라, 『장자』「재유在宥」에서도 "고귀이신어위천하故貴於身爲天下, 칙가이탁천하則可以託天下, 애이신어위천하愛以身於爲天下, 칙가이기천하則可以寄天下."라고 하였으며, 『회남자淮南子』「도응훈道應訓」에서도 "고귀이신위천하故貴以身爲天下, 언가이탁천하焉可以託天下, 애이신위천하愛以身爲天下, 언가이기천하焉可以寄天下."라고 하여, '탁託'이 앞에 있고 '기寄'가 뒤에 있기 때문이다.

●●● 해 설

본 문장에 대한 서로 상반된 두 견해가 있다. '자기 자신이 있음을 잊어버릴 것[忘身]'을 주장했다는 견해와, '자기 자신을 귀하게 여길 것[貴身]'을 주장했다는 견해가 그것이다. 감산憨山은 "그런데 우리의 육신은 모든 근심을 낳게 하는 근본이다. 이미 이 육신이 있다면 기한飢寒·병고病苦·생사死生·대환大患이라는 모든 괴로움이 모여드는 것을 필연적으로 면하지 못하게 된다. 그러므로 '나에게 큰 근심이 있는 까닭은 나에게 육신이 있기 때문이다. 만일 육신이 없다면 근심도 없다.'고 말한 것이다.[然身, 乃衆患之本. 旣有此身, 則飢寒病苦死生大患, 衆苦皆歸, 必不可免. 故曰吾所以有大患者, 爲吾有身. 無身, 則無患矣.]"고 하여, 본 문장을 '망신忘身'의 입장에서 풀이하였다. 이에 반해 진고응陳鼓應은 "이 하나의 장은 이전 사람들이 곡해한 것이 많았다. 많은 사람들이 육신을 일체번뇌와 큰 우환의 근원이라고 해석하여 이른바 '자신을 잊어버릴 것[忘身]'을 요구하였다. 하나의 '귀신貴身'에 대한 사상이 오히려 오해받아 '망신忘身'이 된 것이다. 이러한 종류의 곡해가 이루어진 태반이 불학佛學의 영향에 의거한 것이다. 그들은 불학의 관점을 가지고 노자의 사상을 견강부회한 것이다.[這一章前人多曲解. 許多人解釋爲身是一切煩惱大患的根源, 所以要忘身. 一個貴身的思想却被誤解爲忘身. 造成這種曲解多半是受了佛學的影響. 他們用佛學的觀點, 去附會老子.]"고 하여, 본 문장을 귀신貴身의 입장에서 풀이하였다.

　　필자의 견해로는 두 가지 견해에 모두 문제점이 있다고 본다. 불교의 대표적인 교설 중의 하나로 삼법인설三法印說(제행무상諸行無常, 제법무아諸法無我, 일체개고一切皆苦)을 꼽을 수 있다. 삼라만상森羅萬象은 잠시의 인연화합因緣和合에 의해 찰나에 생겨났다가 찰나에 멸하는 존재들이다. 이처럼 일체가 모두 변화하여 항상됨이 없기 때문에 '제행무상諸行無常'이라고 하였다. 나라고 하는 존재는 항상됨이 없어서 진정한 의미의 내가 될 수 없기 때문에 '제법무아諸法無我'라고 하였다. 인간은 항상됨을 원하지만 일체 삼라만상은 덧없이 흘러가므로 이에 필연적으로 고통을 느끼게 되기 때문에 '일체개고 一切皆苦'라고 하였다. 이에 의거하여 볼 때 우리의 육신은 잠시 머물러 있는 가假일 뿐만 아니라 모든 고통의 근원이기도 하다.

반면에 노자는 불교적 관점과는 전혀 다른 태도를 취하고 있다. 모든 만물들은 도를 얻어 생겨났기에 만물들은 비록 잠시 생겨났다가 사라져 가는 존재이지만 그 자체가 이미 도의 참모습이다. 만물이 죽는다고 하더라도 이것 역시 완전히 사라진 것이 아니라, 본래적 상태의 자연으로 돌아가는 것이다. 일기一氣가 모인[集] 것을 '삶'이라 하고 일기가 흩어진[散] 것을 '죽음'이라고 한다. 생사生死란 일기一氣의 집산과정集散過程일 따름이다. 즉 생과 사란 때[時]에 응하여 모이고 흩어짐일 뿐이며, 여기에는 어떠한 질적인 차이도 보이지 않는다. 『장자』「지북유知北遊」에서도 "사람이 사는 것은 기가 모였기 때문이니, 기가 모이면 삶이 되고 기가 흩어지면 죽음이 된다. 이처럼 삶과 죽음은 하나의 무리가 되는 것이니 내 어찌 근심하겠는가?[人之生氣之聚也, 聚則爲生, 散則爲死. 若死生爲徒, 吾又何患.]"라고 하였다. 이것은 불교에서 독립상주獨立常住의 세계와 연기緣起의 세계, 정토淨土와 예토穢土, 진여眞如와 생멸生滅, 출세간出世間과 세간世間 등 이원론을 상정하고 있는 것과는 전혀 다르다. 노자 역시 살아있을 때는 삶에 응하고 죽을 때에는 죽음에 응해야 한다고 보았다. 따라서 육신은 고뇌의 근원이기에 이 육신을 잊어야 할 것을 노자가 주장했다는 식의 해석은 타당하지 않다.

귀신貴身으로 보는 두 번째 해석 역시 타당하지 않다. 그 단서로, 72장의 "자신을 아끼되, 자신을 귀하게 여기지 않는다.[自愛不自貴]"를 들 수 있다. '자애自愛'란 자신을 아끼라는 뜻이다. 이러한 점에서 보면 '망신忘身'의 견해는 노자의 취지와 멀지만, 이와 동시에 '불자귀不自貴'를 말하고 있다. 여기서 우리는 애愛와 귀貴를 구별할 필요가 있다. 노자는 자기자신을 소중히 아껴야 함을 말한 것이지 자신만을 귀하게 여겨야 함을 말한 것이 아니라는 점에서 '귀신貴身'의 관점도 타당하지 않다.

이제 본 구절의 의미에 대하여 살펴보자. 귀한 자들은 항상 위민爲民을 말하며 천하를 위해 근심한다고 하지만, 걱정거리가 생겨난 가장 큰 원인은 자기자신을 귀중히 하기 때문이다. 사람들은 누구나가 자신을 귀하게 여긴다. 문제는 자신을 귀하게 여김으로 해서 남을 천하게 여긴다는 데 있다. 따라서 노자는 만일 내 자신을 소중히 아끼듯 천하도 똑같이 소중히 아낄 수 있는 위정자가 있다면 천하를 안심하고 그에게 맡길 수 있다고 하였다. 이것은 천하 백성들을 다스리는 자들은 자기를 귀하게 여기듯 천하를 귀하게 여겨야 함을 강조한 것이다. 이와 유사한 취지로『성경』에서도 "네 이웃을 내 몸처럼 사랑하라."고 하였다.

제14장

視之不見, 名曰夷. 聽之不聞, 名曰希. 搏之不得, 名曰微.
此三者, 不可致詰, 故混而爲一.
其上不皦, 其下不昧. 繩繩不可名, 復歸於無物.
是謂無狀之狀, 無物之象, 是謂恍惚.
迎之不見其首, 隨之不見其後.
執古之道, 以御今之有, 能知古始. 是謂道紀.

도를 보려고 하여도 볼 수 없는지라, 일컬어 '이夷'라고 한다. 듣고자 하나 들리지 않는지라, 일컬어 '희希'라고 한다. 붙잡으려 하나 잡히지 않는지라, 일컬어 '미微'라고 한다.
이 세 가지는 규명할 수 없으므로, 셋이 뒤섞여 하나가 되었다.
위를 밝다고 여기지 않으며, 아래를 어둡다고 여기지 않는다. 계속 면면히 이어져 내려왔지만 딱히 이름 붙일 수 없으며, 무물無物의 상태로 다시 돌아간다.
이것을 말하여 '모습 없는 모습' '형태 없는 형상'이라고 하며, (또한) 이것을 말하여 '있는 듯' '없는 듯'이라고 한다.
그것을 맞이하려고 하여도 그 머리를 볼 수가 없으며, 그것을 뒤따르려고 하여도 그 뒤를 볼 수가 없다.
옛날의 도를 잡아서 지금의 있음을 다스리는지라, 옛날의 시원始源을 알 수가 있다. 이것을 일컬어 '도기道紀'라고 한다.

視之不見, 名曰夷. 聽之不聞, 名曰希. 搏之不得, 名曰微. 此
三者, 不可致詰, 故混而爲一.

도를 보려고 하여도 볼 수 없는지라, 일컬어 '이夷'라고 한다. 듣고자 하나 들리지 않
는지라, 일컬어 '희希'라고 한다. 붙잡으려 하나 잡히지 않는지라, 일컬어 '미微'라고
한다. 이 세 가지는 규명할 수 없으므로, 셋이 뒤섞여 하나가 되었다.

주1 이夷 :

　　이夷에 대하여 하상공河上公은 "색깔色이 없는 것을 이夷라고 한다.[無色曰
夷]"고 풀이하였으나, '형태가 없음[無形]'으로 보는 것이 좋다. 『장자』「지북
유知北遊」에서 "도를 보려고 함에 형태가 없고, 도를 들으려 함에 소리가 없
다.[視之無形, 聽之無聲.]"고 한 것이 바로 그 예이다. 고형高亨도 "이夷란 형태
가 없음에 대한 이름이다.[夷者, 無形之名.]"고 하였다. 또한 부혁본傅奕本·범
응원본范應元本에는 기幾로 되어 있다. 부혁傅奕이 "기幾란 그윽하여 형상이 없
음이다.[幾者, 幽而無象也.]"라고 풀이한 점으로 보아 기幾 역시 무형無形을 뜻
한다고 볼 수 있다.

주2 희希 :

　　하상공이 "소리가 없는 것을 '희希'라고 한다[無聲曰希.]"고 하였듯이,
희希는 무성無聲을 뜻하지만, 단순히 '소리의 없음'을 뜻하는 것은 아니다.
23장의 "희언자연希言自然"에서의 희希는 자연의 변화에 따를 뿐이기에 구태
여 말이 필요 없다는 뜻이고, 41장의 '대음희성大音希聲'에서의 희希는 진정으
로 큰 음은 일정함에 얽매이는 소리가 없다는 뜻이다. 이에 의거할 때, 희希
속에는 1)자연적인 것이며 2)일정함에 얽매임이 없다는 의미가 함축되어
있다.

주3 박搏 :

경룡본 景龍本에는 전搏,쥐다으로 되어 있다. 이순정易順鼎은 "박搏은 전搏의 오자誤字이다.[搏乃搏之誤.]"라고 하였으며, 마서륜馬敍倫도『장자』「지북유知北遊」에서의 현행본인 '박지이부득搏之而不得'이란 문장은 본래 '전지이부득搏之而不得'이었다고 말하고 있다. 박搏에는 '치다' '때리다' 외에도 '쥐다' '잡다'의 의미가 있기 때문에 통행본을 좇아 박搏으로 보는 것이 무방하다.

주4 미微 :

하상공은 "형태가 없는 것을 '미微'라고 한다.[無形曰微.]"고 하여, 무형無形으로 보았으나, '미세함'의 뜻으로 보는 것이 좋다.『광아廣雅』「석고釋詁」에 "미微는 작음이다.[微, 小也.]"고 하였으며, 육덕명陸德明 역시 "미微는 미세함이다.[微, 細也.]"고 하였다.

주5 차삼자此三者, 불가치힐不可致詰 :

하상공 – "삼三이란 이夷・희希・미微를 말한 것이다. '규명할 수 없다[致詰]'란 도는 색깔도 없고 소리도 없고 형태도 없어서, 입으로 말할 수가 없고 글로 전달할 수도 없으며 의당 정靜으로써 받고 신묘함[神]으로써 구해야 하므로, 추궁해 물어서는 얻을 수 없다는 의미이다.[三者謂夷希微也. 不可致詰者, 無色無聲無形, 口不能言, 書不能傳, 當受之以靜, 求之以神, 不可詰問而得之也.]"

고형 – "치힐致詰은 '추궁하여 묻다'고 말한 것과 같다.[致詰猶言推問也.]"

주6 혼이위일混而爲一 :

하상공 – "혼混은 합合의 뜻이다.[混, 合也.]"

주7 왕필王弼 – "모양도 없고 형상도 없으며 소리도 없고 울림도 없기에,

제14장   179

통하지 않는 것이 없고 가지 못하는 곳이 없고 알 수도 없다. 게다가 내 귀와
눈과 몸을 사용하더라도 그것이 어떠한 이름(개념)인지를 파악할 수가 없
다. 이처럼 (이 세 가지는) 규명할 수 없으므로, 셋이 뒤섞여 하나를 이루었다.
[無狀無象, 無聲無響, 故能無所不通, 無所不往, 不得而知. 更以我耳目體不知爲名. 故
不可致詰, 混而爲一也.]"

● ● ● 해 설

'시지視之'에서의 지之는 '도'를 말한다. 치힐致詰이란 '철저하게 규명하다'의
뜻이다.

우리는 규정의 세계 속에서 살고 있으므로 보고 듣고 만질 수 있다.
그러나 시원으로서의 도의 상태는 무형·무명의 상태로 있으므로 볼 수
도, 들을 수도, 만질 수도 없다. 또한 이처럼 일정한 형태가 없으므로 딱히
무엇이라고 규명할 수 없다. 이와 같이 시원으로서의 도는 무규정으로 있
으므로, 셋이 뒤엉켜 하나로 있다고 하였다.

노자 당시의 자연관에서는 태초부터 천이 있었다고 보았다. 그런데
노자는 천지가 생겨나기 이전인 태초에 도가 있었다고 말하였다. 이 도는
달리 말하면 '혼돈'을 뜻한다. 혼돈이란 무형의 정기들이 하나로 혼연일체
뒤섞여 있는 상태를 의미한다. 그 단적일 일례로 도의 상태를 '혼이위일混而
爲一'이라고 하였다. 혼混은 『열자列子』 「천서天瑞」에서 "혼륜混淪이란 만물이
서로 뒤섞여 분리되지 않음을 말한다.[混淪者, 言萬物相渾淪而未相離也.]"고
하였듯이 무형의 정기精氣들이 혼연일체渾然一體로 있어서 구별할 수 없다는
뜻이다. 일이란 무수한 기들이 분리되어 있지 않아서 혼연일체로 있다는
뜻이다.

그런데 본 문장을 들어 도가 초월적 성격이 있다고 주장하는 학자들도
적지 않다. 도가 초월성을 갖는다고 하는 견해에 대하여 살펴보자. 도가
시공의 범주에 머물러 있다는 점에서 생성계 자체 속에 내재內在되어 있다.

많은 주석가들은 도가 내재되어 있지만, 동시에 초월해 있다고 말한다. 그러나 초월성을 말하게 되면 이것은 이미 내재성과 상반된 것이 될진대 어떻게 초월성과 내재성을 동시에 가질 수 있겠는가? 용수龍樹, Nagarjuna의 표현을 빌자면, 이것은 마치 타지 않는 불과 타는 불이 둘 다 공존하고 있다는 말과 같다. 『중론中論』에서 용수가 이미 타는 불과 타지 않는 불이 동시에 존재할 수 없다고 논박하고 있듯이, 초월성과 내재성은 공존할 수 없는 것이다. 노자가 말한 도는 초월성을 갖는 것이 아니라, 단지 선재성先在性을 갖고 있을 뿐이다. 여기서 선재성이란 질서의 세계인 천지에 앞서 있다는 뜻이다. 즉 질서의 세계인 천지 지체가 우주의 근원이 아니며, 그 이전에 혼돈 상태로서의 도가 있었음을 말하고자 했던 것이다.

其上不皦, 其下不昧. 繩繩不可名, 復歸於無物.

위를 밝다고 여기지 않으며, 아래를 어둡다고 여기지 않는다. 계속 면면히 이어져 내려왔지만 딱히 이름 붙일 수 없으며, 무물無物의 상태로 다시 돌아간다.

주1 승승繩繩 :
    하상공 – "승승繩繩이란 움직여 감이 끝없음이다.[繩繩, 動行無窮極也.]"

주2 이약李約 – "무릇 사물은 모두가 위가 밝고 아래가 어둡다. 도는 위가 없기에 밝지 않고, 아래가 없기에 어둡지 않다.[凡物皆上明下暗. 道無上故不皦, 無下故不昧.]"

••• 해 설

교皦는 '밝다'의 뜻이고, 매昧는 '어둡다'의 뜻이다. 위는 일월日月이 있어서 밝고 아래는 광명이 없어서 어둡다는 것이 당시의 일반적인 상식이었다. 그러나 노자는 이 일반적인 상식과는 달리 "기상불교其上不皦, 기하불매其下不昧."라고 역설하였다. 여기서 우리는 '불不'자의 용법에 유의할 필요가 있다. '불不'자는 6장의 '자생한다고 여기지 않아[不自生]'에서와 같이 '위爲'가 생략된 형으로 '여기지 않다[不爲]'는 의미이다. 따라서 "기상불교其上不皦, 기하불매其下不昧."는 "높이 있어 밝지만 밝다고 여기지 않으며, 깊숙한 곳에 있어 어둡지만 어둡다고 여기지 않는다."는 의미이다. 만일 위에 있으면서 밝다고 여기고, 아래에 있으면서 어둡다고 여긴다면 이것은 이미 규정에 빠져들게 되므로, 노자는 밝으면서도 밝음에 집착하지 말고 어둡지만 어둠에 집착하지 말라고 한 것이다. 이와 관련하여 『장자』「대종사大宗師」에서도 "(도는) '태극太極'보다 위에 있으면서도 높다고 여기지 않고, '천지 사방[六極]'의 아래에 있으면서도 깊다고 여기지 않는다.[在太極之先而不爲高, 在六極之下而不爲深.]"고 하였다.

　'승승繩繩'이란 끊임없이 이어져 내려오는 유구悠久한 시간을 말한다. 도가 천지 이전의 태고적부터 지금에 이르기까지 영원히 지속되었기 때문에 '승승繩繩'이라고 하였다. 그런데 도가 태고적부터 지금에 이르기까지 끊어짐이 없이 계속 이어져 내려왔지만, 딱히 그것을 무엇이라고 규정할 수 없으므로 '불가명不可名'이라고 하였다.

　도道는 태초부터 지금에 이르기까지 계속적으로 이어져 내려와 잠시의 중단됨도 없었다. 이처럼 계속적으로 이어져 내려왔을 뿐만 아니라 모든 만물은 이 도로부터 한 치도 벗어날 수가 없다. 왜냐하면 도는 만물을 생겨나게 하는 동인動因이기 때문이다. 이처럼 도가 만물의 원인자라는 점에서 '궁극의 실재'이지만, 무엇이라고 규정할 수가 없다.

　도는 유와 무를 동시에 포함하고 있다. 즉 유에 의거하여 끊임없이 만물을 이루는 속성과 함께, 무에 의거하여 본래의 도에로 복귀하려고 하는 속성도 있다. 따라서 '복귀어무물復歸於無物'이라고 말하였다. 고대에서의 물物은 유형의 만물을 지칭하기도 하고, 무형의 물질인 기氣를 지칭하기도 한다. 여기서 무물無物이라고 한 것은 물질이 없다는 의미가 아니라 유형의 만물이 없다는 의미이다. 즉 물질들이 하나로 뒤엉켜[混] 있는 상태를 말한다. 복復은 도의 본래적 상태로의 복귀를 의미한다. 따라서 '복귀어무물復歸於無物'이란 도가 끊임없이 이어져 내려와 구체적인 작용을 일으키지만, 또 다시 무형의 물질이 하나로 뒤엉켜있는 상태로 있는 도에로 돌아감을 말한 것이다.

是謂無狀之狀, 無物(象)之象, 是謂恍惚.

이것을 말하여 '모습 없는 모습' '형태없는 형상'이라고 하며, (또한) 이것을 말하여 '있는 듯' '없는 듯'이라고 한다.

주1 '무물지상無物之象'으로 된 판본과 '무상지상無象之象'으로 된 판본이 있다. 고형高亨은 이에 대하여 "'무상지상無象之象'이 비교적 옳다. '무상지상無狀之狀' '무상지상無象之象'이 구법句法에 있어서 하나의 율을 이룬다는 점이 그 첫 번째 증거이며, 위구에서 이미 '무물無物'이라고 말하였는데 또다시 '무물無物'을 말하여 (의미를) 중복시켜 애매하게 만든다는 것은 적당하지 않다는 점이 그 두 번째 증거이다."고 하였다. 그러나 백서본·왕필본·하상공본 등과 같은 고본古本에는 '무물지상無物之象'으로 되어 있다는 점에서 '무물지상無物之象'으로 보는 것이 좋다. 장석창蔣錫昌도 '무물지상無物之象'이 옳다고 주장하였으며, 그 증거로 "21장에서 '홀혜惚兮, 황혜恍兮, 기중유상其中有象,

황혜恍兮, 홀혜惚兮, 기중유물其中有物.'이라고 하여, 물物과 상象을 짝하여 말하고 있는데, 그것은 곧 이 '무물지상無物之象'이란 문장에 의거한 것이다."라고 하였다.

주2   무상지상無狀之狀 :

하상공 – "일은 형상이 없지만 만물을 위하여 형상들을 이룰 수 있음을 말한 것이다.[言一無形狀, 而能爲萬物作形狀也.]"

주3   무물지상無物之象 :

하상공 – "일에는 사물의 본질이 없지만 만물을 위하여 형상을 이루게 할 수 있음을 말한 것이다.[言一無物質, 而能爲萬物設形象也.]"

주4   황홀恍惚 :

하상공 – "있는 듯 없는 듯하여 볼 수 없기에, 그것을 '황홀恍惚'이라고 하였다.[若存若亡, 不可見也, 謂之恍惚.]"

왕필 – "규정할 수 없음이다.[不可得而定也.]"

이약李約 – "황恍은 유이고, 홀惚은 무이다. 있다고도 말할 수 없고 없다고도 말할 수 없기 때문에 황홀恍惚로써 이름한 것이다.[恍, 有也. 惚, 無也. 謂有不可, 謂無不可, 故以恍惚名之.]"

주5   왕필 – "없다고 말하려 하나 만물이 이것으로 말미암아 이루어졌고, 있다고 말하려 하나 그 형태를 볼 수가 없다. 따라서 '모습 없는 모습' '형태 없는 형상'이라고 하였다.[欲言無邪, 而物由以成. 欲言有邪, 而不見其形. 故曰 無狀之狀, 無物之象也.]"

●●● 해 설

'무상지상 無狀之狀'이란 '형상이 없는 형상'을 뜻한다. '무물지상 無物之象'에서 물物은 무형의 물질이 아닌 유형의 물체를 말한다. 왜냐하면 노자는 21장에서 '도 가운데에 물物이 있다.[其中有物]'고 하였으며, 25장에서 '물物과 뒤섞인 것이 있으니[有物混成]'라고 하여 도속에 무형의 물질이 있음을 긍정하고 있기 때문이다.

도는 무형無形·무명無名의 상태로 있기 때문에 없는 듯하다. 그러나 우리는 이것을 단순히 '없다'고 말할 수는 없다. 왜냐하면 만물은 바로 이 무형·무명의 도로부터 생겨났기 때문이다. 그렇다고 그것을 딱히 뭐라고 규정할 수도 없다. 왜냐하면 우리는 이것을 감각기관으로 포착할 수가 없기 때문이다. 따라서 노자는 이러한 도의 모습을 '황홀恍惚'이라고 표현하였다. '황홀'은 있는 듯 없는 듯한 모습을 형용한 것이다. 황과 홀을 구체적으로 나누어 살펴보면, 황恍은 잠시 반짝 빛남을 말하고 홀惚은 잠시 반짝 어두워짐을 말한다. 가령 깜박거리는 전등불에 비유한다면 황은 깜박 켜짐이고 홀은 깜박 꺼짐이다. 도를 황홀로써 표현한 까닭은 시원始源으로서의 도가 있는 듯 없는 듯한 알쏭달쏭한 모습을 하고 있기 때문이다.

迎之不見其首, 隨之不見其後.

그것을 맞이하려고 하여도 그 머리를 볼 수가 없으며, 그것을 뒤따르려고 하여도 그 뒤를 볼 수가 없다.

주1 왕필본을 비롯한 많은 판본에는 "영지불견기수迎之不見其首, 수지불견기후隨之不見其後."로 되어 있는데, 백서을본帛書乙本에는 "수이불견기후隨而不見其後,

영이불견기수迎而不見其首."로 되어 있어 순서가 서로 도치되어 있다. 경룡비본景龍碑本에도 "수지불견기후隨之不見其後, 영지불견기수迎之不見其首."로 되어 있어 백서본과 어순이 같다.

주2　이약李約 – "그 머리를 볼 수 없으므로 오는 때가 없고, 그 뒤를 볼 수 없으므로 떠나가는 날도 없다.[不見其首, 無來時也, 不見其後, 無去日也.]"
　　　엄기도嚴幾道 – "머리를 볼 수 있고 꼬리를 볼 수 있다면 그것은 반드시 유한한 존재이다. 도와 우주가 모두 무궁한데 무엇으로 말미암아 보겠는가?[見首見尾, 必有窮之物. 道與宇宙皆無窮者也, 何由見之.]"

••• 해 설

본 문장은 원의 시간관에 의거한 것이다. 서양의 전통적 시간관은 직선적 시간관이다. 헤겔이나 비코는 직선적 시간관과는 달리 나선형적 시간관을 주장하였지만, 이 역시 직선적 시간관의 변형된 형태에 지나지 않는다. 직선적 시간관에 의거하면 출발점이 있고 끝나는 곳이 있다. 즉 '창생'이 있고 '종말'이 있다. 따라서 과거의 것으로 돌아가 창생의 원리를 규명하려고 하였으며, 먼 미래까지 추론하여 종말을 예언·예측하려고 하였다. 반면에 원의 시간관에서는 어디가 시작이고 어디가 끝인지를 알 수가 없으므로 처음과 끝이 없다. 설령 억지로 처음과 끝을 가정한다고 하더라도 종終은 오히려 시始가 된다. 왜냐하면 원 운동에서의 종終은 곧 처음의 상태로 돌아가는 것이기 때문이다. 따라서 노자는 도의 운동과정에서의 끝점을 오히려 '복復'이라고 보았다.

　　본 문장에서의 머리[首]는 시始를 의미하고, 꼬리[後]는 종終을 의미한다. 노자는 원의 시간관에 토대를 두고 있기에 시始가 곧 종終이 되고 종終이 곧 시始가 된다. 그렇다면 먼 과거로 거슬러 올라가 천지의 시원을 규명하려고 하여도 그 시원을 볼 수가 없으며, 미래의 종말을 예측하여 보려고 해도 그 끝을 알 수가 없다. 따라서 "앞에서 맞이하려고 하여도 그 머리를 볼 수 없고, 뒤따르려고 하여도 그 뒤를 볼 수 없다."고 말하였다. 이와 유사한 문장으로 『장자』「우언寓言」에서도 "처음과 끝이 고리와 같아서 그 대강大綱을 얻을 수 없으니, 이것을 천균天均이라고 말한다.[始卒若環, 莫得其倫, 是謂天均.]"고 하였다.

執古之道, 以御今之有, 能知古始. 是謂道紀.
옛날의 도를 잡아서 지금의 있음을 다스리는지라, 옛날의 시원始源을 알 수가 있다. 이것을 일컬어 '도기道紀'라고 한다.

주1 고지도古之道 :
  백서본帛書本에는 '금지도今之道'로 되어 있다.

주2 하상공 - "성인은 옛날의 도를 지켜서 하나를 생겨나게 하여 사물을 다스렸으므로, 지금도 마땅히 하나를 가지고 있음을 알 수가 있다.[聖人執守古道, 生一以御物, 知今當有一也.]"

  왕필 - "형체도 없고 이름도 없는 것이 만물의 근본이다. 비록 지금과 옛날이 같지 않고 시류의 변화함에 따라 풍속도 변화하지만, 진실로 이것으로 말미암아 다스림을 이루지 않은 적이 없었다. 따라서 옛날의 도를 잡아서 지금의 유를 다스릴 수가 있었다. 태고적은 비록 현재와 멀지만 도는 여전히 존재하였기에, 비록 현재에 처해 있다고 하더라도 옛날의 시원始源에 대하여 알 수가 있다.[無形無名者, 萬物之宗也. 雖今古不同, 時移俗易, 故莫不由乎此以成其治者也. 故可執古之道以御今之有. 上古雖遠, 其道存焉, 故雖在今可以知古始也.]"

● ● ● **해 설**

집執은 '잡다' '굳건히 지키다'의 뜻이다. '옛날의 도[古之道]'란 천지가 생겨나기 이전의 혼돈의 상태로 있는 무형無形・무명無名의 도를 뜻한다. 어御는 본래 능숙한 마부가 말을 마음대로 부리어 '좌지우지함'을 뜻하는 것으로서 '다스리다'의 의미이다. 그러나 이것은 말을 강압적으로 이끄는 것이 아니라, 말의 본성을 자발적으로 이끌어냄을 의미한다. 이와 관련하여, 곽점郭店에서 출토된 『성지문지成之聞之』에서 "부릴 수는 있지만, 강압적으로 이끌 수는 없다.[可御也, 而不可牽也.]"고 하였다. '지금의 유[今之有]'란 도가 분화되어 유형・유명의 구체적인 만물을 이룬 현상계를 뜻한다. 도기道紀에서의 기紀란 그물에 있어서 중추가 되는 기강紀綱으로서, 다수를 하나로 묶는 토대나 주축이란 의미이다.

앞서 말했듯이 도란 무시무종無始無終한 것이므로 우리는 그 처음의 모습을 알 수가 없으며 그 끝나는 지점도 포착할 수가 없다. 그렇다면 우리는 도의 모습에 대해 영원히 알 수 없으므로 영원히 침묵해야 하는가? 노자는 본 문장에 오히려 '옛날의 시원始源을 알 수가 있다.'고 말하고 있다. 그렇다면 우리는 어떻게 알 수가 있는가?

노자는 알 수 있는 근거로 21장에서 '옛날부터 지금에 이르기까지 그 이름이 떠나가지 않았으니[自古及今, 其名不去]'라고 하였다. 도는 만물의 근원으로서 태초부터 있어왔다. 도는 천지가 생겨나면서 사라진 것이 아니라, 무구한 세월이 지난 지금에 이르기까지 면면히 이어져 내려왔다. 도가 중요한 것은 단순히 영원히 이어져 내려왔다는 사실에 있는 것이 아니라 생성계의 질서를 이루는 기강紀綱이라는 데 있다. 그렇다면 지금의 현상계를 다스리기 위해서는 예로부터 내려온 도를 굳건히 간직해야 한다. 따라서 "옛날의 도를 잡아서 지금의 유를 다스린다."고 하였다. 또한 옛날의 도를 잡아서 지금의 현상계를 다스리게 되면 도는 수면위로 떠오르게 된다. 도는 과거로부터 면면히 이어져 내려온 것이므로 지금의 도는 과거의 도와 같다. 그렇다면 지금의 현상계를 다스리는 도의 모습을 통해 과거의 도를 역추적해 알 수가 있다. 따라서 현재를 통해 '옛날의 시원을 알 수가 있다.'고 하였다. 또한 도는 기강과 같은 것으로서 다자多者로서의 만물들을 하나로 묶는 토대가 되므로 '도기道紀'라고 하였다.

제15장

古之善爲士者, 微妙玄通, 深不可識.
夫惟不可識, 故强爲之容.
豫兮, 若冬涉川,
猶兮, 若畏四隣,
儼兮, 其若客,
渙兮, 其若氷之將釋,
敦兮, 其若樸,
曠兮, 其若谷,
混兮, 其若濁.
孰能濁, 以靜者徐淸. 孰能安, 以動者徐生.
保此道者, 不欲尙呈. 夫惟不呈, 故能蔽, 不新成.

옛날에 장수의 역할을 훌륭히 행한 자는 '미묘微妙'하고 '현통玄通'하여 깊어서 (그 깊이를) 알 수가 없다.
깊이를 알 수가 없지만, 억지로 그것을 형용해보면 다음과 같다.
머뭇거림이 마치 겨울철에 내를 건너는 것 같고,
주춤함이 마치 사방에 에워싸인 적을 두려워하는 것 같고,
의젓함이 마치 손님과 같고,

확 풀리는 것이 마치 얼음이 녹으려 하는 것 같고,
도타움이 마치 통나무와 같고,
드넓음이 마치 계곡과 같고,
뒤섞여 있음이 마치 혼탁한 것 같다.
누가 혼탁할 수 있어서 고요한 것들이 서서히 맑아지게 할 수 있는가? 누가 안정될 수 있어서 움직이는 것들이 서서히 생겨나게 할 수 있는가?
이 도를 보존한 사람은 드러냄을 중시하지 않는다. 드러냄을 중시하지 않기 때문에, 안의 것을 감싸고 있을 뿐 뭔가를 새롭게 이루려 하지 않는다.

古之善爲士者, 微妙玄通, 深不可識. 夫惟不可識, 故强爲之容.

옛날에 장수의 역할을 훌륭히 행한 자는 '미묘微妙'하고 '현통玄通'하여 깊어서 (그 깊이를) 알 수가 없다. 깊이를 알 수가 없지만, 억지로 그것을 형용해보면 다음과 같다.

주1 왕필본王弼本을 비롯한 많은 판본에는 '위사자爲士者'로 되어 있다. 그런데 유월俞樾은 "하상공주河上公注에서 '도道를 얻은 임금을 말한다.'고 말하였으므로 '선위사자善爲士者'는 마땅히 '선위상자善爲上者'가 되어야 한다. (하상공은) 도를 얻은 임금으로써 해석했던 것이다. 상上과 사士가 형태가 비슷하여 잘못 쓴 것이다.[河上公注曰, 謂得道之君也, 則善爲士者, 當作善爲上者. 故以得道之君釋之. 上與士, 形似而誤耳.]"라고 하여 사士를 상上으로 풀이하였다. 이에 반하여 주겸지朱謙之는 "유월의 설은 그르다. 하상공주에 의거해 보면 '선위사자善爲士者'는 마땅히 '선위도자善爲道者'가 되어야 한다. 부혁본傅奕本에 사士가 도道로 되어 있는 것이 곧 그 증거이다.[俞說非也. 依河上公注, 善爲士者, 當作善爲道者. 傅奕本士作道, 卽其證.]"라고 하여 사士를 도道로 보았다. 이처럼 사士를 도道로 본 학자로는 마서륜馬敍倫 · 주겸지 · 고명高明 등이 있다. 필자의 견해론 죽간본을 포함한 대부분의 판본이 '선위사자善爲士者'로 되어 있을 뿐만 아니라 본 장은 전쟁과 관련된 문장이므로 장수란 의미로서의 '사士'로 보는 것이 타당하다.

또한 대부분의 판본에는 '고古'로 되어 있는데, 죽간본에는 '장고長古'로 되어 있다. 『곽점초간郭店楚簡』의 주석에서 "『설문說文』에서 '장長은 영원함이다.'고 하였다. 장고長古는 곧 상고上古이다.[『說文』, 長, 久遠也. 長古卽上古.]"고 하였다.

주2 미묘微妙 :

후꾸나가 미쓰지福永光司 – "미묘微妙란 인간의 지적 파악을 거부하는 어둡고 희미한 모습이다."

  현통玄通 : 죽간본에는 현달玄達로 되어 있다.

주3 식識 :

  왕필본 등 대다수 판본에는 불가식不可識으로 되어 있는데 범응원본范應元本에는 '불가측不可測'으로 되어 있다. 이와 관련하여 후쿠나가 미쓰지는 "식識이 측測,헤아리다으로 된 텍스트도 있다. 『회남자淮南子』「원도훈原道訓」과 『문자文子』「도원道原」에도 도를 설명함에 있어 '심불가측深不可測'이란 말이 보이고, 『장자』「천도天道」에는 '도는 깊어서 그것을 헤아릴 수 없다.[道淵乎其不可測.]'고 했다. 그 깊이를 헤아려 알 수 없는 도의 존재방식과 같이, 밖에서 들여다봐도 알 수 없는 심원深遠한 경지를 갖는다는 뜻이다."라고 하였다. 죽간본에는 지志로 되어 있는데, 지志와 식識은 통용된다. 가령 『장자』「소요유逍遙遊」에서도 "제해齊諧는 기이한 것을 아는[志] 사람이다.[齊諧者, 志怪者也.]"라고 하여, 지志를 식識의 뜻으로 사용하였다. 이처럼 죽간본에 지志로 되어있다는 점에서 식識으로 봄이 옳다.

주4 소자유蘇子由 - "거친 것이 다하면 정미精微해지고, 정미해지면 미묘微妙해지고, 미묘함이 극도에 달하면 현묘玄妙해지고, 현묘해지면 통하지 않음이 없게 되고 (너무 깊어서) 그 깊이를 알 수가 없게 된다.[粗盡而微, 微而妙, 妙極而玄, 玄則無所不通, 而深不可識矣.]"

••• 해설

  다수의 학자들은 '선위사자善爲士者'를 '도를 잘 터득한 사람(=성인聖人)'으로 해석하고 있다. 따라서 문맥에 의거해 '선위도자善爲道者'로 보아야 한다는 견해가 제기되기도 하였다. 그러나 본 구절에서의 사士는 68장의 "장수 노릇을 훌륭히 행한 자는 무력을 앞세우지 않는다.[善爲士者, 不武.]"에서의 사士와 같은 의미로서, 장수를 뜻한다. 따라서 여기서의 주체는 도를 잘 터득한 장수이며, 이하의 문장들은 도를 잘 수행한 장수가 전쟁에 임할 때의 모습을 형용한 것이다.

노자는 도를 잘 터득하게 되면 '미묘현통微妙玄通'하게 된다고 말하였다. 微에 대하여 14장에서 "붙잡으려 하나 잡히지 않는지라, 일컬어 '微'라고 한다.[搏之不得, 名曰微]"고 하였듯이, 微란 지극히 미세하여 볼 수도 잡을 수도 없는 것을 말한다. 묘妙는 1장에서의 '일체의 미묘한 것[妙]들이 쏟아져 나오는 문과 같구나[衆妙之門]'에서의 묘妙와 같은 말로서, '미묘함'을 뜻한다. 현통玄通에서의 현玄은 1장에서 살펴보았듯이 '검다'의 뜻이다. 그러나 이 검음은 단순히 아무 것도 없는 검음을 뜻하는 것이 아니라, 심원深遠하여 검게 보임을 뜻한다. 통通은 『주역』「계사전繫辭傳」의 "오고감에 다함이 없는 것을 '통通'이라고 한다.[往來不窮謂之通.]"에서의 통通과 같은 의미로서 '통하다'의 뜻이다. 따라서 현통玄通이란 막힘이 없으며 이르지 않음이 없음으로 해서 사통팔달四通八達함을 의미한다.

본 장에서의 미묘微妙와 현통玄通 외에 6장의 현빈玄牝, 10장의 '현람玄覽'과 '현덕玄德, 27장의 요묘要妙, 36장의 미명微明, 56장의 현동玄同이 모두 '형용사+명사'의 형태로 되어 있다. 여기서 하나의 공통점을 발견할 수 있는데, 그것은 전자가 모두 무의 측면을 말한 것이라고 한다면, 후자는 모두 유의 측면을 말한 것이라는 점이다. 가령 미묘함[妙]·통함[通]·거울[覽]·암컷[牝]·밝은 지혜[明]·동화[同]는 모두 도에서의 유의 측면을 말한 것이다. 유는 일종의 공능功能이며 작용이다. 그런데 단지 유만 있다고 한다면 공능功能과 작용은 한정되어 버린다. 왜냐하면 유 자체가 이미 한정성을 갖고 있을 뿐 무한성을 포함할 수 없기 때문이다. 유가 무한성을 갖기 위해서는 반드시 무한성으로서의 무를 매개로 하여야 한다. 따라서 노자는 유의 공능功能과 작용이 무한한 것임을 설명하기 위하여 微·玄·要를 덧붙인 것이다.

이상과 같이 묘妙함과 통通함이 무한한 허체虛體인 미微와 현玄에 의거해 나온 것이므로, 묘妙함과 통通함은 무한한 깊이를 가진 묘함이며 통함이다. 한정된 유한한 것만을 인식할 수 있는 우리들의 인식으로서는 이 무한함을 이해할 길이 없다. 따라서 노자는 "깊어서 그 깊이를 헤아려 알 수가 없다.[深不可識]"고 말하였다.

우리는 그 깊이를 이해할 수 없다는 점에서 표현할 길은 더욱 없다. 그렇다면 "말할 수 없는 것에 대해선 영원히 침묵하라!"고 한 비트겐슈타인의 경고를 따라 우리는 도에 대하여 영원히 침묵해야만 하는 것인가? 우리는 어차피 언어의 세계 속에서 살아갈 수밖에 없으므로 표현할 길이 없다고 해서 영원히 침묵할 수만은 없다. 뜻을 얻기 위해서는 언어를 통한 표현이 불가피하다. 따라서 노자는 "억지로 그것을 형용해 본다.[强爲之容]"고 했다.

豫兮, 若冬涉川.
머뭇거림이 마치 겨울철에 내를 건너는 것 같다.

주   예혜豫兮 :

범응원范應元 — "예豫는 코끼리 과에 속하는 동물로 일에 앞서 먼저 의심한다. 이것은 (도를) 잘 행하는 선비가 처음부터 신중히 하여서 성급히 나아가지 않음을 형용한 것이다.[豫, 象屬, 先事而疑. 此形容善爲士者, 審於始而不躁進也.]"

◦◦● 해설

예豫는 평소에 의심이 많아 매사에 조심스러워 하는 '코끼리'를 뜻하는데 그 뜻이 옮겨져 신중히 하는 모습을 형용한 것이다. 『시경詩經』의 「소완小宛」에서 "두려운 듯 조심히 하기를 마치 살얼음을 밟는 듯이 하였다.[戰戰兢兢, 如履薄氷.]"고 하였는데, 예豫는 바로 '전전긍긍戰戰兢兢'과 유사한 의미이다. "겨울에 내를 건너는 듯이 한다.[若冬涉川]"란 살얼음판을 걷는 듯이 한다는 의미한다. 도를 잘 수행한 장수가 전쟁에 임해서는 매사에 신중하므로 그 모습이 마치 겨울철의 살얼음판을 걷는 듯이 한다. 『논어』「술이述而」에서도 "자로子路가 '선생님께서 삼군三軍을 출동시킨다면 누구와 함께 하시겠습니까?'라고 물었다. 이에 공자가 '맨손으로 범을 잡으려 하고 맨몸으로 황하를 건너려고 하다가 죽더라도 후회하지 않는 자와는 함께 하지 않을 것이다. 반드시 일에 임하여 두려워 할 줄 알고 계책을 도모하기 좋아하여 성공하는 자와 함께 하겠다.'고 답변하였다.[子路曰, 子行三軍, 則誰與. 子曰, 暴虎馮河, 死而無悔者, 吾不與也. 必也臨事而懼, 好謀而成者也.]"고 하였다.

猶兮, 若畏四隣.

주춤함이 마치 사방에 에워싸인 적을 두려워하는 것 같다.

주　유혜猶兮：

　　유猶를 개로 보는 견해와 원숭이로 보는 견해가 있다. 초횡焦竑은 "유猶는 짐승의 이름이다. 농우隴右는 '개가 유猶이다.'고 말하였다. 개는 사람보다 앞서 가서 뭔가를 찾으며 주위를 빙빙 돈다. (이처럼) 느릿느릿 돌면서 쉽사리 결행하지 않으니 그것을 '유猶' '예豫'라고 하였다.[猶, 獸名, 隴右謂犬

爲猶. 犬先人行, 尋又回轉. 故遲回不果, 謂之猶豫.]"고 하여, 개로 보았다. 반면에 『설문說文』에는 "유猶는 원숭이 종류이다.[猶, 玃屬]"라고 하였으며, 범응원范應元 역시 "유猶는 원숭이 종류이다.[猶, 玃屬]"라고 하였다. 원숭이로 보는 것이 좋다.

••• 해설

유猶는 매사에 의심이 많은 원숭이를 지칭한 것인데, 예豫와 같이 그 뜻이 옮겨져 매사의 일에 조심히 하는 모습을 형용한 것이다. 사린四隣은 사방의 이웃 국가를 뜻한다. 당시 선진先秦시대에는 국가들끼리의 치열한 전쟁이 있었으며, 이웃국가들이 언제 어느 때 자국을 침범할지 모르는 긴장된 상황에 처해 있었기 때문에 한순간이라도 경계심을 늦출 수가 없었다. 도를 잘 수행한 장수는 마치 적국들에 에워싸여 있어서 항상 경계심을 갖는 자처럼 매사에 신중히 한다. 매사에 신중히 해야 한다는 점에서는 위 구절과 의미가 같지만, 차이점이 있다. 그 차이점은 위 구절이 상대방을 공격할 때의 신중함을 말한 것이라고 한다면, 본 구절에선 수비할 때의 신중함을 말한 것이라는 점이다.

儼兮, 其若客(容).

의젓함이 마치 손님과 같다.

주1 엄혜儼兮 :

오징吳澄 – "엄儼이란 근엄하고 장중莊重한 모양이다.[儼, 矜莊貌也.]"

주2 객客:

왕필본·수주본遂州本·소자유본蘇子由本·휘종본徽宗本·팽사본彭耜本 등에는 객客이 용容으로 되어 있는데, 죽간본·백서본·하상공본 등에는 객客으로 되어 있다는 점에서 객으로 보는 것이 타당하다. 왕창王昶도 "하상공본에는 '엄혜기약객儼兮其若客'으로 되어 있고, 왕필본에는 '엄혜기약용儼兮其若容'으로 되어 있다. 살펴보건대 '객客'자는 아래 문장의 석釋·박樸·곡谷·탁濁 네 자와 운韻을 이루고 있으므로 용容이라고 한 것은 옳지 않다.[河上公作'儼兮其若客', 王弼作'儼兮其若容'. 案'客'字, 與下文釋樸谷濁等四字爲韻, 作'容'者非也.]"고 하였다.

주3 왕원택王元澤 – "엄격한 것이 마치 손님과 같다고 한 까닭은, 대접함을 자기의 소임이라고 여기지 않았으므로 그 모습이 조용할 수가 있었기 때문이다.[儼若客, 不以事爲己任, 故其容寂也.]"

엄영봉嚴靈峰 – "용모가 단정하고 근엄하여, 엄숙함을 말한 것이다."

●●● 해설

여기서의 객客은 69장에서 "나는 감히 주동이 되지 말고 피동[客]이 되며, 감히 한 치를 전진하지 말고 한 자를 후퇴하라.[吾不敢爲主而爲客, 不敢進寸而退尺.]"고 한 것에서의 객客과 같은 의미이다. 객客이라고 말한 까닭은 손님이 남의 집에 방문할 경우 매사에 주인이 권하는 데로 수동적으로 따르듯이 전쟁에 임할 때에도 소극적으로 임해야 함을 강조하기 위해서이다. 또한 '의젓하여[儼]'라고 한 까닭도 손님이 남의 집에 방문해서는 매사에 조심하여 경거망동하지 않듯 전쟁에 임해서도 경거망동해서는 안 됨을 강조하기 위해서이다. 이처럼 도를 터득한 장수는 남의 집에 방문한 손님처럼 늘 의젓하게 행동하여 경거망동하게 행동해서는 안 된다고 하였다.

渙兮, (其)若氷(之)將釋.

확 풀리는 것이 마치 얼음이 녹으려 하는 것 같다.

주1 왕필본이나 하상공본 등에는 '환혜渙兮, 약빙지약석若氷之將釋'으로 되어 있으나, 경룡본景龍本・영륜본英倫本・고환본顧歡本・어주본御注本・소자유본・팽사본 등과 같은 판본에는 '환약빙장석渙若氷將釋'으로 되어 있다. 또한 유사배劉師培는 "『문자文子』「상인上仁」에는 '환혜渙兮, 기약영지액其若永之液.'이라고 하였는데, 아마도 노자 고본에는 액液으로 되어 있었던 것 같다.[文子上仁篇作, 渙兮其若冰之液. 疑老子古本作液.]"고 하였다. 이순정易順鼎은 "액液은 음과 뜻이 석釋과 같기 때문에 통용된다.[液, 音義與釋同, 故可通用.]"고 하였다. 왕필을 비롯한 후대의 판본에는 '기其'자가 빠져 있는데, 『문자』와 백서본과 죽간본에는 모두 '기其'가 첨가되어 있다. 또한 백서본과 죽간본에는 '지之'자가 탈락되어 있다. 전후 문장 구조로 보아 '기其'자가 첨가되고, '지之'자가 탈락된 것이 옳다.

주2 하상공 – "환渙이란 녹아 흩어짐이다. 석釋이란 흩어져 사라짐이다. 정情과 욕심[欲]을 제거하면 나날이 공허해진다.[渙者, 解散. 釋者, 散亡. 除情去欲, 日以空虛.]"

●●● 해 설

'환혜渙兮'란 따뜻한 봄날에 얼었던 물이 확 풀리는 상태를 말한 것이다. 도를 잘 터득한 장수는 미묘微妙하여 그 속마음을 짐짓 헤아릴 수가 없다. 더욱이 외형적으로 나타난 모습은 소극적이며 수동적이다. 가령 상대방을 염탐할 때는 겨울에 살얼음판을 걷는 듯 조심하고, 방어할 때는 사방의 적에 둘러싸여 있는 듯 적을 경계하고, 전쟁에 임해서는 손님처럼 의젓하여 경거망동하지 않는다. 그러나 노자는 '미묘微妙'와 더불어 '현통玄通'을 말했을 뿐만 아니라, 미묘함을 통해서만이 현통할 수 있다고 보았다. 여기서 미묘함이 감추어져 있는 듯한 모습을 뜻한다고 한다면 현통玄通은 적극적인 활동을 뜻한다. 노자는 비록 외형적으로는 소극적이고 수동적이어야 함을 말하고 있지만, 궁극적으로는 적극적인 활동을 강조하였다. 따라서 "마치 응결凝結되어 있던 얼음이 따뜻한 봄날 확 녹는 것과 같다."고 하였다.

敦兮, 其若樸
도타워서 통나무와 같고

주1　돈敦 :

　　하상공 – "돈敦이란 질박하여 도타움이다.[敦者質厚.]"

주2　박樸 :

　　하상공 – "통나무[樸]는 형태가 아직 나누어지지 않은 것으로서, 안으로는 정신을 지키며 밖으로는 화려한 꾸밈이 없다.[樸者形未分, 內守精神, 外無文采也.]"

주3　왕원택 – "얼음이 녹은 후에야, 온전한 '천성天性'을 보존할 수가 있어서 인위적인 것에 의해서 꾸며지지 않기 때문에, 통나무와 같다고 한 것이다.[由永釋之後, 乃能存天性之全, 而不雕於人僞, 故若樸也.]"

●●● 해설

앞의 네 구가 도를 터득한 장수가 전쟁에 임할 때의 모습을 형용한 것이라면 이하의 세 구는 도를 터득한 장수의 덕성德性을 표현한 말이다.

　　돈혜敦兮는 '질박質朴한 모습'을 뜻하는 것으로서, 어떠한 인위적인 것도 가미되지 않은 순수함 그 자체를 의미한다. 박樸은 산에서 갓 잘라내 아직 가공하지 않은 원목原木을 뜻한다. 28장에서 "통나무가 흩어져서 그릇이 된다.[樸散則爲器.]"고 하였듯이, 도란 그릇이 되기 이전인 가공하지 않은 원목과 같다. 따라서 도를 터득한 장수는 질박한 것이 마치 가공하지 않은 통나무와 같다고 하였다.

曠兮, 其若谷
드넓음이 마치 계곡과 같고

주　　하상공 - "광曠은 관대함이고, 곡谷은 공허함이다.[曠者寬大, 谷者空虛.]"
　　엄영봉 - "허虛가 품은 것이 마치 계곡과 같아진다면, 관대하게 사물을 수용할 수 있음을 말한 것이다.[言其虛懷若谷, 寬大而能容物也.]"

●●● 해 설

광曠에는 '비어있다[虛]'란 뜻과 '넓다[大]'란 뜻이 있다. 그러나 양자의 뜻은 서로 통한다. 왜냐하면 비어있음으로 해서 폭넓게 수용할 수 있고, 폭넓게 수용함으로 해서 넓어질 수 있기 때문이다. 곡谷은 6장에서의 곡신谷神에서의 곡谷의 의미로, 공허空虛를 뜻한다. 그러나 단순히 '공허'만을 뜻하는 것이 아니라, 공허하기 때문에 한정됨이 없어 무한할 수가 있다는 점에서 '무한'을 뜻하기도 한다. 따라서 '드넓은 것이 계곡과 같다[曠兮, 其若谷]'란 '도를 잘 수행한 자는 허심虛心을 간직하고 있어서 널리 포용하여 큼을 이룰 수가 있었는데, 이것은 마치 텅 비어있는 것 같지만 비어있음으로 해서 오히려 무한할 수 있었던 저 계곡의 모습과도 같다'는 뜻이다.

混(渾)兮, 其若濁.
뒤섞여 있음이 마치 혼탁한 것 같다.

주1 혼혜混兮:
　　왕필본을 비롯한 많은 판본에는 혼混으로 되어 있는데, 하상공본·반계본磻溪本·휘종본·소자유본·누정본樓正本·어주본御注本·범응원본 등에는 혼混이 모두 혼渾으로 되어 있다. 혼混과 혼渾은 통용通用된다.

주2 하상공 - "혼渾이란 근본의 참됨을 지킴이며, 탁濁이란 비추지 않음이다. 무리와 더불어 합해져 같아졌으므로 스스로를 높이지 않는다.[渾者守本眞, 濁者不照然. 與衆合同, 不自尊也.]"

●●● 해 설
혼혜混兮는 14장의 '혼이위일混而爲一'과 25장의 '유물혼성有物混成'에서의 혼混과 같은 의미로서, 서로 뒤섞여 하나로 있는 모습을 형용한 것이다. 탁濁이란 말 그대로 혼탁함이다. 도는 일자一者라는 점에서 분별이 없는 혼돈混沌의 상태로 있다. 도를 잘 수행한 자 역시 도의 속성을 잘 간직하고 있기에 혼混하다고 하였다. 청淸이 분명한 모습을 띤 것이라면, 탁濁은 혼일한 상태로 있어서 분명한 모습을 띠지 않음이다. 따라서 도를 잘 수행하는 자는 서로 뒤엉켜 있는 것이 탁한 것 같다고 하였다.

(孰能晦以理之徐明) 孰能濁, 以靜者徐淸. 孰能安, 以動者徐生.

누가 혼탁할 수 있어서 고요한 것들이 서서히 맑아지게 할 수 있는가? 누가 안정될 수 있어서 움직이는 것들이 서서히 생겨나게 할 수 있는가?

주1 판본마다 약간씩 다르다. 죽간본에는 "숙능탁孰能濁, 이정자장서청以靜者將徐淸, 숙능안孰能安, 이왕자장서생以迋(=動)者將徐生."으로 되어 있고, 백서본에는 "탁이정지서청濁而靜之徐淸, 안이중지서생安以重之徐生."으로 되어 있고, 왕필본에는 "숙능탁孰能濁, 이정지서청以靜之徐淸, 숙능안孰能安, 이구동지서생以久動之徐生."으로 되어 있고, 경룡본에는 "숙능탁孰能濁, 이정지서청以靜之徐淸, 안安, 이동지서생以動之徐生."으로 되어 있고, 누고본樓古本 · 휘종본徽宗本 · 팽사본彭耜本에는 "숙능탁孰能濁, 이정지서청以靜之徐淸, 숙능안孰能安, 이구동지서생以久動之徐生."으로 되어있다. 죽간본의 것이 가장 타당하다고 본다.

주2 숙능회이이지서명孰能晦以理之徐明 :

왕필주王弼注에 '부회이리夫晦以理, 물즉득명物則得明'이란 일구一句가 첨가되어 있는데, 이순정易順鼎과 마서륜馬敍倫은 이에 의거하여 '孰能晦以理之徐明'이란 구句가 원문에서 누락되었다고 주장하였다. 그러나 '孰能晦以理之徐明'이 들어가 있는 판본이 전무하다는 점에서 이 설은 타당하지 않다.

주3 하상공 - "혼탁한 물이 머물러 고요해지면 서서히 저절로 맑아짐에 대하여 그 누가 알 수 있겠는가?[誰能知水之濁, 止而靜之, 徐徐自淸也.]"

왕필 - "어둠으로써 다스린다면 사물은 밝아지고, 혼탁함으로써 고요해진다면 사물은 맑아지고, 편안함으로써 움직인다면 사물은 생겨난다. 이것이 자연의 도이다.[夫晦以理, 物則得明, 濁以靜, 物則得淸, 安以動, 物則得生. 此自然之道也.]"

오징吳澄 - "혼탁[濁]이란 것은 움직이는 때인데, 정靜으로써 계승하면

서서히 맑아질 수 있다. 편안함은 정靜의 때인데, 동動으로써 계승하면 서서히 생겨날 수 있다.[濁者動之時也, 繼之以靜, 則徐徐而淸矣. 安者靜之時也, 繼之以動則徐徐而生矣.]"

●●● 해 설

"누가 혼탁할 수 있어서 고요한 것들이 서서히 맑아지게 할 수 있는가?[孰能濁, 以靜者徐淸.]"에서의 탁濁을 대부분의 학자들은 과도한 운동으로 인한 혼탁混濁함으로 풀이하며 앞 문장에서의 탁濁과 구별하고 있다. 그러나 이러한 풀이는 적당하지 않다. 여기서의 탁濁은 흡흡歙歙(49장)·혼渾(49장)·혼𣴶(20)·우愚(65장)와 같은 말로서 '사리를 구별하지 않음'을 뜻한다. 탁濁이 사물을 구별하지 않음을 의미한다면, 정靜은 사물에 대한 명찰明察을 의미한다.

사물을 인식하는 데 있어서 탁濁을 배제한 채 명찰明察만을 고수하려고 한다면 사물을 깐깐하게 살피고 자질구레함에 얽매어 스스로 한정성에 빠져들고 만다. 따라서 일체의 명찰明察이란 것도 탁濁에 의거하여야 한다고 보았다. 왜냐하면 탁濁은 사물을 구별하지 않음이지만, 구별하지 않음으로 해서 오히려 하나로 볼 수 있기 때문이다. 이처럼 명찰明察이 탁濁에 의거해야 사물을 꿰뚫어 볼 수 있으면서도 사물을 한정하여 제약시키지 않을 수 있다고 보았다. 따라서 "누가 혼탁할 수 있어서 고요한 것들이 서서히 맑아지게 할 수 있는가?"라고 하였다.

"누가 안정될 수 있어서 움직이는 것들이 서서히 생겨나게 할 수 있는가?[孰能安, 以動者徐生.]"란 구절은 앞 구절과 유사한 의미이다. 많은 학자들이 노자가 동보다 정을 더욱 강조하였다고 보았다. 이러한 견해를 갖게 된 데에는 불교의 영향이 크다. 그러나 불교와 노자 사이에는 현격한 차이점이 있다. 무엇보다 불교에서는 현상세계를 '마야Maya'로 보았다는 점이다. 비록 대승불교大乘佛敎에서는 차안此岸을 중시하였지만, 그 근본은 여전히 독립상주獨立常住의 세계인 피안彼岸을 지향하고 있다. 반면에 노자는 일체의 만물은 도로부터 나왔다고 보았다. 이처럼 생생불식生生不息하는 만물은 모두 도 그대로의 모습이라는 점에서, 동動 역시 도의 모습이다. 다만 동動은 안정에 바탕을 두어야 하며, 그렇지 않다면 그 운동은 마치 실 끊긴 연처럼 제멋대로가 될 것이다. 26장에서도 "무거운 것은 가벼운 것의 뿌리가 되며[重爲輕根]"라고 하였다. 따라서 노자는 동動을 비판한 것이 아니라 단지 동動은 안정安定된 토대로부터 출발해야 한다고 보았다.

保此道者, 不欲尙呈(盈). 夫惟不呈(盈), 故能蔽, 不新成.

이 도를 보존한 사람은 드러냄을 중시하지 않는다. 드러내려 하지 않기 때문에, 안의 것을 감싸고 있을 뿐 뭔가를 새롭게 이루려 하지 않는다.

주 본 문장은 해석이 분분하기로 유명하다. 하상공본과 왕필본을 비롯한 대다수 판본에는 "보차도자保此道者, 불욕영不欲盈. 부유불영夫惟不盈, 고능폐불신성故能蔽不新成."으로 되어 있다. 폐蔽에 대하여 하상공은 "폐蔽란 영광榮光을 은닉함이다.[蔽者匿光榮.]"라고 하여 '숨기다'의 뜻으로 보았고, 왕필王弼은 "폐蔽란 덮음이다.[蔽, 覆蓋也.]"라고 하여 '덮다'의 뜻으로 보았다. 이에 의거하여 풀이하면, "이 도를 보존한 자는 채우려고 하지 않는다. 채우려 하지 않기에 덮어두어 (혹은 숨기어서) 새롭게 이루지 않는다."가 된다. 그런데 많은 학자들은 22장의 '폐즉신敝則新'에서 '폐敝'와 '신新'이 짝을 이루고 있다는 점에 의거하여, 폐蔽를 '폐敝, 낡다'자로 보아야 한다고 주장하였다. 가령 유월兪樾은 "'폐蔽'는 곧 '폐敝'의 차자假字이다. 당唐나라 경룡비景龍碑에는 '폐弊'로 되어 있으니, 이 또한 '폐敝'의 차자假字이다. 『영락대전永樂大典』에는 올바로 '폐敝'로 되어 있다.['蔽'乃'敝'之假字. 唐景龍碑作'弊', 亦'敝'之假字. 永樂大

典正作'敝'.]"고 하였다. 이에 의거하여 풀이하면, "대저 채우려 하지 않는지라 해진 그대로 놔두어 새롭게 이루려 하지 않는다."가 된다. 그러나 이와 같은 해석에는 의문점이 있다. 무엇보다 이러한 해석은 22장에서 '낡아지면 새로워진다[敝則新]'라고 하여 '대립물의 상호유전相互流轉'을 말한 것과 의미상으로 상충되기 때문이다. 많은 학자들도 본 문장의 뜻이 잘 통하지 않는다고 보아, 불不을 이而의 오사誤寫로 보려고 하였다. 즉 '낡아지면 새롭게 이룰 수가 있다.[能敝而新成]'가 되어야 한다는 것이다. 이순정易順鼎은 이와 관련하여 "이 문장은 너무 난해하다. 아마도 '능폐이신성能敝而新成'으로 되어야 한다고 본다. 폐蔽, 덮다는 폐敝, 해지다의 차자借字이고, 불不은 이而의 오자誤字이다. 폐敝는 신新과 대구를 이루고, '능폐이신성能敝而新成'은 곧 22장에서 말하고 있는 '폐즉신敝則新', 그리고 위 문장에서의 '능탁이청能濁以淸' '능안이생能安而生'과 더불어 뜻이 같다."고 하였다. 비록 '능폐이신성能敝而新成'으로 보는 것이 의미상으로 순조롭기는 하지만, 이것은 문맥에 의거하여 원본을 고쳤다는 혐의를 벗어나기가 어렵다. 무엇보다 '이而'를 '불不'의 오사誤寫로 볼 수 없는 결정적인 근거는 백서본과 부혁본傅奕本에 '불不'과 함께 '이而' 역시 있다는 점이다. 『회남자淮南子』「도응훈道應訓」에서도 "복차도자服此道者, 불욕영不欲盈, 고故, 능폐이불신성能弊而不新成."으로 되어 있어서, '이而'와 '불不'이 동시에 있다. 만일 '이而'가 '불不'의 단순한 오사誤寫라고 한다면 이들 판본에 '이而'와 '불不'이 동시에 있다는 것은 납득하기가 어렵다. 이상의 것들을 통하여 볼 때 어떠한 풀이에도 모두 문제점을 가지고 있다. 더욱이 어떠한 해석도 앞 구절에서의 '이 도를 간직한 사람은 채우려 하지 않는다'와 의미상으로 확연히 연결되지 않는다.

그런데 최고본最古本인 죽간본竹簡本에는 "보차도자保此道者, 불욕상정不欲尙呈."으로 되어 있으며, "부유불영夫惟不盈, 고능폐故能蔽, 불신성不新成."이란 구절이 빠져있다. 불욕상정不欲尙呈에 대해 『곽점초묘죽간郭店楚墓竹簡』의 연구자들은 정呈을 영盈의 차자借字로 보았다. 아마도 "부유불정夫惟不呈, 고능폐故能蔽,

불신성不新成."이란 구절은 후대에 첨가된 것이라고 본다. 다만 기존의 판본을 따를 경우 '불욕상정不欲尙辱'이 되어야 한다고 본다. 대부분 학자들이 정辱을 영盈의 차자로 보았는데, 정辱으로 보는 것이 옳다. 고대에선 영盈, 정辱, 영逞이 서로 통용되었다. 2장의 '고하지상경야高下之相傾也'에서 왕필본을 비롯한 통행본에는 경傾으로 되어 있는데, 백서본에는 영盈으로 되어 있고 죽간본에는 영逞으로 되어 있다. 여기서의 영逞은 문맥상으로 '드러나다[呈]'의 뜻으로 보아야 한다. 본 장 역시 폐蔽와 짝하는 개념이므로 정辱으로 보는 것이 타당하다. 또한 '능폐能蔽, 불신성不新成.'으로 보는 것이 옳다고 보다. 많은 학자들이 폐蔽,덮다를 폐敝,낡다로 보려한 결정적인 이유는 22장의 '낡아지면 새로워진다[敝則新]'란 구절에 근거해서이다. 그러나 양자 사이에는 중요한 차이점이 있다. 불신성不新成은 '새롭게 이루지 않는다'의 뜻으로서, 품사로 보면 신新은 부사이고, 성成은 동사이다. 문법적으로 부사와 동사 중에서 핵심어는 동사에 있다. 따라서 폐蔽의 상대어는 신新이 아니라, 성成에 있다. 이처럼 불신성不新成이 '뭔가를 이루지 않음'이란 의미라면 앞의 문장은 무위의 뜻이 와야 한다. 능폐能蔽에서의 폐蔽는 '장藏'과 같은 말로서, 안에 깊숙이 간직하고 있음을 의미한다.

••• 해 설

상尙은 3장의 불상현不尙賢에서의 상尙과 같은 의미로서 '숭상한다' '중요시하다'의 뜻이고, 정辱은 '들어남'이란 뜻이다. 폐蔽는 '가리다'란 의미 외에도 '소중히 간직하다'란 의미를 가지고 있다. 장藏이 '감추다'란 뜻 외에 '안에 소중히 간직하다'의 의미를 갖고 있는 것과 같다. '불신성不新成'란 새롭게 이루려고 하지 않는다'란 뜻으로, "우리는 이미 귀한 도를 가지고 있으므로 새롭게 무엇인가를 이루려고 하지 않는다."란 의미이다.

우리는 모두가 이미 도를 가지고 있다. 가령 우리의 마음속에 이미 무한한 미묘微妙함을 가지고 있으며, 이것이 사물에 응할 때 저절로 현통玄通

할 수 있다. 그런데도 사람들은 이 무한한 도를 알지 못할 뿐만 아니라 뭔가 새롭게[新] 이루려고[成] 부단히 노력한다. 그러나 뭔가를 이루게 되면 곧 인위적인 것이 된다. 문제는 인위적일수록 오히려 도로부터 멀어져간다는 사실이다. 도로부터 멀어져감이란 영원성과 무한성으로부터 멀어져감을 의미한다. 그렇다면 우리는 채우기 위해 부단히 노력한다고 하지만 사실은 궁핍과 고갈을 위해 부단히 노력하고 있는 것과 같다. 따라서 노자는 도를 보존한 사람은 도를 안에 소중히 간직하고 있을 뿐, 도를 방치한 채 새롭게 뭔가를 이루려는 어리석은 짓을 않는다고 하였다.

제16장

至虛極也, 守靜篤也.
萬物旁作, 吾以觀其復也.
夫物芸芸, 各復其根.
歸根曰靜, 靜曰復命, 復命曰常, 知常曰明, 不知常, 妄作凶.
知常容, 容乃公, 公乃王, 王乃天, 天乃道, 道乃久, 沒身不殆.

허虛에 이르기를 지극히 하고, 고요함 지키기를 돈독히 한다.
만물들은 널리 생겨났지만 나는 이것으로써 그 돌아감을 볼 수가 있다.
만물들은 번창하지만, 각각 그 근원으로 돌아간다.
근원으로 돌아감을 일컬어 '고요함[靜]'이라고 하며, 고요함을 일컬어 '명命으로 돌아간다'고 하며, 명으로 돌아감을 '항상됨[常]'이라고 하며, 항상됨을 아는 것을 일컬어 '밝음[明]'이라고 한다. 항상됨[常]을 알지 못하면 함부로 요사스런 것들을 만들어낸다.
항상됨[常]을 알게 되면 포용하게 되고, 포용하면 공평해지고, 공평하면 왕이 되고, 왕이 되면 하늘과 같아지고, 하늘과 같아지면 도에 이르고, 도에 이르면 장구長久해져 죽을 때까지 위태롭지 않게 된다.

至虛極(恒)也, 守靜(中)篤也.

허虛에 이르기를 지극히 하고, 고요함 지키기를 돈독히 한다.

주1 왕필본을 비롯한 통행본에는 "치허致虛, 극極, 수정守靜, 독篤."으로 되어 있다. 백서본帛書本・하상공본河上公本・경복본景福本에는 치致가 지至로 되어 있다. 백서을본帛書乙本에는 "지허극야至虛極也, 수정독야守靜督(=篤)也."로 되어 있어, 두 개의 '야也'자가 첨가되어 있다.『문자文子』「도원道原」에는 "치허극야致虛極也, 수정독야守靜篤也."로 되어 있고,『회남자淮南子』「도응道應」에는 "치허극致虛極, 수정독守靜篤."으로 되어 있다. 그런데 죽간본竹簡本에는 "지허항야至虛恒也, 수중독야守中篤也."로 되어 있어, 다른 판본과는 달리 극極이 항恒으로 되어 있고 정靜이 중中으로 되어 있다. 필자의 견해로는 죽간본이 타당하다고 본다. 그 이유는 다음과 같다. 첫째, 노자가 말한 극極이란 58장에서 "누가 그 귀착점을 알 수 있겠는가?[孰知其極]"라고 하였듯이 '귀착점'을 뜻한다. 그러나 도란 '무시무종無始無終'한 것이어서 귀착점이 없다고 보았기 때문에, 28장에서 '무극에로 복귀한다[復歸於無極]'고 하였듯이 '무극無極'이라고도 하였다. 본 문장에서는 유한성으로서의 극을 오히려 긍정적으로 사용하고 있다는 점에서 문맥상 적합하지 않다. 둘째, 5장에서도 허虛를 말하고 나서 '수중守中'을 말한 것으로 보아, 본래는 허虛와 정靜이 짝을 이루는 것이 아니라 허虛와 중中이 짝을 이루었다고 볼 수 있다. 아마도 본 문장은 허虛와 중中에 관하여 말한 것인데, 장자학파莊子學派에서 허정虛靜이란 개념을 중시하면서부터, 허정虛靜이란 개념으로 바뀐 것 같다. 그러나 여기서는 기존의 판본을 쫓는다.

주2 왕필 – "'텅 빔에 도달함'이란 사물이 지극히 돈독한 상태이고, '고요함을 지킴'이란 사물이 참되고 바른 상태임을 말한 것이다.[言致虛, 物之極篤, 守靜, 物之眞正也.]"

범응원]范應元 - "치허致虛・수정守靜이란 외물外物과의 관계를 끊고 사람들로부터 벗어난 것을 말한 것이 아니다. 만물이 나의 본심을 어지럽힐 수 없는 것, 이것이야말로 진정으로 '허를 극진히 하고 정을 돈독히 함'인 것이다.[致虛, 守靜, 非謂絕物離人也. 萬物無足以撓吾本心者, 此眞所謂虛極靜篤也.]"

●●● 해설

본 문장은 세 가지로 해석될 수 있다. "허의 지극함에 이르고, 정의 돈독함을 지킨다."로 해석하는 방법과 "허에 이름을 '극'이라고 하고, 정을 지킴을 '돈독함'이라고 하다."로 해석하는 방법과 "허에 이르기를 지극히 하고, 고요함 지키기를 돈독히 한다."로 해석하는 방법이 그것이다. 여기서는 세 번째 해석 방법을 따랐다.

'허虛에 도달하기를 지극히 한다[至虛, 極也]'에서 허虛란 말 그대로 '비어있음'의 뜻이나, 비어있음으로 해서 수용한다는 점에서 '수용함'이란 뜻을 담고 있다. 여기서의 극極은 58장의 "누가 그 귀착점을 알 수 있겠는가?[孰知其極]"에서의 극極과는 다르다. 58장에서의 극은 '극한' '귀착점'을 의미하는 반면에, 여기서의 극極은 죽간본에 '항恒'으로 되어 있듯이 '무한성'을 의미한다.

허정虛靜이란 개념은 비단 노장老莊 뿐만 아니라 순자荀子 또한 중시하였던 개념이다. 가령 『순자』「해폐解蔽」에서 "사람들은 나면서부터 지각이 있다. 지각이 있으면 기억할 수 있다. 기억이란 마음에 저장함이다. 그러면서도 '허虛'라는 것을 간직하고 있다. 이미 저장된 것들이 새로이 받아들이려는 것을 해치지 않음을 '허'라고 한다.…… 마음은 누워 잠자면 꿈을 꾸고, 한가하면 방종해지고, 마음을 부리면 계략을 꾸미게 된다. 이처럼 마음은 잠시도 움직이지 않음이 없다. 그러면서도 '고요함[靜]'이란 것을 가지고 있다. 혼미함과 격렬함이 지각을 어지럽히지 않음을 '고요함'이라고 한다.[人生而有知, 知而有志. 志也者, 臧也. 然而有所謂虛, 不以所已臧害所將受, 謂之

虛.…… 心臥則夢, 偸則自行, 使之則謀. 故心未嘗不動也. 然而有所謂靜. 不以夢劇亂知, 謂之靜.]"고 하였다.

허虛란 존재의 없음이 아니라 경계의 없음이다. 우리의 마음이 한정되어 있고 이 한정된 것 속에 이미 앎으로 가득 차 있다면 새로운 것을 아무리 많이 수용한다고 하더라도 이내 넘쳐버리고 말 것이다. 즉 순자의 말처럼, 장차 받아들여야 할 새로운 앎이 이미 지니고 있는 앎에 의해 방해받게 된다. 우리에게는 앎을 채우려는 공부 못지않게 마음을 비우는 공부 역시 절실히 필요하다. 왜냐하면 심의 경계를 없애어 허를 극진히 이루어야 새로이 받아들일 앎을 거부하지 않고 수용할 수가 있기 때문이다.

허虛가 마음을 비운 상태라고 한다면, 정靜이란 마음을 고요하게 한 상태이다. 우리는 항상 사고한다. 심지어 잠자는 그 순간까지도 뇌를 사용한다. 살아가는 동안엔 한순간도 심의 활동에서 벗어날 수가 없다. 그러나 지나친 심의 활동은 우리의 정신을 피로케 할뿐만 아니라 항상 외물에 이끌려 욕심을 발동하게 한다. 이 욕심은 사물을 바라보는 우리들의 눈을 혼탁하게 만들어 있는 그대로의 모습을 보지 못하게 한다. 따라서 마음을 고요하게 하는 공부가 필요하다. 마음을 고요히 하여야 마음이 투명한 거울과도 같아져 사물을 있는 그대로 조명해 볼 수가 있기 때문이다.

사려에 있어서 정靜을 중시한 것은 비단 노자뿐만이 아니며, 동양의 사상이 대부분 그러했다. 『대학』1장에서 "고요한 이후에야 안정될 수 있고, 안정된 이후에야 사려할 수 있고, 사려한 이후에야 얻을 수 있다.[靜而后能安, 安而后能慮, 慮而后能得.]"고 하였다. 이것은 마음이 고요한 이후에야 참다운 앎을 얻을 수 있다는 말이다. 정靜을 위주로 하는 주정主靜은 불교에 있어서도 중요한 수양공부로서, 명상이 그 예이다. 송학宋學에서도 불교 못지않게 정靜을 중요시하였는데, 주렴계周濂溪의 주정설主靜說이 그 대표적인 예이다.

萬物旁(竝)作, 吾以觀其復(也).

만물들은 널리 생겨났지만, 나는 이것으로써 그 돌아감을 볼 수가 있다.

주1 방旁 :

　　왕필본을 비롯한 통행본에는 병竝으로 되어 있으나, 죽간본과 백서본에는 방旁, 널리으로 되어 있다. 의미상으로 볼 때 방旁이 옳다. 왜냐하면 본 구절은 도의 운동 과정을 설명한 것으로, 28장의 '통나무가 흩어지면 그릇이 된다[樸散則爲器].'에서와 같이 일자一者의 다자화多者化를 설명하고 있기 때문이다. '흩어짐[散]'과 같은 의미로는 '함께'라는 뜻의 병竝보다는 '널리'라는 뜻의 방旁이 더욱 적합하다.

주2 작作 :

　　오징吳澄 – "작作은 활동함[動]이다. 식물의 생장과 동물의 지각이 모두 활동함[動]이다.[作, 動也. 植物之生長, 動物之知覺, 皆動也.]"

주3 오이관기복야吾以觀其復也 :

　　왕필본에는 '오이관복吾以觀復'으로 되어 있으나, 죽간본에는 '오이수기복야吾以須其復也'로 되어 있으며, 백서본에는 '오이관기복야吾以觀其復也'로 되어 있다. 왕필본에는 '기其'자가 없으나, 하상공을 비롯한 많은 판본에는 '기其'자가 있으며, 『회남자淮南子』「도응훈道應訓」에도 '오이관기복야吾以觀其復也'라고 하여 '기其'자가 있으며, 『문자』「도원道原」에도 '오이관기복吾以觀其復'이라고 하여 '기其'자가 있다. 따라서 '기其'가 있는 것이 옳다. 또한 죽간본·백서본·『회남자』에는 끝에 '야也'자가 있다는 점에서 '야也'자가 있는 것이 옳다.

주4 왕필 – "움직이고 이루고 생겨나고 자라나지만, 허정虛靜으로써 만물

이 되돌아감을 본다. 무릇 있음은 허에서 생겨났고, 동은 정에서 생겨났다. 따라서 만물이 비록 활동하여 이루더라도 마침내 허정虛靜으로 복귀한다. 이것이야말로 사물의 지극한 돈독함이다.[動作生長, 以虛靜觀其反復. 凡有起於虛, 動起於靜. 故萬物雖動作, 卒復歸於虛靜. 是物之極篤也.]"

오징吳澄 – "복復은 돌아감이다. 사물이 생겨날 때에는 정靜으로 말미암아 동動하기 때문에, 그 처음의 정靜한 상태로 돌아감이 '복復'이다.[復, 反還也. 物生, 由靜而動, 故反還其初之靜爲復.]"

엄영봉嚴靈峰 – "만물이 생겨나고 활동함이 허정虛靜에서 나와 또다시 허정虛靜한 데로 복귀한다. 나는 이로써 그 돌아감을 관찰하였다."

••• 해 설

'만물방작萬物旁作'에서의 방旁은 『설문說文』에서 "방旁, 부야溥也."라고 하였듯이 '널리'의 뜻으로, 28장의 '통나무가 흩어지면 그릇이 된다[樸散則爲器]'에서의 산散과 같이 '널리 흩어짐'을 의미한다. 작作은 2장의 "(도는) 만물을 생겨나게 하였지만 자신이 근원이 된다고 여기지 않는다.[萬物作而不爲始]"에서의 작作과 같이 만물이 생겨남을 말한 것이다. 하상공 역시 "작作, 생야生也."라고 하여 생겨남[生]의 뜻으로 보았다. 따라서 '만물방작萬物旁作'이란 만물이 널리 생겨남을 뜻한다. "나는 이것으로써 그 돌아감을 볼 수가 있다.[吾以觀其復也]"에서 '이로써[以]'가 가리키는 것은 앞에서의 '허에 도달함[至虛]'과 '정을 지킴[守靜]'이다. 관觀은 관조觀照의 의미이지만, 1장의 '상무욕이관기묘常無欲以觀其妙'에서의 관觀과 같이 '향하려고 함'의 의미를 포함하고 있으며, 복復이란 근본[本]에로 돌아감이다.

방작旁作을 구체적으로 말하면, 일자一者로서의 도道가 다자多者로서의 만물로 널리 흩어짐이다. 이미 만물이 생겨나게 되면 구체성을 갖게 되지만, 이와 동시에 한정됨을 갖는다. 한정됨을 갖게 되면 무제약적인 도의 본성으로부터 멀어지게 된다. 그러나 극즉반極則反에 의거할 때 멀어짐은 다시 본래의 상태로 돌아감을 뜻한다. 따라서 이미 도가 널리 흩어져 다자를 이루게 되면, 이 다자는 다시 일자로 돌아가게 된다.

『주역』에는 복괘復卦가 있다. 복괘復卦의「단전彖傳」에서 "복復에서 천지의 마음을 본다![復其見天地之心乎.]"고 하여, 복괘의 중요성을 강조하였다. 『근사록近思錄』「도체류道體類」에서도 "(복復이란) 하나의 양이 아래에서 다시 생겨난 것이니, 이것은 곧 천지가 만물을 생겨나게 하는 마음이다. 선유先儒들은 모두가 정靜으로 '천지의 마음을 봄'으로 삼았으므로 대부분의 사람들은 (이처럼) 움직임의 단서가 곧 천지의 마음임을 알지 못하였다. 도를 아는 자가 아니라면 누가 이것을 알 수 있겠는가?[一陽復於下, 乃天地生物之心也. 先儒皆以靜爲見天地之心, 蓋皆不知動之端乃天地之心也. 非知道者, 孰能識之.]"라고 하였다. 복괘(䷗)는 육효六爻 중에서 맨 밑에 있는 첫 효爻가 양(—)이고 그 나머지 다섯 효爻 모두가 음(- -)이다. 이 복復의 형상은 대지 속에서 꿈틀하며 뻗어 나오는 새싹에 비유할 수 있다. 이것은 곧 활동하는 천지만물의 단서端緖로서, 노자가 말한 '만물방작萬物旁作'의 시발점이다.

노자가 말한 복復과『주역』에서의 복復은 모두 '돌아감'이란 뜻에서 같지만, 지향점에 있어서는 오히려 상반된다. 가령 노자가 말한 복復은 극도에 달한 동적인 만물들이 정적인 세계로 돌아감을 뜻하는 반면에,『주역』에서 말한 복復은 그와 반대로 정에서 동으로 향하는 출발점이라는 점이다. 양자가 이처럼 상이한 까닭은 서로 중시하는 바가 달랐기 때문이다. 즉 도가에서는 정靜을 중시한 반면에,『주역』에서는 생생불식生生不息하는 동적인 세계를 중시하였다. 따라서 노자는 그 귀착점으로 정적인 세계로의 돌아감을 말한 반면에,『주역』에서는 그 귀착점으로 동적인 세계로의 돌아감을 말한 것이다.

夫物芸芸, 各復(歸)其根.

만물들은 번창하지만, 각각 그 근원으로 돌아간다.

주1 왕필본을 비롯한 많은 판본에는 운운芸芸으로 되어 있으나, 백서갑본에는 '운운囩囩'으로 되어 있으며, 『장자』「재유在宥」에는 운운즓즓으로 되어 있다. 부혁본傅奕本・범응원본范應元本에는 '범물운운凡物貟貟'으로 되어 있다. 죽간본竹簡本에는 '천도원원天道員員'으로 되어 있다.

주2 귀歸 :

왕필본・하상공・백서에는 복귀復歸로 되어 있으나, 부혁본・범응원본・고환본顧歡本・소자유본蘇子由本・휘종본徽宗本・팽사본彭耜本・초횡본焦竑本 등과 같은 판본에는 '귀歸'자가 빠져 있다. 죽간본과『장자』「재유在宥」에서도 '귀歸'자가 빠져 있고, 복復에 이미 복귀의 의미가 내포되어 있다는 점에서 '귀歸'자가 없는 것이 좋다.

주3 하상공 – "운운芸芸이란 꽃과 잎사귀가 무성한 모양이다. 만물 중에 (꽃과 같은 것들이) 시들고 (잎사귀와 같은 것들이) 떨어지지 않는 것이 없으나 각각 그 근본으로 다시 돌아가기에, 다시 생겨난다고 말했다.[芸芸者, 華葉盛貌. 言萬物無不枯落, 各復反其根, 而更生也.]"

왕필 – "각자가 그 처음의 곳으로 돌아간다.[各返其所始也.]"

소자유蘇子由 – "만물은 모두가 본성에서 생겨났다가 모두가 본성에로 돌아간다. 비유하자면 꽃과 잎이 뿌리에서 생겨났다가 뿌리로 돌아가며, 파도가 물에서 생겨났다가 물에로 돌아가는 것과 같다. 스스로 본성에로 돌아갈 수 없다면 비록 움직임을 중지하고 생각을 그쳐서 고요함을 구한다고 할지라도 (참다운) 고요함이 아니다.[萬物皆作於性, 皆復於性, 譬如華葉之生於根而歸於根, 濤瀾之生於水而歸於水, 苟未能自復於性, 雖止動息念以求靜, 非靜也.]"

오징吳澄 – "운운芸芸이란 생장하며 활동하는 모습이다.[芸芸, 生長而動之貌.]"

••• 해 설

운운芸芸은 꽃이나 나뭇잎이 무성함을 말한 것으로서, '부물운운夫物芸芸'이란 만물이 널리 번창하였음을 의미한다. 우리는 1장에서 도에는 무와 유가 있음을 살펴보았다. 무는 만물을 생겨나게 하는 역할을 하고, 유는 만물을 길러내는 역할을 한다. '만물방작萬物旁作'이 무에 의하여 만물이 두루 생겨남을 말한 것이라고 한다면, '부물운운夫物芸芸'이란 유의 길러짐에 의하여 만물이 번창함을 말한 것이다. 근根은 6장의 "검은 암컷의 문, 이것을 천지의 뿌리라고 말한다.[玄牝之門, 是謂天地之根.]"에서의 근根과 같이 일체 존재들의 근원 혹은 뿌리라는 의미로서, '각복기근各復其根'이란 유의 길러짐에 의해서 번창한 만물이 다시 그 뿌리인 무의 상태로 돌아가게 됨을 말한 것이다.

만물은 유의 길러짐에 의해서 번창하여, 무수한 다자를 이룬다. 이 다자多者가 한쪽으로만 치우쳐 있는 편재성偏在性에 빠져들면 집아執我가 생겨난다. 차별상의 만물은 필연적으로 만물을 개시開始토록 했던 근원根源으로 돌아가게 된다. 근원이란 무규정無規定의 일자라는 점에서, 복귀復歸란 다자에서 다시 일자로 돌아감이다. 복귀復歸는 바로 '일자一者 → 다자多者 → 일자一者'의 형태를 이룬다.

그러나 여기서 유의할 점은 처음의 일자와 복귀한 일자가 모두 일자라는 형식에 있어서는 같지만, 내용에 있어서 같은 것은 아니라는 사실이다. 왜냐하면 처음의 일은 무규정無規定으로 있는 반면에, 복귀한 일은 '만물이 널리 생겨났다[萬物旁作]' '만물이 번창하였다[夫物芸芸]'고 한 것처럼 이미 구체적인 만물을 이루고 있다는 점에서 경계를 갖고 있기 때문이다. 따라서 그 돌아감은 만물과의 인연을 끊음을 의미하는 것이 아니라 이 구체적인 만물들이 하나로써 화합을 이루는 '포일抱一'을 의미한다.

歸根曰靜, 靜曰(是謂)復命, 復命曰常, 知常曰明, 不知常, 妄作凶.

근원으로 돌아감을 일컬어 '고요함[靜]'이라고 하며, 고요함을 일컬어 '명命으로 돌아간다'고 하며, 명으로 돌아감을 '항상됨[常]'이라고 하며, 항상됨을 아는 것을 일컬어 '밝음明'이라고 한다. 항상됨[常]을 알지 못하면 함부로 요사스런 것들을 만들어낸다.

주1 하상공본·왕필본·백서본 등에는 '시위복명是謂復命'으로 되어있으나, 경룡본景龍本·수주본遂州本·경양본慶陽本·범응원본范應元本·소자유본·팽사본·오징본吳澄本·초횡본 등에는 '정왈복명靜曰復命'으로 되어 있다. 해동奚侗은 "'정왈靜曰'이 각 판본에는 '시위是謂'로 되어 있지만, 상하의 문례文例와 부합하지 않는다[靜曰, 各本作是謂, 與上下文例不合.]"고 하였다. 전후 문장구조에 의거할 때 '정왈복명靜曰復命'으로 보는 것이 좋다.

주2 귀근왈정歸根曰靜 :

하상공 - "정靜은 뿌리를 말한다. 뿌리는 안정되어 있어 유약하고 겸손하여 아래에 거처하기 때문에, 다시 죽지 않는다.[靜謂根也. 根安靜柔弱, 謙卑處下, 故不復死也.]"

범응원 - "귀근歸根이란 허정한 상태의 본래 마음으로 돌아감이다.[歸根者, 反本心之虛靜也.]"

주3 정왈복명靜曰復命 :

엄영봉 - "그 성명性命의 참됨[本眞]으로 돌아가기 때문에 '명을 회복한다[復命]'고 하였다."

주4 복명왈상復命曰常 :

하상공 - "명命을 회복시켜 죽지 않게 하는 것이 곧 도의 한결같은 행위이다.[復命使不死, 乃道之所常行也.]"

왕필 – "(상常이란) 포괄하여 통하지 않음이 없음이다.[無所不包通.]"

왕회王淮 – "상常이란 자연계의 '항상된 길[常道]'이며 또한 도가 운행하는 '항상된 궤도[常軌]'로서, 만물이 널리 공통적으로 준수하는 법칙이다."

진고응陳鼓應 – "만물의 운동과 변화 가운데에서 불변의 법칙을 가리킨다."

주5 지상왈명知常曰明:

하상공 – "도의 한결같은 행함에 대하여 알 수만 있다면 밝게 된다.[能知道之所常行, 則爲明.]"

진고응陳鼓應 – "만물의 운동과 변화는 모두 순환왕복하는 법칙에 의존하여 따르는 것이니, 이러한 종류의 법칙을 인식하고 이해하는 것을 '명明'이라고 부른다."

주6 부지상不知常, 망작흉妄作凶:

하상공 – "도의 한결같은 행함을 알지 못한다면 기교와 거짓됨을 함부로 이루게 되어 신명神明을 잃게 되기 때문에 재앙이 된다.[不知道之所常行, 妄作巧詐, 則失神明, 故凶.]"

왕필 – "오직 이 복귀만이 만물을 포괄하고 통하게 하여서 수용하지 않음이 없다. 이것을 잃은 채 간다면 사邪된 것이 분별 속으로 들어가게 되어 사물이 그 분별에 걸려들게 되니, '상常을 알지 못하면 함부로 요사스런 것을 만들어낸다.'고 하였다.[唯此復, 乃能包通萬物, 無所不容. 失此以往, 則邪入乎分, 則物離其分, 故曰不知常, 妄作兇也.]"

• • • 해 설

귀근왈정歸根曰靜: 각각의 사물들이 도에로 돌아감을 '정靜'이라고 한다.

제16장   *221*

노자가 본래적 상태의 도를 '정靜'이라고 말한 까닭은 무엇 때문인가? 도는 만물의 근원이라는 점에서 만물의 뿌리와도 같다. 그런데 26장에서 "무거운 것은 가벼운 것의 뿌리가 되며, 고요한 것은 시끄러운 것의 임금이 된다.[重爲輕根, 靜爲躁君.]"고 하였듯이, 뿌리는 무거우며 정靜하다. 도는 중정重靜함으로 해서 경동輕動한 만물의 뿌리가 되었다. 따라서 뿌리로 돌아감을 '정靜'이라고 하였다. 그러나 여기서의 정은 동을 배제한 정이 아니라 동을 그 속에 포용하고 있는 정이다. 왜냐하면 복귀復歸 속에는 활동하는 만물들을 모두 포용하고 있기 때문이다.

정왈복명靜曰復命 : 복復이란 근본으로 돌아감이다. 그런데 모든 만물은 근본에서 나왔다는 점에서 근본으로 돌아감이란 본래적 상태로 돌아감이며, 본래적 상태로 돌아감이란 곧 본래적 상태를 회복함이다. 본래적 상태를 회복해야 한다는 것은 우리들의 필연적인 과제이므로 '명을 회복한다[復命]'고 하였다. 도 본연의 모습은 정하다는 점에서 정한 상태에 도달함이 곧 도의 본래적 상태로 도달함이다.

복명왈상復命曰常 : 노자가 말한 상常은 변화를 초월한 불변이 아님에 대해 이미 1장에서 언급한바 있다. 대다수 학자들도 도란 변화를 포괄하고 있다는 점을 긍정하고 있다. 따라서 진고응과 같은 학자들은 상常을 '변화 속에서의 불변의 법칙'과 같은 것으로 보았다. 그러나 이러한 견해 역시 타당하지 않다. 그 이유에 대하여 살펴보자. 첫째, 노자는 뒤 문장에서 '상常을 알면 포용하게 된다'고 하였듯이 상에는 수용성이 있는 반면에, 법칙이란 것은 규정성과 규제성을 갖고 있을 뿐 원칙적으로 수용을 허용하지 않기 때문이다. 가령 상常은 일체 변화를 두루 포용하는 것인데, 이처럼 모든 변화를 포용할 수 있는 법칙이란 것은 존재할 수 없다. 왜냐하면 순간순간의 상황에 맞추어 매순간 달라지는 법칙이란 것은 이미 법칙으로 성립할 수 없기 때문이다. 둘째, 상常이 법칙적인 것이라고 한다면 반드시 외적인 것이 되어야 하나, 뒤 두절의 "상常을 아는 것을 밝다.[明]고 하며[知常曰明]"에서도 볼 수 있듯이 상常을 내적인 것으로 보았다.

그렇다면 모든 일체의 변화를 두루 포괄하면서도 영속적일 수 있는 도의 구체적인 모습은 어떠한 것인가? 도의 속성은 물의 속성에 비유해볼 수 있다. 물은 사물 가운데 가장 유동적인 것 중의 하나로서 변화에 가장 잘 적응한다. 가령 네모에 임하면 자신도 네모가 되고, 세모에 임하면 자신도 세모가 된다. 이처럼 물은 일정불변한 모습이 없다. 왕필 역시 55장의 주注에서 "밝지도 않고 어둡지도 않고 따뜻하지도 않고 차갑지도 않는 이것을 '상常'이라고 한다.[不皦不昧, 不溫不凉, 此常也.]"고 하여, 상常에는 일정불변함이 없다고 보았다. 물은 일정불변함이 없음으로 해서 오히려 변화에 응하여 끊임없이 자신을 지속할 수가 있었다. 왜냐하면 만일 물이 일정함만을 고수하였더라면 부단한 변화에 적응하지 못한 채 조기에 사멸하고 말았을 것이기 때문이다. 따라서 상常이란 '불변성'의 뜻이 아니라 '영원성'의 뜻이다. 또한 영원성을 획득하기 위해서는 부단히 변화하는 대상세계에 적응하고 수용해야 한다는 점에서 '적응성'과 '수용성'을 포괄하고 있다.

이제 '명을 회복함[復命]을 상常이라고 한다'의 의미에 대하여 살펴보자. 앞서 보았듯이 복귀란 활동하는 각각의 만물들이 정靜한 상태인 도 본연의 모습으로 돌아감이다. 구체적으로 말하면 다자多者의 일자화一者化를 뜻한다. 따라서 '명으로 돌아가다'란 구체적인 만물들을 하나로 포괄함이다. 그런데 일자화란 자칫 개별적인 만물들의 무차별적인 통일을 연상하기가 쉽다. 노자는 각각의 개별성들을 중시하였기에, 통일성을 위해서는 개인의 희생쯤은 무시될 수 있다고 하는 법가식의 사고를 단호히 비판하였다. 그렇다면 어떻게 개별을 중시하면서도 일자를 도모할 수 있는가? 노자는 화和의 방식을 통해서 이 문제를 극복하려고 하였다. 동同이 무차별적인 통일성이라고 한다면, 화和란 개별들의 자발적인 조화를 뜻한다.

개별적인 조화를 통하여 일자를 도모하기 위해서는 반드시 서로 간에 수용함이 있어야 한다. 42장에서 "충기沖氣로써 조화로 삼는다.[沖氣以爲和]"고 하였는데, 충기沖氣란 '허虛한 기운氣運'을 뜻한다. 허虛란 '비어 있음'이며, '비어 있음'이란 겸허謙虛함이며, 겸허謙虛함이란 수용함이며, 이 수용함에 의해서 조화를 이룬다고 보았다. 이처럼 각각의 개별자들이 서로 조화를 이루기 위해서는 서로가 자신을 비우고 상대편을 수용해야 한다. 노자가 55장에서도 "조화를 아는 것을 상常이라고 한다.[知和曰常]"고 하였듯이, 개체들이 겸허謙虛함을 통하여 서로 간에 조화를 이룰 수가 있다면 영원성을 획득할 수가 있다고 보았다.

지상왈명知常曰明 : 본 문장에 대하여 많은 학자들은 '사물의 객관적 법칙을 아는 것을 현명함이다.'는 식으로 풀이하고 있다. 가령 진고응陳鼓應은 "만물의 운동과 변화는 모두 순환 왕복하는 법칙에 의존하여 따르는 것이니, 이러한 종류의 법칙을 인식하고 이해하는 것을 '명明'이라고 부른다."고 하였다. 그러나 27장에서 '습명襲明'이라고 하였다. 습명襲明이란 '안에 간직한 밝음'이란 의미이다. 여기서 우리는 명明이 '안에 간직한 앎'이란 뜻임을 알 수가 있다. 33장에서도 "자신을 아는 자는 명明하다.[自知者明]"고 말하였다. 이처럼 명明이란 사물의 객관적 지식을 아는 것과는 무관하게 본래부터 가지고 있는 '지혜'란 뜻이다. 따라서 명明이란 밖에서부터 구하는 것이 아니라 저절로 얻어지는 것으로서, 47장에서도 "보지 않더라도 밝게 살필 수 있다.[不見而明]"고 하였듯이 생득적인 것이라고 할 수 있다. 그러나 노자가 말한 생득적인 것은 데카르트와 같은 합리론자들이 말하는 생득관념生得觀念과는 다른 것이다. 노자는 서양에서 말하는 이성이라는 것을 상정하지 않았으며, 오직 본능만이 존재한다고 보았다. 이 점은 유가의 경우에도 마찬가지이다. 『맹자』「진심장盡心章」(상)에서 "사람들이 배우지 않고서도 능한 것이 '양능良能'이며, 생각하지 않고도 아는 것이 '양지良知'이다.

[人之所不學而能者, 其良能也, 所不慮而知者, 其良知也.]"라고 하여, 사람들에겐 배우지 않고도 능한 '양능良能'과 배우지 않고도 알 수 있는 '양지良知'를 가지고 있다고 보았지만, 이것은 생득관념을 뜻하는 것이 아니라 단지 본래부터 능함이라고 하는 본능의 차원에서 말한 것이다. 노자의 명明이란 것도 타고날 때부터 본능적으로 갖고 있는 지혜란 의미이다.

그렇다면 노자는 어째서 '지상왈명知常曰明'이라고 하였는가? 서양에서의 학學은 "참된 존재란 무엇인가?"가 하는 존재론存在論과 "참된 존재를 어떻게 알 수 있는가?"하는 인식론認識論을 위주로 삼았다. 반면에 동양 특히 중국 선진시대의 학學은 거의 대부분이 부단히 변화하는 현실 속에서 어떻게 하면 가장 잘 적응할 수 있을 것이냐 하는 실천론을 위주로 하였다. 이 점은 노자에 있어서도 마찬가지였다. 앞서 보았듯 상常이란 부단한 변화 속에서 매순간의 마땅함을 얻는 과정이라 할 수 있으며, 이것은 곧 실천적인 것이다. 이처럼 변화 속에서 마땅함을 추구함으로서 영속성을 유지하려는 것이야말로 중요한 삶의 지혜이며, 노자는 이것을 '명明'이라고 한 것이다. 그런데 노자는 이러한 지혜는 결코 외부로부터 혹은 의식적으로 얻어질 수 있는 것이 아니라 내부로부터 저절로 얻어진 것이라고 보았다.

부지상不知常, 망작흉妄作凶 : 망작흉妄作凶에서 망妄은 '천擅'과 같은 말로서 '함부로' '제멋대로'의 뜻이다. 흉凶은 사람의 마음을 현혹시키는 요사스런 짓이나 물건을 뜻한다. 이와 관련하여 『장자』「도척盜跖」에서 "제멋대로[妄] 효도니 공경함이니 하는 따위를 만들어냈다.[妄作孝悌]"고 하였다. 흉凶은 '요사스런 것' '재난'을 뜻한다.

앞서 보았듯 상常이란 '영속성'을 뜻한다. 그런데 시의時宜를 통한 영속성은 결코 인위적으로 도모할 수 있는 것이 아니며, 단지 자연적으로 이룰 수 있을 따름이다. 어째서인가? 인위적인 것은 항상 규정적인 것을 만들어내며, 규정적인 것은 필연적으로 정태적인 것이므로 변화에 일일이 적응할 수 없기 때문이다. 그럼에도 불구하고 식자들은 제멋대로 법이니 윤리니 문명이니 따위를 만들어낸다. 그들이 이러한 것들을 부단히 만들어내는 가장 큰 이유는 현실에 가장 잘 적응하기 위해서이다. 그러나 노자는 이러한 것들에 대해 "제멋대로 요사스런 것을 만들어낸다."고 일침을 가하고 있다. 왜냐하면 우리는 이미 본능적으로 변화에 부단히 적응할 수 있는 지혜를 가지고 있음에도 불구하고 이것을 방치한 채 함부로 무엇인가를 자꾸만 만들어 냄으로 해서 오히려 변화에 적응하지 못한다고 보았기 때문이다.

　사람들은 안에 간직한 지혜를 방치하고 자꾸만 무엇인가를 만들어 낸다. 이러한 노력의 결과로 인해 오늘날 눈부신 과학문명의 발전을 이루었다. 우리는 이 과학문명의 발전을 인간진화의 가장 중요한 척도의 하나로 삼았다. 그러나 노자는 오히려 이러한 것들을 '요사스런 것[凶]'이라고 하였다. 왜냐하면 이러한 것들이 인간의 자연본성을 오히려 해치게 된다고 보았기 때문이다.

知常容, 容乃公, 公乃王, 王乃天, 天乃道, 道乃久, 沒身不殆.

항상됨[常]을 알게 되면 포용하게 되고, 포용하면 공평해지고, 공평하면 왕이 되고, 왕이 되면 하늘과 같아지고, 하늘과 같아지면 도에 이르고, 도에 이르면 장구長久해져 죽을 때까지 위태롭지 않게 된다.

주　왕필 - "포괄하고 통하지 않음이 없게 되면, 곧 드넓어 공평함에 이르게 된다. 드넓어 공평해지면 곧 두루 하지 않음이 없는 곳에까지 미치게 된다. 두루 하지 않음이 없으면 곧 하늘과 같아지게 된다. 하늘과 덕이 합치되고 도를 체득하여 크게 통한다면 곧 지극히 허무한 곳에 이르게 된다. 지극히 허무해지면 도의 항상됨을 얻게 되어 곧 한정되지 않는 곳에 이르게 된다.[無所不包通, 則乃至於蕩然公平也. 蕩然公平, 則乃至於無所不周普也. 無所不周普, 乃至於同乎天也. 與天合德, 體道大通, 則乃至於極虛無也. 窮極虛無, 得道之常, 則乃至於不窮極也.]"

●●● 해 설

지상용知常容 : 앞서 보았듯 상常이란 변화에 응하여 영속성을 가지는 것인 동시에 변화하는 것을 두루 포괄함이다. 왕필도 상常에 대하여 "포괄하고 통하지 않음이 없음이다."고 하여, 상常에는 '포괄함[包]'과 이르지 않는 곳이 없는 '사통팔달[通]'의 의미가 내포되어 있다고 보았다. 따라서 상常을 알면 수용하게 된다고 하였다.

용내공容乃公 : 공公이란 공평무사公平無私를 뜻한다. 당시에는 공평무사를 중시하였다. 가령『서경』「홍범洪範」에서는 "편협함도 파벌도 없으니 왕도는 넓고 넓다. 파벌도 편협함도 없으니 왕도는 평탄하고 평탄하다.[無偏無黨, 王道蕩蕩, 無黨無偏, 王道平平.]"고 하였으며, 『묵자』「법의法儀」에서는 "하늘의 운행은 광대하면서도 사사로움이 없으며, 그 베푸는 것이 두터우면서도 쉬지 않고, 그 밝음은 오래되었으나 쇠퇴하지 않는다.[天之行廣而無私, 其施厚而不息, 其明久而不衰.]"고 하였다. 주목할 점은 당시의 공평무사에 대한 가치의 근원을 천 혹은 천지에서 찾으려고 하였다는 점이다. 노자 역시 5장에서 "천지는 어질지 않으니, 만물을 '지푸라기로 만든 개[芻狗]'처럼 여긴다.[天地不仁, 以萬物爲芻狗.]"고 하였으며, 79장에서 "하늘의 도는 친애함이 없으니, 항상 선량한 사람의 편에 선다.[天道無親, 常與善人.]"고 하였다.

당시의 사람들이 자연계의 관찰로부터 발견한 가장 큰 진리 중의 하나는 '공평무사公平無私'에 대한 사고였다. 자연계의 질서는 한결같은 것이어서 우리가 원한다고 해서 더 늘어나는 것이 아니며 우리가 싫어한다고 해서 사라지는 것도 아니다. 이러한 하늘의 관찰로부터 당시의 사람들은 공평무사의 가치를 찾게 되었으며, 노자 역시 천지가 공평무사하다고 보았다.

그런데 여기서 주목할 사실은 노자의 경우 포용성[容]을 통하여 공公을 실현할 수 있다고 보았다는 점이다. 법가法家 역시 공公을 중시하였는데, 공을 실현하기 위한 방법으로 법과 같은 객관적 시비의 척도를 제시하였다. 객관적 시비의 척도란 하나의 틀에 의거하여 다양한 개별성들을 재단함이다. 다양한 개별성들을 재단하게 되면 포용성은 자연히 사라지게 된다. 따라서 법가에서는 관용이나 포용에 대해 신랄히 비판하였으며, 가혹한 형벌을 중시하였다. 반면에 노자는 포용성을 통해서 공의公義라는 이상을 실현시킬 수 있다고 보았다. 어째서인가? 각각의 개별들을 함부로 재단하게 되면 살리는 것이 있지만, 이와 동시에 죽이는 것도 있게 된다. 더욱이 법가에선 죽이고 살리는 가치의 척도를 신뢰하였지만, 노자는 이것을 신뢰하지 않았다. 왜냐하면 선악의 가치란 보편적인 혹은 절대적인 것이 아닌 단지 상대적인 것에 불과하기 때문이다. 또한 위정자들은 생사를 나누는 서슬 퍼런 칼자루를 쥐고 있는데, 과연 위정자들의 판단을 신뢰할 수 있느냐 하는 점 또한 의문이다. 노자는 위정자들의 판단을 신뢰하지 않았다. 왜냐하면 위정자들의 칼날은 공의를 위해 휘두르기보다는 자신의 이익을 위해 휘두르는 경우가 많기 때문이다. 설령 공의를 위해 휘두른다고 하더라도 여전히 문제는 남는다. 왜냐하면 가치란 무한히 변화하기 마련인데 위정자들은 이 무한한 변화 속에서 위정자들이 일일이 적합한 판단을 내리는 것이 애초부터 불가능하기 때문이다.(73장 참조)

노자는 보편의 척도에 의해 죽임을 당하는 것을 반대하였다. 왜냐하면 모든 개별들은 도에 의거해 각각의 개별들은 저마다의 가치와 개성을 가지고 태어났기 때문이다. 따라서 노자는 당시의 지식인들처럼 공公을 중시하였지만, 이 공은 개별성을 죽이는 공이 아니라, 오히려 개별들

하나하나를 모두 포용하는 공이다.

공내왕公乃王 : 여기서의 왕은 25장에서 "도가 크고, 하늘이 크고, 땅이 크고, 왕 역시 큰 것이다. 세상 가운데 네 개의 큰 것이 있는데, 왕은 그 중의 하나를 차지한다.[道大, 天大, 地大, 王亦大, 域中有四大, 而王居其一焉.]"에서의 왕과 같은 의미이다. 노자가 왕의 개념을 부각시켰다는 점에 의거할 때 다음과 같은 의문이 생겨날 수 있다. 그것은 "노자는 정치권력을 누구보다도 비판하였음에도 불구하고 어째서 왕의 개념을 중요시하고 있는가? 왕을 중요시하고 있다면 그가 권력을 옹호했던 것이 아닌가?" 하는 것이다. 많은 학자들은 노자가 정치권력을 비판했다는 점을 근거로 하여 25장에서의 왕王을 인人으로 보아야 한다는 설이 제기되기도 하였다. 그러나 노자가 비록 정치권력을 비판하였지만 왕의 역할을 부인하지는 않았다. 모든 만물은 그 스스로 있는 것이지만 그렇다고 마구잡이식으로 있는 것이 아니며 그 안에는 내적 질서가 있다. 이 내적 질서를 위해서는 기강紀綱과 같은 것이 있어야 하는데 인륜사회에 있어서 이와 같은 역할을 떠맡은 자가 바로 왕이다. 유가에서는 왕이 천을 대변해주는 자이듯 노자에 있어서 왕은 도를 대변해주는 자이다. 도덕을 대변해 주는 왕을 노자는 달리 말해서 성인이라고도 표현하였다.

그러나 여기서의 왕은 흔히 말하는 신분질서에 의해 상속되어진 통치자라는 의미와는 구별할 필요가 있다. 노자는 공公하기 때문에 왕이 된다고 하였는데, 이와 관련하여 25장에서도 "왕 역시 크다.[王亦大]"고 하였다. 공公하게 되면 대大가 된다. 왜냐하면 공평무사公平無私하기 위해서는 일체의 것들을 허심虛心으로 수용해야 하며, 이처럼 허심으로 널리 수용함이 곧 대大가 되기 때문이다. 노자가 말한 왕은 통치자가 아니라 공평무사의 실천을 통해 대를 구현한 자이다.

왕내천王乃天 : 왕이 인간들 중에서 가장 지존至尊한 자라고 한다면, 천天은 자연계 중에서 가장 지존한 자이다. 흔히 왕을 '하늘의 적자嫡子'라는 의미로서의 '천자天子'라고 칭하는 것처럼, 왕이란 자연계에서 가장 지고한 직위를 계승한 자이다. 그러나 노자가 말하고자 한 왕은 단순히 직위만을 계승한 자를 뜻하는 것이 아니다. 만일 직위만을 계승한 자라고 한다면 이것은 이미 차별화를 전제로 한 말이다. 노자는 모든 일체 만물들이 모두 도로부터 지고한 가치를 부여받았다고 보았으므로 차별적인 서열을 부정하였다. 노자는 오직 차이만을 말하였을 뿐 차별을 긍정하지 않았다. 앞서 말했듯 왕이란 단순히 가장 높은 직위를 가진 자를 지칭한 말이 아니라 가장 지고한 덕성을 지닌 자를 지칭한 말이다. 이처럼 가장 지고한 덕성을 지닌 자가 바로 성인이며, 이러한 성인에 의해서 마땅히 다스려져야 한하고 보았기에 성인을 왕이라고 지칭한 것이다. 따라서 성인(혹은 왕)과 범부의 차이는 직위의 고하에 있는 것이 아니며, 도를 얼마나 잘 체현體現했느냐 여하에 있는 것이다.

　　천내도天乃道 : 선진 시대에 있어서 대다수 학파들은 공통적으로 천을 만물에 있어서의 궁극窮極으로 보았다. 따라서 근원의 문제를 논하는 데 있어서 천 이전의 것에 대하여 더 이상 소급하지 않았다. 그런데 노자는 천 이전의 도를 소급하였다. 23장에서도 "천지조차도 오히려 장구할 수 없다.[天地尙不能久]"고 하여 천지의 영원성을 부정하였다. 25장에선 "물物과 뒤섞인 것[道]이 있으니, 천지가 생겨난 것보다 앞서 있었다.[有物混成, 先天地生.]"라고 하여, 천지 이전의 것이 존재한다고 언급하였다.

　　노자가 이처럼 천 이전의 것을 소급했던 이유는 무엇 때문인가? 천 혹은 천지라고 하는 것은 오늘날의 자연계를 지칭하는 것으로서 규정의 세계를 의미한다. 천을 최고의 근원으로 두었다는 것은 이미 규정의 세계를 긍정하였음을 뜻한다. 반면에 노자는 천지라고 하는 규정된 세계 이전의 것을 상정하였는데 이것이 바로 '혼돈混沌'이다. 이 혼돈은 곧 도 본래의 모습이었다. 무규정의 세계 속에서 규정의 세계가 나왔다는 점에서, 규정의 세계인 천이 비록 제 아무리 오래 되었다고 하더라도 유한성에 매어있다. 다만 천은 자연계 중에서 가장 영원한 것이며, 천이 이처럼 자연계 중에서 가장 영원할 수 있었던 까닭은 도를 가장 잘 체현體現하였기 때문이다. 따라서 "천과 같아지면 도와 같아질 수 있다."고 말한 것이다.

도내구道乃久, 몰신불태沒身不殆 : 구久는 상常과 같은 말로서 시간적으로 영원함을 뜻한다. 몰신沒身은 몰신歿身과 같은 말로서 '죽다'의 뜻이다. 불태不殆는 하상공이 '불위태야不危殆也'라고 풀이하였듯이 '위태롭지 않다'의 뜻이다.

1장에서 살펴보았듯이, 도는 부단히 운동한다는 점에서 변화한다. 변화한다는 점에서 불변성이 없으며, 단지 변화 속에서의 영원성을 갖고 있다. 당시의 사람들은 천지를 가장 영원한 것으로 보았으나 노자는 천지조차 영원하지 않다고 말하고 있다. 반면에 도는 천지가 생겨나기 이전부터 존재해 왔으므로 이 도야말로 진정으로 영원한 것이다. 즉 도道는 시작도 없으며 끝도 없는 '무시무종無始無終'한 것이다. 따라서 도는 '영원하다'고 하였다. 이러한 도를 체득하게 되면 우리는 이 도의 영원성을 이어받게 되어 장구함을 얻게 된다. 또한 장구함으로 얻게 되면 죽는 순간까지도 위태롭지 않게 된다.

여기서 우리는 노자의 생사관에 대한 일면을 엿볼 수가 있다. 후대의 학자들은 도가와 도교를 혼용해 사용하였다. 더욱이 도교에서는 노자를 자신들의 종조宗祖로 삼으면서 노자를 도교적인 인물로 변질시켰다. 그러나 본 구절에선 노자의 사상과 도교의 사상 사이의 차이를 단적으로 보여주고 있다. 가령 도교에서는 도를 체득하면 '불로장생不老長生' 한다고 보았지만, 노자는 '죽을 때까지'라는 단서를 붙이고 있다. 노자는 죽음을 사실로서

받아들였으므로, 도교에서와 같이 '불로장생'을 꿈꾸지 않았다. 또한 기독교에서와 같은 불멸하는 영혼이나 불교에서와 같은 해탈을 말하기도 않았다. 모든 존재는 때에 응하여 생겨났다가 때에 응하여 사라져갈 뿐이다. 개별로 보면 일체 만물은 물거품처럼 허망하게 사라져 가는 존재들이지만, 전체적으로 보면 생사生死의 취산聚散 과정 속에서 강물처럼 도도히 흘러가고 있다. 다만 노자는 도를 잘 체득한 자는 현세에서 위태로움을 모면할 수 있다고 보았다. 이런 의미에서 본다면 노자의 사상은 근본적으로 '종교' 혹은 '종교적 색채를 띤 철학'이 아니며, '처세處世의 철학'이라고 할 수 있다. 여기서의 처세란 부단히 변화하는 환경에 임하여 올바로 처신하는 방법을 뜻한다.

제 1 7 장

太上, 下知有之, 其次, 親譽之, 其次, 畏之, 其次, 侮之.
信不足, 安有不信.
猶兮, 其貴言. 功成事遂, 百姓, 皆曰, 我自然.

가장 훌륭한 정치는 백성들이 군주가 있음만을 아는 정치이고, 그 다음가는 정치는 백성들이 군주를 몸소 칭송하는 정치이고, 그 다음가는 정치는 백성들이 군주를 두려워하는 정치이고, 그 다음가는 정치는 백성들이 군주를 업신여기는 정치이다.
신의가 부족하면 이에 불신이 생겨나기 마련이다.
(최상의 군주는) 머뭇거리며 그 말을 귀하게 여긴다. 공(功)을 이루고 일을 완수할지라도 백성들은 한결같이 '우리들 스스로가 그렇게 한 것이다'고 말한다.

太上, 下知有之, 其次, 親譽之, 其次, 畏之, 其次, 侮之.

가장 훌륭한 정치는 백성들이 군주가 있음만을 아는 정치이고, 그 다음가는 정치는 백성들이 군주를 몸소 칭송하는 정치이고, 그 다음가는 정치는 백성들이 군주를 두려워하는 정치이고, 그 다음가는 정치는 백성들이 군주를 업신여기는 정치이다.

주1 하지유지^{下知有之} : 백서본^{帛書本}·하상공본^{河上公本}·왕필본^{王弼本}·경룡비본^{景龍碑本}·부혁본^{傅奕本}·소자유본^{蘇子由本} 등 대다수 판본에는 모두 하^下로 되어 있다. 하^下로 된 판본에 따르면 '백성[下]들은 단지 그가 있음만을 알뿐이다'로 해석할 수 있다. 오징본^{吳澄本}·초횡본^{焦竑本} 등에는 '불^不'자로 되어 있으며, 불^不로 된 판본에 따르면 '(백성들은) 그가 있는지조차 알지 못한다'고 해석할 수 있다. 그러나 죽간본^{竹簡本}에는 하^下로 되어 있으며,『회남자^{淮南子}』「도술훈^{主術訓}」에서도 "그러므로 태상^{太上}은 백성들이 그가 있음만을 알뿐이다.[故太上, 下知有之]"로 되어 있다는 점으로 볼 때 '하^下'로 보는 것이 타당하다. 아마도 문의상^{文意上}으로 '하^下'자보다 '불^不'자가 더욱 명료하다고 여겨 후대 학자들이 임의로 고친 것 같다. '태상^{太上}'이 백서본과 죽간본에는 '대상^{大上}'으로 되어 있는데, 고어^{古語}에는 대^大와 태^太가 통용되었다.

주2 친예지^{親譽之} : 대다수 판본에는 '친지예지^{親之譽之}'로 되어 있으나, 왕필본에는 '친이예지^{親而譽之}'로 되어 있다. 하상공본의 경우 영송본^{影宋本}에는 '친지예지^{親之譽之}'로 되어 있으나, 도장^{道藏}에 수록된 하상공본에는 '친이예지^{親而譽之}'로 되어 있다. 그런데 죽간본·백서본과 같은 고본^{古本}에는 '친예지^{親譽之}'로 되어 있다는 점에서 '친예지^{親譽之}'가 옳다고 본다.

주3 태상^{太上}, 하지유지^{下知有之} :

육희성^{陸希聲} – "태고적에 덕을 가진 임금은 행함도 없었고 공적^{功績}도 없었다. 따라서 아래 백성들은 단지 위정자가 있음만을 알뿐이므로 '임금의 힘이 나에게 어찌 미칠 수 있겠는가?'라고 말하였다.[太古有德之君無爲無迹. 故下民知有其上而已, 謂帝力何有於我哉.]"

소자유 - "최상의 정치에서는 도로써 천하를 그대로 놔두어 일찍이 다스림이 없었기 때문에 백성들은 다스려진 까닭에 대하여 알지 못하였다. 따라서 위정자가 있음만을 알 따름이었다.[太上以道在宥天下, 而未嘗治之, 民不知其所以然. 故亦知有之而已.]"

박세당朴世堂 - "하下에 대하여 혹자는 마땅히 불不이 되어야 한다고 말하였으나 옳지 않다. 최상의 정치에선 백성들이 단지 임금이 있음만을 알 뿐으로, 위정자가 무위하게 되면 백성들은 저절로 (그의 존재를) 망각하게 된다.[下或云當作不, 非是. 太上其民但知有君而已, 上無爲而下自忘也.]"

주4 기차其次, 친예지親譽之 :

하상공 - "위정자의 덕과 은혜는 칭송할만하기에, '친애하고 칭송한다'고 하였다.[其德可稱, 恩惠可稱, 故親愛而譽之.]"

왕필 - "무위로써 일에 처하거나 말없음으로써 가르침으로 삼을 수가 없었기에, 선을 세우고 베품을 행하여 백성들이 친애함을 얻어 칭송토록 했다.[不能以無爲居事, 不言爲敎, 立善行施, 使下得親而譽之也.]"

주5 기차其次, 외지畏之 :

하상공 - "형벌을 설치하여 다스린다.[設刑法以治之.]"

주6 기차其次, 외지侮之 :

하상공 - "금지하는 것이 많고 법령法令이 번거로우면 성실함[誠]으로 돌아갈 수 없기 때문에, 그(위정자)를 기만하고 업신여긴다.[禁多令煩, 不可歸誠, 故欺侮之.]"

● ● ● 해 설

본 장에는 노자의 정치관이 잘 설명되어 있다. '태상太上' '기차其次'는 '가장 좋은 것' '그 다음 좋은 것'이란 뜻으로 가치적으로 등급을 매긴 것이다. 이와 유사한 용례로 『좌전左傳』「양공襄公·24년」에서도 "최상의 것은 덕을 세움이고, 그 다음은 공을 세움이고, 그 다음은 말을 세움이다.〔最上, 有立德. 其次, 有立功. 其次, 有立言.〕"라고 하였다. 이에 의거할 때, 노자는 가장 으뜸이 되는 정치를 '무위정치'로 보았고, 다음의 정치를 유가적인 '도덕정치'로 보았고, 그 다음의 정치를 법가적인 '법치'로 보았고, 마지막 최악의 정치를 '폭정暴政'으로 보았다.

노자는 최고의 이상정치를 '하지유지下知有之'라고 하였다. 하下는 '백성'을 지칭하고, 지之란 '위정자'를 지칭한다. 백성들은 왕이 있음에 대해서는 알고 있지만, 무위정치를 행하기 때문에 그가 무엇을 하고 있는지 알지 못할 뿐만 아니라 무엇을 하는지에 대해선 관심조차 두지 않으므로 '그가 있음만을 알 뿐이다'라고 하였다. 이와 같은 정치는 2장에서와 같이 무위의 일에 처하여 말없는 가르침을 행하는 '무위정치無爲政治'이다. 이러한 무위정치의 이상을 잘 표현해 주는 것으로써 그 유명한 '격양가擊壤歌'를 들 수 있다. '격양가擊壤歌'에서 "요임금의 때에 천하는 크게 화평하여, 백성들은 아무런 문제도 없었다. 팔구십 먹은 노인이 흙을 일구며 노래를 불렀는데, 그 노래는 다음과 같았다. '해가 뜨면 나가 일하고 해가 지면 들어가 쉰다. 우물을 파서 물을 마시고 밭을 갈아서 먹으니, 나에게 임금의 힘이 어찌 미칠 수 있겠는가?'〔帝堯之世, 天下太和, 百姓無事, 有八九十老人擊壤而歌, 歌曰, 日出而作, 日入而息, 鑿井而飮, 耕田而食, 帝力于我何有哉〕"라고 하였다.

군주가 무위의 정치를 행한다는 것은 언뜻 보기에 소극적으로 보일 수 있지만, 이것은 단순히 소극적인 정치를 뜻하는 것이 아니다. 그 이유를 살피기에 앞서 무위정치를 행하려고 하는 이유에 대하여 먼저 살펴볼 필요가 있다. 유위적인 정치는 어떠한 형태로든 인위적인 것이며, 인위적인 것은 인간적인 사려에 의존한다. 그런데 인간적인 사려란 것은 제 아무리 뛰어나다고 할지라도 대자연의 도에 견주어 본다면 소지^{小知}에 불과하다. 반면에 무위의 다스림은 자신의 사려에 의존하지 않고 대자연의 도에 일임한다. 대자연의 도에 일임하게 되면 대자연의 도는 대지^{大知}로써 백성들을 길러낸다. 이처럼 인간적인 소지를 버리고 무위자연에 의거하게 되면, 백성들은 자생^{自生}·자화^{自化}·자균^{自均}하게 되어, 위정자는 유명무실한 존재로 남게 된다.

  이 점은 오늘날의 정치에 있어서도 그대로 적용되고 있다. 가령 정치적으로 후진국일수록 국민들이 정치에 지대한 관심을 갖는 반면에, 선진국일수록 국민들이 정치에 대해 무관심하다. 왜냐하면 공기가 제 아무리 귀중한 것일지라도 공기가 충분히 공급된다면 우리는 그 존재를 망각하듯, 그 사회가 저절로 잘 돌아간다면 백성들은 정치에 대하여 관심을 갖지 않게 되기 때문이다. 인간의 본성은 풍족할 때보다 결여되어 있을 때 더욱 민감하게 반응하는 법이다. 따라서 백성들이 단지 위정자가 있다는 사실만을 알 뿐 그가 도대체 무엇을 하는지 알지 못하는 정치를 최고의 이상 정치로 삼은 것이다.

  그러나 이상은 어디까지나 이상이며 현실은 어디까지나 현실이다. 노자는 무위의 정치를 최고의 이상으로 삼았지만 현실은 이 이상을 따르지 못하고 있다. 노자는 차선책으로 도덕정치를 주장하였다. 도덕정치란 우리가 흔히 말하는 요순^{堯舜}과 같이 훌륭한 인격을 갖춘 성인이 통치하는 정치이다. 요순처럼 훌륭한 왕이 백성들을 자식 돌보듯이 한다면, 백성들은 그를 어버이처럼 여기며 칭송을 아끼지 않을 것이다. 따라서 다음 단계를 '친예지^{親譽之}'라고 하였다. '친예지^{親譽之}'란 왕을 칭송함을 뜻한다.

  도덕정치가 차선책임에는 틀림없지만 역사적으로 볼 때 몇 명의 성인군자가 있었겠는가? 법가에서 법을 만든 취지도 몇 명 태어나지 않는 성인을 마냥 기다릴 수만은 없으며 보다 확고하게 언제든지 시행될 수 있는 법과 같은 객관적이고 보편적인 척도가 있어야 한다고 보았기 때문이다. 이와 관련해 한비는 "성인이 나라를 다스림에 있어서, 사람들이 선을 행한 다는 것을 믿지 않으므로, 그들이 잘못할 수 없도록 수단을 강구한다. 사람들 중에 자신의 선을 행하는 것을 믿을 수 있는 자는 나라 안에 열 명도 채 되지 않는다. 사람들이 잘못을 할 수 없는 수단을 강구한다면 한 나라가 다스려질 것이다. 위정자들은 수가 많은 것을 사용하며 수가 적은 것을 버리므로 덕에 힘쓰지 않고 법에 힘쓴다.[夫聖人之治國, 不恃人之爲吾善也, 而用其不得爲非也. 恃人之爲吾善也, 境內不什數. 用人不得爲非, 一國可使齊. 爲治者用衆而舍寡, 故不務德而務法.]"라고 하였다.(『한비자』,「현학顯學」) 따라서 그 다음의 차선책으로 '군주를 두려워하는 정치[畏之]'를 주장하였다. 백성들이 군주를 두렵게 여기야 한다고 주장한 가장 대표적인 학파가 바로 법가이다. 유가의 도덕정치는 사람의 마음을 교화시키고 자발적으로 준수하는 것을 목표로 하였던 반면에, 법가의 법치정치는 상벌賞罰을 엄중히 하여 두려움을 느끼게 해서 감히 법을 어길 수 없도록 함을 목표로 하였다.

법은 모든 만민에게 평등하게 적용된다는 점에서 공정성과 평등성을 가지고 있다. 이 점에 대하여 『한비자』「유도有度」에서도 "형벌이 추구하는 것은 대신大臣을 피하지 않고, 선한 일에 상을 줌에는 필부라도 버리지 않는다.[刑追不避大臣, 賞善不遺匹夫]"고 하였다. 그러나 법에는 야누스적 측면이 있다. 가령 법이 누구의 손에 있느냐에 따라서 그 성격이 판이하게 달라질 수 있다. 만약 포악한 통치자統治者의 손아귀에 법이 주어진다면 법은 오히려 폭정의 수단으로 악용될 수도 있다. 진시황秦始皇이야말로 법의 한계를 몸소 잘 대변해 준 자였다. 그는 한비의 법가에서 지대한 영향을 받아 강력한 법의 통치를 행함으로서 '일인독재체제'를 구축하였지만, 그 결과 얼마나 포악한 정치를 행하였던가! 법의 이러한 이중성은 오늘날에도 그대로 적용된다. 오늘날 많은 사람들이 민주주의라는 이름에 현혹되어 법이 국민으로부터 나왔다고 믿고 있다. 그 일례로 여론의 수렴을 들고 있다.

그러나 법이란 대부분이 통치자의 손에서 나온 것이다. 그렇다면 이 법은 통치자에게 유리하게 만들어져, 법의 공정성과 평등성은 이미 유명무실해질 뿐만 아니라 오히려 법이라는 그럴싸한 이름하에 악용^{惡用}되어진다.

법이 이처럼 위정자의 권력 옹호의 수단으로 악용될 수 있는 여지는 있지만, 적어도 법가에서는 법의 공정성과 원칙성을 표면적으로 내세우고 있다. 설령 위정자의 이익을 위주로 하여 어떠한 법이 만들어졌다고 하더라도 그 법을 위정자 마음대로 바꿀 수는 없다. 원칙 없이 임의로 법을 바꾼다면 그것은 이미 법이라 할 수 없기 때문이다. 최악의 정치는 아무런 원칙도 없이 위정자 제멋대로 행하는 폭정^{暴政}이다. 폭정의 대표적인 인물로서 걸왕^{桀王}과 주왕^{紂王}을 들 수 있다. 이들은 아무런 원칙도 없이 제멋대로 통치하였으므로 백성들은 위정자의 말과 행동에 아무런 위엄을 느끼지 않았다. 위정자가 죽인다고 엄포 할지라도 두려워함은 커녕 경멸할 뿐이었다. 따라서 노자는 위정자를 업신여기는 정치를 최하의 정치로 보았다.

信不足, 安(焉)有不信.

신의가 부족하면 이에 불신이 생겨나기 마련이다.

주1 왕필본에는 "신부족언信不足焉, 유불신언有不信焉."으로 되어 있는데, 경룡본·어주본御注本·고환본顧歡本·초횡본焦竑本·소자유본 등에는 두 개의 '언焉'자가 빠져, "신부족信不足, 유불신有不信."으로 되어 있다. 그런데 백서을본帛書 乙本에는 '신부족信不足, 안유불신安有不信.'으로 되어 있으며, 죽간본에도 '신부족信不足, 안유불신安有不信.'으로 되어 있다. '안유불신安有不信'으로 보는 것이 좋다. 안安은 여기서 '이에[於是]'의 뜻이다.

주2 하상공 - "임금이 백성들에게 신의가 부족하다면, 백성들은 불신으로 응답하며 임금을 속이게 된다.[君信不足於下, 下則應之以不信, 而欺其君也.]"

●●● 해 설

"신의가 부족하면 이에 불신이 있게 된다."란 위정자들이 백성들에 대해 믿음이 부족하면 백성들 역시 이에 상응하여 위정자를 믿지 않는다는 뜻이다. 노자가 본 구절에서 신의에 대해 논의한 까닭은 앞에서 언급한 정치의 단계와 믿음 사이에는 서로 일정한 관계가 있다고 보았기 때문이다. 이에 대해 좀 더 구체적으로 설명해보자.

무위정치야말로 위정자와 백성들이 서로 가장 신뢰하는 정치이다. 위정자가 무위정치를 행할 수 있었던 근본적인 이유는 백성들을 전적으로 신뢰하였기 때문이다. 만일 백성들을 신뢰하지 않는다면 '예'이니 '법'이니 하는 규제의 수단을 강구하게 된다. 무위정치를 행하는 위정자는 백성들을 무한히 신뢰하므로, 백성들을 있는 그대로 놔두더라도 그들 스스로가 자율적 질서를 이룰 수 있다고 믿는다.

다음의 정치인 도덕정치에선 가르침을 통해 백성들은 얼마든지 선도善導될 수 있다고 보았다는 점에서 백성들에 대한 신뢰를 바탕으로 하고 있다. 그러나 도덕정치에선 백성들을 교화의 대상으로 보았다는 점에서 무위정치보다 백성들에 대한 신뢰도가 떨어진다. 또한 백성들은 위정자의 덕치를 칭송하지만, 백성들이 위정자를 칭송하는 까닭은 역설적으로 뭔가 신의가 부족하기 때문이다. 가령 '가뭄 뒤의 단비'라는 말이 있듯이 제때에 비가 내리면 비를 의식하지 않는다. 비를 단비라고 느끼는 까닭은 가뭄을 전제로 하였기 때문이다. 이와 마찬가지로 백성들이 위정자를 칭송하는 까닭도 폭정을 염두 해 두었기 때문이다.

다음의 정치인 법치에 오면 신뢰가 사라지고 만다. 법가에선 백성들을 나태하고 이기적인 존재들로 보았으므로 그들이 자발적인 질서를 유지할 수 있다고 믿지 않았다. 가령 한비는 사람들은 태어날 때부터 이기적인 존재이므로 이들을 교화시킬 수 없으며, 오직 엄격한 법을 통해서만이 바로잡을 수 있다고 보았다. 백성들 역시 위정자를 두려워 하지만, 이 두려움은 심복에 의한 경외감이 아니라 단지 강압에 의한 두려움이다. 이 단계에 오면 인간적 신뢰관계는 사라지게 되고, 오직 법만을 신뢰하게 된다.

최하위의 정치형태인 폭정暴政에 이르게 되면 상호간의 신뢰는 완전히 흔적 없이 사라지고 만다. 위정자는 백성들을 더 이상 사람으로 보지 않으며 단지 자신을 기르기 위한 일종의 가축으로만 본다. 백성들 역시 위정자에 대한 신뢰는 전혀 없으며 오직 망하기만을 바란다. 법가정치에서는 비록 위정자가 백성들을 신뢰하지 않고 백성들 역시 위정자에 대해 진정으로 심복하지 않지만, 법에 대한 신뢰성은 그나마 살아있어 사회적인 질서를 유지할 수가 있다. 그러나 폭정에 이르게 되면 이미 신뢰할만한 그 어떠한 것도 남지 않게 된다.

왕이란 개개의 백성들을 묶는 벼리와 같은 역할을 한다. 그런데 왕과 백성 사이에 믿음이 사라지게 되면 개개의 백성들을 묶는 결속력이 약화되어 국가기반이 와해될 것이다. 왜냐하면 믿음이야말로 백성들을 하나로 묶는 결속력이기 때문이다. 공자孔子도 정사政事에 있어서 식량이 풍부하고, 병兵이 강성하고, 백성들의 믿음이 있어야 한다고 주장하였는데, 그 중에서도 백성의 믿음을 가장 중요시하였다. 따라서 『논어』「안연顏淵」에서 "백성들이 (위정자에 대한) 믿음이 없다면 국가기반은 설 수가 없다.[民不信, 不立.]"고 하였다. 공자의 말처럼 믿음이야말로 개개인들을 결속시키게 하는 국가의 가장 중요한 기반이다. 그렇다면 어떻게 하여야 믿음을 굳건히 세울 수 있는가? 노자는 이에 대해 위정자가 백성들을 믿지 않을수록 백성들도 이에 화답하여 위정자를 불신하게 된다고 하였다. 어째서인가? 『논어』「안연顏淵」에서 "군자의 덕은 바람이오, 소인의 덕은 풀이다. 풀 위에 바람이 불면 반드시 그리로 쏠린다.[君子之德, 風也, 小人之德, 草也. 草上之

風, 必偃.]"고 하였다. 위정자는 바람이며, 백성은 풀이다. 바람이 가는 데로 백성들은 그리로 쏠린다. 따라서 위정자가 백성들을 믿으면 백성들 역시 위정자에게 믿음으로 화답하고, 위정자가 백성들을 믿지 않으면 백성들 역시 위정자들에게 불신으로 화답한다. 노자는 백성들에게 믿음을 강요하기에 앞서 먼저 백성들을 신뢰하는 것이 우선되어야 한다고 보았던 것이다.

猶兮, 其貴言 功成事遂, 百姓, 皆曰, 我自然.

최상의 군주는 머뭇거리며 그 말을 귀하게 여긴다. 공功을 이루고 일을 완수할지라도 백성들은 한결같이 '우리들 스스로가 그러게 한 것이다'고 말한다.

주1 유혜猶兮 : 대다수 판본에는 '유혜猶兮'로 되어 있는 반면에, 왕필본에는 '유혜悠兮'로 되어 있다. '유혜悠兮'는 느긋하고 한가로운 모양으로 해석되는 반면에, '유혜猶兮'는 15장에서와 같이 '머뭇거리는 모양'으로 해석된다. 죽간본과 백서본에도 '유猶'로 되어 있을 뿐만 아니라, 전후 문맥을 통하여 볼 때 '유혜猶兮'가 옳다. 또한 죽간본에는 '아자연야我自然也'로 되어 있어 끝에 '야也'자가 첨가되어 있다.

주2 공성사수功成事遂 :
  하상공 - "천하가 태평해짐을 말한다.[謂天下太平也.]"

주3 하상공 - "백성들은 임금의 덕이 도타웠기 때문임을 알지 못하고, 도리어 자기들 스스로가 의당 그러했기 때문이라고 여긴다.[百姓不知君上之德淳厚, 反以爲己自當然也.]"

●●● 해설

자연自然이란 말이 『노자』에 5번 나온다. 본 문장과 23장의 "말이 없음은 자연적인 것이다.[希言自然]", 25장의 "도는 저절로 그러함을 본받는다.[道法自然]", 51장의 "명령함이 없이도 한결같이 저절로 그러하다.[夫莫之命而常自然]", 64장의 "이로써 만물이 저절로 그러함을 돕는다.[以輔萬物之自然]"가 그것이다. 학자들에 따라 자연自然을 '스스로 그러하다'로 번역하기도 하며 '자연히 그러하다'로 번역하기도 한다. '스스로 그러하다'로 보든 '자연히 그러하다'로 보든 의미상으로는 대동소이하다. 그런데 '아자연我自然'의 경우에는 '스스로 그러하다'로 풀이하는 것이 좋다. 우John C.H. Wu는 "우리들 스스로가 그것을 성취했다!(We ourselves have achieved it!)"고 번역하였는데 이것은 정확한 번역이라고 본다. '유혜猶兮'는 15장의 "주춤하여 사방에 에워싸인 적을 두려워하는 것 같다.[猶兮, 若畏四隣.]"에서의 '유혜猶兮'와 같은 말로 '머뭇거리는 하는 모양' '신중한 모양'을 뜻한다. '귀언貴言'이란 단순히 말을 아끼라는 의미가 아니라, 무위를 행하게 되면 결과적으로 자연히 말이 적어진다는 것을 의미한다.

내가 상대방을 믿고 상대방이 나를 믿어준다면 서로 간에 무슨 말이 필요하겠는가? 자꾸만 말을 많이 하는 것은 오히려 신뢰하지 못함에 대한 반증이다. 무위 정치를 행하는 위정자는 백성들을 전적으로 신뢰한다. 전적으로 신뢰하므로 백성들의 행동 하나하나를 관여하지 않는다. 또한 아무리 뛰어난 공功이 있고 탁월한 위업偉業을 완수하였다고 할지라도 이것을 자신의 성과로 여기지 않으며, 단지 '자연히 그러했을 뿐'이라고 여긴다. 이처럼 위정자는 백성들을 관여하지 않고 자신의 위업을 과시하지 않는다면 무슨 말이 필요하겠는가? 따라서 "최상의 군주는 머뭇거리며 그 말을 귀하게 여긴다"고 하였다. '말을 귀하게 여긴다'고 함은 단순히 말을 아끼고 침묵해야 함을 의미하는 것이 아니다. 굳이 말할 필요가 없으므로 자연스럽게 말이 필요 없게 된다는 의미이다. 후대 사람들은 요순의 시대를 태평성대라고 칭송한다. 유가에서는 태평성대를 이룰 수 있었던 까닭은 요순과 같은 훌륭한 성인이 다스렸기 때문이라고 말한다. 그러나 노자는 다음과 같이 말하였다. "위정자가 공功을 이루고 일을 완수할지라도 그 공이 어디에서 연유한 것인지를 알지 못한다. 공이 어디에서 연유한 것인지를 알지 못하기 때문에 백성들 모두가 '이것은 우리 자신들이 스스로 이룬 것이다'라고 여긴다."

제 18 장

大道廢, 安有仁義.
慧智出, 安有大僞.
六親不和, 安有孝慈.
邦家昏亂, 安有忠臣.

큰 도가 사라지자 이에 인의가 생겨났다.
영리함이 생겨나자 이에 큰 거짓이 있게 되었다.
육친이 조화롭지 못하게 되자 이에 효도와 자애로움이 있게 되었다.
국가가 혼란해지자 이에 바른 신하가 있게 되었다.

(故)大道廢, (安)有仁義.

큰 도가 사라지자 이에 인의가 생겨났다.

주1 왕필본王弼本을 비롯한 통행본에는 "대도폐大道廢, 유인의有仁義."로 되어 있으나, 백서본帛書本에는 '고대도폐故大道廢'로 되어 있어 '고故'자가 첨가되어 있다. 또한 '유인의有仁義'가 백서갑본帛書甲本에는 '안유인의案有仁義'로 되어 있고 백서을본帛書乙本에는 '안유인의安有仁義'로 되어 있다. 문제는 죽간본竹簡本에도 "고대도폐故大道廢, 안유인의安有仁義."로 되어 있다는 점이다. 따라서 원본에는 '고故'자와 '안安'자가 첨가되어 있었다고 볼 수 있다. 이처럼 원문에 '고故'자와 '안安'자가 있었다고 볼 경우엔 기존의 해석에 중대한 의문을 제기해볼 수 있다.

먼저 죽간본과 백서본에는 어째서 문장 처음에 '고故'자가 첨가되었는가 하는 점에 대하여 살펴보자. 필자의 견해로는 본 문장은 본래 17장에 속해있던 장이었는데 후인들이 잘못 장을 나누었기 때문이라고 본다. 그 이유는 의미상으로 17장과 연속성을 갖고 있을 뿐만 아니라, 죽간본에서도 17장과 18장이 연속적으로 실려 있기 때문이다.

더욱 큰 의문은 죽간본과 백서본에 들어있는 '안安'자를 어떻게 해석할 것이냐 하는 점이다. 대다수 백서帛書 연구자들은 안安을 '이에[於是]'의 뜻으로 보았다. 가령 고명高明은 "'안焉' '안安' '안案' 세 자의 용법과 뜻이 전장의 '신부족信不足, 안유불신安有不信.'과 전적으로 같은 것으로, 모두가 '이에[於是]'의 뜻이다."고 하였다. 전통적으로 안安을 의문사로 본 학자들은 전무했는데, 그 이유는 안安을 의문사로 볼 경우에 본 장의 다음 구절에서의 "혜지출慧智出, 안유대위安有大僞."의 해석이 "지혜가 나온다면 어찌 큰 거짓말이 있겠는가?"가 되어 의미가 전혀 통하지 않기 때문이다. 그런데 문제는 죽간본에 전문全文이 수록되어 있으면서도, 유독 "혜지출慧智出, 안유대위安有大僞."만이 빠져 있다는 사실이다. 따라서 "혜지출慧智出, 안유대위安有大僞."는 후대에 첨가된 것이라고 볼 수 있다. 죽간본에 의거할 때 본 장의 해석은 전통적인 해석과는 상이하게 달라질 수 있다. 가령 죽간竹簡의 전문全文은 "대도폐大道廢, 안유인의安有仁義. 륙친불화六親不和, 안유효자安有孝慈. 방가혼란邦家昏亂, 안유정신安有正臣."으로 되어 있는데, 이에 따르면 "큰 도가 없어지면 어찌 인의란 것이 있을 수 있으며, 육친이 조화롭지 못하다면 어찌 효자孝慈란 것이 있을 수 있으며, 국가가 혼란하면 어찌 바른 신하란 것이 있을 수 있겠는가?"라는 해석도 가능하다. 만일 이와 같이 해석된다면, 노자가 유가적인 덕목에 반감을 가지고 있었다는 전통적인 견해를 불식시킬 수 있는 결정적인 단서가 될 수도 있다.

　　그러나 필자의 견해론 전통적인 해석방법이 더욱 타당하다고 본다. 그 이유는 다음과 같다. 앞 장에서 대부분의 판본에는 "신부족信不足, 유불신有不信."으로 되어 있는데, 백서본과 죽간본에는 "신부족信不足, 안유불신安有不信."으로 되어 있어, 안安이 첨가되어 있다. 이 구절은 '신의가 부족하면 이에 백성들이 불신이 있게 된다.'로 풀이된다는 점에서, '안安'자는 명백히 '이에[於是]'의 뜻이다. 이에 따른다면 여기서의 '안安'자도 기존의 풀이대로 '이에[於是]'의 뜻으로 풀이할 수 있다. 더욱이 앞 장과 본 장은 본래 같은 장일 가능성이 높다는 점에서 더욱 그러하다. 따라서 여기서는 기존의 판본을 따라 해석하였다.

주2　왕필 – "무위無爲의 일을 잃고서 다시 분별지를 행하여 선을 세우려고 한다면, 도는 사물의 차원으로 떨어지게 된다.[失無爲之事, 更以施慧立善, 道進物也.]"

　　소자유蘇子由 – "대도가 융성할 때에는 인의가 그 가운데서 행해졌지만 백성들은 알지 못하였다. 대도가 사라진 이후에야 인의가 드러나게 되었다.[大道之隆也, 仁義行於其中而民不知. 大道廢, 而後仁義見矣.]"

　　감산憨山 – "대도는 무심無心으로 사물을 아끼기 때문에 만물마다 각각

제18장　247

마땅히 있어야 할 곳을 얻게 된다. 인의는 유심有心으로 사물을 아끼기 때문에 곧 친함과 소원함을 구별하는 나눔이 생겨나게 된다. 따라서 '대도가 없어지자 인의가 생겨났다.'고 말한 것이다.[大道無心愛物, 而物物各得其所. 仁義則有心愛物, 則有親疎區別之分. 故曰, 大道廢有仁義.]"

••• 해설

대도大道란 '무위자연無爲自然의 도'를 말한다. 폐廢란 '사라지다' '폐지되다'의 뜻이다.

본 문장의 대의와 관련된 문장으로 『장자』「대종사大宗師」에서 "샘이 말라서 고기들이 서로가 땅에 모여들어 서로가 습기를 불어주고 서로가 물거품을 적셔주기보다는 강이나 호수 속에서 서로를 잊어버림만 못하다. 요임금을 (성인이라고) 칭찬하고, 걸왕을 (폭군이라고) 비난하기보다는 서로를 잊고 도에 동화되는 것만 못하다.[泉涸, 魚相與處於陸, 相呴以濕, 相濡以沫, 不如相忘於江湖. 與其譽堯而非桀也, 不如兩忘而化其道.]"고 하였다. 물고기는 물 속에서 헤엄치면서도 물을 의식하지 않고, 사람들은 매일 공기를 마시면서도 공기를 의식하지 않는다. 물고기가 물을 의식한다는 것은 물이 부족하다는 것을 의미하고, 사람들이 공기를 의식한다는 것은 공기가 부족하다는 것을 의미한다. 이처럼 어떠한 것을 의식한다는 것은 오히려 그것이 부족하다는 것을 반증하는 셈이다. 사실상 인의를 행한다는 것 자체는 아무런 하자가 없을 뿐만 아니라 오히려 바람직한 덕목이라 할 수도 있다. 문제는 인의가 무엇 때문에 생겨났는가 하는 점에 있다. 고기들이 서로 협동한 까닭은 자신이 살고 있는 물이 메말라 있기 때문이라고 하는 장자의 말처럼, 인의라는 도덕규범을 만들고 이것을 실천하도록 강요하는 것은 그 사회가 이미 모순으로 가득 차 있음을 역설하는 것이다. 인의는 병을 치료케 하는 약에 비유할 수 있다. 약 자체는 하등 나쁠 것이 없을 뿐만 아니라 병자에게 있어서 반드시 필요하다. 그러나 좋은 약이 있으니 마음껏 먹으라는 식으로 약을 찬미할 수는 없다. 가장 이상적인 상태는 약이라는 것이 더 이상 필요치 않는 건강한 몸을 유지하는 것이기 때문이다. 따라서 『장자』「천지天地」에서도 "유우씨가 부스럼을 고치려고 한 것은 대머리가 된 뒤에 가발을 씌우고 병이 난 뒤에 의사를 찾는 것과도 같다.[有虞氏之藥瘍也, 禿而施髢, 病而求醫.]"고 하였다. 인의가 필요한 사회는 이미 병든 사회이므로 더 이상 인의가 필요치 않는 건강한 사회가 되기를 노자는 갈망했던 것이다.

慧智出, 安有大僞.
영리함이 생겨나자 이에 큰 거짓이 있게 되었다.

주1 죽간본에는 본 문장이 빠져 있으며, 백서을본帛書乙本에는 '안유대위安有大僞'로 되어 있다.

주2 혜지慧智 :

　　감산 - "곧 예악·저울(저울추와 저울대)·용량단위(말과 섬)·법령과 같은 것이다.[卽禮樂權衡斗斛法令之事.]"

주3 하상공 - "총명한 군주가 덕을 천시하고 말을 귀하게 여기며 바탕을 천시하고 꾸밈을 귀하게 여긴다면, 백성들은 이에 응하여 큰 거짓과 간교한 속임수를 행하게 된다.[智慧之君賤德而貴言, 賤質而貴文, 下則應之, 以爲大僞姦詐.]"

● ● ● 해 설

혜지慧智를 흔히 '지혜'로 번역하는데, 이 번역에는 오해의 소지가 있다. 왜냐하면 '지혜' 속에는 '올바름'이란 가치판단이 들어가 있기 때문이다. 혜지慧智란 외부의 지식을 쉽게 터득하고 잘 받들일 수 있는 영리함을 뜻한다. 젊은 나이에 사법고시에 합격한 사람을 '영리하다'고 말할 수는 있지만 '지혜롭다'고는 말할 수 없는 것처럼, 영리함과 지혜 사이에는 차이점이 있다.

사람을 흔히 만물의 영장이라고 말한다. 그렇다면 만물의 영장이 된 까닭은 무엇 때문인가? 인간종人間種은 비록 수많은 종種들 중에서 가장 두뇌가 뛰어난 종일 수는 있지만 가장 지혜로운 종이라고 단언할 수는 없다. 가령 오늘날의 현저한 과학문명은 뛰어난 두뇌의 산물이지만 이것은 결과적으로 지구 속의 전 생태계를 파괴시킨 주범이기도 하다. 자연계는 무생물로부터 생물에 이르기까지 하나의 유기적 관계를 이루고 있기 때문에 어떠한 생명체도 자연계로부터 고립하여 생존할 수 없다. 그럼에도 불구하고 인간은 자연계를 끊임없이 약탈함으로 해서 이 유기적인 관계들을 고립화 시켰으며 결국에는 인간 자신조차도 파멸로 치닫고 있다. 극단적으로 표현한다면 인간종은 가장 공격적인 자연계의 약탈자로, 자연계의 입장에서 보면 반드시 멸종되어야 할 가장 해로운 종이다. 과연 이러한 인간의 영리함이 지혜롭다고 할 만한가? 노자는 이러한 영리함에 의해서 '큰 거짓말[大僞]'이 생겨났다고 말하고 있다. 위僞란 본래 인人과 위爲가 합해진 '인위人爲'란 뜻이다. 가령 인간은 영리함에 의하여 온갖 과학문명을 만들어 내게 되는데 이것이 바로 '위僞'이다. 그러나 위僞는 단순히 인위적인 것만을 뜻하는 것이 아니라, '거짓'을 뜻하기도 한다. 노자는 일체의 인위적인 것은 자연의 본성과 무관하게 생겨난 것이기에 거짓됨만을 조장한다고 본 것이다. 또한 이 거짓 조장은 자연본성에 깃들여 있는 커다란 지혜인 대지大知를 버리고 영리함이라는 소지小知만을 추구한 것으로서, 결과적으로는 커다란 우愚를 범한다고 보았다.

250

흥미로운 사실은 순자의 경우에는 오히려 이 인위를 긍정하였다는 점이다. 이 점에 대하여 『순자』「성악性惡」에서 "사람의 본성은 악惡이고, 선한 것은 위僞이다.[人之性惡, 其善者僞也.]"라고 하였다. 그가 사람의 본성이 악하다고 한 것은 본성이 악하다는 의미가 아니라 다만 본성이 이기심을 가지고 있어서 악으로 향할 수 있는 경향성을 가지고 있다는 말로 풀이해야 한다. 순자 사상의 핵심은 '화성기위化性起僞'에 있다. '화성기위化性起僞'란, 인간은 악으로 향할 수 있는 경향성을 가지고 있기에 이 본성을 '성왕의 법[聖王之法]'이나 '예법禮法'을 통하여 교화시켜서 선한 방향으로 교화시킴이란 뜻이다. 여기서 볼 수 있듯이 순자는 위僞를 선한 것으로 보았다. 반면에 노자는 순자와 정반대의 관점에 서 있다. 인간의 소박한 본성 그대로가 온전한 것이어서 더 이상 덧붙여 꾸밀 필요가 없다고 보았다. 따라서 꾸미는 과정은 실제의 참모습이 아닌 인위ㅅ爲이다. 또한 이 인위는 거짓을 조장할 뿐이기에 거짓이라고 본 것이다.

六親不和, 安有孝慈. 邦(國)家昏亂, 安有忠臣.

육친이 조화롭지 못하게 되자 이에 효도와 자애로움이 있게 되었다.
국가가 혼란해지자 이에 바른 신하가 있게 되었다.

주1　같은 백서본이라도 갑본甲本에는 대다수 '국國'자가 '방邦'자로 되어 있다. 이에 반해 을본乙本에는 모두가 '국國'으로 되어 있으며, 이 점은 하상공본이나 왕필본을 비롯한 후대 판본 역시 마찬가지다. 이와 관련하여 고명高明과 학자들은, 본래 『노자』 고본古本에는 '국國'자가 모두 '방邦'자로 되어 있었는데 한고조漢高祖인 유방劉邦의 이름을 휘諱하여 후대에 '국國'자로 고쳤

제18장　251

다고 하였다. 이 주장은 옳다고 본다. 선진先秦의 판본인 한비자본에도 대다수가 '방邦'자로 되어 있을 뿐 아니라, 최고본最古本인 죽간본에도 대다수 '국國'자가 '방邦'자로 되어 있기 때문이다.

또한 왕필본을 비롯한 현행본에는 '유충신有忠臣'으로 되어 있는데, 죽간본에는 '안유정신安有正臣'으로 되어 있으며, 백서을본帛書乙本에는 '안유정신安有貞臣'으로 되어 있다. 부혁본傅奕本과 범응원본范應元本에도 정貞으로 되어 있다. 충忠과 정貞과 정正은 모두 '바르다'의 뜻이다.

주2 왕필 - "'매우 아름답다'란 개념은 매우 추한 것에서 생겨난 것이므로, 아름다움과 추함이란 것은 동일한 문에서 나온 것이다. 육친六親이란 부자·형제·부부를 뜻한다. 만일 육친六親이 저절로 화목해지고 국가가 저절로 다스려진다면 효자와 충신이 있어야 할 곳을 알지 못하게 된다. 이것은 물고기가 강호라는 세계에서 서로의 존재를 잊는다면, 서로 적셔주는 덕이 생겨나는 것을 알지 못하게 되는 것과 같다.[甚美之名, 生於大惡, 所謂美惡同門. 六親, 父子兄弟夫婦也. 若六親自和, 國家自治, 則孝子忠臣不知其所在矣. 魚相忘於江湖之道, 則相濡之德(不知其所)生也.]" *왕필주 원문에는 '부지기소不知其所'가 없으나 의미가 통하지 않기에, 누우열樓宇烈의 견해를 따라 첨가하였다.

••• 해설

친親이란 혈연관계를 뜻하는 것으로서, 육친六親이란 부자·형제·부부를 지칭한다. 효자孝慈에서 효孝는 아랫사람이 윗사람을 봉양함이다. 자慈는 '자애로움'의 뜻이지만, 구체적으로 말하면 '부모가 자식을 보살피다' '윗사람이 아랫사람을 자식처럼 보살피다'의 뜻이다. 가령 『대학』 3장에서 "남의 자식된 자는 효도孝에 머무르고, 남의 아비가 된 자는 자애로움慈에 머무른다.[爲人子, 止於孝, 爲人父, 止於慈.]"고 하였으며, 9장에서 "자애로움은 백성을 부리는 방법이다[慈者所以使衆也.]"라고 하였다. 『맹자』 「고자告子」(하)

에서도 "노인을 공경하고 아이들을 보살핀다.[敬老慈幼]"고 하였다.

도가 행해진다면 그 나라는 저절로 다스려진다. 저절로 다스려지면 질서를 강요하지 않더라도 질서가 그 안에서 저절로 이루어져, 자식은 부모에게 저절로 효도하게 되고 부모는 자식을 저절로 보살피게 되고 신하는 군주에게 저절로 충성하게 된다. 효와 충이 이미 당연시된다고 한다면 효니 충이니 하는 말들이 생겨날리 만무하다. 효자란 말이 있는 까닭은 불효자가 있기 때문이며, 충신이란 말이 있는 까닭은 간신이 있기 때문이다. 따라서 효자를 말할수록 그만큼 불효자가 많은 것이며, 충신을 말할수록 그만큼 바르지 못한 신하가 많은 것이 아니겠는가?

제 19 장

絶聖棄智, 民利百倍, 絶仁棄義, 民復孝慈, 絶巧棄利, 盜賊無有.
此三者, 以爲文, 不足.
故令有所屬, 見素抱樸, 少私寡欲.

성聖과 지智를 끊으면 백성들의 이익이 백 배나 더해질 것이며, 인과 의를 끊으면 백성들은 효도와 자애로움을 회복할 것이며, 재주와 이로움을 끊으면 도둑이 없어질 것이다.
이 세 가지로써 문식文飾으로 삼는다면 (올바른 치도로 삼기에는) 부족하다.
그러므로 덧붙이게 하는 것이 있어야 하니, 바탕을 드러내고 통나무[樸]를 안으며, 사사로운 것을 줄이고 하고 욕심을 적게 해야 한다.

絶聖棄智, 民利百倍, 絶仁棄義, 民復孝慈, 絶巧棄利, 盜賊無有.

성聖과 지智를 끊으면 백성들의 이익이 백 배나 더해질 것이며, 인과 의를 끊으면 백성들은 효도와 자애로움을 회복할 것이며, 재주와 이로움을 버리면 도둑이 없어질 것이다.

주1 왕필본을 비롯한 통행본에는 '절성기지絶聖棄智'로 되어 있는데, 수주본遂州本 · 이현본易玄本 · 부혁본傅奕本 · 범응원본范應元本 등에는 지智가 지知로 되어 있다. 『장자』 「재유在宥」에는 '절성기지絶聖棄知'로 되어 있다. 그런데 죽간본에는 '절지기변絶知棄辯'으로 되어 있다. 죽간본에는 현행본과 글자와 어순이 다소 다르게 되어 있다. 즉 "절지기변絶知棄辯, 민이백배民利百倍, 절교기리絶巧棄利, 도적망盜賊亡「무」又「유」「無」又「有」, 절인기의絶仁棄義, 민복효자民復孝子「혜」「慈」."로 되어 있다. 여기서는 현행본을 따랐다.

주2 절성기지絶聖棄智 :

왕필 - "성지聖智란 훌륭한 재주이다.[聖智, 才之善也.]"

진고응陳鼓應 - "'성聖'자는 노자서老子書에 두 종류의 용법이 있다. 하나는 성인聖人의 성聖으로서 곧 최고의 수양 경계를 가리키고, 다른 하나는 총명함을 스스로 이루려는 생각이다. 여기서의 성聖은 곧 후자에 속한다."

주3 절인기의絶仁棄義, 민복효자民復孝子 :

소자유蘇子由 - "어질면서도 그 어버이를 버린 경우는 없으며, 의로우면서도 그 임금을 소홀히 하는 경우는 없다. 인의란 효도와 자애로움이 되는 원인이다. 그러나 도가 쇠퇴하게 되면 인의라는 이름을 훔쳐다가 세상 속에서 이로움을 추구한다. 이로써 자식 중에는 부모의 뜻을 어기는 자가 있게 되었고, 부모 중에는 자식을 학대 자가 있게 되었다. 이러한 것은 인의의 흔적만이 행해진 것일 따름이다. 따라서 '인의를 끊어버리면 백성들은 효도와 자애로움으로 돌아간다.'고 말하였다.[未有仁而遺其親也, 未有義而後其君也. 仁義所以爲孝慈矣. 然及其衰也, 竊仁義之名, 以要利于世. 於是, 子有違父, 而父有虐子. 此則仁義之迹爲之也. 故絶仁棄義, 則民復孝慈.]"

주4 절교기리絶巧棄利, 도적무유盜賊無有 :

소자유 – "기술은 일을 편리하게 하는 수단이다. 이로움은 사물을 이루게 하는 수단이다. 이 두 가지는 (직접적으로) 도둑질하게 하는 것이 아니지만, 도둑은 이것이 없다면 도둑질하지 않게 된다.[巧所以便事也. 利所以濟物也. 二者非以爲盜, 而盜賊不得則不行.]"

••• 해 설

절성기지絶聖棄智, 민리백배民利百倍 : 마왕퇴馬王堆와 곽점郭店에서 동시에 출토된 『오행五行』에선 지智에 대해, "보아서 아는 것을 '지智'라고 한다.[見而知之, 智也.]"고 하였으며, 마왕퇴 출토문헌 『덕성德聖』에서도 "인도人道를 아는 것을 '지智'이라고 한다.[知人道曰, 智.]"고 하였다. 이에 의거할 때, 지智란 '눈[目]으로 보아 안다[知]'란 뜻으로서, 구체적으로 '인도人道를 보아 안다'란 의미이다. 번지樊遲가 공자에게 지智에 대하여 묻자, 공자가 "사람을 아는 것이다.[知人]"라고 했으며(『논어論語』, 「안연顔淵」), 노자도 33장에서 "남(사람)을 아는 것을 '지智'라고 한다.[知人者, 智.]"고 했다. 이에 의거할 때, 지智란 '눈으로 보고 안다'의 뜻인데, 이 앎은 서양에서와 같이 객관 세계에 대한 관찰을 통한 앎이 아니라, 사회적 관계에 대한 앎이다. 구체적으로 말하면 맹자가 '시비를 나누는 마음[是非之心]'을 지의 단서[端]라고 보았듯이, 사람들 사이의 관계에서의 옳고 그름을 판단하는 '분별지分別智'를 뜻한다.

성聖에 대해, 『오행』에서 "들어서 아는 것을 '성聖'이라고 한다.[聞而知之, 聖也.]"고 하였으며, 『덕성德聖』에선 "천도를 아는 것을 '성'이라고 한다.

[知天道曰, 聖.]"라고 하였다. 이에 의거할 때, 지가 '인도를 보아 안다'란 뜻이라고 한다면, 성은 '천도를 들어서 안다'란 뜻이다. 고대에선 '성聖'과 '성聲'이 서로 통용되었다.『설문說文』에서도 "'성聲'자와 '성聖'자는 옛날 서로 차자假借로 사용하였다.[聲聖字, 古相假借.]"고 하였다. 본래 성聖이란 王+耳+口로 이루어진 말이다. 이것은 고대 제정일치[祭政一致] 사회에서 '왕王이 천의天意를 듣고[耳] 백성들에게 전달하다[口]'란 뜻에서 나온 것이다.(김경수,『출토문헌을 통해서 본 중국 고대 사상』, 420-421 참조)

그런데 노자에게 있어서 성聖은 크게 세 가지 의미로 쓰인다. 첫째, 성인聖人이란 본래 천의를 듣고 아는 사람이듯이, 노자에게 있어서 성인은 도를 체득한 자를 뜻한다. 2장의 "성인은 무위의 일에 처하며, 말없는 가르침을 행한다.[聖人處無爲之事, 行不言之敎.]", 5장의 "성인은 어질다고 여기지 않아, 백성들을 추구芻狗처럼 버려둔다.[聖人不仁, 以百姓爲芻狗.]", 49장의 "성인은 일정한 마음이 없으니, 백성의 마음으로서 자신의 마음으로 삼는다.[聖人無常心, 以百姓心爲心.]"와 같은 경우가 바로 그것이다.

둘째, 성인聖人이란 신의 목소리를 듣는 자일뿐만 아니라 전달하는 자이기도 하다. 제정일치 사회에서는 왕이 천의를 들어 전달하는 역할을 하였지만, 제정분리 사회가 되면 사제계급이 천의를 전달하는 일을 전담하게 되었다. 따라서 당시의 성인은 사제, 즉 무당이란 의미로도 사용되었다. 노자 또한 60장에서 "신령함도 사람을 해치지 못할 뿐만 아니라 성인도 사람을 해치지 못한다.[非其神不傷人, 聖人亦不傷人.]"고 하였는데, 여기서의 성인 역시 신의 목소리를 전달하는 '무당'을 뜻한다.

셋째, 신의 목소리를 전달해주던 성인聖人은 천의를 사람들에게 전달해주는 자였으므로 가장 총명한 자였다. 따라서 성은 '총명함'이란 뜻으로도 사용되었다. 따라서『서경書經』「홍범洪範」에서 "총명함이 성聖을 이룬다.[睿作聖]"고 하였다. 가장 총명한 자인 성인聖人은 예악과 문물의 창시자이기도 하다. 이와 관련해, 한유韓愈는「원도原道」에서 "옛날에는 사람들의 피해가 컸는데 성인이 나타난 이후에 서로 살아가게 하고 기르게 하는 도리로써 그들을 가르쳤다. (성인은) 그들을 위해 임금과 스승이 되어 벌레·뱀·짐승을 몰아내고 중원의 땅에 살게 하였다. 추워지자 그들을 위해 옷을 만들었고, 굶주리자 그들을 위해 음식을 마련하였다. 나무에서 살다가 떨어지기도 하고 땅에서 살다가 병이 나자, 그들을 위해 집을 짓게 했다. 그들을 위해 기술을 행하여 기물器物의 사용을 풍족하게 했고 그들을 위해 장사방법을 가르쳐서 있는 물건과 없는 물건을 교역시켰다.……[古之時, 人之害多矣, 有聖人者立, 然後敎之以相生養之道. 爲之君, 爲之師, 驅其蟲蛇禽獸, 而處其中土. 寒然後爲之衣, 飢然後爲之食. 木處而顚, 土處而病也, 然後爲之官室. 爲之工, 以贍其器用, 爲之賈, 以通其有無.……]"고 하였다. 본 문장에서의 성聖도 '총명함'이란 의미로 사용되었다.

노자는 이러한 총명함[聖]과 분별지[智]를 끊어야 백성들의 이익이 백배나 된다고 하였다. 여기서 백 배란 아주 많다는 뜻이다. 그렇다면 노자는 어째서 "성聖과 지智를 끊어야 백성들의 이익이 백 배나 된다."고 하였는가?

사람들은 총명함을 통하여 자꾸만 무엇인가를 만들어 내려고 하며, 외적인 것에 대한 분별지를 통하여 자꾸만 사물을 분별하려고 한다. 그런데 세상 사람들은 총명한 자를 '성인聖人'이라 부르고, 앎을 통하여 사물을 분별하는 자를 '식자識者'라고 부르며 칭송한다. 그러나 노자는 세상에서 말하는 총명함이나 지식들을 진정한 지혜라고 보지 않았다. 왜냐하면 사람들은 본래부터 명明을 가지고 있다고 보았기 때문이다. 명明은 일종의 '지혜'를 뜻한다. 인간은 본능적으로 지혜를 간직하고 있다. 생명체라고 하는 것이 얼마나 정교한 것인지에 대해 조금이라도 이해한다면 놀라움을 금치 못할 것이다. 생명을 흔히 메카니즘mechanism에 비유하는 데 이러한 비유는 부적절하다. 메카니즘이란 용어 자체는 기계론적 세계관에 입각한 것이다. 기계론적 사유에서는 세계를 하나의 거대한 기계에 비유한다. 생명체 역시 기계에 비유하여, "생명체란 복잡한 기계에 불과하다!"고 말한다.

그러나 이 진술의 의미를 곰곰이 따져보면 정말로 우스꽝스럽기까지 하다. 왜냐하면 이 진술은 "사람은 복잡한 인형에 불과하다!"란 의미와 크게 다를 바가 없기 때문이다. 과학자들이 막대한 경제적 지원을 받아 공동으로 연구하여 아무리 정교한 로봇을 만들더라도 이것은 단지 생명체를 어설프게 흉내 내는 정도에 지나지 않는다. 우리의 과학수준이란 것은 가장 하등한 박테리아조차 만들어낼 수 없다. 인간이 아무리 총명함을 내세우며 인간의 우월성을 강조하더라도 생명체의 본능의 지혜에 비한다면 정말 보잘 것 없는 것에 불과하다. 이처럼 명明이 대지大知에 속하는 것이라고 한다면 성聖과 지智는 소지小知에 불과하다. 따라서 소지小知를 버리고 자연히 대지大知를 회복한다면 진정한 이득을 도모할 수 있다고 보았다.

'절성絶聖' '기지棄智'에 대하여 『장자』「거협胠篋」에서 "따라서 성聖과 지知(智)를 끊으면 큰 도둑질이 그치게 된다.[故絶聖棄知, 大盜乃止.]"고 하였으며, 「재유在宥」에서도 "성聖과 지知를 끊어야 천하가 크게 다스려질 수 있다.[絶聖棄知而天下大治.]"고 하였으며, 『회남자淮南子』「전언훈詮言訓」에서도 "지智를 버리면 도가 세워진다.[棄智則道立矣.]"고 하였다.

절인기의絶仁棄義, 민복효자民復孝慈 : 효孝란 자식이 부모를 섬김을 뜻하며, 자慈는 부모가 자식을 보살핌이다. 여기서의 인의仁義는 단순히 인의만을 지칭한 것이 아니라 도덕규범을 총칭해 말한 것이다. 그런데 노자는 단순히 인의 자체를 부정한 것이 아니며, 다만 인의의 역기능에 대하여 비판한 것일 따름이다. 소자유 역시 18장의 주注에서 "대도가 융성할 때에는 인의가 그 가운데서 행해지지만 백성들은 알지 못하였다. 대도가 사라진 이후엔 인의가 드러났다.[大道之隆也, 仁義行於其中而民不知. 大道廢, 而後仁義見矣.]"고 하였다. 대도가 행해지면 인의가 그 가운데서 저절로 행해지지만, 그것이 인의인지 아닌지조차 알지 못한다. 반면에 대도가 행해지지 않으면 인의와 같은 덕목을 내세우게 된다. 이처럼 인의를 강조함은 곧 대도가 없어졌음에 대한 반증을 의미한다. 따라서 인의를 끊어버리라는 말은 곧 인의를 없애라는 말이 아니라, 도가 행해진다면 인의와 같은 덕목이 저절로 행해지므로 더 이상 내세울 필요가 없다는 말이다.

절교기리絶巧棄利, 도적무유盜賊無有 : 교巧는 57장의 "사람들에게 기교技巧가 많아지면 기이한 물건들이 더욱 많아진다.[人多技巧, 奇物滋起.]"에서의 기교技巧와 같은 말로서, '잔재주'나 '기술'을 뜻한다. 이利는 '이로움'을 뜻하지만, 구체적으로 말하면 57장의 '백성들에게 편리한 도구가 많아지면 국가는 더욱 혼란스러워진다.[民多利器, 而邦滋昏]'에서의 이利와 같은 뜻으로, 문명의 이기利器와 같은 '이로운 도구' '편리한 도구'를 뜻한다. 총명함[聖]과 분별지[智]는 인간의 타고난 생명의 지혜를 방치하고 인위적인 것들을 만들려고 한다. 이러한 인위가 밖으로 드러난 것이 재주나 기술과 같은 교巧이며, 재주나 기술이 발달하면 발달할수록 문명의 이기와 같은 편리한 도구들을 자꾸만 만들어 낸다.

사람들이 생활의 이로움을 꾀하기 위하여 온갖 문물을 제작해낸다면 비록 생활의 편리함을 줄 수는 있지만 그 대가로 인간의 소박한 본성을 해치며 탐욕을 조장케 한다. 이처럼 문명이 발달하고 탐욕이 증가하게 되면, 남의 것을 훔치려는 도둑이 늘어난다. "교리巧利를 끊으면 도둑이 없게 된다."는 말과 관련하여 『장자』「거협胠篋」에서도 "따라서 성聖을 근절하고 지知를 버리면 큰 도둑이 없어진다. 옥을 번져버리고 구슬을 깨버리면 좀도둑이 생겨나지 않는다. 어음을 던지고 도장을 부수면 백성들은 소박해진다. 되를 쪼개고 저울을 부수면 백성들은 다투지 않는다. 천하의 성법聖法을 모조리 없애야만 백성들이 비로소 서로 논의할 수 있다.[故絶聖棄知, 大盜乃止. 擿玉毀珠, 小盜不起., 焚符破璽而民朴鄙. 掊斗折衡,而民不爭. 殫殘天下之聖法, 而民始可與論議.]"고 하였다.

此三者, 以爲文, 不足.

이 세 가지로써 문식으로 삼는다면 올바른 치도로 삼기에는 부족하다.

주1 왕필본에는 "차삼자^{此三者}, 이위문^{以爲文}, 부족^{不足}."으로 되어 있다. '차삼자^{此三者}'가 백서본^{帛書本}에서는 '차삼언야^{此三言也}'로 되어 있으며, 죽간본에는 '삼언^{三言}'으로 되어 있으며, 상이본^{想爾本}에는 '차삼언^{此三言}'으로 되어 있다. 또한 '부족^{不足}'이 백서본과 부혁본에는 '미족^{未足}'으로 되어 있는데, 죽간본에는 통행본에서와 같이 '부족^{不足}'으로 되어 있다.

주2 하상공 ─ "'이위문부족^{以爲文不足}'이란 문식^{文飾}으로는 백성을 교화시키기에 부족하다는 뜻이다.[以爲文不足者, 文不足以敎民.]"

●●● 해 설

이 '세 가지^{此三者}'란 앞에서 말한 성지^{聖智}・인의^{仁義}・교리^{巧利}를 지칭한다. "이위문부족^{以爲文不足}"에서 이^以는 고형^{高亨}이 '이^以, 인야^{因也}'라고 말한 것처럼 '이것으로'란 뜻이며, 위^爲는 '삼다'란 뜻이며, 문^文은 질^質에 대비되는 문식^{文飾}이란 뜻이다. 부족^{不足}의 대상은 앞의 문장이 개인적 삶의 문제보다 정치적인 문제를 다룬 것이라는 점에서 '치도^{治道}로 삼기에는 부족하다'는 의미로 보는 것이 좋다.

　　많은 주석가들이 노자가 성지^{聖智}・인의^{仁義}・교리^{巧利}를 끊어버릴 것을 말했다고 해석하고 있으나 이러한 해석은 노자의 본의를 다소 벗어난 해석이다. 노자가 만일 성지・인의・교리를 완전히 끊어버릴 것을 말하였다면 '부족'이라고 말하지 않고 '불가^{不可}'라고 말했을 것이다. 부족이라는 말은 나름의 정당한 가치를 갖고는 있지만 그 자체만으로는 완전한 것이 아니라는 의미이다. 따라서 노자는 성지・인의・교리 만으로는 올바른 치도^{治道}로 삼기에 뭔가 부족하기에 이 부족함에 덧붙여야 할 무엇인가가 있어야 한다고 본 것이다.

故令有所屬, 見素抱樸, 少私寡欲.

그러므로 덧붙이게 하는 것이 있어야 하니, 바탕을 드러내고 통나무[樸]를 안으며, 사사로운 것을 줄이고 욕심을 적게 해야 한다.

주 　소박素樸 :

　　후꾸나가 미쓰지福永光司 – "노자는 인간의 소박함을 무엇보다 중시하였다. 노자에 있어서 소박함이란 것은 문명文明·문화文化의 허식을 제거한 것을 뜻하며, 인간의 본래적인 자연을 인위적으로 속박해서 후천적으로 왜곡하는 일체의 관념적인 미혹됨[迷妄]·가치의 허구에서 해방되어진 인간의 존재방식을 말한다."

● ● ● 해 설

'고령유소촉故令有所屬'에서 영令은 '사使'와 같은 말로 '하게 하다'의 뜻이다. 촉屬은 『설문說文』에 "'연야連也.'라고 하였듯이 '이어지게 하다' '덧붙이게 하다'란 뜻이다. 본 구절의 의미를 풀이해보면 "이 세 가지만을 가지고서는 치도治道로 삼기에는 부족하므로 이 부족함을 보충해줄 수 있는 뭔가를 덧붙여야 한다."는 의미이다. 그렇다면 완전해지기 위해서 더해져야 할 것은 무엇인가? 노자는 여기서 현소見素·포박抱樸·소사少私·과욕寡欲 네 가지를 제시하고 있다.

　　소素에 대하여 『설문說文』에서 "소素란 희고 촘촘한 비단이다.[素, 白致「緻」繪也.]"고 하였듯이, 소素란 아직 물감을 들이지 않은 흰 비단을 뜻한다. 또한

『장자』「각의刻意」에선 "소素라는 것은 잡된 것과 뒤섞여 있지 않음이다.[素也者, 謂其无所與雜也.]"라고 하였듯이, 일체의 잡스런 것과 뒤섞여 있지 않는 바탕[質] 그 자체를 뜻한다. 공자도 일찍이 소素를 중시하여, 『논어』「팔일八佾」에서 "그림 그리는 일은 흰 비단[素]을 마련하는 일보다 뒤에 있어야 한다.[繪事後素]"고 하였다. 이 의미는 오늘날의 표현대로 말한다면 흰 바탕이 있어야 여기에다 여러 가지 색깔로 채색할 수 있다는 의미이다. 이것은 흰 바탕이 무색無色이기에 오히려 무한히 채색할 수 있다는 것을 뜻한다. 그러나 유가에서 말한 바탕[素]의 중요성과 노자가 말한 바탕[素]의 중요성은 사뭇 다르다. 공자의 경우, 바탕이 마련되어야 비로소 여기에다 꾸밀 수 있다고 말한 점으로 보아 문文보다 질質이 선행되어야 함을 주장한 것처럼 보일 수 있다. 그러나 공자가 바탕을 중시한 것은 이 바탕 위에 그림이라고 하는 문文을 세우기 위함이었다. '토대가 올바로 서야 건축물이 제대로 이루어질 수 있다'는 주장이 있다고 하자. 여기서 토대는 하나의 수단이며, 궁극적인 목적은 건축물에 있다. 토대를 강조한 까닭은 건축물이라고 하는 목적을 이루기 위함이다. 반면에 노자는 문文을 중요시 하지 않았다. 문은 질을 올바로 드러내기는커녕 질의 순수하고 온전한 것을 오히려 더 럽힌다고 보았기 때문이다. 따라서 노자는 '바탕을 드러낸다[見素]'고 하였다. 이 말 속에는 공자가 바탕이란 덧칠하기 위한 수단으로 여겼던 것과는 달리 바탕 그 자체가 이미 쓰임이 된다고 하는 의미가 내포되어 있다.

포박抱樸에서의 박樸은 도를 비유할 때 즐겨 사용하는 말이다. 박樸은 가공되지 않은 원목과 같은 것으로서 있는 그대로의 본성을 간직하고 있다. 이 점에서 본다면 인위가 첨가되지 않은 본바탕으로서의 소素와 비슷한 의미이다. 가령 소가 일색一色에 지나지 않음으로 해서 오히려 무한히 다채로운 색상을 표현할 수 있는 가능태를 간직할 수 있듯이, 박樸 역시 하나의 성질만을 갖고 있지만 이것은 책상・의자・집 등과 같은 무수히 다양한 기물器物을 만들어내는 무한한 다양성의 가능태를 간직하고 있다.

소사少私에서 사私는 사사로움에 집착하는 '집아執我'의 뜻이다. 사람들은 나를 크게 이루고자 하지만, 나를 크게 하고자 할수록 나는 오히려 더욱 작아진다. 반면에 나를 작게 하고자 할수록 나는 오히려 더욱 커진다. 따라서 7장에서도 "사사로움이 없기 때문에 사사로움을 이룰 수가 있었다.[以其無私, 故能成其私.]"고 하였다. 노자가 무아를 말하였듯이 불교에서도 무아無我를 중시하였다. 가령 삼법인설三法印說의 하나가 '제법무아諸法無我'이다. 그러나 양자 사이에는 커다란 차이점이 있다. 가령 불교에서 말하는 무아無我란 자아에는 실체란 없다는 무자성無自性을 뜻하는 것인 반면에, 노자는 아我를 부정하지 않았으며 단지 아我를 작게 하라고 말하고 있다. 아我를 작게 하라고 한 것도 7장에서 보이듯 소아小我를 통하여 대아大我를 추구하고자 함에 있었다.

과욕寡欲이란 말 그대로 '욕심을 적게 하라'는 말이다. 노자는 여러 곳에서 무욕無欲을 말하였지만, 그 진의는 과욕寡欲에 있다. 욕欲이란 정情의 발현이란 점에서 욕을 부정하는 것은 곧 정을 부정하는 것이 된다. 욕이란 생명의 활동력으로 선진先秦 시대의 그 어떠한 사상가도 욕 그 자체를 부정시하지 않았으며, 이 점은 노자 역시 마찬가지였다. 성인 역시 사람인 이상 정情을 가지지 않을 수 없고 정을 가지지 않을 수 없는 이상 욕欲을 가지지 않을 수 없다. 다만 일반 사람들이 욕을 가지고 있으며 이 욕에 의해서 사물에 얽매이는 자라고 한다면, 성인은 욕을 가지고 있되 사물에 얽매이지 않는 자이다. 과욕寡欲 역시 욕欲 자체를 부정한 것이 아니라, 단지 인간이 살아가는데 있어서 필수 불가결한 욕구에만 충실히 하여야 하며 필요 이상의 것을 탐하는 욕심을 버려야 한다는 의미이다.

제 20 장

絶學無憂.
唯與訶, 相去幾何, 善與惡, 相去若何.
人之所畏, 不可不畏.
荒兮, 其未央哉.
衆人熙熙, 如享太牢, 如春登臺. 我獨泊兮其未兆, 如
嬰兒之未孩. 儽儽兮若無所歸.
衆人皆有餘, 而我獨若遺.
我愚人之心也哉, 沌沌兮.
俗人昭昭, 我獨昏昏, 俗人察察, 我獨悶悶.
澹兮其若海, 飂兮若無止.
衆人皆有以, 而我獨頑似鄙.
我獨異於人, 而貴食母.

학문을 끊으면 근심이 사라진다.
공손한 대답과 버럭 성내는 대답 사이의 차이가 얼마가 되며, 선이 라고 하는 것과 악이라고 하는 것의 차이가 얼마나 된단 말인가?
남들이 두려워하는 것을 나 역시 두려워하지 않을 수 없다.

넓고 넓어서 도의 경지를 다 깨달을 수가 없구나!
세상 사람들은 희희낙락하는 것이 마치 큰 잔치를 벌이는 것 같고 따스한 봄날에 누각에 오르는 것 같다. 나만이 유독 담담하게 어떠한 움직일 조짐도 보이지 않는 것이 마치 웃음조차 모르는 갓난아이와 같다. 피곤에 지친 모습이 돌아갈 곳 없는 것 같구나!
사람들은 모두 여유가 있는데 나만이 홀로 버려진 것 같구나!
흐리멍덩한 것 같으니, 나는 어리석은 사람의 마음과 같구나!
세속의 사람들은 밝은데 나만이 홀로 멍청한 것 같고, 세속의 사람들은 세밀하게 살피는데 나만이 홀로 답답한 것 같구나!
깊고 고요함이 흡사 바다와 같고, 높은 데서 부는 바람처럼 빠른 것이 흡사 머무를 바가 없는 것 같구나!
사람들은 모두 쓰임이 있건만, 나만이 홀로 완고하여 흡사 비천한 것 같구나!
나만이 유독 다른 사람들과 달라서 식모를 귀하게 여기고 있구나!

絕學無憂.

학문을 끊으면 근심이 사라진다.

주1　귀유광歸有光 · 요내姚鼐 · 장석창蔣錫昌 · 소천석蕭天石 등은 본 구절을 앞장에 붙여서 해석하였다. 소천석은 19장에서 "이 구는 본 장(19장)에 있는 것이 낫다. 20장에 있게 되면 전체 장章에 있어서 문의文義가 일관되지 못하게 된다. 절학絕學도 하나의 뜻을 가지고 있으며, 무우無憂도 하나의 뜻을 가지고 있어서 위(앞장)의 두 구句와 연관된 문장이다. 역대의 학자들은 대부분이 절학絕學하게 되면 무우無憂하게 된다고 해석하고 있는데, 통하기는 통하지만 확연히 옳은 것은 아니다."라고 하였다. 이처럼 여러 학자들이 '절학무우絕學無憂'를 앞장에 소속된 문장이라고 보았는데, 죽간본竹簡本에 의거할 경우 이러한 주장은 잘못된 것이다. 왜냐하면 "견소포박見素抱樸, 소사과욕小私寡欲."까지의 문장은 죽간갑본竹簡甲本에 실려 있는 반면에 본 문장 이하는 죽간을본竹簡乙本에 따로 실려 있기 때문이다.

주2　왕필王弼 – "하편下篇에서 '학문을 행하는 자는 나날이 늘어나고 도를 행하는 자는 나날이 줄어든다'고 하였다. 그렇기에 학문이란 것은 능한 것을 늘려나가 지모智謀를 도모하려는 것이다. 만약 무욕으로도 만족할 수만 있다면 어찌 늘려나감에서 구하려고 하겠는가? 알지 못하는 가운데 적합할 수 있다면 어찌 나아감에서 구하려고 하겠는가?[下篇, 爲學者日益, 爲道者日損. 然則求益所能而進其智者也. 若將無欲而足, 何求於益. 不知而中, 何求於進.]"

●●● 해설

노자는 학學을 경시하였는데, 이 점은 유가와 자못 대조적이라 할 수 있다. 왜냐하면 유가에서는 무엇보다도 학을 중요시하였기 때문이다. 중국의 고전에서는 가장 중요한 부분을 책의 맨 앞부분에다 두는 것이 관례였다.

그런데 『논어』를 편찬할 때, 맨 첫 장에 「학이學而」편을 두었고, 첫 장 첫 구절에서는 "배우고 수시로 익힌다면 또한 기쁘지 않겠는가?[學而時習之, 不亦說乎.]"라고 하여 배움의 즐거움을 강조하였다. 『순자』의 경우에도 학을 가장 중요시하여 학문을 권장한다는 뜻의 「권학勸學」편을 저서 맨 앞에 넣었다. 이것은 유가에서 학을 그만큼 중시했음을 의미한다.

그렇다면 유가와 도가는 어째서 학에 대한 태도에 있어서 정반대로 나아간 것일까? 맹자는 인간의 본성이 선하다고 보아, 그 유명한 성선설性善說을 주장하였다. 인간의 본성을 긍정적으로 보았다는 점에서 도가와 일맥상통한다. 그러나 학에 대한 관점은 오히려 상반되었다. 『맹자』「고자告子」(상)에서 고자告子가 버드나무의 성질을 해쳐서 그릇을 만든다고 본 것에 대하여, 맹자는 버드나무의 성질을 좇아서 그릇을 만든다고 보았다. 즉 인의라고 하는 것은 인간의 본성을 헤치고 생겨난 것이 아니라 이 본성을 좇아서 생겨났다는 것이다. 맹자에게 있어서의 인의란 인간의 본성을 가장 잘 드러낸 결과물이며, 이 인의를 가장 잘 드러내게 하는 수단이 바로 학이다.

반면에 노자는 28장에서 "통나무가 흩어져 그릇이 된다.[樸散則爲器]"고 하였는데, 이 경우엔 나무의 본성을 헤쳐서 그릇이 된다고 하는 것과 통나무의 본성을 좇아서 그릇이 된다고 하는 양자의 의미를 다 포괄하고 있다.

통나무의 본성을 헤쳐서 그릇이 된다고 하는 관점에 대해 『장자』「마제馬蹄」에서 "통나무를 헤쳐서 그릇으로 만든 것은 목수의 죄이지만, 참된 도덕을 망쳐 인의仁義를 세운 것은 성인의 잘못이다.[夫殘樸以爲器, 工匠之罪也. 毁道德以爲仁義, 聖人之過也.]"라고 하였다. 맹자가 인의란 인간의 본성이 발현된 것이라고 본 반면에 장자는 오히려 인의란 인간의 본성을 헤친 결과물일 따름이라고 보았다. 또한 장자에게 있어서 학은 인간의 본성을 헤치는 촉진제일 뿐이다. 그릇은 통나무의 본성을 헤친 결과물이라는 장자의 주장에도 일면 타당성이 있다. 왜냐하면 그릇이 선한 통나무의 본성을 그대로 유지한 것이라고 한다면 삶에 있어서 어떠한 문제거리도 생겨날 수 없기 때문이다. 이처럼 그릇에는 통나무의 본성을 해친 부분이 있기 때문에 이로 인해 도로부터 멀어져간 것이다.

그렇다고 하여 그릇이 통나무의 본성을 전적으로 해쳐 생겨난 결과물만은 아니다. 그릇은 통나무의 바탕을 그대로 간직하고 있기 때문이다. 또한 그릇이 없다면 다양한 만물이 생겨날 수 없다는 점에서 그릇의 존재를 전면 부정할 수도 없다. 노자 또한 그릇이 되는 것을 부정하기보다는 통나무의 본성을 가장 잘 살리는 그릇이 되기를 원한 것이다.

그런데 통나무의 본성을 가장 잘 살리기 위해서는 무위無爲에 의탁해야 한다. 학學이라고 하는 것 역시 아무리 좋은 목적을 위한 것이라고 하더라도 궁극적으로 인위에 지나지 않는다는 점에서 노자가 비판의 대상으로 삼은 것이다. 따라서 48장에서도 "학문을 행하는 자는 나날이 늘어나고 도를 행하는 자는 나날이 줄어든다.[爲學者日益, 爲道者日損.]"고 하였다. 여기서 '는다'고 한 것은 쓸모없는 군더더기로서의 인위만이 '는다'는 의미이다.

唯(之)與訶(阿), 相去幾何, 善(之)與惡, 相去若何.

공손한 대답과 버럭 성내는 대답 사이의 차이가 얼마가 되며, 선이라고 하는 것과 악이라고 하는 것의 차이가 얼마나 된단 말이냐?

주1 왕필본을 비롯한 대다수의 판본에는 '유지唯之' '선지善之'로 되어 있는데, 죽간본과 백서본에는 '지之'가 빠져있다. 문맥상으로 볼 때, '지之'가 없는 것이 옳다.

주2 유唯, 가訶 : 왕필본을 비롯한 많은 판본에는 아阿로 되어 있다. 아阿는

제20장　271

'오만한 대답'을 뜻한다. 가령 성현영成玄英은 "유唯는 공손하게 대답함이고, 아阿는 오만하게 대답함이다.[唯, 敬諾也. 阿, 慢應也.]"라고 하였다. 그런데 백서갑본帛書甲本에는 가訶로 되어 있다. 가訶에 대해 유사배劉師培가 "아阿는 마땅히 가訶, 성내다가 되어야 한다. 『설문說文』에는 '가訶는 큰 소리로 말하며 성냄이다.[訶, 大言而怒也.]'고 했다."고 하였듯이, '성내다'의 뜻이다. 죽간본과 백서을본帛書乙本에 가呵로 되어 있다. 가訶와 가呵는 통용되는 글자로서 이 역시 '성내다'의 뜻이다. 가訶가 옳다고 본다.

주3 선지여악善之與惡, 상거약하相去若何 :

하상공河上公 – "선이란 칭찬하고 칭송함이며, 악이란 비판하고 다툼이다.[善者稱譽, 惡者諫諍.]"

성현영成玄英 – "자신의 뜻에 동조하면 '선'이 되고, 자신의 마음에 거슬리면 '악'이 된다.[順意爲善, 違心爲惡.]"

••• 해설

유唯는 순종하는 태도로 공손히 대답함이다. 『예기』「옥조玉藻」에서도 "아버지가 자식을 부를 때에 자식은 '공손한 대답[唯]'만을 해야 하며, '퉁명스러운 대답[諾]'을 해서는 안 된다.[父命呼, 唯而不諾.]"고 하였다. 이에 반해 가訶는 '버럭 성내며 대답함'이다.

상식적 판단에 의거해 볼 때, 공손히 대답하는 것과 버럭 성내며 대답하는 것, 선과 악 사이에는 서로 현격한 차이가 있다. 그런데 노자는 "양자 사이의 본질적인 차이가 과연 얼마나 되겠는가?"라고 반문하고 있다. 이와 관련하여 『장자』「제물론齊物論」에 다음과 같은 말이 있다.

"이미 나와 당신이 논쟁을 벌였다고 칩시다. 당신이 나를 이기고 내가 당신을 이기지 못했다고 해서 당신이 과연 옳고 나는 과연 틀렸다고 할 수 있을까요? 반대로 내가 당신을 이기고 당신이 나를 이기지 못했다고 해서 내가 과연 옳고 당신이 과연 틀렸다고 할 수 있을까요? 정녕 한쪽만이 옳고 한쪽은 틀린 것일까요? 아니면 둘 다 옳은 것일까요, 둘 다 틀린 것일까요? 이것은 나나 당신이나 서로 알 수 없는 일이오. 이 점에 있어서는 제삼자도 본시 판단하기 어려운 법인데, 과연 누구를 시켜 판단 내리게 할 수 있겠소? (가령 제삼자를 내세워 판단토록 하더라도) 이미 당신과 입장이 같은 사람에게 판단을 내리게 한다면, (이미 당신과 입장이 같으니) 어찌 공정할 수가 있겠소? 나와 입장이 같은 사람에게 판단을 내리게 한다면 (이미 나와 입장이 같으니) 어찌 공정할 수 있겠소? 나나 당신과 입장이 다른 제삼자에게 판단을 내리게 한다면, 이미 나나 당신과 입장이 다르니 어찌 공정할 수 있겠소? 그렇다면 나도 당신도 제삼자도 모두 서로 알 수가 없는 것이니, 누구에게 의탁하여 판단 내릴 수 있단 말이오?"[旣使我與若辯矣. 若勝我, 我不若勝, 若果是也, 我果非也邪. 我勝若, 若不吾勝, 我果是也, 而果非也邪. 其或是也, 其或非也邪. 其俱是也, 其俱非也邪. 我與若不能相知也. 則人固受黮闇, 吾誰使正之. 使同乎若者正之. 旣與若同矣, 惡能正之. 使同乎我者正之. 旣同乎我矣, 惡能正之. 使異乎我與若者正之, 旣異乎我與若矣, 惡能正之. 使同乎我與若者正之, 旣同乎我與若矣, 惡能正之. 然則我與若與人, 俱不能相知也, 而待彼(=誰)也邪.]"

    한 개인과 개인, 한 국가와 국가가 서로 싸울 때 그들이 의례히 표방하고 나선 것이 선과 옳음이다. 왜냐하면 선과 옳음이라는 이름은 자신의 행위를 정당화시키기 위한 훌륭한 무기가 되기 때문이다. 그러나 과연 개인의 당파성을 초월한 객관적 척도란 것이 존재할 수 있는가? 미국과 이라크 전쟁을 예로 들어보자. 미국은 악의 응징을 위해 이라크를 침공하였고, 이라크는 악을 응징하기 위해 미국에 테러를 저질렀다. 두 국가는 모두 상대방의 악을 응징하는 것이라고 말한다. 그렇다면 과연 어느 나라가 옳고 어느 나라가 그른가? 두 국가가 모두 자신의 보복은 상대방의 악을 응징하기 위한 것이므로 정당하다고 주장하고 있으므로, 두 주장 속에서 우리는 시비를 판단할 수 없다. 그렇다면 불가피하게 제삼자의 판단을 기다려야 한다. 그런데 미국과 친한 서방국가들은 미국이 옳다고 여기며 심지어 지원군까지 보내주었으며, 이라크 주변의 중동국가들은 이라크가 옳다고 여기며 이라크를 지원해주었다. 그렇다면 다른 나라들은 과연 어떠한 판단기준에 의해 옳다고 여긴 것인가? 장자의 주장처럼 제삼자가 자신의 뜻과 같다면 자신의 편에 설 것이며, 자신의 뜻과 같지 않다면 상대방의 편에 선다는 점에서 우리는 제삼자의 판단조차 신뢰할 수 없다. 우리는 일상적 삶에서 끊임없이 비시를 판가름하려고 하지만, 정작 선악을 판단할 객관적 기준이란 것을 그 어디에서도 찾아볼 수 없다. 사람들은 단지 자신의 뜻에 부합하면 온순히 대답하고, 자신의 뜻에 부합하지 않으면 버럭 화를 내며 대꾸한다. 또한 내가 좋게 여기면 선이 되고, 내가 싫어하면 악이 된다. 이와 같이 온순한 대답이나 퉁명스런 대답, 선이나 악이란 것은 나의 주관적인 자신의 판단에 의거한 것이라고 보았으므로 양자 사이의 차이는 불과 얼마 되지 않는다고 말하였다.

人之所畏, 不可不畏.

남들이 두려워하는 것을 나 역시 두려워하지 않을 수 없다.

주1 왕필본을 비롯한 통행본에는 '인지소외^{人之所畏}, 불가불외^{不可不畏}'로 되어 있으나, 백서을본^{帛書乙本}에는 '인지소외^{人之所畏}, 역불가이불외인^{亦不可以不畏人}'으로 되어 있다. 양자 사이에는 해석상에 있어서 중요한 차이점이 있다. 즉 전자의 경우엔 주어가 노자 자신이 되고, 후자의 경우엔 주어가 인군^{人君}이 된다는 점이다. 이 점에 대하여 유전작^{劉殿爵}은 "현행본의 뜻은 '다른 사람이 두려워하는 것은 자기도 두려워하지 않을 수 없음'이고, 백서본^{帛書本}의

뜻은 '사람이 두려워하면 인군人君 또한 마땅히 다른 사람을 두려워하게 됨' 이다."고 하였다. 그러나 '인人'자가 없는 것이 타당하다고 본다. 그 이유는 첫째, 백서본에 의거하여 해석하면 주어는 군주로 보아야 하는데, 뒤의 문장은 노자 자신의 심정을 독백한 글이라는 점에서 주어는 마땅히 노자로 보아야 하기 때문이다. 둘째, 노자는 다른 곳에서 왕과 백성의 관계를 설명할 때 '왕'과 '민'이란 단어를 명확히 구분해 사용하고 있기 때문이다. 셋째, 죽간본에도 '인지소외人之所畏, 역불가이불외亦不可以不畏'로 되어 있어, '인人'자가 없다.

주2 후꾸나가 미쓰지福永光司 - "외畏는 '꺼린다[憚]'와 같은 뜻이다. 선악의 근본적인 구별을 그토록 신경 쓰는 것은 아니지만 인간사회에 살고 있는 이상 세상사람들이 두려워하여 꺼리는 형벌과 같은 것을 두려워하여 꺼리지 않을 수 없으며, 선악의 문제는 사회의 상식을 좇아 생각하면 충분하기에 그 이상의 번잡스런 면에 대한 논의는 소용없다는 뜻이다."

●●● 해 설

"인지소외人之所畏, 불가불외不可不畏"에서의 외畏에 대해 많은 학자들이 형벌과 같은 것에 대한 두려움으로 해석하였으나, 자의字意 그대로 '두려움'을 뜻한다. 본 문장은 "남들이 두려워하는 것은 나 역시 마찬가지로 두려워한다."의 뜻으로서, 도를 깨닫고자 하는 나 역시 보통 사람들과 똑같은 감정을 느끼는 한 평범한 인간에 지나지 않는다는 의미이다.

　　사람들은 사회적 규범이나 법에 얽매여 산다. 그 이유는 사회적 규범이나 법을 어길 경우 사회적 지탄이나 처벌을 받기 때문이다. 이러한 사회적 규범에 초연한 노자 자신은 어떠한 마음인가? 사람들은 그의 초연함을 보고 두려움을 모르는 자라고 말한다. 그러나 노자는 사람들이 느끼는 두려움에 대해 자신 역시 똑같이 느끼는 하나의 나약한 인간임을 독백하고 있다.

荒兮, 其未央哉.

넓고 넓어서 도의 경지를 다 깨달을 수가 없구나!

주 　오징吳澄- "황荒은 광廣, 넓다과 같다. 앙央은 진盡, 다하다과 같다.[荒, 猶廣也. 央猶盡也.]"

　　고형高亨 - "황혜기미앙荒兮其未央은 망망하여 그 극한을 다할 수 없음을 말한 것과 같다.[荒兮其未央, 猶云茫茫其無極耳.]"

••• 해 설

"황혜기미앙재荒兮其未央哉에서 황혜荒兮란 '드넓어 끝이 없다'는 뜻이고, 앙央은 '다하다[盡]'의 뜻이다.

　　본 구절은 타인과 내가 다른 길을 가게 된 원인을 말한 것이다. 좁은 세계 속에 갇혀 살아가는 사람들은 『장자』「추수秋水」에 나오는 '우물 안의 개구리'와 같은 자들이다. 우물 안의 개구리는 자신이 살고 있는 세계가 좁다는 것을 알기는커녕 그것이 세계의 전부라고 믿는다. 그리고 우물이라는 좁은 세계만을 알고서 마치 세상일을 전부 다 안 것처럼 행동한다. 반면에 바다에 사는 거북이는 끝없이 드넓은 세계를 체험하면서 살아가므로 자신의 무지를 자각하게 된다. 노자 또한 무한하여 끝없는 세계를 바라보며, "도의 세계는 참으로 넓고도 넓어서 평생을 알려고 하여도 그것을 다 깨달을 수가 없구나!"라고 한탄하였다.

衆人熙熙, 如享太牢, 如春登臺, 我獨泊兮其未兆, 如嬰兒之未孩, 儽儽兮若無所歸.

세상 사람들은 희희낙락하는 것이 마치 큰 잔치를 벌이는 것 같고 따스한 봄날에 누각에 오르는 것 같다. 나만이 유독 담담하게 어떠한 움직일 조짐도 보이지 않는 것이 마치 웃음조차 모르는 갓난아이와 같다. 피곤에 지친 모습이 돌아갈 곳 없는 것 같구나!

주1 희희熙熙 :

하상공 – "희희熙熙란 음탕하고 방종하여 정욕이 많음이다.[熙熙, 淫放多情欲也.]"

주2 춘등대如春登臺 :

하상공본·왕필본과 같은 고본古本에는 '여춘등대如春登臺'로 되어 있으나, 후대의 많은 판본에는 '여등춘대如登春臺'로 되어 있다. 전자는 '봄날에 누대에 오르는 것 같고'로 풀이되고 후자는 '춘대春臺라는 곳에 오르는 것 같고'로 풀이된다. 필원畢沅은 "'여춘등대如春登臺'로 되어 있음은 왕필王弼·고환顧歡이 아울러 같고, 명황明皇·이주易州의 돌에 새겨진 것 역시 같다. 명明나라 정통正統 10년 『도장道藏』에 간행된 명황본明皇本에서부터 '등춘대登春臺'라고 잘못 쓰였다. 육희성陸希聲·왕진王眞 등의 여러 판본들이 아울러 잘못 썼으니, 지금 세상에서의 판본이 모두 그러하다.[如春登臺, 王弼顧歡並同, 明皇易州石刻亦同. 明正統十年道藏所刊明皇本始誤作登春臺. 陸希聲王眞諸本並誤, 今流俗本皆然矣.]"라고 하였다. 『노자』에는 고유명사가 없으며 선진 시대의 다른 서적에서도 고유명사로서의 춘대春臺가 전혀 나오지 않고 있다는 점에서 '여춘등대如春登臺'로 보는 것이 옳다.

주3 박泊 :

왕필본과 백서본 등에는 박泊으로 되어 있으나, 하상공본·형현본刑玄本

・누고본樓古本・반계본磻溪本・누정본樓正本・조지견본趙志堅本・초횡본焦竑本 등에는 파怕로 되어 있다. 하상공은 "나만이 유독 고요히[怕然] 안정되어 있어 정욕의 조짐도 갖고 있지 않다.[我獨怕然安靜, 未有情欲之形兆也]"라고 하여, '고요하다'로 풀이하였다. 초횡은 "파怕는 옛날에 박泊자였으며, 정靜의 뜻이다.[怕, 古泊字. 靜也.]"라고 하였다.

주3 내내儽儽 :

왕필본에는 내내儽儽로 되어 있지만, 하상공본에는 승승乘乘으로 되어 있다. 고형高亨이 "내儽와 누纍는 옛날에 통용해 썼다. 『사기史記』에서의 누루纍纍가 『논형論衡』「골상骨相」에 '내내儽儽'로 되어있는 것이 바로 그 증거이다."라고 하였듯이, 내내儽儽는 누루纍纍와 같은 말로서, '피곤에 지친 모양'이란 뜻이다. 『예기』「옥조玉藻」에서 "상喪을 당한 모습이 누루纍纍하다.[喪容纍纍]"에 대한 정현鄭玄의 주注에서 '누루纍纍는 피곤하여 고달픈 모양이다.[纍纍, 羸憊貌.]'고 했으며, 『사기史記』「공자세가孔子世家」에서도 "피곤에 지쳐있는 모습이 마치 상가 집 개와 같다.[纍纍若商家之狗]"고 했다.

주4 여춘등대如春登臺 :

하상공 - "봄에는 음양이 서로 통하여 만물이 (욕정을 느껴) 발동하기 때문에, 누대에 올라가 바라보게 되면 생각하는 것이 음탕해진다.[春陰陽交通, 萬物感動, 登臺觀之, 意志淫淫然.]"

◦◦◦ 해 설

'중인희희衆人熙熙'란 사람들이 희희낙락 즐기는 모습을 뜻한다. '여향태뢰如享太牢'에서의 태뢰太牢는 소・양・돼지 세 가지 희생犧牲을 갖춘 큰제사를 뜻하지만, 여기서는 큰 잔치 상을 뜻한다. 향享은 '향유享有'의 뜻으로서 음식을 마음껏 먹고 마심을 뜻한다. '여춘등대如春登臺'는 따뜻한 봄날에 소풍으로 누대에 올라감을 뜻한다. 따라서 본 문장의 의미는 사람들이 희희낙락하며 즐기는 모습이 마치 큰 잔치를 베풀어 먹고 마시며, 따뜻한 봄날에 소풍 나와 누대樓臺에 올라가 즐기는 것과 같음을 말한 것이다.

사람들이 이렇게 즐기고 있건만 도를 깨닫고자 하는 나는 어떠한가? 노자는 '아독박혜기미조我獨泊兮其未兆'라고 하였다. 여기서 박泊은 본래 배를 물가에 대어 정박시킨다는 의미로 한곳에 머물러 있는 정靜의 상태를 말한 것이고, 조兆란 '조짐'을 말한다. 따라서 '아독박혜기미조我獨泊兮其未兆'란 사람들이 희희낙락 즐기며 분주히 움직이지만, 자신은 한곳에 고요히 머물러 있어 어떠한 움직일 조짐도 보이지 않는다는 뜻이다. 이와 같은 상태에 대하여 "마치 웃음조차 모르는 갓난아이와 같다."고 했다. '미해未孩'의 해孩는 방글방글 웃는 모양이다. 갓난아이도 방글방글 웃지만 이것은 통상적으로 말하는 웃음과는 다르다. 왜냐하면 웃음이란 의사소통을 위한 일종의 언어적 행위인데, 갓난아이의 웃음은 의사소통을 하기위한 웃음이 아니라 단지 뜻 모를 웃음일 뿐이기 때문이다.

내래儽儽란 피곤에 지친 모습을 말한다. 한 곳에 정착하여 머무르게 되면, 그 순간부터 집착이 있게 된다. 그러나 도란 일정한 머무름이 없듯이 도를 체득하려는 나 자신 역시 잠시의 머무름도 없다. 이처럼 잠시의 머무름도 없는 상태에 대하여 "회오리바람처럼 빠른 것이 마치 머무름이 없는 것 같다.[飂兮若無止]"고 하였다.

사람들은 따뜻한 봄날 누대에 올라가 희희낙락 즐기지만 밤이 되면 자신의 거처로 돌아온다. 또한 분주히 활동하는 것처럼 보이지만, 우물 속만을 팔딱거리며 뛰노는 개구리처럼 자신의 영역 속에서 한 치도 벗어나지 못한다. 반면에 도를 깨닫고자 하는 자는 남들이 희희낙락 즐길 때 고요히 머물러 있어 어떠한 움직일 조짐도 보이지 않는다. 이처럼 남들이 활동할 때 고요히 있지만, 이 고요함은 한곳에 머물러 있음이 아니라 오히려 바람처럼 흘러감이다. 가령 물은 멀리서 보면 고요한 것처럼 보이지만 실제론 잠시의 머무름도 없이 부단히 흘러가고 있듯이, 자신도 고요함에 거처하여 움직이지 않는 듯이 보이지만 실제론 잠시의 머무름도 있다. 따라서 "피곤에 지친 모습이 돌아갈 곳 없는 것 같구나!"라고 하였다.

衆人皆有餘, 而我獨若遺.

사람들은 모두 여유가 있는데, 나만이 홀로 버려진 것 같구나!

주 유遺 :

해동奚侗은 유遺에 대하여 "유遺의 차자借字는 궤匱로서, '부족하다'란 뜻이다.[遺借作匱, 不足之意..]"라고 하였다. 많은 학자들이 해동의 설을 쫓아서 궤匱와 같이 '부족하다'의 뜻으로 풀이하는 학자들이 많은데, 이것은 여餘에 대하여 억지로 대구를 맞춘 느낌이 강하다. 여기서의 유遺는『주역』「계사전繫辭傳」(상)에서 "만물을 세밀히 이루어 빠트림遺이 없다.[曲成萬物而不遺.]"고 할 때의 유遺와 같은 의미로서 '유실遺失'의 뜻이다.

••• 해 설

여餘는 '여유餘裕'의 뜻이고, 유遺는 '유실遺失'의 뜻이다. 사람들이 희희낙락 삶을 즐기는 것이 흡사 태뢰太牢와 같은 큰 잔치를 베풀어 연회를 즐기며 따스한 봄날 누각에 올라 경관을 즐기는 것 같다. 사람들은 이처럼 삶에 있어서 풍요롭고 여유로워 보인다. 이에 반하여 도를 깨닫고자 하는 나는 어떠한가? 담담한 것이 웃을 줄 모르는 아이와 같고, 갈 곳 없어 방황해하는 것이 피곤에 지친 나그네와 같다고 독백하고 있다. 이러한 나는 여유있게 살아가고 있는 사람들의 대오隊伍 속에서 이탈되어 우두커니 홀로 서있는

낙오자와도 같다. 따라서 노자는 "사람들의 삶에는 여유가 있어 보이건만 나만이 유독 이 대열에서 빠트려진 것 같구나!"하고 한탄하였다.

我愚人之心也哉, 沌沌兮. 俗人昭昭, 我獨昏昏, 俗人察察, 我獨悶悶.

흐리멍덩한것 같으니, 나는 어리석은 사람의 마음과 같구나! 세속의 사람들은 밝은데 나만이 홀로 멍청한 것 같고, 세속의 사람들은 세밀하게 살피는데 나만이 홀로 답답한 것 같구나!

주1 아우인지심야재我愚人之心也哉 :

　　하상공 – "세속적인 사람들과 서로 따르지 않고 하나의 도道만을 지켜 이동하지 않으니, 마치 어리석은 자의 마음과 같다.[不與俗人相隨, 守一不移, 如愚人之心也.]"

　　오징吳澄 – 세상 사람들은 모두 앎이 있어 이것으로써 지식으로 삼는데, 나만이 유독 앎이 없어 어리석다.[俗人 皆以爲知爲智, 我獨無知而愚也.]"

주2 돈돈혜沌沌兮 :

　　하상공 – "분별하는 것이 없음이다.[无所分別]"

주3 희희昭昭 :

　　감산憨山 – "희희昭昭란 지모[智]와 솜씨[巧]가 밖으로 표출됨을 말한 것이다.[昭昭, 謂智巧現於外也.]"

　　왕필 – "그 빛을 드러냄이다.[耀其光.]"

제20장   281

주4 혼혼昏昏:

하상공 - "'어둡다'와 같다.[如闇昧也.]"

주5 찰찰察察:

하성공 - "찰찰察察이란 급하고 빠름이다.[察察, 急且疾也.]"
왕필 - "분별하고 분석함이다.[分別分析也.]"

주6 민민悶悶:

하상공河上公 - "민민悶悶이란 베어서 절단함이 없음이다.[悶悶, 無所割截]"
진고응陳鼓應 - "순박한 모양이다."

●●● 해 설

"아우인지심야재我愚人之心也哉, 돈돈혜沌沌兮"는 "돈돈혜沌沌兮, 아우인지심야재我愚人之心也哉"가 도치된 문장이다. '돈돈혜沌沌兮'는 사리를 구별하지 않는 흐리멍덩한 상태를 의미이다. 도의 본래적 상태는 일자一者이기에 비록 다多를 이루어 차별적인 만물이 생겨났지만 그 속성상 한결같이 일一로 돌아가려 한다. 일은 만물이 생겨나기 이전에는 분별이 없는 혼일渾一이지만, 이미 만물이 생겨난 이후에는 다자多者를 통합하는 전체가 된다. 다자를 통합하는 전체란 것 역시 다多의 경계들을 없앰으로 해서 가능하다. 이처럼 다多를 구성하는 경계들을 없애고 하나로 보려는 상태가 '돈돈沌沌함'이다. '어리석은 자의 마음과 같다'고 말한 이유도, 도를 깨닫고자 하는 자는 경계의 없음을 관조하기 때문에 마치 사리를 구별하지 못하는 어리석음처럼 보이기 때문이다.

　따라서 세상 사람들은 소소昭昭하고 찰찰察察한 반면에 나만이 홀로 혼혼昏昏하고 민민悶悶하다고 하였다. 여기서 소소昭昭란 사리를 명백히 분별하는 모습을 뜻하며, 찰찰察察이란 사리를 세밀하고 깐깐하게 살피는 모습을 뜻한다. 반면에 혼혼(昏昏)이란 사리를 분별하지 않는 모습을 뜻하며, 민민(悶悶)이란 사리를 분별하지 않아 답답한 모습을 뜻한다.

　흔히들 사리를 분별하여 깐깐하게 살피는 것을 '총명함'이라고 하며, 사리를 구별하지 않아 답답해 보이는 모습을 '어리석음'이라고 한다. 반면에 도를 깨닫고자 하는 나는 사리를 구별하지 않기에 '혼혼(昏昏)'하다고 하였으며, 사리를 구별하지 않고 모든 것을 수용하는 모습이 답답해 보이므로 '민민(悶悶)'하다고 하였다. 그러나 사리를 분별하여 깐깐하게 살피는 목적은 무엇 때문인가? 표면적으론 시비를 나누기 위함이라고 말하지만, 실제론 사람들의 결함을 찾기 위해서이다. 더 나아가 하나의 척도를 만들어 놓고 이 척도에 맞지 않는 것을 재단(裁斷)하려 함이다. 반면에 사리를 구별하지 않으면, 남의 결함을 까다롭게 따지지 않으며, 척도란 것이 없으므로 척도에 맞지 않다고 버리는 것도 없다. 따라서 까다롭게 살핌은 삶을 오히려 각박하게 만드는 반면에 사리를 분별하지 않아 답답하게 보이는 것은 삶을 오히려 여유롭게 만든다. 따라서 58장에서도 "그 정치가 답답해 보이면 백성들은 순박해지고, 그 정치가 까다롭게 살피면 백성들은 뭔가 부족하게 된다.[其政悶悶, 其民淳淳, 其政察察, 其民缺缺.]"고 하였다.

澹兮其若海, 飂兮若無止.

깊고 고요함이 흡사 바다와 같고, 높은 데서 부는 바람처럼 머무를 바가 없는 것 같구나!

주1　왕필본에는 "담혜기약해(澹兮其若海), 료혜약무지(飂兮若無止)."로 되어 있는데, 하상공본에는 "홀혜약해(忽兮若海), 표혜약무소지(漂兮若無所止)."로 되어 있다. 또한

마서륜馬敍倫 · 엄영봉嚴靈峰 등과 같은 학자들은 15장에 있던 문장이 착간錯簡
되어 잘못 들어온 것 같다고 하였으나, 이 견해는 타당하지 않다고 본다.
무엇보다 죽간본에는 15장의 전문이 다 실려 있는데, 두 구句만이 빠져 있
다는 점에서 이 두 구는 15장에 있는 문장이 아니라는 것을 확인할 수 있다.

주2 담혜기약해澹兮其若海 :

  범응원范應元 - "담澹은 물이 깊음이다. 담혜澹兮란 깊어서 측량할 수 없
음이다.[澹, 水深也. 澹兮, 深不可測也.]"

주3 표혜약무지飂兮若無止 :

  왕필 - "매이는 것이 없음이다.[無所繫繫.]"

● ● ● **해 설**

'담혜기약해澹兮其若海'에서 담혜澹兮는 '깊고 고요한 모습'이다. 이것은 도의
허정虛靜함을 말한 것이다. 도체道體는 깊고 고요한 것이 흡사 바다와도 같
다. 그런데 도는 허虛이지만 그 작용에 있어서는 무한한 것이기에 '요혜약
무지飂兮若無止'라고 했다. 요혜飂兮의 요飂에 대하여 『설문』에 "고풍야高風也."
라고 하였듯이 '높은 데서 부는 바람'을 뜻한다.

  사람들은 희희낙락 삶을 즐기며 분주히 살아가고 있다. 이러한 활기
찬 삶의 모습은 언뜻 보기에 동動인 것 같지만 자신의 좁은 굴레에서 벗어
나지 못한 동動이기에 참다운 동이 아니다. 가령 매미나 비둘기가 아무리
푸드득거리며 날아다니더라도 자신의 좁은 영역을 벗어날 수 없는 것과
같다. 반면에 도를 깨닫고자 하는 나는 조용히 거처하기에 조금의 움직임
도 없는 듯하지만 무한한 세계를 포용하고 있으며, 이 무한한 세계 속에서
대붕大鵬의 날개 짓으로 천하를 향유하고 있다. 따라서 "깊고 고요한 것이
바다와 같다.[澹兮其若海]"고 하였다. 이러한 모습은 정靜이지만, 이와 동시에

"높은 곳에서 부는 바람처럼 잠시의 머무름도 없는 것 같다.[飂兮若無止]"고 하였듯이 동動이기도 하다.

이상에서 볼 수 있듯 동動과 정靜은 대립되어 있는 것이 아니라, 동은 정을 포괄해야만 진정한 동이 될 수 있으며, 정은 동을 포괄해야만 진정한 정이 될 수 있다. 이런 맥락에서 본다면 도를 터득한 자만이 진정으로 정할 수 있으므로 해서 진정으로 동할 수 있는 것이다.

衆人皆有以, 而我獨頑似鄙. 我獨異於人, 而貴食母.

사람들은 모두 쓰이는 일이 있건만, 나만이 홀로 완고하여 흡사 비천한 것 같구나! 나만이 유독 다른 사람들과 달라서 식모를 귀하게 여기고 있구나!

주1 이以 :
  왕필 – "이以는 쓰임이다.[以, 用也.]"
  하상공 – "이以는 유위有爲이다.[以, 有爲也.]"

주2 식모食母 :
  하상공 – "식食은 쓰임이다. 모母는 도道이다. 나만이 유독 도를 귀하게 사용하고 있다.[食, 用也. 母, 道也. 我獨貴用道也.]"

주3 소자유蘇子由 – "도는 만물의 어머니이다. 일반 사람들은 외물外物을 따르다가 도를 잊어버리나, 성인은 만물을 벗어나 도로써 종주로 삼는다. 비유하면 마치 어린아이가 잡식함이 없이 엄마를 통해서만 먹는 것과 같다.[道者萬物之母. 衆人徇物忘道, 以聖人脫遺萬物, 以道爲宗. 譬如嬰兒, 無所雜食, 食於母而已.]"

● ● ● 해 설

'중인개유이衆人皆有以'에서 이以는 왕필의 주장과 같이 용用의 의미로서 '쓰이다' '사용되다'의 뜻이다. 완頑이란 세상을 융통성 없이 살아가는 '고집스러움'을 말한 것이고, 비鄙란 '비루鄙陋함'을 뜻하는 말로서 세상의 영달에 부합하지 못하여 비천하게 살아감을 말한 것이다. 본 문장을 풀이하면, "일반 사람들은 분주히 살아가면서 때로는 희희낙락 즐기는 모습이 뭔가 쓰이는 것이 있는 것 같다. 반면에 나만이 유독 융통성이 없으며 비루[鄙]한 것 같다."는 뜻이다.

그렇다면 내가 다른 사람들과 동떨어져 이방인과 같은 삶을 살아가야 했던 이유는 무엇 때문인가? 노자는 그 이유에 대하여 '식모食母를 귀하게 여기기 때문이다'고 말하고 있다. 식모에 대해 『예기』 「내칙內則」에서 "대부의 자제들에겐 식모食母가 있었다.[大夫之子有食母.]"고 하였다. 식모란 나를 낳아주신 어머니에 대하여 젖으로 나를 길러주신 어머니란 뜻으로 유모乳母와 같은 말로서, '덕'을 지칭한다. 그렇다면 덕을 식모라고 표현한 까닭은 무엇 때문인가? 51장에서 '덕은 만물을 기른다.[德畜之]'고 하였듯이, 덕은 만물을 기르는 역할을 한다. 식모라고 말한 까닭은 만물을 길러내는 덕의 측면을 강조하기 위해서이다.

제 21 장

孔德之容, 惟道是從.
道之爲物, 惟恍惟惚.
惚兮恍兮, 其中有象, 恍兮惚兮, 其中有物.
窈兮冥兮, 其中有精. 其精甚眞, 其中有信.
自古及今, 其名不去, 以閱衆甫.
吾何以知衆甫之狀哉, 以此.

커다란 덕의 모습은 오로지 도 이것만을 따른다.
도라고 하는 것은 있는 듯 없는 듯하다.
없는 듯 있는 듯하여 그 가운데 형상이 있고, 있는 듯 없는 듯하여 그 가운데 기氣가 있다.
그윽하고 어두우니 그 가운데 실정實情이 있다. 실정實情은 아주 진실하니 그 가운데 믿음이 있다.
옛날부터 지금에 이르기까지 그 이름은 떠나가지 않았으니, 이로써 만물의 시원始源을 살펴볼 수 있다.
나는 무엇으로써 만물의 처음 모습을 알 수 있는가? 이것으로써 이다.

孔德之容, 惟道是從.

커다란 덕의 모습은 오로지 도 이것만을 따른다.

주1 공孔 :

공孔을 대大로 보는 견해와 공空으로 보는 견해가 있다. 공을 대大로 보는 견해에 대하여 하상공河上公은 '공孔, 대야大也.'라고 했으며, 공空으로 보는 견해에 대하여 왕필王弼은 '공孔, 공야空也.'라고 했다. 공孔에는 자전에 '크다'의 뜻이 있기 때문에 대大로 보는 것이 무방하다. 그러나 여기서 '크다'고 하는 것은 소에 대한 상대적인 의미로서의 대가 아니라 대소를 넘어선 절대로서의 대이다. 즉 그 안에 모든 구별과 대립을 다 포괄하고 있는 무한으로서의 대이다. 그런데 노자가 말한 허虛라는 것도 그 안에 단순히 아무 것도 없다는 뜻이 아니라 일정한 경계에 얽매임이 없다는 뜻이며, 한정하는 경계가 없다는 점에서 '무한하다'의 뜻이다. 이처럼 노자에게 있어서 대大라는 의미와 무無라는 의미가 사실상 같다는 점에서, 공孔을 대大로 보는 것이나 무無로 보는 것이나 그 의미에 있어선 마찬가지이다.

주2 덕德 :

육덕명陸德明 – "덕德이란 도의 작용이다.[德者, 道之用也.]"

소자유蘇子由 – "덕이란 도가 드러난 것이다.[德者, 道之見也.]"

엄영봉嚴靈峰 – "덕은 도의 형식이고, 도는 덕의 내용이다. 이 양자는 상호 의존적이다."

주3 용容 :

용容에는 크게 세 가지 견해가 있다. 1)수용受容으로 풀이하는 견해와 2)형용形容으로 풀이하는 견해와 3)동작으로 풀이하는 견해가 그것이다. 첫 번째 견해에 대하여 하상공은 "큰 덕이 있는 사람은 수용[容]하지 않음이 없으므로, 혼탁한 것을 받아들여 겸허한 낮은 곳에 거처할 수가 있다.[有大德之人無所不容, 能受垢濁, 處謙卑也.]"고 하였다. 두 번째 견해에 대하여 소자유는 "도는 형태가 없으나, 운행하여 덕이 되면 형용[容]함이 있게 된다. 따라서 덕이란 도가 드러난 것이다.[道無形也, 及其運而爲德, 則有容矣. 故德者, 道之見也.]"고 했다. 세 번째 견해에 대하여 고형高亨은 용容을 동動의 뜻으로 보았다. 그 근거로 왕필王弼이 "공孔은 공空이다. 오직 공空으로써 덕으로 삼은 이후에야 행동[動作]이 도를 쫓게 된다.[孔, 空也. 惟以空爲德, 然後乃能動作從道.]"고 하여, 용容을 동작動作으로 보았다는 점을 근거로 제시하고 있다. 덕은 도의 이칭이란 점에서 덕이 도를 수용한다는 것은 의미상으로 맞지 않으므로, '모습'의 뜻으로 풀이하는 게 좋다.

••• 해설

도道와 덕德의 관계에 대해 살펴보면 다음과 같다.

첫째, 덕德에 대하여 38장의 왕필주에서 "덕이란 얻음이다[德, 得也.]"고 하였듯이, 덕德이란 '얻음得'이란 뜻이다. 즉 각각의 만물이 보편의 일자一者인 도 하나를 얻음을 말한 것이다.(39장 참조) 28장에서 "통나무가 흩어져 그릇이 된다.[樸散則爲器]"고 말하였는데, 그릇은 존재의 측면에서 보면 만물이 되지만, 가치의 측면에서 보면 무수한 만물 속에 깃들여 있는 덕이 된다고 할 수 있다. 이 점에서 본다면 도와 덕은 같은 것으로, 다만 일자의 측면에서 보면 도가 되고, 다자의 측면에서 보면 덕이 된다. 둘째, 51장에서 "도는 만물을 생겨나게 하고, 덕은 만물을 기른다.[道生之, 德畜之.]"고 한 것처럼 도는 만물을 생겨나게 하는 역할을 하고, 덕은 만물을 구체적으로 기르는 역할을 한다. 셋째, 1장에서 무는 체體의 의미로서 만물을 생生하는 역할을 하고, 유는 용用으로서 만물을 구체적으로 기르는 작용을 한다는 것에 대하여 살펴본 바 있다. 이에 의거할 때, 도와 덕은 무와 유라고 할 수 있다.

여기서 우리는 다음과 같은 의문을 제기해볼 수 있다. 덕이란 것이 이미 도와 같은 것으로서 다만 보는 측면에 따라 달라진 것일 따름이라고 한다면, "커다란 덕의 모습은 오직 도 이것을 따른다.[孔德之容, 惟道是從.]"는 문장과 모순되지 않느냐 하는 점이다. 왜냐하면 도와 덕이 이미 같은 것이라고 한다면 덕이 도를 따른다는 말은 성립할 수 없기 때문이다.

실제로 그릇은 도의 본성을 좇아 나온 것이지만, 그릇의 본성과 도의 본성이 그대로 같을 수는 없다. 『장자』「마제馬蹄」에서 "통나무를 헤쳐 기물器物을 만든 것은 목수의 죄이다.[夫殘樸以爲器, 工匠之罪也.]"라고 말한 것처럼, 그릇은 통나무의 본성에 의거하여 생겨난 것인 동시에 해친 것이라는 이중성을 갖고 있다.

그릇들이 통나무의 본성을 해친 가장 중요한 이유 중의 하나는 도의 본래 모습은 무한히 큰 대大인 반면에 그릇들은 한정됨을 갖는 유한한 존재들이기 때문이다. 이와 마찬가지로 덕은 도의 속성 그대로이지만, 이것이 이미 한정되어지면 도의 본래적 속성을 제약하게 된다. 본 문장의 '공덕지용孔德之容'에서의 공덕孔德은 무한한 덕을 뜻하는 것으로, 한정되지 않는 덕을 말한다. 덕이 이미 한정되지 않았다면 덕은 이미 도 그대로의 모습이 된다. 따라서 "커다란 덕의 받아들임은 오직 도 이것을 따른다."고 하였다. "오로지 도 이것만을 따른다.[惟道是從]"에서의 종從은 유가에서의 "힘써 노력하여[勉强] 쫓는다."와 같은 의미가 아니다. 힘써 노력하는 것은 도가의 관점에서 보면 이 역시 유위有爲의 범주에 지나지 않기 때문이다. 여기서의 종從은 '저절로 일치된다.'의 뜻이다. 즉 무한하여 유한함에 메어있지 않은 큰 덕의 모습은 이미 그 자체가 도의 모습이기에, 도와 저절로 일치된다는 의미이다.

道之爲物, 惟恍惟惚.

도라고 하는 것은 있는 듯 없는 듯하다.

주　왕필 – "황홀이란 형태가 없어서 일정함에 얽매이지 않음에 대한 감탄이다.[恍惚, 無形不繫之歎.]"

감산憨山 – "황홀이란 있는 듯 없는 듯하여 (무엇인가를) 가리킬 수 없다는 뜻이다.[恍惚, 謂似有若無, 不可指之意..]"

●●● 해 설

'도지위물道之爲物'에 대해 많은 학자들이 '도라고 하는 물 됨은'이라고 풀이하는 데 이러한 번역은 통하기는 하지만 정확한 번역은 아니라고 본다. 본 구절은 '도라고 하는 것은'이라고 번역해야 마땅하다. 이와 유사한 용례로 『맹자』「진심장盡心章」(상)에 '유수지위물야流水之爲物也'라는 말이 있는데, 이 구절 역시 '흐르는 물이라는 것은'으로 풀이된다. '도지위물道之爲物'에서의 물物 역시 '자者'와 동일한 말로서 '것'이란 뜻이다. 황홀恍惚이란 있는 듯 없는 듯한 모습을 형용한 것이다. 황恍과 홀惚을 구체적으로 나누어 살펴보면, 황恍은 없는 것에서 있는 것으로 됨이고, 홀惚은 없는 것에서 있는 것으로 됨이다.

그렇다면 노자는 어째서 도를 황홀이라고 표현했는가? 만물이 도道에 근원하였다는 점에서 도는 분명히 있는 것이다. 도가 없다는 것은 곧 천하만물이 없다고 하는 것과도 같기 때문이다. 도는 분명히 있지만 뭐라고 딱히 규정할 수가 없다. 왜냐하면 14장에서 "도를 보려고 하여도 볼 수 없는지라, 지칭하여 '이夷'라고 한다. 듣고자 하나 들리지 않는지라, 지칭하여 '희希'라고 한다. 붙잡으려 하나 잡히지 않는지라, 지칭하여 '미微'라고 한다.[視之不見, 名曰夷. 聽之不聞, 名曰希. 搏之不得, 名曰微.]"고 말한 것처럼, 도는 볼 수도 잡을 수도 규명할 수도 없기 때문이다. 이처럼 있다고도 없다고도 할 수 없는 미묘한 도의 모습을 노자는 '황홀恍惚'로써 표현하였다.

惚兮恍兮, 其中有象, 恍兮惚兮, 其中有物.

없는 듯 있는 듯하여 그 가운데 형상이 있고, 있는 듯 없는 듯하여 그 가운데 기氣가 있다.

주   왕필 - "무형으로써 사물이 시작되고 얽매이지 않음으로써 사물을 이룬다. 만물은 이로 인하여 시작되고 이루어지지만 그렇게 된 까닭에 대해서는 알지 못한다.[以無形始物, 不繫成物. 萬物以始以成, 而不知其所以然.]"

소자유 - "도는 유무가 아니기 때문에, 황홀恍惚로써 말한 것이다. 그런데 도가 운행하여 형상을 이루게 되면 드러나 사물을 이루기 때문에, 황홀에서 나오지 않는 것이 없다.[道非有無, 故以恍惚言之. 然及其運而成象, 著而成物, 未有不出於恍惚者也.]"

● ● ● 해설

상象이란 '밖으로 드러난 모습[現象]'을 말한다. 노자는 도속엔 상象이 있다고 했는데, 이것은 도가 고정된 상이 있음을 뜻하는 것은 아니다. 상象이란 규정의 산물이란 점에서 상이 있다고 함은 규정성을 갖고 있음을 의미한다. 그런데 노자는 41장에서 "큰 형상은 형체가 없다.[大象無形]"고 하여, 도는 일정한 규정이 없다고 말하고 있다. 그럼에도 불구하고 도에 상象을 가지고 있다고 말한 까닭은 무엇 때문인가? 상이 없다는 것은 모양 자체가 없다는 뜻이 아니라 규정된 일정한 모양이 없다는 뜻이다. 물[水]로써 비유해보면 물은 정해진 상이 없으며 단지 외형을 좇아 상을 이룬다. 가령 원에 임하면 원이 되고 네모에 임하면 네모가 된다. 물은 정해진 상이 없지만 정해진 상이 없음으로 해서 오히려 외형을 좇아 무수히 다양한 상象을 이룰 수가 있다. 도 역시 이와 마찬가지로 일정한 상이 없기에 오히려 무한한 상을 이룰 수가 있었다.

또한 노자는 도속에 물物이 있다고 하였는데, 노자가 말한 물物에는 두 가지 종류가 있다. 무형의 물질인 기氣로서의 물物과 유형의 물체인 만물로서의 물物이 바로 그것이다. 여기서의 물物은 25장의 '유물혼성有物混成'에서의 물과 같이 무형의 기氣를 뜻한다.

어떠한 유형有形의 물체를 이루기 위해서는 질료적인 것과 형상적인 것이 있어야 한다. 본 문장에서의 상象이 형상과 유사한 개념이라고 한다면 물物은 질료와 유사한 개념이다. 따라서 노자는 하나의 도속에 질료적인 것과 형상적인 것을 모두 포괄하고 있다고 보았다.

窈兮冥兮, 其中有精(情). 其精(情)甚眞, 其中有信.
그윽하고 어두우니 그 가운데 실정實情이 있다. 실정實情은 아주 진실하니 그 가운데 믿음이 있다.

주1 요窈 · 명冥 :

왕필 - "요窈와 명冥은 깊고 멂에 대한 감탄이다. 깊고 멀어서 볼 수가 없지만 만물은 그것으로 말미암는다.[窈冥, 深遠之歎. 深遠不可得而見, 然而萬物由之.]"

엄영봉嚴靈峰 - "요窈는 미세하여 볼 수 없음이며, 명冥은 깊어서 측량할 수 없음이다.[窈, 微不可見, 冥, 深不可測.]"

주2 정精:

정精에 대해 다양한 견해들이 있다. 1)많은 학자들은 정精을 정기精氣로 보았다. 그 근거로『장자』「추수秋水」에서 "정精이란 지극히 작은 것이다.[夫精, 小之微也.]"고 하였으며,『관자管子』「내업內業」에서는 "정精은 기氣의 지극함이다.[精, 氣之極也.]"고 한 것을 들고 있다. 엄영봉嚴靈峰은 이러한 정기精氣를 '미립자微粒子'로 풀이하였다. 2)후꾸나가 미쓰지福永光司는 "만물을 생성하는 영묘한 기능의 본질과 핵심을 이루는 것이다."고 하였으며, 우John C.H. Wu는 영역英譯으로 'Core of Vitality(생명력의 정수)'라고 번역하였다. 3)임어당林語堂은 영역英譯으로 'Life force(생명력)'이라고 풀이하고 있다. 4)백서본帛書本에는 청請으로 되어 있는데 이에 근거하여 고명高明과 같은 학자는 청請의 본자本字는 정情으로서,『장자莊子』「대종사大宗師」에 나오는 '부도夫道, 유정유신有情有信'에서의 정情과 같다고 보았다.

4)의 견해와 같이 정情의 차자借字로 보는 것이 옳다. 그 이유는 정精을 정기精氣로 볼 경우 앞 구절에서의 물物과 중복되기 때문이다. 또한 의미상으로도 요窈와 명冥이 '감추어짐'을 뜻한다면 口은 마땅히 그 반대적인 의미로서의 '드러남'을 뜻하는 것이어야 한다. 따라서 정精의 본자本字는 정情으로서, '참모습[實情]'이란 뜻이다.

주3 신信:

왕필王弼 – "신信이란 증험이다.[信, 信驗也.]"

• • • 해 설

도속에 정精이 있다고 하였는데, 여기서의 정精은 정情의 차자借字로 '실정實情'을 뜻한다. 도는 은미隱微하여 아무 것도 없는 듯하다. 따라서 "그윽하고 어둡다.[窈兮冥兮]"고 하였다. 그러나 정말로 없는 것이 아니며, 그 속엔 오히려 '참됨'을 가지고 있다. 또한 이와 동시에 도道 속에 신信이 있다. 신信은 내적 질서를 뜻하는 것으로서, 『중용中庸』에서의 성誠과 같은 의미이다. 『중용』 25장에서도 "성誠은 사물에 있어서 시종일관하는 것이니, 성誠이 없다면 사물이 없게 된다.[誠者, 物之終始, 不誠, 無物.]"고 하였다. 모든 사물은 정기가 모여서 이루어진 것이다. 그러나 무작정 취합하는 것만으로 만물이 이루어지는 것이 아니며, 내적 질서를 가지고 있어야 한다. 그렇다면 정기들은 어떠한 내적 질서를 가지고 있는 것인가? 『중용』에서는 이 내적 질서를 '성誠'이라고 표현하였고, 여기서는 이 내적 질서를 '신信'이라고 표현하였다.

自古及今, 其名不去, 以閱衆甫.

옛날부터 지금에 이르기까지 그 이름이 떠나가지 않았으니, 이로써 만물의 시원始源을 살펴볼 수 있다.

주1 자고급금自古及今:

왕필본을 비롯한 통행본에는 자고급금自古及今으로 되어 있는데, 백서본・부혁본傅奕本・범응원본范應元本에는 '자금급고自今及古'로 되어 있다. 마서륜馬敍倫은 "각본에는 자고급금自古及今으로 되어 있는데, 옳지 않다. 고古・거去・보甫가 운韻이 된다.[各本作, 自古及今, 非是. 古去甫, 韻.]고 하였다. 여기서는 통행본을 좇았다.

주2 열閱:

여기에는 다양한 해석이 있다. 1)후꾸나가 미쓰지福永光司는 '통솔하다統'의 뜻으로 보았다. 2)성현영成玄英은 "열閱, 람야覽也"라고 하여, 람覽,살펴보다으로 보았다. 3)고형高亨은 『회남자淮南子』「원도原道」에서 "만물의 모든 것은 하나의 구멍에서 '나왔고[閱]' 오만가지 일들의 근본은 모두 하나의 문에서 나왔다.[萬物之總, 皆閱一孔, 百事之根, 皆出一門.]"를 예로 들어 '나오다[出]'의 뜻으로 보았다. 4)초횡焦竑은 "열閱이란 문으로부터 나온 것을 하나하나 세는 것이다.[閱, 自門出者一一而數之.]"고 하여, '일일이 검열하다'의 뜻으로 보았다. 자의字意 그대로 '살펴보다' '관찰하다'의 뜻으로 보는 것이 좋다.

주3 중보衆甫 :
    하상공 – "보甫는 시원이다.[甫, 始也.]"
    왕필 – "중보衆甫는 사물의 시원이다.[衆甫, 物之始也.]"
    유월俞樾 – "보甫와 보父는 통한다. 중보衆甫는 곧 중시衆始이다.[甫與父通, 衆甫卽衆始也.]"

주4 하상공 – "옛날부터 지금에 이르기까지 도는 항상 있어 떠나가지 않았다.[自古及今, 道常在不去也.]"
    왕필王弼 – "지극히 참된 극한은 이름을 얻을 수가 없는 것이니, 무명이란 것이 바로 그 이름이다. 그러나 옛날부터 지금에 이르기까지 이것으로 말미암아 이루어지지 않은 것이 없었다.[至眞之極, 不可得名, 無名則是其名也. 自古及今, 無不由此而成.]"

● ● ● 해 설

'옛날부터 지금에 이르기까지 그 이름이 떠나가지 않았다[自古及今, 其名不去]'는 것은 도의 영원성을 말한 것이다. 『장자』「대종사大宗師」에서도 "(도는) 천지가 있기 이전의 옛날부터 본래 있어왔다.[未有天地, 自古以固存.]"고 한 것처럼 도는 천지 이전부터 있어왔다. 천지 가운데 만물은 도에 의해 생겨났다는 점에서 만물이 사라지지 않는 한 영원히 사라지지 않을 것이다. 여기서 '그 이름[其名]'이라고 한 것은 어떠한 개념으로서의 유명有名이 아니라, '이름 없는 이름[無名之名]'을 말한다. '이름 없는 이름'이란 이름에 얽매이지 않아서 특별한 이름이 없지만, 무수한 사물의 이름이 그 가운데서 나온다는 의미이다.

'이로써 만물의 시원始源을 살펴볼 수 있다[以閱衆甫]'에서의 '이以'는 앞에서 말한 '도의 영원성'을 가리킨다. 중보衆甫에서 중衆은 1장의 중묘衆妙에서의 중衆과 같이 '만물'을 뜻한다. 보甫에 대하여 하상공과 왕필이 '시始'로 보았듯이, '시원始源'이란 뜻이다. 따라서 중보衆甫란 '만물의 시원始源'을 뜻한다. 열閱은 '살펴보다' '관찰하다'의 뜻이다.

본 문장의 의미에 대하여 살펴보자. 도는 예로부터 지금에 이르기까지 면면히 이어져 내려와 잠시도 떠난 적이 없었다. 떠나가지 않았다는 것은 유구한 세월 동안 사물은 무수히 변화하였지만 도의 본질은 여전히 일관성을 갖고 있다는 의미이다. 도가 이처럼 여전히 일관성을 갖고 있다면 우리는 현재의 도의 모습을 통하여 만물의 시원始源을 살펴볼 수 있다.

吾何以知衆甫之狀哉, 以此.

나는 무엇으로써 만물의 처음 모습을 알 수 있는가? 이것으로써 이다.

∘∘● 해 설

본 문장은 54장의 "나는 무엇으로써 그러함을 알 수 있는가? 이것으로써 이다.[吾何以知天下然哉, 以此.]"와 비슷한 형태의 문장이다. '중보지상衆甫之狀'이란 만물의 시원始源인 도의 모습을 의미하며, '이차以此'에서의 차此는 앞 문장을 받는다.

굴원屈原은 「천문天問」에서 "아득히 먼 옛날의 시초를 누가 전하여 말하였는가? 천지의 상하가 아직 드러나지 않았는데 무엇으로써 고찰할 수 있겠는가?[遂古之初, 誰傳道之, 上下未形, 何由考之.]"라고 말하였다. 당시의 사람들은 태초의 시원始源에 대하여 이러쿵저러쿵 논의하였는데, 굴원은 "과연 이러한 것을 누구로부터 전해들은 것이냐"라고 반문하였다. 태초에는 천지조차 생겨나지 않았다는 점에서 사람이 생겨났을 리 만무하다. 태초에는 사람조차 아직 생겨나지 않았다면 태초의 일을 그 누구도 본 적이 없음은 당연한 일이다. 그 누구도 본 적이 없다면 그 누구도 전할 수 없으며, 그 누구도 전할 수 없다면 그 누구도 전해들을 수 없다. 따라서 굴원은 태초에 대한 온갖 논의들은 단지 사람들의 상상에 의거한 것에 지나지 않는다고 보았다.

반면에 노자는 굴원과 달리 시원始源으로서의 도의 모습을 알 수가 있다고 말하였다. 그렇다면 무엇에 의거하여 알 수 있는가? 노자는 알 수 있는 근거로 앞에서 "옛날부터 지금에 이르기까지 그 이름이 떠나가지 않았으니[自古及今, 其名不去]"라고 하였다. 도는 만물의 근원으로서 태초부터 있어왔다. 도는 예로부터 지금에 이르기까지의 장구한 세월 동안 면면히 이어져 내려오고 있다. 따라서 현재[今] 모습의 관찰을 통하여 옛날[古]의 상태를 역 추적하여 짐작해볼 수 있다고 한 것이다. 『장자』「지북유」에서도 "'천지가 출현하기 이전의 일을 알 수가 있는가?' '알 수가 있다. 옛날은 지금과 같다.[未有天地, 可知邪. 可. 古猶今也.]"라고 하였다.

제 2 2 장

曲則全, 枉則直, 窪則盈, 幣則新, 少則得, 多則惑.
是以聖人抱一爲天下式.
不自見, 故明, 不自是, 故彰, 不自伐, 故有功, 不自矜, 故長.
夫唯不爭, 故天下莫能與之爭.
古之所謂曲則全者, 豈虛言哉. 誠全而歸之.

굽히면 온전해지고, 굽으면 펴지고, 움푹 파이면 채워지고, 헤지면 새로워지고, 적으면 얻고, 많으면 미혹된다.
그러므로 성인聖人은 하나를 안아서抱 천하의 법도로 삼는다.
몸소 드러내지 않으므로 밝을 수 있고, 몸소 옳다고 여기지 않으므로 드러날 수 있고, 몸소 자랑하지 않으므로 공이 있고, 몸소 긍지를 느끼지 않으므로 장구長久할 수 있다.
다투려 하지 않으므로 천하 가운데 그와 더불어 다툴 자가 없다.
옛말에 '굽히면 온전해진다'고 하였는데, 이 어찌 빈말이겠는가? 진실로 온전히 하였다가 돌려주어야 한다.

曲則全, 枉則直, 窪則盈, 幣則新, 少則得, 多則惑.

굽히면 온전해지고, 굽으면 펴지고, 움푹 파이면 채워지고, 해지면 새로워지고, 적으면 얻고, 많으면 미혹된다.

주1 곡즉전曲則全 :

하상공河上公 - "자기를 굽혀서 무리를 쫓는다.[曲己從衆]"

주2 왕즉직枉則直 :

하상공 - "왕枉은 굽힘이다. 자기를 굽혀서 남을 펴게 한다면 오랫동안 스스로 곧음을 얻게 된다.[枉, 屈也. 屈己而伸人, 久久自得直也.]"

주3 다즉혹多則惑 :

하상공 - "재물이 많은 자는 지킴에 의해서 미혹되고, 배움이 많은 자는 들음에 의해서 미혹된다.[財多者惑於所守, 學多者惑於所聞.]"

왕필王弼 - "많으면 그 참됨으로부터 멀어지기 때문에 '미혹된다[惑]'고 하였다. 적으면 그 근본을 얻기 때문에 '얻는다[得]'고 하였다.[多則遠其眞, 故曰惑也. 少則得其本, 故曰得也.]"

● ● ● 해설

곡즉전曲則全 : 曲은 '굽히다'의 뜻으로서 자신을 굽히어 세상변화에 따름을 의미하고, 전全은 자신을 온전히 보존함을 의미한다. 본 구절은 『장자』「천하天下」에서 "세상 사람들은 모두 복을 구하는데 자신만은 유독 몸을 굽혀서[曲] 보존[全]하고자 한다.[人皆求福, 己獨曲全.]"고 한 것과 『주역』「계사전繫辭傳」(하)에서 "용과 뱀은 웅크려서 자신을 보존한다.[龍蛇之蟄, 以存身也.]"라고 한 것과 의미상으로 유사하다. 曲을 나무에 비유한다면 일종의 굽은 나무이다. 우리는 흔히 곧은 나무를 쓸모있는 나무라고 여기고 굽은 나무를 쓸모없는 나무라고 여긴다. 그러나 곧은 나무는 쓸모가 있음으로 해서 먼저 베어져 죽임을 당하는 반면에, 굽은 나무는 쓸모가 없음으로 해서 오히려 천수를 누릴 수가 있다. 따라서 『장자』「산목山木」에서도 "곧은 나무는 먼저 베이고, 단 우물물은 먼저 마른다.[直木先伐, 甘井先竭.]"고 하였다.

왕즉직枉則直 : 왕枉은 굴屈과 통하는 말로서, '굽다'의 뜻이다. 직直은 신伸,펴다과 통하는 말로서 '펴다'의 뜻이다. 왕즉직枉則直은 '굽으면 펴지다'란 의미이다. 펴기 위해서는 구부려야 한다. 따라서 굽은 것은 굽음 자체에 목적이 있는 것이 아니라 펴고자 함에 있다. 『맹자』「등문공藤文公」(하)에서도 "한 자를 굽혀서 한 길을 편다.[枉尺而直尋]"고 하였으며, 『주역』「계사전繫辭傳」(하)에서도 "자벌레가 몸을 굽힘으로써 폄을 구한다.[尺蠖之屈, 以求伸也.]"고 하였다.

와즉영窪則盈 : 와窪는 본래 '웅덩이'를 뜻하는 데, 여기서는 '움푹 파이다'의 뜻이다. 움푹 파인 웅덩이는 낮은 곳에 처해 있기 때문에 물이 흘러갈 때 반드시 채워지게 된다. 낮은 곳에 처한다는 것은 곧 비하卑下의 위치에 처하는 것과 같지만, 이로 인하여 오히려 채울 수가 있다. 가령 강과 바다는 비하의 위치에 처함으로 해서 가장 지고한 위치에 처할 수가 있었다. 따라서 66장에서도 "강과 바다가 온갖 계곡의 왕이 될 수 있었던 까닭은 잘 아래에 처해있기 때문이다.[江海所以能爲百谷王者, 以其善下之.]"고 하였다.

폐즉신幣則新 : 폐幣란 '오래되어 낡아짐'이란 뜻이다. 새것은 낡은 것이 되고 낡은 것은 또다시 새것으로 교체되는 것이 세상사의 통용되는 이치이다. 새로운 것을 '질서'라고 하고 낡은 것을 '무질서'라고 할 때, 서양에는 두 가지 사고 패턴이 존재하여 왔다. 첫째는 진화론적 사고에 의거하여 시간은 무질서에서 질서로 향한다고 하는 사고이고, 둘째는 엔트로피 법칙에 의거하여 시간은 질서에서 무질서로 향한다고 하는 사고이다. 두 주장은 모두 한 단면만을 취한 것이다. 왜냐하면 시간은 질서로부터 무질서로 향하며, 무질서는 또다시 질서로 향하기 때문이다. 특히 생명이라고 하는 것은 질서로부터 무질서로 향한다는 엔트로피의 법칙에 역행하여 무질서로부터 질서로 향해가고 있다는 점에 주목할 필요가 있다. 노자 역시 이 천지만물은 무질서가 극도에 달하면 그 스스로가 질서를 재창출해낸다고 보았다. 이런 점에서 본다면 질서와 무질서는 서로 양립할 수 없는 대립적 혹은 모순적 개념이 아니며, 일의적一義的 개념이다. 즉 질서 속에는 무질서가 포함되어 있고 무질서 속에는 질서가 포함되어 있다. 그렇다면 질서처럼 보이는 것에는 실제 무질서함이 깃들여 있고, 무질서하게 보이는 것에는 실제 질서가 깃들여 있다고 볼 수 있다. 따라서 오래되어 낡아지면 다시 새로워진다고 말하였다.

소즉득少則得, 다즉혹多則惑 : 자연의 이치는 끊임없이 변화한다는 점에서 없음은 영원한 없음이 될 수 없으며 있음 또한 영원한 있음이 될 수 없다. 그렇다면 없음은 있음으로 향하게 되며, 가득 채워진 것은 반드시 쇠퇴의 길로 향하게 된다. 따라서 적으면 얻음이 생겨나게 된다. 또한 가득찬 것은 지속적으로 보존할 수 없고 예리하게 간 칼날은 지속적으로 예리한 채로 남을 수 없는 것처럼, 얻음이 지나치게 많으면 필연적으로 교만에 빠져들어 미혹된다.

是以聖人抱一爲天下式.

그러므로 성인은 하나를 안아 천하의 법도로 삼는다.

주 　하상공 - "포抱는 지킴이다. 식式은 법法이다. 성인은 하나를 지켜서 만사를 알게 되기 때문에 천하의 법식法式으로 삼을 수 있었다.[抱, 守也. 式, 法也. 聖人守一, 乃知萬事, 故能爲天下法式也.]"

　　　왕필 - "일이란 지극히 적은 것이다. 식式은 법칙과도 같다.[一, 少之極也. 式猶則也.]"

● ● ● 해 설

포抱는 수守와 같은 뜻으로서, 귀중한 것을 품에 꼭 껴안는다는 의미이다. 일은 도를 지칭한다. 도를 일이라고 칭한 까닭은 시원始源으로서의 도 그 자체는 무형・무명의 혼돈상태로 있기 때문이다. 식式은 법식法式 혹은 법도法度의 뜻으로서 우리들이 본받고 따라야 할 행위의 준칙을 의미한다. 천하식天下式이란 '천하에 널리 통용되는 법도'를 뜻한다.

만물은 각각의 개별성을 갖는 다多이지만, 본래는 하나로서의 도로부터 나온 것이다. 성인은 만물의 개별성을 널리 포용하면서도 이 하나의 것을 굳게 간직하여 천하의 통용되는 법도로 삼는다. 이와 관련하여 『관자管子』 「심술心術」(하)에서도 "하나를 잡아 놓치지 않으면, 만물을 통솔할 수가 있다.[執一而不失, 能君萬物]"고 하였다.

그런데 식式은 법식法式이지만, 이것은 흔히 말하는 법칙과는 다르다. 왜냐하면 법칙에는 무수히 많은 것들이 있는 반면에 노자는 여기서 하나의 법칙만을 제시하고 있기 때문이다. 또한 포일抱一에서의 일은 단순히 보편을 뜻하는 것이 아니다. 보편성이란 하나의 원칙을 제시하여 현상세계를 규정함이며, 이러한 규정에서 벗어난 것들을 특수성이라고 한다. 특수성이란 개념은 보편성을 전제로 해서 생겨난 상대적인 개념으로서, 서양 사상사 속에서 이 특수성은 언제나 보편성에 의해 박해를 당하거나 무시당해 왔다. 반면에 노자는 포일抱一로써 법식法式으로 삼았는데, 여기서의 포일抱一이란 하나의 버림도 없이 일체의 개별들을 모두 포괄하는 전체성을 뜻한다. 노자는 다자를 일괄적으로 포괄하는 그러한 보편성이란 없다고 보았기 때문에 보편과 짝하는 특수성의 개념도 없다고 보았다.

不自見, 故明, 不自是, 故彰, 不自伐, 故有功, 不自矜, 故長.

몸소 드러내지 않으므로 밝을 수 있고, 몸소 옳다고 여기지 않으므로 드러날 수 있고, 몸소 자랑하지 않으므로 공이 있고, 몸소 긍지를 느끼지 않으므로 장구長久할 수 있다.

주1 불자현고명不自見故明 :

하상공 – "성인은 자신의 눈으로써 천리 밖의 것을 보려고 하지 않으며 다만 천하사람들의 눈에 의거해서 천리 밖의 것을 보려고 하기 때문에, 밝게 통달할 수가 있었다.[聖人不以其目視千里之外, 乃因天下之目以視, 故能明達也.]"

주2 불자시고창不自是故彰 :

하상공 – "성인은 자신만이 옳다고 여기며 타인을 비난하는 따위를 행하지 않기 때문에, 세상에 훤히 드러날 수 있었다.[聖人不自以爲是而非人, 故能彰顯於世.]"

주3 불자벌고유공不自伐故有功 :

하상공 – "벌伐이란 취함이다. 성인은 자신의 덕스런 교화德化가 널리 행해졌으면서도 자신은 그 훌륭한 점을 취하려 하지 않기 때문에 천하에 공이 있게 되었다.[伐, 取也. 聖人德化流行, 不自取其美, 故有功於天下.]"

주4 불자긍고장不自矜故長 :

하상공 – "긍矜은 대大와 같다. 성인은 자신을 귀하고 크다고 여기지 않았기 때문에 오래토록 위태롭지 않을 수가 있었다.[矜, 大也. 聖人不自貴大, 故能久不危.]"

주5 황등산黃登山 – "이 네 구절은 수단과 목적의 문제를 설명한 것이다. 불자현不自見 · 불자시不自是 · 불자벌不自伐 · 불자긍不自矜은 수단이고, 명明 · 창彰 · 유공有功 · 장長은 목적이다. 자기를 표현하지 않기에 도리어 밝아지고, 몸소 옳다고 여기지 않기에 도리어 밝게 드러나고, 몸소 자랑하지 않기에 도리어 공이 있게 되고, 몸소 자신의 능력을 자랑하지 않기에 도리어 장구해질 수가 있게 되었다."

• • • 해 설

'자신을 뒤로하라'란 말은 언뜻 보기에 '소극적으로 행하라'라는 말처럼 들린다. 그러나 노자가 의도하는 바는 세상을 살아감에 있어서 항상 뒤에 쳐져있으라는 의미가 아니다. 앞 문장에서 밝히고 있듯이 굽히면 온전해지고, 굽으면 펴지고, 파이면 채워지고, 해지면 새로워지고, 적으면 얻고, 많으면 미혹된다. 이 말은 자신을 뒤로 함으로 해서 오히려 앞서게 된다는 의미이다. 노자에게 있어서 굽힘 · 굽음 · 웅덩이 · 헤짐 · 적음은 일종의 수단이며, 그가 의도하고자 했던 진정한 목적은 오히려 보존함 · 펴짐 · 채워진 · 새로워짐 · 많아짐에 있다고 볼 수 있다. 따라서 황등산이 "불자현不自見 · 불자시不自是 · 불자벌不自伐 · 불자긍不自矜은 수단이고, 명明 · 창彰 · 유공有功 · 장長은 목적이다."고 한 주장은 타당하다.

'불자현不自見'은 72장에 "스스로 자신을 알되 몸소 드러내지 않는다.[自知而不自見.]"에서의 '불자현不自見'으로 자신이 알고 있는 것을 몸소 밖으로 표출하지 않음이다. 우리는 조그마한 앎이 있더라도 혹시라도 남이 알아주지나 못할까 염려하여 다른 사람들에게 알리기에 급급해 한다. 남에게 자기를 알리기에 급급한 사람은 가르치기에 급급한 자이며, 결국 그 지知라는 것은 편협하고 자질구레한 것에 지나지 않게 된다. 우리에게는 이미 밝음[明]을 가지고 있으며, 이 밝음을 통하여 사물의 이치를 밝게 살필 수가 있다. 그러나 이것은 자신의 앎을 드러냄이 아니라 저절로 드러남이다. 따라서 자신의 앎을 드러내지 않고 저절로 드러나게 한다면 밝음을 갖게 된다고 하였다.

'불자시不自是'는 스스로 옳다고 여기지 않음이다. 제 스스로 자신의 옳음만을 드러내려고 한다면 필시 아집과 독선에 빠져들고 말 것이다. 이것은 결과적으로 자신의 옳음을 가리는 것이 된다. 반면에 자신의 옳음을 고집하지 않는다면 자신의 옳음이 더욱 빛이 날 것이다.

'불자벌不自伐'은 자신의 공功이 있음을 자랑하지[伐] 않음이다. 공功이 있으되 공이 있다고 여기어 그 공에 거처하려고 한다면 이미 공이란 것이 사라지고 만다. 공이 있지만 공이 없다고 여김으로 해서 오히려 커다란 공이 있게 된다.

'불자긍不自矜'에서 긍矜은 긍지矜持를 뜻한다. 자기자신에 대하여 너무 지나친 긍지심을 갖게 되면 교만에 빠지게 되어 사람들이 그들을 미워하게 된다. 사람들의 원망이 많아지게 되면 비록 높은 지위에 있을지라도 오래가지 못한다. 반면에 비록 존귀한 자리에 있다고 하더라도 자신의 존귀함에 대하여 자부심을 밖으로 표출하지 않는다면 사람들은 그의 덕에 감화되어 모두가 귀의하려고 하기 때문에 자신의 자리를 오래 보존할 수가 있다.

夫唯不爭, 故天下莫能與之爭.

다투려 하지 않으므로 천하에 그와 더불어 다툴 자가 없다.

주   여길보呂吉甫 – "이와 같은 것(다툼이 없는 것)은 다른 까닭이 있어서가 아니다. 하나를 얻으면 나란 것이 없어지고, 나란 것이 없어지면 다툼이 없어진다[如是者無他. 得一則無我, 無我則不爭.]"

●●● 해 설

다투는 자들은 하나같이 다툼의 원인을 다른 사람 탓으로 돌린다. 그러나 어떠한 다툼도 항상 쌍방을 통해서만이 성립된다는 점에서 자신 역시 다툼의 원인제공자일 수밖에 없다. 그렇다면 무엇 때문에 서로가 다투는가? 서로가 자신의 앎을 드러내고자 하며, 서로가 자신의 것만이 옳다고 주장하며, 서로가 자신의 공을 자랑하며, 서로가 자신을 뽐내기 때문이다. 반면에 이미 도를 체득한 자는 몸소 자신의 앎을 드러내려 하지 않고, 몸소 옳다고 여기지 않고, 몸소 자랑하지 않고, 몸소 긍지를 느끼지 않는다. 이처럼 자신을 드러내려고 하지 않기 때문에 일체의 다투려는 원인이 없다. 또한 일체의 다투려는 원인이 없으므로 천하의 그 어떠한 것도 그와 더불어 다툴 수가 없다.

古之所謂, 曲則全者, 豈虛言哉, 誠全而歸之.

옛말에 '굽히면 온전히 온전해진다'고 하였는데, 이 어찌 빈말이겠는가? 진실로 온전히 하였다가 돌려주어야 한다.

주　감산憨山 – "성인이 자신의 굽힘을 이와 같이 하기 때문에 오만가지 덕이 모두 자신에게로 귀의하며, 오만가지 아름다움이 모두 갖추어진다.[由其聖人委曲如此, 故萬德交歸, 衆美備具.]"

※※● 해 설

'옛날에 소위 말하는[古之所謂]'이란 옛날부터 전해져 내려온 속담과 같은 것을 말한다. '곡즉전曲則全'이란 자신의 몸을 굽히면 생명을 온전히 할 수 있다는 말로서 앞에서의 '곡즉전曲則全'과 같은 말이다. 여기서 굽힌다는 것은 단순하게 시류에 영합한다는 의미가 아니다. 시류에 영합한다는 것은 곧 사물에 대한 집착인 반면에, 성인은 사물에 대한 일체의 집착이 없으며 다만 시류에 따라 함께 변해갈 뿐이기 때문이다. 세상에 대한 집착의 마음이 없기 때문에 세상의 물이 맑으면 자신의 뜻을 펼치고, 세상의 물이 흐리면 세상을 떠나 자연에 조용히 은거한다. 이것이 바로 '굽힘[曲]'이다. 굴원屈原의 「어부사漁父辭」에서도 한 어부가 "성인은 사물에 집착하지 않고, 능히 세상과 더불어 변해 간다.…… 창랑의 물이 맑으면 내 갓끈을 씻을 것이오, 창랑의 물이 흐리면 내 발을 씻을 것이다.[聖人, 不凝滯於物, 而能與世推移. …… 滄浪之水, 淸兮, 可以濯吾纓, 滄浪之水, 濁兮, 可以濯吾足.]"고 하였다.

　　물론 불의不義에 조금도 굴하지 않고 정의를 위해 목숨까지 마다하지 않는 순교자는 어느 사회에서든 필요하며 그들의 행위는 분명 존경받을 만한 가치가 있다. 당시 공자가 그러했다. 공자는 각국의 임금들이 자신을 알아주지 않았음에도 불구하고 자신의 뜻을 굽히지 않고 온갖 고초를 당하면서도 천하를 계속 주유하였다. 시류에 영합하지 않고 자신의 뜻을 굳게 지키려고 하는 공자의 모습은 애처롭기까지 하다. 그러나 도도히 흘러가는 물줄기를 한 개인의 힘으로는 더 이상 어쩔 수 없는 것이라면, 부질없는 것을 위해 해를 당하는 것보다 시류에 따름으로 해서 자신을 보존하는 것이 그 상황에서는 최선이 될 수도 있다. 따라서 신문晨門이란 자는 공자를 비꼬아 말하기를, "불가능한 것을 알면서 행하는 자가 아닌가?[是知其不可而爲之者與.]"라고 하였다.(『논어』,「헌문憲問」) 공자의 노력은 가상하지만 그 노력은 천하의 물줄기를 자신 혼자 감당하려는 것으로서 불가능한 것을 위해 헛되이 노력하는 것이라고 비판한 것이다. 노자 역시 "시류에 따르면 자신의 생명을 잘 보존시킨다고 말한 속담이 어찌 한갓 '허언虛言'이겠는가?"라고 하였다.

'성전이귀지誠全而歸之'에서의 성誠에 대해 하상공이 "성誠, 귀야歸也."라고 하였듯이 '진실로'의 뜻이며, 전全은 '천수를 다하다.'란 뜻한다. 귀지歸之란 '자연계로 다시 돌려줌'을 뜻한다. 모든 생명은 자연계에 의해서 생겨났다가 천수를 다하면 자연계로 돌아간다. 살고 죽는 것은 내 임의대로 할 수 없는 것이며 단지 자연히 그러한 것일 따름이다. 또한 삶을 잘 보존했다가 천수를 다하면 다시 자연계로 돌아감은 살아있는 자들의 의무이기도 하다. 이와 유사한 표현으로 『예기』「제의祭義」에서 "부모가 온전한 채 낳았으니, 자식은 온전한 채로 자연계에로 돌려주어야 '효孝'라고 할 수 있다.[父母全而生之, 全而歸之, 可謂孝矣.]"고 하였다.

제 2 3 장

希言自然.
飄風不終朝, 驟雨不終日. 孰爲此者. 天地.
天地尙不能久, 而況於人乎.
故從事, 而道者同於道, 德者同於德, 失者同於失.
同於道者, 道亦樂得之, 同於德者, 德亦樂得之, 同於失者, 失亦樂得之.
信不足焉, 有不信焉.

말이 없음은 자연히 그러한 것이다.
질풍은 아침나절을 불지 못하고, 소낙비는 하루 종일을 내리지 못한다. 누가 이와 같은 일을 행하는가? 천지이다.
천지조차도 오히려 장구할 수 없건만, 하물며 사람에게 있어서랴?
따라서 종사함에 있어서, 도가 있는 사람은 도와 어울리게 되고, 덕이 있는 사람은 덕과 어울리고, 도와 덕을 잃어버린 사람은 잃은 것에 어울리게 된다.
도에 일치하는 사람에겐 도 역시 그를 기꺼이 얻고, 덕에 일치하는 사람에겐 덕 역시 그를 기꺼이 얻고, 잃어버린 것에 일치하는 사람에겐 잃어버린 것 역시 그를 기꺼이 얻는다.
신의가 부족하면 반드시 불신이 생겨나기 마련이다.

希言自然.

말이 없음은 자연히 그러한 것이다.

주1 희希 :

부혁본傅奕本에는 희希가 '드물다'란 뜻의 '희稀'로 되어 있다.

주2 하상공河上公 – "희언希言이란 '말을 아끼다'란 말이다. 말을 아끼는 것은 자연自然의 도이다.[希言者, 謂愛言也. 愛言者自然之道.]"

왕필王弼 – "듣고자 하여도 듣지 못하는 것을 '희希'라고 한다.[聽之不聞, 名曰希.]"

감산憨山 – "희希란 '적다'란 뜻이다. 희언希言은 '말을 적게 함[寡言]'이라고 말한 것과 같다. 앞에서 말하기를, '말이 많으면 자주 궁해지기에 중中을 지킴만 못하다.'고 하였다. 애써 변론하기를 좋아함으로 말미암아 도와의 거리가 더욱 멀어지게 되면 자연히 그러함에 합치될 수가 없다. 오직 말을 적게 하는 자만이 자연히 그러함에 합치될 따름이다.[希, 少也. 希言, 猶言寡言也. 以前云, 多言數窮, 不如守中. 由其勉强好辯, 去道轉遠, 不能合乎自然. 惟希言者, 合乎自然耳.]"

장석창蔣錫昌 – "'다언多言'은 교화나 법령이 많은 정치이고, '희언希言'은 교화나 법령이 적은 정치이다. 따라서 하나는 유위有爲이고, 하나는 무위無爲이다.[多言者, 多聲敎法令之治, 希言者, 小聲敎法令之治. 故一即有爲, 一即無爲也.]"

서명응徐命膺 – "희希는 무無이다. 무위의 말이 자연히 그러한 천도에 따름을 의미한다.[希, 無也. 無爲之言, 順天道之自然也.]"

● 해 설

장석창蔣錫昌과 같은 학자들은 희언希言이란 위정자가 교화나 법령을 간략히 하고자 하는 무위정치를 뜻하는 것이며 뒤 구절의 강풍이나 폭우는 위정자의 학정虐政을 비유한 것이라고 풀이하였다. 본 문장을 장석창과 같이 정치와 관련시켜 보려는 학자들이 많으나, 본 문장은 비단 정치적인 것만을 염두에 두고 말한 것이 아니며, 인간사의 모습을 모두 포괄하여 말한 것이다.

희언希言에 대해, '말을 드물게 하다'로 풀이하는 견해와 '말이 없다'로 풀이하는 견해가 있다. 그러나 단순히 '말이 적음'이나 '말이 없음'을 뜻하는 것이 아니라, '말을 의식하지 않음'을 뜻한다. 즉 무한한 공덕功德이 있지만, 이것을 빌미로 하여 자신의 공덕을 과시하지 않으며 단지 '저절로 그러하다[自然而然]'고 여기므로 구태여 말이 필요 없다는 의미이다.

사람들은 자신에게 조금이라도 공덕功德이 있으면 이 공덕을 자랑하지 않고서는 못 배긴다. 따라서 주렴계周濂溪도 『통서通書』 29장에서 "평범한 사람들은 하나라도 들어서 아는 것이 있으면 다른 사람들이 자신이 알고 있는 것을 신속히 알아주지 못할까봐 염려하며, 남들이 알아주어 명예롭게 되고자 급급해하니, 경박함이 참으로 심하다.[常人有一聞知, 恐人不速知其有也, 急人知而名也, 簿亦甚矣.]"라고 하였다. 이처럼 자신의 공덕을 과시하려 함을 인위라고 한다.

이에 반하여 도가 운행하는 천지 대자연은 만물에 무한한 은혜를 베풀지만 자신의 공덕功德을 과시하려 하지 않는다. 또한 과시하려 하지 않기에 말하지 않는다. 이 점에 대하여 『논어』「양화陽貨」에서도 "하늘이 무슨 말을 하겠는가? 사계절이 운행되어 온갖 만물이 생겨나지만, 하늘이 무슨 말을 하겠는가?[天何言哉, 四時行焉, 百物生焉, 天何言哉.]"라고 하였으며, 『장자』「지북유知北遊」에서도 "천지는 커다란 아름다움을 가지고 있으면서도 말하지 않고, 사계절은 뚜렷한 법칙이 있으면서도 의론하지 않고, 만물은 이치를 이룸이 있으면서도 말하지 않는다.[天地有大美而不言, 四時有明法而不議, 萬物有成理而不說.]"고 하였다.

(故)飄風不終朝, 驟雨不終日, 孰爲此者. 天地, 天地尙不能久, 而況於人乎.

질풍은 아침나절을 불지 못하고, 소낙비는 하루 종일을 내리지 못한다. 누가 이와 같은 일을 행하는가? 천지이다. 천지조차도 오히려 장구할 수 없건만, 하물며 사람에게 있어서랴?

주1 고故:

왕필본에는 '고故'자가 있으나, 백서본・하상공본・경룡본景龍本・경복본景福本・수주본遂州本・고환본顧歡本 등에는 '고故'자가 없다. '고故'자가 없는 것이 좋다.

주2 표풍飄風:

하상공 – "표풍飄風은 질풍이다.[飄風, 疾風也.]"
오징吳澄 – "표飄는 사납고 빠름이다.[飄, 狂疾也.]"

주3 종조終朝:

부혁본傅奕本과 범응원본范應元本에는 숭조崇朝로 되어 있는데, 종終과 숭崇은 옛날에 통용되었다. 종조終朝란 날이 샐 때부터 아침식사 때까지를 말한다.『시경詩經』「체동螮蝀」에서 '숭조기우崇朝其雨'라고 하였는데, 주자주朱子注에서도 "숭崇은 종終과 같은 것이니, 날이 새면서부터 아침 식사 때까지를 '종조終朝'라고 한다.[崇, 終也, 從旦至食時爲終朝)"고 했다.

주4 취우驟雨:

하상공본이나 왕필본 등 많은 판본에는 취우驟雨로 되어 있으나, 백서본帛書本・범응원본范應元本・소자유본蘇子由本에는 폭우暴雨로 되어 있다. 초횡焦竑이 "취우驟雨, 폭유야暴雨也."라고 하였듯이, 취우驟雨와 폭우暴雨는 같은 뜻으로 '소나기'를 뜻한다.

주5 하상공 – "천지는 지극히 신묘해서 (음양이) 합해져 질풍이 되고 소낙비가 되지만, 오히려 아침나절을 불지 못하고 저녁까지 이르지 못한다. 하물며 사람이 갑작스럽게 행함에 있어서랴? [天地至神, 合爲飄風暴雨, 尙不能使終朝至暮, 何況於人欲爲暴卒乎.]"
왕회王淮 – "표풍飄風이란 오직 난폭한 정치로 천하를 호령하는 것으로서, 법령이나 법으로 금지시킴이 바로 이것이다.[飄風以唯暴政之號令天下, 憲令法禁是也.]"

●●● 해 설

표풍飄風은 '빠른 바람' 즉 '질풍'을 뜻하고, 취우驟雨는 소낙비를 뜻한다. 여러 학자들은 질풍이나 소낙비가 폭정暴政을 비유한 것이라고 보았는데, 여기서는 비단 정치에만 국한시켜 말한 것이 아니라 자연의 이치를 포괄하여 말한 것이라고 보아야 한다. "질풍은 아침나절도 채 못 되어 그치고, 소낙비는 하루 종일을 내리지 못한다.[飄風不終朝, 驟雨不終日.]"의 대의大義는 24장의 "발돋움한 사람은 오래 서있지 못하고, 가랑이를 크게 벌리며 걸어가는 사람은 오래가지 못한다.[企者不立, 跨者不行.]"와 통한다. 도는 오로지 자연에 따를 뿐이다. 자연에 따른다고 함은 저절로 그러함에 맡겨 애써 이루려고 하지 않는다는 의미이다. 그렇다면 자연에 반反하는 인위란 어떠한 것인가? 우리는 무엇인가를 이루기 위하여 애쓴다. 가령 남보다 높아지고자 발돋움을 하고, 남보다 멀리 가고자 가랑이를 크게 벌린다. 그러나 이것은 부자연스러운 자세이기에 오래가지 못한다. 질풍이나 소낙비는 자연에 반하여 자신의 뜻을 성급히 이루고자 함을 비유적으로 말한 것이다. 회오리바람이나 소낙비는 음양에 있어서 지강至剛에 속한다. 지극히 강하다는 것은 『주역』「건괘乾卦」의 상구上九에서와 같이 더 이상 오를 수 없는 형국이다. 대상세계란 끊임없이 변화해 가는 것이라고 한다면 더 이상 오를 수 없다는 것은 곧 내리막길임을 뜻한다. 바람이나 비 역시 마찬가지여서, 이미 바람이 세게 불어 더 이상의 강풍이 될 수가 없고 비가 지나치게 내려 더 이상의 폭우를 내릴 수가 없게 된다면 자연의 이치상 수그러질 수밖에 없다.

"누가 이와 같은 것을 행하는가? 천지天地이다."에서의 천지는 오늘날의 개념으로 표현하자면 자연계를 지칭한다. 자연계를 자연적인 것으로 보는 시각은 동서고금을 막론하고 공통된 인식이었다. 그런데 특이한 사실은 노자에게 있어서는 반드시 그렇지 않다는 점이다. 자연계가 자연을 가장 잘 따르고 있는 것은 사실이지만, 때로는 자연에 역행하기도 한다고 보았다. 강풍과 소낙비가 바로 그 예이다. 질풍과 소낙비는 자연계의 이치이지만 자연의 이치가 아닐뿐더러 자연의 이치에 오히려 역행하는 것이다. 질풍과 소낙비가 자연에 역행함으로 해서 아침나절 혹은 한나절도 지속하지 못한다. 도가 영원한 반면에 천지가 영원할 수 없었던 까닭도 바로 이와 같이 이따금씩 자연에 역행하였기 때문이다. 천지조차 자연에 역행함으로 해서 장구할 수 없는 마당에, 사람들이 자연에 역행하여 행한다면 오래갈 수 없음은 너무도 당연한 일이다.

故從事, 而道者同於道, 德者同於德, 失者同於失.
따라서 종사함에 있어서, 도가 있는 사람은 도와 어울리게 되고, 덕이 있는 사람은 덕과 어울리고, 도와 덕을 잃어버린 사람은 잃은 것에 어울리게 된다.

주 왕필본에는 '고종어도자故從於道者, 도자동어도道者同於道'로 되어 있는 반면에, 백서본에는 '고종사故從事, 이도자동어도而道者同於道'로 되어있어 '도자道者' 두 자가 빠져있다. '종사어도자從事於道者'에서 '도자道者' 두 자를 연자衍字(의미 없이 덧붙여진 글자)로 보느냐 아니냐에 따라서 두 가지 해석이 가능하다. 왕필본에 의거해 풀이해보면 "도에 종사하는 사람은, 도 있는 자에 대해선 도와 같게 하고, 덕 있는 자에 대해선 덕과 같게 하고, 잃어버린 자에 대해선 잃어버린 것과 같게 한다."가 되며, 이 경우에는 전체 주어를 도자道者로써 포괄하고 있다. 여길보呂吉甫는 이에 의거하여 "따라서 도에 종사하는 사람은 무아無我가 될 수 있다. 무아無我가 되면 곧 도道이니, 덕德이니, 실失이니 하는 것들에 대하여 나는 그 차이점을 찾아볼 수가 없다.[故唯從事於道者, 爲能無我. 無我則道也德也失也, 吾不見其所以異.]"고 하였다. 반면에 백서본에는 "고종사故從事, 이도자동어도而道者同於道, 덕자동어덕德者同於德, 실자동어실失者同於失."로 되어 있으며, 이에 의거하여 풀이해보면 "따라서 종사함에 있어서, 도가 있는 사람은 도와 어울리게 되고, 덕이 있는 사람은 덕에 어울리고, 도덕을 잃어버린 사람은 잃은 것에 어울리게 된다."가 되며, 이 경우에 주어는 도자道者 · 덕자德者 · 실자失者가 된다. 유월兪樾은 일찍이 '도자道者' 두 자字를 연문衍文으로 보았다. 즉 "살펴보건대 왕필본王弼本 아래의 '도자道者' 두 자字는 연문衍文이다. 원본에는 '종사어도자동어도從事於道者同於道'로 되어 있었으며, 그 아래의 '도자德者' '실자失者'는 위의 '종사從事'의 문장에 덮어 씌워져 생략된 것으로서, 실제로는 '종사어도자동어도從事於道者同於道, 종사어덕자동어덕從事於德者同於德, 종사어실자동어실從事於失者同於失.'이다. 『회남자淮南子』 「도응훈道應訓」에서 노자의 말을 인용하여 '종사어도자從事於道者, 동어도同於道'이라고 하였으니, 이것은 고본古本에 '도자道者' 두 자가 중첩되지 않았음에 대한 증거가 된다.[按王本下'道者'二字, 衍文也. 本作'從事於道者同於道', 其下'德者''失者'蒙上'從事'之文而省, 猶云'從事於道者, 同於道, 從事於德者, 同於德, 從事於失者, 同於失也.' 淮南子道應篇引老子曰, '從事於道者, 同於道.' 可證古本不疊'道者'

二字.]"고 하였다. 의미상으로 뒤 문장에서는 '동류끼리 서로 구함[同類相求]'
을 말하고 있다는 점에서 백서본이 옳다고 본다.

••• 해 설

도는 일체 만물에 대하여 차별이 없다. 그럼에도 불구하고 현실적으론 41장
에서 상사上士·중사中士·하사下士를 언급한 것과 같이 차별이란 것이 엄연
히 존재한다. 『장자』에서도 우물 안의 개구리와 바다의 거북이, 매미나 비
둘기와 대붕 사이에는 현격한 차이점이 있다고 보았다. 도에는 본시 차별이
없음에도 불구하고 현실 속에서는 차별이 존재하는 까닭은 무엇 때문인가?

 도 자체에는 차별이 없지만, 이 도를 얼마나 수용하느냐에 따라서 차
별이 생겨난다. 먼저 도道·덕德·실失의 관계에 대해서 살펴보자. 덕德은
득得의 뜻으로서 도를 얻었다는 뜻이다. 도와 덕의 관계는 통나무[樸]와 그
릇[器]의 관계에 있다. 나무그릇은 통나무에 의해서 만들어졌다는 점에서
통나무의 본성을 간직하고 있다. 그러나 통나무와 그릇은 동일한 것이 아
니다. 무엇보다 통나무는 일자인 반면에 그릇은 한정성을 갖는 다자라고
점이다. 따라서 덕을 도보다 낮은 차원으로 본 것이다.

 덕德이 '얻음'이라는 뜻이라면 실失은 '잃음'이란 뜻이다. 잃었다는 말
은 본래 있었던 것이 없어졌다는 뜻이다. 따라서 실失은 맹자孟子가 말한
"본래의 마음을 잃어버렸다.[放其心]"에서의 '방放'과 같은 뜻이다. 덕은 그
래도 도의 본성을 유지하고 있지만 실失은 이미 덕을 잃어버려 전적으로
유위적인 것에 의존한다.

 이와 같이 차별은, 도 자체는 어떠한 제약도 차별도 없지만 단지 우리
들 스스로가 제약한 것이다. 가령 우물의 경계가 개구리의 영역을 규정한
것이 아니라 개구리 스스로가 우물의 경계를 규정한 것이며, 일체 만물은
모두 도道라고 하는 지고의 가치를 간직含藏하고 있음에도 이러한 가치를
잃어버린 것은 바로 자기자신인 것이다.

同於道者, 道亦樂得之, 同於德者, 德亦樂得之, 同於失者, 失亦樂得之.

도에 일치하는 사람에겐 도 역시 그를 기꺼이 얻고, 덕에 일치하는 사람에겐 덕 역시 그를 기꺼이 얻고, 잃어버린 것에 일치하는 사람에겐 잃어버린 것 역시 그를 기꺼이 얻는다.

※※● 해설

이미 경계의 층차가 생기게 되면, 만물은 동류끼리 서로 짝을 이루려고 하는 '동류상구同類相求'의 이치를 따르게 된다. 즉 도가 있는 사람은 도와 같아지려고 하며, 덕 있는 사람은 덕과 같아지려고 하며, 덕을 잃어버린 사람은 잃은 것과 같아지려고 한다. 이러한 '동류상구同類相求'의 이치는 선진先秦의 문헌에 자주 보인다. 가령 『주역』「건괘乾卦」의 「문언전文言傳」에서 "같은 소리끼리 서로 응하고, 같은 기운끼리 서로 구한다. 물은 습한 곳으로 흘러가고, 불은 마른 곳으로 나아가고, 구름은 용을 쫓고, 바람은 호랑이를 쫓는다. 성인이 태어나면 만물이 우러러본다. 하늘에 근본한 자는 위와 친하고 땅에 근본한 자는 아래와 친하다. 즉 각각의 것들은 같은 종류끼리 따른다.[同聲相應, 同氣相求, 水流濕, 火就燥, 雲從龍, 風從虎. 聖人作而萬物覩. 本乎天者親上, 本乎地者親下. 則各從其類也.]"고 하였다.

信不足焉, 有不信焉.

신의가 부족하면 반드시 불신이 생겨나기 마련이다.

이 구절은 17장에도 보인다. 해동﹙奚侗﹚은 "두 구﹙句﹚는 위 문장과 서로 응하지 않으며 이미 17장에 보인다는 점에서 여기의 것은 거듭 나온 것이다."고 하였다. 백서본에도 두 구가 없다는 점으로 보아, 17장의 문장이 잘못 들어온 것 같다.

제 2 4 장

企者不立, 跨者不行.
自見者不明, 自是者不彰, 自伐者無功, 自矜者不長.
其在道也, 曰餘食贅行.
物或惡之, 故有道者不處.

발돋움한 사람은 오래 서 있지 못하고, 가랑이를 크게 벌리며 걸어가는 사람은 오래가지 못한다.
몸소 드러내면 밝지 못하고, 몸소 옳다고 하면 드러나지 못하고, 몸소 자랑하면 공이 없어지고, 몸소 자부심을 느끼면 오래가지 못한다.
이러한 것들은 도에 있어서 '찌꺼기 밥이며 군더더기의 행위일 뿐이다'라고 한다.
미물(黴物) 또한 이러한 것을 싫어하므로 도가 있는 자는 거처하지 않는다.

企者不立, 跨者不行.

발돋움한 사람은 오래 서 있지 못하고, 가랑이를 크게 벌리며 걸어가는 사람은 오래 가지 못한다.

주1 기企 · 과跨 :

왕필본에는 기企로 되어 있는데, 하상공본河上公本 · 어주본御注本 · 광명본廣明本에는 기跂로 되어 있다. 초횡焦竑이 "기跂와 기企는 같다.[跂與企同.]"고 하였듯이, 기企와 기跂는 같은 뜻으로서 '발돋움하다'의 뜻이다.

주2 초횡焦竑 – "발꿈치를 드는 것을 '기跂'라고 하며, 다리를 크게 벌린 것을 '과跨'라고 한다. 서는 데 있어서 높아짐을 더하려고 하면 도리어 서 있음에 해를 주며, 걸어감에 있어서 넓어짐을 더하려고 하면 도리어 걸어감에 해를 준다.[擧踵曰, 跂, 張足曰跨. 立欲增高, 則反害其立. 行欲增闊, 則反害其行.]"

••• 해 설

기企와 기跂는 서로 통용되는 자로서, '발돋움하고 서 있음'을 뜻한다. 과跨는 '가랑이 사이를 크게 벌림'을 뜻한다. 발돋움하려는 하는 목적은 좀 더 높이 서고자 함에 있으며, 가랑이를 크게 벌리려는 목적은 좀 더 빨리 가고자 함에 있다.

　　생명체들은 몇 억 년이란 장구한 시간동안 부단히 환경에 적응하며 적응해 왔다. 우리의 본성도 몇 억년에 걸친 경험의 축적을 통하여 이루어진 것이다. 따라서 본성이 이끄는 대로 살아가는 것이야말로 가장 자연스러울 뿐만 아니라 가장 적합한 것이라고 할 수 있다. 그런데 욕심이 앞서면 이 자연스런 본성에 역행하게 된다. 가령 좀 더 높이 서고자 발돋움하며 좀 더 빨리 가고자 가랑이를 크게 벌리고 걸어간다. 이것은 가장 자연스럽고도 가장 적합한 자세에 역행하는 것이므로, 부자연스러울 뿐만 아니라 결과적으로 오래 설 수 없으며 오래 걸을 수도 없다.

自見者不明, 自是者不彰, 自伐者無功, 自矜者不長.

몸소 드러내면 밝지 못하고, 몸소 옳다고 하면 드러나지 못하고, 몸소 자랑하면 공이 없어지고, 몸소 자부심을 느끼면 오래가지 못한다.

●●● 해 설

본 문장은 22장의 "부자현不自見, 고명故明, 부자시不自是, 고창故彰, 부자벌不自伐, 고유공故有功, 부자긍不自矜, 고장故長."과 유사한 문장이다. 22장의 해석을 참고하기 바란다.

其在道也, 曰餘食贅行.

이러한 것들은 도에 있어서 '찌꺼기 밥이며 군더더기의 행위일 뿐이다'라고 한다.

주 췌행贅行 :

여러 학자들은 췌행贅行을 췌형贅形의 오사誤寫로 보았다. 가령 초횡焦竑은 "췌贅는 '혹[肬贅]'의 뜻이다. 행行은 마땅히 형形으로 되어야 한다. 옛 글자에서는 통용되었다.[贅, 肬贅也. 行當作形, 古字通也.]"고 하였다. 이순정易順鼎은 "행行은 아마도 형形과 통용해 썼던 것 같으니, 췌형贅形은 왕필주王弼注에서 말하는 우췌肬贅, 혹이다. 우췌는 형태에 대해서는 말할 수 있지만, 행위에 대해서는 말할 수 없다.[行疑通作形, 贅形卽王注所云肬贅. 肬贅可言形, 不可言行也.]"고 하였다. 그러나 자의字意 그대로 보는 것이 무방하다.

주2 엄기도嚴幾道 – "여사餘食란 밥이 상한 것이고, 췌행贅行이란 행함에 있어서 얽매임이다. 몸소 드러내고, 몸소 옳다고 하고, 몸소 자랑하고, 몸소 자부

하는 것, 이 모두가 이전의 공덕을 해친다.[餘食者, 食而病者也, 贅行者行而累者也. 自見自是自伐自矜, 皆害其前功.]"

●●● 해설

'여사餘食'란 '찌꺼기 밥'을 뜻한다. '췌행贅行'의 췌贅는 몸에 난 '혹'을 뜻한다. 그러나 췌贅는 단순한 혹을 뜻하는 것이 아니라 살아가는 데 있어서 우리 자신에게 전혀 불필요한 것을 비유적으로 말한 것이다. 따라서 '췌행贅行'이란 군더더기와 같은 불필요한 행동을 말한다.

　　사람들은 좀 더 높아지고자 발돋움하고 좀 더 멀리 가고자 가랑이를 크게 벌리지만, 이것은 자연에 역행하는 것이므로 오히려 오래 가지 못한다. 더욱이 이와 같은 행위들은 도의 견지에서 본다면, '여사췌행餘食贅行'에 불과하다. 즉 쓸모없어서 쓰레기통에 버려지는 찌꺼기 밥이나, 쓸모없는 군더더기의 행위와도 같은 것이다.

物或惡之, 故有道者不處.

미물 또한 이러한 것을 싫어하므로 도가 있는 자는 거처하지 않는다.

주　　하상공河上公 – "이러한 사람이 높은 지위에 있으면 욕심을 발동시켜 (남에게) 해를 끼친다. 그러므로 만물 중에서 그를 두려워하고 미워하지 않는 것이 없다.[此人在位, 動欲傷害. 故物無有不畏惡之者.]"

●●● 해설

물物을 사람으로 보는 견해들도 있다. 가령 후꾸나가 미쓰지福永光司는 "물物은 만물萬物이란 뜻이지만 여기서는 사람과 거의 같은 뜻이다."고 하였다. 그러나 노자가 인人이나 민民이라고 말하지 않고 단지 물物이라고만 표현한 까닭은 도를 체득한 성인에 비해 현격히 낮은 위치에 있는 것임을 강조하기 위해서이다. 따라서 '미물微物'이라고 해석하는 것이 좋다. '혹或'은 자의 그대로 풀이하면 '추측'의 뜻이 되는데, 이러한 풀이는 본 문장에 적합하지 않다. 4장에서 "도는 텅 비어 있지만, 그것을 사용함에 또한 다함이 없다. [道沖而用之, 或不盈]"고 하였는데, 이 경우의 혹或은 우又로 보아야 하며, 48장의 '손지우손損之又損'이 죽간본에는 '손지혹손損之或損'으로 되어 있다는 점에서 여기서의 혹或도 '또한'의 뜻으로 보아야 한다.

  찌꺼기 밥이나 군더더기 행위에 대해서는 미천한 미물조차도 싫어하는 그야말로 비천함의 극치이다. 따라서 노자는 도를 체득한 성인이 이러한 비천한 곳에 거처하려 하지 않음은 너무도 당연한 일이라고 하였다.

제 25 장

有物混成, 先天地生.
寂兮廖兮, 獨立不改.
周行而不殆, 可以爲天下母.
吾不知其名, 字之曰道. 吾强爲之名曰大.
大曰逝,
逝曰遠,
遠曰反.
故道大, 天大, 地大, 王亦大. 域中有四大, 而王居其一焉.
人法地, 地法天, 天法道, 道法自然.

물物이 뒤섞인 것이 있으니, 천지가 생겨난 것보다 앞서 있었다.
고요하고 텅 비어 있으며, 우뚝 서 있고 영원하다.
모든 것에 두루 미치면서도 위태롭지 않으므로 천하의 어머니가 될 만하다.
나는 그 이름을 알 길이 없으므로 자字를 붙여 '도'라고 한 것이다. 내가 그것에 억지로 이름을 붙이자면 '대大'라고 할 수 있다.

대大란 감을 말한 것이고,
감은 멀어짐을 말한 것이고,
멀어짐은 다시 돌아옴을 말한 것이다.
(따라서) 도가 크고, 하늘이 크고, 땅이 크고, 왕 역시 큰 것이다.
세상 가운데 네 개의 큰 것이 있는데, 왕은 그 중의 하나를 차지한다.
사람은 땅을 본받고, 땅은 하늘을 본받고, 하늘은 도를 본받고, 도는 자연을 본받는다.

有物混成, 先天地生.

물物이 뒤섞인 것이 있으니, 천지가 생겨난 것보다 앞서 있었다.

주1 왕필王弼 – "뒤섞여 있어서 도무지 알 수가 없지만, 만물은 이것으로 말미암아 이루어졌다. 따라서 '혼성混成'이라고 하였다. 그것이 누구의 자식인지 알지 못하므로 천지가 생겨난 것보다 앞서있다고 하였다.[混然不可得而知, 而萬物由之以成. 故曰, 混成. 不知其雖之子, 故先天地生.]"

주2 '유물혼성有物混成'에 대해 많은 학자들이 '물物이 있어 혼성混成하니'로 해석하고 있는데, 이러한 풀이는 다소 어색하다. 필자의 견해로는 '물物이 혼성混成된 것이 있으니'로 풀이해야 하다고 본다. 그럼에도 불구하고 대다수 학자들이 '유물혼성有物混成'을 '물物이 있어 혼성混成하니'로 풀이하고 있다. 가령 진고응陳鼓應은 "물物은 21장의 '도지위물道之爲物'에서의 물物과 같은 것으로서, 도를 가리킨다."고 하였다. 대다수 학자들이 하나같이 '물物이 있어 혼성混成하니'로 풀이한 이유는 물物을 도로 보았기 때문이다. 물을 도로 볼 경우에는 필자 식으로 풀이하게 되면 '도가 혼성混成된 것이 있으니'가 되어 의미상으로 통하지 않는 것이 사실이다. 그러나 여기서의 물物을 도道로 보아야 할 이유는 없다. 진고응의 주장과 같이 '유물혼성有物混成'에서의 물物과 '도지위물道之爲物'에서의 물物을 동일한 개념으로 풀이한 것은 적당하지 않다. 21장에서도 이미 살펴보았듯이 '도지위물道之爲物'은 '도라고 하는 것은'으로 풀이해야 한다. 이처럼 '도지위물道之爲物'에서의 물物은 단지 '자者'와 동일한 말로서 '것'의 뜻이라는 점에서, '유물혼성有物混成'에서의 물物과는 용법이 다른 것이다. '유물혼성有物混成'에서의 물物은 21장의 '도道 속에 물物이 있다.[其中有物]'와 51장의 '물物이 형태를 이룬다.[物形之]'에서의 물物과 같은 말로서, 미세하여 형태를 볼 수 없는 물질인 정기精氣를 뜻한다.

제25장

'선천지생先天地生'은 두 가지 해석이 가능한데, '천지보다 앞서 생겨났다'로 풀이하는 경우와 '천지가 생겨난 것보다 앞서 있다'로 풀이하는 경우가 그것이다. 대다수의 학자들은 전자로 풀이하였다. 모종삼牟宗三은 생生을 존存의 뜻으로 보아, '천지보다 앞서 존재했다[先乎天地而存在]'는 뜻으로 해석하였다.(『才性與玄理』, 148쪽.) 김항배金恒培는 후자의 뜻을 취하였는데, 그 이유는 첫째 유有가 동사라고 한다면 선先도 동사가 되어야 하며, 천지에 앞서 생겨났다고 한다면 그것을 생生하게 하는 보다 근원적인 것을 또다시 전제하여야 하기 때문이라고 보았다.(『老子哲學의 硏究』, 50쪽.) 양자의 해석은 의미상에 있어선 크게 달라질 것이 없지만 굳이 선택한다면 후자의 해석이 좋다고 본다. 그 단서로 4장에서도 "내 누구의 자식인지 모르겠으나, 아마도 천제天帝보다 앞서는 것 같구나.[吾不知其誰之子, 象帝之先.]"라고 말하였기 때문이다. 제帝는 천의 이칭異稱으로서, 본 문장은 도가 무엇에 의해서 생겨난 것인지 알 수는 없으나, 천이 생겨난 것보다는 앞서있다는 뜻이다. 이에 의거할 때, 본 문장 역시 '천지가 생겨난 것보다 앞서 있다'로 풀이하는 쪽이 좋다.

••• 해설

물物은 21장의 "있는 듯 없는 듯하여 그 가운데 물物이 있다.[恍兮惚兮, 其中有物.]"에서의 물과 같은 뜻으로 미세하여 아직 형태를 갖추지 않은 기氣를 뜻한다. '혼성混成'에서의 '혼混'은 '혼渾'과 같은 말로서 서로 뒤섞여 있음을 뜻한다. 혼混에 대하여 『열자列子』「천서天瑞」에서 "혼륜混淪이란 만물이 서로 뒤섞여 분리되지 않음을 말한다.[混淪者, 言萬物相渾淪而未相離也.]"라고 하였다. 따라서 '유물혼성有物混成'이란 '무형의 기들이 서로 뒤섞인 그 무엇이 있다'란 의미로, '그 무엇'이 구체적으로 지칭하는 것은 물론 도이다.

'선천지생先天地生'이란 무형의 기들이 우주 생성론에 있어서 천지가 생겨난 것보다 앞서 있다는 의미이다. 천지란 자연계를 뜻한다. 그런데 노자는 천지가 생生하였다고 하였다. 생生은 생성生成의 뜻이다. 노자는 천지조차 생성된 것이라고 보았으며, 도란 천지가 생겨난 것보다 앞서 있다고 보았다. 도가 천지에 앞서 있음에 대하여『장자』「대종사大宗師」에서도 "천지가 생겨난 것보다 앞서있지만, 오래되었다고 여기지 않는다.[先天地生而不爲久]"고 하였다.

그렇다면 천지에 앞선 시원始源은 도대체 어떠한 모습인가? 노자는 시원의 상태란 무형의 기들이 서로 뒤엉켜 있는 무형·무명의 혼돈상태였다고 말하고 있다. 천지란 1장에서 보았듯 만물의 총칭을 말한 것으로 유형·유명의 세계라는 점에서 규정의 세계이며 질서의 세계이다. 그러나 태초부터 규정과 질서의 세계가 존재했던 것은 아니며, 모든 일체의 것들이 하나로 혼연일체渾然一體된 혼돈의 세계가 앞서 존재했다고 보았다.

사실상 혼돈이란 개념이 우리들에게 긍정의 이미지보다는 부정의 이미지로 다가온다는 점에 대해선 부인할 수 없을 것이다. 피타고라스나 플라톤의 경우 혼돈은 나쁜 것이며 우리들이 궁극적으로 지향해야 할 것은 질서라고 보았다. 오늘날에도 혼돈은 단순한 무질서로 간주하기 쉽다. 이것은 비단 서양만이 아닌 동양 역시 마찬가지였다. 가령『춘추좌씨전春秋左氏傳』「문공文公·18년」에서 "제홍씨帝鴻氏에게는 재질이 나쁜 아들이 있었다. 그는 의로운 사람을 억압하였고, 도둑질을 하는 자를 감싸주었고, 흉악한 일 하기를 좋아하였고, 추악한 무리나 완고하고 경박스러워 함께 벗할 수 없는 자들과 친하게 지냈기에, 천하사람들은 그를 '혼돈渾敦'이라고 불렀다.[帝鴻氏有不才子. 掩義, 隱賊, 好行凶德, 醜類惡物, 頑嚚不友, 是與比周, 天下之民, 謂之渾敦.]"고 하였다. 이처럼 혼돈은 동서양을 막론하고 부정적인 이미지를 줌에도 불구하고 노자는 굳이 혼돈을 우주의 시원始源으로 삼으려고 했던 까닭은 무엇 때문인가? 천지는 유형·유명의 세계라고 하는 점에서 규정의 세계이다. 그런데 규정이란 다른 한편으로 제약을 뜻한다는 점에서, 이처럼 규정된 세계 속에서는 필연적으로 제약된 세계만이 나올 수 있을 뿐이다. 노자는 오직 무규정無規定을 통해서만이 무한한 개별성을 가진 만물들이 나올 수가 있다고 보았으며, 이 무규정의 세계를 곧 혼돈으로 보았던 것이다.

寂兮廖兮, 獨立不改. (周行而不殆), 可以爲天下母.

고요하고 텅 비어 있으며, 우뚝 서 있고 영원하다. 모든 것에 두루 미치면서도 위태로움이 없으니 천하의 어머니가 될 만하다.

주1 왕필본을 비롯한 대다수의 판본에는 '주행이불태周行而不殆'가 있다. 그런데 최고본最古本에 속하는 죽간본과 백서본에는 이 구절이 빠져있다. 고명高明은 백서본에 누락된 것에 의거해, 대구對句를 이루는 문장은 육조六朝시대에 이미 성행하였으며, 본 문장 역시 육조 때에 첨가된 문장일 것이라고 보았다. 이 견해는 타당성이 있으나, 여기서는 기존의 판본을 쫓았다.

주2 적혜료혜寂兮廖兮 :
    하상공 – "적寂은 소리가 없음이고, 요廖는 비어 있어서 형태가 없음이다.[寂者, 無聲音. 廖者, 空無形.]"
    엄영봉嚴靈峰 – "적혜寂兮는 고요하여 소리가 없음이다. 요혜廖兮는 움직이지만 형태가 없음이다.[寂兮, 靜而無聲. 廖兮, 動而無形.]"

주3 독립獨立 :
    하상공 – "독립獨立이라고 하는 것은 짝이 없음이다.[獨立者, 無匹雙.]"
    왕필 – "사물과 짝이 될 만한 것이 없기 때문에 '독립'이라고 말한 것이다.[無物之匹, 故曰獨立也.]"

　　종회鍾會 - "드넓어서 짝이 없기 때문에 '독립'이라고 말한 것이다.[廓然無偶, 曰獨立.]"

주4　불개不改 :

　　종회 - "고금古今이 항상 한결같기 때문에 '불개不改'라고 말한 것이다.[古今常一, 曰不改.]"

주5　태殆 :

　　태殆는 글자 그대로 '위태롭다'로 보는 견해와 '태怠, 게으르다'의 차자借字로서 '식息'의 의미로 풀이하는 견해가 있다. 가령 하상공은 '위태危殆'로 풀이한 반면에 엄영봉은 "태殆는 태怠와 통한다. '불식不息, 쉼이 없다'이란 말과 같다."고 하였다. 그러나 그냥 자의字意 그대로 봄이 옳다. 32장에서도 "그침을 알면 위태롭지 않게 된다.[知止, 所以不殆.]"고 했으며, 35장에서도 "큰 형상을 잡고 천하에 가니, 가도 해로움이 없다.[執大象, 天下往, 往而不害]"고 했다.

●●● 해설

"적혜료혜寂兮寥兮, 독립불개獨立不改."는 도의 체성體性을 말한 것이다. 적혜寂兮는 '소리가 없음'이란 뜻이고, 요혜寥兮는 '모습이 없음'이란 뜻이다. 따라서 '적혜료혜寂兮寥兮'란 소리도 없고 모습도 없는 도의 모습을 형용한 것이다. 앞서 보았듯 시원始源의 도는 무형의 정기들이 혼연일체 된 상태로 있기 때문에 볼 수도, 잡을 수도, 들을 수도 없으므로 '적혜료혜寂兮寥兮'라고 하였다.

　　본 문장의 관건은 '독립불개獨立不改'에 대한 해석이다. '독립불개獨立不改'를 자의 그대로 해석하면 '독립적으로 스스로 존재하며 불변하다'란 뜻으로 해석될 수 있다. 이것은 자칫 서양에서의 실체substance 개념과 같은 것으로 오인될 수도 있다. 서양에서 말하는 '실체'란 자신의 존립을 위해 다른

제25장　333

것을 필요로 하지 않는 '독립성'과 시간과 공간을 초월해 있어 변하지 않는 '불변성'을 본질로 하는 존재를 말한다. 불교의 교리 역시 실체를 근본으로 하고 있다. 왜냐하면 불교에서 궁극적으로 지향하고자 한 열반이란 것도 독립상주獨立常住의 세계이기 때문이다. 여기서의 독립獨立은 실체개념에서의 '스스로 존재함'에 해당되고, 상주常住는 실체개념에서의 '영원불변永遠不變'에 해당된다. 노자가 말한 독립獨立과 불개不改 역시 외형상으론 실체개념과 그대로 일치한다. 그렇다면 노자가 말한 도 역시 다른 것과 관련을 맺지 않지 않고 오직 그 스스로 존재하는 자이며, 현상계의 변화를 초월하여 영원불변함으로 존재하는 것인가?

　서양에서 말하는 생성계란 1)부단히 변화하며 2)자신 스스로 존립할 수 없으므로 자신을 존립케 한 원인자와 관계를 맺어야 한다고 보았다. 그런데 플라톤은 이러한 생성계는 실체 즉 이데아의 그림자에 불과한 거짓된 세계라고 보았다. 불교 역시 현상계란 1)찰나생刹那生하고 찰나멸刹那滅하는 변화의 세계이며, 2)다른 것에 의존하여 생겨난다고 하는 연기緣起의 세계라고 보았다. 플라톤이 이러한 현상계를 이데아의 그림자로 보았듯이 불교에서도 이것을 '환영幻影, Maya'에 불과한 거짓된 세계라고 보았다. 이처럼 서양의 전통과 불교에서 현상계를 거짓된 세계로 보려고 하였던 까닭은 스스로 존재하며, 불변하는 실체를 구현하기 위해서이다. 따라서 플라톤은 이데아를 추구하려고 했고, 불교에서는 독립상주獨立常住의 세계를 체득하려고 하였다.

　노자가 실체로서의 독립불개獨立不改를 구현하고자 했다면 그 역시 참다운 도의 세계와 거짓된 현상계라는 이원론을 전제로 하여야 한다. 그러나 노자는 이 세계와 이 세계 속에 거주하는 만물을 단순한 환영으로 본 것이 아니라 실제 있는 그대로의 세계로 보았다. 또한 도는 만물과 관련을 맺지 않고 스스로 존재하는 것이 아니라 만물과의 관계 속에서 자신을 구현해 나가며, 초월해 있는 것이 아니라 만물의 변화 가운데 있다. 그렇다면

'독립불개獨立不改'가 '스스로 존재하며 불변하다'란 의미가 아님을 의미한다.

'독립불개獨立不改'에서의 독립獨立이란 스스로 존재한다는 뜻이 아니라, 하상공과 왕필이 이미 지적하고 있듯이 '짝[匹]'이 없음이다. 현상계의 만물은 저마다 짝을 가지고 있다. 가령 수컷과 암컷이 있으며, 낮과 밤이 있으며, 앞과 뒤가 있으며, 낮과 밤이 있으며, 삶과 죽음이 있다. 그러나 이러한 대립은 규정화를 통해서 나온 것이다. 반면에 시원始原으로서의 도는 혼연일체 된 일자여서 어떠한 짝도 없기에 이것을 '독립獨立'이라고 한 것이다. 불개不改 역시 불변不變을 말한 것이 아니라 영원성을 말한 것이다.(불변성과 영원성의 차이점에 대해서는 1장을 참고.) 일체 만물은 모두 변화한다. 이 만물은 바로 도 그대로의 모습이기에 도 역시 변화한다. 이 점은 도의 본성에 가장 가까운 물로써 비유할 수 있다. 물은 잠시의 머무름이 없으며 머물러서도 안 된다. 왜냐하면 물은 고이게 되면 바로 그 순간부터 썩어 악취풍기는 죽음으로 치닫기 때문이다. 따라서 물이 지속적으로 생존하기 위해서는 변화에 적극적으로 따라야 한다. 노자는 일체 존재인 만물을 유기적이며 살아있는 생명체로 보았다. 살아있는 생명체는 자신을 고립시키고 변화에 응하지 않는다면 단 몇 분도 생존할 수 없다. 우리는 당장에 숨을 쉬어야 하며 그러기 위해서는 공기에 의존해야 한다. 따라서 노자는 일체의 존재란 오직 관계성 하에서만이 존립할 수 있다고 보았다. 그런데 관계를 맺는 대상세계는 부단히 변화한다는 점에서 변화의 적합성을 획득하기 위해서는 자신 역시 변해야 한다. 즉 변화를 통해서만이 영속성을 가질 수 있는 것이다. 도가 무시무종無始無終한 영원성을 가질 수 있었던 까닭도 부단히 변화에 응하였기 때문이라고 보았다. 노자는 이 영속성을 불개不改라고 하였다.

불개不改가 불변성이 아님은 다음 구절의 "모든 것에 두루 미치면서도 위태로움이 없기에 천하의 어머니가 될 수 있다.[周行而不殆, 可以爲天下母]"란 말에서도 잘 나타나 있다. 도는 변화하기에 '과정'이며 부단히 관계를 맺기에 외부로 열려 있다. 외부로 열려져 있다고 함은 곧 외부와 관계를 맺음을 의미한다. 그런데 만물은 변화한다는 점에서 도 역시 이에 상응하여 변화한다. 이처럼 변화하는 만물에 응하여 두루 나아감을 '주행周行'이라고 한다. 주행周行이란 사통팔달四通八達의 의미로서 가지 않음이 없고 이르지 않는 곳이 없음을 의미한다. 도는 생성계를 향하여 두루 감에 잠시의 쉼도 없지만 자연에 대하여 조금의 거슬림도 없다. 자연에 대하여 조금의 거슬림도 없기 때문에 조금의 위태로움도 없다고 하였다.

도는 무형·무명으로서 혼돈의 일자이므로 생성계의 만물을 이루기 위해서는 활동해야 한다. 그런데 도는 자연 변화에 응하므로 일체의 막힘이 없이 모든 곳에 두루 미치면서 천하의 만물들을 낳는다. 도가 천하의 만물을 낳기 때문에 "천하의 어머니가 될 만하다."고 하였다.

吾不知其名, (强)字之曰道. (吾)强爲之名曰大.

나는 그 이름을 알 길이 없으므로 자字를 붙여 '도'라고 한 것이다. 내가 그것에 억지로 이름을 붙이자면 '대大'라고 할 수 있다.

주1　부혁본傅奕本·범응원본范應元本 등에는 '자지왈도字之曰道' 앞에 '강强'자가 있다. 이에 대하여 유사배劉師培는 "『한비자』의 「해로解老」에는 '성인은 현묘한 허를 보고 두루 감을 사용하였기에, 억지로[强] 자字를 붙여서 도라고 하였다.[聖人觀其玄虛, 用其周行, 强字之曰道.]'로 되어 있으니, '자字' 위에 의당 '강强'자가 있어야 아래의 '강위지명왈대强爲之名曰大'와 하나의 율을 이룰 수가 있다. 지금의 판본에서는 탈락되었다."고 하였다. 그러나 죽간본·백서본·왕필본·하상공본 등과 같은 최고본最古本에는 모두 '강强'자가 없다는

점에서 굳이 '강强'자를 첨가해야 할 필요는 없다고 본다. 또한 왕필본을 비롯한 일반 판본에는 '오吾'자가 없지만, 죽간본 · 백서본 · 경룡비본景龍碑本에는 '오吾'자가 있다는 점에서, '오吾'가 있는 것이 옳다.

주2 왕필 – "이름에 의해서 형태가 규정된다. 반면에 (도는) 혼성되어 일정한 모양이 없으므로 규정할 수가 없다. 따라서 '그 이름을 알지 못하겠다'고 하였다.[名以定形. 混成無形, 不可得而定. 故曰, 不知其名也.]"

소자유蘇子由 – "도는 본래 이름이 없는데, 성인은 만물이 (이것으로부터) 말미암지 않음이 없음을 보았기 때문에, 그것에 자字를 붙여서 '도'라고 말하였다. 만물이 더 이상 보태어질 수 없음을 보았기 때문에 억지로 그것을 이름 붙여 '대大'라고 한 것이다. 그러나 실제로는 그것을 칭할 수 없는 것이다.[道本無名, 聖人見萬物之無不由也, 故字之曰道. 見萬物之莫能加也, 故强爲之名曰大. 然其實則無得而稱之也.]"

●●● 해 설

이름[名]은 무엇인가를 규정짓기 위함이다. 규정화란 곧 한정지음이며, 한정지음은 곧 제약한다는 말과 같다. 반면에 도는 무엇으로도 한정할 수 없는 무제약적인 것이다. 제약적인 것으로 무제약적인 것을 규정짓는다는 것은 불가능한 일이다. 따라서 "나는 그 이름을 알 길이 없다.[吾不知其名]"고 하였다. 이 말은 무제약적인 대상을 규정할 수 없음에 대한 일종의 고백이다. 또한 노자는 도를 규정할 수 없으므로 단지 자字를 붙여 '도'라고 칭하였다고 하였다. 명名과 자字에 대하여 『예기』「단궁檀弓」(상)에서 "어려서는 이름을 짓고 관례를 하면 자를 짓는다.[幼名, 冠字.]"고 하였다. 명名이란 태어나면서부터 붙여진 이름인 반면에, '자字'는 어른이 되어 남의 부모가 되면 함부로 이름을 부를 수가 없어서 이름 대신에 붙여진 호칭이다. 이와 같이 자字는 이름 대신에 붙여진 것으로 그 자체 속에는 아무런 내용

제25장   337

규정이 없다. 따라서 도^道라는 칭호는 도 자체에 어떤 특별한 의미규정이 있어서 붙여진 칭호가 아니라 아무런 의미 없이 붙여진 단순한 가칭假稱일 따름이다.

이처럼 도를 규정할 수 없다고 한다면, 우리는 도에 대한 일체의 언급을 회피하고 오직 침묵해야만 하는가? 도道는 모든 존재의 기반이 된다는 점에서 도에 대하여 영원히 침묵할 수만은 없다. 이처럼 우리는 개념화를 전면 긍정 할 수 없으며, 그렇다고 해서 전면 부정할 수도 없는 묘한 딜레마에 빠져들지 않을 수 없다. 이 딜레마로부터 빠져 나올 수 있는 최선의 해결책으로 노자는 '억지로[强]'라는 말을 사용하였다. 자字는 가칭일 뿐으로 의미규정이 전혀 없지만, 이름[名]에는 이미 의미규정이 들어가 있다. 따라서 이름 붙였다고 함은 의미규정을 하겠다는 의미이다. 이것은 곧 규정할 수 없는 것을 규정화 하겠다는 선언이기도 하다. 다만 그 이름은 '억지로[强]' 붙여진 것이다. 여기서 억지로 이름을 붙였다는 것은 의미를 임시방편으로 규정한다는 뜻이지, 규정할 수가 있어서 규정한다는 뜻이 아니다. '억지로[强]'는 불교적 개념의 방편方便과 유사하다. 이처럼 노자는 도를 개념화 시킨 것은 단지 임시방편적인 약속체제일 따름이라고 보았다. 이와 관련하여『장자』「외물外物」에서도 "통발은 고기를 잡기 위해 있는 것이다. 고기를 잡으면 통발은 (더 이상 필요 없게 되어) 버리게 된다. 올무는 토끼를 잡기 위해 있는 것이다. 토끼를 잡으면 올무는 버리게 된다. (이와 마찬가지로) 말이란 뜻을 얻기 위해 있는 것이므로 뜻을 얻으면 말을 잊어 버린다.[筌者所以在魚, 得魚而忘筌, 蹄者所以在兎, 得兎而忘蹄, 言者所以在意, 得意而忘言.]"고 하였다. 여기서도 언어란 뜻을 얻기 위한 일종의 '방편'이라고 보았다.

그렇다면 노자는 어째서 하필이면 도를 대大라고 규정하였는가? 대大에 대하여『장자』「천하天下」에서 "지극히 큰 것은 밖이 없다.[至大無外]"고 하였다. 이에 의거할 때, 대大는 대대待對로서의 대, 즉 소에 대한 짝으로서의 대를 의미하는 것이 아니다. 왜냐하면 상대적인 대大는 제 아무리 큰 것이라고 하더라도 한정됨을 갖고 있다는 점에서 밖이 있기 때문이다. 그렇다고 하여 대大가 유한함을 초월하여 있는 것은 아니다. 이에 대하여 『장자』「천지天地」에서 "같지 않은 것을 같게 함을 '대'라고 한다[不同同之之謂大.]"고 하였다. 이것은 대大가 일체의 유한한 것들을 모두 포괄하고 있어서 심지어 서로 대립되는 것들조차 그 안에 두루 수용한다는 의미이다. 따라서 도가에서 말한 대大는 유한함을 초월해 있음이 아니라 유한함을 하나로써 포괄하고 있음이다. 노자가 도를 이처럼 '대'라고 말한 까닭도 도가 일체의 것들을 모두 포괄하고 있기 때문이다.

大曰逝

대란 감을 말한 것이고

주 하상공 - "그 큼은 하늘처럼 항상 위에 있는 것도 아니며 땅처럼 항상 아래에 있는 것도 아니므로, 다시 가더라도 언제나 거처하는 곳이 없다.[其爲大, 非若天常在上, 非若地常在下, 乃復逝去, 無常處所也.]"

왕필 - "서逝는 감이다. 하나의 대체大體만을 고수하지 않고 두루 가서 이르지 않는 곳이 없기에 '서逝'라고 말한 것이다.[逝, 行也. 不守一大體而已, 周行無所不至, 故曰逝也.]"

오징吳澄 - "서逝는 흘러가서 잠시도 쉬지 않음을 말한 것이다.[逝謂流行不息.]"

왕협王協 - "만물이 아울러 일어나 이미 도로부터 이탈되었으니, 이른바 '서逝'라고 하였다.[萬物並作, 已離於道, 所謂逝也.]"

●●● 해설

"대왈서大曰逝, 서왈원逝曰遠, 원왈반遠曰反."은 도가 만물을 전개시켜 나아가는 도의 운동과정을 말한 것이다.

대大는 앞서 보았듯이 '무한함'인 동시에 '무한히 포괄함'이다. 또한 대大는 분할되어 있지 않은 혼일混一로서의 일, 혹은 이미 분할된 만물이 하나로 통합된 전체로서의 일과 동일한 의미로 쓰이고 있다. 여기서는 생성론적으로 아직 만물을 이루기 이전의 도를 말한 것이라는 점에서 혼일로서의 일을 뜻한다. 혼일로서의 도는 운동과정을 필요로 한다. 왜냐하면 도가 단순히 혼일한 상태로만 머물러 있게 된다면, 그것은 무차별적인 일자에 빠져들게 되어 만물의 다양성이 생겨날 수 없기 때문이다. 즉 혼일함 그 자체로서는 단지 하나의 혼돈 그 자체일 따름이다. 그렇기에 대大는 구체적인 만물을 이루기 위한 전개과정을 필요로 한다. 그 전개과정이 바로 서逝이다. 서逝는 『이아爾雅』「석고釋詁」에서 "서逝는 감이다.[逝 往也.]"라고 했듯이 '간다[行]'의 뜻이다. 『논어』「자한子罕」에서도 공자가 시냇가를 바라보며 "가는 것이 이와 같구나! 밤낮을 그치지 않으니 말이다.[逝者如斯夫. 不舍晝夜.]"라고 하였듯이, 물처럼 중단없이 흘러감이다. 도는 질서의 방향으로 나아가 만물에 두루 미쳐서 이르지 않는 곳이 없다. 즉 앞에서 "모든 것에 두루 미치면서도 위태로움이 없기에 천하의 어머니가 될 수 있다.[周行而不殆, 可以爲天下母.]"고 한 것처럼 서逝는 만물에 두루 미침으로서 각각의 만물들을 생양生養한다. 이로써 만물들이 그 존재의 근거를 얻어 생겨날 수가 있게 된다.

逝曰遠

감은 멀어짐을 말한 것이고

주 하상공– "원遠이란 무궁함에서 다하고, 기氣를 천지에 펼침에 있어서 통[通]하지 않음이 없음을 말한 것이다.[言遠者, 窮乎無窮, 布氣天地, 無所不通也.]"

왕필 – "원遠이란 궁극窮極을 말한다. 두루 가 다하지 않음이 없어서 한쪽으로만 가는 데에 치우치지 않기에 '원遠'이라고 말한 것이다.[遠, 極也. 周行無所不窮極, 不偏於一逝, 故曰, 遠也.]"

••• 해설

만물을 구체적으로 이루는 것은 작용으로서의 유有이다. 그런데 유는 전향前向하여 구체적인 만물인 다多를 이루지만 스스로의 관성에 의하여 하나의 극단으로 치닫게 된다. 이처럼 극단으로 치달으면 일체 만물들은 곧 차별상에 빠져들고 만다. 만물이 차별상에 빠져들면 개체들은 서로 반목反目과 투쟁만을 일삼게 되어 혼란을 자초한다. 노자 당시의 춘추전국시대는 각각의 나라들이 서로가 치열히 싸웠고, 국가 안에서는 위정자의 끊임없는 착취와 백성들의 원성으로 가득 매웠으며, 공명심에 사로잡힌 당시의 지식인들은 서로 저마다의 진리를 내세워 공허한 논쟁만을 일삼았다. 본시 만물은 하나의 도라고 하는 한 어미의 뱃속에서 나왔다는 점에서 모두가 형제자매이다. 그럼에도 불구하고 당시의 현실이 이처럼 혼란스러워진 까닭은 무엇 때문인가? 그것은 각각의 개별들이 서로 조화를 이루지 못한 채 자신의 이익만을 도모하였기 때문이다. 이것은 정녕 도 본연의 모습이 아니다. 왜냐하면 도 본연의 모습은 대大이기 때문이다. 대란 모든 일체의 차별과 대립을 포괄하는 일자란 뜻이다. 이처럼 도 본래적 성질이 일一이라고 하는 점에서, 다수로의 극단적인 분화와 분화된 것들의 반목은 오히려 도로부터 멀어져 있는 것이다. 따라서 이것을 '서왈원逝曰遠'이라고 하였다.

遠日反.

멀어짐은 다시 돌아옴을 말한 것이다.

주1 반反 :

반反에는 두 가지 해석이 있다. 왕필王弼과 같이 '반대'로서의 반反으로 보는 견해와 하상공과 같이 '돌이킬 반返'으로 보는 견해가 그것이다. 여기서는 '돌이킬 반返'의 뜻으로 보는 것이 좋다.

주2 왕필 - "가는 것을 따르지 않고 그 몸체는 홀로 서 있기 때문에 반대됨[反]이라고 말한 것이다.[不隨於所適, 其體獨立, 故曰, 反也.]"

황등산黃登山 - "『설문說文』에 '반反은 돌아감이다.[反, 還也.]'고 하였으니, 이는 곧 '뿌리로 돌아감[歸根]' '명을 회복함[復命]' '물物이 없는 데로 복귀함[復歸於無物]'이란 뜻이다.

●●● 해 설

노자는 시간이란 원을 이루며 끊임없이 흘러간다고 보았다. 원의 경우에는 그 종착점이 곧 원점原點이 된다. 즉 종終은 곧 시始가 된다. 그런데 만일 종과 시가 단순히 완전한 동일함이라고 한다면 궁극적으로는 변화나 발전의 개념이 없는 단순한 순환론에 빠져들 것이다. 동일한 것이 되풀이한다는 것은 시간이 가역적可逆的임을 뜻하는 것인데, 시간의 가역성은 오직 추상 위에서만이 가능할 뿐으로 구체적 현실 속에서는 불가능하다. 가령 작년 가을 뜰 앞에 피어난 코스모스가 금년에도 똑같은 자리에서 피어났다고 하더라도 두 코스모스는 똑같은 것이 아니다. 지금 피어난 코스모스는 이전 코스모스의 죽음 속에서 피어난 새로운 코스모스일 따름이다. 한 생명의 탄생은 우주의 무한한 시간 속에서 단 한번만 생겨난 대 사건인 것이다. 동양에서는 시간을 추상적인 것이 아닌 구체적인 것으로 보았다는 점에서 동일한 것의 되풀이는 결코 존재할 수 없다. 따라서 도의 종終과 시始에는 차이점이 있다.

그 차이점에 대하여 살펴보자. 시원始源의 도는 무형無形・무명無名의 혼일적混一的인 도로서 그야말로 차별상差別相이 없는 혼돈의 상태이다. 즉 미분화된 일자一者이다. 복귀한 도 역시 구체적인 만물을 하나로 포일抱一한다고 하는 점에서 외형상으론 같은 일자이지만, 이 일자 속에는 이미 구체적인 차별상의 만물을 포용하고 있다는 점에서 차이점이 있다. 이것은 헤겔Hegel이 말한, 공허한 추상성으로 있는 절대정신이 자연계를 매개로 한 변증법적 과정을 통하여 구체적인 절대정신으로 지양止揚되는 것과 비슷한 맥락을 가지고 있다. 다만 헤겔의 변증법에는 발전이라는 목적성이 들어가 있지만 노자는 목적성을 배제하고 있다는 차이점이 있다. 가령 헤겔의 논리에 따르면 사과나무 씨앗 속에는 이미 사과나무가 되어질 목적을 가지고 있으며 시간은 이 목적을 실현하는 과정으로 진행된다고 본 반면에, 노자의 경우엔 필연적으로 사과나무가 되어질 목적을 갖는 사과 씨앗과 같은 것은 없으며 단지 변화에 응하여 무수한 형상을 이룬다는 점에서 무수한 다양성만이 있다고 보았다.

故道大, 天大, 地大, 王亦大, 域中有四大, 而王居其一焉.

따라서 도가 크고, 하늘이 크고, 땅이 크고, 왕 역시 큰 것이다. 세상 가운데 네 개의 큰 것이 있는데, 왕은 그 중의 하나를 차지한다.

주1 왕王 :

대다수 판본에는 왕王으로 되어 있는데, 부혁본傅奕本에는 "도대道大,

천대天大, 지대地大, 인역대人亦大, 역중유사대域中有四大, 왕처기일존王處其一尊."으로 되어 있고, 범응원본范應元本에는 "도대道大, 천대天大, 지대地大, 인역대人亦大, 역중유사대域中有四大, 이인거기일언而人居其一焉."으로 되어 있어, 왕王을 인人으로 보았다. 해동奚侗은 "두 '인人'자가 각각의 판본에는 모두 왕王으로 되어 있다. 아마도 옛날에 임금을 높이고자 하는 자가 멋대로 고친 것 같으니, 『노자』본문이 아니다.[兩人字各本皆作王. 蓋古之尊君者妄改之, 非老子本文也.]"고 하여, 왕王을 인人으로 보아야 한다고 주장하였다. 그러나 죽간본 · 백서본 · 왕필본 · 하상공본 등과 같은 고본에는 모두 하나같이 왕王으로 되어 있다는 점에서 왕王으로 보는 것이 옳다.

주2 역중域中 :

엄영봉嚴靈峰 – "역중域中은 구역九域, 전역(全域)의 안을 말한 것으로, 천지간天地間을 가리켜 말한 것이다."

주3 하상공 – "도는 지극히 커서 천지 전체를 그물질하므로 수용하지 않음이 없다. 하늘은 지극히 커서 (일체 만물을) 덮지 않음이 없다. 땅은 지극히 커서 (일체 만물을) 싣지 않음이 없다. 왕은 지극히 커서 (일체 백성을) 다스리지 않음이 없다.[道大者, 包羅諸天地, 無所不容也. 天大者, 無所不蓋也. 地大者, 無所不載也. 王大者, 無所不制也.]"

왕필 – "사대四大란 것은 도道 · 천天 · 지地 · 왕王이다. 무릇 사물에는 칭함도 있고 이름도 있지만, 궁극적인 것은 아니다. 도를 말하게 되면 말미암은 바가 있으며, 말미암은 바가 있는 이후에야 그것을 '도'라고 말한다. 그러므로 이 도는 칭한 것 가운데 큰 것이기는 하지만, 칭함이 없는 큰 것만 못하다. 칭함이 없어 이름을 얻을 수가 없기 때문에 그냥 '경계[域]'라고 하였다. 도道 · 천天 · 지地 · 왕王은 모두 칭할 수 없는 것의 안에 있으므로 경계 가운데 네 개의 큰 것이 있다고 말하였다.[四大, 道天地王也. 凡物有稱

有名, 則非其極也. 言道則有所由, 有所由, 然後謂之爲道. 然則是道, 稱中之大也. 不若無稱之大也. 無稱不可得而名, 故曰, 域也. 道天地王皆在乎無稱之內, 故曰, 域中有四大者也.]"

◦◦● 해설

장순휘[張舜徽]와 같은 학자들은 노자가 여러 곳에서 왕王을 적극 긍정하고 있다는 점을 들어서 『노자』를 '군주를 위한 학[爲王之學]'이라고 보았으며 본 문장을 그 단적인 예로 삼고 있다. 이에 반하여 어떤 학자들은 노자가 위정자의 권력을 비판하고 있다는 점을 내세워, 여기서의 왕王은 마땅히 인人이 되어야 한다고 보았다.

『노자』라는 텍스트는 위정자를 위한 글이라기보다는 오히려 위정자를 비판한 글이다. 즉 노자는 백성들 스스로 질서를 이루도록 그냥 놔둘 뿐 개입해서는 안 된다고 주장하였다. 이처럼 그가 위정자를 비판하였다고 하여, 본 구절에서의 왕王을 구태여 인人으로 고쳐야 할 이유는 없다. 왜냐하면 그가 말한 왕은 단순히 위정자를 뜻하는 것이 아니라 '내성외왕[內聖外王]'으로서의 왕을 뜻하는 것으로서, 성인의 개념에 가깝기 때문이다. 사실상 노자는 왕과 성인을 동일한 개념으로 사용하고 있다. 다만 차이점이 있다면 성인은 도를 가장 잘 체득한 자를 뜻하고, 왕은 도에 의해 가장 잘 다스리는 자를 뜻한다. 따라서 왕이 크다고 말한 것은 왕이 단순히 직위에 있어서 가장 존귀한 위치에 있음을 말하고자 한 것이 아니라 도를 가장 잘 체득하고 이 도를 가장 잘 실천한 자임을 말하고자 한 것이다. 그렇다면 왕을 '크다[大]'고 한 이유는 무엇 때문인가? 앞서 보았듯 '크다'란 모든 일체의 개별자들을 포괄함이다. 왕 역시 천하백성들 모두를 포괄하여 통솔하는 자이기 때문에 왕을 크다고 하였다. 그런데 큼은 직위 자체에 의해서 저절로 큰 것이 아니라 스스로 낮은 위치에 거처함으로 해서 커진 것이다. 따라서 큼이란 곧 스스로를 낮추어 널리 포용함을 뜻한다.

人法地, 地法天, 天法道, 道法自然.

사람은 땅을 본받고, 땅은 하늘을 본받고, 하늘은 도를 본받고, 도는 자연을 본받는다.

주　　왕필 – "법法은 본받음을 말한 것이다. 사람들은 땅에 어긋나지 않아 이내 온전히 편안할 수 있었으니, 이것은 땅을 본받음이다. 땅은 하늘에 어긋나지 않아 이내 온전히 실을 수가 있었으니, 이것은 하늘을 본받음이다. 하늘은 도에 어긋나지 않아 이내 온전히 덮을 수가 있었으니, 이것은 도를 본받음이다. 도는 '저절로 그러함[自然]'에 대하여 어긋나지 않기에 이내 도의 본성을 얻게 된다. 여기서 '저절로 그러함을 본받다'고 함은 네모에 있을 때 네모를 본받고 원에 있을 때 원에 본받아, 저절로 그러함에 대하여 어긋남이 없음이다. 자연이란 (일정한 구체적 사물을) 지칭함이 없다는 말이며, 극極을 다한다[窮]는 말이다.[法, 謂法則也. 人不違地, 乃得全安, 法地也. 地不違天, 乃得全載, 法天也. 天不違道, 乃得全覆, 法道也. 道不違自然, 乃得其性. 法自然者, 在方而法方, 在圓而法圓, 於自然無所違也. 自然者, 無稱之言, 窮極之辭也.]"

오징吳澄 – "도道가 대大가 된 까닭은 자연自然에 의해서이다. 따라서 자연을 본받는다고 하였으니, 도 밖에 따로 자연이 있는 것은 아니다.[道之所以大, 以其自然. 故曰法自然, 非道之外別有自然也.]"

••• 해 설

흔히 법法을 '본받다'로 풀이하고 있는데, 법의 의미 속에는 '행위의 준칙으로 삼다'와 '자신의 존립기반으로 삼다'의 뜻을 포괄하고 있다. 노자는 본받는 순서에 대해 "인人→지地→천天→도道→자연自然"이라고 하였다. 본 문장에서는 도 밖에 따로 자연이 있는 것처럼 말하고 있지만, 자연은 도 그 자체의 속성을 말한 것이라는 점에서 도 밖에 따로 자연이 있는 것이 아니다. 오징吳澄 역시 "도道가 대大가 된 까닭은 자연自然에 의해서이다. 따라서 자연을 본받는다고 하였으니, 도 밖에 따로 자연이 있는 것은 아니다."고 하였다. 본 문장에서는 모든 존재의 존립기반이 궁극적으론 자연임을 강조하고 있다.

땅은 만물을 싣고[載] 있으므로 우리들의 생존기반이 된다. 땅이 없다면 우리들의 존립은 한순간도 가능하지 않다. 또한 우리는 대지大地의 자궁으로부터 나왔고, 대지의 손에 의해서 길러졌다가, 이윽고 수명이 다하면 대지의 품으로 돌아갈 것이다. 이처럼 대지는 인간의 존립기반이므로 '인법지人法地'라고 하였다. 그런데 대지 역시 저 하늘로부터 지대한 영향을 받는다. 가령 사계절에 따른 계절적 변화, 홍수와 가뭄, 밀물과 썰물 등이 생겨나는 등은 모두 하늘로부터 영향을 받은 것이다. 따라서 '지법천地法天'이라고 하였다. 사시四時나 해와 달은 그 스스로에 의하여 운행하는 것이 아니며, 다만 도의 궤적을 따라 움직인다. 따라서 '천법도天法道'라고 하였다. 도는 어떠한 의도나 목적을 갖고 행하는 것이 아니다. 어떠한 의도를 갖게 되면 도는 유심有心을 갖게 되어 하나의 일정한 방향으로만 치달으려는 지향성志向性에 빠져들고 만다. 이처럼 도의 운동은 궁극적으로 '저절로 그러할 뿐[自然]'이라고 보았기에 '도법자연道法自然'이라고 하였다.

제 26 장

重爲輕根, 靜爲躁君.
是以君子終日行, 不離輜重.
雖有榮觀, 燕處超然.
奈何萬乘之主, 而以身輕天下.
輕則失本, 躁則失君.

무거운 것은 가벼운 것의 뿌리가 되며, 고요한 것은 시끄러운 것의 임금이 된다.
이러한 까닭에 군자는 종일을 가더라도 짐수레를 벗어나지 않는다.
비록 영달榮達을 추구한다 하더라도 편안히 거처하여 초연하다.
어찌 만승의 임금 된 자로서 자신을 천하백성들 앞에서 가볍게 처신할 수 있겠는가? 가벼우면 근본을 잃고 시끄러우면 임금을 잃는다.

重爲輕根, 靜爲躁君.

무거운 것은 가벼운 것의 뿌리가 되며, 고요한 것은 시끄러운 것의 임금이 된다.

주1 조躁 :

초횡焦竑 - "조躁란 심하게 움직여 번거롭고 소란스러움이다.[躁者, 動之甚而煩擾也.]"

주2 『한비자』「유로喩老」 - "자기에게 있는 것을 다스리는 것을 무거움이라 하고, 직위[位]를 벗어나지 않는 것을 고요함이라 한다. 무거우면 가벼움을 부릴 수가 있고, 고요하면 시끄러움을 부릴 수가 있다. 따라서 무거움은 가벼움의 뿌리가 되고, 고요함은 시끄러움의 군주가 된다.[制在己曰重, 不離位曰靜. 重則能使輕, 靜則能使躁. 故重爲輕根, 靜爲躁君.]"

하상공河上公 - "군주는 무겁지 않으면 존귀해지지 않으며, 자신을 다스림에 있어서 무겁지 않으면 신명을 잃는다. 초목의 꽃과 잎은 가볍기 때문에 쉽게 떨어지며, 뿌리는 무겁기 때문에 오래 보존된다.[人君不重則不尊, 治身不重則失神. 草木之花葉輕故零落, 根重故長存也.]"

왕필王弼 - "무릇 사물은 가벼우면 무거운 것을 실을 수가 없고, 작으면 큰 것을 제압할 수가 없다. 행동하지 않는 것은 행동하는 것을 부리며, 움직이지 않는 것은 움직이는 것을 통제한다. 이러한 까닭에 무거운 것은 반드시 가벼운 것의 뿌리가 되며, 고요한 것은 반드시 시끄러운 것의 임금이 된다.[凡物, 輕不能載重, 小不能鎭大. 不行者使行, 不動者制動, 是以重必爲輕根, 靜必爲躁君.]"

••• 해 설

조躁는 '시끄럽다'의 뜻으로서 분주히 활동하는 만물상萬物相을 형용한 말이다. 본 문장은 중重과 경輕, 정靜과 조躁를 대비시켜 말하고 있는데, 중重·정靜이 본래적 상태로서의 도를 형용한 것이라면, 경輕·조躁는 개별적인 만물상을 형용한 것이다. 가령 도는 바다와도 같이 무한정 깊기에 무겁고 고요하다고 하였으며, 현상세계의 만물은 찰나刹那에 생겨났다가 찰나에 없어지는 극히 짧은 삶만을 영위하면서 잠시도 머무르려 하지 않기에 가볍고 시끄럽다고 하였다.

많은 학자들은 본 장에 의거하여, 노자가 정靜을 높이고 동動을 낮추는 '존정비동尊靜卑動'을 말했다고 주장하고 있다. 그러나 노자가 단순히 중重과 정靜을 중요시하고, 경輕과 조躁를 소홀히 한 것은 아니다. 생성계 역시 도에 의해서 생겨났다고 하는 점에서 경輕과 조躁 역시 도의 모습이기 때문이다. 노자는 동動을 비판한 것이 아니라, 다만 동은 정에 기초해야 한다고 말하고 있다. 23장에서도 "회오리바람은 아침나절을 불지 못하고, 소낙비는 하루 종일을 내리지 못한다.[飄風不終朝, 驟雨不終日.]"고 말한 것처럼 정을 기초로 하지 않는 동은 잠시의 강성함을 가질 수 있을 뿐 이내 쇠퇴하여 소멸되고 만다. 도가 잠시의 쉼도 없이 움직이지만 조금의 위태로움이 없는 까닭도 동하지만 이 동은 정을 토대로 한 것이기 때문이다.

정靜을 중요시한 것이 불교에서이다. 과연 노자와 불교 사이의 입장 차이는 어떠한 것인지에 대하여 간략히 살펴보자. 승조僧肇는 『조론肇論』 「물불천론物不遷論」에서 "어찌 동을 버리고 정을 구하려 하는가? 반드시 여러 동에서 정을 구해야 한다.[豈釋動以求靜, 必求靜於諸動.]"고 했다. 이 구절은 언뜻 보기에 일반적으로 알고 있는 불교상식과는 달리 동을 중시하고 있는 듯이 보인다. 승조가 여느 불교인들보다 동을 중시했던 것은 사실이다. 그러나 이 구절 역시 정을 중시하는 불교의 교리를 벗어난 것은 아니다. 동 속에서 정을 구해야 한다는 승조의 말은 언뜻 보기에 동을 중시하고 있는 것 같지만 그 궁극적인 귀착점은 정에 있다. 즉 동이 출발점이라고 한다면, 정은 궁극적으로 돌아가야 할 귀착점인 것이다. 반면에 노자가 본 구절에서 말하고자 한 의도는 동動 속에서 정靜을 구하려고 한 것이 아니라, 정靜을 지키어 동動으로 나아가고자 한 것이다. 여기서는 정을 중시한 것 같지만 사실은 동을 중시하고 있다. 가령 뿌리가 튼튼해야 줄기와 가지가 튼튼할 수 있다고 하자. 아무리 튼튼한 뿌리가 있다고 한들 뿌리 자체가 목적이 될 수는 없다. 튼튼한 뿌리는 튼튼한 줄기와 가지를 이루기 위한 하나의 수단이다.

是以君子終日行, 不離輜重.
이러한 까닭에 군자는 종일을 가더라도 짐수레를 벗어나지 않는다.

주1 하상공·왕필본 등에는 '성인聖人'으로 되어 있는데, 백서본·이현본易玄本·누고본樓古本·경룡본景龍本 등에는 '군자君子'로 되어 있다. 군자로 보는 것이 옳다. 그 이유는 본 문장이 군대와 관련된 것이므로 성인이라는 표현보다는 군자라는 표현이 더욱 적합하기 때문이다. 31장에 군자라는 말이 나오는데, 거기서도 군자를 전쟁과 관련시켜 비유하고 있다.

주2 치중輜重 :
하상공은 "치輜는 정靜이다. 성인이 하루 종일 도를 행하여도 정靜과 중重에서 벗어나지 않는다.[輜, 靜也. 聖人終日行道, 不離其靜與重也.]"고 하였다. 엄영봉嚴靈峰도 하상공의 견해를 따라 치輜를 정靜으로 보아야 한다고 주장하고 있다. 그러나 『한비자』「유로」에 치중輜重으로 되어 있다는 점에서 일반적 판본을 따라 치중輜重으로 보는 것이 타당하다고 본다.

◦◦◦ 해 설

'군자가 종일을 행군한다[君子終日行]'는 동動을 말한 것이다. 그러면서도 '치중輜重을 벗어나지 않는다[不離輜重]'고 한 것은 동이 궁극적으로 정을 벗어날 수 없음을 말한 것이다. 치중輜重은 두 가지로 해석이 된다. 첫째, 치중거輜重車로 해석할 수 있다. 치중거輜重車란 전쟁에 필요한 식량·의복 들을 실은 짐수레이다. 이 해석은 행行을 군대의 행렬로 보았을 경우이다. 둘째, 나그네가 여관 없이도 혼자 지낼 수 있는 필요한 물건들로 해석할 수 있다. 이 해석은 행行을 나그네의 여행으로 보았을 경우이다. 여기서는 주체를 나그네로 표현하지 않고 군자로 표현했다는 점과 31장에서 볼 수 있듯 군자를 전쟁과 관련시켜 보고 있다는 점에서 행行을 군대의 행렬로 보는 것이 좋다.

군대에서 가장 중요한 것 중의 하나는 식량과 같은 생활필수품이다. 만일 식량이 떨어지게 되면 아무리 많은 군인이 있다고 있더라도 며칠도 버티지 못하고 자멸하고 말 것이다. 적군도 식량이 승패를 결정짓는 가장 중요한 요소의 하나임을 잘 알고 있는 터라 식량을 실은 짐수레를 강탈하기 위해 호시탐탐 기회를 노린다. 따라서 짐수레를 행렬의 후미에 두면 적국에 의해 쉽게 기습을 받게 되므로 행군할 때 늘 상 중간에 있게 된다. 군자 즉 장수는 행렬의 맨 앞에 앞장서 군대를 이끌기도 하고 맨 뒤에 서서 후미의 침략을 감시하기도 한다. 노자는 장수가 이처럼 하루 종일 동분서주 움직인다 할지라도 행렬의 중앙에 있는 짐수레를 크게 벗어나지 못한다고 말하였다.

雖有榮觀, 燕處超然.

비록 영달을 추구한다 하더라도 편안히 거처하여 초연하다.

주1   영관榮觀 :

　　하상공은 "영관榮觀은 궁궐宮闕을 말한다.[榮觀謂宮闕.]"고 하여 궁궐로 풀이한 반면에, 진고응陳鼓應은 "화려한 생활을 가리킨다."고 하였다. 후자 쪽이 좋다.

주2   왕필王弼 – "마음에 매어두지 않음이다.[不以經心也.]"

••• 해 설

영관榮觀에서 영榮은 영달榮達을 의미한다. 견見이 '보여지다'라고 하는 수동적인 개념이라고 한다면 관觀은 목적을 가지고 '본다'고 하는 능동적·적극적인 개념이다. 따라서 영관榮觀이란 영달을 도모함이란 뜻한다. 본 구절에서 볼 수 있듯이 노자는 영달榮達을 도모하고자 하는 인간의 욕망에 대해서는 부정하지 않았다. 다만 자신의 영달에 지나치게 집착한 나머지 그것을 도모하기 위하여 온갖 수단방법을 가리지 않는 그러한 파렴치함에 대해서 비판하였다. 따라서 노자는 비록 영달을 도모한다 할지라도 다른 한편으로는 조용히 거처하여 초연할 수 있어야 한다고 보았다.

　　노자는 정靜을 말하였지만 그렇다고 동動을 버려야 함을 말한 것이 아니라, 정 속에서 동을 구해야 함을 말하였다. 즉 군자가 영달을 도모한다는 것은 동을 긍정한 말이며, 그러면서도 조용히 거처하여 초연한 자세를 유지할 수 있어야 한다는 것은 동이란 바로 정에 기초해야 한다는 말이다.

奈何萬乘之主, 而以身輕天下. 輕則失本(根), 躁則失君.

어찌 만승의 임금된 자로서 자신을 천하 백성들 앞에서 가볍게 처신할 수 있겠는가? 가벼우면 근본을 잃고 시끄러우면 임금을 잃는다.

주1   백서본에는 '내하奈何'가 '약하若何'로 되어 있고, '만승지주萬乘之主'가 백서본에는 '만승지왕萬乘之王'으로 되어 있고, 이신경천하以身輕天下가 '이신경어천하以身輕於天下'로 되어 있다. 경복비본景福碑本에도 '어於'자가 첨가되어 있다.

주2   이신경천하以身輕天下 :

　　소자유 - "임금이 몸소 천하에 임함에 자신의 몸을 가볍게 놀린다면 천하를 맡기기에 부족하다.[人主以身任天下, 而輕其身, 則不足以任天下也.]"

주3   경즉실본輕則失本 :

　　왕필본과 백서본을 비롯한 많은 판본에는 '실본失本'으로 되어 있는데, 하상공본과 『한비자』「유로」에는 '실신失臣'으로 되어 있고, 『영락대전永樂大典』에는 '실근失根'으로 되어 있다. 유월兪樾과 주겸지朱謙之는 이 문장은 의당 '경즉실근輕則失根, 조즉실군躁則失君'으로 되어야, 위 문장의 '중위경근重爲輕根, 정위조군靜爲躁君.'과 상대적인 문장을 이룰 수 있다고 하였다. 이 견해도 타당하다고 보지만 여기서는 일반적 판본을 그대로 따른다.

●●● 해 설

만승지주萬乘之主에 대하여 『맹자』「양혜왕梁惠王」(상)에서의 주자주朱子注에 "승乘은 수레의 수이다. 만승의 나라란 천자가 있는 수도의 땅이 사방 천 리여서 수레 만승萬乘이 나올 수 있는 곳이다.[乘, 車數也. 萬乘之國者, 天子畿內地方千里, 出車萬乘.]"고 하였다. 따라서 만승지주萬乘之主란 곧 천자天子를 뜻한다. 여기서 만승지주萬乘之主라고 말한 까닭은 다음 구절의 천하와 짝을 이루기 위해서이다. 노자는 일국一國과 관련해서는 '후왕侯王'이라고 칭한 반면에, 여기서는 천하와 관련이 있으므로 만승지주萬乘之主라고 칭한 것이다.

앞에서 언급했듯이 노자는 정靜만을 긍정하고 동을 천시했던 것이 아니다. 만물이 생성되고 활동하는 모습 자체가 이미 동이라는 점에서 동이 없다면 만물도 생성될 수 없기 때문이다. 그러나 동動이 정을 토대로 하지 않을 경우에는 경거망동하게 된다. 즉 동이 정을 이탈한다면, 움직임에 뿌리가 없게 되기에 경솔하게 되며 그 움직임이 추구하는 방향도 망령되게 된다. 이러한 것은 일반사람조차 꺼려하며 추구하지 않는다. 하물며 천하를 다스리는 천자가 어찌 천하백성들에게 임함에 있어서 자신의 몸을 함부로 처신할 수 있겠는가?

왕은 백성들을 하나로 묶는 벼리와도 같다. 나무에 비유하면 뿌리에 해당한다. 바람만 조금 불어도 뿌리가 이리저리 흔들린다면 조만간 그 나무는 뿌리채 이내 죽고 만다. 이와 마찬가지로 왕이 경고만동하게 행동하면 나라를 잃게 되며, 나라를 잃게 되면 임금의 지위도 잃게 된다. 따라서 노자는 왕이 경거망동하면 왕의 지위를 잃게 된다고 하였다

제 2 7 장

善行, 無轍迹,
善言, 無瑕讁,
善數, 不用籌策,
善閉, 無關楗而不可開,
善結, 無繩約而不可解.
是以聖人常善求人, 故無棄人. 常善救物, 故無棄物.
是謂襲明.
故善人者, 不善人之師, 不善人者, 善人之資.
不貴其師, 不愛其資, 雖智大迷. 是謂要妙.

잘 가는 자는 수레바퀴 자국을 남기지 않으며,
잘 말하는 자는 흠잡을 데가 없으며,
잘 계산하는 자는 주산을 사용하지 않으며,
잘 잠그는 자는 빗장으로 잠그지 않아도 (다른 사람이) 열 수가 없
으며,
잘 묶는 자는 밧줄로 묶지 않아도 (다른 사람이) 풀지 못한다.

이처럼 성인은 항상 남을 잘 구제해주기 때문에 남을 버리는 일이 없다. 항상 잘 만물을 구제해주기 때문에 사물을 버림이 없다. 이것을 '안에 간직한 밝음'이라고 한다.
따라서 선한 사람은 선하지 않은 사람의 스승이 되고, 선하지 않은 사람은 선한 사람의 바탕이 된다.
그 스승을 귀하게 여기지 않고 그 바탕을 아끼지 않는다면, 비록 앎이 있더라도 크게 미혹된 것이다. 이것을 '심묘深妙함'이라고 한다.

善行, 無轍迹

잘 가는 자는 수레바퀴 자국을 남기지 않으며

주1 轍迹(수레바퀴 철. 흔적 적) :

감산憨山 – "철적轍迹이란 흔적痕迹이란 말과 같다.[轍迹, 猶言痕迹]"

주2 하상공河上公 – "도를 잘 행하는 사람은 자기에게서 구하기에 마루를 내려가지 않으며 문조차 나서지 않는다. 따라서 수레바퀴 자국을 남기지 않는다.[善行道者求之於身, 不下堂, 不出門. 故無轍迹.]"

왕필王弼 – "저절로 그러함을 좇아서 갈 뿐 뭔가를 이루려고 하거나 베풀려고 하지 않기 때문에 사물은 지극함을 얻어서 수레바퀴 자국이 없게 된다.[順自然而行, 不造不始「施」, 故物得至, 而無轍迹也.]"

소자유蘇子由 – "이치를 타고 가기 때문에, 자취가 없다.[乘理而行, 故無迹.]"

● ● ● 해 설

철적轍迹은 '수레바퀴 자국'을 뜻하는 것으로서 '흔적'을 의미한다. 노자는 수레를 잘 모는 자는 바퀴 자국조차 남기지 않는다고 하였는데, 이와 유사한 표현으로 『회남자淮南子』「도응훈道應訓」에서 "이와 같은 말(천하제일의 말)은 먼지를 일으키지 않고 바퀴자국을 남기지 않는다.[若此馬者, 絶塵弭轍.]"고 하였다. 자국을 남기지 않는다는 것은 어떠한 의미인가? 잘 간다는 것은 자연의 변화에 잘 순응한다는 것을 의미한다. 흔적을 남기는 까닭은 제 아무리 잘 달려도 무엇인가에 의존함이 있기 때문이다. 만일 자연의 변화에 응하여 행한다면 기댐이 없게 되며, 기댐이 없게 된다면 흔적이 생겨날 리 만무하다. 『장자』「소요유逍遙遊」에서도 "만일 천지 본연의 모습을 타고 자연의 변화에 순응함으로써 무궁한 세계에서 노니는 자라면, 그는 또한 어찌 기대는 것이 있겠는가?[若乎乘天地之正, 而御六氣之辯, 以遊無窮者, 彼且惡乎待哉.]"라고 말하였다. 이 구절들 역시 자연의 변화에 응한다면 인위적으로 기댈 것이 없게 되고 인위적으로 기댈 것이 없다면 한 점의 흔적도 남기지 않는다는 의미이다.

善言, 無瑕讁
잘 말하는 자는 흠잡을 데가 없으며

주1 하적瑕讁 :
　　왕필본을 비롯한 통행본에는 적讁으로 되어 있으나, 부혁본傅奕本・임희일본林希逸本・범응원본范應元本・초횡본焦竑本 등에는 적讁이 적讁으로 되어 있다. 많은 주석가들은 적讁과 적讁을 동자同字로 보아 '꾸짖다' '책망하다'의 뜻으로 풀이하고 있다. 가령 범응원范應元은 "하瑕란 옥의 흠집이다. 적讁은 벌함이오, 책망함이다.[瑕, 玉病也. 讁, 罰也, 責也.]"라고 하였다. 반면에 고형高亨은 "하瑕와 적讁은 모두 옥의 티이다.[瑕讁皆玉疵也.]"라고 하였다. 여기서의 적讁은 적讁의 차자借字로 보아야 한다. 적讁은 '옥의 티'란 뜻이다. 하瑕와 적讁 모두 '옥의 티' 즉 '흠'이나 '결점'을 뜻한다. 『여씨춘추呂氏春秋』「거난擧難」에서도 "한 치의 옥에도 반드시 흠집讁瑕이 있기 마련이다.[寸之玉, 必有讁瑕]"고 하여, 하瑕와 적讁을 서로 연용連用해 쓰고 있다.

주2 소자유 - "때마침 그러한 이후에 말하기 때문에, 말이 천하에 가득 차더라도 구변口辯의 허물이 없다.[時然後言, 故言滿天下, 無口過.]"

감산 – "하적瑕讁이란 시비를 분별하여 하자를 지적한다는 뜻을 말한 것이다. 성인은 하나의 뜻만을 일삼음이 없고 반드시 꼭 그러리라는 기약함도 없고 하나만을 고집함도 없고 집착하는 나도 없다. 사람들이 하는 말을 쫓아서 그렇다면 그렇다고 하고 그렇지 않다면 그렇지 않다고 하며, 옳다면 옳다고 하고 옳지 않다면 옳지 않다고 하여 일찍이 견백동이堅白同異와 같은 궤변을 늘어놓지 않는다. 이것이야말로 말을 잘하는 것이기에, 하자가 없다.[瑕讁, 謂是非辨別, 指瑕讁疵之意. 聖人無意必固我. 聖人無意必固我. 因人之言, 然, 然, 不然, 不然, 可, 可, 不可, 不可, 未嘗堅白同異. 此言之善者, 故無瑕讁.]"

••• 해설

하적瑕讁이란 '옥의 티'란 뜻으로 '흠' '결점'을 의미한다. 따라서 본 문장은 '진정으로 뛰어난 언변은 흠 잡을 데가 없다'는 뜻이다. 그러나 여기서의 뛰어난 언변은 단순히 '뛰어난 달변達辯'을 뜻하는 것이 아니다. 탁월한 달변으로 청중들을 감동시키는 웅변가들은 어느 의미에서 본다면 뛰어난 사기꾼이기도 하다. 왜냐하면 감동을 주기 위해서는 과장 섞인 말이 반드시 필요하며, 논리나 진실보다는 즉흥적인 감정에 호소할 때가 많기 때문이다. 따라서 청중에게 감동을 주는 것은 진실한 내용이 아닌 탁월한 연출에 의해서이다. 연출이란 진실과 무관한 것이다. 히틀러가 독일의 젊은이들을 열광의 도가니 속으로 몰아넣을 수 있었던 까닭도 참다운 진실을 말했기 때문이 아니라 탁월한 연출을 하였기 때문이다. 따라서 노자는 81장에서 "진실한 말은 아름답지 못하고, 번지르르한 말은 신의가 없다.[信言不美, 美言不信.]"고 하였다. 말에 흠이 없다고 한 것은 소자유가 "때마침 그러한 이후에야 말한다.[時然後言]"고 한 것처럼, 때에 응하여 말하고 때에 응하여 침묵함이다. 말이 때에 응한 것이므로 때를 탓할 수는 있어도 말을 탓할 수는 없다. 따라서 말을 잘하는 사람은 흠잡을 데가 없다고 하였다.

善數, 不用籌策

잘 계산하는 자는 주산을 사용하지 않으며

주 　초횡焦竑 – "주책籌策이란 수를 계산하는 자가 사용하는 계산기로 대나무로써 만든 것이다.[籌策, 計數者所用之算, 以竹爲之.]"

　　왕필 – "사물의 수에 기인하기에 (계산기와 같은) 외형적인 것을 빌리지 않는다.[因物之數, 不假形也.]"

　　동사정董思靖 – "도는 하나일 따름이니, 만유萬有를 총괄한다.[道一而已, 總括萬有.]"

••• 해 설

주책籌策이란 옛날에 수를 세기 위한 일종의 주산으로서, 대나무로 만들었다. 본 문장은 자칫하면 "잘 계산하는 사람[善數]은 암산능력이 탁월하기에 주책과 같은 계산기가 필요 없다."는 식으로 해석할 오해의 여지가 있다. 그러나 주판알을 잘 튀기는 그러한 종류의 사람들은 사리사욕에 밝은 자로서 노자는 오히려 이러한 자들을 배척하였다. '주책籌策을 사용하지 않는다'고 한 것은 자연自然에 따라 행하면 삶이 소박해지며, 삶이 소박해지면 자연히 복잡한 계산을 할 필요가 없기에 주책籌策과 같은 것을 사용할 필요가 없다는 의미이다.

善閉, 無關楗而不可開, 善結, 無繩約而不可解.

잘 잠그는 자는 빗장으로 잠그지 않아도 (다른 사람이) 열 수가 없으며, 잘 묶는 자는 밧줄로 묶지 않아도 (다른 사람이) 풀지 못한다.

주1 관건關楗:

범응원范應元 – "가로 빗장을 '관關'이라 하고, 세로 빗장을 '건楗'이라고 한다.[橫曰關, 竪曰楗.]"

∘∘∘ 해 설

관關과 건楗은 모두 '빗장'을 뜻하나, 구체적으로 나누면 관關은 '가로 빗장'을 뜻하고 건楗은 '세로 빗장'을 뜻한다. 승繩은 '새끼줄'이란 뜻이고 약約은 '묶다'의 뜻으로, 승약繩約이란 '새끼줄로 묶음'이란 뜻이다. 해解는 묶은 것을 '풀다'란 뜻이다.

　보물상자를 아무리 견고한 자물쇠로 잠가놓고 잘 숨겨놓는다고 하더라도 완전히 숨길 수는 없다. 이 점에 대하여 『장자』 「거협胠篋」에서도 "이제 상자를 열고 주머니를 뒤지며 상자를 뜯으려고 하는 도둑을 막기 위해 반드시 노끈으로 꽁꽁 묶고 자물쇠로 단단히 잠가 둔다. 이것은 세상에서 흔히 말하는 '지혜'라고 하는 것이다. 그러나 덩치가 큰 도둑이 오면 궤짝을 등에 지고 상자를 손에 들며 주머니를 걸머멘 채 달려가면서, 오로지 노끈이나 자물쇠가 단단하지 못할까를 염려한다.[將爲胠篋探囊發匱之盜, 而爲守備, 則必攝緘縢, 固扃鐍, 此世俗之所謂知也. 然而巨盜至, 則負匱揭篋擔囊而趨, 唯恐緘縢扃鐍之不固也.]"라고 잘 풍자하고 있다. 아무리 잘 숨긴다고 하여도 훔칠 수 있는 여지는 항상 있기 마련이다. 반면에 도를 잘 깨달은 자는 천하를 자신의 것으로 한다. 천하를 자신의 것으로 하기에 도둑맞을 염려가 전혀 없다. 설령 어떤 사람이 천하를 훔친다고 하여도 천하를 숨길 곳이 없기 때문이다. 이 점에 대하여 『장자』 「대종사大宗師」에서도 "배를 골짜기에 감추고 못을 산에다가 숨겨 두고서 그것을 견고히 숨겨주었다고 말한다. 그러나 한밤중에 힘 있는 장사壯士가 그것을 메고서 달아나 버리는데도 우매한 자들은 그 사실을 알지 못한다. 작고 큰 것을 감추기를 잘한다고 하더라도 여전히 그것을 훔쳐 달아날 수가 있다. 만약에 천하 속에다가 천하를

감춘다면 훔쳐 달아날 곳이 없다. 이것이야말로 일반 사물의 커다란 실정
實情인 것이다.[夫藏舟於壑, 藏山於澤, 謂之固矣. 然而夜半有力者負之而走, 昧者不
知也. 藏小大有宜. 猶有所遯. 若夫藏天下於天下而不得所遯, 是恒物之大情也.]"라고
말하고 있다.

是以聖人常善求人, 故無棄人, 常善救物, 故無棄物. 是謂襲明.
이처럼 성인은 항상 남을 잘 구제해주기 때문에 남을 버리는 일이 없다. 항상 만물을
잘 구제해주기 때문에 사물을 버림이 없다. 이것을 '안에 간직한 밝음'이라고 한다.

주1 습명襲明 :

습襲을 '계승하다' '따르다'의 뜻으로 풀이하는 견해와 '간직하다'의 뜻
으로 풀이하는 견해가 있다. 전자에 대하여 감산은 "본래의 밝음을 계승하
여, 이로써 가려진 것을 통하게 하기에 '습명襲明'이라고 한다. 습襲은 승承
의 뜻으로 '계승하다'와 같은 의미이다.[承其本明, 因之以通其蔽, 故曰襲明. 襲,
承也, 猶因也.]"라고 하였으며, 해동奚侗은 "습襲은 '따르다[因]'의 뜻이다. 명명
은 16장과 55장의 '지상왈명知常曰明'에서의 명明이다. 습명襲明이란 상도常道
에 따름이다."라고 하였다. 후자에 대하여 엄영봉嚴靈峰은 "『광아廣雅』『석
고釋詁』에 '거듭함이다[重也]'라고 하였으니 장藏과 같다. 이는 밝음[明]을 간
직[藏]하였음을 말한 것이다."고 하였다. 후자의 뜻이 좋다. 즉 습襲은 장藏
의 뜻으로서, '깊은 곳에 간직하다'의 뜻이다. 명明은 인간 내부에 간직되어
있는 밝은 지혜라는 뜻이다.

주2 감산 – "성인이 세상에 거처하게 되면 교화가 불가능한 사람은 없다.

가르침에 있어서 특별히 선택받은 부류란 것은 없으므로 버릴만한 사람이 없다. 할 수 없는 일이란 없으며 사물마다 각각 나름의 이치를 가지고 있으므로 버릴만한 것이 없다.[聖人處世, 無不可化之人. 有敎無類, 故無棄人. 無不可爲之事, 物各有理, 故無棄物.]"

••• 해 설

우리는 자꾸만 무엇인가를 이루려고 하는데, 무엇인가를 이루려는 유위有爲 속에는 반드시 '깎아내는 것[裁斷]'이 있다. 깎아내려는 목적은 한쪽 부분을 살리고자 함 때문이지만, 한쪽 부분을 살리기 위해서는 필연적으로 쓸모없다고 하는 다른 부분을 죽여야만 한다. 모든 만물은 도 하나를 쫓아서 생겨난 것이므로 만물 하나하나가 모두 도의 모습을 담고 있다. 비록 하찮게 보이는 것일지라도 도의 관점에서 보면 모두가 귀한 것이다. 따라서 도는 만물 그 어느 하나라도 쓸모없다고 해서 버리는 일이 없다. 개체를 위해 전체를 버리지 않으며, 그렇다고 전체를 위해 개체를 버리지도 않는다. 아름답다거나 선한 것을 위해 추하거나 선하지 못한 것을 버리지도 않는다. 만물은 모두가 제각기 개성을 가지고 살아갈 따름이며, 도는 만물이 개성대로 살아가도록 그대로 놔둘 뿐이다. 따라서 도를 체득한 성인 역시 귀한 것이라고 하여 특별히 애착을 갖지 않으며, 천한 것이라고 하여 버리지도 않는다. 노자는 이것을 가리켜 '안에 간직한 밝음[襲明]'이라고 하였다.

노자는 어째서 만물을 항상 잘 구제하여 버림이 없음을 '습명襲明'이라고 하였는가? 일체 만물을 버리지 않는다는 것은 곧 일체 만물을 모두 포용한다는 의미이다. 노자는 16장에서 "상常을 알게 되면 받아들여지고[知常容]"라고 하였듯이, 일체 만물을 포용하는 마음이 곧 항상됨을 아는 마음이다. 또한 같은 곳에서 "상常을 아는 것을 밝다明고 한다.[知常曰明]"고 하였듯이, 항상됨을 알게 되면 우리들 속에 깊이 간직된 명[明]을 회복하게 된다.

故善人者, 不善人之師, 不善人者, 善人之資.

따라서 선한 사람은 선하지 않은 사람의 스승이 되고, 선하지 않은 사람은 선한 사람의 바탕이 된다.

주1 왕필본을 비롯한 전통적인 판본에는 '고선인자^{故善人者}, 불선인지사^{不善人之師}'로 되어 있는 반면에, 백서본^{帛書本}에는 '고선인자^{故善人者}, 선인지사^{善人之師}'로 되어 있다. 백서본에 의거할 경우 전통적인 해석과는 전혀 다르게 해석된다. 즉 왕필본에 의거할 경우 '선한 사람은 선하지 않은 사람의 스승이 되고'의 뜻이 되는데, 백서본에 의거할 경우 '선한 사람은 선한 사람의 스승이 되고'가 된다. 전체 맥락을 살펴 볼 때 전통적 판본이 옳다.

주2 선인자^{善人者}, 불선인지사^{不善人之師} :

  왕필 - "선을 들어서 불선^{不善}한 것을 가지런히 하기에 그를 '스승[師]'이라고 말한 것이다.[擧善以齊不善, 故謂之師矣.]"

주3 불선인자^{不善人者}, 선인지자^{善人之資} :

  왕필 - "자^資는 취함이다. 선한 사람은 선으로써 불선^{不善}한 사람을 가지런히 하여 선으로써 불선^{不善}함을 버리지 않는다. 따라서 선하지 않은 사람은 선한 사람에 의해 취해진다.[資, 取也. 善人以善齊不善, (不)以善棄不善也. 故不善人, 善人之所取也.]"

  엄영봉 - "자^資란 사람들이 의존하여 이루는 것이 있음이다.[資者, 人賴之有所成也.]"

● ● ● 해 설

앞에서 노자는 "성인^{聖人}은 항상 남을 잘 구하기에 남을 버림이 없다.[聖人常善求人, 故無棄人.]"고 하였다. 우리는 흔히 선^善이란 이름하에 악^惡을 싫어하며 버리려 한다. 그러나 노자는 선악이란 어디까지나 상대적 가치에 의거한 것에 지나지 않는다고 보았다. 왜냐하면 사람들이 말하는 선악이란 자신의 주관적인 감정에 기인한 것에 불과하다고 여겼기 때문이다. (2장 참조) 그렇다고 노자가 선이란 없다고 주장하고 있는 것은 아니다. 단지 상대적 가치로서의 선악을 비판하였을 따름이다. 노자는 이 상대적 가치를 넘어설 때 비로소 진정한 선에 도달할 수 있다고 보았다. 아니 인간의 본바탕 자체가 선한 것이다. 따라서 노자는 근본적으로 악이 있다는 것을 인정하지 않았다. 노자는 2장에서 "(세상 사람들은) 모두 선이 선인 줄로만 알고 있지만 이것은 선하지 않음이 될 따름이다.[皆知善之爲善, 斯不善已.]"고 하여 선의 반대말을 악이라고 하지 않고 불선^{不善}이라고 하였듯이, 여기서도 선의 반대말을 '불선^{不善}'이라고 하였다. 이것은 본래 악이란 존재하지 않으며, 단지 악이라는 것을 선의 결핍 정도로만 보았기 때문이다. 즉 인간의 바탕은 선한 것인데, 인위에 의하여 안에 간직하고 있던 선을 잃어버린 것을 '불선^{不善}'이라고 본 것이다. 이처럼 모든 사람들이 저마다 귀한 가치를 가지고 태어났다는 점에서, 선을 통하여 불선^{不善}함을 버려서는 안 되며, 오히려 선을 통하여 불선함을 포용하여야 한다고 보았다. 선한 사람이 불선^{不善}을 포용하려는 마음을 갖게 되면 선하지 않은 사람들은 그의 덕에 감화되어 자신들의 스승으로 삼게 될 것이다. 따라서 "선한 사람은 선하지 않은 사람의 스승이 된다.[善人者, 不善人之師]"고 하였다. 아름다운 옥은 그 스스로 귀하기 때문에 귀해진 것이 아니라 평범한 돌에 의거하여 귀해진 것이다. 선한 사람도 그 스스로가 선한 것이 아니라 선하지 않은 사람들에 의거하여[資] 선해진 것이다. 따라서 "선하지 않은 사람은 선한 사람의 바탕이 된다.[不善人者, 善人之資]"고 하였다.

不貴其師, 不愛其資, 雖智大迷. 是謂要妙.

그 스승을 귀하게 여기지 않고 그 바탕을 아끼지 않는다면, 비록 앎이 있더라도 크게 미혹된 것이다. 이것을 '심묘深妙함'라고 한다.

주1 요묘要妙 :

오징吳澄 - "요要는 '지극하다'는 말과 같다. 묘妙는 현묘하여 깊이를 측량할 수 없음이다. 현묘하여 깊이를 측량할 수 없는 지극함을 '요묘要妙'라고 말한 것이다.[要猶云至極也. 妙者玄不可測. 妙不可測之至極, 曰要妙.]"

고형高亨 - "요要는 의당 풀이하면 유幽가 되어야 할 것 같다. 유묘幽妙란 심묘함을 말한 것과 같다. 요要와 유幽는 옛날에 통용되었다.[要, 疑當讀爲幽. 幽妙猶言深妙也. 要, 幽, 古通用.]"

후꾸나가 미쓰지福永光司 - "요묘要妙는 요묘窈妙와 같은 뜻으로 심오한 진리를 말한다.

주2 왕필 - "비록 재주[智]가 있더라도 스스로 그 재주[智]에만 의존하고 사물에 따르지 않는다면 도를 반드시 잃게 된다. 따라서 '비록 지智 있더라도 크게 미혹된다'고 하였다.[雖有其智, 自任其智, 不因物, 於其道必失. 故曰, 雖智大迷.]"

●●● 해 설

앞에서 노자는 선과 선하지 않음을 상보적 관계로 보았다. 즉 선하지 않은 사람은 선한 사람을 귀하게 여겨야 하며 그에게서 배우고자 힘써야 한다. 반면에 선한 자 역시 불선不善한 자를 배척하고 재단하기보다는 널리 감싸서 포용해야 한다. 만일 그렇지 못한 채 양자가 단순히 반목상태로만 있게 된다면 비록 지智가 있다고 할지라도 크게 미혹될 것이라고 경고하였다. 앞에서의 명明이 깊숙한 곳에 간직된 '밝은 지혜'라고 한다면 여기서의 지智란 밖으로부터 구하여 얻는 '앎'을 뜻한다. 도란 만물을 모두 감싸듯 이 도를 간직한 우리들은 명明을 가지고 있어서 모든 것을 하나로 감싼다. 반면에 지智는 맹자가 시비지심是非之心이라고 하였듯이, 옳고 그름을 분간하는 마음이다. 옳고 그름의 분간을 통해 선함과 선하지 않음을 나누게 되며, 선함과 선하지 않음을 나눔으로 해서 양자는 서로 화해할 수 없는 영원한 반목상태에 놓이게 된다. 이처럼 지智는 선함과 선하지 않음을 나눌 뿐이므로 크게 미혹된 것이라고 보았다.

　노자는 선善과 불선不善의 대화해大和解를 이룰 수 있는 근거를 '요묘要妙'라고 하였다. 요要는 요窈·유幽·미微와 같은 뜻으로서 '어둡다'의 뜻이지만, 단순히 '어둡다'의 의미만이 아닌 '깊다'의 의미를 포괄하고 있다. 깊은 것일수록 안에 감추어져 있기에 쉽게 알 수가 없어서 어두운 듯하지만, 그 속에는 무궁무진한 것들이 내재內在되어 있다. 이처럼 무궁한 미묘함이 내재되어 있음을 묘妙라고 하였다. '요묘要妙'는 15장의 미묘微妙와 같은 말이다. 그런데 노자는 15장에서 미묘微妙함으로 해서 현통玄通할 수 있다고 보았다. 현통玄通이란 막힘없이 두루 통함이다. 이처럼 '요묘要妙'란 우리들 안에 깊숙이 간직한 미묘함을 뜻하는 것으로서 이 미묘함이 발휘되면 '두루 통함'을 이룰 수가 있으며, '두루 통함'을 통하여 선善이니 불선不善이니 하는 차별을 버리고 일체 만물을 하나로 포괄할 수 있다고 보았다.

제 28 장

知其雄, 守其雌, 爲天下谿, 爲天下谿, 常德不離, 復歸於嬰兒.
知其白, 守其黑, 爲天下式, 爲天下式, 常德不忒, 復歸於無極.
知其榮, 守其辱, 爲天下谷, 爲天下谷, 常德乃足, 復歸於樸.
樸散則爲器, 聖人用之, 則爲官長.
故大制不割.

수컷을 알고서 암컷을 지키면 천하의 계곡물이 되고, 천하의 계곡물이 되면 영원한 덕이 떠나가지 않아 '갓난아이'의 상태로 돌아간다.
흰 것을 알고서 검은 것을 지키면 천하의 법도가 되고, 천하의 법도가 되면 영원한 덕이 어긋나지 않아 '무극無極'에로 돌아간다.
부귀영화를 알고서 욕됨을 지키면 천하의 계곡이 되고, 천하의 계곡이 되면 영원한 덕이 넉넉해져 '순박함'으로 돌아간다.
통나무가 흩어져서 그릇이 되거니와 성인은 이것을 쓰면 우두머리가 된다.
따라서 크게 재단裁斷하는 것은 자르지 않는다.

知其雄, 守其雌, 爲天下谿, 爲天下谿, 常德不離, 復歸於嬰兒.

수컷을 알고서 암컷을 지키면 천하의 계곡물이 되고, 천하의 계곡물이 되면 영원한 덕이 떠나가지 않아 '갓난아이'의 상태로 돌아간다.

주 하상공河上公 – "수컷으로써 존귀함을 비유하였고, 암컷으로써 비천함을 비유하였다. 사람들은 비록 자신의 존귀함에 대해서 스스로 알고 있을지라도 마땅히 다시 미천함으로써 지켜야 하며, 수컷의 강건함을 떠나 암컷의 유화柔和로 나아가야 한다. 이와 같이 한다면 천하가 그에게로 귀의할 것이다. 사람들이 겸손히 하여 조화를 이룰 수 있음이 마치 깊은 계곡과 같이 한다면, 덕은 항상 있게 되어 자기에게서 다시 떠나가지 않게 된다. [雄以喩尊, 雌以喩卑. 人雖自知其尊顯, 當復守之以卑微, 去雄之强梁, 就雌之柔和. 如是, 則天下歸之, 如水流入深谿也. 人能兼和如深谿, 則德常在, 不復離於己.]"

왕필王弼 – "수컷은 앞선 것의 무리이고, 암컷은 뒤선 것의 무리이다. 천하 가운데 앞선 것은 반드시 뒤서게 됨을 알기 때문에, 성인은 그 자신을 뒤로하지만 자신이 앞서게 된다. 시냇물은 사물을 구하지 않더라도 사물들이 자발적으로 그에게로 돌아간다. 갓난아기는 지혜를 쓰지 않더라도 자연의 지혜에 합치된다.[雄, 先之屬, 雌, 後之屬也. 知爲天下之先也必後也, 是以聖人後其身而身先也. 谿不求物, 而物自歸之. 嬰兒不用智, 而合自然之智.]"

송상성宋常星 – "자웅雌雄 두 자는 한쪽 끝만을 견지해서는 안 된다. 천하만물에는 모두 자웅의 이치가 있고, 천하의 온갖 일에는 모두 자웅의 도리가 있다. 암컷은 음이오, 수컷은 양이다. 음은 정靜을 위주로 하고, 양은 동動을 위주로 한다.[雌雄二字, 不可執於一端. 天下萬物, 皆有雌雄之理, 天下萬事, 皆有雌雄之道. 雌者, 陰也, 雄者, 陽也. 陰主於靜, 陽主於動.]"

●●● 해설

웅雄은 '수컷'을 뜻하고, 자雌는 '암컷'을 뜻한다. 곡谿에 대해 『이아爾雅』 「석

수釋水」에 "물이 냇가로 흘러감을 '곡谿'이라고 한다.[水注川曰, 谿]"고 했다. 산속에서 흐르는 '계곡물'을 뜻한다. 천하계天下谿란 '천하 사이로 흐르는 계곡물'을 뜻한다. 영아嬰兒는 '갓난아이'의 뜻으로서 자연에 합치됨을 의미한다.

수컷[雄]은 남성적인 강강剛强을 말한 것이고, 암컷[雌]은 여성적인 유약柔弱을 말한 것이다. 흔히들 노자는 남성적인 것보다 여성적인 것을 더욱 선호했다고 말하고 있다. 당시 사회에 비추어볼 때 노자가 상대적으로 여성적인 것을 더욱 강조했던 것은 사실이다. 그러나 노자의 본래 의도는 어느 하나의 가치에 더욱 편중하자는 것이 아니다. 남성적인 것을 더욱 중요시한 것은 가치의 편중이지만, 여성적인 것을 더욱 중요시하는 것 역시 가치의 편중이다. 노자는 가치의 편중을 누구보다 배척하고 있다는 점에서 남성적인 것을 무시한 것은 아니었다. 그럼에도 불구하고 노자가 유독 여성적인 것을 강조했던 까닭은 당시에는 이미 남성 위주의 지배 이데올로기가 확고하게 자리 잡고 있었으므로 이에 대한 안티로 제시하기 위해서였다. '수컷을 알고서[知其雄]'에서의 수컷[雄]은 당시의 사람들이 보편적으로 추구하였던 가치이다. 노자는 이러한 가치를 '버려야 한다'라고 말하지 않고 '안다[知]'고 말한 까닭도 일반적으로 추구하던 가치를 노자 역시 충분히 긍정하였기 때문이다. 다만 한곳의 가치에 편중되면 남성적인 것만을 선호하게 되고 여성적인 가치를 천시하게 되기 때문에, 상대적으로 여성적인 것을 강조한 것이다.

선진先秦시대의 사람들은 '양은 높고 음은 낮다[陽高陰低]'고 여겼는데, 이 사고는 '양은 존귀하고 음은 비천하다.[陽尊陰卑]'란 사고로 이어졌으며, 더 나아가 '남존여비男尊女卑'의 사상으로까지 확대되었다. 계곡물은 낮은 곳에 처하여 있으므로 '음陰'이며 '낮음[低]'이다. 그러나 낮음은 애초부터 낮은 것이 아니라 높음이 있으므로 해서 생겨난 상대적인 것에 불과하다. 이 점에서 본다면 계곡물이 될 수 있었던 까닭은 비록 낮음에 있지만, 아울러 상대적으로 산의 높음이 있었기 때문이다. 즉 산의 높음을 보고 낮음을 지킴으로 해서 계곡물이 될 수 있었다. 따라서 "수컷(높음)을 알고서 암컷(낮음)을 지키면 천하 사이로 흐르는 계곡물이 되고"라고 하였다.

　높은 곳에서 낮은 곳으로 영원히 흘러감이야말로 덕의 참모습이다. 계곡물 역시 높은 곳에서 낮은 곳으로 영원히 흘러간다는 점에서 덕을 간직하고 있다. 또한 영원히 높은 곳에서 낮은 곳으로 흘러가므로 '영원한 덕은 떠나가지 않아서'라고 하였다. 물은 영원한 덕을 간직하고 있으므로 자연적으로 흘러간다. 즉 인위적인 것도 없으며, 삶의 조작도 없으며, 자신을 고집함도 없다. 다만 무심한 가운데 시류에 응해 도도히 흘러갈 뿐이다. 따라서 자연을 그대로는 "갓난아이 상태로 돌아간다."고 하였다.

知其白, (守其黑, 爲天下式, 爲天下式, 常德不忒, 復歸於無極. 知其榮,) 守其辱, 爲天下谷, 爲天下谷, 常德乃足, 復歸於樸.

흰 것을 알고서 검은 것을 지키면 천하의 법도가 되고, 천하의 법도가 되면 영원한 덕이 어긋나지 않아 '무극'에로 돌아간다. 부귀영화를 알고서 욕됨을 지키면 천하의 계곡이 되고, 천하의 계곡이 되면 영원한 덕이 넉넉해져 '순박함'으로 돌아간다.

주1　많은 학자들이 '수기흑守其黑, 위천하식爲天下式, 위천하식爲天下式, 상덕불특常德不忒, 복귀어무극復歸於無極, 지기영知其榮'은 후대에 새롭게 첨가된 문장이라고 주장하고 있다. 가령 이순정易順鼎은 "살펴보건대 이 장에는 후대 사람이 슬쩍 집어넣은 말이 있으니, 전부 노자老子의 원문은 아니다. 『장자』「천하天下」에서 노담老聃의 말을 인용하여 '지기웅知其雄, 수기자守其雌, 위천하곡爲天下谿, 위천하곡爲天下谿, 상덕불이常德不離, 복귀어영아復歸於嬰兒, 지기백知其白,

수기욕守其辱, 위천하곡爲天下谷.'이라고 말하였으니 이것이야말로 노자의 원문이다. 아마도 원본에서는 자雌와 웅雄이 대가 되고, 욕辱과 백白이 대가 되었던 것 같다. 욕辱에는 흑黑의 뜻이 있다. 『의례儀禮』의 주注에 '흰 것으로써 검은 것으로 나아감을 욕辱이라고 한다.[以白造緇曰辱]'고 하였으니, 이것이 바로 옛날의 뜻이었음에 대한 증거가 된다. 후인들은 욕辱과 백白이 대對가 됨을 알지 못하고, 반드시 흑黑이라야 비로소 백白과 대구對句가 되며, 반드시 영榮이라야 비로소 욕辱과 대구가 된다고 생각하였다. 이와 같이 하여 '수기흑守其黑'이란 하나의 구句를 '지기백知其白'의 아래에 덧붙였고, '지기영知其榮'이란 하나의 구句를 '수기욕守其辱'의 위에 덧붙였다. 또한 '위천하식爲天下式, 위천하식爲天下式, 상덕불특常德不忒, 복귀어무극復歸於無極' 네 구를 덧붙여, 흑黑이라는 운韻에 부합되게 하였으니, 은근슬쩍 고친 흔적이 분명히 드러난다.[按此章有後人竄入之語, 非盡老子原文. 莊子天下篇引老聃曰, '知其雄, 守其雌, 爲天下谿. 知其白, 守其辱, 爲天下谷.' 此老子原文也. 蓋本以雌對雄, 以辱對白. 辱有黑義. 儀禮注, '以白造緇曰辱.', 此古義之可證者. 後人不知辱與白對, 以爲必黑始可對白, 必榮始可對辱. 如是, 加'守其黑'一句於'知其白'之下, 加'知其榮'一句於'守其辱'之上. 又加'爲天下式, 爲天下式, 常德不忒, 復歸於無極'四句, 以協'黑'韻, 而竄改之跡顯然矣.]"고 하였다. 마서륜馬敍倫과 고형高亨 역시 이 견해가 옳다고 보았다. 이러한 견해는 타당성이 있지만 이 여섯 구가 생략된 판본이 전혀 없다는 점에서 물증 없는 심증적인 주장에 가깝다. 물론 그들이 내세우는 유일한 근거는 『장자』「천하天下」에 인용한 "지기백知其白, 수기욕守其辱, 위천하곡爲天下谷."을 들고 있다. 그러나 문제는 한초漢初의 텍스트인 『회남자淮南子』「도응훈道應訓」에는 "지기영知其榮, 수기욕守其辱, 위천하곡爲天下谷."이란 문장이 들어 있어, 영榮과 욕辱이 대對를 이루고 있다. 마서륜馬敍倫도 이 점을 인정하며, 한초에는 이미 본 문장이 삽입되었다고 주장하였지만, 설득력이 약하다.

주2 식式 :

왕필 - "식式이란 본보기가 되는 준칙이다.[式, 模則也.]"

주3 특忒 :

왕필 - "특忒이란 '어긋나다'의 뜻이다.[忒, 差也.]"로 하였다.

주4 무극無極 :

왕필은 "다할 수 없음이다.[不可窮也.]"고 하였으며, 하상공은 '궁극이 없음이다.[無窮極也.]라고 풀이하였다.

주5 왕필 - "이 세 가지는 항상 끝과 상반된 뒤에야 비로소 마땅히 거처해야 할 곳에서 덕이 온전해질 수 있음을 말한 것이다. 아래 장에서도 '상반됨이 도의 움직임이다'고 하였다. 공을 취해서는 안 되며, 항상 근본[母]에 거처해야 한다.[此三者, 言常反終, 後乃德全其所處也. 下章云, 反者道之動也. 功不可取, 常處其母也.]"

• • • 해설

백白은 '결백潔白'을 뜻하고, 흑黑은 '오욕汚辱'을 뜻한다. 식式은 '법식法式'의 뜻으로 '법도'를 의미한다. 특忒에 대해 왕필王弼이 "특忒이란 '어긋나다'의 뜻이다.[忒, 差也.]"라고 하였듯이, '어긋나다'의 뜻이다. 무극無極을 일반적으로 '무궁함'이라고 해석하는 데, 무궁無窮은 일반적으로 시간적 개념이라고 한다면 무극은 공간적 개념이다. 『장자』「재유在宥」에서도 "무궁한 문으로 들어가, 무극의 들에서 노닌다.[入无窮之門, 以遊無極之野.]"고 하여, 무궁을 시간적 개념으로, 무극을 공간적 개념으로 파악하고 있다. 무극이란 '극한[極]이 없음'을 뜻하는 것으로서, 구체적으로 말하면 경계境界가 없음이다. 『장자』「소요유逍遙遊」에서도 "무극 밖에는 다시 극이 없다.[無極之外, 復

無極也.]"고 하였다. 여기서도 무극이란 무한하여 경계가 없는 것이라고 하였다. 무극은 도가에서 뿐만 아니라 송대의 유가에서도 중요시한 개념이었는데, 선진유가의 경전에서는 '무극'이란 말이 전혀 없으며, 여기서 처음으로 보인다. 무극의 개념은 본시 도가에서 사용한 개념이었는데, 유가에서 이것을 차용한 것이 분명하다. 영榮은 '영화榮華'를 뜻한다. 욕辱은 '욕됨'의 뜻으로서, 41장의 '크게 흰 것은 더러운 것 같고[大白若辱]'에서의 욕辱과는 다른 의미이다. 41장에서의 욕辱은 오히려 흑黑의 개념에 해당한다. 백白과 영榮, 흑黑과 욕辱은 서로 유사한 개념이지만, 이것을 구별해보면 다음과 같다. 상류에 처한 물은 깨끗하기에 '깨끗함[白]'이 되며, 하류에 처한 물은 온갖 더러운 것들이 다 모여들기에 '더러움[黑]'이 된다. 또한 물이 높은 곳에 있으면 고결함을 간직할 수 있기에 '영화[榮]'가 되며, 낮은 곳에 거처하면 온갖 더러운 것들을 굴욕적으로 다 받아들여야 하기에 '욕됨[辱]'이 된다. 박樸은 본래 '통나무'를 뜻하지만, '질박함' '순박함'을 의미한다. 『상군서商君書』「약민弱民」에서도 "백성들이 순박하면[樸] 나라는 강해지고, 음탕하면 나라가 약해진다.[樸則强, 淫則弱.]"고 하여, 박樸을 '순박함'으로 보았다.

　　상류의 물은 언제나 깨끗하고 맑다. 상류의 깨끗함을 누가 마다하겠는가? 그러나 물은 겸허함에 의해 자꾸만 밑으로 흘러만 간다. 또한 하류로 내려갈수록 일체의 더러움도 마다하지 않고 모두 포용한다. 이처럼 일체의 더러움을 모두 포용함으로 해서 맑고 투명함이 어느새 검게 변한다. 그런데 노자는 "흰 것을 알고서 검은 것을 지키면 천하에 통용되는 법도가 될 수 있다."고 하였다. '법도란 깨끗한 것이어야 한다'는 것은 우리들의 일반적인 상식이다. 그러나 노자는 우리의 상식에 역행하며, 오히려 더러움으로 법도를 삼아야 한다고 말하고 있다. 그 이유는 무엇 때문인가? 물은 너무 맑으면 고기가 모여들지 않는 것처럼 너무 결백만을 고집한다면 필연적으로 세상과 등져야 한다. 청렴결백淸廉潔白 하기로 유명한 백이伯夷와 숙제叔齊 두 형제는 의로움을 지키기 위하여 수양산首陽山에서 고사리만

캐먹다가 굶어 죽은 고사가 그 단적인 예이다. 사실상 깨끗한 것만을 선호하고 더러운 것을 버리게 되면 선악과 시비에 의해 재단裁斷하게 된다. 그렇게 되면 포용하는 것이 있지만 동시에 배척하는 것이 있다. 반면에 도는 만물이 존귀하고 선하다고 하여 특별히 애착을 갖거나 비천하고 선하지 않다고 해서 버리지도 않는다. 일체 만물을 모두 포용할 뿐이다. 계곡의 물 역시 하류로 흘러감에 일체의 더러움을 마다하지 않고 모두 포용한다. 이처럼 일체의 더러움조차 포용함이야말로 우리들이 살아가면서 지켜야 할 생활의 법도이다. 연꽃이 우리들에게 감동을 주는 까닭도 더러운 연못 속에서 화사하게 피어날 수 있었기 때문이 아니겠는가?

 이처럼 모든 것을 포용하는 넓은 마음으로 법도로 삼는다면 우리의 내면에 있는 영원한 덕은 어긋남이 없다고 하였다. 왜냐하면 덕은 그 모두를 포용하기 때문이다. 즉 싫다고 하여 미워하는 일이 없으며 그르다고 하여 버리는 일도 없다. 물은 비하한 곳에 처하기를 좋아하여 낮은 곳으로 부단히 흘러가지만 마침내 드넓은 바다에 도달한다. 바다는 끝없이 펼쳐져 있어 지평선 끝에도 경계가 없다. 따라서 도의 '무한한 경계의 세계[無極]'로 돌아갈 수 있다고 하였다.

 물이 높은 곳에 있으면 고결함을 간직할 수 있기에 '영화[榮]'가 되며, 낮은 곳에 거처하면 온갖 더러운 것들을 굴욕적으로 다 받아들여야 하기에 '욕됨[辱]'이 된다. 그 누가 부귀영화의 좋음을 마다하겠는가? 그러나 물은 낮은 곳에 처하려고 함으로 해서 자꾸만 욕된 것으로 나아간다. 높은 산의 깊은 계곡이야말로 가장 낮은 곳에 처한 것이다. 즉 계곡은 높은 산을 보고서 욕된 낮은 곳에 거처하여 생겨난 것이다. 따라서 "부귀영화를 알고서 욕됨을 지키면 천하의 계곡이 된다."고 하였다. 그러나 겸허함으로 낮은 것에 처할수록 오히려 온갖 것들을 모두 수용할 수 있다. 산꼭대기는 고귀함을 자랑하지만 자신의 것을 모두 내주므로 항상 부족해지지만, 계곡은 항상 낮은 곳에 있어 모든 것을 수용하므로 항상 넉넉하다. 따라서

'천하의 계곡이 되면 영원한 덕이 넉넉해져'라고 하였다. 이처럼 마음이 넉넉해지면 우리는 참됨을 회복하게 된다. 따라서 '순박함[樸]으로 돌아간다.'고 하였다.

樸散則爲器, 聖人用之, 則爲官長.
통나무가 흩어져서 그릇이 되거니와 성인은 이것을 쓰면 우두머리가 된다.

주 하상공 - "성인이 그것을 사용한다면, 대도大道로써 천하를 제어하는 것이기 때문에 상해를 입는 일이 없게 된다. 자신을 다스린다면 대도로써 정욕을 제어하는 것이기 때무에 정신을 해치지 않는다.[聖人用之, 則以大道 制御天下, 無所傷害. 治身則以大道制御情欲, 不害精神也.]"

왕필 - "박樸은 참됨이다. 참됨이 분산되면 온갖 행위들이 나오고 개별적인 종류들이 생겨나게 되어 그릇과 같아진다. 성인은 분산된 것으로 말미암아 그들을 위하여 통솔자를 세우고, 선으로써 스승으로 삼게 하고, 불선不善함을 바탕으로 삼게 하고, 풍속을 바꾸어서 다시 하나에로 돌아가게 한다.[樸, 眞也. 眞散則百行出, 殊類生, 若器也. 聖人因其分散, 故爲之立長官, 以善爲師, 不善爲資, 移風易俗, 復使歸於一也.]"

● ● ● 해 설
노자는 도를 통나무[樸]에 즐겨 비유하는데, 그 까닭은 통나무란 전혀 인위가 가미되지 않은 순일純一한 상태로 있기 때문이다. 노자가 통나무[樸]를 이상으로 삼았으며 궁극적으로는 통나무의 상태로 돌아갈 것을 강조하고는 있지만, 통나무가 통나무 상태로만 머물러 있으면 유명의 세계인 만상

萬象이 드러날 수가 없다. 따라서 노자는 "통나무가 흩어져서 그릇이 된다."고 하였다. 여기서 '흩어진다[散]'란 '분산分散되다'의 뜻으로서, 일자一者가 다자多者로 분화된다는 의미이다. 이 다자를 그릇[器]으로 비유하고 있는데, 그릇은 존재론적으로 보면 만물을 지칭한다. 즉 "혼일混一의 상태로 있는 도가 분화되어 만물이 된다."는 의미가 된다. 그릇은 재질로써 보면 만물이 도 하나를 얻어 내재화된 덕德을 의미한다. 즉 "일자로 있는 도가 만물 속에 흩어져 다자의 덕이 된다."는 의미가 된다.

'성인이 그것을 사용한다[聖人用之]'에서 지之는 통나무를 뜻한다. 본 구절의 의미는 '만물은 비록 도가 흩어져서 다多를 이루고 있지만, 성인은 일자一者로서의 성질을 가진 통나무를 사용한다'는 뜻이다. 또한 '성인은 이것을 사용하면 장관官長이 될 수 있다'고 하였는데, 장관이란 백관百官의 '우두머리'란 뜻으로 기강紀綱을 의미한다. 만물이 다多가 되지만 통나무[樸]의 본질인 일자一者를 사용하게 되면 다多를 하나로 관통시킬 수 있는 기강紀綱이 될 수 있다는 말이다.

본 문장과 관련하여 석도石濤는 "큰 통나무가 한번 흩어져서 법이 생겨나게 되었다. 법은 어디에서 세워지는가? 일획에서 세워진다. 일획이란 모든 존재의 근본이며, 만상의 근원이다.[太朴一散, 而法立矣. 法於何立. 入於一畫. 一畫者, 萬有之本, 萬象之根.]"라고 하였다.(『苦瓜和尙畫語錄』) 화폭에 삼라만상을 담으니 화폭 속에 삼라만상이 다 들어가 있다. 그런데 이 삼라만상은 일획에 의해 생겨난 것이다. 일획은 단순한 것이지만, 모든 삼라만상을 낳으므로 삼라만상의 근원이라 할 수 있다. 그런데 일획은 현실적 존재의 근원일 뿐만 아니라 앞으로 생겨날 존재들의 근원이라는 점에서 무한한 가능태이기도 하다. 그런데 이 가능태는 아리스토텔레스가 말하는 가능태와는 전혀 다르다. 아리스토텔레스가 말하는 가능태는 형상을 실현하기 위한 가능태이지만, 일획에는 고정된 형상이란 것이 없으며 단지 무한한 변화만이 있을 따름이다. 따라서 일획은 무한한 변화를 쫓아 무한한 형태를 만들어 낸다.

故大制不(無)割.

따라서 크게 재단하는 것은 자르지 않는다.

주1   일반 판본에는 '고대제불할故大制不割'로 되어 있는 반면에, 백서본에는 '부대제무할夫大制无割'로 되어 있다. 돈황본敦煌本·범응원본范應元本·경룡비본景龍碑本·부혁본傅奕本에는 '불不'이 '무無'로 되어 있다. '불不'로 보는 것이 옳다고 본다.

주2   하상공 – "성인聖人이 그것을 사용하면 대도大道로써 천하를 다스리는 것이 되기 때문에 상해傷害를 당하는 일이 없게 된다. 자신을 다스리게 되면 대도로써 정욕을 다스리는 것이 되기 때문에 정신을 해치지 않게 된다. [聖人用之則以大道制御天下, 无所傷割. 治身則以大道制御情欲, 不害精神也.]"

왕필 – "큰 다스림[大制]이란 천하의 마음을 자신의 마음으로 삼음이다. 따라서 분할함이 없다.[大制者, 以天下之心爲心. 故無割也.]"

고형高亨 – "큰 다스림이란 사물[物]이 저절로 그러함에 따르기 때문에 분할하지 않음이다. 각각 그 통나무[樸]를 안고 있을 뿐이다.[大制, 因物之自然, 故不割. 各抱其樸而已.]"

● ● ● 해설

'대제불할大制不割'에서의 대大는 25장에도 이미 나와 있듯이 무한의 대이다. 제制에 대해 장석창蔣錫昌은 "대제大制란 대치大治와 같다.[大制猶云大治]"고 하여,

제制를 치治의 뜻으로 풀이하였다. 대부분의 학자들도 제制를 치治로 보아, 대치大治를 '대도에 의한 커다란 다스림'으로 해석하였다. 그러나 제에 대해, 위원魏源이 32장 '시제유명始制有名'의 주에서 "제制란 통나무를 잘라내어 나누는 것이다.[制者, 裁其樸而分之.]"라고 하였듯이, '재단裁斷하다'의 뜻으로 보아야 한다. 『설문說文』에서도 '재야裁也'라로 하였다.

무엇인가를 재단하기 위해서는 반드시 하나의 표준을 정해놓아 이에 맞지 않는 나머지 부분을 잘라내야 한다. 날카로운 칼날로 단칼에 잘라냄이 바로 '할割'이다. 할割은 분할分割의 뜻이지만, 하상공河上公이 '상해傷害'로 풀이하였듯이 '상처를 입힌다'란 의미가 내포되어 있다. 왜냐하면 날카로운 칼날로 자르게 되면 잘린 곳은 반드시 상처를 입게 되기 때문이다. 당시 사회에서 가장 대표적인 칼날을 꼽으라고 한다면 엄격한 법이 이에 해당될 것이다. 위정자들은 당시의 혼란스런 사회를 바로 잡기 위하여 법에 저촉된 자들의 목을 서슬 퍼런 형벌의 칼날로 단칼에 베어내었다. 위정자들은 이처럼 엄격하게 재단함으로 해서 다스림을 도모하고자 하였다. 그런데 노자는 오히려 '불할不割'을 말하였다. '무할無割'로 된 판본도 있으며 이에 의거할 때 '무할無割'은 '자름이 없다'로 풀이될 수 있는데, 이러한 풀이는 노자의 본의와 다소 멀다. 통나무가 흩어져 그릇이 되었다면 이미 분할이 된 것이다. 이미 분할이 되었다면 '자름이 없다'는 말은 논리적으로 성립되지 않는다. 여기서는 '이미 나누어졌지만, 분할되었음을 의식하지 않는다'는 의미이며, 이 경우에는 '불할不割'로 보는 것이 좋다.

앞서 보았듯이 다多는 통나무란 일자一者가 흩어져서 이루어진 것이다. 다多가 있다고 함은 만물들이 이미 각각의 경계를 갖고 있으며 경계를 통하여 독자성을 유지하고 있음을 뜻한다. 다만 이러한 독자성에 집착하게 되면 개별들은 자신에게만 치우쳐 서로 반목하는 상태에 놓이게 된다. 노자 당시의 사회가 혼란을 초래했던 근본 원인도 바로 이러한 반목상태에 있었기 때문이다. 따라서 다자多者들의 통일을 지향해함은 당시의 중요한 과제였으며, 왕은 다자들의 통일을 구현하는 데 있어서 중심의 축에 놓여 있다. 올바른 왕이란 일자인 통나무의 속성을 사용하여 다스림을 도모하는 자이다. 비록 노자가 일자를 통하여 통일을 지향하고자 했지만, 법가에서처럼 획일적인 원칙을 정해놓고서 이에 의거하여 재단하는 것에 대해서는 단호히 비판하였다. 왜냐하면 이것은 필연적으로 사람들에게 상처를 입히기 때문이다. 도란 모든 만물들의 기강紀綱이 되면서도 하나의 척도에 의해 만물들을 잘라냄을 해서 상처를 입히지 않는다. 이와 마찬가지로 도를 체득한 왕 역시 큰 것을 위해 작은 것들을 죽이지 않으며, 단지 화和라는 형식을 통하여 작은 것들을 포괄하는 자이다. 불할不割이란 개별성을 인정하면서도 하나의 기강을 통하여 이 개별성을 더욱 큰 범주 속에 포괄시킨다는 뜻을 담고 있다.

제 29 장

將欲取天下而爲之, 吾見其不得已.
天下神器, 不可爲也.
爲者敗之, 執者失之.
物或行或隨, 或嘘或吹, 或强或羸, 或載或隳.
是以聖人去甚, 去奢, 去泰.

장차 천하를 취해서 다스리려고 함에, 나는 마지못해 함을 볼 뿐이다.
천하는 신성한 그릇이어서 인위적으로 해서는 안 된다.
인위적으로 행하는 자들은 실패하고, 잡으려고 하는 자들은 잃게 된다.
사물에는 먼저 가는 것도 있고 뒤따라가는 것도 있으며, 후후 불어서 따뜻이 하는 것도 있고 혹 불어서 식히는 것도 있으며, 강한 것도 있고 약한 것도 있으며, 싣는 것도 있고 떨어뜨리는 것도 있다.
이로써 성인은 엄격함을 버리고, 사치함을 버리고, 교만함을 버린다.

將欲取天下而爲之, 吾見其不得已.

장차 천하를 취해서 다스리려고 함에, 나는 마지못해 함을 볼 뿐이다.

주1 부득이不得已 :

여기에는 두 가지 해석이 있다. 자의字意 그대로 '마지못해서 하다'로 풀이하는 경우와 '얻지 못할 따름이다'로 풀이하는 경우가 그것이다. 후자에서는 이已를 어조사로 보았다. 가령 범응원范應元은 "이已는 어조사이다. [已, 語助.]"라고 하였다. 하상공은 "천하의 주인이 되려고 하고 유위로써 백성들을 다스리려고 한다면, 나는 천도와 인심을 얻을 수 없음을 분명하게 볼 수 있다.[欲爲天下主也, 欲以有爲治民, 我見其不得天道人心已明矣.]"라고 풀이하였다. 하상공은 부득不得을 '천도와 인심을 얻을 수 없다'로 풀이하였다. 그러나 '마지못해서 하다'로 풀이하는 게 타당하다고 본다. 왜냐하면 30장에서 "목적을 달성하여도 부득이한 것이었다고 여긴다.[果而不得已]"고 하였으며, 31장에서도 "무기란 상서롭지 못한 물건이어서 군자가 쓰는 물건이 아니다. 마지못해서 그것을 쓸데는 담담히 하는 것이 최상이다.[兵者, 不祥之器, 非君子之器, 不得已而用之, 恬淡爲上.]"고 하여 '부득이不得已'를 모두 '마지못해서 하다'의 의미로 풀이하였기 때문이다.

주2 소자유蘇子由 – "성인이 천하를 소유했던 까닭은 스스로 취했기 때문이 아니라, 만물이 자신에게로 귀의하여 부득이 받아들였기 때문이다. 천하를 다스린다는 것은 인위적으로 행하는 것이 아니라, 만물이 저절로 그러함에 의거하여 해로운 것만을 제거하는 것일 따름이다. 만약 천하를 취하려고 한다면 얻을 수가 없다.[聖人之有天下, 非取之也, 萬物歸之, 不得已而受之. 其治天下, 非爲之也, 因萬物之自然而除其害耳. 若欲取而爲之, 則不可得矣.]"

● ● ● **해 설**

'취取'는 '임하다[臨]'와 같은 뜻으로서, '군주가 되다'의 의미이다. '위爲'는 '다스리다[治]'의 뜻으로, '위지爲之'는 '천하를 다스리다'의 뜻이다. '부득이不得已'란 31장에도 보이듯이, 어찌할 수 없는 불가피한 상황에서 선택할 수밖에 없는 경우에 사용하는 말이다.

　노자는 원칙상 천하를 얻어 다스리는 것에 대해서 반대하고 있다. 왜냐하면 치治는 자칫 유위有爲에 빠져들 수도 있기 때문이다. 그러나 다스림을 반대한다고 해서 무작정 다스리지 말라고 한다면 이것은 곧 혼란스러운 상황을 속수무책 방치하라는 말과도 같다. 현실적으로 분명 다스림이 있어야 한다. 그러나 같은 다스림이라고 하더라도 부득이 다스리려는 마음가짐과 다스리기를 좋아하여 다스리려는 마음가짐은 차원이 다르다. 노자는 천하의 군주가 되어 천하를 다스려야 할 경우가 있더라도 마지못해서 할뿐이라는 마음가짐을 가져야 한다고 보았다. 『장자』「재유在宥」에서도 "군자는 부득이하게 천하에 임한다.[君子不得已而臨莅天下.]"고 하였다.

天下神器, 不可爲也. (不可執也.) 爲者敗之, 執者失之.

천하는 신성한 그릇이어서 인위적으로 해서는 안 된다. 인위적으로 행하는 자들은 실패하고, 잡으려고 하는 자들은 잃게 된다.

주1　불가집야不可執也 :

　통행본에는 '불가집야不可執也'가 없는데, 여러 학자들은 '불가집야不可執也'를 첨가해야 한다고 보았다. 이 점에 대하여 이순정易順鼎은 "'불가위야不可爲也' 아래에 마땅히 '불가집야不可執也' 한 구가 있어야 한다. 세 가지 예증으로써

제29장　387

밝혀볼 수 있다. 『문선文選』가운데 간령승干令升의「진기총론晉紀總論」주注에서 『문자文子』를 인용했는데, 여기서 '노자왈老子曰. 천하대기야天下大器也, 불가집야不可執也, 불가위야不可爲也. 위자패지爲者敗之, 집자실지執者失之.'라고 한 것이 그 첫 번째 증거이다. 왕필주王弼注에서 따라서 따를 수는 있어도 행할 수는 없으며 통할 수는 있어도 집착할 수는 없다.[故可因而不可爲也, 可通而不可執也.]'고 하였는데, 이처럼 왕필주王弼注에 있다는 점에서 본문에도 있음을 알 수가 있으니, 그 두 번째 증거이다. 64장에서 '위자패지爲者敗之, 집자실지執者失之, 시이是以, 성인무위고무패聖人無爲故無敗, 무집고무실無執故無失.'이라고 말하였듯이, 무위無爲하게 되면 행할 수 없고, 무집無執하게 되면 집착할 수 없게 된다고 하였다. 저 문장에 있듯이 이 문장에도 또한 있어야 하니, 그 세 번째 증거가 된다."고 하였다. 유사배劉師培와 마서륜馬敍倫 또한 이설을 지지하였다. '불가집야不可執也'가 첨가되어야 한다는 주장에도 일리가 있지만, '불가집야不可執也'가 첨가된 판본이 없다는 점에서 단순히 심증에 의거한 주장이라고 본다.

주2 신기神器 :

하상공 – "기器는 물物이니, 사람이야말로 천하의 신령한 물物이다.[器, 物也. 人乃天下之神物也.]"

왕필 – "신神은 형체形體도 없으며 일정한 공간方所도 없다. 그릇이란 여러 요인들이 합하여 이루어진 것인데, 무형으로써 합하였기 때문에 그것을 '신기神器'라고 하였다.[神, 無形無方也. 器, 合成也. 無形以合, 故謂之神器也.]"

엄영봉嚴靈峰 – "신기神器란 신성한 만물神物과 같은 것으로, 지극히 귀중함을 말한 것이다.

주3 위爲·집執 :

사마광司馬光 – "위爲는 자연을 손상시킴이오, 집執은 통변通變과 동떨어진 것이다.[爲則傷自然, 執則乖通變.]"

••• 해 설

노자가 말한 천하는 '천하만물'을 뜻한다. 신기神器에서의 신神은 6장의 '계곡의 신령스러움은 죽지 않는다[谷神不死]' 39장의 '신은 하나를 얻어 신령스러워진다[神得一以靈]'에서의 신神과 마찬가지로 '신령스럽다' '신성神聖하다'의 뜻이다. 기器는 본래 28장의 '통나무가 흩어져 그릇이 된다[樸散則爲器]'에서의 기器와 같이 개별들 혹은 개별들 속에 들어있는 덕성德性을 가리킨다. '위자패지爲者敗之'에서 위爲는 인위적인 통치를 뜻한다. '집자실지執者失之'에서 집執은 '잡다'의 뜻으로 자신의 손아귀에 넣으려 함을 의미한다.

흔히 신God이라고 하면, 현상계를 초월해 있으면서 인간세계를 주재하는 절대자로 인식하고 있다. 그러나 본래적 의미의 신神이란 하나의 인격성을 가진 절대자를 의미하는 것이 아니라, 초월적이고 신비적인 것에 대한 이미지를 상징화한 것이다. 신비의 대상은 자연일수도, 정령이 깃든 나무일수도, 어떤 부족이 섬기는 특정의 동물일수도, 성스런 땅[聖地]일수도 있다. 인간의 인식을 초월해 있어서 우리의 인식으로는 감히 이해할 수 없는 것, 신령스러워 감히 근접할 수 없는 것 모두를 '신'이라 할 수 있다. 이처럼 신은 본래 '신령스러움'이라는 형용사였는데, 이것이 하나의 절대자로 구체화됨으로 해서 명사로 쓰이게 된 것이다. 본 문장에서의 신神 역시 신령스러워 인간의 생각으로 함부로 판단할 수 없으며, 신성神聖하여 함부로 다룰 수 없음에 대한 이미지이다.

도는 신령스러운 것이다. 천하만물은 이 신성한 도로부터 나왔다는 점에서 천하만물 역시 신령스런 존재들이다. 백성들은 이처럼 신령한 존재들이므로 위정자들이 함부로 다룰 수 있는 그러한 존재들이 아니다. 그런데도 슬픈 현실은 위정자들이 백성들을 신령한 존재로 간주하기는커녕 단지 우민愚民으로만 간주하였다. 더 극단적으로 표현한다면 위정자들은 자신을 목자로 여겼으며, 백성들은 단지 자신들의 뜻에 따라 이리저리 움직이는 가축 떼로만 보았다. 가축 떼들은 자발적으로 살아갈 수 없으며 오직 목자의 뜻에 따라 질서정연하게 움직여야 하듯, 백성들 역시 위정자 자신들의 통치에 지배받으며 살아가야 한다고 강변하였다. 이러한 터무니없는 강변에 의거해 위정자들은 백성들을 자기 멋대로 통치하려고 하였으며 자신의 주장만을 고집하였다. 그러나 백성들은 신령한 존재들이므로 위정자가 자신의 손아귀에 넣어 좌지우지 할 수 있는 그러한 존재들이 아니다. 만일 위정자들이 백성들을 제멋대로 할 수 있다는 생각을 버리지 못한다면 끝내는 실패하고 만다. 따라서 "제 멋대로 행하는 자들은 실패하고, 자신의 손아귀에 넣으려고 하는 자들은 잃게 된다."고 하였다.

(故)物或行或隨, 或嘘或吹, 或強或羸, 或載或隳.

사물에는 먼저 가는 것도 있고 뒤따라가는 것도 있으며, 후후 불어서 따뜻이 하는 것도 있고 혹 불어서 식히는 것도 있으며, 강한 것도 있고 약한 것도 있으며, 싣는 것도 있고 떨어뜨리는 것도 있다.

주1 왕필본과 하상공본 등에는 '고故'자로 되어 있는데, 경룡본景龍本・수주본遂州本・돈황정본敦煌丁本에는 '고故'자가 '부夫'자로 되어 있다. 부혁본傅奕本・소자유본蘇子由本・오징본吳澄本 등에는 '고故'자가 '범凡'자로 되어 있다. 백서본에는 '고'자가 없으며, 없는 것이 의미상으로도 낫다.

　　왕필본에는 허歔로 되어 있으나, 상이본想爾本・경룡본・수주본・돈황정본・팽사본彭耜本 등에는 허噓로 되어 있으며, 하상공본・이현본易玄本・형현본刑玄本・누정본樓正本・오징본・초횡본焦竑本 등에는 구呴로 되어 있으며, 경복본景福本・반계본磻溪本에는 후煦로 되어 있다. 여기서는 허噓로 보았다.

주2 혹행혹수或行或隨 :

고형高亨 - "행行이란 앞에서 걸어가는 것이며 수隨란 뒤쫓는 것이기에, 뜻이 전적으로 상반된다.[行者步於前, 隨者從於後, 義正相反.]"

주3 혹허혹취或噓或吹 :

하상공 - "구呴는 따뜻함이고, 취吹는 차가움이다. 따뜻함이 있으면 반드시 차가움이 있기 마련이다.[呴, 溫也. 吹, 寒也. 有所溫必有所寒也.]"

고형 - "서서히 입김을 토해내어 사물을 따뜻하게 하는 것을 '허噓'라고 하며, 빠르게 입김을 토해내어 사물을 차갑게 하는 것을 '취吹'라고 하므로, 뜻이 상반된다.[煖吐氣以溫物謂之噓, 急吐氣以寒物謂之吹, 義正相反.]"

주4 혹강혹리或强或羸 :

하상공 - "강대한 것이 있으면, 반드시 약한 것이 있다.[有所强大, 必有所羸弱也.]"

주5 혹재혹휴或載或隳 :

왕필본에는 혹좌혹휴或挫或隳로 되어 있으며 풀이하면 '혹 꺾이기도 하고 혹 무너지기도 한다'가 된다. 하상공본・경복본・누고본樓古本・고환본顧歡本・반계본・소자유본・오징본 등에는 '혹재혹휴或載或隳'로 되어 있다. 재載로 보는 게 좋다. 하상공주에서는 "재載는 편안함[安]이오, 휴隳는 위태로움[危]이다. 편안한 것이 있으면 반드시 위태로움도 있다.[載, 安也. 隳, 危也. 有所安必有所危.]"고 하였다.

●●● 해설

혹或은 '어떨 때는'이란 뜻이다. 행行은 '앞서 감'을 뜻하고, 수隨는 '뒤따라 감'을 뜻한다. 허歔는 후후 불어서 차가운 것을 따뜻하게 함이며, 취吹는 훅 불어서 따뜻한 것을 차갑게 식힘이다. 강强은 '강함'을 뜻하고, 영羸은 '쇠약함'을 뜻한다. 재載는 '싣다'의 뜻이고, 휴隳는 '떨어뜨리다'의 뜻이다.

앞 문장에서 인위적으로 행하는 자들은 실패하고 손아귀에 넣으려는 자들은 잃게 된다고 하였다. 본 문장에서는 그 이유에 대해 설명하고 있다. 본 문장의 의미를 풀이하면 다음과 같다. - 모든 것은 시류에 따라 변화한다. 사물이란 때로는 의연히 홀로 가기도 하고 때로는 남에게 의존하여 뒤따르기도 한다. 때로는 후후 불어서 더운 입김으로 따뜻이 덮이기도 하고 때로는 훅 불어서 더운 것을 차갑게 식히기도 한다. 때로는 강성하여 혈기왕성하기도 하고 때로는 노쇠하여 기력이 쇠하기도 한다. 때로는 잘 싣기도 하고 때로는 실은 것을 떨어뜨리기도 한다. 이처럼 만물은 때에 응하여 수시로 달라진다면 우리는 과연 무엇을 기준으로 하여 행동해야 할 것인가? 우리는 이 무한한 변화를 의식적으로 쫓다가는 얼마 가지 못한 채 지쳐 쓰러지고 말 것이다. 우리는 그럴싸하게 중용의 덕을 내세울 수 있다. 아리스토텔레스도 중용을 말했고, 『중용』에서도 중용을 강조하였다. 그러나 이 중용을 유지한다는 것이 얼마나 어려운 일인가! 『중용』(9장)에서 그 어려움에 대해, "흰 칼날은 (그나마) 밟을 수가 있지만, 중용을 지킨다는 것은 불가능하다.[白刃, 可蹈也, 中庸, 不可能也.]"고 단적으로 말하고 있다. 중용을 지킨다는 것은 이쪽과 저쪽 어느 사이에도 떨어지지 않기 위하여 줄타기하고 있는 곡예사의 곡예와도 같다. 잠시의 묘기를 보이기 위해서 줄 위에 서 있는 것은 가능할지 모르나, 줄 위에서 안정되게 살아갈 수는 없다. 이처럼 변화무쌍한 환경 속에서 우리는 의도적으로 일일이 행할 수 없으며, 우리의 생각을 고집할 수도 없다. 따라서 "인위적으로 해서는 안 된다.[不可爲]"고 하였다.

그러나 노자는 우리의 능력으로는 어찌할 수 없으므로 애초부터 포기하라고 주장한 것은 아니다. 만일 그러하다면 노자는 일종의 '허무주의자'라고 할 수 있다. 여기서 노자가 말하고자 한 것은, 비록 우리의 의식으로는 부단히 변화하는 환경에 일일이 대처할 수 없지만, 우리는 변화에 대처할 수 있는 무한한 능력을 잠재적으로 가지고 있다는 것이다. 우리가 이러한 능력을 갖는 이유는 각자 모두가 도로부터 얻은 덕을 가지고 있기 때문이다. 덕의 작용에 의해 우리는 변하하는 환경에 따라 시시각각 적합성을 얻게 된다. 이러한 덕의 작용은 인위적으로 드러나는 것이 아니라 자연히 드러나는 것이다.

是以聖人去甚, 去奢, 去泰.

이로써 성인은 엄격함을 버리고, 사치함을 버리고, 교만함을 버린다.

주　하상공 – "심甚은 탐욕・음탕・성聲・색色을 말한다. 사奢란 옷과 장식품, 먹고 마심이다. 태泰란 궁실宮室과 누대이다. 이 세 가지를 버리고서, 중화中和에 처하고 무위를 행하게 되면, 천하는 저절로 교화된다.[甚謂貪淫聲色. 奢謂服飾飲食. 泰謂宮室臺樹. 去此三者, 處中和, 行無爲, 則天下自化.]"

••• 해설

앞서 보았듯 무한히 변화하여 잠시의 쉼도 없는 만물의 변화에 대하여 의식적으로 일일이 적응한다는 것은 불가능한 일이며, 무위를 통해서만이 무한한 변화에 적응해나갈 수 있다. 어느 의미에서 본다면 이것은 너무도 쉬운 일일 수 있다. 그러나 현실적으로 어느 위정자도 무위의 다스림을 행한 적이 없었다. 그렇다면 어째서 위정자는 너무도 쉬운 것을 하지 못하고 자꾸만 다스리려고 하는가? 노자는 심함[甚]·사치[奢]·교만함[泰]을 버려야 한다고 했는데, 이것은 위정자에게 무위를 행할 수 없도록 만든 주요 요인이 심함[甚]·사치[奢]·교만함[泰]이었음을 간접적으로 시사해 주고 있다.

  여기서 말한 심함·사치·교만함은 67장에서 말한 삼보=寶와 밀접한 관련이 있다. 67장에서 말한 삼보=寶란 자비[慈], 검소함[儉], 감히 천하에 앞서지 않음[不敢爲天下先]을 지칭한다. 심[甚]은 부모가 자식을 사랑하듯 널리 감싸는 '자비[慈]'와 대립되는 개념으로서 법가에서와 같은 '지나친 엄격함'을 뜻한다. 사[奢]는 검소함[儉]과 대립적인 개념으로서 '사치함'을 뜻한다. 태[泰]는 '감히 천하에 앞서지 않는다[不敢爲天下先]'와 대립되는 개념으로서 백성 위에 군림하려는 '거만함'을 뜻한다. 왕은 백성들에게 임함에, 엄격하게 대하기보다는 인자함으로써 대해야 하며, 사치스런 생활을 영위하기보다는 검소한 생활을 하여야 하며, 교만으로써 백성들의 위에 군림하려 들기보다는 백성들 아래에 처해야 한다고 보았다.

제 3 0 장

以道佐人主者, 不以兵强於天下. 其事好還.
(師之所處, 荊棘生焉, 大軍之後, 必有凶年.)
善者果而已, 不以取强.
果而勿矜, 果而勿伐, 果而勿驕, 果而不得已, 果而勿强.
物壯則老, 是謂不道, 不道早已.

도로써 임금을 보좌하는 사람은 병력으로써 천하의 강국이 되려고 하지 않는다. 일이란 돌아옴을 잘하기 때문이다.
(군대가 거처하는 곳에는 가시나무들이 생겨나고 대군이 휩쓸고 간 뒤에는 반드시 흉년이 뒤따른다.)
용병用兵을 잘 행하는 사람은 목적만을 달성할 뿐이며, 강함을 취하려 하지 않는다.
목적을 달성하여도 자부심을 느끼지 않고, 목적을 달성하여도 자랑하지 않고, 목적을 달성하여도 교만하지 않고, 목적을 달성하여도 부득이한 것이었다고 여기며, 목적을 달성하여도 강하다고 여기지 않는다.
만물이 왕성하면 곧 쇠퇴해지는 법이니, 이를 일컬어 '참다운 도가 아니다'고 하는 것이다. 참다운 도가 아니면 일찍 죽게 된다.

以道佐(作)人主者, 不以兵强(於)天下, 其事好還.

도로써 임금을 보좌하는 사람은 병력으로써 천하의 강국이 되려고 하지 않는다. 일이란 돌아옴을 잘 하기 때문이다.

주1 왕필본을 비롯한 통행본에는 '불이병강천하^{不以兵强天下}'로 되어 있으나, 백서본과 돈황정본^{敦煌丁本}에는 '불이병강어천하^{不以兵强於天下}'로 되어 있어 '어^於'가 첨가되어 있다. 죽간본에도 '불욕이병강어천하^{不欲以兵强於天下}'로 되어 있어 '어^於'가 첨가되어 있다. '어^於'가 있는 것이 옳다.

주2 기사호환^{其事好還}:

이식재^{李息齋} – "남의 부모를 죽인다면 남 역시 자신의 부모를 죽이게 된다. 남의 형을 죽인다면 남 역시 자신의 형을 죽이게 된다. 이것을 '잘 갚는다^[好還]'고 말한 것이다.[殺人之父, 人亦殺其父. 殺人之兄, 人亦殺其兄. 是謂好還.]"

여길보^{呂吉甫} – "도로써 천하를 복종케 하는 자는 천하가 감히 복종하지 않을 수 없지만, 군대로써 천하의 강자가 되려고 한다면 (상대방) 또한 우리의 군대를 저지하며 우리에게 대항하려 할 것이다.[以道服天下者, 則天下莫敢服, 而以兵强天下, 亦將阻兵而抗我矣.]"

임희일^{林希逸} – "내가 남을 해치면 남도 또한 나를 해치려고 할 것이다. 그러므로 '그 일은 돌아오기를 잘한다'고 말하였다.[我以害人, 人亦將以害我. 故曰, 其事好還.]"

• • • 해 설

이도좌인주작^{以道佐人主者}란 '도로써 왕을 보좌하는 자'란 뜻으로 왕의 최측근 신하를 지칭한다. 여기서의 병^兵은 부국강병^{富國强兵}에서의 병^兵으로서, 군대·무기를 포괄하는 총체적인 군사력을 뜻한다. 강^强은 강국^{强國}을 뜻한다.

전체 문장의 주제는 용병^{用兵}에 대하여 말하고 있다. 『노자』 전체에는 용병用兵에 대한 글들이 많다. 가령 용병에 대한 글로서는 본 장 외에도, 31장·46장·57장·69장 등이 있다. 이 점을 들어『노자』를 일종의 병가서兵家書로 보려는 학자들도 적지 않다. 예를 들면 당대唐代의 왕진王眞이『노자병략개술老子兵略槪述』에서 "(노자의) 오천언의 말은… 한 장이라도 병兵에 관한 뜻에 속하지 않는 것이 없다.[五千之言… 未嘗有一章不屬意于兵也.]"고 단적으로 말하고 있다. 노자의 사상은 병서와 밀접한 관련이 있는 것이 사실이며, 왕부지王夫之도 이 점을 들어 "병兵을 말하는 자들은 그(노자)를 스승으로 삼고 있다.[言兵者師之.]"고 하였다.

  노자는 병가서兵家書와 밀접한 연관성이 있지만, 양자 사이에는 분명한 차이점이 있음을 간과해서는 안 된다. 가령 병가의 주된 목적은 강병强兵에 있는 반면에, 노자는 본 장에서 "도로써 군주를 보좌하는 사람이라면 군사력[兵]을 가지고 천하의 강대국이 되려고 하지 않는다."고 하여, 강병을 도모하는 것을 비판하고 있다. 노자가 강병을 비판한 주된 이유의 하나로, 돌아옴을 잘하기 때문이라고 하였다. 여기서의 환還은 '되돌아 옴'이란 의미이다. 자연의 이치란 다시 되돌아온다. 이 되돌아옴은 전쟁에 있어서 보복이라는 형태로 나타난다. 즉 '피는 피를 부른다'는 말이 있듯이 내가 남에게 피를 흘리게 하면 남 역시 똑같이 나에게 피를 흘리게 할 것이다. 따라서 내가 군사의 강함을 가지고 무력으로써 타국을 짓밟게 되면 조만간 자국 역시 타국의 무력에 의해 짓밟힘을 당하게 된다. 이것은 곧 '자기의 행동은 반드시 그에 따르는 보답을 받는다'고 하는 불교에서의 인과응보因果應報의 논리와도 같다.『맹자』「진심장盡心章」(하)에서도 "남의 아버지를 죽이면 남도 또한 내 아버지를 죽일 것이며, 남의 형을 죽이면 남도 또한 내 형을 죽일 것이다. 그렇다면 자기가 직접 부형父兄을 죽인 것은 아니라고 하더라도 한끝 차이일 따름이다.[殺人之父, 人亦殺其父, 殺人之兄, 人亦殺其兄. 然則非自殺之也, 一間耳.]"고 하였다.『성서』에서도 "검을 가진 자는 다 검으로 망하느니라."(「마태복음」26장, 52절.)라고 하였다.

師之所處, 荊棘生焉, 大軍之後, 必有凶年.

군대가 거처하는 곳에는 가시나무들이 생겨나고 대군이 휩쓸고 간 뒤에는 반드시 흉년이 뒤따른다.

주1 백서본·경룡본·차해본次解本·성현영본成玄英本·『도장道藏』에 수록된 용흥비본龍興碑本에는 '대군지후大軍之後, 필유흉년必有凶年'이 빠져 있다. 노건勞健과 마서륜馬敍倫은 고주古注의 문장이 『경經』에 잘못 수록된 것이라고 보았다. 강사재본强思齋本에는 '사지소처師之所處, 형극생언荊棘生焉'이 빠져 있다. 후꾸나가 미쓰지福永光司는 『여씨춘추呂氏春秋』 「응동應同」에 '사지소처師之所處, 필생극초必生棘楚'가 있는데 노자의 말이라고 인용하지 않았고, '대군지후大軍之後, 필유흉년必有凶年'이 빠진 곳이 당나라 때 판본 중에 세 개나 된다는 점을 들어서, 후대에 덧붙여진 것이라고 보았다. 필자 역시 이 견해가 옳다고 본다. 그 결정적인 근거로 죽간본에 "사지소처師之所處, 형극생언荊棘生焉, 대군지후大軍之後, 빌유흉작必有凶年." 전 문장이 빠져 있다는 점을 들 수 있다. 그러나 여기서는 기존의 판본을 쫓아 풀이하였다.

주2 왕필王弼 – "군대는 해로운 것임을 말한 것이다. 구제해 주는 것이 없으면서도 반드시 상처를 입히게 하며, 백성들을 해치고 논밭을 황폐하게 만들기 때문에, '가시덤불이 생겨난다'고 하였다.[言師凶害之物也. 無有所濟, 必有所傷, 賊害人民, 殘荒田畝, 故曰, 荊棘生焉.]"

● ● ● 해설

형荊과 극棘 모두 '가시나무'를 뜻한다. 큰 군대가 거처하게 되면 그 주둔한 곳은 황폐화되어 쓸모없는 가시나무만이 무성해질 뿐이다. 이러한 전쟁의 처참한 상황에 대하여 두보杜甫의 「병거행兵車行」에서도 "많은 촌락이 (황폐해져) 가시덤불만 생겼네.[千村萬落生荊杞]"라고 하였다. 대군이 한 번 휩쓸고 지나가면 그 땅은 황폐화될 뿐만 아니라, 농사지을 장부들이 이미 징집되어 아녀자와 노인들만이 남게 되기에 농사지을 사람이 없게 되고, 그나마 있는 곡식마저 군량미로 빼앗겨 숱한 사람들이 굶어 죽는다. 따라서 노자는 전쟁의 참혹함에 대하여 "군대가 거처하는 곳에는 가시나무들이 생겨나고 대군이 휩쓸고 간 뒤에는 반드시 흉년이 뒤따른다."고 말하였다.

善者果而已, 不(敢)以取强. 果而勿矜, 果而勿伐, 果而勿驕, 果而不得已, 果而勿强.

용병用兵을 잘 행하는 사람은 목적만을 달성할 뿐이며, 강함을 취하려 하지 않는다. 목적을 달성하여도 자부심을 느끼지 않고, 목적을 달성하여도 자랑하지 않고, 목적을 달성하여도 교만하지 않고, 목적을 달성하여도 부득이한 것이었다고 여기며, 목적을 달성하여도 강하다고 여기지 않는다.

주1 왕필본에는 "선유과이이善有果而已, 불감이취강不敢以取强."으로 되어 있는데, 죽간본과 수주본遂州本에는 "선자과이기善者果而已, 불이취강不以取强."으로 되어 있으며, 백서본에는 "선자과이이의善者果而已矣, 무이취강언毋以取强焉."으로 되어 있다. 하상공본·고환본顧歡本·초횡본焦竑本·오징본吳澄本에는 죽간본에서와 같이 '선자과이이善者果而已'로 되어 있으며, 상이본想爾本·이현본易玄本·경양본慶陽本·누고본樓古本·범응원본范應元本 등에는 '고선자과이이故善者果而已'로 되어 있다. 여기서는 죽간본을 따랐다.

주2 과果:

과果에는 다양한 견해들이 있다. 1)왕필은 "과果는 '구제하다'와 같다.

[果, 猶濟也.]"고 하여, '구제하다'의 뜻으로 풀이하였다. 2)하상공은 '과감히 하다[果敢]'의 뜻으로 풀이하였다. 3)사마광司馬光은 "과果는 '이루다'와 같다.[果, 猶成也.]"라고 하여, 소기의 목적을 '달성하다'의 뜻으로 보았다. 4)"여길보呂吉甫는 "과果는 적을 이김이다.[果者, 克敵者也.]"라고 하여, '이기다'의 뜻으로 보았다. 5)소자유는 "과果는 결단내림이다[果者, 決也.]"고 하여, '결단내리다'의 뜻으로 보았다. 여기서는 '성과成果'의 뜻으로 보는 것이 좋다.

주3 긍矜:

　　초횡焦竑 – "긍矜은 자신을 믿음이다.[矜, 自恃也.]"

주4 벌伐:

　　초횡 – "벌伐은 큼을 자랑함이다.[伐, 伐大也.]"

주5 왕필 – "군사를 잘 쓰는 사람은 혼란을 구제하는 데로 나아갔을 따름이지, 군대의 힘으로 천하의 패자가 되고자 한 것이 아님을 말한 것이다.[言善用師者, 趣以濟難而已矣, 不以兵力取强於天下也.]"

●●● 해 설

강强이란 강병强兵을 뜻한다. 과果란 자의字意 그대로 풀이하면 '열매'의 뜻으로서 '성과'를 뜻한다. 긍矜은 '자부심'을 뜻하고, 벌伐은 승리를 '자랑함'을 뜻하고, 교驕는 '교만함'을 뜻한다.

　　전쟁은 극심한 폐단만을 낳을 뿐이기에, 노자는 전쟁을 단호히 비판하였다. 그러나 당시의 현실로서는 전쟁 자체를 완강히 부정할 수만은 없다. 내가 가만히 있고자 하여도 적국이 얼마든지 국경을 침범해 들어올 수 있기 때문이다. 이러할 경우엔 간디와 같이 '무저항주의'를 외치며 적국의 칼날 앞에 자신의 목숨을 내맡길 수 만은 없다. 무조건적 전쟁을 반대한다는 것은 당시로서는 현실을 무시한 공허한 이상론에 지나지 않기 때문이다. 노자도 이러한 현실을 잘 알고 있었으므로 부득이한 경우의 전쟁에 대해선 인정하였다.

그러나 노자는 전쟁을 먼저 주도하는 것에 대해 단호히 반대하였으므로, "용병用兵을 잘 행하는 사람은 목적만을 달성할[果] 뿐이오, 강함을 취하려 하지 않는다."라고 하였다. 여기서 '목적을 달성함[果]'이란 외부의 침략에 대하여 최대한으로 방어함이다. 따라서 전쟁에서는 방어라고 하는 목적을 달성하면 전쟁을 그만두어야 하며, 강국이 되기 위해 전쟁을 먼저 도발해서는 결코 안 된다고 하였다. 노자는 더욱 구체적으로 "목적을 달성하여도 승리에 대한 자부심[矜]을 느끼지 않아야 하며, 목적을 달성하여도 승리했다고 자랑하지[伐] 않아야 하고, 목적을 달성하여도 교만[驕]에 빠져서는 안 되고, 목적을 달성하여도 부득이한 것처럼 여겨야 하며, 목적을 달성하여도 제 스스로를 강彊하다고 여기지 않아야 한다."고 말하였다.

物壯則老, 是謂不道, 不道早已.

만물이 왕성하면 곧 쇠퇴해지는 법이니, 이를 일컬어 '참다운 도가 아니다'라고 하는 것이다. 참다운 도가 아니면 일찍 죽게 된다.

주1 통행본에는 부도不道로 되어 있지만, 상이본 · 성현영본成玄英本 · 부혁본傅奕本 · 경룡본에는 '비도非道'로 되어 있다.

주2 부도不道 :

하상공은 "도를 행하지 않는 자는 일찍 죽는다.[不行道者早死.]"고 하여 '도를 행하지 않는 자'라고 풀이하였으며, 진고응陳鼓應은 "도에 합치되지 않음이다.[不合於道.]"라고 풀이하였다.

주3 왕필 – "장壯이란 무력이 별안간 흥기興起한 것이니, 군대로써 천하의 강자가 되려고 함을 비유한 것이다. 회오리바람이 아침나절을 넘기지 못하고 소낙비가 하루를 넘기지 못한다. 이와 마찬가지로 갑자기 흥기하면 반드시 도가 아니어서 일찍 죽고 만다.[壯, 武力暴興, 喩以兵强於天下者也. 飄風不終朝, 驟雨不終日. 故暴興, 必不道早已也.]"

● ● ● 해 설

장壯이란 혈기왕성함을 뜻한다. '부도不道'는 두 가지로 풀이된다. '불행도不行道'의 생략형으로서 '도를 행하지 않는다'로 풀이하는 방법과 '비도非道'의 의미로 보아 '참다운 도가 아니다'로 풀이하는 방법이 그것이다. 여기서는 '비도非道'의 의미로 보는 것이 좋다. 장壯은 '혈기 왕성하다'의 뜻이고, 노老는 '고갈되어 쇠퇴함'이란 뜻이다. 조이早已란 제 수명을 다하지 못하고 일찍 요절함을 뜻한다.

본 구절의 의미는 사물이 혈기 왕성하게 되면 이내 고갈되어 쇠퇴하고 만다는 뜻으로서, 23장에서 "회오리바람은 아침나절을 끝마치지 못하고, 소낙비는 하루 종일을 끝마치지 못한다.[飄風不終朝, 驟雨不終日.]"고 말한 것과 유사한 의미이다. 사물이 왕성하게 된 까닭은 강强을 추구했기 때문이다. 그런데 외부의 장애물에 대하여 유연히 대처하지 못하고 오히려 강하게 맞부딪치면 그 과정 속에서 과도하게 힘이 손실되어 얼마 가지 못한다. 따라서 "만물이 왕성하면 곧 쇠퇴해지는 법이다."라고 하였다. 이 점은 전쟁에서도 그대로 해당되는 말이다. 불가피하게 전쟁을 할 경우에는

'유연성'을 지킴이 최상이다. 즉 외부의 적과 불필요하게 맞서 싸움으로서 힘을 낭비하기보다는 유연하게 맞서 힘을 보존하는 것이 가장 좋다. 사물은 어째서 왕성하게 되면 금방 쇠퇴하는 것일까? 왕성함은 도의 덕성과 멀기 때문이다. 도의 덕성은 물과 같아서 사물을 유연히 적응해 나가 쓸모없는 에너지를 낭비하지 않는다. 이 때문에 도가 장구할 수 있었던 것이다. 반면에 도의 덕성과 멀리하는 자는 장구^{長久}한 도와 멀어진 자이기 때문에 빨리 사멸하고 만다.

제 3 1 장

(夫佳兵者, 不祥之器. 物或惡之, 故有道者不處.)
君子居則貴左, 用兵則貴右.
故曰兵者, 不祥之器也, 非君子之器也. 不得已而用之, 恬淡爲上.
勝而不美. 而美之者, 是樂殺人,
夫樂殺人者, 則不可得志於天下矣.
吉事尙左, 凶事尙右. 偏將軍居左, 上將軍居右. 言以喪禮處之.
殺人之衆, 以悲哀泣之. 戰勝, 以喪禮處之.

(훌륭한 병기란 것은 상서롭지 못한 물건이다. 미물微物들도 이러한 것을 또한 싫어하므로, 도가 있는 자는 거처하지 않는다.)
군자는 평소에 거처할 때에는 왼쪽을 귀하게 여기지만, 군대를 움직일 때에는 오른 쪽을 귀하게 여긴다.
그러므로 '병기란 상서롭지 못한 물건이다'고 하였으니, 군자가 쓰는 물건이 아니다. 부득이하여 그것을 쓸 때는 담담히 하는 것이 상책이다.

전쟁에서 이기더라도 미화시키지 않아야 한다. 그것을 미화시키는 자는 사람 죽이기를 좋아하는 자이다. 사람 죽이기를 좋아하는 자는 천하 가운데서 자신의 뜻을 얻을 수가 없다.

길한 일은 왼쪽을 숭상하고, 흉한 일은 오른쪽을 숭상한다. 이런 까닭에 부장군은 왼쪽에 거처하고, 상장군은 오른쪽에 거처한다. 이것은 상례喪禮로써 거처했음을 말한 것이다.

남을 죽이는 일이 많아지면 슬피 울어야 한다. 설령 전쟁에서 이겼을지라도 상례喪禮로써 처신해야 한다.

夫佳兵者, 不祥之器, 物或惡之, 故有道者不處.

훌륭한 병기란 것은 상서롭지 못한 물건이다. 미물들도 이러한 것을 또한 싫어하므로, 도가 있는 자는 이것에 거처하지 않는다.

주1 본 장은 여러 문장들이 서로 난잡하게 뒤섞여 있는 듯이 보인다. 특이한 점은 본 장 전체에 대한 왕필주王弼注가 빠져있다는 사실이다. 따라서 많은 학자들은 왕필주王弼注가 본문에 잘못 삽입된 부분이 있다고 주장하였다. 가령 기균紀昀은 "살펴보건대 '병자불상지기兵者不祥之器' 이하로부터 '언이상례처지言以喪禮處之'에 이르기까지는 모두 주注에서의 말이 뒤섞여 들어간 것 같다. 다만 하상공주 판본과 각각의 판본들엔 경문經文을 갖추고 있으므로 지금은 그대로 따른다.[案自'兵者不祥之器'至'言以喪禮處之', 似有注語雜入, 但河上公注本及各本俱作經文, 今仍之.]"고 하였다. 마서륜馬敍倫과 유사배劉師培 역시 왕필주의 문장이 잘못 들어간 것이라고 보았다. 그런데 죽간본竹簡本에는 전문이 다 수록되어 있으면서도, 유독 이 문장만이 빠져 있다. 이에 근거해 볼 때 "부가병자夫佳兵者, 불상지기不祥之器, 물혹오지物或惡之, 고유도자불처故有道者不處."는 잘못 삽입되어 거듭 나온 것이다. 가령 "부가병자夫佳兵者, 불상지기不祥之器."는 뒤의 "병자兵者, 불상지기不祥之器." 문장이 잘못 삽입된 것이고, "물혹오지物或惡之, 고유도자불처故有道者不處."는 24장의 문장이 잘못 삽입된 것으로 볼 수 있다. 진상고본陳象古本에도 "부가병자夫佳兵者, 불상지기不祥之器, 물혹오지物或惡之, 고유도자불처故有道者不處." 전문全文이 없다는 점을 참고할 만하다.

주2 가佳 :

일설一說로는 가佳, 아름답다를 어조사 유唯로 보기도 한다. 왕념손王念孫은 "가佳는 의당 추隹를 잘못 쓴 것이다. 추隹는 옛날엔 '유唯'자였다."고 하였으며, 완원阮元은 "가佳는 추隹(유惟와 같다)를 잘못 쓴 것이다. 노자는 '부유夫惟'

두 자를 서로 연용해서 말로 삼은 것이 아주 많다. 만약 가住, 아름답다가 된다면 '불상지사不祥之事'라고 말해야 합당하며, 기器라고 말한 것은 합당하지 않다.[佳爲住[同惟]之訛. 老子夫惟二字相連爲辭者甚多. 若以爲佳, 則當云不祥之事, 不當云器]"고 하였다. 그러나 부혁본傳奕本에는 가住가 미美로 되어 있다는 점에서 가住 그대로 보는 것이 옳다.

君子居則貴左, 用兵則貴右.

군자는 평소에 거처할 때에는 왼쪽을 귀하게 여기지만, 군대를 움직일 때에는 오른쪽을 귀하게 여긴다.

주1 귀좌貴左 :

하상공河上公 – "유약柔弱을 귀하게 여긴 것이다.[貴柔弱也.]"

동사정董思靖 – "왼쪽은 양陽이 되는데 양陽은 삶을 좋아한다. 오른쪽은 음陰이 되는데 음은 죽임을 주관한다.[左爲陽, 陽好生. 右爲陰, 陰主殺.]"

초횡焦竑 – "왼쪽은 양陽이 되고 생生이 되며, 오른쪽은 음陰이 되고 사死가 된다.[左爲陽爲生, 右爲陰爲死.]"

주2 귀우貴右 :

하상공 – "강강剛强을 귀하게 여긴 것이다.[貴剛强也.]"

◦◦◦ 해 설

왼쪽은 양에 해당되며 계절적으로는 봄·여름에 속하므로 만물을 자라나게 하는 역할을 담당한다. 오른쪽은 음에 해당되며 계절적으로는 가을·

겨울에 속하므로 만물을 죽이는 역할을 담당한다. 군자는 사死의 도에 있는 것이 아니라 생生의 도에 있기 때문에, 평상시 거처함에 있어서 의당 왼쪽을 귀하게 여긴다. 또한 왼쪽을 더욱 귀하게 여기기 때문에 왼쪽에 높은 관직을 부여하였다. 그러나 전쟁과 같은 일은 정상적인 일이 아닌 흉사凶事에 속하는 것이므로, 흉사를 담당하는 오른쪽을 귀하게 여겨 오른쪽에 높은 관직을 부여하였다.

(故曰)兵者, 不祥之器也, 非君子之器也. 不得已而用之, 恬淡爲上.

그러므로 '병기란 상서롭지 못한 물건이다'고 하였으니, 군자가 쓰는 물건이 아니다. 부득이하여 그것을 쓸 때에는 담담히 하는 것이 상책이다.

주1 　왕필본에는 "병자兵者, 불상지기不祥之器, 비군자지기非君子之器."로 되어 있다. 백서갑본帛書甲本에는 '고故, 병자兵者, 비군자지기야非君子之器也. 병자兵者, 불상지기야不祥之器也, 부득이이용지不得已而用之'로 되어 있다. 통행본의 '불상지기不祥之器'와 '비군자지기非君子之器'가 서로 도치되어 있다. 죽간본에는 '고왈故曰, 병자□□□□□□득이용지兵者□□□□□得而用之'로 되어 있다. 6자의 결자缺字가 있는데, '불상자기야불不祥之器也不'로 보는 것이 좋다. 대다수 판본에는 '고왈故曰'이 없으나, 죽간본에서와 같이 '고왈故曰'이 있는 것이 옳다. '비군자지기非君子之器'는 후인에 의해서 덧붙여진 구절인 듯하나, 여기서는 그대로 따랐다.

주2 　오징吳澄 – "염恬이란 기뻐하지 않음이고, 담淡이란 두텁게 하지 않음

이다. 그 마음이 좋아하지 않음을 말한 것이다.[恬者不歡愉, 淡者不濃厚. 謂非
其心之所喜好也.]"

●●● 해설

병兵이란 병기兵器를 뜻한다. 죽간본에 '고왈故曰'이 있듯이 '병기는 상서롭
지 못한 물건이다'고 한 것은 노자 자신의 말이 아니라 당시에 유행하였던
말을 노자가 재차 인용한 것이다. 실제로 이와 유사한 구절들이 다른 텍스
트에도 자주 보인다. 가령 『국어國語』「월어越語」(하)에서 범려范蠡가 "병기란
흉기凶器이다.[兵者, 凶器也.]"고 하였으며, 『황제사경黃帝四經』「경법經法」에서
"세 가지 흉凶한 것이 있으니, 그 첫 번째가 흉기凶器를 좋아하는 것이다.[三
凶, 一曰凶器.]"고 하였으며, 『여씨춘추呂氏春秋』「논위論威」에서 "병기란 천하
의 흉기凶器이다.[凡兵天下之凶器也.]"고 하였으며, 『염철론鹽鐵論』「논치論菑」
에서 "병기란 흉기이다. 갑옷이 견고하고 무기가 날카로운 것은 천하의 재
앙이 된다.[兵者, 凶器也. 甲堅兵利, 爲天下殃.]"고 하였으며, 『육도六韜』「문도文韜」
에서 "따라서 성왕聖王은 병기란 흉기라고 불렀으며, 부득이한 경우에만 사
용하였다.[故聖王, 號兵爲凶器, 不得已用之.]"고 하였다. 이처럼 군대나 병기
가 흉기라고 생각한 것은 당시 선진시대에서 한대漢代에 이르기까지 널리
통용되었던 사고였으며, 노자는 당시에 유행하던 말을 인용한 것이라고
볼 수 있다.

병기는 사람 죽이는 흉기와 다를 바가 없기 때문에 상서롭지 않은 물건
이며 도에 잘 처해 있는 군자는 이러한 것들을 사용하지 않는다. 물론 자신
을 방어하기 위해서는 부득이 사용할 경우가 있다. 노자는 부득이 사용하더
라도 염담恬淡이 상책이라고 보았다. 염담恬淡에 대하여 『장자』「각의刻意」에
서 "마음이 편안해지면 담담해진다.[平易則恬惔矣.]"라고 하였듯이 '담담한 마
음'을 뜻한다. 전쟁이란 불가피한 상황에서 어찌할 수 없이 행하는 것이라
는 점에서, 전쟁에 임함에 있어서 담담한 마음을 가져야 한다고 말하였다.

勝而不美. 而美之者, 是樂殺人. 夫樂殺人者, 則不可得志於
天下矣.

전쟁에서 이기더라도 미화시키지 않아야 한다. 그것을 미화시키는 자는 사람 죽이기
를 좋아하는 자이다. 사람 죽이기를 좋아하는 자는 천하 가운데서 자신의 뜻을 얻을
수가 없다.

●●● 해 설

승勝이란 전쟁에서 승리함을 뜻하며, 미美는 전쟁에서의 승리를 미화美化시
킴을 뜻한다. 본 구절의 의미는 30장의 "용병用兵을 잘 행하는 사람은 목적
만을 달성할 뿐이오, 강함을 취하려 하지 않는다. 목적을 달성하여도 자부
심을 느끼지 않고, 목적을 달성하여도 자랑하지 않고, 목적을 달성하여도
교만하지 않고, 목적을 달성하여도 부득이한 것으로 여기며, 목적을 달성
하여도 강하다고 여기지 않는다.[善者果而已, 不以取强. 果而勿矜, 果而勿伐, 果
而勿驕, 果而不得已, 果而勿强.]"와 유사하다.

　　전쟁을 하지 않는 것이 최상이지만, 그렇다고 해서 전쟁을 무조건 반
대할 수만은 없다. 타국이 선제공격을 했을 경우엔 원하던 원하지 않던 부
득이 전쟁할 수밖에 없다. 그러나 전쟁은 가장 귀중한 목숨을 앗아간다는
점에서 비록 전쟁에서 이겼더라도 좋아할 것이 없다. 따라서 노자는 "전쟁
에서 이겼더라도 좋게 여겨서는 안 된다"고 말했다. 전쟁에 이긴 것을 좋
게 여긴다면 이것은 곧 노자의 표현대로 '사람 죽이기를 좋아하는 자'이다.
사람 죽이기를 좋아하는 군주는 천하의 민심에서 멀어져 자신의 뜻을 이
룰 수가 없다. 『맹자』「양혜왕梁惠王」(상)에서도 양혜왕梁惠王이 "누가 천하를
통일시킬 수 있습니까?[孰能一之]"라고 묻자, 맹자가 대답하기를 "사람 죽
이기를 좋아하지 않는 자가 통일시킬 수 있습니다.[不嗜殺人者能一之.]"라고
하였다. 백성들을 자애로운 마음으로 대한다면 필연적으로 백성들이 전
쟁에서 죽는 것을 차마 보지 못할 것이며, 또한 백성들이 죽는 것을 차마
보지 못하는 마음이 있어야 천하의 민심이 왕에게로 돌아갈 수가 있다.

吉事尙左, 凶事尙右. 偏將軍居左, 上將軍居右. 言以喪禮處之.

길한 일은 왼쪽을 숭상하고, 흉한 일은 오른쪽을 숭상한다. 이런 까닭에 부장군은 왼쪽에 거처하고, 상장군은 오른쪽에 거처해야 한다. 이것은 상례喪禮로써 거처했음을 말한 것이다.

주1 길사상좌吉事尙左, 흉사상우凶事尙右 :

하상공 - "왼쪽은 생의 자리이다.[左, 生位也.]" "음의 도는 사람을 죽인다.[陰道殺人]"

주2 하상공 - "부장군은 낮은 직책이면서도 양의 위치에 거처하는 까닭은 죽이는 일을 전담하지 않기 때문이다. 상장군은 높은 지위에 있으면서도 음의 위치에 거처하는 까닭은 죽이는 일을 주관하기 때문이다.[偏將軍卑而居陽位, 以其不專殺也. 上將軍尊而居陰位, 以其主殺也.]"

••• 해 설

『예기』「단궁檀弓」에서 "여러분들은 모두 왼쪽을 숭상하라[二三者皆尙左.]"고 하였는데, 정현주鄭玄注에 "상喪에는 오른쪽을 숭상하니, 오른쪽은 음陰이다. 길한 것에는 왼쪽을 숭상하니, 왼쪽은 양이다.[喪尙右, 右陰也. 吉尙左, 左, 陽也.]"고 하였다. 왼쪽은 양陽의 자리이며 삶을 주관한다. 오른쪽은 음陰의 자리이며 죽음을 주관한다. 따라서 길사吉事에는 왼쪽左을 숭상하고, 흉사凶事에는 오른쪽[右]을 숭상한다. 전쟁은 흉사凶事의 으뜸이라 할 수 있기에, 오른쪽이 왼쪽보다 상위上位에 있다. 상장군이 오른쪽에 거처하고 부장군이 왼쪽에 거처하는 이유도 바로 여기에 있다.

殺人之衆, 以悲哀泣之. 戰勝. 以喪禮處之.

남을 죽이는 일이 많아지면 슬피 울어야 한다. 설령 전쟁에서 이겼을지라도 상례喪禮로써 처신해야 한다.

주1 비애悲哀 :

　　왕필본에는 애비哀悲로 되어 있는데, 백서본·하상공본·부혁본傅奕本·조지견본趙志堅本·수주비본邃州碑本·고환본顧歡本·소자유본蘇子由本·오징본吳澄本·초횡본焦竑本 등 다수의 판본엔 비애悲哀로 되어 있다는 점에서 비애悲哀로 보는 것이 좋다.

주2 하상공 - "현명한 군자는 덕을 귀하게 여기고 군대를 천시하였으므로, 부득이 죽이더라도 상서롭게 여기지 않았고 마음도 즐거워하지 않아 마치 상喪에 비견될 수 있다. (노자는) 후세 사람들이 군대 사용하기를 그치지 않음을 알았기 때문에 비통해 한 것이다.[明君子貴德而賤兵, 不得已而誅, 不祥, 心不樂之, 比於喪也. 知後世用兵不已, 故悲痛之.]"

●●● 해 설

전쟁에서 비록 이겼다고 하더라도 그것을 진정한 승리라고 말할 수는 없다. 왜냐하면 그 승리는 살인의 대가로 이루어진 것이기 때문이다. 더욱이 그 살인이라고 하는 것도 나와 아무런 원수진 일도 없는 무고한 사람들을 죽인 것이다. 어떠한 이유를 불문하고 살생을 미화시킬 수는 없다. 따라서 전쟁에서 남을 죽이는 일이 많아지면 슬피 울어야 하며, 설령 전쟁에서 이겼을지라도 승리를 즐거워하기보다는 상례喪禮로써 처신해야 한다고 하였다. 그러나 당시의 현실은 그렇지 못하였다. 전쟁에서 수많은 사람들을 죽이며 승리하게 되면 승리의 기쁨을 느끼며 자축自祝하며, 전쟁에서 수많은 사람들을 죽인 자들을 영웅이라고 칭송한다. 일찍이 묵자墨子는 이러한 모순적인 현실에 대해 다음과 같이 신랄히 비판하였다.

"한 사람을 죽이면 그것을 불의라고 말하니, 반드시 한 사람을 죽인 죄를 갖게 된다. 이것을 말해 나간다면 열 사람을 죽이면 열 배의 불의가 되어 반드시 열 사람을 죽인 죄를 갖게 되고, 백 사람을 죽이면 백 배의 불의가 되어 반드시 백 사람을 죽인 죄를 갖게 된다. 이러한 것은 천하의 군자들이 모두 알고 있으며, 그러한 자들을 비난하며 '불의不義'라고 말한다. 이제 불의를 크게 행하며 남의 나라를 칠 때에 이르러서는 비난할 줄 모를 뿐만 아니라 (오히려) 그들을 좇아 칭찬하며 의롭다고 말한다. 이것은 참으로 불의를 알지 못하는 것이다. 심지어는 그러한 자들의 말을 적어서 후세에까지 남기는 경우가 있다.[殺一人, 謂之不義, 必有一死罪矣. 若以此說往, 殺十人十重不義, 必有十死罪矣, 殺百人, 百重不義, 必有百死罪矣. 當此, 天下之君子皆知而非之, 謂之不義. 今至大爲不義攻國, 則弗知非, 從而譽之, 謂之義, 情不知其不義也. 故書其言以遺後世.]"(『묵자墨子』「비공非攻」)

제 3 2 장

道常無名. 樸雖小, 天地不敢臣. 候王若能守之, 萬物將自賓.
天地相合, 以降甘露, 民莫之令而自均.
始制有名. 名亦旣有, 夫亦將知止. 知止, 所以不殆.
譬道之在天下, 猶小谷之與江海.

도는 언제나 이름이 없다. 통나무는 비록 작지만 천지조차 감히 신하로 삼을 수 없다. 왕이 만일 그것을 지킬 수만 있다면 만물은 장차 스스로 손님처럼 찾아들 것이다.
천지가 서로 화합하여 단 이슬을 내리듯이, 백성들은 어떠한 명령 없이도 저절로 균등해진다.
처음이 흩어져 이름이 있게 되었다. 이름이 또한 이미 있게 되면 장차 그쳐야 함을 알아야 한다. 그쳐야 함을 알아야 위태롭지 않다.
비유컨대 도가 천하에 있음은 마치 작은 계곡이 강과 바다와 함께 하는 것과 같다.

道常無名. 樸雖小, 天地(下)不敢臣. 候王若能守之, 萬物將自賓.

도는 언제나 이름이 없다. 통나무는 비록 작다고 하더라도 천지조차 감히 신하로 삼을 수 없다. 왕이 만일 그것을 지킬 수만 있다면 만물은 장차 스스로 손님처럼 찾아들 것이다.

주1 도상무명道常無名, 박樸 :

'도상무명박道常無名樸'에는 '도상무명道常無名, 박樸'으로 구두점을 찍는 독법과 '도상道常, 무명박無名樸'으로 구두점을 찍는 독법이 있다. 전자의 경우는 '도의 본체는 이름이 없다, 통나무는……'으로 풀이되며, 후자의 경우는 '도의 본체는 이름 없는 통나무이니'로 풀이된다. 전자로 찍는 것이 일반적이지만, 고형高亨은 후자의 견해를 지지하며 "명名 아래에 아마도 '지之'자가 탈락된 것 같다. 37장에서 '나는 장차 무명의 박으로써 그것을 제압하겠다.[吾將鎭之以無名之樸.]'고 하였으니, 이것이 그 증거이다."라고 하였다. 우리가 유의할 점은 구두점을 어디에 찍느냐에 따라서 주어가 달라진다는 점이다. 가령 '도상무명道常無名, 박樸'으로 구두점을 찍을 경우 '비록 작지만[雖小]'의 주어는 통나무[樸]가 되지만, '도상道常, 무명박無名樸'으로 구두점을 찍을 경우 '비록 작지만[雖小]'의 주어는 '도道'가 된다. '비록 작지만[雖小]'이 직접적으로 가리키는 주어는 도가 아닌 박이어야 한다는 점에서 전자에 구두점을 찍는 것이 타당하다.

주2 천지불감신天地不敢臣 :

왕필본에는 '천하막능신야天下莫能臣也'로 되어 있으나, 백서본에는 '천하불감신天下弗敢臣'으로 되어 있다. 하상공본 · 경룡본景龍本 · 누고본樓古本 · 돈황본敦煌本 · 수주비본遂州碑本 · 고환본顧歡本 · 소자유본蘇子由本 · 오징본吳澄本 · 초횡본焦竑本 등에는 '천하불감신天下不敢臣'으로 되어 있다. 그런데 죽간본에는 '천지불감신天地弗敢臣'으로 되어 있다. '천지불감신天地弗敢臣'이 옳다고 본다. 그 이유는 본 문장의 의미가 "통나무는 비록 작지만 □□조차도 통나무를 감히 신하처럼 좌지우지 할 수 없다."인데, 통나무가 아주 작은 것이라고 한다면 문맥상으로 볼 때 □□는 상대적으로 지극히 큰 것이 와야 하기 때문이다. 천하란 '천하의 만물'을 뜻하는 데, 만물은 이미 작은 것이라는 점에서 본 문장의 의미와 부합되지 않는다. 여기서는 "통나무가 비록 아주 작지만 천지라고 하는 지극히 큰 것조차 감히 신하로 삼을 수 없다."는 의미로 보는 것이 좋다.

주2 범응원范應元 – "도의 한결같은 참모습은 이름이 없으므로, 본래는 '작다'고 할 수 없다. 큼에 대해서 말한다면, 성인은 (도가) 하도 커서 포괄하지 않음이 없음을 보았기 때문에 방편적으로 그것을 '대大'라고 말하였다. 다시 도가 미세하여 (어느 곳이든) 들어가지 않음이 없기 때문에 '소小'라고 말하였다.[道常無名, 固不可以小. 大言之, 聖人因見其大無不包, 故强爲之曰大. 復以其細無不入, 故曰小也.]"

● 해설

천지불감신天地不敢臣이란 통나무가 비록 작지만 천지라고 하는 지극히 큰 것조차 감히 신하로 삼아 좌지우지 할 수 없다는 뜻이다. 후왕侯王은 제후국의 왕이란 뜻이다. 제후라고 하지 않은 까닭은 춘추시대 말기에 오면서 제후들이 왕이라 참칭僭稱함으로 해서 왕의 뜻으로 바뀌었기 때문이다.

노자는 도를 '대大'라고 말한 동시에 '소小'라고 말한 이유는 무엇 때문인가? 혼돈 상태로서의 도는 무한한 정기들이 '혼연일체渾然一體'된 상태로 있다. 이것은 하나의 측면에서 보면 무한히 큰 것이지만, 무수히 작은 입자들로 구성된 것이라는 점에서 보면 무한히 작은 것이기도 하다. 따라서 여기서 대와 소는 모순 관계에 있는 것이 아니며, 오히려 무수히 작은 입자들로 구성되어 있었기에 무한히 클 수가 있다고 보았다.

그런데 이것은 실천론에까지 확장시켜 볼 수 있다. 34장에서 "항상 욕심이 없어서 작은 것이라 이름할만하다.[常無欲, 可名於小.]"라고 하였으며, 37장에서 "무명의 통나무는 또한 장차 욕심을 내지 않을 것이다.[無名之樸, 夫亦將無欲]"라고 말한 것처럼, 도의 이칭異稱인 통나무의 덕성은 무욕無欲이다. 무욕하기에 자신은 높아지려 하기보다는 오히려 비하한 낮은 곳에 처하려 한다. 도가 비하한 곳에 처해 있지만 정말로 비하한 것은 아니다. 마지막 구에서 "도가 천하에 있음은 마치 작은 계곡들이 강과 바다와 함께 하는 것과 같다."고 한 것처럼 낮은 곳에 있음으로 해서 오히려 높이 있는 물줄기들이 자신에게로 흘러 들어와 온갖 계곡의 왕이 될 수 있었다. 통나무는 이처럼 작아지고자 함으로 해서 오히려 더욱 커질 수가 있었다.

도는 비록 무욕의 마음으로 작아지려고 하지만, 참으로 큰 것이다. 당시 사람들은 가장 큰 것을 '천지'라고 보았다. 그런데 가장 큰 천지조차 도를 신하처럼 마음대로 부릴 수 없다. 왜냐하면 25장에서 "도가 크며, 하늘이 크며, 땅이 크며, 왕 역시 크다.[道大, 天大, 地大, 王亦大.]라고 하였듯이, 도 역시 큰 것이기 때문이다.

왕은 통나무를 간직함으로 해서, 스스로를 낮춘다. 왜냐하면 덕의 본성은 본래가 스스로를 낮추는 것이기 때문이다. 그런데 도는 작아지고자 하지만 그 결과는 오히려 지극히 큰 것이 되어 심지어 천지조차 감히 신하로 부릴 수가 없다. 왕 또한 이러한 도를 지키어 스스로 낮추어 비하한 곳에 처하려고 한다면, 천하의 백성들은 서로 다투어 몰려들 것이다. 이처럼 바다가 비하한 곳에 거처함으로 해서 큼을 이룰 수 있었듯, 왕 역시 자신을 낮춤으로 해서 큼을 이룰 수가 있다.

天地相合, 以降甘露, 民莫之令而自均.

천지가 서로 화합하여 단 이슬을 내리듯이, 백성들은 어떠한 명령이 없어도 저절로 균등해진다.

주　왕필 – "천지가 서로 합하면 단 이슬을 구하지 않더라도 저절로 내리고, 내가 진정한 본성을 지켜 무위하면 백성들은 명령하지 않더라도 저절로 균등해짐을 말한 것이다.[言天地相合, 則甘露不求而自降, 我守眞性無爲, 則民不令而自均也.]"

••• 해설

예로부터 천하만물은 천지의 작용에 의해서 생겨난다고 보았는데, 본 문장 역시 천지에 의해 만물이 생겨났음을 형상화 한 것이다. 가령 '천지가 서로 합치된다[天地相合]'는 것은 남녀 음양의 두 기운이 서로 합치된다는 뜻이다. '단 이슬[甘露]'이란 남녀의 성적 결합을 통한 정액의 생산을 은유적으로 표현한 말로서, 음양의 결합을 통해 무수한 생명이 탄생됨을 말한 것이다. 천지의 결합은 자연적인 것이며, 이 자연적인 것을 통하여 무한한 생명들이 분출되어 생겨났다.

'민막지령民莫之令'에서의 영令은 '명령命令'을 뜻한다. 자균自均은 '저절로 균등해짐' 혹은 '저절로 평등해짐'을 의미한다. 모든 만물은 같은 천지의 작용으로부터 생겨났다는 점에서, 사해四海 내의 만물은 모두 같은 부모로부터 나온 형제자매이다. 장횡거張橫渠는 「서명西銘」에서 "건乾, 하늘은 '아버지'라고 칭하고, 곤坤, 땅은 '어머니'라고 칭한다. 나는 여기서 까마득히 작은 존재이지만 (천지가) 뒤섞여 있는 가운데 처해있다. 따라서 천지가 가득 찬 것은 나의 몸이고, 천지가 통솔한 것이 나의 본성이다. 백성들은 같은 뱃속에서 나온 나의 형제자매이며, 사물은 나와 한 무리이다.[乾稱父, 坤稱母. 予玆藐焉, 乃混然中處. 故天地之塞, 吾其體, 天地之帥, 吾其性. 民 吾同胞, 物 吾與也.]"

라고 하였다.

　　일체의 존재가 같은 부모로부터 태어난 형제자매라는 점에서 모두가 평등한 존재이다. 왕이라고 하여 특별히 귀한 것이 아니며, 백성이라 하여 특별히 천한 것도 아니다. 그럼에도 불구하고 현실 속에선 귀함이나 천함이란 것이 엄연히 존재한다. 그러나 이것은 어디까지나 사회적인 것이지 자연적인 것은 아니다. 왜냐하면 같은 부모의 입장에서 보면 잘났든 못났든 모두가 소중한 자녀들이기 때문이다. 이처럼 자연계의 입장에서 보면 모든 만물은 평등하므로, 백성들은 어떠한 명령이 없이도 자연에 의해 저절로 평등해진다. 따라서 "백성들은 어떠한 명령이 없이도 저절로 균등해진다."고 하였다.

始制有名. 名亦旣有, 夫亦將知止. 知止, 所以不殆.

처음이 흩어져 이름이 있게 되었다. 이름이 또한 이미 있게 되면 장차 그쳐야 함을 알아야 한다. 그쳐야 함을 알아야 위태롭지 않다.

주1　제制 :

　　위원魏源 - "제制란 통나무를 잘라서 나누는 것이다.[制者, 裁其樸而分之.]"

　　후꾸나가 미쓰지福永光司 - "제制는 제製와 같은 뜻이다. 박樸은 산에서 베어 낸 원목을 재목으로 만든 것을 말한다."

주2　왕필 - "'시제始制'란 통나무가 흩어져 비로소 관장官長이 될 때를 말한다. 처음 관장官長을 만들게 되면 명분을 세워 존비尊卑를 정하지 않을 수

없으므로, 처음이 흩어져 이름이 있게 되었다. 이것이 과도한 데로 나아가면 송곳 끝만큼 아주 작은 것을 가지고도 다투게 되므로 '이름이 또한 이미 있게 되면 장차 그침을 알아야 한다.'고 하였다. 마침내 이름에 의거해서 사물을 칭하게 되면 다스림의 근원을 잃게 된다. 따라서 그침을 알아야 위태롭지 않다.[始制, 謂樸散始爲官長之時也. 始制官長, 不可不立名分以定尊卑, 故始制有名也. 過此以往, 將爭錐刀之末, 故曰 名亦旣有, 夫亦將知止也. 遂任名以號物, 則失治之母也. 故, 知止所以不殆也.]"

소자유蘇子由 - "성인은 통나무를 흐트러트려 그릇으로 삼았으니, 그릇에 기인하여 이름[名]을 이룬다. 어찌 이름을 따르다가 통나무를 잊을 수 있겠으며, 말단을 쫓다가 근본을 상실할 수 있겠는가? 본성에로 돌아감을 알게 된다면, 이로써 오만가지 변화를 타게 되어 위태롭지 않게 된다.[聖人樸散爲器, 因器制名, 豈其循名而忘樸, 逐末而喪本哉. 蓋亦知復於性, 是以乘萬變而不殆也.]"

●●● 해 설

'시제유명始制有名'은 28장의 "통나무가 흩어져서 그릇이 된다.[樸散則爲器.]"와 같은 의미이다. 즉 시始란 통나무[樸]와 같은 의미로서, 혼일 상태의 도의 모습을 형용한 것이다. 제制는 위원이 '통나무를 잘라서 나누는 것이다'라고 하였듯이, '재단하다' '나누다'의 뜻이다. 구체적으로 말하면 산散과 같은 의미로서, 혼일 상태의 도가 구체적 만물로 나뉘어져 흩어짐이다. 명名은 기器와 같은 의미로서 만물을 뜻한다. 일체 만물은 명에 의해서 규정된 것이므로, 만물을 명이라고 칭하였다.

노자가 보기에 사회적 모순의 근본원인은 자신을 한정시켰기 때문이라고 보았다. 도에 의해서 만물이 나왔다는 점에서 노자는 개별성을 경시하지 않았을 뿐만 아니라 오히려 개별들이 하나의 획일적인 틀에 의해 재단되는 것을 비판하였다. 문제는 이 개별성이 극도에 달하면 자신의 이익만을 도모하는 이기심으로 변질된다는 데 있다. 개별성이 이 지경에까지 이르게 되면 불가피하게 이 개별성을 저지해야 할 필요가 있다. 따라서 노자는 지止할 것을 주장하였다. 지止란 단순히 '그치다'의 뜻이 아니라 '머무르다'의 뜻이다. 즉 마땅히 머물러야 할 곳에 머무름이다. 이처럼 유의 작용에 의하여 각각의 개별성을 이루게 되면 마땅히 머물러야 할 곳에 머문다. 마땅히 머물 곳에 머물러야 위태로움을 초래하지 않을 수 있다고 하였다.

譬道之在天下, 猶小谷之與(於)江海.

비유컨대 도가 천하에 있음은 마치 작은 계곡이 강과 바다와 함께하는 것과 같다.

주1 왕필본에는 '유천곡지어강해猶川谷之於江海'로 되어 있다. 이것을 풀이하면 '마치 내와 계곡이 강과 바다로 흘러감과 같다.'이다. 그런데 하상공본·소자유본·오징본吳澄本에는 '유천곡지여강해猶川谷之與江海'로 되어 있으며, 경룡본景龍本·돈황정본敦煌丁本·수주본遂州本 등에는 '유천곡여강해猶川谷與江海'로 되어 있으며, 백서본에는 '유소곡지여강해야猶小浴之與江海也'로 되어 있다. 많은 판본은 '어於'가 '여與'로 되어 있다. 이순정易順鼎은 말하기를 "왕필주에서 '여천곡지여강해야猶川谷之與江海也'라고 말하였으니, 본문의 '어강해於江海'는 마땅히 '여강해與江海'가 되어야 한다. 『모자牟子』에서 이것을 인용하며 '비도어천하譬道於天下, 유천곡여강해猶川谷與江海'라고 말하였으니, 글자가 올바로 여與로 되어 있다."고 하였다. 이순정易順鼎의 말처럼 왕필주에는 여與로 되어 있다는 점에서, 여與로 보는 것이 옳다. 또한 장석창蔣錫昌이 "이 구는 도치된 문장이니, 옳은 문장으로는 마땅히 '도지재천하道之在天下, 비유강

해지여천곡譬猶江海之與川谷.'로 되어야 한다. 이 문장은 강해江海로써 도를 비유하고, 곡천川谷으로써 천하만물을 비유한 것 같다."고 한 것을 참고할 만하다. 죽간본과 백서본에는 천곡川谷이 소곡小谷으로 되어 있다. 소곡小谷이 옳다고 본다.

주2 하상공 - "도가 천하에 있어서 사람과 더불어 서로 응하고 화답하는 것이 마치 시내와 계곡이 강이나 바다와 함께하여 서로 유통하는 것과 같음을 비유하여 말한 것이다.[譬言道之在天下, 與人相應和, 如川谷之與江海, 相流通也.]"

　　왕필 - "시내와 골짜기가 강과 바다를 구한 것은 강과 바다가 (오라고) 불러서가 아니며, 부르지도 않았고 구하지도 않았는데도 저절로 귀의한 것이다. 이처럼 천하에 도가 행해지게 되면 명령하지 않아도 저절로 공평해지고 구하지 않았는데도 저절로 얻어지므로, '도가 천하에 있음은 마치 시내와 계곡이 강과 바다와 함께 함과 같다.'고 하였다.[川谷之求江海, 非江海召之, 不召不求而自歸者. 行道於天下者, 不令而自均, 不求而自得, 故曰, 猶川谷之與江海也.]"

●●● 해 설

'유천곡지여강해猶小谷之與江海'에서의 '여與'는 '더불다' '함께하다'의 뜻이지만, 여기서의 구체적인 의미는 '흘러가다'의 뜻이다. 소곡小谷은 '작은 계곡'이란 뜻이다. 따라서 본 구절의 의미는 '마치 작은 계곡들이 강과 바다로 흘러 들어감과 같다.'로 풀이된다. 이와 유사한 의미로서, 66장에서도 "강과 바다가 온갖 계곡의 제왕이 될 수 있는 까닭은 그 자신이 낮은 곳에 잘 처해 있었기 때문이다.[江海所以能爲百谷王者, 以其善下之.]"라고 하였다.

　　강과 바다가 천하 계곡의 제왕이 될 수 있었던 까닭은 그 스스로가 비하한 곳에 처해 있었기 때문이다. 이와 마찬가지로 도가 천하 만물의 제왕이 될 수 있었던 까닭도 위에 군림하고 있기 때문이 아니라 오히려 낮은 곳에 처하였기 때문이다. 이 구절의 의미 속에는 '제왕帝王은 백성들에게 군림하는 자가 아니라 오히려 백성들을 섬기는 자여야 한다.'는 의미가 내포되어 있다.

제 3 3 장

知人者智, 自知者明.
勝人者有力, 自勝者强.
知足者富, 强行者有志.
不失其所者久, 死而不亡者壽.

남을 아는 자는 앎만 있는 것이며, 자신을 아는 자는 현명하다.
남을 이기는 자는 힘만 있는 것이며, 스스로를 이기는 자는 강하다.
만족함을 아는 자는 부유하지만, 힘써 행하는 자는 뜻만을 일삼는다.
자기의 본래 처소를 잃지 않는 자는 영원하지만, 죽지만 죽지 않으려고 애쓰지 않는 자는 장수한다.

知人者智, 自知者明.

남을 아는 자는 앎만이 있는 것이며, 자신을 아는 자는 현명하다.

주 왕필王弼 – "남을 아는 사람은 단지 앎[智]만이 있을 따름이므로 최상의 앎조차 초월하여 스스로를 아는 자만 못하다.[知人者, 智而已矣, 未若自知者, 超智之上也.]"

  소자유蘇子由 – "분별함이 '지智'이고, 가려진 것을 다함이 '명明'이다.[分別爲智, 蔽盡爲明.]"

  이식재李息齋 – "앎이 밖에 있는 것이 '지智'이고, 안에 있는 것이 '명明'이다.[知在外爲智, 在內爲明.]"

●●● 해설

명明이란 인간 내부에 갖추고 있는 '밝은 지혜'란 뜻으로서, 본래부터 가지고 있었던 것이라는 점에서 맹자가 말한 '양지良知'와 유사한 말이다. 지智는 '눈目으로 보아 안다.[知]'는 뜻이다. (19장 참조)

  인간은 본래 명철한 밝음이라는 명明을 가지고 있다. 명의 특징은 다음과 같다. 첫째, 명이란 말 그대로 어둠을 밝히는 횃불과 같은 '밝음'을 뜻한다. 이 명은 사물의 통찰을 위해서는 필수 불가결한 요소이다. 불교에서도 대상세계를 있는 그대로 보지 못하는 무지몽매함을 '무명無明'이라고 칭하였듯이, 밝음이 없다면 지智라고 하는 사려작용을 가지고 아무리 보려고 하여도 보이는 것은 칠흑과 같은 어둠뿐일 것이다. 따라서 앎[知]의 작용은 명을 통해야 한다. 둘째, 명은 물과 같이 일정한 모습이 없으며, 만상萬象에 응하여 오만가지 모습을 이룬다. 또한 일정한 모습이 없으므로 10장에서 "명백히 알아 사방으로 통한다.[明白四達]"고 한 것처럼 통하지 않는 곳이 없다. 즉 그 쓰임[用]에 있어서 무한하다. 셋째, 명은 인위적으로 애써 드러낼 수 있는 것이 아니며, 단지 '저절로 드러나는 것'이다.

명明과는 달리 지智는 다음과 같은 특징을 갖는다. 첫째, 지는 외부로 향하는 사려작용으로서 모종의 지향성志向性을 갖는다. 지향성이란 일방一方으로만 치닫고자 하는 속성을 갖고 있으므로, 지는 결과적으로 집착과 편견을 낳는다. 둘째, 지가 대상세계를 향해 일방一方으로 나아가기 때문에 사물의 분별을 낳는다. 이처럼 지가 분별을 낳으므로 분별지分別智의 의미를 갖고 있다. 셋째, 지가 밝은 지혜인 명明을 그대로 방치한 채 외적인 것으로만 향한다면 이것은 자연히 명으로부터 멀어지게 된다. 명으로부터 멀어질수록 그만큼 우리는 어두운 눈으로 사물을 인식하게 되어 그 앎이라고 하는 것은 오히려 적어질 뿐이다. 47장에서 "그 나아감이 더욱 멀수록 앎이 더욱 적어진다.[其出彌遠, 其知彌少]"고 말한 것도 바로 이를 두고 한 말이다. 즉 여기서 뜻하는 바는, 단순히 멀리 나아갈수록 앎이 적어진다는 의미가 아니라 멀리 나아갈수록 내적인 것을 방치한 채 외적인 것만을 추구하기에 앎이 적어진다는 의미이다.

勝人者有力, 自勝者强.
남을 이기는 자는 힘만 있는 것이며, 스스로를 이기는 자는 강하다.

주　하상공河上公 – "남을 이길 수 있는 자는 무력을 사용한 것에 불과하다. 사람이 스스로 자기의 정욕을 이길 수만 있다면, 천하 가운데 자기와 더불어 다툴 자가 없게 되기 때문에 '강强'이 된다.[能勝人者不過以威力. 人能自勝己情欲, 則天下無有能與己爭者, 故爲强.]"

　　이이李珥 – "남을 이기는 것은 혈기로써의 힘이고, 스스로를 이기는 것은 의리義理로써의 용기이다.[勝人者血氣之力也, 自勝者義理之勇也.]"

●●● **해설**

노자가 말한 강強에는 약弱에 상대되는 강과 진정한 의미의 강強이 있다. 본 문장에서의 강強은 바로 후자에 속한다. 52장에서도 "부드러움을 지킴을 '강強'이라고 한다守柔曰强.]"고 하였는데, 여기서의 강強 역시 진정한 의미의 강함이란 뜻으로 사용된 것이다.

'남을 이김[勝人]' '스스로를 이김[自勝]'은 앞 구절의 '남을 앎[知人]' '스스로를 앎[自知]'과 상응한다. 즉 '남을 앎[知人]' '스스로를 앎[自知]'은 인식에 있어서의 내외를 말한 것이고, '남을 이김[勝人]' '스스로를 이김[自勝]'은 실천에 있어서의 내외를 말한 것이다.

이제 본 문장의 의미에 대하여 살펴보자. 물리학에서의 힘이란 물체를 변화시키게 하는 작용을 말한다. 그런데 물체란 관성에 의해서 계속적으로 자신의 현 상태를 유지하려고 하므로, 그 물체를 변화시키기 위해선 그 물체가 가지고 있는 힘을 압도해야 한다. 사회학에서의 힘(혹은 권력)이란 것도 사람을 변화시키게 하는 작용을 말한다. 이러한 점에서 본다면 힘은 물체에 있어서나 인간에게 있어서나 모두 유사한 의미를 갖는다. 그러나 중요한 차이점이 있다. 인간은 외부의 작용에 의해 결정되어지는 수동적 존재가 아니라는 점이다. 힘은 일시적으로 사람들을 제압할 수 있지만, 인간은 외압이 가해질수록 반발력이 오히려 더욱 거세진다. 그리고 힘 있는 자가 힘이 약해졌을 때, 또는 억압받는 사람들이 힘이 강해졌을 때, 언제고 대항한다. 따라서 힘에 의한 강압은 결코 오래갈 수 없다. 힘으로 제압한 제국이나 권력자가 오래갈 수 없음에 대해선 역사가 이미 무수히 증명해 보이고 있다. 따라서 강압에 의해서 상대를 일시적으로 누를 수는 있지만, 노자는 이것을 "남을 이기는 자는 힘만 있는 것이며[勝人者有力]"라고 하였다. 사람들은 일반적으로 힘으로 이기는 것을 강함이라고 생각하지만 이것은 진정한 의미의 강함이 아니며 단지 힘만 센 것일 따름이다.

노자는 진정한 강함은 '스스로를 이김[自勝]'에 있다고 보았다. 왜냐하면 타인을 이긴다는 것은 남을 굴복시키는 것이라고 한다면, 스스로를 이긴 다는 것은 자신을 굴복시킨다는 것이기 때문이다. 이처럼 자신을 이기는 자는 자신을 비하한 곳에 두기에 언뜻 보아서는 우유부단하고 나약한 것 처럼 보인다. 그러나 실제는 그와 반대이다. 가령 바다는 낮은 곳에 있음 으로 해서 온갖 계곡의 물을 포용하여 자신에게로 흘러 들어오게 한다. 또한 물은 대적하려는 마음이 없어 장애물을 장애물로 여기지 않기 때문에 바위가 있으면 바위를 비켜나가고, 나무가 있으면 나무를 비켜나가지만, 궁극적으로는 자신의 목적지로 향하게 된다. 이처럼 유柔는 대상을 이기 려고 하기보다는 자기를 이기려고 함으로 해서 진정한 강함을 이룰 수가 있다.

知足者富, 强行者有志.
만족함을 아는 자는 부유하지만, 힘써 행하는 자는 뜻만을 일삼는다.

주　　왕필 - "부지런히 행할 수만 있다면 뜻을 반드시 얻게 된다.[勤能行之, 其志必獲.]"

　　　소자유蘇子由 - "만족을 아는 자는 만나는 것에 대해 만족해하므로 부유하지 않음이 없다. 비록 천하를 소유하더라도 항상 부족함을 느끼는 마음으로써 거처한다면 죽을 때까지 부유해질 수가 없다.[知足者所遇而足, 則未嘗不富矣. 雖有天下而常不足之心以處之, 是終身不能富也.]"

　　　이이 - "저와 같이 물욕物欲에 이끌려 밖에서 구함이 있는 자는 마음이 항상 부족하게 되어, 비록 부유함이 천하를 소유할 정도가 될지라도 부유한 것이 아니다.[彼牽於物欲而有求於外者, 則心常不足, 雖富有天下猶非富也.]"

●●● 해 설

오늘날 현대인들은 욕망을 채우기 위하여 부단히 바쁘게 살아가고 있다. 그러나 욕망이란 채우려는 대상이지 채워지는 대상이 아니다. 우리는 일시적으로나마 욕망을 채울 수 있고, 이 채움을 통하여 한순간이나마 성취감에 도취될 수도 있다. 그러나 이것은 어디까지나 일시적인 만족에 지나지 않으며, 또 다른 만족을 충족시키기 위해 욕망은 꿈틀거리게 된다. 이처럼 욕망이란 영원히 채울 수 없는 것임에도 불구하고 이것을 채우려고 혈안이 된다면 결국 헛된 꿈과 함께 몰락해 가는 자신의 처절한 자화상만이 남게 될 것이다. 노자는 이 때문에 "만족함을 아는 자는 부유하다.[知足者富]"고 하였다.

사람들은 흔히 부유함과 빈곤함을 재화의 많고 적음으로써 판단한다. 물론 주체할 수 없을 정도로 많은 재물을 소유한 자라면 부유한 자이기는 하다. 그러나 부는 엄밀한 의미에서 계량화하여 측정할 수 있는 것이 아니다. 아무리 많은 재화를 가지고 있다고 하더라도 재물의 노예가 되어 이것을 추구하고자 혈안이 된다면 이미 마음이 가난한 자이다. 반면에 남이 볼 때에는 아무 것도 없어 보여도 내 마음이 천하를 소유하고 있다면 이미 마음이 부유한 자이다. 따라서 노자는 재물을 얼마나 많이 추구했느냐 하는 외형적인 것을 추구하기보다는 지족知足할 것을 주장하였다. 지족이란 만족해야 할 때를 알아 만족해하는 것이다. 이처럼 만족해야 할 때를 알아 만족해한다면 이미 마음이 부유한 자이다.

노자는 "만족함을 아는 자는 부유하다.[知足者富]"의 대구로 "힘써 행하는 자는 뜻만을 일삼게 된다.[强行者有志]"고 말하였다. '강행자유지强行者有志'에 대하여 대다수의 학자들은 긍정적인 의미로 해석하고 있다. 가령 강행强行을 '부지런히 힘쓰다'라는 뜻의 '근행勤行'으로 보고 있다. 그 예증으로 41장의 "뛰어난 선비는 도를 들으면 부지런히 그것을 행한다.[上士聞道, 勤而行之.]"를 들고 있으며, 엄영봉嚴靈峰과 같은 경우에는 심지어 강强이란 노자가 기피하는 말이므로 강행強行은 의당 근행勤行이 되어야 한다고까지 주장하였다. 이들의 주장에 의거하면 "부지런히 힘쓴다면 자신이 뜻하던 바를 얻을 수 있다."로 해석된다. 그러나 이러한 해석은 노자의 본의를 오해한 것이라고 본다. 그 이유는 다음과 같다.

첫째, '강強'자의 해석에 문제가 있다. 일반적으로 강행強行을 면강勉强과 같은 의미로 보아 '부지런히 힘써서 갈고 닦는 모습이다'라고 풀이하고 있다. 면강勉强은 유가에서 중시한 공부 방법이다. 왜냐하면 유가에서는 한 걸음 한 걸음 힘써 행하며 나아가는 것을 목표로 하기 때문이다. 그러나 노자에게 있어서 이러한 면강은 오히려 인위적인 것에 해당한다. 노자에 있어서의 강強은 유柔에 대한 대립적 개념이다. 55장에서도 "마음이 기운을 부리는 것을 '강強'이라고 한다.[心使氣曰强.]"고 하였다. 여기서의 심心은 의지[志]를 지칭하고, 기氣는 기운을 지칭한다. 기운이란 것은 본래 자연적인 본성이 발동한 것인데, 의지는 자연적인 기운을 좌우지한다. 이러한 강強은 자연의 순리에 역행하는 것이다. 강행強行을 긍정적으로 해석하는 많은 주석가들은 그 해석의 단서로 41장의 "뛰어난 선비는 도를 들으면 부지런히 그것을 행한다."를 중요한 논거로 삼고 있는데, 41장과 본 구절은 서로 의미하는 바가 전혀 다르다. 41장은 경지의 차이를 주제로 하여 말한 것으로서, 뛰어난 선비[上士]란 무한히 큰 경지를 느낀 자를 말한다. 이 무한한 경지를 느끼게 되면 자연히 자신의 무지를 알게 되어 무한한 세계를 알려고 하게 된다. 따라서 41장에서의 "부지런히 그것을 행한다.[勤而行之]"란 '힘써 노력한다'의 뜻이 아니라 '자연히 힘써 행하게 된다'의 뜻이다. 반면에 강행強行은 채우기 위하여 애써 노력한다는 뜻이다.

둘째, 지志는 의지나 신념을 뜻하는 것으로서 노자가 기피하는 개념임에도 불구하고 과연 이것을 굳이 긍정적인 의미로 사용했겠느냐 하는 점이다. 사람들은 부지런히 힘쓰는 자를 신념이 있다고 말한다. 『맹자』「공손추孔孫丑」(상)에 대한 주자주朱子注에서도 "지志란 마음이 나아감이다.[志固

心之所之]"고 했다. 이처럼 지^志가 추구하는 것이 외적인 대상에 있기에 위 구절의 지^智와 역^力과 마찬가지로 외적인 것에 대한 추구를 뜻한다. 그런데 노자는 외적인 것의 추구에 대해 하나같이 비판적인 태도를 취하였다. 그렇다면 외적인 것을 지향하려고 하는 지^志 역시 노자가 부정적인 의미로 사용하였다고 보는 것이 타당하다.

이제 '힘써 행하는 자는 뜻만을 일삼는다.[强行者有志]'란 의미를 풀이해보자. '힘써 행하는 자[强行]'란 만족하지 못하고 무엇인가를 얻기 위해 부단히 노력하는 자이다. 이들은 목표를 달성하면 이에 만족하지 않고 또 다른 목표를 향해 달려 나간다. 이들에겐 만족이란 것이 없기에 부유하더라도 부유함을 모른다. 노자는 이러한 자들을 향해 "뜻만을 일삼는다[有志]"고 하였다. 힘써 행하는 자들은 만족할 줄 모르며 단지 목표 의식에만 사로잡혀 살아다는 자들로서 오히려 마음이 가난한 자들에 불과하다.

不失其所者久, 死而不亡者壽.

자기의 본래 처소를 잃지 않는 자는 영원하지만, 죽지만 죽지 않으려고 애쓰는 자는 장수한다.

주1 망^亡:

왕필본을 비롯한 통행본에는 망^亡으로 되어 있으나, 백서본에는 망^忘으로 되어 있으며, 경복비본_{景福碑本}에는 망^妄으로 되어 있다. 하상공본에는 망^亡으로 되어 있으나, 주_注에서는 망^亡을 망^妄으로 풀이하였다. 그러나 여기서는 통행본을 좇아 망^亡으로 보는 것이 좋다.

주2 하상공 – "눈이 망령되이 보지 않고 귀가 망령되이 듣지 않고 입이 망령되이 말하지 않는다면, 천하에 대하여 원망이나 미워함이 없어지므로 장수하게 된다.[目不妄視, 耳不妄聽, 口不妄言, 則無怨惡於天下, 故長壽.]"

왕필 – "비록 죽더라도 살아있다고 여긴 까닭은 도란 멸망하지 않아 수명을 온전히 할 수 있었기 때문이다. 몸은 죽더라도 도는 오히려 있기 마련인데, 하물며 몸이 보존되고 도가 사라지지 않았음에 있어서랴![雖死而以爲生之, 道不亡乃得全其壽. 身沒而道猶存, 況身存而道不卒乎.]"

엄영봉 – "만물은 하나의 창고이며, 사생死生은 한 가지 모양이다. 자신에게 있어서는 사생死生이 변화한 것이 없으니, 몸은 죽더라도 도道는 보존된다. 따라서 '장수한다[壽]'고 하였다.[萬物一府, 死生同狀, 死生無變於己, 身沒而道存. 故壽也.]"

• • • 해설

'자기의 본래 처소를 잃지 않으면 장구할 수 있다[不失其所者久]'에서의 '소所'는 『논어』 「위정爲政」의 "덕으로써 정사를 행함은, 비유하자면 마치 북극성이 제자리[所]에 머물러 있으면 뭇 별들이 그것에로 향하는 것과 같다.[爲政以德, 譬如北辰居其所, 而衆星共之.]"에서의 '소所'와 같은 의미로서 '마땅히 있어야 할 자리'란 뜻이다. 구久란 시간상에 있어서 '영원하다'의 뜻이다. 마땅히 있어야 할 자리를 잃지 않는다는 말은 한곳에 가만히 머물러 있어야 한다는 것을 의미하는 것이 아니라, 시류에 잘 응해야 한다는 의미다. 가령 나아가야 할 때 나아가고 물러나야 할 때 물러남을 의미한다. 또한 시류에 잘 응한다고 함은 도에 잘 부합한다는 뜻이다. 도는 시간상에 있어서 영원한 것이어서 도와 잘 부합하는 자는 도와 더불어 장구할 수 있다고 본 것이다.

그런데 역대의 거의 대부분 학자들이 '사이불망자수死而不亡者壽'를 앞의 '부실기소자구不失其所者久'와 동일한 의미의 병렬로 보아 긍정적으로 설명하고 있는데, 이것은 잘못된 견해라고 본다. 앞에서의 지^智와 명^明, 역^力과 강^强, 부^富와 지^志가 서로 대응하는 관계에 있다. 즉 전자의 경우가 내적인 것이라고 한다면 후자의 경우는 외적인 것으로 당시 사람들이 최상의 가치로 여기는 개념들이다. 본 문장 역시 대구의 의미로 사용한 것이다. 그 이유에 대하여 살펴보기로 하자.

'사이불망자수^{死而不亡者壽}'에서의 망^亡은 사^死와 같은 뜻으로서, 불망^{不亡}이란 죽지 않기 위하여 애씀이다. 여기서 우리는 수^壽와 구^久의 차이점을 구별할 필요가 있다. 구^久는 23장에서 "천지조차도 오히려 장구[久]할 수 없었다.[天地尚不能久]"고 할 만큼 시간상에 있어서 '영원함'을 뜻한다. 반면에 수^壽란 '장수^{長壽}'의 뜻이다. 『장자』「천지^{天地}」에서 "장수하면 욕된 일이 많아진다.[壽則多辱]"고 하였으며,「지북유^{知北遊}」에서도 "비록 장수와 요절함이 있다고 하더라도 서로의 거리가 얼마나 된단 말인가?[雖有壽夭, 相去幾何.]"라고 하였듯이 장수란 요절^{夭折}에 대한 상대적인 말이다. 역사상 가장 오래 살았다고 하는 팽조^{彭祖}조차 팔 백세를 넘지 못한다. 물론 인간의 상대적 관점에서 보면 대단히 장수한 것처럼 보이겠지만, 천지보다 오래된 도의 장구함에 비한다면 찰나와 같은 짧은 삶일 뿐이다.

이제 '사이불망자수[死而不亡者壽]'의 의미를 풀이해보자. 죽는 것은 모든 생명체에 있어서 필연적인 것이다. 필연적이라는 점에서 명^命이며, 반드시 따라야 한다는 점에서 순^順이다. 따라서 "자기의 본래 처소를 잃지 않는 자는 장구할 수 있다"고 하였다. 삶이 있으면 삶에 따르고, 죽음이 있으면 죽음에 따르는 것이다. 이것이 곧 마땅히 처해야 할 곳이며, 마땅히 처할 곳에 처하면 도와 함께 장구할 수 있다. 그러나 우리는 삶에 대한 집착으로 인하여 죽지 않기 위해 부단히 애쓴다. 불로장생의 꿈에 도취되어 불사초^{不死草}를 구하기 위해 부단히 애쓰다가 허망하게 죽어간 진시황^{秦始皇}이 바로 그러한 인물이다. 물론 죽지 않기 위해 부단히 노력하면 수명이 좀 더 연장이 될 수 있으며, 사람들은 이것을 장수했다고 한다. 그러나 장수란 기껏해야 몇 년 혹은 몇 십년 남보다 더 오래 사는 것으로서, 도의 영원함에 견준다면 이 역시 찰나적 삶에 지나지 않는다.

제 34 장

大道汎兮, 其可左右.
萬物恃之以生而不辭, 功成不有, 衣養萬物而不爲主.
常無欲, 可名於小.
萬物歸焉, 而不爲主, 可名於大.
是以聖人以其終不自爲大, 故能成其大.

큰 도는 물위에 둥둥 떠다니는 것 같아서 (물결 따라) 왼쪽으로 가기도 있고 오른쪽으로 가기도 한다.
만물은 그것에 의지하여 생겨났지만 (도는) 자신의 공덕功德을 말하지 않고, 공이 이루었지만 이 공을 소유함이 없고, 만물을 소중히 감싸 길러주면서도 주인으로 여기지 않는다.
항상 욕심이 없어서 '작다'고 칭할만하다.
만물이 그에게로 돌아가지만 주인으로 여기지 않으니 '크다'고 칭할만하다.
이와 같이 성인은 끝내 스스로를 크다고 여기지 않기 때문에 큼을 이룰 수가 있다.

大道汎(氾)兮, 其可左右.

큰 도는 물위에 둥둥 떠다니는 것 같아서 왼쪽으로 가기도 하고 오른쪽으로 가기도 한다.

주1 범汎 :

왕필본王弼本을 비롯한 많은 판본에는 범汎으로 되어 있다. 왕필은 범汎을 '범람汎濫, flood'의 뜻으로 보았다. 이에 반해 고형高亨은 "『광아廣雅』「석고釋詁」에서 '범汎이란 〈넓다〉의 뜻이다.[汎, 博也.]"고 하였으며, 「석언釋言」에서 "범汎이란 〈널리〉란 뜻이다.[汎, 普也.]"고 하였다. 이것은 도체道體가 광대하여 왼쪽으로 가고 오른 쪽으로 가서, 가게 되면 있지 않는 곳이 없음을 말한 것이다."라고 하여, '널리'의 뜻으로 보았다. 반면에 이현비본易玄碑本・경양본慶陽本・누정본樓正本・팽사본彭耜本・초횡본焦竑本 등에는 범氾으로 되어 있다. '둥둥 떠다닌다(float)'란 의미의 범氾이 옳다고 본다. 왜냐하면 범람한다는 것은 지나침[過]을 의미하는데, 도는 모자람도 넘침도 없는 것이기 때문이다. 『장자』「열어구列禦寇」에서도 "둥둥 떠다니는 것이 마치 매여 있지 않는 배와 같다.[汎若不繫之舟.]"고 하였다.

주2 왕필 – "'도가 범람하여 가지 않음이 없으며 좌우와 상하로 두루 돌아다니며 쓰일 수가 있어서, 이르지 않는 곳이 없다'는 말이다.[言道氾濫無所不適, 可左右上下周旋而用, 則無所不至也.]"

여길보呂吉甫 – "왼쪽으로 할 수 있으면 오른쪽으로 할 수 없고, 오른쪽으로 할 수 있으면 왼쪽으로 할 수 없는 것은 물物에 있어서 한쪽만을 곡진曲盡히 하는 것이 아니므로 대도가 아니다. 대도란 있지 않음이 없기 때문에, '둥둥 떠다녀 좌우에 두루 미친다'고 하였다.[可以左而不可以右, 可以右而不可以左, 在物一曲者, 非大道也. 大道則无乎不在, 故汎兮, 其可左右也.]"

◦◦● 해설

자기를 주장하고 자기를 고집한다는 것은 곧 일방一方으로 향함이다. 그런데 일방으로 향하여 왼쪽으로 치닫게 되면 오른쪽으로 갈 수가 없고, 오른쪽으로 치닫게 되면 왼쪽으로 갈 수가 없다. 이것은 한쪽을 극진히 이루는 것이지만 이와 동시에 한곳에만 치우쳐 있음을 의미한다. 반면에 도는 자기를 주장하지도 자기를 고집하지도 않는 모습이 마치 물결 따라 이리 저리 옮겨 떠다니는 작은 돛단배와도 같다.

　　이것은 단순히 아무런 주체성이나 목표도 없이 물결이 흘러가는 데로 마냥 따라가라는 것을 의미하는 것이 아니다. 물결은 시류時流를 의미하며, 물결 따라 오른쪽으로 가기도 하고 왼쪽으로 가기도 한다는 것은 시류의 적합함에 따른다는 뜻이다. 사실상 변화를 초월한 불변의 원칙이란 것은 없다. 단지 시시각각으로 변화하는 세계와 이 변화에 대한 적합성만이 있을 따름이다. 대도 역시 자신의 원칙을 고집함이 없기에 시류의 변화에 무한히 응한다고 하였다.

萬物恃之以(而)生而不辭, 功成不有, 衣養萬物而不爲主.

만물은 그것에 의지하여 생겨났지만 (도는) 자신의 공덕功德을 말하지 않고, 공이 이루었지만 이 공을 소유함이 없고, 만물을 소중히 감싸 길러주면서도 주인으로 여기지 않는다.

주1　'만물시지이(이)생이불사萬物恃之以(而)生而不辭'가 백서본에는 빠져있다. 이 구절은 아마도 2장의 문장이 중복되어 나온 것 같다. 이以가 왕필본에는 이而로 되어 있으나, 대다수 판본에는 이而가 이以로 되어 있다. 이以로 보는 것이

좋다. 또한 왕필본에는 '공성불명유功成不名有'로 되어 있고, 백서본에는 '성공수사이불명유야成功遂事而弗名有也'로 되어 있는데, 여기서의 명名은 연자衍字로 봄이 좋다.

주2 불사不辭 :

사辭에 대하여 1)'말하다' 2)'주재하다' 3)'사양하다'라는 세 가지 견해가 있다. (2장 참고) 여기서는 '말하다'의 의미로 보는 것이 좋다.

주3 시恃 : 의존함

하상공河上公 – "시恃는 기댐이다. 만물은 모두 도에 기대어 생겨난다. [恃, 待也. 萬物皆待道而生.]"

주4 의양만물衣養萬物 :

왕필본에는 '의양衣養'으로 되어 있으나, 하상공본· 이현본易本· 누고본樓古本· 초횡본焦竑本 등에는 애양愛養으로 되어 있다. 부혁본傅奕本· 휘종본徽宗本· 법응원본范應元本 등에는 의피衣被로 되어 있으며, 범응원은 "의피衣被란 덮음이다.[衣被, 猶覆蓋也.]"고 하였다. 백서본에는 '의양만물衣養萬物'이 '만물귀언萬物歸焉'으로 되어 있다.

*●● 해 설

본 문장과 유사한 형태의 문장이 이미 2장에 나온 바 있다. '만물시지이생이불사萬物恃之以生而不辭'에서 시恃는 '의지하다' '기대다'의 뜻이고 사辭는 '말하다'의 뜻이다. 따라서 본 구절은 '만물이 도에 의거해서 생겨났다는 점에서 만물에 대하여 무한한 공덕을 갖고 있으면서도 도는 자신의 공적을 말하지 않는다'란 뜻이다. 만물이 도에 의해서 생겨났지만 만물과 도는 주종관계가 아니라 다만 만물 스스로가 생화生化할 뿐이다. 부모가 자식을 낳았다고 하여 자식을 자신의 임의대로 할 수 없는 것과도 같다. 노자는 모든 만물이 도로부터 생겨났지만, 그렇다고 만물이 도에 의해 지배받는다고 보지 않았다. 생명체들 스스로가 생장하는 것이기 때문이다. 따라서 도는 만물을 생겨나게 하였지만, 자신의 공적을 말하지 않는다.

'공성불유功成不有'에서의 유有는 소유함을 뜻한다. 천하에 있어서 가장 귀한 것을 꼽으라고 한다면 단연코 생명을 들 수 있다. 도가 일체의 생명체들을 생겨나게 하였다면 그 공功은 참으로 큰 것이다. 그러나 도는 만물을 소유하지 않으며, 단지 만물이 스스로 생화生化하는 것을 지켜볼 뿐이다. 공이 있지만 이 공을 공으로 여기지 않아 공이 있음에 거처하지 않으므로 만물을 자신의 것인 양 소유하려 하지 않는다.

의양衣養은 51장의 '양지복지養之覆之'와 유사한 말로, 의衣는 '덮어주다' '감싸주다'의 뜻이다. 따라서 의양衣養이란 어머니가 갓난아이를 포대기에 안고 기르듯이 '소중히 감싸서 길러주다'의 뜻이다. '불위주不爲主'는 '주인으로 여기지 않는다'란 의미이다. 도는 만물을 생겨나게 하고 길러내는 부모와도 같다. 부모는 자식에게 무한한 사랑으로 은혜를 베풀지만 자식을 소유하기를 원해서가 아닌 것과 같이, 도는 만물을 자애로움으로 길러내지만 자신이 주인이라고 여기지 않는다.

常無欲, 可名於小.

항상 욕심이 없어서 '작다'고 칭할만하다.

주1 상무욕常無欲 :

고환본顧歡本 · 이영본李榮本 · 차해본次解本 등에는 '상무욕常無欲'이 빠져 있다. 이에 대하여 엄영봉嚴靈峰은 "살펴보건대 이 세 자字는 여기서 뜻이 없다. 아마도 1장의 '상무욕이관기묘常無欲以觀其妙' 문장과 착간되어 여기에 거듭 나온 것 같다."고 하였다. 엄영봉의 견해에 의거하여 앞 문장과 연결시켜 풀이하면 "만물을 두루 덮으면서고 주인으로 여기지 않기 때문에 작은 것이라고 지칭할만하다.[衣養萬物而不爲主, 可名於小.]"로 해석할 수 있다. 여기서는 기존의 판본을 따랐다.

주2 왕필 – "만물이 모두 도로 말미암아 생겨났지만, 이미 생겨나게 되면 그 말미암은 곳을 알지 못하게 된다. 그러므로 천하가 항상 무욕할 때에는 만물이 각각 그 마땅한 바를 얻어서 마치 도가 사물에게 베푸는 일이 없는 듯이 한다. 따라서 '소小'라고 지칭한 것이다.[萬物皆由道而生, 旣生而不知其所由. 故天下常無欲之時, 萬物各得其所, 若道無施於物. 故名於小矣.]"

• • • 해 설

도는 만물을 생양生養한다는 점에서 만물에 대하여 지대한 공덕功德이 있지만 자신의 공덕을 공덕이라고 여기지 않는다. 즉 자신의 공덕을 의식하지 않으며, 저절로 그러할 뿐이라고 여긴다. 이처럼 공을 가지고 있되 공이라고 여기지 않음이야말로 진정한 무욕無欲의 마음이다. 따라서 "도는 항상 욕심이 없다."고 했다. 그런데 무욕이란 나를 작게 함이다. 따라서 "도는 욕심이 없기에 작다고 이름 붙일만하다."고 하였다.

萬物歸焉而不爲主, 可名於大.
만물이 그에게로 돌아가지만 주인으로 여기지 않으니 '크다'고 칭할만하다.

주 　왕필 – "만물이 모두 도에로 돌아감으로 해서 살 수 있지만, (도는) 애써 그 말미암은 곳을 알지 못하게 한다. 이것은 소小가 아니기에 다시 '대大'라고 칭할 수 있다.[萬物皆歸之以生, 而力使不知其所由. 此不爲小, 故復可名於大矣.]"

●●● 해 설
귀歸란 '귀의歸依'의 뜻이다. 계곡의 물들은 모두 하나같이 바다로 흘러간다. 계곡의 물들이 바다로 향하는 것은 바다의 강압에 의해서가 아니다. 단지 계곡의 물들이 자발적으로 귀의한 것이다. 그렇다면 어째서 계곡의 물들은 하나같이 자발적으로 바다에 귀의하려고 하는가? 그 이유는 바다가 비하한 낮은 곳에 거처하며 온갖 물들을 포용하였기 때문이다. 낮은 곳에 거처한다는 것은 자신을 작아지게 함이다. 그러나 자신이 작아짐으로 해서 오히려 천하를 포용할 수 있었다. 천하를 포용하는 넓은 마음은 가히 '크다'고 할 수 있다.

是以聖人以其終不自爲大, 故能成其大.
이와 같이 성인은 끝내 스스로를 크다고 여기지 않기 때문에 큼을 이룰 수가 있다.

주 　하상공 – "성인은 도를 본받아서 덕과 명예를 안에 감추어 크다고 여기지 않는다. 성인은 솔선수범으로 이끌어 말하지 않더라도 교화되고 만사가 다스려지기 때문에, 큼을 이룰 수가 있었다.[聖人法道, 匿德藏名, 不爲滿大. 聖人以身師導, 不言而化, 萬事修治, 故能成其大.]"
　　왕필 – "작은 데서부터 큰일을 행하고, 쉬운 데서부터 어려운 일을 도모한다.[爲大於其細, 圖難於其易.]"

이식재李息齋 – "성인은 끝내 스스로를 크다고 여기지 않기 때문에 만물은 끝내 그를 넘어설 수가 없다. (이처럼) 오직 큼을 취하지 않았기 때문에 그 큼을 이룰 수가 있었다.[聖人終不自以爲大, 而萬物終無以過之. 唯其不取大, 故能成其大.]"

••• 해설

자신을 크다고 여긴다면 이것은 이미 크다고 하는 것에 집착하는 것이다. 또한 크다고 하는 것에 집착하는 마음은 이미 유심有心이 된다. 유심有心으로써 높아지고자 한다면 오히려 낮아지고, 자신의 공덕을 드러내고자 한다면 이미 공덕이 사라지고 만다. 반면에 성인은 일체의 것에 집착하는 마음이 없기 때문에 비록 크다고 할지라도 크다고 여기지 않는다. 이처럼 자신은 낮아지려 하나 결과적으로 더욱 높아지고 자신의 공덕을 과시하려 하지 않으나 결과적으로 더 많은 공덕이 있게 된다. 따라서 "이와 같이 성인은 스스로를 크다고 여기지 않았기 때문에 큼을 이룰 수가 있었다."고 하였다.

제35장

執大象, 天下往, 往而不害, 安平太.
樂與餌, 過客止.
道之出口, 淡乎其無味. 視之不足見, 聽之不足聞, 用之不足旣.

큰 형상을 잡고 천하로 나아가면, 가더라도 해됨이 없으며, 안정되고 · 평탄해지고 · 커진다.
음악과 맛있는 음식은 지나가는 나그네의 발걸음을 멈추게 한다.
반면에 도가 입으로 표현될 때에는 담담하여 아무런 맛도 없다. 그것을 보려고 하여도 충분히 볼 수가 없고, 그것을 듣고자 하여도 충분히 들을 수가 없지만, 그것을 사용하게 되면 (그 쓰임이) 다함이 없다.

執大象, 天下往, 往而不害, 安平太.

큰 형상을 잡고 천하로 나아가면, 가더라도 해됨이 없으며, 안정되고 · 평탄해지고 · 커진다.

주1 집執 :

하상공河上公 – "집執은 지킴이다.[執, 守也.]"

주2 대상大象 :

하상공 – "상象은 도이다.[象, 道也.]"
왕필王弼 – "큰 형상이란 천상天象의 어머니이다.[大象, 天象之母也.]"
임희일林希逸 – "대상大象이란 상象이 없는 상이다.[大象, 無象之象也.]"
해동海侗 – "대상大象은 도이다. 도는 본래 상象이 없는데 억지로 '대상大象'이라고 한 것이다. 41장에서도 '대상大象은 형태가 없음이다[大象, 無形]'고 하였다."

주3 천하왕天下往 :

두 가지 해석이 있다. '천하가 (성인에게로) 간다'란 해석과 '천하로 나아간다'란 해석이 그것이다. 하상공은 "성인이 대도를 지키면 천하 백성들이 마음을 옮겨 그에게로 돌아간다.[聖人守大道, 則天下萬民, 移心歸往之也.]"고 하여, '천하백성들이 그(성인)에게로 돌아간다'로 풀이하였다. 반면에 왕필은 "뜨겁지도 않고 차갑지도 않으며, 따뜻하지도 않고 써늘하지도 않으므로 만물을 포괄하여 통괄할 수 있으며 손상되지도 않는다. 군주가 만일 이것을 간직할 수만 있다면 천하에로 (막힘없이) 나아갈 수 있다.[不炎不寒, 不溫不凉, 故能包統萬物, 無所犯傷. 主若執之, 則天下往也.]"고 하여 '천하에로 나아간다'로 풀이하였다. 여기서는 후자로 풀이함이 타당하다고 본다.

주4 안평태安平太 :

'안평태安平太'란 구절은 풀이하기 난해하여 많은 견해들이 있어왔다. 가장 보편적인 해석은 '안安' '평平' '태太'를 따로 풀이하는 방법이다. 일반적으로 안安을 안녕安寧으로, 평平을 화평和平으로, '태太'를 태평泰平으로 풀이하고 있다. 그런데 '태太'에는 태평泰平이란 뜻이 없으며, 설령 태평으로 번역하더라도 앞의 평平이란 단어와 의미상으로 중첩된다. 따라서 하상공河上公은 '안安'과 '평태平太'로 나누어 풀이하였다. 즉 "만물이 돌아가더라도 해로움을 입지 않게 되니, 국가가 편안해져 태평太平에 이른다.[萬物歸往而不傷害, 則國家寧而致太平矣.]"고 하였다. 그는 '안安'을 녕寧으로, '평태平太'를 '태평平太'으로 풀이하였다. 이 풀이는 의미상으로 순조롭기는 하지만, 문법적으론 뭔가 이상하다. 만일 하상공처럼 해석하려면 문법적으로 '안이태평安而太平'이 되어야 한다. 이에 대해 왕인지王引之는 "안安은 '어시於是'와 같은 말로서, '내乃' '즉則'의 뜻이다.[安, 猶於是也, 乃也, 則也.]"라고 하여 '이에'의 뜻으로 보았다. 왕인지의 견해는 해석상에 있어서 무난하지만, 이 견해는 억지로 뜯어 맞추었다는 혐의를 모면하기 어렵다. 필자의 견해로는 일반적 해석방법처럼 '안安' '평平' '태太'를 따로 풀이해야 한다고 본다. '태太'가 죽간본에 '대大'로 되어 있듯이, 자의 그대로 '크다'로 번역하는 것이 좋다.

• • • 해 설

집執은 14장의 '옛날의 도를 잡는다[執古之道]'에서의 집執과 같은 의미이다. '대상大象'이란 '도'를 가리킨다. 그런데 '대상大象'에서의 대大는 대소로서의 대가 아니다. 이미 대소를 말하게 되면 그것이 제 아무리 크다고 하더라도 그 큼은 소에 대한 상대적인 유한함에 머무르기 때문이다. 여기서의 대는 '무한히 크다'의 뜻이다. (25장 참조) 따라서 '대상大象'이란 무한하여 마치 아무 것도 없는 듯한 형상을 뜻한다. 41장에서도 "큰 형상은 형태가 없다.[大象無象]"고 하였다. '큰 형상은 형태가 없다'는 말에 대하여 왕필이 41장의 주注에서 "형태가 있으면 구분이 있는 것이니, 구분이 있는 것은 따뜻하지 않으면 써늘하고, 뜨겁지 않으면 차갑다. 따라서 형상이 드러나는 것은 대상大象이 아니다.[有形則有分, 有分者, 不溫則涼, 不炎則寒. 故象而形者, 非大象.]"고 하였다. 일정한 상象이 있다고 하는 것은 그것이 아무리 큰 형상을 갖고 있다고 하더라도 하나의 일정함에 매어있는 것이므로 유한한 것에 지나지 않는다. 도는 일정한 형상이 없으며 도추道樞, 지도리처럼 자연변화에 무한히 응할 뿐이므로 '대상大象'이라고 한 것이다.

'큰 형상을 잡고 천하로 나아가면, 가더라도 해됨이 없어'에서의 '감에 해로움이 없어[往而不害]'는 25장의 '두루 가지만 위태로움이 없다[周行而不殆]'와 비슷한 의미이다. 본 구절과 유사한 의미로 『장자』 「산목山木」에 "사람이 자기를 비워 세상에 노닐 수가 있다면, 그 누가 해칠 수 있겠는가![人能虛己以遊世, 其孰能害之.]"라고 하였다. '천하로 나아가면'이란 『장자』에서의 '세상을 노닐고[遊世]'와 일맥상통한다.

'안安' '평平' '태太'에서 안安은 15장의 "누가 안정될 수 있어서 움직이는 것들이 서서히 생겨날 수 있겠는가?[孰能安, 以動者徐生.]"에서와 같이 '안정安定'의 뜻이다. 평平을 일반적으로 화평和平으로 풀이하는데 이러한 풀이는 적합하지 않다. 최고본인 죽간본에 평平이 평坪으로 되어 있는데, 평坪은 땅과 같은 것이 '평평하다'의 뜻이다. 여기서의 평平은 53장의 '큰길은 아주 평탄하다[大道甚夷]'에서의 이夷와 같은 말로서, '평탄하다' '순조롭다'란 의미이다. '태太'는 자의字意 그대로 '크다'의 뜻으로 '커다란 경지'를 의미이다.

집執은 본래 집착의 뜻이지만, 집執의 대상對象인 도는 대상大象인 동시에 무상無象이다. 이처럼 좇는 대상이 좇을 수도 잡을 수도 없는 바람과도 같은 것이라는 점에서 집執은 '집착하지 않음에 대한 집착'이다. 본 문장은 물의 비유를 통해 설명할 수 있다. 물은 일정한 형상이 없어 하나의 모양만을 고집하지 않는다. 이것을 '무상無象'이라고 한다. 물이 비록 일정한 형상이 없지만 사물의 무한한 형상을 따라 그 자신도 무한한 형상을 이룬다.

이것을 '대상大象'이라고 한다. 그렇다면 무상이기에 대상이 될 수 있었으며, 대상이 되기 위해서는 무상이어야 한다. 따라서 '대상을 잡는다'는 말은 '일정한 모양이 없다'란 뜻이다.

　　물은 일정한 모양이 없으므로 한쪽 방향만으로 흐르는 것을 고집하지 않는다. 외부조건을 따라 왼쪽으로 흘러갈 수도 있고 오른쪽으로 흘러갈 수도 있다. 물은 허심한 마음을 가지고 있으므로 앞에 아무리 큰 장애물이 가로놓여 있더라도 장애물을 장애물로 여기지 않는다. 이처럼 장애물을 장애물로 여기지 않으므로 그 어떠한 것도 더 이상 앞을 가로막는 장애물이 될 수 없다. 이미 장애물이 없으므로 천하 사이를 도도히 흘러가더라도 해됨이 없다. 따라서 "감에 해로움이 없어[往而不害]"라고 하였다. 또한 물은 낮은 땅에 거처하기를 좋아하는데, 땅은 안정되어 있으므로 물 역시 안정되게 흘러갈 수 있다. 물은 이미 앞에 가로놓인 장애물이 없으므로 평탄하고 순조롭게 흘러갈 수 있다. 바다가 강과 바다가 낮은 곳에 처함을 해서 클 수 있었던 것처럼, 물은 낮은 곳으로 향함으로 해서 점점 커져만 간다. 따라서 "안정되고[安]·순탄해지고[平]·커진다[太]."고 하였다.

樂與餌, 過客止. 道之出口(言), 淡乎其無味. 視之不足見, 聽之不足聞, 用之不足旣.

음악과 맛 있은 음식은 지나가는 나그네의 발걸음을 멈추게 한다. 반면에 도가 입으로 표현될 때에는 담담하여 아무런 맛도 없다. 그것을 보려고 하여도 충분히 볼 수가 없고, 그것을 듣고자 하여도 충분히 들을 수가 없지만, 그것을 사용하게 되면 (그 쓰임이) 다함이 없다.

주1 도지출구道之出口, 담호기무미淡乎其無味:

　　판본마다 약간씩 다르다. 백서본에는 "고도지출언야故道之出言也, 왈담가무미야曰淡呵无味也"로 되어 있고, 왕필본·하상공본에는 "도지출구道之出口, 담호기무미淡乎其無味"로 되어 있고, 누고본樓古本에는 "도지출구道之出口, 허호기무미虛乎其無味"로 되어 있고, 고환본顧歡本에는 "도출언道出言, 담호무미淡乎無味"로 되어 있고, 부혁본傳奕本·범응원본范應元本에는 "도지출언道之出言, 담혜기무미淡兮其無味"로 되어 있고, 수주본邃州本에는 "도출언道出言, 담호무미淡乎無味"로 되어 있다. 이처럼 판본마다 약간씩 다른데, 여기서 중요한 차이점은 '구口'로 된 판본과 '언言'으로 된 판본이 있다는 점이다. 여기서는 '구口'로 보았다.

주2 불가기不可旣:

　　하상공―"다하는 때가 없음이다.[無有旣盡時也.]"
　　왕필―"그것을 사용함에 다함이 없다.[乃用之不可窮極也.]"

주3 왕필―"도가 깊고 큼을 말한 것이다. 사람들이 도에 관한 말을 듣는 것은 음악이나 맛있는 음식이 제때에 사람들의 마음을 즐겁게 해주는 것만 못하다고 여긴다. 왜냐하면 음악이나 음식은 지나가는 나그네로 하여금 발길을 멈추게 할 수 있지만, 입 밖으로 나온 도는 담백하여 무미건조하기 때문이다. 가령 도를 보고자 하여도 충분히 볼 수 없으므로 눈을 즐겁게 하기에 부족하고, 그것을 듣고자 하여도 충분히 들을 수가 없으므로 귀를 즐겁게 하기에 부족하다. 이처럼 마음에 맞는 것이 없는 듯하지만 그것을 사용하면 다함이 없게 된다.[言道之深大. 人聞道之言, 乃更不如樂與餌, 應時感悅人心也. 樂與餌則能令過客止, 而道之出口, 淡然無味. 視之不足見, 則不足以悅其目, 聽之不足聞, 則不足以娛其耳. 若無所中然, 乃用之不可窮極也.]"

육희성陸希聲 – "음악은 귀를 즐겁게 해주고 맛있는 음식은 입을 만족케 하기 때문에 나그네는 이것 때문에 머무르고 이것 때문에 즐거워하지만, 안락安樂한 것이 아니므로 오랫동안 거처할 수가 없다.[夫樂可以悅耳, 餌可以適口, 則旅人爲之留連, 爲之歡饜, 然非其所安, 不可久處.]"

•••● 해 설

"음악과 맛있는 음식은 지나가는 나그네의 발걸음을 멈추게 한다.[樂與餌, 過客止.]"에서 악樂은 '음악'을 뜻하고, 이餌는 '맛있는 음식'을 뜻한다. 기旣는 하상공의 주註에서처럼 '다하다[盡]'의 뜻이다.

음악과 맛있는 음식은 오랜 여행으로 인해 피곤에 지친 나그네를 현혹시켜 가는 발걸음을 멈추게 한다. 반면에 도에 대해서는 '도지출구道之出口, 담호기무미淡乎其無味'라고 하였다. '도지출구道之出口'에서의 출구出口는 도에 대한 것이 입 밖으로 나옴을 말한 것이며, 담淡은 담백淡白하여 어떤 일정한 맛이 없음을 말한 것이다. 따라서 본 구절은 '도에 대한 말은 담백하여 아무 맛도 없다'로 풀이할 수 있다.

음악과 맛있는 음식은 자극적이어서 사람들의 관심을 쉽게 끌지만 자극적인 것일수록 오히려 쉽게 식상한다. 반면에 담백한 것은 자극이 없어 그저 담담한 것 같지만 오히려 싫증을 느끼게 하지 않는다. 우리가 매일 밥을 먹지만 싫증을 느끼지 않는 까닭도 그 맛이 담백하기 때문이다. 자극적인 것은 이미 자신의 고유한 소리와 자신의 고유한 맛과 자신의 고유한 색채가 있기 때문에 다른 것을 받아들이지 않는다. 그러나 담백함은 자신을 고집하는 것이 없으므로 어떠한 것도 다 받아들일 수가 있다. 이와 관련하여 『논어』「팔일八佾」에서도 "그림 그리는 일은 흰 비단[素]을 마련하는 것보다 뒤에 하여야 한다.[繪事後素]"고 하였다. 이미 채색되어진 비단이나 종이에는 더 이상 그림을 그릴 수 없으므로, 그림을 그리기 위해서는 반드시 흰 비단이나 흰 종이가 있어야 한다는 말이다. 이와 마찬가지로 도는 담백하여 아무 맛도 없는 듯하기에 그것을 보려고 하나 충분히 볼 수가 없으며 그것을 듣고자 하나 충분히 들을 수 없지만, 막상 그것을 사용하면 할수록 더욱 많은 것들이 나오게 된다.

제 3 6 장

將欲歙之, 必固張之, 將欲弱之, 必固强之, 將欲廢之, 必固興之, 將欲奪之, 必固與之. 是謂微明.
柔弱勝剛强.
魚不可脫於淵, 邦之利器, 不可以示人.

장차 거둬들이려 한다면 반드시 먼저 베풀어주고, 장차 약하게 하고자 한다면 반드시 먼저 강하게 해주고, 장차 멸망시키고자 한다면 반드시 먼저 흥하게 해주고, 상대방의 것을 빼앗고자 한다면 반드시 먼저 상대방에게 준다. 이것을 '미묘한 밝음微明'이라고 한다.
유연하고 부드러운 것은 딱딱하고 경직된 것을 이긴다.
고기가 연못에서 벗어날 수가 없는 것처럼, 나라의 이로운 그릇은 남에게 보여서는 안 된다.

將欲歙之, 必固張之, 將欲弱之, 必固强之, 將欲廢之, 必固興之, 將欲奪之, 必固與之, 是謂微明.

장차 거둬들이려 한다면 반드시 먼저 베풀어주고, 장차 약하게 하고자 한다면 반드시 먼저 강하게 해주고, 장차 멸망시키고자 한다면 반드시 먼저 흥하게 해주고, 상대방의 것을 빼앗고자 한다면 반드시 먼저 상대방에게 준다. 이것을 '미묘한 밝음微明'이라고 한다.

주1 歙歙:

왕필본을 비롯한 많은 판본에서는 歙歙으로 되어 있지만, 하상공본河上公本 · 돈황본敦煌本 · 경복본景福本에는 噏으로 되어 있고, 『한비자韓非子』「유로喩老」· 고환본顧歡本 · 부혁본傅奕本 · 범응원본范應元本에는 翕으로 되어 있다. 범응원은 "翕이란 거둬들임이며, 합치됨이며, 모음이다.[斂也, 合也, 聚也.]"라고 하였다.

주2 범응원 - "펴고 강하게 하고 흥하게 하고 주는 때에 이미 거둬들이고 약하게 하고 폐지하고 취하는 조짐이 그 안에 잠복되어 있다. 조짐은 비록 그윽하여 미세하지만 일에 있어서는 이미 선명하게 밝다. 따라서 이것을 '미명微明'이라고 말했다. 혹자는 몇 구를 예로 들어서 권모술수로 여겼으나 잘못된 견해이다. 성인이 조화造化로운 소식영허消息盈虛, 사라짐 · 자라남 · 채워짐 · 비워짐의 운행을 봄이 이와 같으므로, 항상 이기는 도를 안다. 이것이 바로 유약柔弱이다. 사물이 왕성함에 이르게 되면 노쇠하게 된다.[張之, 强之, 與之, 與之之時, 已有翕之, 弱之, 廢之, 取之之幾, 伏在其中矣. 幾雖幽微而事已顯明也. 故曰是謂微明. 或者以數句爲權謀之術, 非也. 聖人見造化消息盈虛之運如此, 乃知常勝之道. 是柔弱也. 蓋物至於壯則老矣.]"

감산憨山 - "천하만물은 세勢가 정점에 다다르면 반드시 되돌아간다. 비유컨대 해가 장차 기울려고 하면 반드시 성대히 빛나고, 달이 장차 기울려고 하면 반드시 가득 차고, 등불이 장차 꺼지려고 하면 반드시 아주 밝아진다. 이 모든 것은 사물의 형세가 저절로 그러한 것이다. 그러므로 잠시 베풂은 거둬들임의 상象이며, 잠시 강하게 함은 약하게 함의 싹이며, 잠시 흥하게 함은 멸망하게 함의 기틀이며, 잠시 주는 것은 빼앗음의 조짐이다. [天下之物, 勢極則反. 譬夫日之將昃, 必盛赫, 月之將缺, 必盛盈, 燈之將滅, 必熾明. 斯皆物勢之自然也. 故固張者, 翕之象也, 固强者, 弱之萌也, 固興者, 廢之機也, 固與者, 奪之兆也.]"

●●● 해 설

흡歙에는 '웅크리다'와 '거두다'라는 두 가지 해석이 있다. 전자를 따르면 장張은 '펴다'의 뜻이 되고 후자를 따르면 '베풀다'의 뜻이 된다. 여기서는 후자의 뜻으로 보는 것이 좋다. '약지弱之'는 '약하게 하다'의 뜻이고, '강지强之'는 '강하게 하다'의 뜻이다. '폐지廢之'는 '멸망시키다'의 뜻이고, '흥지興之'는 '흥성케 하다'의 뜻이다. '탈지奪之'는 '빼앗다'의 뜻이고, '여지與之'는 '주다'의 뜻이다. 고固는 '잠시' '먼저'의 뜻이다.

여러 사상가들은 본 문장을 예로 들어 노자의 사상을 권모술수라고 비판하였다. 노자의 사상을 맨 처음 권모술수로 해석한 사람은 한비韓非였다. 가령 『한비자』「유로」에서 "진나라 헌공獻公이 장차 우나라를 습격하려고 함에 옥과 말을 선물로 보내었다. 지백知伯이 장차 구유를 습격하려고 함에 큰 종[大鐘]을 큰 수레에 실어 보냈다. 따라서 '상대방의 것을 장차 거둬들이려고 한다면 반드시 잠시 베풀어준다'고 하였다.[晉獻公將欲襲虞, 遺之以璧馬. 知伯將襲仇由, 遺之以廣車. 故曰, "將欲取之, 必固與之.]"고 하였다. 송대宋代 유학자들 역시 노자의 사상을 '권모술수'로 평가하고 있다. 가령 『이정유서二程遺書』(권18)에서 "노자서老子書는 그 말이 서로 상통하지 않음이 마치 얼음과 숯불의 관계와 같다. 처음에는 도의 지극한 현묘玄妙함을 말하고자 했지만, 뒤에 가서는 오히려 권모술수로 돌아갔는데, 가령 '장차 취하고

제36장 455

자 하는 자들은 반드시 그것을 일시적으로 준다'고 한 것이 그 예이다.[老子書, 其言自不相入處如氷炭. 其初欲談道之極玄妙處, 後來卻入做權詐看上去, 如'將欲取之, 必固與之'之類.]"고 하였다.

과연 본 문장은 권모술수를 말한 것인가? 사실상『노자』와 병가兵家 사이에는 모종의 유사성을 갖고 있다. 많은 학자들도 이 점을 인정하며, 병가兵家가 노자로부터 영향을 받았다고 주장하고 있다. 그러나『노자』에는 숱한 병가적인 편린들이 많다는 점에서 노자가 병가서兵家書로부터 지대한 영향을 받았다고 본다. 본 문장 역시 병가의 글을 채용한 것이므로 권모술수로 보일 수 있다. 그러나 노자는 근본적으로 전쟁에 반대하는 입장에 있으며, 이득을 위한 권모술수 역시 비판하고 있다. 다만 병가서로부터 '대립물의 상호유전'이란 개념을 받아들였으며, 본 문장 역시 권모술수를 말하고자 한 것이 아닌 단지 자연현상과 인간사회에 두루 통용되는 '대립물의 상호유전'을 피력한 것이다.

자연 현상이란 것은 극에 달하면 반대의 것으로 돌아간다. 감산도 "천하 만물은 세勢가 정점에 다다르면 반드시 되돌아간다. 비유컨대 해가 장차 기울려고 하면 반드시 성대히 빛나고, 달이 장차 기울려고 하면 반드시 가득 차고, 등불이 장차 꺼지려고 하면 반드시 아주 밝아진다. 이 모두는 사물의 형세가 저절로 그러한 것이다. 그렇기에 잠시 베풂은 거둬들임의 상象이며, 잠시 강하게 함은 약하게 함의 싹이며, 잠시 흥하게 함은 멸망하게 함의 기틀이며, 잠시 주는 것은 빼앗음의 조짐이다."라고 하였다.

柔弱勝剛强.

유연하고 부드러운 것은 딱딱하고 경직된 것을 이긴다.

주1 왕필본과 하상공본을 비롯한 통행본에는 "유약승강강柔弱勝剛强"으로 되어 있고, 백서을본帛書乙本에는 "유약승강柔弱勝强"으로 되어 있고, 경룡본景龍本·소자유본蘇子由本·오징본吳澄本·초횡본焦竑本 등에는 "유승강柔勝剛, 약승강弱勝强"으로 되어 있고, 부혁본·범응원본·팽사본彭耜本 등에는 "유지승강柔之勝剛, 약지승강弱之勝强"으로 되어 있다.

주2 하상공 – "유약柔弱한 것은 장구하고, 강강剛强한 것은 먼저 망한다.[柔弱者久長, 剛强者先亡也.]"

●●● 해 설

본래 유약柔弱은 '부드럽고 약함'이란 뜻이고, 강강剛强은 '견고하고 강함'이란 뜻이다. 그러나 노자가 말한 유약柔弱은 자신을 고집함이 없는 '변화에 대한 유연성'을 뜻하며, 강강剛强은 변화에 아랑곳하지 않으며 자신을 고집하는 '변화에 대한 경직성'을 뜻한다. 고목枯木은 변화에 직면하여 자신을 굽히려 하지 않으므로 강한 바람이 불면 이내 부러지고 만다. 반면에 풀은 변화에 직면하여 자신을 고집하지 않으며 다만 변화에 따르려고 하기 때문에 아무리 거센 바람이 불어도 부러지는 법이 없다. 전쟁에 있어서도 자신의 원칙을 고집함이 없이 상황논리에 잘 따르는 군대가 자신의 원칙만을 고집하는 군대를 이기기 마련이다. 따라서 유약柔弱한 것이 강강剛强한 것을 이긴다고 하였다. 본 문장과 유사한 말로,『삼략三略』「상략上略」에서 "『군참軍讖』에서 '유柔는 강剛을 제압할 수 있고, 약弱은 강强을 제압할 수 있다.'고 말하였다.[軍讖曰, 柔能制剛, 柔能制强.]"라고 하였다.

魚不可脫於淵, 邦(國)之利器, 不可以示人.

고기가 연못에서 벗어날 수가 없는 것처럼, 나라의 이로운 그릇은 남에게 보여서는 안 된다.

주1 방邦 :

백서갑본에는 방邦으로 되어 있다. 한비자본에도 '국國'자가 '방邦'자로 되어 있다는 점에서 방邦이 옳다고 본다.

주2 『한비자』「유로」- "세력의 막중함은 임금에 있어서의 연못과도 같다. 임금은 신하들 가운데 세력이 막중한데, 만일 세력을 잃어버리면 다시는 얻을 수가 없게 된다. 간공簡公이 전성田成에게 찬탈 당했고, 진공晉公이 여섯 경卿들에게 땅을 나누어주게 되었으므로, 결국 나라도 망하고 자신도 죽고 말았다. 따라서 '고기는 연못에서 벗어날 수 없는 것이다'고 하였다. 군주가 상賞을 내보이면 신하는 그 세勢를 이용하고, 군주가 벌罰을 내보이면 신하는 그 위엄에 편승한다. 따라서 '나라의 이기利器를 남에게 보여서는 안 된다.'고 하였다.[勢重者, 人君之淵也 °君人者, 勢重於人臣之間, 失則不可復得矣. 簡公失之於田成, 晉公失之於六卿, 而邦亡身死. 故曰, "魚不可脫於深淵. 人君見賞而人臣用其勢. 人君見罰而人臣乘其威. 故曰, 邦之利器, 不可以示人.]"

하상공 - "이기利器란 '권도權道'를 말한 것이다. 나라를 다스릴 경우 권도는 일을 집행하는 신하에게 보여서는 안 되며, 자신을 다스릴 경우 도는 남에게 보여서는 안 된다.[利器者謂權道也. 治國, 權者不可以示執事之臣也, 治身, 道者不可以示非其人也.]"

왕필 - "이기利器란 나라를 이롭게 하는 도구이다. 오직 사물의 본성에 따를 뿐, 형벌을 빌려서 사물을 다스리지 않는다. 그릇은 볼 수 없으나 사물은 각각 그 마땅한 바를 얻게 되니 이것이 곧 나라의 이기利器이다. 사람에게 보인다는 것은 형벌에 맡김이다. 형벌로써 나라를 이롭게 하려고 한다면 실패하게 된다. 마치 물고기가 연못에서 벗어나면 반드시 (생명을) 잃어버리는 것과 같다. 나라를 이롭게 하는 그릇일지라도 형벌을 세워서 사람들에게 보이게 되면 이 또한 반드시 실패한다.[利器, 利國之器也. 唯因物之性, 不假刑以理物. 器不可覩, 而物各得其所, 則國之利器也. 示人者, 任刑也. 刑以利國, 則失也. 魚脫於淵, 則必見失矣. 利國之器而立刑以示人, 亦必失也.]"

여길보呂吉甫 – "사람은 유약柔弱을 벗어날 수가 없으니, 고기가 연못을 벗어날 수 없는 것과 같다. 고기가 연못을 벗어나면 (사람들에게) 잡혀 죽게 되듯이, 사람들이 유약柔弱을 벗어나게 되면 죽음의 무리일 뿐이다.[人之不可以離柔弱, 猶魚之不可脫於淵. 魚脫於淵則獲, 人離於柔弱則死之徒而已矣.]"

••• 해 설

연淵은 4장의 "깊어서 흡사 만물의 조상인 듯하다.[淵乎, 似萬物之宗]"와 8장의 "마음은 잘 깊게 처한다.[心善淵]"에서와 같이 '깊다[深]'의 뜻이다. '이기利器'에 대하여 한비韓非를 비롯한 많은 학자들이 '상벌賞罰' 혹은 '권모술수'로 풀이하였는데, 이것은 어디까지나 법가식으로 이해한 것이다. 여기서의 '이기利器'란 나라에서 가장 소중히 여기는 것을 지칭한다. 69장의 "적을 가벼이 여기면 거의 우리들의 보배를 잃게 될 것이다.[輕敵幾喪吾寶.]"에서의 '보寶'와 같은 의미이다.

"나라의 이로운 그릇은 남에게 보여서는 안 된다.[國之利器, 不可以示人.]"란 단순히 남에게 보이지 않도록 잘 감추어두라는 의미가 아니라, 이기란 연못[淵]과 같은 깊은 곳에 잘 간직하여야 한다는 의미이다. 15장에서 '깊어서 알 수가 없다[深不可識]'고 한 것처럼, 깊기 때문에 물 속을 쉽게 볼 수 없으며, 쉽게 볼 수 없기 때문에 쉽게 알 수가 없다. 이와 마찬가지로 '이기利器'란 물고기에게 있어서의 물과 같이 없어서는 안 될 필수적인 것이다. 물이 깊을수록 물고기들이 살아가기 용이하듯이 '이기利器'가 깊은 곳에 간직되어 있을수록 백성들이 살아가기가 용이하다. 따라서 "나라의 이로운 그릇은 남에게 보여서는 안된다."란 단순히 남에게 보이지 말고 깊은 곳에 꽁꽁 잘 숨기라는 뜻이 아니라, 남이 쉽게 볼 수 있는 얕은 곳에 간직하지 말라는 뜻이다.

제 37 장

道常無爲. 侯王若能守之, 萬物將自化.
化而欲作, 將鎭之以無名之樸.
無名之樸, 夫亦將無欲, 不欲以靜, 天下將自定.

도는 언제나 행함이 없다. 군주가 만약 이 무위를 지킬 수만 있다면, 만물은 저절로 변화할 것이다.
화化함에 있어서 욕심이 생겨나면, 장차 무명의 통나무로써 누를 것이다.
무명의 통나무로 다스린다면 또한 장차 욕심이 없을 것이니, 욕심을 내지 않음으로써 마음이 고요할 수 있다면 천하는 장차 저절로 안정된다.

道常無爲(而無不爲). 侯王若能守之, 萬物將自化.

도는 언제나 행함이 없다. 군주가 만약 이 무위를 지킬 수만 있다면, 만물은 저절로 변화할 것이다.

주1 대다수 판본에는 '도상무위이무불위道常無爲而無不爲'로 되어 있다. 그런데 백서본帛書本에는 '도항무명道恒无名'으로만 되어 있어, '이무불위而無不爲'가 생략되어 있다. 고명高明은 '이무불위而無不爲'가 후인들에 의해서 첨가된 것이라고 주장했는데, 이 견해가 옳다. 그 이유는 1)최고본最古本인 죽간본竹簡本에도 '이무불위而無不爲'가 없다. 2)'도상무위이무불위道常無爲而無不爲'로 볼 경우 다음 구절인 '군주가 만일 이것을 지킬 수만 있다면[侯王若能守之]'에서 '지之'가 가리키는 대상은 '도道'가 되어야 하는데, 본 구절에서는 문맥상으로 '무위無爲'로 보아야 하기 때문이다. 무위로 보게 된다면 앞 구절은 '도상무위道常無爲'가 되어야 마땅하다. 3)본 문장은 32장의 "도상무명道常無名 …… 후왕약능수지侯王若能守之, 만물장자빈萬物將自賓."과 유사한 문장이다. 문장의 패턴뿐만 아니라, 대략적인 의미도 같다. 그런데 32장에서도 '이무불위而無不爲'가 빠져있다. 아마도 본 문장은 '도상무위道常無爲'로 되어 있었는데, 48장의 '무위이무불위無爲而無不爲'에 의거하여 후대 사람이 '이무불위而無不爲'를 첨가한 것 같다.

주2 하상공河上公 – "도는 무위로써 항상됨으로 삼는다. 왕이 만약 도를 지킬 수만 있다면 만물은 장차 저절로 교화되어 자기에게서 본받게 됨을 말한 것이다.[道以無爲爲常也. 言侯王若能守道, 萬物將自化效於己也.]"

왕필王弼 – "저절로 그러함에 따른다.[順自然也.]"

• • • 해설

수守란 '지켜서 행하다'의 뜻이다. 만물萬物은 구체적으로 백성들을 말한다.

'화化'는 유가에서 말하는 '교화'의 뜻이 아니며, 변화의 뜻이다. 왜냐하면 유가에서 말하는 교화는 '성인의 가르침을 통해 변화시킴'이란 뜻인데, 노자는 자화自化를 말하고 있기 때문이다. 자화自化란 백성들이 성인에 의해 변화되는 것이 아니라, '저절로' 혹은 '자발적으로' 변화됨을 의미한다.

도의 한결같은 모습은 무위이다. 여기서의 무위는 왕필王弼의 말처럼, '저절로 그러함에 따르다'란 의미이다. 왕은 이러한 무위를 지켜 행할 수만 있다면 백성들은 저절로 변화될 것이라고 하였다. 어째서인가? 노자는 3장에서 "무위를 행하게 되면 곧 질서를 이루지 않음이 없게 된다.[爲無爲, 則無不治.]"고 하였듯이, 위정자가 백성들에게 애써 무엇인가를 이루려고 하지 않기 때문에 오히려 질서를 이루지 않음이 없게 된다. 이처럼 질서를 이루게 된 까닭은 저절로 그러하기 때문이다.

化而欲作, (吾)將鎭之以無名之樸.

화化함에 있어서 욕심이 생겨나면, 장차 무명의 통나무로써 누를 것이다.

주1 대부분의 판본에는 '오吾'자가 있는데, 죽간본에는 '오吾'자가 빠져있다. '오吾'자가 없는 것이 옳다. '장차 무명의 통나무로써 그것들을 제압할 것이다'의 주체는 의미상으로 왕이 되어야 한다. 오吾가 있을 경우엔 그 주체가 왕이 아닌 노자 자신이 되어야 하는데, 노자는 자신을 위정자와 동일시하지 않았다. 여기서는 주체가 왕으로서의 성인聖人이 되어야 하며, 이 경우에는 오吾가 없는 쪽이 좋다.

주2 이식재李息齋 – "도가 무無로부터 유有에로 들어감에 있어서, 희노애락

喜怒哀樂의 싹에서 시작하여 예악禮樂과 형정刑政의 구비됨에서 극도에 달하게 되었다. 그런데 극도에 달하고도 돌아오지 않고 이루고 또 이룸이 끝이 없다면 도를 더욱 잃게 된다. 따라서 성인은 장차 하나의 방향으로만 흐르려는 것에 대하여 다시 통나무로써 누를 것이다.[道自無而入有, 始於喜怒哀樂之萌, 而極於禮樂刑政之備. 極而不反, 化化無窮, 則愈失道矣. 故聖人於其將流, 則復以樸鎭之.]"

••• 해 설

화化와 변變을 구별할 필요가 있다. 변은 그 속성은 그대로인 채 외형만 바뀌는 것을 의미하고, 화는 그 속성이 바뀌는 것을 의미한다. 『묵자墨子』「묵경墨經」(상)에 "화란 속성이 바뀜이다.[化, 徵易也.]"라고 하였으며, 〈설說〉에서 "화란 개구리가 메추라기가 되는 것과 같다.[化, 若蛙爲鶉.]"고 덧붙여 설명하였다. 『묵자』에서 언급한 것처럼 화란 전혀 새로운 성질의 것으로 바뀜을 말한다. 『장자』「소요유逍遙遊」에서도 "북녘 바다에 물고기가 있었는데 그 이름을 '곤鯤'이라고 한다. 곤의 크기는 몇 천리나 되는 지 알 수 없을 정도였다. 화化하여 새가 되었는데, 그 이름을 '붕鵬'이라고 한다.[北冥有魚, 其名爲鯤. 鯤之大, 不知其幾千里也. 化而爲鳥, 其名爲鵬.]"고 하였다. 여기서도 볼 수 있듯이 곤이라고 하는 물고기에서 붕이라고 하는 새로 탈바꿈됨이 '화化'이다. 본 문장에서의 화는 구체적으로 말하면 28장의 "통나무가 흩어져서 그릇이 된다[樸散則爲器]에서의 '그릇이 됨'을 지칭한다. 그릇은 통나무로부터 나온 것이지만, 그릇과 통나무는 그 성질이 다르므로 '화化'라고 하였다.

도는 본래 정靜한 상태이지만, 정에만 머물러 있다면 차별적인 만물이 생겨날 수 없다. 만물이 생겨났다고 함은 이미 동이 생겨났음을 의미한다. 따라서 '화化나 욕심이 생겨나면[化而欲作]'이라고 하였다. 화化는 동動을 의미하는 것으로서, 만물의 부단한 생성과정을 뜻한다. '욕작欲作'이란 '욕심이 생겨남'이란 뜻으로서, 유위^{有爲}로서의 활동을 뜻한다.

살아 있다는 것은 곧 활동함을 뜻하는 것이라는 점에서, 노자 역시 만물의 부단한 활동을 긍정하였다. 욕^{欲}은 바로 이러한 활동력이라는 점에서 노자는 욕 자체를 부정하지는 않았다. 다만 과욕^{過欲}에 의해서 무엇인가를 부단히 이루려는 것에 대해서 비판하였다. 따라서 그는 "장차 무명의 통나무로써 그들을 제압할 것이다.[將鎭之以無名之樸]"라고 하였다. 통나무[樸]란 분열되지 않은 일자^{一者}로서의 도의 상태를 말한다. 통나무를 무명^{無名}이라고 칭한 까닭도 통나무의 본성이 일정한 규정에 얽매이지 않았기 때문이다. 이미 이름이 있게 되면 이 이름에 얽매이게 되는 반면에, 이미 이름이 없을진대 얽매일 것이 없다. 진^{鎭}은 '누르다'의 뜻이지만, '진정시키다' '그치게 하다'란 뜻의 '지^{止}'의 의미를 포함하고 있다. 따라서 '장차 무명의 통나무로써 그들을 제압할 것이다'란 만물이 끊임없이 생성되어 다자를 이루고 있는데 이것은 자칫 한정성과 차별성에 빠져들 수 있기 때문에 일자로서의 무명의 통나무를 가지고 이들의 활동을 진정시켜 머물게 하겠다는 뜻이다.

無名之樸, 夫亦將無欲. 不欲以靜, 天下將自定.
무명의 통나무로 다스린다면 또한 장차 욕심이 없을 것이니, 욕심을 내지 않음으로써 마음이 고요할 수 있다면 천하는 장차 저절로 안정된다.

주1   본 문장은 판본마다 다르다. 왕필본에는 "무명지박^{無名之樸}, 부역장무욕^{夫亦將無欲}, 불욕이정^{不欲以靜}, 천하장자정^{天下將自定}."으로 되어 있는데, 죽간본에는 본 구절이 다르게 되어 있다. 즉 "부역장지족^{夫亦將知足}, 지족이정^{知足以靜},

만물장자정萬物將自定."으로 되어 있다. 이를 풀이하면 "또한 장차 만족을 알아야 하니, 만족함을 앎으로서 고요하게 되면, 만물은 장차 저절로 안정될 것이다."가 된다. 백서을본帛書乙本에는 "진지이무명지박鎭之以无名之樸, 부장불욕(욕)夫將不辱(欲), 불욕(욕)이정不辱(欲)以靜, 천지장자정天地將自定."으로 되어 있다. 여기서는 기존의 판본을 따랐다.

주2 소자유蘇子由 – "성인은 마음속에 통나무[樸]를 안으려는 사념이 없기 때문에 밖으로 통나무를 안으려는 자취도 없다. 따라서 통나무는 온전해지며 쓰임도 커진다. 만일 통나무가 되려고 하는 생각이 오히려 마음속에 있다면 (참다움을) 크게 잃게 된다.[聖人中無抱樸之念, 外無抱樸之迹. 故樸全而用大. 苟欲樸之心, 尙存于胸中, 則失之遠矣.]"

••• 해설

'무명의 통나무로 다스린다면 또한 장차 욕심이 없을 것이니'라고 하였듯이, 통나무의 가장 대표적인 덕성은 무욕無欲이라고 할 수 있다. 그러나 여기서의 무욕無欲은 욕망의 없음이 아니라 과욕寡慾 혹은 절욕節慾의 뜻이다. 욕은 활동력活動力이라는 점에서 욕 자체를 부정하는 것은 삶을 부정하는 것과 진배없다. 노자가 화化를 긍정했다는 것은 곧 생명의 활동력으로서의 욕을 긍정했다는 것과 같다. 가령 죽간본에는 "만족을 알다.[知足]"로 되어 있고, 백서본에는 "욕심내려고 하지 않는다.[不欲]"로 되어 있다. "만족을 알다.[知足]" "욕심내려고 하지 않는다.[不欲]"란 과욕을 비판한 것으로서 궁극적으로는 욕망을 긍정한 말이다. '만족을 알다' '욕심내려고 하지 않는다'가 『노자』 원본의 뜻이라고 본다. 그런데 욕심이 생겨나 무엇인가를 자꾸 이루게 되면 정靜을 배제한 동動에만 치우치게 되므로, 무욕의 덕성을 가진 무명의 통나무로써 제압하여 만물을 마땅히 머물러야 할 곳에 머물게 해야 한다고 보았다.

이처럼 '무명의 통나무'로써 무욕^{無欲}하게 된다면 동^動함이 억제된다. 동함이 억제된 그대로가 바로 정^靜이다. 또한 정하게 되면 번잡하게 들떠 있는 천하 만민은 저절로 '안정됨[定]'을 찾게 된다. 여기서의 정^定은 안정^{安定}의 뜻이지만, 이와 동시에 '바르다[正]'의 뜻을 포함하고 있다. 이것은 곧 정^靜을 통하여 안정을 이룸으로 해서 바르게 될 수 있다는 의미이다.

제 38 장

上德不德, 是以有德, 下德不失德, 是以無德.
上德無爲而無不爲,
上仁爲之而無以爲.
上義爲之而有以爲,
上禮爲之而莫之應, 則攘臂而仍之.
故失道而後德, 失德而後仁, 失仁而後義, 失義而後禮.
夫禮者, 忠信之薄, 而亂之首也,
前識者, 道之華, 而愚之始.
是以大丈夫處其厚, 不居其薄, 處其實, 不居其華. 故
去彼取此.

최상의 덕은 덕이 있다고 여기지 않기 때문에 덕이 있게 되고, 낮은 덕은 덕을 잃지 않으려고 하기 때문에 덕이 없게 된다.
최상의 덕은 무위無爲이지만 하지 않음이 없다.
최상의 인은 행하되 의거함이 없이 행한다.
최상의 의는 행하되 의거함이 있어 행한다.
최상의 예는 행하되 응대함이 없으면 팔을 휘두르고 서로 잡아당긴다.

그러므로 도(道)를 잃은 뒤에 덕(德)이 생겨났고, 덕(德)을 잃은 뒤에 인(仁)이 생겨났고, 인(仁)을 잃은 뒤에 의(義)가 생겨났고, 의(義)를 잃은 뒤에 예(禮)가 생겨났다.
예(禮)란 진심과 신의가 엷어진데서 생겨난 것으로서 어지러움의 시초가 된다.
남보다 먼저 깨달은 사람은 도의 화려함이오, 어리석음의 시초이다. 그러므로 대장부는 두터운 본성에 처하고 엷음에 거처하지 않으며, 내실(內實)에 처하고 겉만 화려한 것에는 거처하지 않는다. 그러므로 저것을 버리고 이것을 취한다.

上德不德, 是以有德, 下德不失德, 是以無德.

최상의 덕은 덕이 있다고 여기지 않기 때문에 덕이 있게 되고, 낮은 덕은 덕을 잃지 않으려 하기 때문에 덕이 없게 된다.

주1 덕德 :

『한비자韓非子』「해로解老」- "덕德이란 안에 이미 갖추어진 것이고, 득得이란 밖으로부터 얻는 것이다.[德者, 內也, 得者, 外也.]"

왕필王弼 - "덕이란 얻음이다.[德者, 得也.]"

주2 상덕부덕上德不德 :

『한비자』「해로」- "상덕부덕上德不德이란 신명神明함이 외물外物에 의해서 음탕해지지 않음을 말한 것이다.[上德不德, 言其神不淫於外.]"

왕필王弼 - "덕德이란 얻음이다. 항상 얻어 상실됨이 없고 이로울 뿐 해가 없기 때문에 덕으로써 지칭한 것이다. 무엇으로써 덕을 얻을 수 있는가? 도로 말미암아서이다. 무엇으로써 덕을 다할 수 있는가? 무를 쓰임으로 삼아서이다. 무를 쓰임으로 삼으면, 싣지 않음이 없다. 그러므로 어떤 사물이 무이면 그 사물은 지나가지 않음이 없으며, 유이면 삶조차 연명하기에도 부족하다. 이러한 까닭에 천지가 비록 광대하지만 무로써 마음으로 삼고, 성왕은 비록 크지만 허로써 위주로 삼는다.…… 이러한 까닭에 상덕上德의 사람은 오로지 도만을 사용하여, 덕을 덕으로 여기지 않으며 집착도 없고 씀도 없기 때문에 덕을 가지고 있어 하지 않음이 없게 된다. 구하지 않더라도 (저절로) 얻어지고 행하지 않더라도 (저절로) 이루어지므로 비록 덕을 소유한다고 할지라도 덕이라고 하는 이름이 없다.[德者, 得也. 常得而無喪, 利而無害, 故以德爲名焉. 何以得德. 由乎道也. 何以盡德. 以無爲用. 以無爲用, 則莫不載也. 故物無焉, 則無物不經, 有焉, 則不足以免其生. 是以天地雖廣, 以無爲心, 聖王雖大, 以虛爲主.…… 是以上德之人, 唯道是用, 不德其德, 無執無用, 故能有

德而無不爲. 不求而得, 不爲而成, 故雖有德而無德名也.]"

소자유蘇子由 – "도는 무형無形이지만, 그것이 운행하여 덕이 되면 곧 형용함이 있게 된다. 그러므로 덕이란 도가 드러난 것이다. 이로써 미루어 보건대 만물의 모습이란 모두 도가 사물 가운데 드러난 것이다.[道無形也, 及其運而爲德則有容矣. 故德者道之見也. 自是推之則衆有之容皆道之見于物者也.]"

주3 하덕부실덕下德不失德 :

왕필王弼 – "하덕下德이란 구하여 얻고 행하여 이룬 것이므로 선善을 세워서 사물을 다스린 것이다. 따라서 덕이라는 이름이 있게 되었다. 그런데 구하여 얻으면 반드시 잃음이 있고, 행하여 이루면 반드시 실패함이 있고, 선이라는 이름이 생겨나면 곧 불선不善이 있어 이에 대응하게 된다. 따라서 하덕下德은 행함에 있어 유위적인 것이 있게 된다.[下德, 求而得之, 爲而成之, 則立善以治物. 故德名有焉. 求而得之, 必有失焉, 爲而成之, 必有敗焉, 善名生, 則有不善應焉. 故下德爲之而有以爲也.]"

임희일林希逸 – "'부실덕不失德'이란 집착하여 변하지 않음이다.[不失德者, 執而未化也.]"

● ● ● 해 설

먼저 덕德에 대하여 살펴보기로 하자. 39장에서 "하늘은 하나[一]를 얻어서 맑고, 땅은 하나를 얻어서 안정되고, 신神은 하나를 얻어서 신령스럽고, 골짜기는 하나를 얻어서 가득 차고, 만물은 하나를 얻어서 생겨나고, 왕은 하나를 얻어서 천하의 바름이 된다. 이 모든 것은 하나가 이룬 것이다.[天得一以淸, 地得一以寧, 神得一以靈, 谷得一以盈, 萬物得一以生, 侯王得一以爲天下正. 其致之]"고 하였다. 여기서 도를 하나라고 말한 까닭은 도란 본래 혼일混一로서 존재하였기 때문이다. 천지·만물은 도 하나를 얻어서 생겨났으며, 이 하나를 잃으면 곧 사멸하고 만다. 이것은 도가 보편의 생화生化작용임을 의미한다. 그런데 만물은 비록 보편의 생화작용인 도 하나를 얻어 생겨났다고 할지라도 각각의 개별성을 갖는다. 즉 도는 일자一者이지만, 만물은 개별의 다자多者들이다. 그렇다면 일자인 도와 다자인 만물이 어떻게 자연스럽게 조화를 이룰 수가 있겠는가? 일자와 다자 사이의 연결고리 역할을 하는 것이 바로 '덕德'이다.

덕德에 대하여 왕필이 "덕이란 얻음이다.[德者, 得也.]"라고 한 것처럼, 덕이란 개별적인 만물들이 보편의 일자인 도 하나를 얻은 것을 말한다. 28장에서도 "통나무[樸]가 흩어져서 그릇[器]이 된다.[樸散則爲器]"고 하였다. 그릇[萬物]은 모두 저마다 다르다는 점에서 다多이지만 통나무라고 하는 하나의 보편적 속성을 갖고 있다. 이처럼 저마다의 그릇[器]들이 도의 속성을 간직하고 있는 것을 '덕德'이라고 한다. 따라서 도와 덕의 관계는 전체로서의 일과 개별로서의 다라고 하는 관계에 있다. 『장자』「천지天地」에서도 "만물은 이 일을 얻어서 생겨났으니, 이것을 '덕德'이라 한다.[物得以生, 謂之德.]"고 말했다. 그런데 이 덕은 밖으로부터 주어진 것이 아니라 본래부터 간직된 것이라는 점에서 외적인 것이 아닌 내적인 것이다. 즉 추구하는 대상이 아니라 이미 주어진 대상이다. 따라서 한비韓非 역시 "덕이란 이미 안에 갖추어진 것이다.[德者, 內也.]"고 말하였다.

이처럼 덕德이란 이미 도道가 내재화된 것일진대 어떻게 상덕上德과 하덕下德으로 나누어질 수 있겠는가? 도가 완전한 것이라고 한다면 덕 역시 그 자체로서 완전한 것이어야 한다. 따라서 덕 그 자체는 본래 상덕이니 하덕이니 따위로 나누어질 수 없다. 그럼에도 불구하고 나누어진 이유는 그것이 인위적으로 드러낸 것이냐 아니면 자연적으로 드러난 것이냐 하는 차이점 때문이다. 덕의 자연스러운 발현은 도의 발현이기도 하다. 그러나 여기에 인위人爲가 개입되면 이 덕은 잡스럽게 되어 참된 가치를 상실하고 만다. 마치 거울이 사물을 있는 그대로 비추는 기능을 하는데 거울 속에 먼지가 끼면 올바른 기능을 할 수 없는 것과도 같다. 올바른 기능을 하지 못하는 까닭은 거울 자체의 탓이 아니며 단지 거울에 붙어 있는 먼지로 말미암아서이다. 이와 마찬가지로 덕이 온전한 기능을 하지 못하는 원인도 인위에 의해서 본래의 순수함이 오염되었기 때문이다.

이제 본문을 풀이해보자. 상덕上德이란 도를 완전히 체득한 성인의 덕을 말한다. 노자는 최상의 덕이 될 수 있었던 까닭에 대하여 '부덕不德' 때문이라고 하였다.『노자』에 나타나는 '불不'자는 '불위不爲(여기지 않다)'에서의 '위爲, 여기다'가 생략된 사례들이 많았음에 대하여 이미 살펴본 바 있다. 부덕不德 역시 본래 '불위덕不爲德'으로서 '덕으로 여기지 않는다'의 뜻이다. 따라서 '불위덕不爲德'이란 '최상의 덕은 덕을 온전히 간직하고 있지만 덕을 덕으로 여기지 않는다'의 뜻이다.『춘추좌씨전春秋左氏傳』「양공襄公·29년」에서도 "베풀지만 덕으로 여기지 않는다.[施而不德]"고 하여, '부덕不德'을 '덕으로 여기지 않는다'란 의미로 사용하고 있다.

노자는 하덕下德이 되는 까닭에 대하여, '부실덕不失德' 때문이라고 하였다. '부실덕不失德'이란 '덕을 잃지 않으려고 애씀이다'란 뜻이다. 즉 덕이라고 하는 이름에 집착한 나머지 이것을 지키고자 부단히 애씀을 말한다. 최상의 덕은 무한한 덕을 가지고 있지만, 이것을 덕으로 여기지 않으며 단지 무심으로 응할 따름이다. 그러나 무심한 가운데 무한한 덕이 있게 된다. 하덕 역시 덕을 가지고는 있지만, 덕을 잃지 않으려고 애쓴다. 잃지 않으려고 애쓰는 마음은 곧 집착하는 마음이며, 이 집착하는 마음은 이미 유위有爲가 된다. 따라서 이것을 '하덕'이라고 하였다.

上德無爲而無不(以)爲. (下德爲之而有以爲.)

최상의 덕은 무위이지만, 하지 않음이 없다.

주1   상덕무위이무불위上德無爲而無不爲 :

　　왕필본을 비롯한 많은 판본들이 '상덕무위이무이위上德無爲而無以爲'로 되어 있다. 백서본에는 끝에 '야也'가 하나 더 있다. 이에 반해 엄준본嚴遵本·부혁본傅奕本·범응원본范應元本에는 '상덕무위이무불위上德無爲而無不爲'로 되어 있고, 한비자본에도 '상덕무위이무불위야上德無爲而無不爲也'로 되어 있다. 유월俞樾은 "『한비자』「해로」에는 '상덕무위이무불위야上德無爲而無不爲也'로 되어 있다. 대개 고본古本의 『노자』는 이와 같았다. 지금에 와서 '무이위無以爲'로 된 것은 아래의 '상인上仁'의 구와 관련지어 잘못 쓴 것이다. 부혁본에는 올바로 '불不'로 되어 있다.[韓非子解老篇作'上德無爲而無不爲也'. 蓋古本老子如此. 今作'無以爲'者, 涉下'上仁'句而誤耳. 傅奕本正作不.]"고 하였다. '무불위無不爲'로 보는 것이 타당하다고 본다. 왕필본에는 비록 '상덕무위이무이위上德無爲而無以爲'로 되어 있으나, 주注에서도 "이러한 까닭에 상덕上德의 사람은 오로지 도 이것만을 사용하여, 덕을 덕으로 여기지 않으며 집착도 없고 씀도 없기 때문에, 덕을 소유하고 있어서 하지 않음이 없게 되었다.[是以上德之人, 唯道是用, 不德其德, 無執無用, 故能有德而無不爲]"고 한 점으로 보아 아마도 왕필 원본에는 '무불위無不爲'로 되어 있었다고 본다.

주2   하덕위지이유이위下德爲之而有以爲 :

　　왕필본을 비롯한 대다수 판본들이 '하덕위지이유이위下德爲之而有以爲'로 되어 있으며, 풀이하면 '하덕下德은 행하되 의거함이 있어 행한 것이다'가 된다. 부혁본·범응원본·누고본樓古本 등에는 '하덕위지이무이위下德爲之而無以爲'로 되어 있으며, 풀이하면 '하덕下德은 행하되 의거함이 없이 행한 것이다.'가 된다. 그러나 두 판본 모두가 타당하지 않다. '하덕위지이무이위下德爲之而無以爲'는 다음 구절인 '상인위지이무이위上仁爲之而無以爲'와 전혀 구별이 없다는 점에서 타당하지 않다. 또한 '하덕위지이유이위下德爲之而有以爲'의 경우엔 의미상으로 '상인위지이무이위上仁爲之而無以爲'보다도 더욱 저차원적인 것에 해당한다는 점에서 이 역시 타당하지 않다. 이러한 문제점 때문에 '하덕무위이유이위下德無爲而有以爲'로 보아야 한다는 견해가 제기되었다. 가령 마기창馬其昶은 '하덕무위이유이위下德無爲而有以爲'가 되어야 한다고 주장하며 그 근거로 "살펴보건대 무위無爲가 오래 전부터 위지爲之로 되어 있는데, (이것은) 상의上義에 대한 구句를 실수로 같게 한 것이다. 부혁본傅奕本 또한 상인上仁에 대한 구를 실수로 같게 한 것이다. 주석가들은 억지로 그것을 설명하려고 했지만 모두 옳지 않다. 이제 바르게 고쳐보자. 덕에는 상하上下가 있지만 무위라는 점에 있어서는 같다. 덕을 잃지 않으려 했기 때문에 비록 무위 가운데서도 인위적인 데가 있다.[案, '無爲'舊作'爲之', 誤同'上義'句. 傅本又誤同'上仁'句, 注家强爲之說, 皆非是, 今爲正之. 德有上下, 其無爲一也. 以其不失德, 故雖無爲之中, 而仍有以爲.]"고 하였다. 그러나 이러한 견해는 타당하지 않다. 그 이유는 '하덕무위이유이위下德無爲而有以爲'로 된 판본이 전혀 없으며, 앞 문장에서 "'낮은 덕[下德]'은 덕을 잃지 않으려고 하기 때문에 덕이 없게 된다."고 하였듯이, 하덕下德이란 덕을 잃지 않으려는 마음이며, 이처럼 덕을 잃지 않으려는 마음은 이미 유위有爲가 되기 때문이다. 그런데 주목할 사실은 백서본帛書本과 『한비자』 「해로」에는 본 구절이 빠져 있다는 점이다. 필자의 견해론 '하덕위지이유이위下德爲之而有以爲'란 구절은 뒤 구절의 '상인上仁'의 구절이 중복되어 나온 것이라고 본다. 대다수 판본에서 이처럼 중복되어 나온 까닭은 위 문장에서 상덕上德과 하덕下德을 나누고 있으므로, 여기서도 상덕과 하덕에 대한 설명이 당연히 있어야 한다는 근거에 기인한 것 같다. 그러나 대다수의 학자들이 본 문장의 대의를 잘못 파악한 것이라고 본다. 대다수 학자들은 본 장이 '상덕上德 → 하덕下德 → 상인上仁 → 상의上義 → 상례上禮'로 구성된 것으로 보았다. 그러나 본 문장은 '상덕 → 하덕[상인上仁·하의上義·상덕上禮]'으로 구성된 것이다. 왕필 역시 "무릇 무위할 수 없어 행하는 것들이 모두가 하덕下德이 되니, 인仁·의義·예절禮節이 바로 이것이다.[凡不能無爲而爲之者, 皆下德也, 仁義禮節是也.]"고 하여 상인上仁·상의上義·상례上禮를 모두 하덕[下德]의 범주로 보았다.

●●● 해 설

"최상의 덕[上德]은 무위[無爲]이지만 하지 않음이 없다.[上德無爲而無不爲.]"에서 '상덕무위[上德無爲]'는 도의 체성[體性]을 말한다. 도의 체성[體性]은 무[無]로서, 충[沖] · 허[虛] · 정[靜] · 현[玄] · 곡[谷]으로도 표현되고 있다. 이것은 실천론적으로 무위가 된다. 그런데 체는 비록 무이지만 그 작용에 있어서는 오히려 무한하기에 그것을 사용하더라도 다함이 없다. 따라서 무위이지만 그 작용에 있어서는 하지 않음이 없다고 하였다.

上仁爲之而無以爲. 上義爲之而有以爲. 上禮爲之而莫之應, 則攘臂而仍之.

최상의 인은 행하되 의거함이 없이 행한다. 최상의 의는 행하되 의거함이 있어 행한다. 최상의 예는 행하되 응대함이 없으면 팔을 휘두르고 서로 잡아당긴다.

주1 잉[扔] :

왕필본에는 잉[扔]으로 되어 있으나, 한비자본 · 하상공본 · 어주본[御注本] · 수주본[遂州本] · 형현본[邢玄本] · 경복본[景福本] · 엄준본[嚴遵本] · 부혁본[傅奕本] · 팽사본[彭耜本] 등에는 잉[仍]으로 되어 있다. 잉[仍]은 잉[扔]의 차자[借字]로서 '당기다[引]'의 뜻이다.

주2 무이위[無以爲] :

여기에는 여러 가지 해석이 있다. 왕필은 "무이위[無以爲]'란 한곳에 치우쳐 행함이 없음이다.[無以爲者, 無所偏爲也.]'라고 하여 '치우쳐 행하는 바가 없다'로 풀이하였다. 임희일林希逸은 "이以란 유심이다. 무이위無以爲란 무심히 행하는 것이다.[以者有心也. 無以爲, 是無心而爲之也.]"라고 하여 '의식함[以]이 없이 행한다'로 풀이하였다. 고형高亨은 "'무이위無以爲'란 의거하는 것 없이 행한다는 의미로서, (인위적으로) 행하는 것 없이 행함이다.[無以爲者, 無所因而爲之, 無所爲而爲之.]"라고 하여 '의거함' 없이 행한다'고 풀이하였다. 본 장은 자연적인 것과 인위적인 것에 대해 논의한 것이므로 고형의 견해가 가장 타당하다고 본다.

주3 양비이잉지攘臂而扔之 :

해석상에 있어서 몇 가지 견해들이 있다. 1)한비韓非는 '팔뚝을 걷어붙이고 예禮를 더욱 행하다'라고 풀이하였다. 가령 「해로」에서 "사람들이 예禮에 대하여 비록 의심을 품는다고 하더라도 성인은 다시 공손히 수족手足의 예를 다하였으니 (예를 행하려는 결의가) 수그러들 줄 몰랐다. 따라서 '팔뚝을 걷어붙이고 더욱 열심히 행하였다'고 하였다.[衆人雖貳, 聖人之復恭敬, 盡手足之禮也, 不衰. 故曰, 攘臂而仍之.]"고 하였다. 2)'위정자가 백성들에게 강압적으로 예를 행하도록 강요하다'로 풀이하는 견해가 있다. 가령 고형高亨은 "양비이잉지攘臂而扔之란 팔뚝을 걷어붙이고 백성들을 끌어다가 예로 나아가게 함을 말한 것이다.[攘臂而扔之, 謂攘臂以引人民使就於禮也.]"고 하였다. 3)'예가 행해지지 않자 화를 내며 서로 팔을 휘두르고 덤벼들다'로 풀이하는 견해가 있다. 가령 하상공은 "예가 번잡하고 많아져서 일일이 대응할 수가 없게 되자 위아래가 분쟁이 생겨나게 되었으므로, 팔을 휘두르고 서로 잡아당긴다.[言禮煩多不可應, 上下忿爭, 故攘臂相仍引.]"고 하였다. 3)의 풀이가 가장 타당하다.

●●● 해설

"최상의 인은 행하되 의거함이 없이 행한 것이다.[上仁爲之而無以爲]": 이以는 무엇에 '의거하다[因]'란 의미로서, 구체적으로 말하면 자연과 반대되는 개념인 '인위人爲'를 뜻한다. 따라서 무이위無以爲란 '인위적인 데가 없이 행한다.'란 뜻이다. 여기서의 인仁은 곧 인애仁愛를 말한다. 인애仁愛란 인간본성의 발로發露라고 하는 점에서 외부로부터 얻어진 것이 아니라 내적으로 이미 가지고 있는 것이다. 『맹자』 「공손추公孫丑」(상)에서도 "지금 어떤 사람이 어린아이가 우물 속에 빠져들려는 것을 불현듯 목격하게 된다면, 누구나 깜짝 놀라 측은히 여기는 마음을 갖게 된다. 그 까닭은 어린아이의 부모와 친분관계를 맺기 위해서도 아니며, 마을사람이나 친구들에게서 칭찬 받고자 해서도 아니며, 나쁜 평판을 듣기 싫어해서 그러한 것도 아니다. 이로써 보건대 측은히 여기는 마음이 없다면 사람이 아니다.[今人乍見孺子將入於井, 皆有怵惕惻隱之心. 非所以內交於孺子之父母也, 非所以要譽於鄕黨朋友也, 非惡其聲而然也. 由是觀之, 無惻隱之心, 非人也.]"라고 하였다. 맹자의 논리에 따른다면, 아이가 우물 안에 빠지는 것을 목격할 경우 깜짝 놀라며 안타까운 마음을 갖게 되는 까닭은 어떠한 대가를 바래서가 아니라 심성心性으로부터 저절로 우러나왔기 때문이다. 따라서 측은하게 여기는 마음은 곧 인의 실마리[端緖]로서 외적인 것이 아니라 내적인 것이라고 보았다. 『한비자』 「해로」에서도 "(인이란) 마음속에서 저절로 생겨나 그칠 수 없는 것으로, 보답을 구하기 위해서 생겨난 것이 아니다.[生心之所不能已也, 非求其報也.]"라고 하였다. 이처럼 인仁은 마음속에서 저절로 우러나온 것이므로 '인위적인 데가 없이 행한다[無以爲]'고 하였다. 인이 내적인 마음속에서 우러나온 것이라는 점에서 본다면 상덕上德과 하등 차이점이 없다. 다만 상덕上德과 상인上仁의 단적인 차이점은 '드러남[呈現]'과 '드러냄[表現]'의 차이에 있다. 양자가 비록 모두 내적인 것이기는 하지만, 덕이 저절로 '드러남'이라고 한다면 인은 내적인 것을 '드러냄'이다. 드러내는 것이 비록 내적인 것일지라도 이미 드러내려고 하는 의식을 갖는 이상 이것 또한 하나의 위爲이다. 따라서 '최상의 인은 행함이 있다'고 한 것이다.

"최상의 의는 행하되 의거함이 있어 행한 것이다.[上義爲之而有以爲.]": 인仁은 내적인 것인 반면에 의義는 다분히 외적인 것이다. 맹자는 의義란 인仁이 발현發現된 것이므로 인의仁義 모두가 내적인 것이라고 보았으나, 고자告子는 "먹는 것과 여색은 본성적인 것이니, 인은 내적인 것이지, 외적인 것이 아니다. 의는 외적인 것이지 내적인 것은 아니다.[食色, 性也, 仁, 內也, 非外也. 義外也, 非內也.]"라고 하여 외적인 것으로 파악하였다.(『맹자』「고자告子」) 의가 고자의 주장처럼 단순히 외적인 것이라고는 할 수는 없다 할지라도 외화外化된 것이라는 점에서 외적인 요소가 있다. 따라서 최상의 의[上義]는 유위적인 것일 뿐만 아니라, 인위적인 데가 있다고 하였다.

"최상의 예는 인위적으로 행하되 응대함이 없으면 팔을 휘두르며 덤벼든다.[上禮爲之而莫之應, 則攘臂而扔之.]": 양비攘臂란 '팔[臂]을 휘두르다[攘]'의 뜻이다. 잉扔은 육덕명陸德明이 "잉扔, 인야引也."라고 하였듯이 '당기다[引]'의 뜻이다. '양비이잉지攘臂而扔之'란 상대방에게 팔[臂]을 마구 휘두르고[攘] 상대방의 멱살을 잡아당기다'의 뜻이다. 의義가 비록 외적인 것이기는 하지만, 어진 마음이라고 하는 내적인 것에 기인하여 발현된 것이라는 점에서 내적인 요소에 토대하고 있다. 반면에 예禮란 바탕[質]에 덧칠하는 꾸밈[文]이므로 전적으로 외적이며 형식적인 것에 불과하다. 유가에서는 꾸밈[文]과 바탕[質]의 조화를 말하고 있다. 가령 『논어』「팔일八佾」에서 공자가 "사람으로서 어질지 못하다면 예禮가 무슨 소용 있겠는가?[人而不仁, 如禮何.]"라고 하였으며, 같은 편篇에서 "예는 사치하기보다는 차라리 검소해야 하며, 상喪은 잘 치르기보다는 차라리 슬퍼해야 한다.[禮與其奢也, 寧儉. 喪, 與其易也, 寧戚.]" "내가 제사에 참여하지 않는다면 제사하지 않은 것과 같다.

[吾不與祭, 如不祭.]"고 하였다. 공자는 이처럼 주대周代부터 내려온 예의 형식주의적인 면을 지양止揚하여 내재화 시키려고 노력하였다. 그러나 노자의 관점에서 본다면 꾸밈[文]이란 말 그대로 꾸밈일 따름으로, 바탕[質]과는 전혀 무관할 뿐만 아니라 오히려 바탕을 왜곡시킬 뿐이라고 보았다. 따라서 "자신이 먼저 예의를 베풀었는데도 상대방에서 반응이 없으면, 상대방이 자신의 호의를 무시한다고 여겨 화를 내며 팔을 휘두르고 멱살을 잡아당긴다."고 하였다. 이것은 예의 가식적인 면을 신랄히 풍자한 것이다.

故失道而後德, 失德而後仁, 失仁而後義, 失義而後禮.

그러므로 도道를 잃은 뒤에 덕德이 생겨났고, 덕德을 잃은 뒤에 인仁이 생겨났고, 인仁을 잃은 뒤에 의義가 생겨났고, 의義를 잃은 뒤에 예禮가 생겨났다.

주 하상공 - "('도를 잃은 뒤에 덕이 생겨났다'란) 도道가 쇠퇴하면 덕스러운 교화가 생겨남을 말한 것이다. ('덕을 잃은 뒤에 인이 생겨났다'란) 덕德이 쇠퇴하면 인애仁愛가 나타남을 말한 것이다. ('인을 잃은 뒤에 의가 생겨났다'란) 인仁이 쇠퇴하면 의義가 분명해짐을 말한 것이다. ('의를 잃은 뒤에 예가 생겨났다'란) 의義가 쇠퇴하면 예禮를 갖추어 초빙하여 옥이나 비단을 선사하게 됨을 말한 것이다.[言道衰而德化生也. 言仁衰而義分明也. 言德衰而仁愛見也. 言義衰則施禮聘, 行玉帛也.]"

● ● ● 해 설

"도를 잃은 후에 덕이 생겨난다.[失道而後德]"고 말한 것은 도와 덕이 동일한 층차가 아님을 말한 것이다. 덕이란 도가 내재화 된 것일진대, 노자는

어째서 "도를 잃은 후에 덕이 생겨난다."고 말하였는가? 28장의 "통나무
[樸]가 흩어져서 그릇[器]이 된다.[樸散則爲器.]"에서 통나무가 도라고 한다
면, 그릇은 덕이라고 할 수 있다. 그릇은 통나무의 속성을 간직하고 있지
만, 통나무와 완전히 같은 것이 아니다. 도가 일자一者인 반면에 그릇은 이
미 개별들로서의 다자多者라고 하는 특징을 갖고 있다. 다자의 특징은 개별
성을 갖지만 이와 동시에 한정성을 갖게 한다. 또한 그릇은 이미 인위적인
요소가 들어있다고 하는 점에서 순수한 통나무[樸]와는 차이가 있다. 따라
서 '도를 잃은 후에 덕이 생겨난다'고 하였다.

  덕은 그래도 도의 속성 그대로인 반면에 인仁·의義·예禮는 도의 속성
으로부터 더욱 멀어져 간 것이다. 18장에서 "큰 도가 없어지자 이에 인의
가 생겨났다.[大道廢, 安有仁義.]"고 하였듯이 인의는 도가 상실됨으로 해서
생겨난 것이다. 그 까닭은 무엇 때문인가?『장자』「대종사大宗師」에서 "샘
이 말라서 고기들이 서로가 땅에 모여들어 서로가 습기를 불어주고, 서로
가 물거품을 적셔주기보다는 강이나 호수 속에서 서로를 잊어버림만 못하
다. 요임금을 (성인이라고) 칭찬하고, 걸왕을 (폭군이라고) 비판하기보다는
서로를 잊고 도에 동화되는 것만 못하다.[泉涸, 魚相與處於陸, 相呴以濕, 相濡
以沫, 不如相忘於江湖. 與其譽堯而非桀也, 不如兩忘而化其道.]"고 말한 것처럼,
이미 도가 행해졌다면 굳이 인이니 의니 하는 따위를 의식할 필요가 없다.
인의를 의식한다고 함은 오히려 참다운 인의가 행해지지 않았음을 역설하
고 있는 것이다. 왜냐하면 모두가 인의를 이미 실천하였다면 인의를 실천
하여야 한다는 말이 굳이 생겨날리 만무하기 때문이다. 이처럼 노자는 인
의仁義 자체를 무작정 비판한 것은 아니다. 단지 도가 행해지게 되면 인의
란 것을 구태여 제시하지 않더라도 인의의 참뜻이 저절로 행해지게 되므
로, 인의라는 것을 구태여 내세울 필요가 없다고 보았을 따름이다.

  그런데 이미 도가 행해지지 않는 사회라고 한다면 무작정 도만을 고
집할 수 없다. 노자도 이 점을 충분히 인식하고 있었으므로, 차선책으로

인의가 필요하다고 보았다. 왜냐하면 인의란 이미 어지러워진 사회를 바로잡는 데 유용한 덕목이 되기 때문이다. 문제는 인의仁義마저 무너지고 나면 최후엔 예禮라고 하는 덕목만이 남게 된다는 점이다. 예란 외적인 것이며 형식적인 것에 불과하다. 따라서 이미 예를 행하게 되면 인간의 바탕은 외식外飾에 가려져 완전히 사라지고 말아 거짓과 위선으로만 가득 차게 된다.

여기서 우리는 노자의 역사관에 대한 일면을 엿볼 수가 있다. 그는 시간이 흘러갈수록 '도 - 덕 - 인 - 의 - 예' 라고 하는 덕목으로 점차 하강해 간다고 보았다. 역사가 시간이 흐를수록 쇠락衰落해 간다고 본 점에서는 "역사란 타락과 퇴보로 향한다"고 주장한 플라톤의 역사관과 흡사해 보인다. 그렇다면 노자는 어째서 역사를 퇴보한다고 보았는가? 그 까닭은 무엇보다 당시의 사회를 암울하게 보았기 때문이다. 즉 당시의 사회는 국가들(제후국) 간에 숱한 전쟁이 행해졌고, 왕과 귀족들은 탐욕과 사치를 위하여 백성들을 끊임없이 착취하였고, 지식인들은 이러한 암울한 현실 속에서 헛된 분쟁만을 일삼았다고 보았기 때문에 현실을 비판적으로 본 것이다. 물론 노자는 현실 비관론자는 아니다. 왜냐하면 노자는 현실의 철저한 비판 하에서 인간 본연의 질박함으로 돌아가야 한다는 '복귀復歸의 사상'을 피력하고 있기 때문이다.

夫禮者, 忠信之薄, 而亂之首(也).

예란 것은 진심과 신의가 엷어진데서 생겨난 것으로서 어지러움의 시초가 된다.

주1 왕필본에는 끝에 '야也'가 빠져 있는데, 백서본·경복본景福本·누고본樓古本·범응원본范應元本·초횡본焦竑本 등에는 '야也'가 있다. '야也'가 있는 것이

옳다고 본다.

주2 하상공 – "예란 근본을 폐하고 말단을 다스리는 것이니, 진심과 신의가 나날이 쇠하고 엷어져서 어지러움의 시초가 됨을 말한 것이다. 예란 바탕을 천시하고 꾸밈을 귀하게 여기기 때문에 바르고 곧음이 나날이 적어지고, 사악함과 어지러움이 나날이 생겨나게 된다.[言禮廢本治末, 忠信日以衰薄而亂之首. 禮者賤質而貴文, 故正直日以少, 邪亂日以生.]"

왕필 – "인의가 안으로부터 나왔음에도 불구하고 그것이 오히려 거짓이 되건만, 하물며 겉만을 꾸미는 데 힘쓴다면 오래갈 수 있겠는가! 따라서 예라는 것은 진심과 신의가 엷어진데서 생겨난 것으로서 어지러움의 시초가 된다.[夫仁義發於內, 爲之猶僞, 況務外飾而可久乎. 故夫禮者, 忠信之薄而亂之首也.]"

● ● ● 해 설

충忠은 마음 속 깊이 우러나오는 '진심'을 뜻하고, 신信은 '신의'를 뜻한다. 박薄은 '엷다'의 뜻이고, 수首 는 '시초' '발단'의 뜻이다.

예제禮制는 주周나라 문화의 근간이었는데, 이 예제는 시간이 흘러갈수록 점차 형식화・외재화外在化 되어갔다. 공자는 주나라의 전통을 계승하였으므로 그 역시 예제를 중시하였다. 다만 형식적인 예에 대해서는 비판하였다. 맹자는 예를 사양지심辭讓之心의 발로發露라고 보았다는 점에서 내적인 것으로 보았다. 즉 인간은 천성적으로 사양하는 마음이 있으며 이것이 사회적 규범인 예가 되었다는 것이다. 반면에 노자는 예란 바탕과 전혀 무관한 단순한 문식文飾에 지나지 않는다고 보았다. 인의는 인위적인 것이기는 하지만 그나마 인간의 본바탕에 근거하고 있다. 그런데 예란 인간의 바탕과는 전혀 무관하며 단지 꾸밈에 지나지 않는다. 그렇다면 예란 것은 '진심'과 '신의'가 사라져지면서 생겨난 것에 불과하다. 이제 진실이 사라진 지

오래고 오직 껍데기 형식만이 지배하는 사회는 필연적으로 혼란을 초래하게 된다. 따라서 "예란 것은 진심과 신의가 엷어진데서 생겨난 것으로서 어지러움의 시초이다"라고 하였다.

前識者, 道之華, 而愚之始.

남보다 먼저 깨달은 사람은 도의 화려함이오, 어리석음의 시초이다.

주 하상공 – "알지 못하면서 안다고 말하는 것이 전식前識이다. 이러한 사람은 도의 내실을 잃고 도의 화려함만을 얻는다.[不知而言知爲前識. 此人失道之實, 得道之華.]"

왕필 – "전식前識이란 남보다 먼저 아는 것이니, 곧 하덕下德의 무리이다.[前識者, 前人而識也, 卽下德之倫也.]"

범응원范應元 – "전식前識이란 선견지명[先見]이란 말과 같다. 예를 제정한 사람이 스스로가 선견지명을 가지고 있다고 자처하며 세세한 조리條理를 만들어서 인사人事의 표준으로 삼아 사람들로 하여금 질質을 벗어나 문文을 숭상하도록 만들었음을 말한 것이다.[前識猶言先見也. 謂制禮之人, 自謂有先見, 故爲節文, 以爲人事之儀則也, 然使人離質尙文.]"

●●● 해 설

전前은 선先과 같은 말로서, '전식자前識者'란 남보다 앞서 깨달은 '선각자'를 뜻한다. '전식자前識者'의 가장 전형적인 인물로는 문명의 창시자들을 꼽을 수 있다. 유가에서는 성인聖人을 인격의 완성자로 본 동시에, 문명의 창시자로 보기도 하였다. 반면에 노자는 문명이 발달하면 할수록 오히려 인류는 도로부터 멀어지게 되어 쇠퇴의 길로 향한다고 보았다. 또한 역사가 이처럼 점차 쇠퇴의 길로 가게 만들었던 주범은 유가에서 성인이라고 지칭하는 선각자들 때문이라고 여겼다. 따라서 선각자들을 '도의 화[華]'라고 하였다. 화華란 '겉치레'란 뜻이다. 우리는 선각자들을 '뛰어난 지혜를 가진 자'라고 칭송한다. 그러나 노자의 관점에서 볼 때 이들이 만들어 놓은 공적功績이라는 것은 도를 가장한 겉치레일 뿐으로서 본래적인 바탕을 손상시키는 주범일 따름이었다. 따라서 세상 사람들이 이들을 성인이라고 칭송하지만 이것은 단지 소지小知의 관점에서 본 것일 따름이다. 대도의 관점에서 본다면 그들이야말로 오히려 '어리석음의 시초'가 될 따름이라도 여겼다.

是以大丈夫處其厚, 不居其薄, 處其實, 不居其華. 故去彼取此.
그러므로 대장부는 두터운 본성에 처하고 엷음에 거처하지 않으며, 내실內實에 처하고 겉만 화려한 것에는 거처하지 않는다. 그러므로 저것을 버리고 이것을 취하는 것이다.

주1 대장부大丈夫:

하상공은 "대장부란 도를 얻은 군주를 말한다.[大丈夫, 謂得道之君也.]"라고 하였고, 『한비자』「해로」에선 "대장부란 그 앎[智]이 큼을 말한 것이다.[大丈夫者, 所謂其智大也.]"

주2 거피취차去彼取此:

왕회王淮 – "피彼는 박薄과 화華를 말한다. 차此는 후厚와 실實을 말한다. 박薄과 화華는 각각 위 문장에서 말한 예禮와 지智를 이어받은 것이다. 박薄은 예禮를 가리켜 말한 것이고, 화華는 지智를 가리켜 말한 것이다. 후厚와 실實은 모두 도를 비유한 것이다."

주3 여길보呂吉甫 – "사람의 다스림은 항상 두터움에서 생겨난다. 두터우면 본성이 되고, 엷으면 거짓이 된다. 본성을 제거하고 인위를 이루면 어지럽지 않는 것이 없게 된다.[人之治常生於厚. 厚則其性, 薄則其僞. 去性而作爲, 未有不亂者也.]"

••• 해설

여기서의 '대장부大丈夫'란 '도를 얻은 자'를 뜻이다. 후厚는 내면의 '두터움'을 뜻하고, 박薄은 겉만을 치장한 '천박스러움'을 뜻한다. 실實은 3장의 '배를 채운다[實其腹]'에서의 실實과 같은 뜻으로서 내실內實을 뜻하며, 화華는 '외화外華'를 뜻한다. 피彼는 박薄과 화華를 지칭하고, 차此는 후厚와 실實을 지칭한다.

인간내면의 본성은 무한한 깊이를 가지고 있어서 두텁다 할만하다. 안의 이 무한한 깊이를 추구하는 것이야말로 '내실內實'이라 한다. 반면에 실질과 무관하게 겉만 요란스러운 것은 천박하다 할만하다. 안의 이 무한한 깊이를 도외시하고 오직 천박스런 겉만을 꾸미는 것을 '외화外華'라고 한다. 도를 실천하는 대장부는 천박스럽고 겉만 화려한 것을 추구하지 않으며, 단지 두터움과 내실을 추구하기에 힘쓴다. 따라서 "천박스럽고 겉만 화려한 것을 버리고 두터움과 내실만을 취한다."고 하였다.

제 3 9 장

昔之得一者. 天得一以淸, 地得一以寧, 神得一以靈, 谷得一以盈, 萬物得一以生, 侯王得一以爲天下正. 其致之.
天無以淸, 將恐裂, 地無以寧, 將恐發, 神無以靈, 將恐歇, 谷無以盈, 將恐竭, 萬物無以生, 將恐滅, 侯王無以貴高, 將恐蹶.
故貴以賤爲本, 高以下爲基.
是以侯王自謂孤, 寡, 不穀.
此非以賤爲本邪. 非乎.
故致數譽, 無譽.
不欲琭琭如玉, 珞珞如石.

(사물의 총체는) 옛날에 하나를 얻어 생겨난 것이다. 하늘은 하나를 얻어서 맑아졌고, 땅은 하나를 얻어서 안정되었고, 신령스러움은 하나를 얻어서 영험해졌고, 계곡은 하나를 얻어서 채워졌고, 만물은 하나를 얻어서 생겨났고, 왕은 하나를 얻어서 천하의 바름으로 삼았다. 이 모든 것은 하나가 이룬 것이다.

하늘이 맑을 수 없다면 장차 갈라질 것이며, 땅이 안정될 수 없다면 장차 붕괴될 것이며, 신령스러움이 영험함이 없다면 장차 소멸될 것이며, 계곡이 채워질 수 없다면 장차 마르게 될 것이며, 만물이 생겨날 수 없다면 장차 멸망할 것이며, 임금이 고귀할 수 없다면 전복될 것이다.
그러므로 귀함은 천함으로써 근본으로 삼고, 높음은 낮음으로써 근본으로 삼는다.
이런 까닭에 왕은 스스로 고孤 · 과寡 · 불곡不穀이라고 말한다.
이것은 천함으로써 근본으로 삼는 것이 아니겠는가? 그렇지 않은가?
그러므로 자주 찬미하는 데 이르게 되면 찬미할 것이 없게 된다.
찬란한 구슬과 같아서는 안 되며, 거친 상태의 돌과 같아야 한다.

昔之得一者, 天得一以淸, 地得一以寧, 神得一以靈, 谷得一
以盈, 萬物得一以生, 侯王得一以爲天下正(貞), 其致之.

(현물의 총체는) 옛날에 하나를 얻어 생겨난 것이다. 하늘은 하나를 얻어서 맑아졌고, 땅은 하나를 얻어서 안정되었고, 신령스러움은 하나를 얻어서 영험해졌고, 계곡은 하나를 얻어서 채워졌고, 만물은 하나를 얻어서 생겨났고, 왕은 하나를 얻어서 천하의 바름으로 삼았다. 이 모든 것은 하나가 이룬 것이다.

주1 정正 :

왕필본에는 정貞으로 되어있는데, 백서본帛書本 · 하상공본河上公本 · 경룡본景龍本 · 경복본景福本 등에는 정正으로 되어있다. 이순정易順鼎은 "정貞은 혹 정正으로도 쓰는데, 고자古字에는 서로 통용되었다.[貞或作正, 古字通用.]"고 하였다.

주2 석昔 :

왕필 - "석昔은 시초이다.[昔, 始也.]"

주3 일一 :

왕필 - "일一은 수의 시작이며 사물의 궁극이다.[一, 數之始而物之極也.]"
임희일林希逸 - "일은 도의 수數이다.[一者, 道之數也.]"

주3 신득일이령神得一以靈 :

하상공河上公 - "신神은 하나를 얻었기 때문에 잘 변화하여 일정한 형태가 없음을 말한 것이다.[言神得一故能變化無形.]"

주4 곡득일이영谷得一以盈 :

하상공 - "계곡은 하나를 얻었기 때문에 가득 찰 수 있어서 끈기지 않음을 말한 것이다.[言谷得一故能盈滿而不絶也.]"

감산憨山 – "곡谷은 곧 바다를 뜻한다. 바다는 하나를 얻어 온갖 냇물들을 받아들이기 때문에 장구히 채울 수가 있다.[谷, 卽海也. 海得之而納百川, 故長盈.]"

주5 만물득일이생萬物得一以生 :

감산 – "만물은 하나를 얻어서 각각 나름의 삶을 이루었다.[萬物得之而各遂其生.]"

주6 후왕득일이위천하정侯王得一以爲天下正 :

감산 – "왕은 하나를 얻어서 천하의 바름으로 삼았다.[後王得之而爲天下正.]"

주7 기치지其致之 :

엄영봉嚴靈峰 – "이 여섯 가지는 모두 하나를 얻어서 도에 이를 수 있었음을 말한 것이다.[言此六者, 皆能得一而至於道也.]"

●●● 해 설

석昔은 '시초' '시원'의 뜻이다. 일一은 22장의 '포일抱一' 40장의 '혼이위일混而爲一' 42장의 '도생일道生一'에서의 일과 마찬가지로 도를 지칭한다. 여기서 도를 일이라고 한 까닭은 만물이 형성되기 이전에는 분화되지 않는 혼일混一의 일자로 있었기 때문이다. 이 혼일의 일자가 흩어져서 만물을 이루고 있다는 점에서, 일체 만물은 바로 이 일에 의해서 생겨난 것이라 할 수 있다. 득得은 '덕德을 얻었다[得]'의 뜻이다.

    도란 일체 만물의 근원이란 점에서 일체 만물은 도에 의하지 않고서는 존립할 수 없다. 가령 '하늘은 하나를 얻어 맑아지고 땅은 하나를 얻어 안정된다.[天得一以淸, 地得一以寧]'와 유사한 표현으로『장자』「지락至樂」에서

"하늘은 무위함으로 맑고, 땅은 무위함으로 안정된다.[天无爲以之淸, 地无爲 以之寧.]"고 하였다. 하늘은 맑고 가벼운 기氣로 이루어져 있어서 맑음의 특성을 갖고 있으며, 땅은 탁하고 무거운 기로 이루어져 있어서 안정의 특성을 갖고 있다. 『열자列子』 「천서天瑞」에서도 "맑고 가벼운 것은 위로 올라가 하늘이 되고, 탁하고 무거운 것은 아래로 내려가 땅이 된다.[淸輕者上爲天, 濁重者下爲地]"고 하였다.

"신神은 하나를 얻어서 영험해진다.[神得一以靈]"에서 신神은 6장의 "계곡의 신령스러움은 죽지 않는다.[谷神不死]", 29장의 "천하는 신령스러운 그릇이다.[天下神器]"에서의 신神과 같은 뜻으로서, 성스러워 감히 근접할 수 없는 '신령함'을 뜻한다. 영靈이란 이 신묘함[神]으로 인하여 발휘된 영험함을 말한다. 『맹자』 「진심장盡心章」(하)에서도 "신령스러워서 알 수가 없는 것을 '신神'이라고 한다.[聖而不可知之之謂神.]"고 하였다.

'계곡은 하나를 얻어서 채워진다.[谷得一以盈]'에서의 곡谷은 6장의 '곡신불사谷神不死'에서의 곡谷과 같은 뜻으로서 '골짜기'를 의미한다. 골짜기는 지세地勢로 보면 낮은 곳에 처해 있다. 낮은 곳에 처해 있으므로 높은 곳에 있는 물들이 골짜기 안으로 흘러 들어와 채워지게 된다. 이처럼 계곡이 낮은 곳에 있으므로 해서 채워질 수 있었던 까닭은 비하한 곳으로 나아가려는 도의 덕성德性을 얻었기 때문이다.

"만물은 하나를 얻어서 생겨난다.[萬物得一以生]"란 각각의 만물들이 도의 하나를 얻어서 삶을 얻을 수가 있었다는 의미로서, 여기서의 일은 구체적으로 대생명大生命을 뜻한다. 모든 일체 만물은 각각이 이 대생명으로부터 생명을 얻어 생겨나게 된 것이다.

"후왕侯王은 하나를 얻어서 천하의 바름으로 삼았다.[侯王得一以爲天下正]"에서의 후왕侯王은 곧 왕을 의미한다. 정正은 백성들을 하나로 결속시켜 질서를 이루게 하는 준칙準則을 뜻한다. 각각의 만물들은 개별성을 갖지만, 개별에 빠지게 되면 전체와의 조화가 무너질 것이다. 여기서 도는 일자의 성격을 갖고 있어서 각각의 다양한 만물들을 하나로 묶는 기강과 같은 역할을 한다. 왕 역시 도와 같이 다수의 백성들을 하나로 묶는 기강紀綱과 같은 역할을 한다. 따라서 왕은 도로부터 일체 만물을 하나로 묶는 준칙을 얻어서 백성들을 다스리는 준칙으로 삼았다고 하였다.

기치지其致之에서 기其는 '일'의 뜻이며, 치致는 '초치招致'와 같은 말로서 '초래하다' '이루다'의 뜻이다. 따라서 기치지其致之란 하늘이 맑고 땅이 안정되고 신령스러움이 영험해지고 계곡이 채워지고 만물이 생겨나고 왕이 천하의 바름이 되는 까닭은 모두 하나가 이룬 것이라는 뜻이다.

본 구절에서 우리가 주목할 사실은 노자가 하늘·땅·신령스러움·계곡·만물·왕이란 각각의 존재들이 각각의 존재다움이 되는 원인은 바로 도의 이칭인 일 때문이라고 말하고 있지만, 여기서의 일은 보편의 개념이 아니라는 점이다. 보편성과 특수성은 서로 대對가 되는 개념이다. 즉 보편성에는 일정불변의 법칙성을 가지고 있으며, 특수성이란 이 보편성에 적용되지 않는 예외적 규칙을 의미한다. 그런데 '하늘은 하나를 얻어 맑아지고 땅은 하나를 얻어 안정된다.'고 하였듯이, 하늘과 땅은 같은 하나를 얻고서도 '맑다' '안정되다'고 하는 서로 다른 속성을 이루고 있다. 도가 이처럼 무한한 다양성을 포괄하고 있다는 점에서 일은 '전체성'을 의미한다.

天無以淸, 將恐裂, 地無以寧, 將恐發, 神無以靈, 將恐歇, 谷無以盈, 將恐竭, 萬物無以生, 將恐滅, 侯王無以貴高, 將恐蹶.
하늘이 맑을 수 없다면 장차 갈라질 것이며, 땅이 편안할 수 없다면 장차 붕괴될 것이며, 신령스러움이 영험함이 없다면 장차 소멸될 것이며, 계곡이 채워질 수 없다면 장차 마르게 될 것이며, 만물이 생겨날 수 없다면 장차 멸망할 것이며, 임금이 고귀할 수 없다면 전복될 것이다.

주1 발發 :

왕필본王弼本을 비롯한 통행본에는 발發로 되어 있으며, 초횡焦竑은 "발發은 누설됨이다.[發, 發泄也.]"고 하였다. 반면에 유사배劉師培는 "발發은 '폐廢'자가 생략省略된 형태이다.[發, 爲廢字之省形]"고 하여, 발發을 폐廢로 보았다. 발發을 폐廢의 차자借字로 보는 견해가 타당하다.

주2 헐歇 :

초횡 – "헐歇이란 소멸됨이다.[歇, 消滅也.]"

주3 궐蹶 :

초횡 – "궐蹶의 음은 궐로서, 전복됨이다.[蹶, 音厥, 顚仆也.]"

주4 왕필 – "하나를 사용하여 맑아질 따름이지, 맑음을 사용하여 맑아지는 것은 아니다. 하나를 지키면 맑음을 잃지 않지만, 맑음을 사용하면 장차 갈라지게 된다. 따라서 공을 이룬 어머니는 버려서는 안 된다.[用一以致淸耳, 非用淸以淸也. 守一則淸不失, 用淸則恐裂也. 故爲功之母不可舍也.]"

•••● 해 설

열裂에 대하여 하상공은 '분열分裂'로 풀이하였듯이 '갈라지다'의 뜻이며, 발發은 폐廢의 차자借字로서 '붕괴되다'의 뜻이며, 헐歇은 '소멸되다'의 뜻이며, 갈竭은 '고갈되다'의 뜻이며, 멸滅은 '멸망하다'의 뜻이며, 궐蹶은 '쓰러지다' '전복되다'의 뜻이다.

앞에서 보았듯이 도는 천지만물을 형성할 뿐만 아니라, 덕성[德] · 영험성[靈] · 생명[生] · 가치에 있어서 준칙[正]을 제시한다. 따라서 도는 천지만물에 대하여 총체적인 존재기반이 된다. 만물은 이 다양한 도의 성질을 특화시킴으로 해서 개별성을 획득할 수가 있었다. 그런데 노자는 천지만물이 도를 떠나서는 한순간도 생존할 수 없다고 말하고 있다. 이를테면 하늘은 맑을 수 없다면 장차 갈라질 것이며, 땅은 편안할 수 없다면 장차 붕괴될 것이며, 신령스러움은 영험함이 없다면 소멸될 것이며, 계곡은 채워질 수 없다면 장차 마르게 될 것이며, 만물은 생겨날 수 없다면 장차 멸망할 것이며, 임금은 고귀할 수 없다면 뒤집혀질 것이다. 이처럼 도는 모든 존재의 기반이 되므로, 이 도가 상실하면 존재기반이 무너지게 된다고 노자는 말하고 있다.

故貴以賤爲本, 高以下爲基, 是以侯王自謂孤・寡・不穀, 此非以賤爲本邪. 非乎.

그러므로 귀함은 천함으로써 근본으로 삼고, 높음은 낮음으로써 근본으로 삼는다. 이런 까닭에 왕은 스스로 고孤・과寡・불곡不穀이라고 말한다. 이것은 천함으로써 근본으로 삼는 것이 아니겠는가? 그렇지 않은가?

주1 귀이천위본貴以賤爲本, 고이하위기高以下爲基 :

하상공 – "반드시 존귀하고자 한다면 의당 천박함으로 근본으로 삼아야 함을 말한 것이다.[言必欲尊貴, 當以薄賤爲本.]"

주2 불곡不穀 :

곡穀이 하상공본河上公本에는 불곡不轂, 바퀴으로 되어 있으며, 주注에서 말하기를 "불곡不轂이란 마치 수레 바퀴통에 많은 바큇살들이 모여드는 것과 같을 수가 없음을 비유한 것이다.[不轂, 喩不能如車轂爲衆輻所湊]"고 하였다. 그러나 이것은 옳지 않다. 곡穀은 '선善'과 같은 말로서, 왕 자신이 스스로에게 부르는 겸칭謙稱이다. 『좌전左傳』「희공僖公·4년」에서의 '기불곡시위豈不穀是爲'에 대한 두예주杜預注에서도 "고孤·과寡·불곡不穀은 제후들의 겸사謙辭이다.[孤寡不穀, 諸侯謙辭.]"라고 하였다. 범응원范應元 역시 "곡穀은 착함이며, 또한 온갖 곡식의 총체적인 이름이다. 춘추시대의 왕들은 자신을 불곡不穀이라고 자주 칭하였다.[穀, 善也, 又百穀之總名也. 春秋王者多稱不穀.]"고 하였다.

••• 해설

귀함은 천함이 있음으로 해서 귀함이 되고, 높음은 낮음이 있음으로 해서 높음이 된다. 만일 천함이 없다면 귀함이란 것도 없고, 낮음이 없다면 높음이란 것도 없다. 따라서 "귀함은 천한 것에 근본을 두고 있으며, 높은 곳은 낮은 곳에 기초를 두고 있다."고 하였다.

'귀함은 천함으로써 근본으로 삼고'와 비슷한 의미로는 78장의 "나라의 오욕을 받는 자가 사직의 주인이 된다.[受國之垢, 是謂社稷主.]"가 있다. '높음은 낮음으로써 근본으로 삼다'와 비슷한 의미로는 64장의 "구 층의 누각도 한 삼태기의 흙을 쌓는 데에서 시작한다.[九成之臺, 起於累土.]"가 있다. 『중용』에서도 "높은 곳에 오르려고 한다면 반드시 낮은 곳으로부터 하고, 멀리 가고자 한다면 반드시 가까운 곳으로부터 한다.[登高必自卑, 行遠必自邇.]"고 하였다.

또한 노자는 "이러한 까닭에 왕이 스스로 고孤·과寡·불곡不穀이라고 말한다.[是以侯王自謂孤, 寡, 不穀]"고 하였는데, 예로부터 제후는 겸칭謙稱으로 스스로를 고孤·과寡·불곡不穀이라고 칭하였다. 고孤란 '홀로 됨'을 뜻한다. 『예기』「옥조玉藻」에서 "소국의 임금이라고 스스로 칭하여 '고'라고 하였다.[凡自稱小國之君曰孤.]"고 하였다. 과寡는 '과덕寡德' 즉 '덕이 부족함[寡德]'을 뜻한다. 『예기』「곡례曲禮」에 "제후는 백성들과 더불어 말할 때 '과인'이라고 한다.[諸侯其與民言曰寡人]"고 하였다. 곡穀은 『이아爾雅』「석고釋詁」에 "곡穀, 선야善也."라고 하였듯이, '착할 곡'으로 불곡不穀은 불선不善을 뜻한다.

제후는 최상의 지위에 있다는 점에서 천하의 귀한 자이다. 그럼에도 스스로를 낮추어 자신을 고孤 · 과寡 · 불곡不穀이라고 겸칭하였다. 이처럼 귀한 것은 언제나 천한 것으로써 근본으로 삼는다고 노자는 말하고 있다.

故致數譽(輿), 無譽(輿).

그러므로 자주 찬미하는 데 이르게 되면 찬미할 것이 없게 된다.

주   왕필본에는 "고치수여무여故致數輿無輿"로 되어 있으나, 하상공본에는 "고치수거무거故致數車無車"로 되어 있다. 풀이하면 "따라서 수레에 다가가 (수레의 각 부분을) 하나하나 세어보면 (전체로서의) 수레가 없다."의 뜻이 된다. 이와 관련하여 하상공은 "치致는 나아감이다. 사람이 수레에 다가가 (수레의 각 부분을) 하나하나 세어보면 바큇살이 되고 바퀴가 되고 바큇통이 되고 가로나무가 되고 '가마'가 되어 '수레[車]'라고 할 만한 이름이 없기 때문에 (전체로서의) 수레를 이룰 수가 있었음을 말한 것이다.[致, 就也. 言人就車數之, 爲輻, 爲輪, 爲轂, 爲衡, 爲轝, 無有名爲車者. 故爲成車.]"고 하였다. 성현영成玄英은 "여輿는 수레車이다. (수레에서의) 상자 · 바큇살 · 바큇통 · 바퀴 · 테두리를 일시적으로 합하여 수레를 이루니, 단지 수레라고 하는 이름만이 있을 따름이다. 이처럼 셈하게 되면 곧 실체[實]가 없어지게 된다. 오온五蘊(色 · 受 · 想 · 行 · 識)과 사대四大(地 · 水 · 火 · 風)가 환영[幻]임이 또한 그러하다. 이른바 몸이란 것은 이미 덧없이 거처하는 것이니, 귀함이 장차 어디에 의탁하겠는가?[輿, 車也. 箱輻轂輞假合而成, 徒有車名. 數則無實, 五物四大, 爲幻亦然. 所以身旣浮處, 貴將安寄.]"라고 하였다.

부혁본傅奕本 · 왕방본王雱本 · 범응원본范應元本 등에는 여輿가 예譽로 되어 있다. 고연제高延第는 말하기를 "'지예무예至譽無譽'가 하상공본에 '치수거무거致數車無車'로 되어 있고, 왕필본・『회남자淮南子』「도응훈道應訓」에는 '치수여무여致數輿無輿'로 되어 있는데, 이 모두가 잘못된 설로서 본문 뜻과 서로 부합되지 않는다. 육덕명陸德明의 『석문釋文』에는 '예譽'자로 되어 있으며, 주注에서 '훼예야毁譽也'라고 하였으니, 이는 원본에 예譽로 되어있음을 의미한다. 예譽로 말미암아 잘못되어 여輿가 되었고, 여輿로 말미암아 잘못되어 거車가 되었는데, 후인後人들은 도리어 『석문』이 잘못되었다고 말하고 있는데 이것은 그릇된 것이다. ['至譽無譽', 河上本作'致數車無車', 王弼本・淮南子道應訓作'致數輿無輿', 各爲曲說, 與本文誼不相附. 陸氏釋文出'譽'字, 注, 毁譽也. 是原本作'譽'. 由'譽'訛爲'輿', 由'輿'訛爲'車', 後人反謂釋文爲誤, 非也.]"고 하였다. 고형高亨도 "예譽로 된 것이 옳다. '수數'자는 연자衍字이니 의당 없애야 한다. 치致를 풀이하면 지至가 되니, 옛날 글자에서는 통용해 썼다.[作譽是也. 數字衍, 當刪. 致, 讀爲至, 古字通用.]"고 하였다. 이순정易順鼎은 "살펴보건대 '예譽'는 '찬미함[美]'을 칭한 것이다. '치수예무예致譽無譽'는 곧 '왕이 스스로 고孤・과寡・불곡不穀이라고 자칭自稱하였다'의 뜻이다. 고孤・과寡・불곡不穀 이것은 자신을 자주 폄하貶下한 것이다. 그런데 자신을 자주 폄하하게 되면 종국에 가서는 폄하됨이 없어지게 된다. 만약 의도적인 마음으로 자주 찬미하게 되면 도리어 찬미함이 없어지게 된다. 여輿로 된 것은 뜻이 통할 수 없으니, 마땅히 예譽가 되는 것이 옳다.[按譽乃美稱. 致數譽無譽, 卽王侯自稱孤寡不穀之義. 稱孤寡不穀, 是致數毁也. 然致數毁而終無毁. 若有心致數譽, 將反無譽矣. 作輿義不可通, 當以作譽爲是.]"고 하였다. 여러 학자들의 지적한 것처럼 여輿로 보면 뜻이 통하지 않는다는 점에서, 여輿는 예譽의 오사誤寫로 보아야 한다.

◦◦● 해 설

"고치수예무예故致數譽無譽"에서 첫 번째 '예譽'는 '자화자찬自畫自讚'의 뜻이고, 두 번째의 예譽는 육덕명陸德明의 『석문釋文』에 "비난함의 반대가 예譽이다.

[反毁, 譽也]"고 하였듯이 '칭송'의 뜻이다. 삭數은 '자주'의 뜻이다. 따라서 본 문장은 "자주 자화자찬을 하게 되면 칭송할만한 것이 없게 된다."는 의미이다. 66장에서 "강과 바다가 온갖 계곡의 왕이 될 수 있었던 까닭은 잘 아래에 처해있기 때문이다.[江海所以能爲百谷王, 以其善下之.]"라고 하였듯이, 왕 역시 고귀한 자리에 있을 수 있었던 까닭은 낮은 곳에 처해 있었기 때문이다. 따라서 왕은 스스로를 자주 고孤 · 과寡 · 불곡不穀이라고 칭하여 겸손의 미덕을 표시하였다. 이와는 반대로 왕이 자신 스스로를 고귀한 척 하고 자주 자화자찬하는 데 이르게 되면, 높은 곳에 처하려는 것과 같다. 위정자가 높은 곳에 처하려고 한다면 어떻게 낮은 곳에 처한 백성들이 자발적으로 높은 곳으로 흘러갈 것을 기대할 수 있겠는가? 낮은 곳을 높은 곳으로 끌어올리기 위해서는 자발적으로는 불가능하며 필연적으로 인위적인 강압이 필요하다. 이러한 인위적인 강압은 부자연스런 것이기에 불가피하게 거슬림이 있게 되며, 거슬림이 있게 되면 칭송함은커녕 원망만을 사게 될 따름이다.

不欲琭琭如玉, 珞珞如石.
찬란한 구슬과 같아서는 안 되며, 거친 상태의 돌과 같아야 한다.

주1 녹록琭琭, 낙락珞珞 :
　　고형高亨 – "녹록琭琭은 옥의 아름다운 모양이다. 낙락珞珞은 돌의 추한 모양이다.[琭琭, 玉美貌. 珞珞, 石惡貌]"

주2 본 문장에는 두 가지 해석이 있다. 첫 번째 해석은 불욕不欲을 녹록여옥

琭琭如玉, 낙락여석珞珞如石 두 구절 모두에 적용시켜 해석하는 방법으로, 풀이하면 "찬란한 구슬과 같아지거나 거친 상태의 돌과 같아져서는 안 된다." 가 된다. 하상공은 이 해석을 따라 "옥이 사람들에게 귀하게 여겨지거나 돌이 사람들에게 천하게 여겨지고자 하지 않으니, 마땅히 그 가운데에 처해야 한다.[不欲如玉爲人所貴, 如石爲人所賤, 當處其中也.]"고 하였다. 『후한서後漢書』「마연전馬衍傳」에서도 본 구절을 인용하여 "귀할 수 있고 천할 수 있는 것은 모두 도의 참됨이 아니다. 옥의 모습은 아름다워[琭琭] 사람들에 의해 귀하게 여겨지고, 돌의 형태는 추하여[落落] 사람들에 의해 천시되어진다. 천한 것은 이미 아름다움을 잃어버렸고 귀한 것은 또한 아직 얻지 못하였기에, 마땅히 재질 있음과 재질 없음의 사이에 처해야 함을 말한 것이다.[可貴可賤, 皆非道眞, 玉貌琭琭爲人所貴, 石形落落, 爲人所賤. 賤旣失矣, 貴亦未得, 言當處才不材之間.]"고 하였다. 두 번째 해석은 "찬란한 구슬과 같아서는 안 되고, 거친 상태의 돌과 같아야 한다."로 풀이할 수 있다. 두 번째 해석에 대하여 왕회王淮는 "노자의 이 문장은 '불욕녹록여옥不欲琭琭如玉, 이욕낙락여석而欲珞珞如石'이 생략된 문장이다. 위 문장에서 '귀함은 반드시 천함으로써 근본으로 삼아야 하고, 높음은 반드시 낮음으로써 근본으로 삼아야 한다.[貴必以賤爲本, 高必以下爲基]'고 말하였는데, 노자의 사상엔 현격히 중점을 가지고 취하고자 하는 것(천賤과 하下)이 있다."라고 하였다. 후자의 설이 타당하다고 본다.(해설을 참조)

● 해 설

왕회王淮는 "석石은 박璞이다. 박璞은 옥이 돌 상태로 있는 것이어서 아직 탁마琢磨하지 않은 것이다."고 하여, 석石을 아직 조탁하지 않은 돌의 상태로 있는 박璞을 뜻한다고 보았으나 타당하지 않다. 유가 특히 맹자 계통에서는, 인간의 바탕 속에는 옥이 될 수 있는 박璞을 가지고 있어서 이것을 절차탁마切磋琢磨 한다면 옥이 될 수 있다고 보았다. 옥과 박의 관계에 있어서, 옥이 완성을 뜻한다면 박은 미완성을 뜻한다. 따라서 유가에서는 바탕보다 절차탁마를 통하여 현실로 드러난 결실을 더욱 긍정시하였다. 그러나 노자의 경우에는 인간의 바탕은 이미 그 자체로 완전함을 가지고 있어서 더 이상 절차탁마란 것이 필요치 않다고 보았다. 70장에서도 "옥을 품는다.[懷玉]"고 하였듯이, 사람들의 바탕 속에는 불완전한 형태로 있는 박이 아닌 이미 완전한 형태로 있는 옥을 품고 있다고 보았다. 따라서 왕회의 견해는 유가적인 견해로서 노자의 본래적인 취지와는 거리가 멀다. 여기서의 석石은 말 그대로 평범한 돌이란 뜻으로 사용된 것이다.

녹록珠珠은 옥의 아름다운 모양이다. 낙락珞珞에 대하여 고형高亨은 '돌의 추한 모양'이라고 하였으며 많은 학자들도 이처럼 풀이하였으나, 그 본래적 의미는 '평범한 모양'을 뜻한다. 낙락珞珞은 비록 평범한 모양이지만 녹록珠珠이라는 고귀함에 비추어 볼 때 상대적으로 천함처럼 보이는 것이다.

사람들은 그저 평범한 돌이 되기를 원치 않으며 아름다운 옥과 같은 것이 되려고 하지만, 노자는 오히려 평범한 돌과 같이 되어야 한다고 역설逆說하고 있다. 앞에서 "귀함은 반드시 천함으로써 근본으로 삼아야 하고, 높음은 반드시 낮음으로써 근본으로 삼아야 한다.[貴以賤爲本, 高以下爲基.]"라고 말한 것처럼, 귀하고 높은 것은 그 스스로 존귀한 것이 아니라 천한 것에서부터 생겨난 것이다. 옥이라고 하는 것이 고귀할 수 있었던 까닭도 그저 평범한 돌과 관계해서이다. 만일 존귀함에 집착하여 처음부터 존귀함을 추구하려고 한다면, 물이 높은 곳에 처하려고 함으로 해서 오히려 자신의 것마저 흘려보내고 마는 것처럼 결과적으로는 더욱 비하한 자리에 처하게 된다. 따라서 "찬란한 구슬과 같아서는 안 되고, 거친 상태의 돌과 같아야 한다."란 찬란한 구슬처럼 고귀한 자리에 처하려고 하기보다는 거친 상태의 돌처럼 비하한 자리에 처하려고 해야 한다는 의미이다.

제40장

反也者, 道之動, 弱也者, 道之用.
天下之物生於有, 有生於無.

돌아가는 것은 도의 움직임이며, 약弱은 도의 쓰임이 된다.
천하만물은 유에서 생겨났고, 유는 무에서 생겨났다.

反(也)者, 道之動, 弱(也)者, 道之用.

돌아가는 것은 도의 움직임이며, 약弱은 도의 쓰임이 된다.

주1　왕필본을 비롯한 대다수 판본에는 "반자도지동反者道之動, 약자도지용弱者道之用."으로 되어 있다. 조지견본趙志堅本에는 반反이 반返으로 되어 있다. 죽간본竹簡本과 백서본帛書本에는 두 개의 '야也'자가 첨가되어 있다. '야也'자가 있는 것이 옳다고 본다.

주2　반反 :

　　반反에 대한 풀이는 크게 두 가지 견해로 나누어진다. '반대(대립)'의 뜻으로 풀이하는 경우와, '돌이키다[返]'로 풀이하는 경우가 그것이다. 전자에 대하여 왕필은 "높음은 낮음으로써 근간으로 삼고, 귀함은 천함으로써 근본으로 삼고, 유는 무로써 쓰임으로 삼으니, 이것이 바로 반대[反]이다. 움직이는 것들이 모두 없음을 안다면 곧 사물은 통하게 된다. 따라서 '반대되는 것은 도의 움직임이다'라고 하였다.[高以下爲基, 貴以賤爲本, 有以無爲用, 此其反也. 動皆知其所無, 則物通矣. 故曰, 反者, 道之動.]"고 하였다. 후자에 대하여 초횡焦竑은 "반反은 돌아감이다. 모름지기 움직임이 극도에 달하면 반드시 돌아간다. 이것이 바로 반反이다.[反, 復也. 須動之極, 則必歸也. 是其反.]"고 하였다. 여기서는 두 번째 풀이와 같이 '돌이키다[返]'의 뜻으로 보는 것이 좋다. 그 근거로 25장에서 "큼은 감을 말한 것이오, 감은 멀어짐을 말한 것이오, 멀어짐은 돌이킴을 말한 것이다.[大曰逝, 逝曰遠, 遠曰反.]"고 하여, 반反을 '돌이키다[返]'의 뜻으로 보았다. 그런데 반反에는 '돌이키다'란 의미 외에도 '반대'라는 의미를 포함하고 있다. 가령 모든 사물은 도로부터 나왔지만 앞으로만 향하게 되면 편재성偏在性, 한쪽으로만 치우치려는 속성에 빠져들어 도로부터 멀어져간다. 도로부터 극단적으로 멀어지게 되면, 극즉반極則反이란 자연원리에 의거해 다시 본래의 상태로 돌아가려고 한다. 본래의 상태로 돌아가기 위해서는 반드시 편재성偏在性에 빠진 사물과 반대적인 속성이 매개가 되어야 한다. 따라서 '반대적인 것[反]'을 통해서 '돌아감[返]'을 이룰 수 있다. 이 점에서 본다면 반反에는 '반대적인 것'과 '돌아감'이란 이중적 의미를 내포하고 있다.

◦ ◦ ● 해 설

25장과 관련시켜 본 문장의 의미에 대하여 살펴보자. 일자로서의 도는 유有에 의하여 구체적인 만물을 이룬다. 그런데 유가 각각의 일물一物들을 이루지만, 일방一方으로만 치달으면 한곳에 치우쳐 있는 편재偏在에 빠져들기에 도로부터 멀어져간다. 따라서 '감은 멀어짐을 말한 것이다[逝曰遠]'라고 하였다. 서양에서와 같이 직선적 시간에 입각할 경우 멀리가면 갈수록 그만큼 원점으로부터 멀어져간다. 그러나 노자의 시간관은 원의 시간관에 토대하고 있으므로, 운동의 끝[終]은 처음[始]과 같다. (여기서 '같다'는 것은 '동일하다'의 뜻이 아닌 패턴의 유사성을 뜻한다. 처음과 끝이 동일한 것이라고 한다면 궁극적으로는 변화한 것이 아니다. 그러나 시간 속에는 이미 변화를 포함하고 있다.) 그러므로 멀어짐이 극점極點을 넘어서게 되면 오히려 원점을 향해 돌이키게 되므로, "멀어짐은 다시 돌아옴을 말한 것이다.[遠曰反]"라고 하였다. 이처럼 현상계의 만물은 도로부터 멀어졌다가 극점에 도달하게 되면 다시 본래적인 상태로서의 도에로 돌아가려고 함이 도의 운동과정이다. 따라서 "돌아가는 것이 도의 운동과정이다"고 말하였다.

'약弱은 도의 쓰임이 된다'에 대하여 대부분의 주석가들이 노자가 강强보다 약弱을 중시하고 있기 때문에 약弱을 쓰임으로 삼은 것이라고 해석하고 있는데, 이것은 노자의 본의를 다소 오해한 것이라고 본다. 『노자』 전체를 보면 대립개념이 자주 등장한다. 가령 동動과 정靜, 강强과 유약柔弱, 웅雄,수컷과 자雌,암컷 등이 그것이다. 많은 도가 연구가들은 노자가 동動보다는 정靜을, 강强보다는 유약柔弱을, 수컷[雄]보다는 암컷[雌]을 더욱 선호하였다고 평가하고 있다. 그러나 노자가 이처럼 일방적인 것을 더욱 선호했다면 가치의 차별성을 인정하는 셈이 되는데, 노자가 궁극적으로 추구하고자 했던 것은 차별과 대립을 넘어선 '포일抱一' 상태로서의 도라는 점에서 가치의 차별은 노자의 본의와 모순된다. 노자가 궁극적으로 지향하고자 했던 것은 두 대립적인 것을 포괄하는 전체이다. 가령 동動과 정靜을 포괄하고 강強과 유약柔弱을 포괄하고 수컷[雄]과 암컷[雌]을 포괄하고자 하였다. 복귀한 도 역시 두 대립적인 것을 포괄하고 있다. 42장에서도 "만물은 음을 지고 양을 안아서 충기沖氣로써 조화로 삼는다.[萬物負陰而抱陽, 沖氣以爲和.]"고 하였다. 이 역시 음양의 두 대립적인 속성을 하나로 포괄해야 함을 말한 것이다.

    그렇다면 노자는 어째서 '강強이 도의 쓰임이 된다'고 말하지 않고, 하필이면 '약弱이 도의 쓰임이 된다'고 말하였는가? 문명을 구성하는 사회는 전통적으로 가부장적 남성중심의 사회였다. 남성중심의 사회에서 가장 중요시 한 것이 강함이다. 우리는 강함을 추구하기 위해 부단히 노력하며 누가 강한지 끊임없이 경쟁한다. 이런 가운데서 파생된 문제들이 싸움·전쟁·경쟁·미움·권력의 의지 등이다. 강함에 대한 집착이 어찌 인간 사회 뿐이겠는가? 동물세계에서도 수컷들은 끊임없는 힘겨루기를 통해 서열을 나눈다. 강함에 대한 수컷들의 강한 애착은 생존의 본능으로부터 나온 것이다. 강함을 추구하려는 열정이 이미 자연적인 것이라고 한다면 이것 역시 도의 한 속성이기도 하다. 문제점은 강함 자체가 아니라 이것이 지나치게 한곳에 편중되었을 경우 파생되어지는 문제이다. 모든 생명체가 강함을 추구하는 것은 어쩔 수 없는 본능일지라도 우리는 분열·싸움·전쟁·경쟁·미움까지 정당화 시킬 수는 없다. 대립과 투쟁은 오히려 도 본래적 속성과 상반된 것이다. 왜냐하면 현상세계가 생겨나기 이전 상태의 도는 본시 혼돈으로서의 일자一였듯이, 현상세계가 생겨난 이후의 도 역시 모든 다양성을 포괄하는 '전체성'이어야 하기 때문이다. 1장에서 살펴보았듯이, 도는 무와 유를 동시에 포괄하는 이중성을 갖고 있다. 즉 무는 '유를 포함한 무[有之無]'이며, 유는 '무를 포함한 유[無之有]'이다. 따라서 도의 유성有性에 의해 개별들이 생겨나지만, 무성無性에 의해 하나로서의 조화를 이룬다. 그런데 사회가 분열·싸움·전쟁·경쟁·미움으로 치닫게 되면, 이미 유만 있고 무는 없어진 상태이다. 노자가 살았던 전국 시대는 분열·싸움·전쟁·경쟁·미움으로 가득 찬 그야말로 혼란스런 사회였다. 노자는 당시의 현실을 극도의 혼란으로 보았지만, 혼란은 필연적으로 질서로 나아간다고 보았다. 혼란이 필연적으로 질서로 향하는 이유는 다음과 같다.

첫째, 현실세계는 유만이 있고 무는 없지만, 그렇다고 무가 사라진 것은 아니다. 그믐날에 달이 보이지 않는다고 해서 달이 정말로 사라진 것이 아니며, 단지 빛에 의해 잠시 가려졌을 뿐이다. 무 역시 개별성들이 위아爲我에 빠져들면서 잠시 가려진 것일 뿐으로 정말로 사라진 것은 아니라는 점이다. 둘째, 어떤 존재가 극에 달하면 다시 돌아가려고 하는 극즉반極則反의 원리야말로 자연계를 지배하는 가장 큰 법칙이라고 보았다. 그믐달이 비록 빛에 가려져 있지만 영원히 가려질 수는 없으며, 필연적으로 만월滿月이라는 또 하나의 극으로 향하는 것은 자연계의 필연적인 운동과정이다. 이와 마찬가지로 세상이 지금은 비록 도로부터 멀어지지만, 필연적으로 다시 본래적 도의 상태로 돌아간다고 보았다. 따라서 '돌아가는 것은 도의 움직임이다'라고 하였다.

여기서 관건은 이미 도로부터 멀어져 있는 상태를 어떻게 하면 다시 본래 상태의 전제적 조화로 돌아가게 할 수 있겠느냐 하는 점이다. 극즉반極則反의 원리에 의거할 경우, 양이 가장 극에 달하면 음이 싹트며, 음이 극에 달하면 양이 싹튼다. 음양론에서 강함[强]은 남성성을 대표하는 것으로서 양陽의 속성이며, 유연함[弱]은 여성성을 대표하는 것으로서 음陰의 속성이다. 당시 사회의 대립과 투쟁은 강함[强]에 대한 집착의 결과물이라는 점에서 이것을 돌이키게 하려면 그 반대적인 속성인 약弱이 매개가 되어야 한다. 약은 약함처럼 보이지만 모든 것을 유연하게 포용하는 힘이 있다. 노자는 이 약함을 매개로 하여 본래의 상태로 돌아가려고 하였으므로, '약弱이 도의 쓰임이 된다'고 말하였다.

天下之物生於有, 有生於無.
천하만물은 유에서 생겨났고, 유는 무에서 생겨났다.

주1 왕필본에는 '천하만물생어유天下萬物生於有'로 되어 있으나, 백서본・이현본易玄本・누고본樓古本・부혁본傅奕本・범응원본范應元本・팽사본彭耜本・초횡본焦竑本 등에는 '천하지물생어유天下之物生於有'로 되어 있다. '천하지물생어유天下之物生於有'가 옳다. 왜냐하면 죽간본에도 '천하지물생어유天下之物生於有'로 되어 있을 뿐만 아니라, 왕필주王弼注에서 "천하의 물物들은 모두가 유로써 위주로 삼는다.[天下之物, 皆以有爲主.]"고 말한 점으로 보아, 왕필본 역시 본래는 '천하지물생어유天下之物生於有'로 되어 있었다고 볼 수가 있기 때문이다.

주2 하상공 - "만물은 모두 천지로부터 생겨났다. 천지에는 형태와 방위가 있기 때문에 유有에서 (만물이) 생겨났다고 말했다. 천지의 신명神明에서부터 (장구벌레와 같은 것들의) 살짝 날아감과 (지렁이와 같은 것들의) 꿈틀거림에 이르기까지 모두가 도로부터 생겨난 것이다. 도는 형태가 없기 때문에, 무無에서 유有가 생겼다고 말했다.[萬物皆從天地生. 天地有形位, 故言生于有也, 天地神明, 蜎飛蠕動, 皆從道生. 道无形, 故言生於無也]"
왕필 - "천하만물들은 모두가 유로써 위주로 삼았다. 유가 시작된 것은

무로써 근본으로 삼았기 때문이므로 장차 유를 온전히 하려고 한다면 반드시 무로 돌아가야 한다.[天下之物, 皆以有爲主. 有之所始, 以無爲本, 將欲全有, 必反於無也.]"

초횡焦竑 – "'천하만물이 유에서 생겨났다'는 말은 이른바 '유명은 만물의 어머니임을 일컫는 것이다'고 한 것에 해당한다. '유는 무에서 생겨났다'는 말은 이른바 '무명은 천지의 시작임을 일컫는 것이다.'고 한 것에 해당한다. 무는 반드시 유를 생겨나게 하였기 때문에 그 돌아감을 귀하게 여긴다. 반反이란 무無에로 돌아감이다. 유는 무에서 생겨났기 때문에 약弱을 귀하게 여긴 것이니, 약弱이란 무와 유사한 것이다.[天下萬物生於有, 所謂有名萬物之母是已. 有生於無, 所謂無名天地之始是已. 無必生有, 是故貴其反. 反者, 反於無也. 有生於無, 是故貴其弱, 弱者無之似也.]"

●●● 해설

본 문장을 자칫 잘못 해석하면 모든 존재는 아무 것도 없는 허무虛無에서 생겨난 것이라고 풀이할 수도 있다. 실제로 송대宋代의 신유가들은 본 문장을 지적하며, "허무虛無에서 어떻게 만물이 생겨날 수 있겠느냐"고 반론을 제기하기도 했다. 가령 장횡거張橫渠의 『정몽正夢』 「태화太和」에서 "만약 허虛가 기氣를 낳을 수 있다고 말한다면, 허는 무궁해지고 기는 유한한 것이 되어 본체와 작용이 확연히 단절된다. (이렇게 되면) 노씨老氏의 '무에서 유가 생긴다'고 하는 자연의 이론에 빠져 들어가, 이른바 유와 무가 혼일混一된 상태라는 항상된 이치를 알지 못하게 된다.[若謂虛能生氣, 則虛無窮, 氣有限, 體用殊絶, 入老氏'有生於無'自然之論, 不識所謂有無混一之常]"고 하였다. 주렴계周廉溪의 '무극이태극無極而太極'을 둘러싼 주자朱子와 육상산陸象山의 논쟁에서도, 주자는 "노씨老氏가 유무를 말한 것은 유와 무를 둘로 한 것이오, 주렴계가 유무를 말한 것은 유무를 하나로 한 것이다.[老氏之言有無, 以有無爲二. 周子之言有無, 以有無爲一.]"고 말하였다. (『晦庵集』, 「答陸子靜」, 卷三十六) 송대의 유자들은 노자가 마치 기독교에서처럼 무에서 유가 창조되었음을 주장했다고 강변하지만 이것은 노자의 본래 의도를 왜곡한 것이다.

노자는 1장에서 "유무는 본래 같은 것으로서, 다만 현상 세계로 나옴에 있어서 이름만을 달리하고 있을 뿐이다.[此兩者, 同, 出而異名.]"고 엄연히 말하고 있다. 노자가 말한 무는 유를 포함한 무이며, 유 역시 무를 포함한 유이다. 이 유무는 하나의 근원으로부터 나왔다는 점에서 일원一源일 뿐만 아니라 본래 하나였다는 점에서 일체一體이기도 하다. 송대의 유가에서 내세우는 '유무일원有無一源'의 개념은 사실상 선진유가에서는 전혀 찾아볼 수 없는 개념이며, 그 이론적 개념의 틀은 도가와 불교에서 차용한 것이다. 따라서 송대의 유가에서 노자가 마치 유와 단절된 단무斷無를 말하였다는 주장은 노자의 본의를 곡해한 것이다.

그렇다면 "천하만물은 유에서 생겨났고, 유는 무에서 생겨났다.[天下之物生於有, 有生於無.]"고 말하여 '무-유-만물'이라고 하는 순차성을 상정한 까닭은 무엇 때문인가? 무·유·만물의 개념은 체體·용用·상相의 개념으로 살펴보는 것이 가장 적합할 것 같다. 체·용·상은 본래 불교적 개념인데, 웅십력熊十力은 『원유原儒』에서 이 관계를 바닷물·파도·거품의 관계로써 설명하고 있다. 그의 논리에 따라 설명해보면, 바닷물[體]은 그 스스로 거품[相]을 만들 수 없으며 반드시 파도[用]에 의해서 거품을 만든다. 여기서 바다와 파도와 거품은 서로 다른 것이 아닌 일체一體로서 현상에서 달라진 것에 지나지 않는다. 또한 바다는 무수한 거품들의 체이지만 거품 밖에 따로 존재하는 것이 아니듯, 만물을 이루는 본체 역시 현상을 초월해 존재하는 것이 아니다. 이러한 체·용·상의 개념은 노자의 무·유·만물을 설명하는 데 있어서 적절한 개념이라고 할 수 있다.

도는 하나의 체이다. 체는 단지 하나[一]로 있기 때문에 일체의 만물이나 일체의 규정도 없다. 즉 무형無形·무명無名으로 있다. 무형·무명으로 있다는 점에서 체體를 무라고 하였다. 물론 여기서의 무는 단순히 없음이 아닌, 하나로 있음으로 해서 일체의 규정이나 형태가 없음을 뜻한다. 그런데 바다 자체는 무수한 거품들을 만들어낼 수 없으며, 여기에는 반드시 파도를 매개로 하여야 한다. 파도는 무수한 거품들을 만들어 내는 작용이라는 점에서 용用이라고 할 수 있다. 무수한 거품들은 직접적으로는 파도에 의해서 생겨난 것이다. 이와 마찬가지로 만물 역시 작용으로서의 유에 의해서 직접적으로 생겨났다는 점에서 노자는 "천하만물은 유에서 생겨났다.[天下之物生於有]"고 하였다. 그런데 파도는 바다와 이체異體로 있는 것이 아니며 바다 그 자체인 것이다. 가령 1장에서 "유무는 같은 것인데, 다만 현상 세계로 나옴에 있어서 이름만을 달리하고 있을 뿐이다.[此兩者, 同, 出而異名.]"고 하였듯이, 유무는 본래 같은 것이다. 이미 '같다[同]'고 말한 이상 이체異體가 아닌 동체인 것이다. 그럼에도 불구하고 '유는 무에서 생겨났다[有生於無]'고 말한 까닭은 무엇 때문인가? 바다와 파도의 관계를 '논리적 인과론'으로서 살펴볼 수 있다. 인과론에는 반드시 시간상의 선후가 존재한다. 바다와 파도의 관계에 있어서도 파도가 없이 바닷물은 존재할 수 있지만 바닷물 없이 파도만이 존재할 수는 없다. 따라서 바닷물과 파도는 비록 동체이기는 하지만 시간상의 선후가 존재하기에 '유는 무에서 생겨났다[有生於無]'고 한 것이다.

제 41 장

上士聞道, 勤能行於其中, 中士聞道, 若聞若亡, 下士聞道, 大笑之.
不大笑, 不足以爲道.
是以, 建言有之.
明道若昧, 進道若退, 夷道若纇, 上德若谷, 大白若辱, 廣德若不足, 建德若偸, 質眞若渝.
大方無隅, 大器晩成, 大音希聲, 大象無形.
道隱無名, 夫唯道, 善貸且成.

최상의 선비는 도를 들으면 그 속에서 부지런히 행할 수 있고, 중간의 선비는 도를 들으면 듣는 체 마는 체하며, 하등의 선비는 도를 들으면 크게 비웃는다.
하등의 선비가 크게 비웃지 않는다면 도라고 하기에 부족하다.
따라서 격언에 이런 말이 있다.
"밝은 도는 어두운 것 같고, 나아가는 도는 물러나는 것 같고, 평평한 도는 울퉁불퉁한 것 같고, 뛰어난 덕은 빈 것 같고, 크게 흰 것은 더러운 것 같고, 넓은 덕은 부족한 것 같고, 확고한 덕은 방정맞은 것 같고, 참된 바탕은 변하는 것 같다."

큰 네모에는 모퉁이가 없고, 큰 그릇은 더디게 채워지고, 큰 소리는 일정한 소리가 없고, 큰 형상은 모습이 없다.
도는 은미한 곳에 간직되어 있어서 이름이 없지만, 오직 도만이 잘 빌려주고 이루어준다.

上士聞道, 勤能行於其中, 中士聞道, 若聞(存)若亡, 下士聞道, 大(而)笑之. 不(大)笑, 不足以爲道.

최상의 선비는 도를 들으면 그 속에서 부지런히 행할 수 있고, 중간의 선비는 도를 들으면 듣는 체 마는 체하며, 하등의 선비는 도를 들으면 크게 비웃는다. 이들이 크게 비웃지 않는다면 도라고 하기에 부족하다.

주1 근이행어기중勤能行於其中 :

왕필본을 비롯한 통행본에는 '근이행지勤而行之'로 되어 있으나, 백서을본帛書乙本과 수주본遂州本에는 '근능행지勤能行之'로 되어 있으며, 돈황을본敦煌乙本에는 '근능행勤能行'으로 되어 있다. 그런데 죽간본竹簡本에는 '근능행어기중勤能行於其中'으로 되어 있다. 죽간본에 의거할 경우, 기존의 의미와 사뭇 달라진다. 기존의 판본에 의거하면 '도를 부지런히 행한다'로 풀이할 수 있는데, 이러한 풀이는 도를 실천의 대상으로 본 것이다. 반면에 죽간본에 의거하면 '도 속에서 부지런히 행할 수 있다'로 풀이할 수 있는데, 이것은 도를 대상으로 본 것이 아니라 경계로 본 것이다. 의미상으로 죽간본이 옳다고 본다.

주2 약문약망若聞若亡 :

왕필본을 비롯한 통행본에는 '약존약망若存若亡'으로 되어 있다. 존망存亡에 대하여 고형高亨은 "약若은 혹或과 같다. 마음에 머무른 것을 '존存'이라고 말하고, 마음에서 떠나간 것을 '망亡'이라고 말한다. 중간의 선비가 도를 듣는데 있어 어떤 때는 마음에 머무르기도 하고 어떤 때는 마음에서 떠나가기도 함을 말한 것이다.[若猶或也. 留於心謂之存, 去於心謂之亡. 言中士聞道, 有時則留之於心也, 有時則去之於心也.]"라고 하였다. 그런데 죽간본에는 '약문약망若聞若亡'으로 되어 있다. '약존약망若存若亡'으로 되어있다. 여기서는 기존의 판본을 따랐다.

주3 대소지大笑之 :

    대다수 판본에는 '대소지大笑之'로 되어 있으며, '크게 웃는다'로 풀이된다. 일부 학자들 중에는 '대이소지大而笑之'로 보아 '터무니없이 커서 현실성이 없다고 여기며 웃는다'라고 풀이하기도 한다. 가령 유월俞樾은 "왕념손王念孫의 『독서잡지讀書雜誌』에서 말한 것을 살펴보면, '대소지大笑之'는 본래 '대이소지大而笑之'로 되어 있으며, '터무니없이 넓다고[迂] 웃는다'고 말한 것과 같다. 모자牟子가 노자를 인용한 곳에서도 바로 '대이소지大而笑之'로 되어 있다. 『포박자抱朴子』「미지微旨」에서도 또한 '대이소지大而笑之, 기래구의其來久矣'라고 말하였다. 이처럼 모자와 갈홍의 판본에는 모두 '대이소지大而笑之'로 되어 있다."고 하였다. 이제 살펴보건대, 왕王의 설이 옳다. '하사문도下士聞道, 대이소지大而笑之'와 앞 문장인 '상사문도上士聞道, 근이행지勤而行之' 두 구가 서로 대구를 이룬다. 부혁본傅奕本에는 '상사문도上士聞道, 이근행지而勤行之' '하사문도下士聞道, 이대소지而大笑之'라고 하였는데, 이것은 아마도 두 '이而'자를 구의 앞으로 잘못 옮긴 것 같다."고 하였다. 죽간본·백서을본·하상공본·왕필본과 같은 고본古本에서는 모두 '대소지大笑之'로 되어 있다는 점에서 '대소지大笑之'가 옳다.

주4 불대소不大笑 :

    왕필본을 비롯한 대부분의 판본에는 '불소不笑'로 되어 있는데, 죽간본에는 '불대소弗大笑'로 되어 있다. 죽간본에서와 같이 '불대소弗大笑'가 옳다고 본다.

주5 하상공河上公 - "상사上士는 도를 들으면 스스로가 부지런히 애쓰고 혼신을 다해 실천한다. 중사中士는 도를 들으면 몸을 닦아 오래 보존하고 나라를 다스려 태평하게 하여 흔쾌히 보존하기는 하지만, 물러나서는 재물財物과 여색女色과 영화榮華와 명예名譽를 보고 정욕에 미혹되어 또다시 없어지고

만다. 하사下士는 강퍅한 것을 탐하고 욕심이 많아서, 도가 유약柔弱한 것임을 보고 두렵다고 말하며 도가 질박한 것임을 보고 비루하다고 말하며 크게 비웃는다.[上士聞道, 自勤苦竭力而行之. 中士聞道, 治身以長存, 治國以太平, 欣然而存之, 退見財色榮譽, 惑於情欲, 而復亡之也. 下士貪狠多欲, 見道柔弱, 謂之恐懼, 見道質樸, 謂之鄙陋, 故大笑之.]"

왕회王淮 – "이것은 사士에 세 등급이 있으며, 도를 듣는 태도에 있어서도 세 종류가 있음을 말한 것이다. 공자는 사람에게 '태어나면서 앎[生知]' '배워서 앎[學知]' '애써 노력하여 앎[困知]' 세 등급이 있음을 논하였는데, 이 또한 인성의 자질을 분별하여 말한 것으로서, 비록 가르침에는 종류가 없지만 오직 중인 이상만이 고원高遠한 것을 말할 수 있고, 중인 이하는 단지 비근卑近한 것을 말할 수 있다는 의미이다. 석가도 중생은 평등하다고 하였지만 – 불성을 똑같이 갖추고 있다고 하지만 – 근본에 있어서는 총명함과 아둔함이 있고 또한 도저히 전향시킬 수가 없는 불가佛家의 비방자들이 있다고 하였다.[此言士有三等, 聞道之態度亦有三種. 孔子論人有生知學知困知三等, 亦是分別人性資質之言, 唯有教無類, 然唯中人以上可以語高遠, 中人以下但可言切近. 佛氏中生平等(同具佛性), 而根有利頓, 且復有不可轉之闡提.]"

••• 해 설

왕회王淮와 같은 학자들은 상사上士・중사中士・하사下士를 자질의 차이로 이해하고 있으나, 모든 사람들의 본성 그 자체가 이미 완전한 것을 구비하고 있을진대, 자질의 차이란 있을 수 없다. 죽간본에 '근이행어기중勤能行於其中'으로 되어 있듯이, 본 문장은 대상을 말한 것이 아니라 경계를 말한 것이다. 따라서 상사上士・중사中士・하사下士의 구별은 대소大小라고 하는 경지의 차이에 의거한 것이다. '약문약망若聞若亡'은 '듣는 체 마는 체 하다'란 뜻이다. '대소지大笑之'는 도가 터무니없이 크다고 여기며 크게 비웃는 모습을 뜻한다.

최상의 선비란 가장 높은 경지에 도달한 자이다. 가장 높이 있으므로 가장 넓은 경지를 바라볼 수가 있다. 그런데 넓은 경지를 보면 볼수록 이에 상응하여 자신의 무지를 더욱 절감하게 된다. 또한 무지에 대한 절감은 이윽고 더욱 드넓은 세계를 알고자 부단히 노력하게 된다. 따라서 "최상의 선비는 무한한 도의 세계를 들으면, 그 무한한 도의 세계에서 부지런히 행한다"고 했다. 유가에서도 '부지런히 행함'을 무엇보다 중시하고 있다. 그러나 양자 사이에는 차이점이 있는데, 그 단적인 차이점은 유가의 경우 확충擴充을 목표로 하고 있으며 '부지런히 행함'은 이 확충을 위한 수단이나 방법인 반면에, 노자는 허虛를 목표로 하고 있다는 점이다. 여기서 노자가 말하고자 하는 의도는, 우리가 만일 허虛의 무한한 경계를 자각하게 된다면 필연적으로 자신의 무지에 대한 자각과 함께 자연스럽게 무한한 세계를 알고자 부지런히 행할 수밖에 없음을 말하고자 함에 있었다. 따라서 '부지런히 행하다'란 수단이나 목적이 아니며 허의 자각을 통하여 얻어진 자연스런 결과이다.

중간의 선비들은 자신이 살아가고 있는 세계를 세계의 전부라고 믿지는 않지만 이와 동시에 더욱 드넓은 세계에 대해서도 그다지 관심이 없다. 단지 자신의 세계 속에서 그대로 안주하며 살아가기만을 원할 뿐이다. 이처럼 드넓은 세계를 들더라도 무관심하기에, "중간의 선비는 도를 들으면 듣는 체 마는 체 한다"고 하였다.

가장 낮은 경지에 있는 자들은 자신이 보고 듣는 세계만이 세계의 전부라고 믿는다. 이들은 그 이상의 드넓은 경지를 알려고 하지 않을 뿐만 아니라, 있다고 믿으려고 하지도 않는다. 이들은 『장자』에 나오는 우물 안의 개구리와 같은 자들이다. 우물 속에서 평생을 살아간 개구리는 우물 안이 세계의 전부라고 믿고 있을 뿐만 아니라 심지어는 이 우물 안의 세계를 상세히 알고 있으므로 자신은 이미 무불통지無不通知의 경지에 도달했다고까지 믿는다. 이 개구리에게 바다와 같은 드넓은 경지를 아무리 설명한들

이해할 리 만무하다. 오히려 바다에 대한 이야기를 들으면 터무니없이 커서 현실성이 없다고 여기며 껄껄 비웃을 것이다. 따라서 "하등의 선비는 도를 들으면 상대방이 터무니없는 말을 한다고 크게 비웃는다."고 하였다.

是以(故)建言有之(曰). 明道若昧, 進道若退, 夷道若纇, 上德若谷, 大白若辱, 廣德若不足, 建德若偸, 質眞若渝

따라서 격언에 이런 말이 있다. 밝은 도는 어두운 것 같고, 나아가는 도는 물러나는 것 같고, 평평한 도는 울퉁불퉁한 것 같고, 뛰어난 덕은 비어있는 것 같고, 크게 흰 것은 더러운 것 같고, 넓은 덕은 부족한 것 같고, 확고한 덕은 방정맞은 것 같고, 참된 바탕은 변하는 것 같다.

주1 왕필본에는 '고故'자로 되어 있으나, 죽간본과 백서본에는 '시이是以'자로 되어 있다. 이현본易玄本・경복본景福本・반계본磻溪本・수주본遂州本・소자유본蘇子由本 등 제본에는 '고故'자가 없다. 또한 백서을본帛書乙本・부혁본傅奕本・범응원본范應元本에는 '왈曰'자가 있다. 죽간본과 백서본에는 '명도약매明道若昧' 이하의 모든 구절에서 '약若'자가 '여如'자로 되어 있다.

주2 건언建言:

　　임희일林希逸 - "건언建言이란 입언立言이다.[建言者, 立言也.]"

주3 명도약매明道若昧:

　　하상공 - "밝은 도를 가진 사람들은 마치 어두워서 보는 것이 없는 것 같다.[明道之人, 若闇昧無所見.]"

왕필 - "밝지만 밝히지 않는다.[光而不燿]"

감산憨山 - "소인이 지智를 사용하였다는 것은 지智에 의존하여 능한 것을 행함이다. 성인은 빛나지만 비추려 하지 않는 것은 지가 있다고 하더라도 쓰지 않았기 때문이다. 따라서 '밝은 도는 어두운 것 같다'고 하였다.[小人用智, 恃智以爲能. 聖人光而不燿, 以有智而不用. 故明道若昧.]"

여길보呂吉甫 - "어둑어둑한 가운데 유독 밝음을 보게 되고, 소리가 없는 가운데 유독 조화를 듣게 되니, 이것을 말하여 '밝은 도는 어두운 것 같다'고 한 것이다.[冥冥之中獨見曉焉, 無聲之中獨聞和焉, 是之謂明道若昧.]"

주4 진도약퇴進道若退 :

하성공 - "나아가 도를 취하는 자는 마치 물러나 미치지 못하는 것 같다.[進取道者, 若退不及.]"

왕필 - "그 자신을 뒤로 하지만 자신은 앞서고, 그 자신을 도외시하지만 자신은 보존된다.[後其身而身先, 外其身而身存.]"

주5 이도약뢰夷道若纇 :

이夷에 대하여 하상공은 "이夷는 평탄함이다.[夷, 平也.]"라고 한 것처럼, '평탄함[平]'을 뜻한다. 왕필본에는 뢰纇로 되어 있으나, 백서을본·하상공본·경룡본景龍本·경복본·고환본顧歡本·초횡본焦竑本 등에는 유類로 되어 있다. 뢰纇에 대하여 이순정易順鼎은 『좌전左傳』「소공昭公·25년」에 '형지파뢰刑之頗纇'라고 하였는데, 복건服虔의 주注에서 "뢰纇는 불평不平이다.[纇, 不平也]"고 하였듯이, '고르지 않다[不平]'의 뜻이 있다. 따라서 뢰纇로 보는 것이 좋다.

주6 상덕약곡上德若谷 :

돈황을본敦煌乙本과 수주본遂州本에는 '상덕약속上德若俗'으로 되어 있다.

성현영成玄英은 "곡谷은 원본에 또한 '속俗'자로 되어 있다. 또한 덕을 잊을 수 있음이 시끌벅적한 세속과 다른 것이 아님을 말한 것이다.[谷, 本亦作俗字者, 言亦能忘德, 不異囂俗也.]"고 하였으며, 마서륜馬敍倫 역시 "각 판본에는 곡谷으로 되어있으나, 속俗이 생략된 것이다. 상덕의 사람은 오히려 '세속' 즉 '화광동진和光同塵'의 뜻과 같음을 말한 것이다.[各本作谷, 俗之省也. 言上德之人, 反如流俗卽和光同塵之義.]"고 하였다. 이러한 견해를 제기한 이유는, 모든 구들이 서로 대구를 이루고 있는데, 본 구절에서 곡谷으로 보면 상덕上德과 유사한 병렬이 된다고 보았기 때문이다. 그러나 죽간본에도 욕浴(곡谷)으로 되어 있다는 점에서 그냥 글자 그대로 보는 것이 좋다고 본다. 하상공은 "상덕의 사람은 깊은 계곡과 같으니, 더러워 혼탁해짐을 부끄러워하지 않는다.[上德之人若深谷, 不恥垢濁也.]"고 하였다.

주7 태백약욕大白若辱 :

하상공 – "크게 결백한 사람은 마치 욕되면서도 스스로 드러내지 않는 것과 같다.[大潔白之人, 若汚辱不自彰顯.]"

주8 광덕약부족廣德若不足 :

왕필 – "넓은 덕은 채워지지 않는다. 왜냐하면 드넓어 형태가 없어서 가득 채울 수가 없기 때문이다.[廣德不盈. 廓然無形, 不可滿也.]"

여길보 – "광덕廣德이란 넓어서 쓰이지 않는 것이 없음이다. 일찍이 스스로를 드러내거나 스스로 옳다고 하거나 스스로 교만하거나 스스로 자랑하지 않으니, 이 또한 흡사 부족한 것 같지 않은가?[廣德者廓然其無所不用也. 而未嘗自見自是自矜自伐, 斯不亦若不足乎.]"

주9 건덕약투建德若偸 :

유월俞樾이 "건建은 의당 풀이하면 건健이 된다.[建, 當讀爲健.]"고 하였듯이 건建은 건健과 동자同字로서 '굳건하다'의 뜻이다. 투偸는 『설문說文』에 "투偸는 구차스러움이다.[偸, 苟且也]"고 했으며, 『이아爾雅』 「석언釋言」에서는 "조佻, 방정맞다, 투야偸也."라고 하였듯이, '구차스럽다' '방정맞다'의 뜻이다.

주10 질덕약투質眞若渝:

유사배劉師培는 "아마도 진眞은 또한 마땅히 덕德으로 되어야 할 것 같다.[疑眞亦當作德.]"고 하여 진眞을 덕德으로 보았다. 『이아』 「석언」에 "투渝는 변화이다.[渝, 變也.]"고 하였듯이, 투渝는 변變의 뜻이다.

●●● 해설

건언建言은 임희일이 '입언立言'이라고 하였듯이 '확고하게 세워진 말'이란 뜻으로서, 시간이 흘러 유행이 지나가더라도 여전히 변치 않는 '격언'과 같은 말이다. '건언유지建言有之'란 '격언에 다음과 같은 말이 있다'는 뜻이다.

'명도약매明道若昧'에서 '명도明道'란 도가 밝게 드러남을 말한 것이고, '약매若昧'란 분명히 드러나지 않아 '어두운 듯함'을 말한 것이다. 본 문장과 관련하여 33장에서 "남을 아는 것을 '지智'라고 하고, 스스로를 아는 것을 '명明'이라 한다.[知人者智, 自知者明.]"고 하였다. 사람들은 외부로부터 지智를 얻는다. 지에 대해 맹자가 시비지심是非之心의 단서라고 본 것처럼, 명철히 판단하고 분별한다는 점에서 밝은 것 같다. 반면에 밝음明은 우리들 안에 깊숙이 간직되어 있다. 본 장 마지막 구에서도 "도는 은미한 곳에 간직되어 있어서 이름이 없다.[道隱無名]"고 말한 것처럼, 밝은 도는 깊숙이 간직되어 있으므로 어두운 듯이 보인다.

'진도약퇴進道若退'란 도는 앞으로 나아가고 있지만 평범한 사람들의 눈으로 볼 때에는 후퇴하고 있는 듯이 보임을 말한 것이다. 사람들은 앞서가려고 하지만 오히려 남에게 뒤처지는 경우가 많다. 이것은 결과적으로 후퇴하는 것이 된다. 반면에 바다가 낮은 곳에 거처함으로 해서 천하의 물들이 모여들 수 있었던 것처럼, 성인은 비하卑下한 곳에 거처하여 남보다 밑에 있고자 하지만 천하 백성들이 자발적으로 귀의함으로 해서 오히려 남보다 앞선다.

'이도약뢰夷道若纇'에서의 이夷는 53장의 "큰길은 아주 평탄하다.[大道甚夷]"에서의 이夷로 '평탄하다'의 뜻이다. 이도夷道가 평탄한 길을 뜻한다고 한다면, 뢰纇는 울퉁불퉁한 모양을 뜻한다. 도란 본시 아주 평탄하여 알기가 쉽고 행하기가 쉽지만, 세속의 사람들은 도를 알기가 어렵고 실천하기가 어렵다고 말한다. 70장에서도 "내 말은 아주 알기 쉽고 아주 행하기 쉽지만, 천하 사람들은 그것을 알 수가 없고 그것을 행할 수가 없다.[吾言甚易知, 甚易行, 天下莫能知, 莫能行.]"고 탄식하고 있다. 따라서 '이도약뢰夷道若纇'란 도를 실천하는 것은 평탄한 길임에도 불구하고 사람들은 울퉁불퉁한 험난한 길이라고 잘못 믿고 있다는 뜻이다.

'상덕약곡上德若谷'에서의 상덕上德에 대하여 38장에서 '상덕부덕上德不德'이라고 하였다. 부덕不德이란 덕이 있되 덕이 있다고 여기지 않음이다. 이처럼 덕이 있지만 덕이 있다고 여기지 않음이 바로 '허심虛心'이다. 최상의 덕을 가진 사람은 허심하기 때문에 골짜기처럼 텅 빈 것 같다고 말하였다.

'태백약욕大白若辱'에서의 백白은 결백潔白을 뜻한다. 사람들은 흔히 깨끗함이란 한 점의 더러움도 용납하지 않는 것이라고 여긴다. 그러나 이것은 깨끗함과 더러움을 확연히 구별하는 것이며, 이러한 구별은 필연적으로 자신의 깨끗함에 의거하여 타인의 더러움을 재단하게 된다. 반면에 강과 바다가 온간 계곡물들의 제왕이 될 수 있었던 까닭은 하류에 거처했기 때문이다. 그런데 하류에 거처하면 온갖 더러운 것들을 다 수용해야 한다. 이와 마찬가지로 도를 체득한 자는 일체의 오욕을 다 받아들이기에 욕된 듯이 보이나, 그 가운데 자신의 깨끗함을 유지한다.

'광덕약부족廣德若不足'에서의 광덕廣德은 타인에게 베풀어지는 무한한 공덕을 말한다. 45장에서도 "크게 이룬 것은 모자란 것 같다.[大成若缺]"고 하였듯이, 사람들은 큰 것에 대해 감지하기 어려움 법이다. 따라서 사람들은 작은 은혜에 대해서는 쉽게 감동하고 그 고마움을 알지만, 정작 큰 은혜를 받으면 이것을 쉽게 감지하지 못하며 뭔가 부족한 것 같다고 느낀다. 가령 현군賢君이 다스리는 나라의 백성들은 그 현군을 칭송한다. 왜냐하면 임금의 치적治積에 의해 자신들은 은혜를 받았다고 여기기 때문이다. 반면에 무위를 행하는 임금에 대해서는 그 임금이 무엇을 하는지조차 모른다. 무의를 행하는 임금의 마음은 백성들을 모두 자식처럼 품고 있는 커다란 마음임에도 불구하고, 그가 자신들을 위해 은혜를 베푼다고 여기지 않으므로 부족하다고 느낀다.

'건덕약투建德若偸'에서 건덕建德은 건덕健德과 같은 말로서 '굳건하게 세워진 덕'이란 뜻이다. 투偸는 '경망스럽다' '방정맞다'의 뜻이다. 도는 사물을 굳건히 세우는 뿌리와도 같기 때문에 '건덕健德'이라고 하였다. 흔히 확고함이란 변화하는 환경에 아랑곳하지 않고 자신의 것만을 굳게 지키려는 것으로 간주하기 쉬우나, 그러한 견고한 것은 반드시 부러지는 법이다. 즉 한곳에 치우쳐 일정함만을 고수하여 환경의 변화를 알지 못한다면 이것은 오히려 굳건히 세운 것이 못된다. 진정한 굳건함은 변화에 응하는 유연성을 가져야 한다. 이처럼 일정한 모습을 고집하지 않으며 무한한 변화에 응하기에 '방정맞은 것 같다'고 하였다.

'질진약투質眞若偸'에서 질진質眞을 유사배劉師培의 견해처럼 질덕質德으로 볼 수도 있지만, 그냥 질진質眞으로 보는 것이 무방하다. 질진質眞은 진질眞質과 같다. 질質은 꾸밈[文]과 상대되는 말로서, 인간의 타고난 바탕을 말한다. 질은 타고난 바탕인 동시에 있는 그대로의 모습이기에 참된 것이다. 투偸는 '변덕스럽다'의 뜻이다. 서양에서는 전통적으로 '본질'이 바뀌지 않는다고 보았다. 반면에 노자는 본질이란 변덕스러울 만큼 잘 변화한다고 보았다. 어째서인가? 서양에서의 본질은 '무엇이 어떠하다'에서의 '어떠하다'에 해당한다. 우리는 상대방에 대해 '어떠하다'고 스스로 규정을 내리며,

이 규정은 바뀌지 않아야 한다고 믿고 있다. 따라서 만일 상대방이 자신이 규정한 것과 다르게 행동하면 우리는 그가 자신을 속였다고 여기며 분노하게 된다. 그러나 참된 바탕은 물의 속성과도 같다. 즉 하나의 고정된 모습으로 있는 것이 아니며, 변화에 응하여 그 자신도 끊임없이 변화한다. 따라서 상대방이 나를 속인 것이 아니라, 본질이란 바뀌지 않아야 한다는 허구적 망상에 의해 속은 것이다.

大方無隅, 大器晚(免)成, 大音希聲, 大象無形.

큰 네모에는 귀퉁이가 없고, 큰 그릇은 더디게 채워지고, 큰 소리는 일정한 소리가 없고, 큰 형상은 모습이 없다.

주1 대방무우大方無隅:

왕필 – "네모나지만 잘라냄이 없기 때문에 귀퉁이가 없다고 하였다. [方而不割, 故無隅也.]"

주2 대기만성大器晚成:

왕필본을 비롯한 통행본에는 대기만성大器晚成으로 되어 있으나, 진주陳柱는 "만晚은 면免의 차자借字이다. 면성免成이란 '이룸이 없다[無成]'와 같은 말로서, 상문上文의 무우無隅, 하문下文의 희성希聲・무형無形과 더불어 같은 예이다.[晚者免之借字. 免成猶無成, 與上文無隅, 下文之希聲無形, 一例.]"라고 하였다. 백서을본에도 '대기면성大器免成'으로 되어 있다. 그러나 대기만성大器晚成으로 보는 것이 옳다. 그 이유는 다음과 같다. 첫째, '대기무성大器無成'이라고 하면 뜻이 명확할진대 굳이 '대기면성大器免成'이라고 했겠느냐 하는 의문이

제기될 수 있다. 둘째, 백서본보다 시기적으로 앞선 한비자본에도 '대기만
성大器晚成'으로 되어 있다. 셋째, 죽간본에는 만曼으로 되어 있다. 『곽점초묘
죽간郭店楚墓竹簡』의 주注에서는 "만曼은 읽으면 만晚이 된다.〔曼, 讀作晚.〕"고 하
였듯이, 여기서의 만曼은 만晚의 음사音寫로 보아야 한다.

주3 대음희성大音希聲 :

왕필 – "들으려고 하여도 들을 수 없는 것을 지칭하여 '희希'라고 한다.
대음大音은 들을 수 없는 소리이다. 소리가 있으면 구분이 있게 되고, 구분
이 있으면 궁음宮音 아니면 상음商音이 된다. 나누어지면 여러 음들을 통솔
할 수 없기 때문에 일정한 소리가 있는 것은 대음이 아니다.〔聽之不聞, 名曰
希.「大音」, 不可得聞之音也. 有聲則有分, 有分則不宮而商矣. 分則不能統衆, 故有聲
者非大音也.〕"

주4 대상무형大象無形 :

왕필 – "드러남이 있으면 구분이 있다. 구분이 있는 것은 따뜻하지 않
으면 서늘하고 뜨겁지 않으면 차갑다. 따라서 상象이 드러난 것은 대상大象
이 아니다.〔有形則有分. 有分者, 不溫則「涼」炎, 不炎則寒. 故象而形者, 非大象.〕"

••• 해설

대방무우大方無隅 : 노자가 말한 대大는 대소大小에 대한 상대적인 의미로서의
대가 아니라 '무한'이란 의미로서의 대이다. 무無 역시 '없음'이란 뜻이 아
니라 '무한'이란 뜻이다. 따라서 노자에게 있어서 무와 대는 모두 '무한성'
을 뜻한다. 방方은 네모를 말하고, 우隅는 모퉁이를 뜻한다. 네모가 네모일
수 있는 까닭은 네 모퉁이가 있기 때문이다. 그런데 노자는 오히려 '큰 네
모는 모퉁이가 없다'고 역설하고 있다. 여기서 방方은 단지 사각형만을 의
미하는 것이 아니라, 방정方正의 의미도 포함하고 있다. 『주역』「곤괘坤卦」

(문언文言)에서도 "방方은 옳음이다. 군자는 공경함[敬]으로써 내면을 바르게 하고, 의義로써 외면을 방정[方]하게 한다.[方, 其義也. 君子敬以直內, 義以方外.]"고 하였다. 우隅는 '모퉁이'의 뜻으로서, '모나다'의 뜻을 함축하고 있다. 너무 강직한 자는 세상을 척도로 하여 자신을 맞추기보다는 자신을 척도로 하여 세상을 자신에게 맞추려 한다. 또한 타협을 모르기에 모난 행동을 한다. 모난 행동은 자칫 사람들에게 깊은 상처를 줄 수도 있다. 대도大道 역시 인간사에 표준을 정해주기 때문에 방정方正함이 있다. 그러나 이 방정함은 변화를 거부하며 자신만을 고집하는 방정함이 아니라 시류에 따르는 방정함이다. 물을 예로 들어보자. 네모진 그릇에 임하면 물은 네모가 되고 세모진 그릇에 임하면 물은 세모가 된다. 물이 세모가 되고 네모가 되는 것은 곧 방정함을 뜻하는 것이며, 세모이지만 세모를 고집하지 않고 네모이지만 네모를 고집하지 않음은 모퉁이가 없음이다. 이처럼 방정함으로 가지고 있지만 나를 고집함이 없으므로 원만하게 모든 것을 포용할 수 있다.

대기만성大器晩成 : 대기만성大器晩成은 오늘날에도 잘 알려져 있는 유명한 격언이다. 노자가 말한 대기大器란 '무한히 큰 그릇'이란 뜻이라는 점에서 '대기면성大器免成'으로 보는 것이 의미상으로 좋지만, 굳이 그렇게 볼 필요는 없다. 여기서의 의미는 앞에서의 "넓은 덕은 부족한 것 같다.[廣德若不足]"와 45장의 "크게 이룬 것은 부족한 것 같다.[大成若缺]"와 같이 '크게 이룬 것은 뭔가 부족한 것 같다'란 의미이다. 배움에 있어서 무엇보다 중요한 것은 '채움'에 있는 것이 아니라 그릇을 '넓힘'에 있다. 채우는 데에만 급급하면 쉽게 채울 수 있지만 결과적으로 좁은 그릇만을 갖게 된다. 그런데 이미 채워지고 나면 그 이후에 새로운 것을 수용하려고 하더라도 더 이상 채울 수 있는 공간이 없으므로 넘쳐나고 만다. 이러한 사람에게는 더 이상의 발전을 기대할 수 없으며, 오히려 그 채움은 고집과 독선만을 낳는다.

반면에 큰 그릇일수록 더디게 채워진다. 더디게 채워지므로 항상 미완성인 채로 남기에 뭔가 부족해 보인다. 그러나 그릇이 클수록 우리는 수용함을 제약하지 않으므로 더욱 많은 내용물을 담을 수 있다. 본 문장과 관련하여 『회남자』「원도훈原道訓」에서도 "비어 있음으로 해서 더디게 채워진다.[沖而徐盈]"고 하였다.

대음희성大音希聲 : 희希는 14장에서 "그것을 들으려고 해도 들리지 않는지라, 지칭하여 '희希'라고 한다.[聽之不聞, 名曰希.]"에서의 '희希'와 같다. 희성希聲이라는 말 속에는, 깊어서 그 깊이를 알 수가 없다는 의미와 이것이 밖으로 표출될 경우에 일정한 소리가 없다는 의미가 내포되어 있다. 일정한 소리가 없기 때문에 자연의 변화에 응하여 무한한 소리를 낼 수가 있다. 따라서 노자는 이 희성希聲이야말로 '진정으로 큰 음[大音]'이라고 보았다. 『장자』「재유在宥」에서도 "깊은 연못처럼 잠자코 있어도 뇌성처럼 울린다.[淵黙而雷聲.]"고 하였다.

대상무상大象無形 : 대상大象에서의 대大가 대소를 넘어선 무한으로서의 '대大'란 점에서, 대상大象이란 무한한 형상을 뜻한다. 무형無形이란 단순히 형태가 없다는 뜻이 아니라 일정한 형태가 없다는 뜻이다. 형상이 일정한 모양을 갖는다면 이것은 제 아무리 크다고 하더라도 형상에 얽매이게 된다. 따라서 진정으로 큰 형상은 일정한 모양이 없기 때문에 무형無形이다. 그러나 일정한 모양이 없기 때문에 변화에 부단히 응하여 무한히 다양한 모습들을 가질 수가 있다.

道隱無名, 夫唯道, 善貸且成.

도는 은미한 곳에 간직되어 있어서 이름이 없지만, 오직 도만이 잘 빌려주고 이루어 준다.

주1 왕필본을 비롯한 통행본에는 '선대차성善貸且成'으로 되어 있으나, 백서을본帛書乙本에서는 '선시차선성善始且善成'으로 되어 있으며, 돈황본敦煌本에는 '선시차성善始且成'으로 되어 있으며, 범응원본范應元本에는 '선대차선성善貸且善成'으로 되어 있다. 여기서는 통행본을 따랐다.

주2 하상공 - "도는 안에 숨겨져 있어서 사람으로 하여금 이름을 지칭하게 할 수 없게 하였다.[道潛隱, 使人無能指名也.]"

왕필 - "무릇 이처럼 여러 참된 것들은 모두 도가 이룬 것이다. 상象에 있으면 대상大象이 되나 대상은 드러남이 없으며, 음音에 있으면 대음大音이 되나 대음은 소리가 없다. 사물이 이로써 이루어지지만 그 형태를 볼 수 없으므로, 숨겨져 있어서 이름이 없다. 도는 만물에게 부족한 부분을 빌려줄 뿐만 아니라 한 번 빌려주면 영원토록 그 덕을 다하게 하므로, '잘 빌려준다[善貸]'고 하였다. 만물을 이룸은 솜씨 좋은 장인匠人의 재단만 못하지만 어떤 사물도 그 형체를 이루지 않음이 없으므로 '잘 이루어준다[善成]'고 하였다.[凡此諸善, 皆是道之所成也. 在象則爲大象, 而大象無形, 在音則爲大音, 而大音希聲. 物以之成, 而不見其成形, 故隱而無名也. 貸之非唯供其乏而已, 一貸之則足以永終其德, 故曰, 善貸也. 成之不如機匠之裁, 無物而不濟其形, 故曰, 善成.]"

육희성陸希聲 - "무위를 행하기에 그 체體를 알 수가 없으니, 이것이 '도는 숨겨져 있어서 이름이 없다'는 뜻이다. 전적으로 만물에게 잘 이루어주고 빌려주지만 그 보답을 요구하지 않는다. 이처럼 만물은 도의 생성을 수용하였음에도 불구하고 그 은덕에 대해서는 알지 못한다.[爲無爲, 莫識其體, 斯道隱無名也. 夫唯善濟貸於萬物而不責其報. 是以萬物受其生成, 而不知其德.]"

●●● 해 설

은隱을 일반적으로 '숨겨져 있다'로 번역하고 있는데, 이것은 도가 마치 '몰래 숨어있다'는 의미로 해석될 수 있기에 적당한 번역이 아니다. 여기서의 은隱은 '은미隱微한 깊은 곳에 간직되어 있다'는 뜻이다. 무명無名이란 단순히 이름이 없다는 뜻이 아니라 '한정된 이름이 없다'는 뜻이다.

  이름[名]을 붙이려면 하나의 일정한 형태를 갖추어야 한다. 그런데 62장에서 "도란 만물의 아랫목과 같으니[道者, 萬物之奧也]"라고 한 것처럼, 도는 은미한 깊은 곳에 간직되어 있다. 도가 이처럼 은미한 깊은 곳에 간직되어 있으므로, 이것을 무엇이라고 형용할 수 없으며, 무엇이라고 형용할 수 없으므로 무엇이라고 규정하여 이름 붙일 수가 없으므로 '무명無名'이라고 하였다. 그런데 도가 은미한 곳에 간직되어 있어서 일정한 이름이 없지만, 이것은 단순히 드러남이 없거나 규정할 수 없음만을 뜻하는 것이 아니다. 드러냄이 없기 때문에 오히려 밝게 드러날 수가 있었고, 일정한 이름이 없기 때문에 오히려 무수한 이름들을 이룰 수가 있었다. 그 단적인 예로 노자는 '선대차성善貸且成'이라고 하였다. 대貸란 '남에게 빌려주다'의 뜻으로서, 선대善貸란 79장에서 "이러한 까닭에 성인은 어음의 왼쪽만을 잡고 있을 뿐이지, 남에게 (빚을) 독촉하지 않는다.[是以聖人執左契, 而不責於人.]"고 한 것처럼 남에게 은혜를 베풀 뿐 어떠한 보답도 바라지 않음이다. 성成은 훅畜,기르다과 같은 말로 만물을 잘 길러줌을 뜻한다.

  만일 도가 드러내기를 좋아하고 일정함만을 고수하여 하나의 규격화된 틀을 이룬다면, 이것은 곧 일정한 틀 속에 얽매이게 된다. 그렇게 되면 무수한 만상萬象이 생겨날 수 없으며, 단지 하나의 고정된 틀에 찍혀 나온 붕어빵처럼 똑같은 만물만을 만들어낼 뿐이다. 그러나 생성계의 만물은 천차만별이어서 외형적으로 닮은 것 같지만 세밀히 살펴보면 그 어느 하나도 같은 것이 없다. 동일한 인간종人間種조차 똑같은 사람이 단 하나도 없다. 따라서 노자는 '도는 잘 빌려주어 이루게 한다'고 말하였다. 도가 이처럼 천차만별의 만상을 이룰 수 있었던 이유는 도대체 무엇 때문인가? 도가 자신의 일정한 모습만을 고집하려 하지 않고 무한한 변화에 응하였기 때문이다.

제42장

道生一, 一生二, 二生三, 三生萬物, 萬物負陰而抱陽,
沖氣以爲和.
人之所惡, 唯孤, 寡, 不穀, 而王公以爲稱.
故物, 或損之而益, 或益之而損.
人之所敎, 我亦敎之, 强梁者, 不得其死. 吾將以爲敎父.

도는 하나로 화하고, 하나는 둘로 화하고, 둘은 셋으로 화하고, 셋은 만물로 화하고, 만물은 음을 등지고 양을 안아서 충기冲氣로써 조화로 삼는다.
사람들이 싫어하는 것은 고孤 · 과寡 · 불곡不穀이지만, 왕은 이것으로써 자칭自稱한다.
그러므로 모든 사물은 혹 덜어내는 것 같지만 보태어지고, 혹 보태지는 것 같지만 덜어내 진다.
남들이 가르치는 것을 나 역시 똑같이 가르치니, 완강한 사람은 온전히 죽지 못한다. 나는 장차 이로써 가르침의 기틀로 삼고자 한다.

道生一, 一生二, 二生三, 三生萬物, 萬物負陰而抱陽, 沖氣以
爲和.

도는 하나로 화하고, 하나는 둘로 화하고, 둘은 셋으로 화하고, 셋은 만물로 화하고, 만물은 음을 등지고 양을 안아서 충기沖氣로써 조화로 삼는다.

주　하상공河上公 - "도가 처음 생겨난 것을 일이라 한다. 일은 음陰과 양陽을 생겨나게 한다. 음양은 화和·청淸·탁濁이란 세 기氣를 생겨나게 하고, 이 세 기氣가 나누어져 천天·지地·인人이 되었다. 천·지·인과 함께 만물을 생겨나게 하였다.[道始所生者, 一也. 一生陰與陽也. 陰陽生和淸濁, 三氣分爲天地人也. 天地人共生萬物也.]"

왕필王弼 - "온갖 사물과 형체는 일로 돌아간다. 무엇으로 말미암아 일에 이르는가? 무無로 말미암아서이다. 무로 말미암아 일에 이르니, 일을 무라고 할 수 있다. 이미 일이 되었으니 어찌 말이 없겠는가? 말이 있고 일一이 있으니 이二가 아니면 무엇이겠는가? 일이 있고 이가 있어 드디어 삼三이 생겨나게 되었다.[萬物萬形, 其歸一也. 何由致一. 由於無也. 由無乃一, 一可謂無. 已爲之一, 豈得無言乎. 有言有一, 非二如何. 有一有二, 遂生乎三.]"

이식재李息齋 - "도道가 일을 생生하는데, 도가 도로 있을 땐 일 또한 아직 생겨나지 않았다. 일이 아직 생生하지 않았는데 어떻게 이가 있을 수 있겠는가? 이가 없다면 일도 나누어지지 않았다. 따라서 그것은 이가 아니기에 아직 일이 있지 않았다고 말한 것이다. 그런데 일이 있다고 하는데 이르러서는 곧 이가 된다. 양陽이 있으면 음陰이 있기 마련이고 음陰이 있으면 양陽이 있기 마련이니, 또한 음양의 교합交合이 있게 된다. 따라서 이가 있게 되면 즉 삼이 있게 된다. 이렇게 삼까지 이르게 되면 있지 않는 것이 없게 된다. 만물포양萬物抱陽은 일이며, 부음負陰은 이이며, 이 음양이 교감交感하고 충기沖氣로써 화和하는 것이 삼이다. 만물 중에 이러한 삼을 구비하지 않은 것이 무엇이 있겠는가?[道生一, 方其爲道, 則一亦未生. 一旣不生, 則安得有

二. 無二則一不散. 故所以爲之不二, 言其未有一也. 及其有一卽有二. 有陽卽有陰, 有陰有陽, 則又有陰陽之交. 故有二則有三. 至于三則無所不有矣. 萬物抱陽, 一也, 負陰, 二也, 陰陽交而沖氣爲和, 三也. 萬物孰不具此三者.]"

• • • 해 설

 본 구절은 지나치게 축약되어 있어 많은 학자들 사이에 다양한 견해들이 제기되었지만, 일반적으로 일을 도道로 보고, 이를 음양陰陽으로 보고, 삼을 화기和氣 혹은 충기沖氣로 보고 있다. 이러한 해석은 두 가지 근거에 의거하고 있다. 첫째, 본 구절에 대한 해석의 전거典據를 뒤 문장의 "만물은 음을 등지고 양을 안아서 충기沖氣로써 조화로 삼는다.[萬物負陰而抱陽, 沖氣以爲和]"에서 구하려고 했다는 점이다. 둘째, 일·이·삼의 해석을 대부분 『주역』에서 근거로 삼고 있다는 점이다.

 그러나 여기서 유의할 점은 뒤 구절은 앞 구절의 단순한 반복이 아니라는 사실이다. 노자의 우주생성론은 대략 "도[一者] → 만물[多者] → 도[一者]"라는 형태를 취하고 있다. 도에서 만물로 나아감을 '분화分化'라고 하며, 만물이 다시 도에로 돌아감을 '복귀復歸'라고 한다. 분화하기 이전의 도와 복귀한 이후의 도가 다 같이 일자라는 점에서 공통점을 갖기는 하지만 분명한 차이점이 있다. 그 차이점은 분화되기 이전의 도가 미분화 상태로 있는 일자라고 한다면 복귀한 도는 이미 분화되어 구체적인 만물을 이룬 상태로서의 일자라는 점이다. 본 문장 역시 "도는 일로 화하고, 일은 이로 화하고, 이는 삼으로 화하고, 삼은 만물로 화한다.[道生一, 一生二, 二生三, 三生萬物.]"는 분화의 과정을 말한 것이고, "만물은 음을 지고 양을 안아서 '충기沖氣로써 조화로 삼는다.[萬物負陰而抱陽, 沖氣以爲和]"는 복귀의 과정을 말한 것이다. 따라서 후자와 전자를 단순히 동일시할 수는 없다.

 이제 본 문장을 풀이해보자. '도생일道生一'에서의 일은 도를 말한다. 22장의 '포일抱一' 40장의 '혼이위일混而爲一' 39장의 '석지득일자昔之得一者'에서의 일은 모두 도를 지칭하고 있음이 그 예중이다. 도를 일이라고 한 까닭은 본래 도의 상태는 무형의 기들이 혼연일체渾然一體로 있었기 때문이다. 그런데 여기서 문제가 되는 것은 도가 이미 일자일진데 어째서 도에서 일이 생生하였다고 말하였는가 하는 점이다.

'도생일道生一'에서 도와 일은 전적으로 동일한 것이 아니다. 그 차이점의 결정적인 단서로 25장에서 "나는 그 이름을 알 길이 없으므로 자字를 붙여 도라고 한 것이다. 내가 그것에 굳이 이름을 붙이자면 '대大'라고 할 수 있다.[吾不知其名, 字之曰道. 吾强爲之名曰大.]"고 하였다. 도는 본시 무형·무명이기 때문에 형태도 없을 뿐만 아니라 일체의 개념을 떠나있기에 어떠한 언설言說로도 표현이 불가능하다. 도라고 한 것은 어디까지나 자字에 지나지 않는다. 명名 속에는 의미 규정이 들어가 있지만, 자는 이름대신에 붙인 칭호로서 그 속에는 아무런 의미 규정이 들어가 있지 않다. 따라서 도는 어떤 의미 규정이 있어서 붙여진 것이 아니라 단지 규정할 수 없는 것에 대해 가칭假稱에 지나지 않는다. 이와는 달리 일은 대大와 같이 명名한 것이라는 점에서 의미규정을 갖고 있다. 즉 여기서의 일은 모든 것들이 혼연일체 되어 있어서 일체의 구별된 형태와 개념이 없다는 뜻에서 붙여진 것이지만, 일체의 규정이 없다는 것 그 자체가 이미 규정된 것이다. 이와 같이 일은 규정할 수 없음에 대한 규정이다. 이것은 아무런 의미규정도 없는 단순한 칭호에 불과한 도와는 다르다. 이처럼 규정할 수 없는 것에서 최초의 규정이 생겨났다는 점에서 '도는 하나로 화한다'고 하였다.

'일생이一生二'에서 이에 대하여 대다수 학자들은 음양의 이기二氣로 풀이하였으나 적당한 풀이가 아니다. 음양은 노자에게 있어서 유에 속한다. 노자는 유와 더불어 무를 동시에 말하고 있다는 점에서, 음양으로 볼 경우 무에 대해 설명할 수 없다. 여기서의 일은 1장에서 말한 '현玄'의 뜻이다. 이 현에는 유무를 포괄하고 있다. 도는 혼연일체로 있기 때문에 일이며, 형태도 없고 개념도 없기 때문에 무이다. 그런데 도가 단순히 일인 동시에 무만 있게 된다면 구체적인 만물이 생겨날 수가 없다. 모든 만물은 구체성을 가지고 있으며, 이 구체성은 다른 것에서부터 비롯된 것이 아니라 도 자신에 의해서 나온 것이라는 점에서 필연적으로 도 속에는 유형有形과 유명有名이라고 하는 구체성을 이루는 작용이 있어야 한다. 이 작용이 바로 유이다. 따라서 도 속에는 일자를 지향하려는 무가 있는 동시에 다자를 지향하려는 유가 있게 된다. 만물이 미분화된 상태로 있음 그 자체는 하나인 현玄이지만, 이미 구체적인 만물을 이루게 되면 생성계의 입장에서 보면 유와 무라는 두 대립적 속성이 있는 듯이 보이기에 '하나는 둘로 화한다'고 하였다.

그런데 유는 일정한 방향성을 가지고 있다. 방향성을 가져야 구체적인 사물을 이룰 수가 있기 때문이다. 문제는 유가 하나의 방향으로만 치닫게 되면 결과적으로 한곳에 치우치게 된다는 점이다. 그러나 세상의 이치는 한쪽만을 지향하면 그 반대적인 것이 동시에 성립된다. 가령 동動이 있으면 필연적으로 정靜이 있게 되고, 강强이 있으면 필연적으로 유약柔弱이 있게 되고, 수컷[雄]이 있으면 필연적으로 암컷[雌]이 있게 되고, 낮이 있으면 필연적으로 밤이 있게 되고, 높음이 있으면 필연적으로 낮음이 있게 되고, 선이 있으면 필연적으로 악이 있게 된다. 이처럼 유는 필연적으로 이異를 낳게 하는데, 이 이異의 대립적 성질을 음양이라고 규정할 수 있다. 여기서 유의할 점은 음과 양은 유이기 때문에 하나의 방향으로만 나아가려 한다는 점이다. 즉 양은 양으로만 머무르려 하고 음은 음으로만 머무르려 한다. 그러나 모든 사물은 '대립물의 상호유전'에 따르고 있으며, 여기서 양을 음으로 변하게 하고 음을 양으로 변하게 하는 것이 바로 무이다. 왜냐하면 양을 저지케 하는 것은 바로 무화無化이기 때문이다. 따라서 삼은 무無와 두 대립적인 성질의 유有를 뜻한다. 따라서 "둘은 셋으로 화한다."고 하였다.

두 대립적 성질이 구체화 되어 나타난 것이 음양이다. 이 음양의 작용과 무를 통해서 일체 만물이 생겨난다. 따라서 "셋은 만물을 화한다."고 하였다.

도는 구체적 만물을 이루지만 이와 동시에 본래적 상태로 복귀한다. 이 복귀의 과정에 대해 "만물은 음을 지고 양을 안아서 충기沖氣로써 조화로 삼는다.[萬物負陰而抱陽, 沖氣以爲和.]"고 하였다. 만물은 대립적인 성질에 의해서 생겨났으며, 이미 대립적인 성질이 생겨난 후에 이 대립성을 음양으로 규정할 수 있다. 그런데 음양은 말 그대로 대립적인 성질이라는 점에서 그 자체 속에는 화和를 이룰 수 있는 속성이 없다. 『주역』의 경우 유만이 있고 무가 없기 때문에, 음양이라고 하는 유 자체 속에 화和를 이룰 수 있는 속성이 있지만, 노자는 음양을 철저히 유로 파악하고 있기 때문에 그 스스로 조화를 이룰 수가 없다. 여기서 대립을 조화로 이끌게 하는 것이 바로 충기沖氣이다. 충沖은 허虛의 뜻이다. 많은 학자들이 기氣를 미립자와 같은 것으로 보려고 하였는데 옳은 견해가 아니다. 여기서의 기氣는 55장에서 "마음이 기를 부리는 것을 강이라고 한다.[心使氣曰强.]"에서의 기와 같은 말로서, '기운氣運'이나 '혈기血氣'의 뜻이다. 그런데 충기沖氣에서 중심이 되는 단어는 기氣가 아니라 충沖이다. 노자는 허虛를 통해 음양이란 두 대립성을 화합할 수 있다고 보았다. 어째서인가? 음양 자체는 이미 유이기 때문에 자신만을 주장하려 하며 자신을 고집하려고 한다. 반목反目하고 있는 상태들을 조화롭게 하기 위해서는 자기 부정이 필요하다. 이 자기 부정성이 바로 허虛이며, 허를 통해서만이 비로소 서로가 서로를 수용하며 조화和를 이룰 수가 있다.

人之所惡, 唯孤, 寡, 不穀, 而王公以爲稱. 故物, 或損之而益,
或益之而損.

사람들이 싫어하는 것은 고孤 · 과寡 · 불곡不穀이지만, 왕은 이것으로써 자칭한다. 그러므로 모든 사물은 혹 덜어내는 것 같지만 보태어지고, 혹 보태지는 것 같지만 덜어내 진다.

주1 왕필본을 비롯한 통행본에는 '인人'으로 되어 있으며 백서을본帛書乙本 역시 '인人'으로 되어 있으나, 백서갑본帛書甲本과 돈황기본敦煌己本에는 '천하天下'로 되어 있다. 또한 백서본과 돈황기본에는 '이위칭以爲稱'이 '이자명야以自名也'로 되어 있다. 부혁본傅奕本 · 범응원본范應元本 · 돈황기본에는 '왕공王公'이 '왕후王侯'로 되어 있다.

주2 혹손지이익或損之而益, 혹익지이손或益之而損 :
하상공 – "끌어당기면 얻지 못하고, 밀어내면 반드시 돌아온다.[引之不得, 推之必還.]"
여길보呂吉甫 – "가득 참은 덜어냄을 초래하고, 겸손함은 보탬을 수용한다.[滿招損, 謙受益.]"

● ● ● 해 설

고孤 · 과寡 · 불곡不穀은 39장에도 이미 나와 있다. 고孤는 '홀로 됨'을 뜻하고, 과寡는 과덕寡德의 줄임 말로 '덕이 적음'을 뜻하고, 불곡不穀은 '불선不善'을 뜻한다. 왕공王公은 왕王과 제후[公]를 뜻하는 데 넓은 의미로 왕으로 사용되고 있다.

많은 학자들은 앞의 문장과 본 문장의 뜻이 서로 부합하지 않는다고 보아, 서로 다른 장으로 보려고 하였다. 이처럼 앞의 문장과 본 문장을 분리시켜 보려는 가장 큰 이유는 앞의 문장이 '우주 생성론'적인 설명인 반면에 본 문장은 '실천론'적인 설명이라고 보았기 때문이다. 그러나 앞의 문장은 단순히 우주 생성론을 피력한 것이 아니라, 실천적인 의미를 내포하고 있다. 그 단적인 일례가 바로 '충기沖氣'이다. 충沖과 기氣는 '허虛'와 '자연 변화에 따르는 기운'이란 뜻으로서의 실천적인 의미를 갖고 있기 때문이다. 사실상 노자의 자연관은 그 자체가 플라톤이나 아리스토텔레스의 주장처럼 단순히 지적 호기심의 발동에 의해서 생겨난 것이 아니라, 정치·인생을 설명하기 위한 수단으로 제시된 것이었다. 이것은 비단 노자뿐만이 아닌 선진先秦 대다수의 학자들에게도 그대로 해당되는 말이다. 이런 측면에서 본다면 본 장 역시 전후문맥이 서로 상통한다.

도는 만물을 통괄統括하는 기강과도 같다. 도는 무엇으로써 만물을 통괄하였는가? 앞서 보았듯 '비움'을 통해서이다. 왕 역시 백성들을 통괄하는 자라는 점에서, 도와 같은 기강의 역할을 하여야 한다. 그렇다면 왕은 무엇으로써 백성들을 통괄할 수 있는가? 도가 '비움'을 통하여 만물을 통괄하였듯 왕 역시 '비움'을 통하여 백성들을 통괄해야 한다고 보았다. 그 단적인 예로 노자는 "사람들이 싫어하는 것은 고孤·과寡·불곡不穀이지만, 왕은 이로써 자칭한다."고 하였다. 사람들은 '홀로 있음[孤]'이니, '덕이 부족함[寡]'이니 '선량하지 못함[不穀]'이니 하는 등의 말들을 듣기 싫어한다. 어째서인가? 사람들은 자신을 드러내기를 좋아하고 자신을 굽히는 것을 싫어하기 때문이다. 왕이 만일 자신을 주장하기에 급급해 하고 백성들 위에 군림하려고 한다면 결코 백성들을 조화롭게 할 수가 없다. 왜냐하면 조화를 이루기 위해서는 비움[虛]이 전제되어야 하는데, 자신을 주장함은 이미 채움에 급급해 하는 것으로서 비움과 상반되기 때문이다. 본 문장과 유사한 형태의 문장으로서 39장에도 "이런 까닭에 왕이 스스로 고孤·과寡·불곡不穀이라고 말한다.[是以候王自謂, 孤寡不穀.]"고 하였다. 왕은 '비움'을 통해서만이 백성들을 결합시킬 수 있다. 그런데 비우기 위해서는 곧 자기 자신을 낮추어야 한다. 따라서 왕은 고孤·과寡·불곡不穀과 같은 겸칭을 사용하였다. 그런데 왕이 자신을 낮추었다고 하여 정말 낮아진 것이 아니다. 왕은 자신을 낮춤으로 해서 오히려 진정한 제왕이 될 수 있었다.

그렇다면 어째서 왕은 자신을 낮춤으로 해서 오히려 높아질 수 있었는가? 이에 대하여 노자는 "모든 사물은 혹 더는 것 같지만 보태게 되고, 혹 보태지는 것 같지만 덜게 된다."고 하였다. 모든 사물은 변화 속에서 상호 유전하기에 자신을 덜어내면 오히려 채워지게 되고, 채우려 하면 오히려 있는 것마저 빼앗기게 된다. 따라서 높아지려 하기에 앞서 자신을 겸허하게 낮추어야 하며, 자신의 것을 더욱 채우려 하기에 앞서 자신의 것을 비우는 삶의 지혜를 가져야 한다고 말한 것이다.

人之所教, 我亦教之. 强梁者, 不得其死, 吾將以爲教父.

남들이 가르치는 것을 나 역시 똑같이 가르치니, 완강한 사람은 온전히 죽지 못한다. 나는 장차 이로써 가르침의 기틀로 삼고자 한다.

주1 왕필본을 비롯한 통행본에는 교보^{敎父}로 되어 있는데, 백서갑본·부혁본·범응원본 등에는 교^敎가 학^學으로 되어 있다. 주겸지^{朱謙之}는 "교보^{敎父}는 곧 학보^{學父}이니, 지금에서의 '사부^{師傅}'란 말과 같다.[敎父卽學父, 猶今言師傅.]"고 하였다.

주2 인지소교^{人之所敎}, 아역교지^{我亦敎之} :
  하상공 - "'뭇 사람들이 가르치는 것'이란 약함[弱]을 없애어 강함[强]을 도모하고 부드러움[柔]을 없애어 단단함[剛]을 도모하는 것임을 말한 것이다.[謂衆人所敎, 去弱爲强, 去柔爲剛.]"

주3 강량자強梁者, 부득기사不得其死 :

하상공 – "강량強梁이란 현묘함을 믿지 않고 도덕에 어긋나고 경經에서의 가르침을 쫓지 않고 세勢를 숭상하여 힘에 의존함을 말한다. '온전히 죽지 못한다'란 하늘에 의해서 목숨이 끊겨짐이다. 병기의 칼날에 의해 공격당하고 왕법王法에 의해 죽게 되므로 제 수명대로 죽을 수가 없다.[強梁者, 謂不信玄妙, 背叛道德, 不從經敎, 尙勢任力也. 不得其死者, 爲天所絶. 兵刃所伐, 王法所殺, 不得以壽命死也.]"

주4 교보敎父 :

하상공 – "보父는 '처음[始]'이다. 노자는 강량強梁한 사람을 예로 들어서 경계할 것을 가르치는 시발점으로 삼았다.[父, 始也. 老子以強梁之人, 爲敎戒之始.]"

초횡焦竑 – "모母는 기름을 위주로 하고, 보父는 가르침을 위주로 한다. [母主養, 父主敎.]"

오징吳澄 – "교보敎父란 가르침의 근본임을 말한 것과 같다.[敎父, 猶言敎之本.]"

●●● 해설

'남들이 가르치는 것[人之所敎]'에 대한 내용에 대하여 하상공은 "'뭇 사람들이 가르치는 것은'이란 약함[弱]을 없애어 강함[强]을 도모하고 부드러움[柔]을 없애어 단단함[剛]을 도모함을 말한 것이다."고 하였으나 옳지 않다. 당시의 많은 병가서兵家書에서도 유약柔弱을 강조하고 있듯이, 당시 지식인들은 유약의 중요성을 언급하였다. 노자 역시 남들처럼 유약에 대해 가르치겠다고 말하고 있다. 따라서 본 문장을 풀이하면, "남들이 유약을 선호하라고 가르치듯이 나 또한 그렇게 하라고 가리키려 한다. 즉 완강한 사람은 온전히 죽지 못할 것이다."라는 뜻이다.

강량強梁에 대하여 『장자』 「산목山木」에서 "완강히 맞서는 사람을 그대로 내버려두고, 순순히 따르는 자를 그대로 놔둔다.[從其彊梁, 隨其曲傅.]"고 하였다. 곡부曲傅란 '자신을 굽히어 변화에 잘 따름'이란 뜻인 반면에, 강량彊梁이란 '완강하게 맞섬'이란 뜻이다. 유약柔弱은 곡부曲傅의 의미와 같이 변화에 순순히 잘 따른다는 뜻으로서 변화에 대한 유연성을 의미하는 반면에, 강량强梁은 강강剛强의 뜻으로서 변화에 대한 경직성을 의미한다. '부득기사不得其死'에 대하여 『장자』 「인간세人間世」에서 '그 천수天壽를 다 마치지 못하였다[未終其天年]'고 하였듯이, 하늘로부터 부여받은 천수를 온전히 다하지 못하고 도중에 죽는다는 뜻이다. 76장에서도 "견고하고 강한 자는 죽음의 무리이고, 유약한 자는 삶의 무리이다.[堅强者死之徒, 柔弱者生之徒.]"고 하였다. 이 말은 자연의 섭리에 유연성 있게 잘 따르게 되면 천수를 누릴 수 있지만, 자연의 섭리에 따르지 않고 자신의 아집만을 고집하게 된다면 스스로 죽음만을 재촉하여, 하늘이 부여한 천수를 온전히 누리지 못한다는 뜻이다.

"나는 장차 이로써 가르침의 기틀로 삼고자 한다.[吾將以爲教父.]"에서 이以는 '도에 대한 가르침'을 뜻하고, 보父는 '시始'로 보는 설과 '근본[本]'으로 보는 설이 있는데 양자의 의미가 모두 통한다. 왜냐하면 도는 모든 것의 출발점인 동시에 모든 것의 근본이 되기 때문이다.

본 문장 역시 충沖이란 주제로 일관하고 있다. 비움이란 곧 수용함을 뜻한다. 또한 수용함이란 곧 자신을 고집함이 없이 자연 변화에 따름이다. 이러한 변화의 유연성을 노자는 유약柔弱이라고 말하고 있다. 반면에 강량强梁이나 강강强剛은 자신을 주장하고 고집함이다. 자신만을 주장하고 고집하면 경직되고, 경직되면 곧 변화에 적응하지 못하여 제 수명을 다할 수 없다. 반면에 충沖을 간직하여야 제 수명을 다하여 천수를 누리게 된다고 보았다.

제 4 3 장

天下之至柔, 馳騁於天下之至堅, 無有入於無間.
吾是以知無爲之有益.
不言之敎, 無爲之益, 天下希及之也.

천하 가운데 지극히 부드러운 것은 천하 가운데 지극히 견고한 것을 마음대로 부리고, 형체가 없는 것은 틈이 없는 데까지 들어간다.
나는 이것으로써 무위가 유익하다는 것을 알 수 있다.
말없는 가르침이야말로 무위의 유익함임에도 불구하고, 천하에 있어서 그것에 미칠만한 것이 드물다.

天下之至柔, 馳騁(於)天下之至堅, 無有入(於)無間

천하 가운데 지극히 부드러운 것은 천하 가운데 지극히 견고한 것을 마음대로 부리고, 형체가 없는 것은 틈이 없는 데까지 들어간다.

주1 왕필본에는 두 개의 '어^於'자가 없는데, 백서본^{帛書本}과 범응원본^{范應元本}에는 '어^於'자가 더 첨가되어 '치빙어천하지지견^{馳騁於天下之至堅}'으로 되어 있다. 또한 부혁본^{傅奕本}・범응원본^{范應元本}・『회남자^{淮南子}』「원도훈^{原道訓}」에는 '출어무유^{出於無有}, 입어무간^{入於無間}'으로 되어 있으며, 경룡본^{景龍本}에는 '무유입어무문^{無有入於無聞}'으로 되어 있다."고 했다. 경룡본의 '무유입어무문^{無有入於無聞}'에서 무문^{無聞}은 무간^{無間}의 오자^{誤字}이다.

주2 하상공 – "지극히 부드러운 것은 물이고 지극히 견고한 것은 쇠나 바위이다. 물은 견고한 것을 관통하고 딱딱한 것으로 들어갈 수 있어서 통하지 않음이 없다.[至柔者水, 至堅金石. 水能貫堅入剛, 無所不通]"

왕필 – "기^氣는 들어가지 못하는 곳이 없고, 물은 지나가지 못하는 곳이 없다.[氣無所不入, 水無所不經.]"

소자유^{蘇子由} – "견고한 것으로써 견고한 것을 부린다면 부러지지 않으면 잘게 부서진다. 부드러움으로써 견고함을 부린다면 부드러운 것은 또한 쓰러지지 않고 견고함 역시 병폐가 되지 않는다. 이와 같은 것을 사물^{事物}에서 구한다면 물[水]이 이에 해당한다.[以堅御堅, 不折則碎. 以柔御堅, 柔亦不靡, 堅亦不病. 求之於物, 則水是也.]"

여길보^{呂吉甫} – "'천하에서 지극히 부드러운 것은 천하에서 지극히 견고한 것을 마음대로 부린다'란 말을 사물에서 찾아보면 곧 물[水]이 이에 해당된다. '형체가 없는 것은 틈이 없는 데까지 들어간다'란 말을 사물에서 찾아보면 곧 기^氣가 이에 해당된다.[天下之至柔, 馳騁天下之至堅, 觀於物, 則水是也. 無有入無間, 觀於物, 則氣是也.]"

● ● ● **해설**

'치빙馳騁'은 12장에서 "말 타고 달리며 사냥한다.[馳騁田獵]"고 한 것처럼 말 타고 마구 달린다는 뜻으로 자기 마음대로 좌지우지함을 의미한다. 여기서 견堅은 견고함을 뜻하지만, 이와 동시에 바위나 나무와 같은 견고한 장애물을 뜻한다. 따라서 '지견주堅'이란 '지극히 견고한 장애물'을 의미한다. 무유無有란 '형체가 없는 것'을 의미한다.

78장에서 "천하 만물 중에는 물보다 부드러운 것은 없다.[天下莫柔弱於水]"고 한 것처럼 '천하의 지극한 부드러움'은 물에 비유할 수 있다. 물과 같이 지극히 부드러운 것은 통하지 않는 바가 없으므로 가지 않는 곳이 없다. 가령 바위가 있으면 바위를 비켜나가고 나무가 있으면 나무를 비켜나가 궁극적으로 자신의 목적지에 도달하고 만다. 본 구절을 풀이하면 "물과 같은 지극한 유柔는 아무리 견고한 장애물이 앞을 가로막고 있더라도 말[馬]을 마음대로 부리며 달려가듯 자신의 목적지를 향해 아무 거리낌 없이 나아간다."의 뜻이다.

'지유至柔'가 물과 같은 유형적인 것이라고 한다면, '무유無有'는 햇빛이나 기와 같은 무형적인 것을 말한다. 유형의 물이 지극히 견고한 장애물을 아무런 장애물로 여기지 않듯, 무형의 햇빛이나 기 역시 이와 마찬가지이다. 가령 햇빛이나 무형의 기는 우리의 눈으로 볼 때 거의 간격이 없다고 여기는 미세한 틈새조차 뚫고 지나간다.

吾是以知無爲之有益.

나는 이것으로써 무위가 유익하다는 것을 알 수 있다.

제43장 **547**

주 　하상공 – "나는 도가 무위이지만 만물 스스로 화하고 이룸을 봄으로
해서, 무위가 사람들에게 유익하다는 것을 알 수 있다.[吾見道無爲而萬物自
化成, 是以知之有益於人也.]"

　　왕필 – "허무와 유약柔弱은 통하지 않음이 없다. 무는 다할 수 없고 지
극한 유는 꺾이지 않는다. 이로써 미루어 보건대 무위의 유익함을 알 수가
있다.[虛無柔弱, 無所不通. 無有不可窮, 至柔不可折. 以此推之, 故知無爲之有益也.]"

••• 해 설

흔히 무위無爲를 자의 그대로 풀이하면 '아무 것도 하지 않음'이 된다. 그러
나 노자가 말한 무위의 의미는 그렇지 않음에 대해서 앞 문장에서 단적으
로 잘 말해주고 있다. 가령 "천하에서 지극히 부드러운 것은 천하에서 지
극히 견고한 것을 마음대로 부리고, 형체가 없는 것은 틈이 없는 데까지 들
어간다."란 무위의 구체적인 내용이다. 여기서 우리는 무위가 아무 것도
하지 않음이 아니라 그 반대로 거리낌 없이 자유자재로 행하는 것임을 알
수가 있다.

　　그렇다면 노자가 말한 무위의 구체적인 의미는 무엇인가? 무위에서
의 위爲는 행위 자체를 뜻하는 말이 아니라 한곳에 치우치는 편재偏在된 행
위를 뜻하는 말이다. 따라서 무위란 편재된 행위 혹은 한곳만을 고집하는
행위를 부정함이다. 물이야말로 자신을 고집함이 없이 단지 변화에 따르
기 때문에 무위를 가장 잘 행한다. 그런데 물은 무위함으로 해서 오히려
이르지 않는 곳이 없다. 설령 아무리 커다란 장애물이 가로막혀 있을지라
도 이미 장애물을 장애물로 여기지 않으므로 이미 장애물이 되지 않는다.
어떠한 장애물도 장애물로 여기지 않기 때문에 자신의 목적지를 향해 도
도히 흘러가게 된다. 이것이 바로 무위를 통하여 '하지 않음이 없음[無不
爲]'을 실현함이다. 따라서 무위야말로 진정한 유익함을 준다고 말하였다.

不言之敎, 無爲之益, 天下希及之(也).

말없는 가르침이야말로 무위의 유익함임에도 불구하고, 천하에 있어서 그것에 미칠 만한 것이 드물다.

주1 부혁본에는 희希가 희稀로 되었다. 백서갑본帛書甲本에는 '천하희능급지 의天下希能及之矣'로 되어 있어, '능能'과 '야也'가 첨가되어 있다. 부혁본・휘종 본徽宗本・팽사본彭耜本에도 끝에 '야也'가 있다. '야也'가 있는 것이 옳다.

주2 감산憨山 – "말이 있으면 자취가 있게 되고, 자취가 있게 되면 지智를 믿 게 되고, 지를 믿게 되면 스스로 많다고 여기며, 스스로 많다고 여기는 자 는 능력 있음에 교만해 하고 행함을 좋아하게 된다. 무릇 행함을 좋아하는 자는 반드시 쉽게 패배 당한다. 이것은 말이 있는 가르침으로서, 유위의 무익함이 이와 같다. (이에 의거할 때) 말없는 가르침을 아는 것이야말로 무 위의 유익함인데도, 천하 가운데 그것에 미칠만한 것이 드물다.[有言則有 跡, 有跡則恃智, 恃智則自多, 自多者則矜能而好爲. 凡好爲者必易敗. 此蓋有言之敎, 有爲之無益也, 如此. 則知不言之敎, 無爲之益, 天下希及之矣.]"

••• 해설

많은 주석가들이 본 문장을 "말없는 가르침과 무위의 유익함, 천하에는 그 것에 미칠만한 것이 드물다."는 식으로 풀이하고 있으나 타당하지 않다. 무엇보다 이러한 해석을 따를 경우 '천하에 있어서 그것[之]에 미칠만한 것 이 드물다[天下希及之]'에서의 '지之'가 가리키는 대상은 '말없는 가르침'과 '무위의 유익함'이 되어야 하는데, '무위의 유익함'을 '지之'가 가리키는 대 상으로 포함시키기에는 부적합하기 때문이다. 지之가 가리키는 대상은 감 산의 풀이에서와 같이 의당 '말없는 가르침'이 되어야 한다. 그럴 경우 본 문장은 "말없는 가르침이야말로 무위의 유익함임에도 불구하고, 천하에 있어서 그것에 미칠만한 것이 드물다."로 풀이되어야 한다.

'불언지교不言之敎'란 말 그대로 '말없는 가르침'을 뜻하는 것이 아니라, '말을 의식하지 않는 가르침'을 뜻한다. '무위지익無爲之益'에서의 무위 역시 앞서 말했듯 '행위의 없음'이 아니라 '한곳에 편중된 행위의 없음'을 뜻한다.

성인은 백성들에게 말없는 가르침을 행하지만 결과적으로 교화시키지 않음이 없다. 이것은 참으로 큰 무위의 유익함이다. 그럼에도 불구하고 '천하에 있어서 그것에 미칠만한 것이 드물다'고 말하고 있다. 희希는 희稀와 같은 말로서 '드물다'의 뜻이고, 급及은 '이 경지를 이해함' 혹은 '이 경지에 도달함'의 뜻이다. 따라서 본 문장은 '말없는 가르침이야말로 진정한 무위의 유익함임에도 불구하고 천하 사람들 중에서 이것을 제대로 이해하고 실천하는 사람들은 거의 드물다'란 의미이다. 이것은 단지 무위를 실천하는 것이 어렵기 때문이 아니다. 가령 70장에서도 "내 말은 아주 알기 쉽고 아주 행하기 쉽지만, 천하 사람들은 그것을 알 수가 없고 그것을 행할 수가 없다.[吾言甚易知, 甚易行, 天下莫能知, 莫能行.]"고 하였듯이, 도는 알기 쉽고 행하기 쉬운 것이다. 또한 도를 행하게 되면 의도하지 않아도 결과적으로 많은 이익을 얻을 수 있다. 그럼에도 불구하고 사람들은 한곳에 집착함으로 해서 도와 멀어지게 되어, 도를 알 수 없었고 행할 수 없었던 것이다.

제 44 장

名與身孰親, 身與貨孰多, 得與亡孰病.
甚愛必大費, 多藏必厚亡.
故知足不辱, 知止不殆, 可以長久.

명예와 자신 중에서 어느 것이 나에게 더욱 가깝고, 자신과 재화 중에서 어느 것이 나에게 더욱 소중하고, 얻음과 잃음 중에서 어느 것이 나에게 더욱 해로운가?
지나치게 탐하면 반드시 크게 소모되고, 많이 간직하면 반드시 크게 잃는다.
그러므로 만족함을 알면 욕됨이 없고, 그칠 줄 알면 위태롭지 않아, 마침내 장구해질 수 있다.

名與身孰親, 身與貨孰多, 得與亡孰病.

명예와 자신 중에서 어느 것이 나에게 더욱 가깝고, 자신과 재화 중에서 어느 것이 나에게 더욱 소중하고, 얻음과 잃음 중에서 어느 것이 나에게 더욱 해로운가?

주　　왕필王弼 - "명예를 숭상하고 높음을 좋아한다면 그 자신은 반드시 소원해진다. 재화를 탐함에 만족이 없다면 그 자신은 반드시 적어진다. 많은 이득을 얻음과 (그 대가로) 자신을 잃는 것 중에 어느 것이 병폐가 되겠는가?[尚名好高, 其身必疏. 貪貨無厭, 其身必少. 得多利而亡其身, 何者爲病.]"

　　소자유蘇子由 - "자신을 앞세우고 명예를 뒤로하며, 자신을 귀하게 하고 재물을 천하게 여기는 것은 오히려 아직 나를 잊은 것이 아니다. 나를 잊게 되면 자기 자신 또한 있지 않게 된다. 하물며 명예나 재물에 있어서랴! 자신을 귀하게 여기는 것으로써 천하를 위함은 나를 잊어버리지 않고는 할 수 없는 일이다. 따라서 천하사람들로 하여금 명예는 가까이 하기에 부족하고 재화는 소중히 하기에 부족함을 알게 한 이후에야 자신이 귀하다는 것을 알게 하였으며, 자신을 귀하게 여김을 알게 된 이후에야 나를 잊어버림을 알게 하였다. 이것이 바로 노자의 참뜻이다.[先身而後名, 貴身而賤貨, 猶未爲忘我也. 忘我者身且不有. 而況于名與貨乎. 然貴以身爲天下, 非忘我不能. 故使天下知名之不足親, 貨之不足多, 而后知貴身, 知貴身而后知忘我. 此老子之意也.]"

● ● ● 해설

'명여신숙친名與身孰親'에서 명名은 '명예名譽'의 뜻이고, 친親은 '절친切親하다'의 뜻이다. 신身을 흔히 심신心身에서의 신身(=신체)으로 오해하는 경향이 있는데, 여기서의 신身은 심신을 모두 포괄하는 '자기自己' 혹은 '자신自身'의 뜻이다. 본 구절을 풀이해보면, "명예와 자기 자신 중에서 어느 것이 나에게 가까운 것이냐?"란 의미이다.

　　'신여화숙다身與貨孰多'에서 화貨는 재물을 총칭하는 것으로 부富를 뜻한다. 다多는 『설문說文』에 "다多, 중야重也."라고 한 것처럼, 중重의 뜻으로서 '소중하다'의 의미이다. 본 구절을 풀이해보면, "자기 자신과 재물 중에서 어느 것이 더욱 자신에게 소중한 것이냐?"란 의미이다.

'득여망숙병得與亡孰病'에서 득得은 부와 명예를 얻음이다. 망亡이 실失로 된 판본이 있듯이 실失의 뜻이다. 즉 부귀와 명예의 집착으로 인하여 자기 자신을 잃음이다. 병病은 『광아廣雅』「석고釋詁」에서 "병病, 고야苦也."라고 하여 '고통스러움[苦]'으로 풀이하였는데, 여기서는 '해로움'의 뜻으로 보는 것이 좋다. 본 구절을 풀이해보면, "명예나 재물을 얻는 것과 자기 자신을 잃어버리는 것 중에 어느 것이 진정한 폐단이 되느냐?"란 의미이다.

사람들은 헛된 부귀와 명예를 좇으며 살아간다. 노자 역시 부귀와 명예 그 자체를 부정하지는 않았다. 다만 사람들이 부귀와 명예를 쫓아다니기에 급급해 한 나머지 자칫 자기 자신을 잃어버릴 수도 있음을 경고하고 있다. 부귀와 명예는 제아무리 귀한 것이라고 하더라도 자신을 기르기 위한 수단일 뿐이지 그 자체가 목적일 수는 없다. 수단을 가지고 자기 자신을 해친다면 그야말로 본말이 전도된 것이라 할 수 있다. 따라서 부귀와 명예를 얻기 위하여 자신을 잃어버린다면 이것은 곧 폐단이 됨을 경고했던 것이다.

이와 관련하여 『장자』「변무騈拇」에서도 "백이伯夷는 명예를 위하여 수양산 아래서 죽었고, 도척盜跖은 이욕利慾 때문에 동릉산 위에서 죽었다. 이 두 사람은 죽은 곳이 같지 않지만 자신의 생명을 해치고 본성을 상하게 했다는 점에서는 매한가지이다. 어찌 반드시 백이가 옳고 도척이 그르다고 단정할 수 있겠는가?[伯夷死名於首陽之下. 盜跖死利於東陵之上. 二人者, 所死不同, 其於殘生傷性均也. 奚必伯夷之是而盜跖之非乎.]"라고 하였다. 흔히 백이는 의로움을 좇다가 죽었으므로 천하의 의로운 자로 손꼽히며, 도척은 이로움을 좇다가 죽었으므로 천하의 악한 자로 손꼽힌다. 그러나 장자의 관점에서 보면 백이는 명예를 위해 자신을 해친 자이며, 도척은 재물을 위해 자신을 해친 자이다. 명예나 부란 자기 자신의 생명과 바꿀 만큼 귀한 것이 될 수 없다는 점에서, 도척과 백이는 둘 다 어리석은 자들일 뿐이라고 보았다.

(是故)甚愛必大費, 多藏必厚(多)亡.

지나치게 탐하면 반드시 크게 소모되고, 많이 간직하면 반드시 크게 잃는다.

주1 왕필본에는 '시고是故'가 있으나, 죽간본·백서본·하상공본·고환본顧歡本·경복본景福本 등에는 '시고是故'가 없다. 고명高明이 '시고是故'의 '고故'자는 뒤의 문장에 있던 것이 잘못 들어온 것이라고 주장하였는데, 이 견해가 타당하다. 왜냐하면 죽간본과 백서본의 경우 본 문장에는 '시고是故'가 없는 반면에, 다음 문장에는 '고故'가 있기 때문이다. 후망厚亡이 죽간본에는 다망多亡으로 되어 있다.

주2 왕필 - "지나치게 아끼면 다른 사물과 통할 수 없고, 지나치게 많이 간직하는 것은 재물을 나누어줌만 못하다. 구하는 것이 많고 공략하는 것이 많으면 재물에 의해 병폐가 되므로, 크게 낭비되고 크게 잃어버린다.[甚愛不與物通, 多藏不如物散. 求之者多, 攻之者衆, 爲物所病, 故大費厚亡.]"

••• 해 설

'애愛'는 '명예[名]를 탐함'이고, '장藏'은 '재물[貨]을 저장함'이다. 비費와 망亡의 주체는 몸으로서, 비費는 '정력의 낭비'를 뜻하고, 망亡은 '실失'을 뜻한다. 본 구절을 풀이하면 "명예를 지나치게 탐하면 반드시 크게 정력을 소비하게 되고, 재화를 지나치게 많이 저장하면 자신을 크게 잃게 된다."는 의미이다.

노자는 명예나 재화를 전적으로 부정하지는 않았다. 다만 '너무 지나침[甚]'과 '너무 많음[多]'에 대하여 비판하고 있다. 『논어』「선진先進」에 '과유불급過猶不及'이란 말이 있듯이 어떠한 일이 너무 지나치면 부족함만 못한 경우가 많다. 명예나 재화 역시 누구나 바라는 것이지만 너무 지나치게 탐하면 오히려 해로움을 주게 된다. 즉 너무 지나치게 명예를 좇기에 급급해 하면 필연적으로 정력을 크게 낭비하여 건강 등을 크게 해치게 되며, 너무 많은 재물을 모으려 한다면 필연적으로 남에게 각박해져 인심을 잃게 되어 위태로워진다.

(故)知足不辱, 知止不殆, 可以長久.

그러므로 만족함을 알면 욕됨이 없고, 그칠 줄 알면 위태롭지 않아, 마침내 장구해질 수 있다.

주1 왕필본을 비롯한 일반 판본에는 '고故'자가 없는 반면에, 죽간본・백서본・경룡본景龍本・수주본遂州本・돈황기본敦煌己本・엄준본嚴遵本 등에는 '고故'자가 있다. '고故'가 있는 쪽이 옳다고 본다.

주2 하상공 – "만족함을 아는 사람은 이로움과 욕欲을 끊음으로 해서 자신을 욕되게 하지 않는다. 마땅히 그쳐야 함을 알면 재물의 이로움에 의해서 심신이 얽매이지 않게 되며 소리와 색에 의해서 이목이 어지럽지 않게 되어 죽을 때까지 위태롭지 않게 된다. 사람이 그쳐야 함과 만족함을 알 수만

있다면 복록福祿이 자신에게 있게 되며, 자신을 다스리는 자는 정신이 수고롭지 않게 되며, 나라를 다스리는 자는 백성들을 어지럽히지 않게 되어 장구長久해질 수가 있다.[知足之人, 絶利去欲, 不辱於身. 知可止, 則財利不累於心身, 聲色不亂於耳目, 則終身不危殆也. 人能知止知足, 則福祿在己, 治身者神不勞, 治國者則民不擾, 故可長久.]"

••• 해 설

본 구절의 핵심은 '만족을 알라[知足]'는 데 있다. 명예나 재물은 어느 시대를 막론하고 누구나 소중히 여기는 것으로서, 사람들은 이것을 추구하고자 혈안이 된다. 노자 역시 명예와 재물의 소중함에 대해서 굳이 부인하지 않았다. 다만 첫 문장에서 반문한 것처럼, 명예와 재물이 비록 제아무리 귀한 것이라고 하더라도 과연 자기 자신만큼 귀한 것이 될 수 있겠느냐 하는 점이다.

명예와 재물은 어디까지나 삶을 보다 유용하게 기르기 위한 수단일 뿐으로 그 자체가 목적일 수는 없다. 그런데도 사람들은 이 명예나 재물로 인하여 자신의 생명을 해치는 경우가 허다하다. 이것은 본말이 전도된 것이 아닐 수 없다. 노자는 이에 대하여 '지족知足'할 것과 '지지知止'할 것을 말하였다. 지족知足이란 인간의 기본적 욕구를 긍정한 말로서, 욕구가 충족되면 이에 만족해하라는 말이다. 지지知止에서 '지止'는 '그치다'의 뜻 외에도 '머무르다'의 뜻도 있다. 즉 마땅히 머물러야 할 곳에 머무름을 뜻한다. 곽점초묘郭店楚墓의 출토문헌의 하나인 『어총語叢』(一)에서 "사물은 각각 그 마땅한 곳에 머문다.[物各止於其所.]"고 하였는데, 여기서의 '지止'와 같은 뜻이다.

지족知足과 지지知止는 금욕주의와는 다른 개념이다. 금욕주의에선 욕망을 악의 근원으로 보아 욕망을 부정하고 억제하려고 한다. 반면에 지족知足과 지지知止는 욕망의 억제가 아니라 욕망의 절제이다. 더욱이 이 절제는 타율이나 도덕적 강요에 의한 절제가 아니라 자율에 의한 절제이다. 가령 우리는 식욕을 가지고 있지만, 밥을 먹어 배부름을 느끼면 식욕食欲이 사라지는 것과 같다.

우리는 만족을 알아야 한다. 만족이란 지극히 주관적인 것이어서 생활을 가까스로 연명할 정도로 적은 것에도 만족해할 수 있는 반면에, 재화와 곡식이 창고에 가득 싸여 있어도 만족할 줄 모르는 경우가 얼마든지 있다. 따라서 노자는 '지족知足'과 '지지知止'할 것을 주장하였다. 46장에서도 "그러므로 만족할 줄 아는 만족이야말로 한결같은 만족이다.[故知足之足, 常足矣.]라고 하였다.

제 45 장

大成若缺, 其用不敝,
大盈若沖, 其用不窮,
大直若屈,
大巧若拙,
大辯若訥.
燥勝寒, 靜勝熱, 淸靜爲天下正.

크게 이룬 것은 부족한 것 같으나 그 쓰임에 있어서는 다함이 없다.
크게 채운 것은 비어있는 것 같으나 그 쓰임은 무궁하다.
아주 바른 것은 굽은 것 같고,
아주 솜씨 좋은 것은 서툰 것 같고,
아주 말 잘하는 것은 어눌한 것 같다.
덥게 하면 추위를 이기고 고요히 하면 더위를 이기는 것과 같이, 맑고 고요한 것이야말로 천하의 바름이 된다.

大成若缺, 其用不敝.

크게 이룬 것은 부족한 것 같으나 그 쓰임에 있어서는 다함이 없다.

주1 폐敝 :

하상공본河上公本・왕필본王弼本에는 '폐弊'자로 되어 있으나, 부혁본傅奕本・팽사본彭耜本・초횡본焦竑本에는 '폐敝'자로 되어 있다. 반면에 죽간본竹簡本과 백서갑본帛書甲本에는 '폐幣'자로 되어 있다. 폐幣・폐弊・폐敝는 동자同字로서, '낡아지다' '다하다'의 뜻이다.

주2 하상공 – "도덕을 크게 이룬 임금을 말한 것이다. '모자란 것 같다[若缺]'란 명예를 끊고 칭송함을 안에 간직하기를 마치 부족하여 갖추지 못한 듯이 한다는 뜻이다. (그러나) 마음 씀씀이가 이와 같다면 다하는 때가 없게 된다.[謂道德大成之君. 若缺者, 滅名藏譽, 如毀缺不備也. 其用心如是, 則無弊盡時.]"

왕필 – "사물을 따라 이루어 하나의 형상만을 하고 있는 것이 아니기 때문에 부족한 것 같다.[隨物而成, 不爲一象, 故若缺也.]"

소자유蘇子由 – "천하 사람들은 결핍되지 않은 것으로써 이루었다고 여기므로, 이루게 되면 반드시 낡아짐이 있게 된다. 비어있지 않은 것으로써 채웠다고 여기므로 채우게 되면 반드시 다함이 있다. 성인은 크게 이룸에서 구하기 때문에 그 결핍됨을 애석히 여기지 않으며, 크게 채움에서 기약하기 때문에 비어 있음을 싫어하지 않는다. 이러한 까닭에 이루면서도 낡아짐이 없고, 채우면서도 다함이 없다.[天下以不缺爲成, 故成必有敝. 以不虛爲盈, 故盈必有窮. 聖人要于大成, 而不卹其缺, 期于大盈, 而不惡其盈. 是以成而不敝, 盈而不窮也.]"

● ● ● 해설

결缺은 '모자람' 혹은 '부족함'이란 뜻이다. 폐弊는 '오래되어 헤졌다'의 뜻인 동시에 '다하다[盡]'의 뜻이기도 하다. 대大는 무無와 같은 뜻으로서, 대성大成이란 무성無成을 뜻한다. 여기서의 무는 '없다'의 뜻이 아니라 '일정한 규정이 없음으로 해서 무한하다'의 의미이다.

 흔히 '대성大成'이라는 말은 자신이 뜻하던 바를 크게 완수하였음을 의미한다는 점에서 일체의 결점이나 부족함이 없음을 뜻한다. 만일 일체의 결점이나 부족함이 있다고 한다면 이것은 이미 온전한 '대성大成'이 될 수 없다. 그런데 노자는 크게 이룬 것은 오히려 뭔가 결함과 부족함이 있어 보인다고 역설逆說하고 있다. 한 발 더 나아가 생각해보면 이것은 단순한 역설이 아니다. 사실상 일체의 결점이나 부족함이 없이 다 채워졌다는 것은 그 그릇이 한정된 것임을 반증하는 것이기도 하다. 반면에 진정으로 큰 그릇은 무한히 큰 그릇이므로 영원히 채울 수가 없다. 이처럼 영원히 채워지지 않는 그릇은 채워야 한다는 관점에서 보면 영원히 부족한 것이다. 그러나 아주 큰 그릇은 무한함에 매어 있으므로 한정됨이 없다. 따라서 그것을 사용할지라도 일체의 고갈됨이 없게 된다고 하였다.

大盈若沖, 其用不窮

크게 채운 것은 비어있는 것 같으나 그 쓰임은 무궁하다.

주1 부혁본·돈황본敦煌本·수주본邃州本·범응원본范應元本 등에는 영盈이 만滿으로 되어 있다. 범응원본에는 충沖이 충盅으로 되어 있다.

주2 하상공 - "크게 채운 자란 도덕이 크게 채워진 군주를 말한다. '비어있는 것 같다'란 고귀하면서도 감히 교만하지 않음이며, 부유하면서도 감히

제45장 561

사치하지 않음이다. 그 마음 씀씀이가 이와 같다면 다하는 때가 없게 된다.[大盈者, 謂道德大盈滿之君也. 如沖者, 貴不敢驕也, 富不敢奢也. 其用心如是, 則無窮盡時也.]"

왕필 - "크게 채워져 충족된다는 것은 사물을 따라 함께 하되 아끼거나 자랑함이 없음이다. 따라서 비어있는 듯하다.[大盈充足, 隨物而與, 無所愛矜. 故若沖也.]"

••• 해설

노자는 어째서 크게 채운 것은 비어있는 것 같다고 하였는가? 4장에서 "도는 비어있는 듯하지만, 그것을 씀에 또한 다함이 없다.[道, 沖而用之, 又不盈.]"고 하였듯이, 충沖은 단순히 없음이 아니라 무한함을 뜻한다. 채운 것이 아무리 많다고 하더라도 그것이 유한함에 메어있게 되면 필연적으로 한정됨을 갖게 된다. 따라서 그 채움이라고 하는 것은 상대적 대大에 얽매이게 된다. 반면에 크게 채운 것이 텅 비어있는 것 같다면, 그것은 아무리 채워도 한정됨을 갖지 않는다. 따라서 그것을 사용함에 무궁할 수 있다고 하였다.

大直若屈

아주 바른 것은 굽은 것 같고

주 왕필 - "사물을 따라서 곧아지는 것이니, 곧음은 한결같음에 있는 것이 아니다. 따라서 '굽은 듯하다'고 하였다.[隨物而直, 直不在一. 故若屈也.]"

소자유 - "곧기만 하고 굽히지 않는다면 그 곧음은 반드시 꺾이게 된다.

이치를 따라 가니 비록 굽을지라도 바른 것이다.[直而不屈, 其直必折, 循理而行, 雖曲而直]"

●●● 해 설

일반적으로 직直은 방정方正의 뜻으로, 행동에 있어서의 곧음을 의미한다. 반면에 굴屈은 『논어』「위정爲政」에서 "곧은 것[直]을 들어서 굽은 것[枉]에 두면 백성들이 복종하게 된다.[擧直錯諸枉則民服.]"에서의 '굽다[枉]'의 뜻과 같다. 행동의 삐딱함을 의미한다. 유가에서는 '곧은 것[直]'을 들어서 '굽은 것[屈]'을 펴는 것을 중요한 실천목표로 삼았다. 따라서 『맹자』「등문공滕文公」(하)에서 "또한 한 자를 굽혀서 한 길(여덟 자)을 편다는 것은 이로움으로써 말한 것이다.[且夫枉尺而直尋者 以利言也.]"고 하였다. 만일 한 자를 굽혀서 여덟 자를 펼 수가 있을지라도 맹자는 이것에 반대하였다. 왜냐하면 굽힌다는 그 자체는 이미 의리를 굽히어 이로움을 추구하는 것이기 때문이다. 그러나 노자는 오히려 "크게 바른 것은 굽은 것 같다."고 하였다. 어째서인가? 이와 관련하여 41장에서 "큰 네모는 모퉁이가 없다.[大方無隅]"고 하였다. 지나치게 곧으면 강성剛性으로 인하여 모퉁이가 생기며, 이 모퉁이는 자칫 그 날카로움으로 인하여 사람들을 해칠 수가 있다. 반면에 진정한 바름은 모든 일체의 것들을 원만히 수용하기에 직각으로 된 모퉁이가 없다. 직각으로 된 모퉁이가 없다는 점에서 굽어져 보인다. 따라서 노자는 "크게 바른 것은 굽은 것 같고[大直若屈]"고 하였다. 여기서의 굴屈은 단순히 굽힘을 의미하는 것이 아니라 상황에 대한 유연성을 의미한다. 물은 결코 직선으로 흘러가는 법이 없다. 상황에 따라 굽어서 가기도 하고 곧바로 가기도 하고 완류로 가기도 하고 급류로 가기도 한다. 만일 물이 변화하는 상황을 무시하고 자신의 곧음만을 강조하며 직선으로 향한다고 한다면 과연 이것이 물의 진정한 옳음이라고 할 수 있을까? 곧아야 한다는 관점에서 보면 이처럼 변화에 따르는 것이 굽은 듯이 보임은 사실이다. 그러나 이러한 굽음이야말로 오히려 가장 자연스런 모습으로서 참다운 바름이 아니겠는가? 따라서 소자유蘇子由도 "이치를 따라 가니 비록 굽을지라도 바른 것이다."고 하였다.

大巧若拙
아주 솜씨 좋은 것은 서툰 것 같고

주 하상공 - "'크게 솜씨 좋음'이란 재주와 솜씨가 많음이다. '서투른 것 같다'란 자신의 능함을 또한 감히 보이지 않음이다.[大巧謂多才術也. 若拙者, 亦不敢見其能.]"

　　왕필 - "뛰어난 솜씨는 저절로 그러함에 따라 그릇을 이루며 특이한 것을 만들지 않는다. 따라서 서툰 것 같다.[大巧因自然而成器, 不造爲異端. 故若拙也.]"

　　여길보呂吉甫 - "크게 솜씨 좋은 자는 여러 형상을 조각하면서도 솜씨 좋다고 여기지 않는 자이다. 따라서 서툰 것 같다.[大巧者, 刻彫衆形, 而不爲巧者也. 故若拙.]"

●●● 해설

'대교大巧'란 최상의 솜씨를 뜻하고 '졸拙'은 서툴거나 졸렬한 솜씨를 뜻한다. 흔히 세상에서 말하는 훌륭한 솜씨란 정교함과 질서정연함을 잘 표현한다는 것을 뜻한다. 가령 화려한 궁궐을 건축하기 위해서는 컴퍼스·곱자·그림쇠·먹줄 등으로 재료들을 반듯하게 만들어야 하며, 반듯해진 이 재료들을 가지고 질서정연하게 건축해야 한다. 따라서 훌륭한 솜씨란 얼마나 잘 정교하게 질서정연함을 구축할 수 있느냐 여하에 달려있다. 서양에서도 질서정연한 기하학적 공간 속에서 미를 추구하려고 하였다. 그러나 기하학적 공간은 관념의 산물로서 자연계 속에는 존재하지 않는다. 즉 자연계는 다양한 개별성만이 있을 뿐, 규격화된 질서 따위란 없다. 가령 건축물에 사용하는 목재는 곧바르지만, 자연계 속에서의 나무는 구불구불하여 무질서한 듯이 보인다. 따라서 노자는 서툰 듯이 보인다고 하였다. 그러나 아무리 위대한 작품이라 하더라도 저 자연계의 솜씨에 비견할 수 있겠는가! 아무리 손재주가 뛰어난 예술가 만든 작품이라고 하더라도 저 자연계를 만든 창조자의 솜씨에는 비견될 수 없다. 예술가가 기껏 할 수 있는 일이란 자연계에 대한 모방일 뿐이다. 자연변화에 따라 다양한 모습을 이루고 있는 자연계라는 작품은 서툰 듯이 보이지만 이것이야말로 진정으로 훌륭한 솜씨에 의한 것이다.

大辯若訥

아주 말 잘하는 것은 어눌한 것 같다.

주   왕필 – "아주 말 잘함은 사물에 의거해 말하며 자기가 꾸며낸 것이 없으므로 어눌한 듯하다.[大辯因物而言, 己無所造, 故若訥也.]"

       소자유 – "번지르르 말을 잘하여 어눌하지 않다면 그 말 잘함은 반드시 궁해진다. (반면에) 이치를 따라 말하게 되면 비록 어눌할지라도 말을 잘하는 것이다.[辨而不訥, 其辨必窮. 因理而言, 雖訥而辨.]"

제45장   565

●●● **해설**

27장에서도 "말을 잘하는 사람은 흠잡을 데가 없다.[善言, 無瑕謫.]"고 하였다. 이 말은 흠잡을 데가 없을 만큼 너무나 완벽하게 달변達辯한다는 의미가 아니다. 말을 잘하여 청중에게 감동을 주기 위해서는 필연적으로 과장이 섞여있어야 하기에, 말을 잘할수록 겉만 꾸미는데 힘쓰기 마련이다. 그렇게 되면 오히려 흠잡을 데가 더욱 많아진다. 말을 잘한다고 함은 있는 그대로를 말함이다. 조금의 과장됨도 없이 있는 그대로를 말하므로 그 말이 아름답지 않으며, 심지어는 어눌한 듯이 보인다. 따라서 81장에서도 "진실한 말은 아름답지 못하고, 번지르르한 말은 신의가 없다.[信言不美, 美言不信.]"고 하였다. 그러나 평이하고 무미한 듯이 보이는 이 말이야말로 일체의 흠조차 찾을 수 없을 만큼 말 잘하는 것이다.

燥(躁)勝寒, 靜勝熱, 淸靜爲天下正.

덥게 하면 추위를 이기고 고요히 하면 더위를 이기는 것과 같이, 맑고 고요한 것이야말로 천하의 바름이 된다.

주1 대다수 판본에는 조躁로 되어 있는데, 백서본帛書本에는 조趮로 되어 있다. 조躁와 조趮는 서로 통용通用된다. 조躁는 '분주하다'의 뜻이다. 그런데 조躁에 대하여 노자가 다른 곳에서는 비판적인 의미로 사용했다는 점에서 문의文意가 잘 통하지 않는다. 따라서 장석창蔣錫昌은 '정승조靜勝躁, 한승열寒勝熱'이 되어야 한다고 보았다. 장석창蔣錫昌의 견해에 따를 경우 문의文意가 통하기는 하지만, 이것은 문의에 의거하여 원본을 고쳤다는 혐의를 모면하기가 어렵다. 이에 대하여 마서륜馬敍倫은 "조躁는 『설문說文』에는 조趮로 되어

있으며, 이는 질疾,빠르다과 같은 뜻이다. 지금의 통행본에는 조躁로 되어 있지만, 여기서는 마땅히 조燥,마르게하다가 되어야 한다.[躁, 說文作趮, 疾也. 今通作躁, 此當作燥.]"고 하였다. 죽간본에도 '조승창燥勝滄, 청승열淸勝熱'로 되어 있다는 점에서, 마서륜馬敍倫의 견해와 같이 조燥로 보는 것이 옳다.

주2 조승한躁勝寒, 정승열靜勝熱 :

왕필王弼 – "활발히 움직인 뒤에야 추위를 이기고, 고요히 무위함으로써 더위를 이긴다.[躁罷然後勝寒, 靜無爲以勝熱.]"

주3 청정위천하정淸靜爲天下正 :

하상공河上公 – "맑고 고요하면 천하의 우두머리가 될 수 있고, 바름을 견지하면 끝내 그치는 때가 없게 된다.[能淸靜則爲天下長, 持正則無終已時也.]"
고형高亨 – "정正이란 '어른'이란 뜻이며 '임금'이란 뜻이다.[正, 長也, 君也.]"

●●● 해 설

'조승한燥勝寒'에서 조燥는 '말리다'의 뜻이지만, '덥게 하다'의 뜻이 내포되어 있다. 『주역』「설괘전說卦傳」에서도 "만물을 마르게 하는 것 중에는 불만큼 잘 말리게 하는 것이 없다.[燥萬物者, 莫熯乎火.]"고 하였다. 승勝은 극剋의 뜻이다. 한寒은 죽간본竹簡本에 창滄으로 되어 있듯이 '차갑게 하다' '차갑다'의 뜻이다. '정승열靜勝熱'에서 정靜은 '조용히 거처함'의 뜻이고, 열熱은 '열기'의 뜻이다.

세상사의 모든 이치는 반대적인 것에 의거하여야 극복할 수 있다. 가령 추위를 극복하려면 몸을 말려서 덥게 하여야 하고, 열기를 식히려면 선선한 곳에서 조용히 거처해야 한다. 정치에 있어서도 이와 마찬가지이다. 정치의 가장 큰 본무本務는 난亂을 바로 잡는 데 있다. 더욱이 노자 당시는 극심한 혼란기였다는 점에서 더욱 그러하다. 극심한 혼란은 곧 극심한 동動의 상태라는 점에서, 난을 극복하기 위해서는 그 반대적인 허정虛靜의 상태인 청정淸靜함이 필요하다. 따라서 "청정함에 의해서 천하가 바르게 될 수 있다."고 하였다.

제 4 6 장

天下有道, 却走馬以糞, 天下無道, 戎馬生於郊.
罪莫大於可欲, 禍莫大於不知足, 咎莫憯於欲得. 故
知足之足, 常足矣.

천하에 도가 있으면 잘 달리는 말도 (전쟁터에서) 철회시켜 거름 주는 데 사용하지만, 천하에 도가 없으면 암컷 말이 전쟁터에서 새끼를 낳는다.
욕심내는 것보다 더 큰 죄가 없고, 만족함을 알지 못하는 것보다 더 큰 화禍가 없고, 얻고자 하는 욕심보다 더 잔혹한 재앙이 없다. 그러므로 만족할 줄 아는 만족이야말로 한결같은 만족이다.

天下有道, 却走馬以糞, 天下無道, 戎馬生於郊.

천하에 도가 있으면 잘 달리는 말도 (전쟁터에서) 철회시켜 거름 주는 데 사용하지만, 천하에 도가 없으면 암컷 말이 전쟁터에서 새끼를 낳는다.

주1 각却:

육덕명陸德明 - "각却이란 제거함이다.[郤, 除也.]"

오징吳澄 - "각却이란 물러남이다.[却, 退也.]"

주2 분糞, 거름:

하상공河上公 - "분糞이란 밭에 거름을 줌이다. 나라를 다스리는 자는 무기와 갑옷을 사용하지 않고, 주마走馬를 철회시켜 농사일에 사용케 했다.[糞者, 糞田也. 治國者, 兵甲不用, 却走馬以治農田.]"

주3 『한비자』「유로喩老」- "천하에 도가 없을 때에는 공격이 한시도 쉴 날이 없어 서로 수비함이 수년이 되도록 그치지 않자, 갑옷과 투구에 이가 생겨났고 제비와 참새가 군 막사에서 서식하였는데도 군대는 본국으로 돌아가지 않았다. 따라서 '군마가 전쟁터에서 새끼를 낳는다.'고 하였다.[天下無道, 攻擊不休, 相守數年不已, 甲冑生蟣蝨, 鷰雀處帷幄, 而兵不歸. 故曰, "戎馬生於郊."]"

하상공河上公 - "전쟁이 그치지 않아 융마戎馬가 접경지에서 새끼를 낳았다는 것은 오랫동안 돌아오지 않았음을 뜻한다.[戰伐不止, 戎馬生於郊境之上, 久不還也.]"

••• 해 설

주마走馬란 잘 달리는 수컷 말로서 군마로 쓰기에 적합한 말이다. 각却은 '철회하다' '폐지하다'의 뜻이다. '분糞'은 본래 '똥'을 뜻한다. 당시에는 거름을 똥으로 사용하였기 때문에 '거름'을 뜻하며, 의미를 더욱 확대시키면 '농사일'을 뜻한다.

　천하에 도가 있으면 각각의 나라들은 잘 다스려져 털끝만한 싸움도 없게 된다. 털끝만한 싸움도 없게 된다면 제 아무리 훌륭한 명마名馬라 할지라도 사용할 데가 없어, 이 말들을 철회시켜 밭에 거름 주는 농사일에나 사용하게 될 뿐이다. 따라서 "천하에 도가 있으면 잘 달리는 말도 철회시켜 거름 주는데 사용한다."고 하였다.

　주마走馬란 재질이 뛰어나서 군마로 쓰기에 적합한 수컷 말을 뜻하는 반면에 융마戎馬는 군마로 사용하기에 적합하지 않은 암컷 말을 뜻한다. 교郊는 전쟁터를 의미한다. 하상공은 본 구절에 대하여 "말이 전쟁터에서 새끼를 낳을 정도로 전쟁이 지속되었음을 의미한다."고 해석하였으며 많은 학자들도 이 견해를 따르고 있는데, 앞의 문장과 대비시켜 볼 때 그다지 타당한 해석은 아니다. 후꾸나가 미쓰지福永光司가 "'융마戎馬가 교외에서 낳았다'란 빈번한 전쟁으로 군마가 부족해져서 암말마저 징발되어 전쟁터에서 망아지가 태어나기까지에 이르렀다는 뜻이다."고 한 풀이가 옳다고 본다. 원래 전쟁에서는 암컷 말을 사용하지 않고 수컷 말만을 군마로 삼았다. 그 이유는 1)암컷은 수컷보다 잘 달리지 못하며, 2)암컷은 발정기가 되면 사납게 날뛰어 통제하기가 어려우며, 3)종자를 번식시키기 위해서는 암컷 말을 보존해야 하기 때문이다. 그런데 전쟁터에서 새끼를 낳았다는 것은 군마로 쓰기에 부적합한 암컷 말마저 군마로 삼았다는 것을 의미한다. 따라서 '천하에 도가 없으면 암컷 말이 전쟁터에서 새끼를 낳는다[天下無道, 戎馬生於郊]'란 '천하에 도가 없어지면 나라는 지극히 어지럽게 되어 숱한 전쟁을 초래케 되며, 그 결과 군마로 사용하기에 적합하지 않은 암컷 말조차 군마로 사용하여 전쟁터에서 새끼를 낳았다'는 뜻이다. 이와 관련하여 『염철론鹽鐵論』「미통未通」에서도 "농부는 말로써 밭 갈고 백성들은 말 타지 않음이 없었다. 이러한 때를 맞이하여서는 주마走馬를 철회하여 거름 주는 데 사용한다. 그 이후에 군대가 자주 징발되고 군마가 부족해지자, 암컷 말이 진영에 들어가 전쟁터에서 망아지를 낳았다.[農夫以馬耕載, 而民莫不騎乘. 當此之時, 却走馬以糞. 其後, 師旅數發, 戎馬不足, 牸牝入陳, 故駒犢生於戰地.]"고 하였다.

(罪莫大於可欲), 禍莫大於不知足, 咎莫憯於欲得. 故知足之足, 常足矣.

욕심내는 것보다 더 큰 죄가 없고, 만족함을 알지 못하는 것보다 더 큰 화禍가 없고, 얻고자 하는 욕심보다 더 잔혹한 재앙이 없다. 그러므로 만족할 줄 아는 만족이야말로 한결같은 만족이다

주1 왕필본을 비롯한 많은 판본에는 "화막대어부지족禍莫大於不知足, 구막대어욕득咎莫大於欲得."으로 되어 있다. 그러나 백서갑본과 『한비자』 「유로」에는 "죄막대어가욕罪莫大於可欲, 화막대어부지족禍莫大於不知足, 구막참어욕득咎莫憯於欲得."으로 되어 있어, '죄막대어가욕罪莫大於可欲'이 첨가되어 있다. 하상공본에도 "죄막대어가욕罪莫大於可欲, 화막대어부지족禍莫大於不知足, 구막참어욕득咎莫大於欲得."으로 되어 있어 '죄막대어가욕罪莫大於可欲'이 첨가되어 있으며, 죽간본竹簡本에도 "죄막후호심욕罪莫厚乎甚欲, 구막참호욕득咎莫憯乎欲得, 화막대어부지족禍莫大乎不知足."으로 되어 있다. 따라서 원본에는 '죄막대어가욕罪莫大於可欲'이 첨가되어 있다고 볼 수 있다. 또한 왕필본에는 '구막대어욕득咎莫大於欲得'으로 되어 있으나, 죽간본·백서본·부혁본·법응원본에는 '대大'자가 '참憯'자로 되어 있고, 돈황기본敦煌己本·수주본遂州本·고환본顧歡本에는 '대大'가 '심甚'으로 되어 있다. '참憯'자가 옳다고 본다.

572

주2 육희성陸希聲 – "마음은 욕심 낼만한 것을 보게 된다면 이치가 아닌데도 구하게 되므로 죄가 막대해진다. 구함에 그침이 없다면 반드시 남에게 해를 끼치게 되므로 재앙이 막대해진다.[心見可欲, 非理而求, 故罪莫大焉. 求而不已, 必害於人, 故禍莫大焉.]"

감산憨山 – "옛사람이 말하기를, '만일 마음에 만족하려고 한다면 어느 때에 만족하겠는가?'라고 하였다. 탐함을 얻으려는 것을 그치지 않는다면 끝내 만족할 때가 없을 것이다. 오직 만족을 아는 만족이라야 만족하지 않음이 없게 되어, 항상 만족하게 된다.[古人云, 若厭於心, 何日而足. 以貪得不止, 終無足時. 惟知足之足, 無不足矣, 故常足.]"

••• 해 설

구咎는 『설문說文』에 "구咎는 재앙의 뜻이다.[咎, 災也.]"고 하였듯이, 재앙을 뜻한다. 참憯에 대하여 『장자』「경상초庚桑楚」에 "병기로는 마음보다 잔혹한[憯] 것이 없으니, 천하의 명검인 '막야조차도 이에 미치지 못한다.[兵莫憯于志, 鏌鋣爲下.]"고 하였듯이 '잔혹하다'의 뜻이다.

전쟁이 잔혹하다는 것에 대해서는 두말할 나위가 없을 것이다. 대군大軍이 거쳐하는 곳에는 황폐화로 인하여 가시나무만이 무성하며, 대군이 휩쓸고 간 후에는 반드시 큰 흉년이 들어 굶주린 사체들이 길거리에 나뒹군다. 어디 그뿐이겠는가? 앞 문장에서 천하에 도가 없으면 치열한 전쟁으로 인하여 수컷 말들이 무수히 죽게 되어 부족한 수요를 메우기 위해서 군마로 부적합한 암컷 말마저 군마로 사용했다고 했다. 말들조차 이처럼 많이 죽었을진대 얼마나 많은 사람들이 죽었겠는가! 두보杜甫의 「병거행兵車行」에서도 전쟁의 참혹함에 대하여 "진실로 아들 낳는 건 나쁘고, 도리어 딸 낳는 것이 좋음을 알았네. 딸 낳으면 그나마 이웃에 시집이라도 보낼 수 있지만, 아들 낳으면 들에 매장 당해 온갖 잡초와 함께 썩게 된다네.[信知生男惡, 反是生女好. 生女猶得嫁比鄰, 生男埋沒隨百草.]"라고 하였다. 두보의 이 시를 통해 우리는 당시 전쟁의 참혹상에 대해 여실히 엿볼 수 있다.

그렇다면 이러한 참혹한 전쟁은 과연 누구를 위한 전쟁인가? 백성들을 위한 것이 아님은 분명하다. 왜냐하면 전쟁의 승패勝敗와는 상관없이 전쟁이 백성들에게 안겨주는 것은 오직 재앙뿐이기 때문이다. 가령 전쟁에서 질 경우 백성들은 적국으로부터 죽임·약탈·강간 등을 당하며, 이긴다고 한들 기근饑饉에 허덕이며 간신히 생명을 부지만 할 정도가 된다. 전쟁이 백성들을 위한 것이 아니라면 도대체 누구를 위한 것인가? 전쟁은 필시 위정자를 위한 것이다. 그렇다면 위정자들은 과연 무엇 때문에 그토록 열심히 전쟁을 하려고 했는가? 그들은 이미 드넓은 땅을 소유하고 있었고, 백성들로부터 빼앗은 많은 재물들이 있었고, 자신을 보필하고 시중들 많은 신하와 궁녀와 내시들이 있었다. 이처럼 그들이 전쟁을 해야 할 절박한 상황은 없다. 그렇다면 전쟁을 하는 이유는 위정자들의 탐욕을 충족시키기 위해서라고 할 수 있다. 사람들이 생존하는데 있어서 반드시 있어야 할 것은 불과 얼마 되지 않는다. 이에 반해 왕은 모든 것들을 이미 다 갖추고 있어서 더 이상 필요한 것들이 거의 없다. 그럼에도 불구하고 당시의 왕들은 이에 만족하지 않고 천하패권을 장악하기 위하여 백성들을 전쟁터라는 사지死地로 몰아넣었다. 사실상 가혹한 착취로 인하여 얼마나 많은 백성들이 굶주려야 했으며, 숱한 전쟁의 도발로 인하여 얼마나 많은 사람들이 죽어가야 했는지에 대해선 위정자들에게 전혀 문제가 되지 않으며, 관심꺼리도 아니다. 백성들은 각자가 자신들을 위해서 살아가는 존재들이 아니라 왕의 탐욕을 위해 살아가는 일종의 가축 떼에 지나지 않았기 때문이다. 이러한 비극은 근본적으로 만족함을 알지 못하였기 때문에 생겨난 것이다. 그렇다면 끊임없이 욕심을 내어 만족할 줄 모르는 것만큼 커다란 사회적 재앙은 없다. 따라서 "욕심내는 것보다 더 큰 죄가 없고, 만족함을 알지 못하는 것보다 더 큰 화禍가 없고, 얻고자 하는 욕심보다 더 잔혹한 재앙이 없다."고 하였다.

왕은 무수히 많은 것들을 소유하고 있었으면서도 더 큰 만족을 위하여 숱한 전쟁을 도발한다는 사실을 통해서 볼 수 있듯이, 만족이란 결코 채워질 수 있는 대상이 아니다. 만족도는 오히려 주관적인 심리상태에 의거한 것이다. 즉 천하를 소유하고도 빈곤함을 느낄 수 있고, 일체 무소유無所有의 정신 속에서도 만족해 할 수 있다. 따라서 노자는 만족할 줄 알아야 만이 진정으로 만족을 느낄 수 있다고 보았다.

제47장

不出戶, 知天下, 不窺牖. 見天道, 其出彌遠者, 其知彌少.
是以聖人不行而知, 不見而明, 不爲而成.

문밖을 나서지 않더라도 천하의 이치를 알 수가 있고, 창문을 엿보지 않더라도 자연의 이치를 볼 수가 있다. 나아감이 멀어질수록 그 앎이 더욱 적어진다.
이런 까닭에 성인은 가지 않더라도 알 수가 있고, 보지 않더라도 밝게 살필 수가 있고, 행하지 않더라도 이룰 수가 있다.

不出戶,知天下,不窺牖,見天道,其出彌遠(者),其知彌少.

문밖을 나서지 않더라도 천하의 이치를 알 수가 있고, 창문을 엿보지 않더라도 자연의 이치를 볼 수가 있다. 나아감이 멀어질수록 그 앎이 더욱 적어진다.

주1 왕필본을 비롯한 통행본에는 '자者'자가 없는 반면에, 백서을본帛書乙本·『한비자韓非子』「유로喩老」·『회남자淮南子』「도응훈道應訓」과 「정신훈精神訓」·『여씨춘추呂氏春秋』「군수君守」와 같은 고본들에는 '원遠' 아래에 '자者'자가 첨가되어 있다는 점에서 '자者'가 있는 것이 옳다.

주2 하상공河上公 - "성인이 문밖을 나서지 않더라도 천하를 알 수 있다는 것은 자기 자신으로써 다른 사람을 알고 자기의 집안으로써 다른 사람의 집안을 알 수가 있다는 뜻이다. 이것이야말로 천하를 보는 방법이다.[聖人不出戶以知天下者, 以己身知人身, 以己家知人家. 所以見天下也.]"

왕필王弼 - "일에는 종주宗主가 있고 사물에는 주인이 있다. 길은 비록 다르지만 귀착점이 같고, 사려는 비록 갖가지이지만 이르는 곳이 같다. 도에는 큰 항상됨이 있고 이치에는 크게 일치함이 있으므로, 옛날의 도를 잡아서 현재를 다스릴 수 있고 비록 현재에 처해 있더라도 태초의 시작을 알 수가 있다. 따라서 문을 나서지 않고 창문을 엿보지 않더라도 알 수가 있다고 한 것이다.[事有宗而物有主. 途雖殊而同歸也, 慮雖百而其致一也. 道有大常, 理有大致, 執古之道可以御今, 雖處於今, 可以知古始. 故不出戶窺牖而可知也.]"

여길보呂吉甫 - "지금의 천하는 지극히 커서 참으로 무궁하다. 그런데도 반드시 나아감에 의존하여 알려고 한다면 힘써 노력하여도 미칠 수 있는 범위가 작으므로 아는 것이 과연 얼마나 되겠는가? 천도는 심원하여 본래는 그 깊이를 헤아릴 수가 없다. 그런데도 반드시 엿봄을 기다린 후에 보게 되면 시력이 미칠 수 있는 범위가 작으므로 본 것이 과연 얼마나 되겠는가? 따라서 '나아감이 더욱 멀어질수록 그 앎이 더욱 적어진다'고 하였다.[今夫天下之大, 固無窮也. 必待出而後知之, 則足力之所及者寡矣, 所知者幾何哉. 天道之遠, 固不測也. 必待窺而後見之, 則目力之所及者寡矣, 所見者幾何哉. 故曰, 其出彌遠, 其知彌少.]"

◦ ◦ ● 해 설

호戶는 '문'을 뜻하고, 유牖는 '창문'을 뜻한다. 천도天道는 '자연의 이치'를 뜻한다. 규窺는 '엿보다'의 뜻이다. 미彌는 '더욱'의 뜻이다.

"문을 나서지 않더라도 천하의 이치를 알 수가 있다.[不出戶, 知天下.]"에서 '문을 나서지 않더라도'란 외부로 향하는 나의 감각기관을 막는다는 뜻으로서, 52장의 "구멍(감각기관)을 막고 욕정의 문을 닫는다.[塞其兌, 閉其門]"란 말과 통하는 말이다. '천하를 알 수가 있다'란 나의 감각 기관을 막아서 외부로 향하지 않더라도 세상의 이치를 잘 알 수 있다는 말이다. "창문을 엿보지 않더라도 자연의 이치를 알 수가 있다.[不窺牖, 見天道]"에서 '창문을 엿보지 않더라도'란 외부 세계를 관찰하지 않는다는 의미이다. '자연의 이치를 알 수가 있다'란 도를 알고자 관찰하지 않더라도 이미 내 마음속에 명지明知가 있어서 도를 알 수 있다는 말이다.

관봉關鋒과 임율시林聿時와 같은 학자들은 본 장을 지적하며, "노자는 경험 지식 없이도 신비주의적 직관이나 생득적 관념에 의해서 알 수 있다고 말하였다."고 주장하였다. (「論老子哲學體系的唯心主義本質」, 『老子哲學討論集』, 中華書局.) 그러나 본 구절에서 말하고자 하는 것은 지각경험을 부정하고 생득적 관념만을 긍정한다는 의미가 아니다. 우리는 노자가 말한 배움[學]의 의미를 올바로 이해할 필요가 있다. 48장의 "학문을 행하는 자는 나날이 늘고 도를 행하는 자는 나날이 줄어든다.[爲學日益, 爲道日損.]"고 하였는데, 이 문장에 근거해 노자가 학문을 거부했다는 식으로 해석한다면 커다란 오류를 범하게 된다. 동양에서의 학學은 서양에서와 같이 '참된 존재란 무엇인가'라는 존재론이나 '참된 존재를 어떻게 알 수 있는가?'라는 인식론으로서의 학이 아니라 '어떻게 살아갈 것인가?'라는 실천으로서의 학이며, 노자가 비판한 학의 대상도 실천으로서의 학이다.

그렇다면 노자는 어째서 실천의 과정에서 '나아감이 더욱 멀어질수록 그 앎이 더욱 적어진다'고 하였는가? 노자는 33장에서 "남을 아는 것을 지智라고 하고, 스스로를 아는 것을 명明이라 한다.[知人者智, 自知者明.]"고 하였다. 지智는 외부로 향하는 사려작용을 말한 것이고, 명明은 우리의 마음에 본래부터 간직하고 있는 밝은 지혜를 말한 것으로서 구체적으로 표현한다면 본능本能에 가깝다. 여기서의 본능이란 말 그대로 '본래부터 능함'이란 뜻이다. 흔히 서양에서는 이성과 본능을 구별한 동시에 이성이란 인간만의 특징으로서 고차원적인 것인 반면에 본능이란 동물적인 것으로서 저차원적인 것이라고 생각한다. 그러나 이것 자체가 인간 중심적 편견일 수 있다. 생명체 안에의 유전자 속에는 이미 수 억 년이란 장구한 시간동안 축적된 경험의 정보들이 담겨져 있음에 유의할 필요가 있다.

인간은 다른 동물과는 견줄 수 없는 탁월한 지혜를 가지고 있다. 그 정화로 드러난 것이 과학문명이다. 그러나 찬란한 과학문명을 이룬 지혜란 것도 생명 스스로 발휘하는 지혜에 견주어본다면 하잘 것 없는 것에 지나지 않는다. 인간은 방대한 지식을 저장할 수 있는 컴퓨터를 만들어냈지만 컴퓨터에 저장된 정보량이라고 하는 것도 눈에 보이지 않는 가장 하등한 박테리아 하나의 정보량에도 미칠 수 없으며, 정교한 로봇을 만든다고 할지라도 그 성능이라는 것은 가장 단순한 세포의 성능에도 훨씬 못 미치며, 질병을 치료하는 신약이 끊임없이 개발되었다고 하더라도 이것 역시 생명체가 자신의 몸속에서 스스로 만들어낸 항체에 미칠 수가 없다. 레이더나 비행기와 같은 첨단의 기술은 인간 고도의 지혜가 만들어 낸 것이지만, 박쥐나 새는 수 천만년 전에 이것을 이미 완벽에 가깝게 구현하였다. 물론 인간들이 만들어 놓은 일체의 문명적인 것은 지혜의 결정체이기는 하다. 그러나 노자는 이러한 문명적인 것들은 본성으로부터 나온 자연적인 지혜에 미칠 수 없다고 보았다.

주자학이 사물 밖에서 이치를 찾으려고 한 것에 대한 반동으로, 양명학에서는 "마음에 모든 이치가 다 구비되었다."고 주장하였다. 양명학의 이 주장은 바로 노자의 주장이기도 하였다. 더 나아가 동양 사상에 있어서 중요한 하나의 모토였다.『맹자』「진심장盡心章」(상)에서도 "사람들이 배우지 않고서도 능한 것이 '양능良能'이며, 생각하지 않고도 아는 것이 '양지良知'이다.[人之所不學而能者, 其良能也, 所不慮而知者, 其良知也.]"라고 하여, 인간의 본성에는 '양지良知'와 '양능良能'을 가지고 있다고 보았다. 선종의 최고봉인 혜능慧能도 "사람의 성품은 본래 깨끗한 것인데, 망념 때문에 진여가 덮여 가려지게 되었다. 망념이 없어진다면 본래의 성품은 깨끗해진다.[人性本淨, 爲妄念故, 蓋覆眞如. 離妄念, 本性淨.]"고 하였다. (『六祖壇經』,「識心見性」) 즉 인간의 본래 마음은 청정한 것으로서 다만 망념에 의해 이 본래의 마음이 오염되어졌을 뿐이라는 것이다. 그렇다면 수양공부란 것도 본래부터 가지고 있는 양능良能이나 양지良知 혹은 청정淸淨한 마음을 되찾는 것에 지나지 않는다고도 볼 수 있다.

是以聖人不行而知, 不見而明(名), 不爲而成.

이런 까닭에 성인은 가지 않더라도 알 수가 있고, 보지 않더라도 밝게 살필 수가 있고, 행하지 않더라도 이룰 수가 있다.

주1 불견이명不見而明 :

왕필본을 비롯한 대다수 판본에는 '불견이명不見而名'으로 되어 있다. 백서갑본帛書甲本・『한비자』「유로」・장사성본長沙成本・위대유본危大有本에는 '명名'이 '명明'으로 되어 있다. 장석창蔣錫昌은 "명名과 명明은 옛날에 비록 통

제47장 581

용되었지만, 노자에서는 명明으로 되어 있지 명名으로 되어 있지 않다. 22장의 '불자현고명不自見故明'과 52장의 '견소왈명見小曰明'은 모두 견見과 명明을 연결하여 말하고 있으니, 모두 그 증거가 된다. 여기서는 장사성본張嗣成本에 의거하여 고치는 것이 마땅하다.[名明古雖通用, 然老子作明, 不作名. 二十二章, 不自見故明, 五十二章, 見小曰明, 皆見明連言, 均其證也. 此當據張本改.]"고 하였다. 필자의 견해로는 '불견이명不見而明'이 옳다고 본다. 다만 주겸지朱謙之가 "「석명釋名」과 「석언釋言」에서 '명名, 명야明也.'라고 말하였다. '명名'과 '명明'은 음과 뜻이 서로 통하는 것이니, 반드시 글자를 고칠 필요는 없다."고 한 주장도 참고할만하다.

주2 왕필 – "이미 사물의 지극함을 얻었으니, 비록 가지 않더라도 사려로써 알 수가 있다. 이미 사물의 종주[宗]를 알았으니, 비록 보지 않더라도 시비의 이치를 얻어 이름 지을 수가 있다. 사물의 본성을 밝히고 그것에 따를 뿐이므로, 비록 도모하지 않더라도 그것을 이루게 한다.[得物之致, 故雖不行而慮可知也. 識物之宗, 故雖不見而是非之理可得而名也. 明物之性, 因之而已, 故雖不爲而使之成矣.]"

●●● 해 설

불행不行이란 현실세계를 몸소 경험하지 않음을 뜻하고, 불견不見이란 바깥 사물을 직접 관찰하지 않음을 뜻하고, 불위不爲란 직접 일을 도모함지 않음을 뜻한다. 앞서 말했듯이, 이미 내 안에 '밝음[明]'을 구비하고 있으며 또한 이것은 저절로 드러날 뿐이다. 따라서 애써 드러내려 할 필요가 없으며 굳이 밖에서부터 구할 필요도 없다. 즉 도를 체득한 성인은 멀리까지 가서 몸소 체험하지 않더라도 세상의 이치에 훤히 알 수가 있으며, 외물을 직접 경험하지 않더라도 밝게 살필 수가 있으며, 애써 일을 도모하지 않더라도 저절로 일이 성사될 수 있다.

제 4 8 장

爲學者日益, 爲道者日損.
損之又損, 以至於無爲. 無爲而無不爲.
取天下, 常以無事. 及其有事, 不足以取天下.

학문을 행하는 자는 나날이 늘어나고 도를 행하는 자는 나날이 줄어든다.
덜어내고 또 덜어내어서 무위에까지 이르게 해야 한다. 무위에 이르게 되면 하지 않음이 없게 된다.
천하를 취하려면 항상 '일 없음[無事]'으로써 해야 한다. '일 있음[有事]'에 미쳐서는 천하를 취하기에 부족해진다.

爲學(者)日益, 爲道(者)日損.

학문을 행하는 자는 나날이 늘어나고 도를 행하는 자는 나날이 줄어진다.

주1 왕필본을 비롯한 통행본에는 "위학일익爲學日益, 위도일손爲道日損."으로 되어 있으나, 백서을본帛書乙本에는 "위학자일익爲學者日益, 위도자일손爲道者日損."으로 되어 있다. 부혁본傅奕本 · 범응원본范應元本에도 두 '일日'자 앞에 '자者'자가 있다. 범응원은 "부혁본과 엄준본 및 고본古本에는 '자者'자가 있다.[傅奕嚴遵與古本有者字.]"고 하였다. 자者가 있는 것이 옳다. 그 이유는 1)최고본인 죽간본竹簡本에도 "학자일익學者日益, 위도자일손爲道者日損."으로 되어 있어 두 개의 '자者'자가 첨가되어 있으며, 2)20장의 왕필주王弼注에서도 "위학자일익爲學者日益, 위도자일손爲道者日損."으로 되어 있으며, 3)『장자』「지북유知北遊」에서도 '위도자일익爲道者日損'으로 되어 있기 때문이다.

주2 하상공 - "학이란 정치적 교화政敎나 예악과 같은 학문을 말한다. 나날이 늘어난다는 것은 정욕情欲과 문식文飾이 나날이 더욱 많아짐을 의미한다.[學, 謂政敎禮樂之學也. 日益者, 情欲文飾日以益多.]"

왕필 - "(학문을 행하면 나날이 늘어난다고 한 것은) 잘하는 것을 정진精進하고자 힘씀이고, 익히던 것을 늘리고자 힘씀이다. (도를 행하면 나날이 줄어든다는 것은) 허무에로 돌아가고자 힘씀이다.[務欲進其所能, 益其所習. 務欲反虛無也.]"

●●● 해 설

학學에 대하여 하상공은 '정교政敎'와 '예악禮樂'으로 보았는데 이것은 편협한 해석이다. 학이란 인간들이 마땅히 살아가야 할 도리에 대한 총체적인 배움을 지칭한다. 익益은 24장의 '여사췌행餘食贅行, 남은 찌꺼기 밥과 군더더기의 행위'과 같은 뜻이다.

선진先秦의 사상가들은 대체로 동물과 인간은 본질적으로 다르지 않다고 보았다. 맹자 역시 사람의 본성과 동물의 본성은 크게 다르지 않다고 보았다. 다만 인간과 동물의 유일한 차이점은 인간만이 이 덕성德性을 간직하고 있다는 점이다. 만일 이 덕성을 잃게 된다면 동물과 하등 차이점이 없게 된다. 따라서 『맹자』「등문공滕文公」(하)에서 "아비도 없고 임금도 없다면 금수와 같아진다.[無父無君 是禽獸也.]"고 하였으며,「등문공」(상)에서 "사람에게는 도리가 있다. 배불리 먹고 따뜻이 옷을 입고 편안히 거처하기만 하면서 가르침이 없으면 짐승에 가까워진다. 성인은 이 점을 우려하여 설契로 하여금 사도로 삼아 인륜을 가르쳤다. 이로써 부자父子간에 친애함이 있게 되었고, 군신君臣간에 의리가 있게 되었고, 부부夫婦간에 구별이 있게 되었고, 장유長幼간에 순서가 있게 되었고, 붕우朋友간에 믿음이 있게 되었다.[人之有道也. 飽食煖衣逸居而無教, 則近於禽獸. 使契爲司徒, 教以人倫. 父子有親, 君臣有義, 夫婦有別, 長幼有序, 朋友有信.]"고 하였다. 이처럼 선진유가에서는 인간이 동물과 다른 유일한 차이점으로 덕성을 통한 상하질서의 도모에 있으며, 학이란 이러한 덕성을 잘 발시키기 위한 도구하고 보았다.

반면에 노자는 동물과 인간 사이의 본질적인 차이란 없을 뿐만 아니라 서로 구별할 필요조차 없다고 보았다. 유가에서는 인간과 동물이 궁극적인 차이를 윤리규범을 통한 상하구별로써 제시하였으나, 노자의 관점에서 보면 이러한 구별은 무의미한 구별에 지나지 않는다. 유가의 경우 구별과 차별을 통해 질서를 도모할 수 있다고 보았으나, 노자는 오히려 당시 혼란의 주범이 바로 구별과 차별 때문에 생겨났다고 보았다. 이처럼 노자는 인간과 다른 동물과의 차별을 위하여 제시한 인간적 도리라고 하는 것은 무의미한 것이라고 보았기 때문에, 인간적인 도리를 배우는 학이라는 것은 쓸모없는 군더더기에 지나지 않는다고 보았다. 군더더기만이 늘어나게 되면 우리들의 자유로운 활동을 속박하게 할 따름이다. 따라서 배우면 배울수록 군더더기만이 늘어날 뿐이며, 배우지 않으면 않을수록 군더더기들이 없어질 것이라고 말한 것이다.

損之又損, 以至於無爲. 無爲而無不爲.

덜어내고 또 덜어내어서 무위에까지 이르게 해야 한다. 무위에 이르게 되면 하지 않음이 없게 된다.

주1 죽간본에는 "손지혹손損之或損, 이지무(무)위야以至亡(無)爲也, 무(무)위이무(우)불위亡(無)爲而亡(無)不爲."로 되어 있다. 혹或은 우又와 통용된다. 경룡본景龍本·이현본易玄本·경복본景福本·누고본樓古本·수주본遂州本·고환본顧歡本·부혁본·범응원본·초횡본焦竑本과 등과 같은 판본에는 '지之'자 하나가 더 첨가되어 '손지우손지損之又損之'로 되어 있으나 옳지 않다. 왜냐하면 죽간본·백서본·왕필본 등 최고본에는 '지之'자가 없으며, 본 구절은 1장의 '현지우현玄之又玄'의 용례와 비슷하기 때문이다.

주2 왕필 - "인위적인 행함이 있으면 잃어버리는 것이 있게 된다. 따라서 무위하여야 하지 않음이 없게 된다.[有爲則有所失. 故無爲乃無所不爲也.]"
    감산憨山 - "처음에는 지智로써 욕정을 제거하기에 '던다[損]'고 말할 수 있다. 욕정을 잊게 되면 지智 역시 사라지게 되기에 '또한 던다[又損]'고 하였다. 이와 같이 하면 마음과 바깥 경계 양쪽을 모두 잊게 되어 사욕이 모두 깨끗해져서 무위에 이르게 된다.[初以智去情, 可謂損矣. 情忘則智亦泯, 故又損. 如此則心境兩忘, 私欲淨盡, 可至於無爲.]"

••• 해설

감산을 비롯한 여러 학자들은 덜어냄을 '손損'으로 보았고, 덜어내려는 마음조차 덜어냄을 '우손又損'으로 보았다. '공空하려는 것 또한 집착이기에, 공空한 것 또한 공空하다'는 견해는 대승불교大乘佛敎의 주요 모토였으며, 이러한 관점에 의거해 보면 '덜어내려고 함' 자체가 이미 집착이다. 그러나 이것은 어디까지나 불교적 관점에 의거한 해석이다. 손지우손損之又損은 1장의 '현지우현玄之又玄'과 같이 '덜어냄損'을 강조하기 위해서 중복해 사용한 것이다.

　　사회란 일종의 '문화 구성체'이다. 그런데 문화文化에서의 문文은 질質과 상반된 개념으로서, 질質이 타고난 바탕을 의미한다면 문文은 꾸밈이다. 문화란 말 그대로 풀이하면 '꾸미는 것'을 의미한다. 우리는 문화의 영역에서 한 치도 벗어날 수 없는 한 좋든 싫든 간에 꾸밈의 세계 속에서 살아갈 수밖에 없다. 공자는 일찍이 문과 질의 조화를 강조하였다. 가령 『논어』 「옹야雍也」에서 "문과 질이 적당히 배합되어야 한다.[文質, 彬彬]"고 하였다. 그러나 노자는 문文과 질質을 서로 상반된 개념으로 보았다. 즉 문이란 단순한 꾸밈에 지나지 않으며, 학이란 것도 결국은 꾸미는 것을 배우는 것일 뿐이라고 보았다. 따라서 노자는 "부단히 덜어내야 한다.[損之又損]"고 말하였다. 부단히 덜어내면 본래의 바탕에까지 이르게 된다. 본래의 바탕에 이르게 되면 인위적인 요소들은 모두 사라지고 오직 자연 본성만이 남게 된다. 따라서 우리의 모든 행위는 본성에 의거한 행위가 되며, 이처럼 본성에 의거한 행위는 인위적인 것이 일체 없으므로 '무위無爲'라고 부른다. 그런데 노자는 무위하게 되면 "하지 못함이 없게 된다.[無不爲]"고 하였다. 어째서인가? 자연계의 생명체들을 보자. 동물들은 배우지 않아도 저절로 때에 응하여 자고, 저절로 때에 응하여 먹고, 저절로 때에 응하여 번식한다. 또한 행위를 규제하고 속박하는 사회적 규범과 같은 것이 없으면서도 자연계는 저절로 질서를 이루고 있다. 이것은 바로 무위이지만 결과적으로 하지 않음이 없음이다.

取天下, 常以無事. 及其有事, 不足以取天下.

천하를 취하려면 항상 '일 없음[無事]'으로써 해야 한다. '일 있음[有事]'에 미쳐서는 천하를 취하기에 부족해진다.

주1 취取 :

하상공 – "취取는 다스림[治]이다.[取, 治也.]"

주2 하상공 – "천하를 다스림에 있어선 항상 무사無事로써 해야 마땅하며 번잡하게 애씀은 부당하다. 일 있음을 좋아함에 미치게 되면, 정치적 교화가 번잡해지고 백성들은 불안해하기 때문에, 천하를 다스리기에 부족하게 된다.[治天下[常]當以無事, 不當煩勞也. 及其好有事, 則政敎煩, 民不安, 故不足以治天下也.]"

●●● 해 설

'취천하取天下'에서 취取는 하상공河上公의 주장과 같이 '다스림[治]'의 뜻이다. 무사無事란 위정자가 일거리를 만들어 내지 않음이란 뜻이다. 위정자가 일거리를 만들지 않고 백성들 스스로 자치自治를 이룰 수 있도록 맡겨둔다면 자연히 무위를 이루게 된다. 그런데 노자는 무위하게 되면 오히려 질서를 이루지 않음이 없게 된다고 보았다. 따라서 무사無事로써 다스려야 한다고 말하였다. 반면에 유사有事란 위정자가 자꾸만 일거리를 만들어내려 함이다. 유가에서의 이상적인 정치형태는 왕도정치王道政治이다. 왕도정치란 덕으로써 다스려 백성들로부터 몸소 칭송 받는 정치형태로서, 17장의 "백성들이 군주를 몸소 칭송한다.[親譽之]"에 해당된다. 왕이 백성들로부터 칭송 받기 위해서는 침실에 드는 것조차 잊고 불철주야 다스림에 힘쓴다. 그러나 왕이 아무리 백성들을 위한 정치를 행한다고 할지라도 이것은 어디까지나 유위에 불과하다. 또한 17장에서 "가장 훌륭한 정치는 백성들이 군주가 있음만을 아는 정치이다.[太上, 下知有之]"고 한 것처럼, 이러한 유위정치는 무위정치만 못하다. 따라서 이러한 왕도정치로써 천하를 다스린다고 할지라도 최상이 될 수 없다는 점에서 뭔가 부족함이 있다고 하였다.

제49장

聖人無常心, 以百姓心爲心.
善者吾善之, 不善者吾亦善之, 德善.
信者吾信之, 不信者吾亦信之, 德信.
聖人在天下, 歙歙焉, 爲天下渾其心.
百姓, 皆注其耳目, 聖人皆孩之.

성인聖人은 일정한 마음이 없으며, 단지 백성들의 마음으로써 자신의 마음으로 삼는다.
선한 자를 내가 선하게 대하고, 선하지 않은 자를 내가 또한 선하게 대하니, 덕이 선하기 때문이다.
진실한 자를 내가 진실하게 대하고, 진실하지 못한 자를 내가 또한 진실하게 대하니, 덕이 진실하기 때문이다.
성인은 천하에 임함에 있어서 고집함이 없이 천하를 위해 자신의 마음을 혼돈스럽게 한다.
백성들이 모두 그의 이목에 집중되어 있더라도, 성인은 그들을 모두 어린아이처럼 다룬다.

聖人無常心, 以百姓心爲心.

성인은 일정한 마음이 없으며, 단지 백성들의 마음으로써 자신의 마음으로 삼는다.

주1 무상심無常心 :

왕필본을 비롯한 많은 판본에는 '무상심無常心'으로 되어 있으나, 경룡비본景龍碑本 · 돈황본敦煌本 · 고환본顧歡本에는 '상常'자가 없다. 백서을본帛書乙本에는 '항무심恒无心'으로 되어 있다. 장순일張純一과 엄영봉嚴靈峰은 마땅히 '상무심常無心'이 되어야 한다고 주장했다. 노자가 다른 장에서 '상常'자를 긍정적으로 사용하고 있다는 점에서 '상常'자가 없다고 보는 견해나 '상무심常無心'으로 보는 견해도 타당성은 있지만, 여기서는 기존의 판본을 따랐다.

주2 하상공河上公 – "성인은 고침을 중히 여기고 따름을 귀하게 여기니, 마치 스스로 무심한 것 같다. 백성들의 마음이 편안한 까닭은 백성들을 따라 좇았기 때문이다.[聖人重改更, 貴因循, 若自無心. 百姓心之所便, 因而從之.]"

소자유蘇子由 – "(도는) 공허하여 형태가 없으므로 만물의 형태에 의거하여 형태로 삼았을 따름이다. 가령 네모에 있으면 네모가 되고 원에 있으면 원이 된다. 만일 도 스스로가 형태를 갖추었다면 그 무엇으로써 만물을 드러낼 수 있었겠는가?[空虛無形, 因萬物之形以爲形. 在方爲方, 在圓爲圓. 如自有形, 則何以形萬物哉.]"

황등산黃登山 – "상심常心이란 『장자』 「제물론齊物論」에서 말하는 '성심成心', 공자가 말하는 '무아毋我'의 아我로서, 사심이나 편견의 뜻이다.

••• 해설

『노자』에서의 상常에는 두 가지 용법이 있다. 변화를 포용하는 '항상됨'이란 뜻과, 변화를 거부하는 '일정불변一定不變'이란 뜻이 바로 그것이다. 전자는 '지속성의 개념'에 속하고 후자는 '불변성의 개념'에 속한다. 1장의

'도가도道可道, 비상도야非常道也'에서의 상常은 전자에 속하고, 본 구절에서의 상常은 후자에 속한다. 『장자』「추수秋水」에서도 "귀함과 천함엔 때가 있으므로 불변적[常]이라고 할 수 없다.[貴賤有時, 未可以爲常也.]"고 하였듯이, 장자 역시 변화를 거부하는 불변성이란 의미로서의 상常을 비판적 시각으로 바라보았다.

상심常心은 성심成心과 같은 말로 고집으로 인해 변화를 거부하는 마음이다. '무상심無常心'이란 자신만을 고집하는 마음이 없음이다. 성인의 마음은 허정虛靜을 본체로 하고 있기 때문에 '고집하는 마음[常心]'을 갖지 않는다. 허정한 마음이란 거울과 같은 것이어서 사물을 억지로 맞이하려 하지도 않고 억지로 간직하려 하지도 않는다. 단지 무심코 사물에 응할 따름이다. 무심코 사물에 응하기 때문에 편견에 사로잡히는 마음이 없으며 자신을 주장하는 마음도 없다. 자신을 주장하지 않음에 대하여 『장자』「응제왕應帝王」에서 "지인至人의 마음의 작용은 거울과 같다. 사물을 보냄도 맞이함도 없으며, 외물外物에 응하면서도 간직하지 않는다.[至人之用心若鏡. 不將不迎. 應而不藏.]"고 했다.

성인은 치治에 있어서 왕을 지칭한다. 왕은 백성들을 다스림에 있어서 자신을 고집함이 없기 때문에 자신의 판단기준에 의거하지 않고 단지 백성의 마음을 가지고 자신의 판단 기준으로 삼는다. 또한 백성들의 마음으로써 자신의 마음으로 삼기 때문에 백성들의 마음이 곧 성인의 마음이며, 성인의 마음이 곧 백성의 마음이다. 즉 성인과 백성은 두 가지 마음이면서도 한 가지 마음인 것이다. 이와 관련하여 『서경』「태서泰誓」(중)에서도 "하늘이 보실 때에는 우리 백성들이 봄으로부터 하며, 하늘이 들으실 때에는 우리 백성들이 듣는 것으로부터 한다.[天視自我民視, 天聽自我民聽.]"고 하였다. 『논어』「안연顏淵」에서도 "군자의 덕은 바람이오, 소인의 덕은 풀이다. 풀 위에 바람이 불면 반드시 그리로 쏠린다.[君子之德, 風也, 小人之德, 草也. 草上之風, 必偃.]"고 하였다.

善者吾善之, 不善者吾亦善之, 德善. 信者吾信之, 不信者吾亦信之, 德信.

선한 자를 내가 선하게 대하고, 선하지 않은 자를 내가 또한 선하게 대하니, 덕이 선하기 때문이다. 진실한 자를 내가 진실하게 대하고, 진실하지 못한 자를 내가 또한 진실하게 대하니, 덕이 진실하기 때문이다.

주1 왕필본을 비롯한 통행본에는 '덕선德善' '덕신德信'으로 되어 있는데, 경룡비본景龍碑本·돈황기본敦煌己本·수주본遂州本에는 '득선得善' '득신得信'으로 되어 있고, 엄준본嚴遵本·부혁본傅奕本·오징본吳澄本에는 '득선야得善也' '득신야得信也'로 되어 있다. 백서본에는 '덕선야德善也' '덕신야德信也'로 되어 있다. 덕德으로 보느냐 득得으로 보느냐 여하에 따라서 해석이 달라진다. 가령 '덕선德善' '덕신德信'은 '덕이 선하기 때문이다' '덕이 신의가 있기 때문이다'로 풀이되는 반면에, '득선得善' '득신得信'으로 볼 경우 '선을 얻었기 때문이다' '신의를 얻었기 때문이다'로 풀이된다.

주2 하상공 - "백성들이 선하면 성인도 이에 의거하여 선하게 대하고, 백성 중에 설령 선하지 못한 자가 있다고 하더라도 성인은 그를 교화시켜 선하게 만든다.[百姓爲善, 聖人因而善之, 百姓雖有不善者, 聖人化之使善也.]"

　　왕필 - "제각기 나름의 쓰임에 따르게 된다면 선한 것을 잃지 않는다.[各因其用, 則善不失也.]"

　　소자유 - "선함이니 선하지 못함이니 할 것 없이 모두를 선하게 대한다. 진실함이니 진실하지 못함이니 할 것 없이 모두를 진실하게 대한다. 선함이니 선하지 못함이니 하는 것은 저기에 있으며, 내가 그들에게 선하게 대하는 것은 일찍이 변함이 않으니 '덕은 선하다'고 말할만하다. 진실함이니 진실하지 못함이니 하는 것은 저기에 있으며, 내가 그들에게 진실하게 대하는 것은 일찍이 변함이 않으니 '덕은 신의가 있다'고 말할만하다.

반면에 선을 선으로 대할 뿐 선하지 않음을 버리며, 진실함을 진실함으로 대할 뿐 진실하지 못함을 버린다면, 어떻게 '항상 잘 남을 구원해 주기 때문에 버림이 없다'고 말할 수 있겠는가?[無善不善, 皆善之. 無信不信, 皆信之. 善不善在彼, 吾所以善之者, 未嘗渝也, 可謂德善矣. 信不信在彼, 吾所以信之者, 未嘗變也, 可謂德信矣. 不然, 善善而棄不善, 信信而棄不信, 豈所謂, 常善救人, 故無棄人哉.]"

••• 해 설

선善이니 불선不善이니 신信이니 불신不信이니 하는 것들은 본래부터 존재하는 것이 아니며, 단지 인간이 정해놓은 규정의 산물에 지나지 않는다. 즉 정해놓은 표준에 잘 들어맞으면 선이 되고, 잘 들어맞지 않으면 '불선不善'이 된다. 그런데 인간이 정해놓은 원칙이란 것은 잘 구원해주는 것이 있지만 동시에 쓸모없다고 하여 가차 없이 버리는 일도 있다. 반면에 도의 견지에서 보면 모든 만물은 '쓸모 있다'와 '쓸모없다'고 하는 차별이 없다. 모든 것들은 제각기 나름의 가치를 가지고 있기 때문이다. 따라서 도는 쓸모 있다고 하여 편애하는 일이 없으며, 쓸모없다고 하여 버리는 일도 없다. 어째서인가? 덕德은 득得과 같기 때문이다. 사람들은 각기 도를 얻어 간직하고 있는데, 이 도가 만물에 내재된 것을 '덕'이라고 한다. 도가 선하고 진실한 것이란 점에서 덕 역시 선하고 진실하다고 말하였다. 사람이 비록 불선不善하다고 할지라도 이것은 본래부터 그러한 것이 아니라, 선함과 진실함이 가려졌기 때문이다. 성인은 모든 사람들의 마음속에 선한 씨앗이 있다고 믿고 있기 때문에 비록 선하지 못하고 진실하지 못한 사람이라고 할지라도 버림이 없다. 따라서 27장에서도 "성인은 항상 잘 사람들을 구원해주기 때문에 버림이 없다.[聖人, 常善救人, 故無棄人.]"고 하였다.

聖人在天下, 歙歙(焉), 爲天下渾其心.

성인은 천하에 임함에 있어서 고집함이 없이 천하를 위해 자신의 마음을 혼돈하게 한다.

주1 흡흡언^{歙歙焉}:

왕필본·부혁본·범응원본^{范應元本}에는 흡흡^{歙歙}으로 되어 있으나, 하상공본에는 출출^{怵怵, 두려워하는 모양}로 되어 있고, 어주본^{禦注本}과 돈황본^{敦煌本}에는 첩첩^{惵惵, 두려워하는 모양}으로 되어 있다. 또한 왕필본에는 '언^焉'자가 빠져있으나, 백서본·부혁본·범응원본·사마광본^{司馬光本}·이약본^{李約本}·오징본^{吳澄本}에는 '언^焉'자가 있다. 왕필주^{王弼注}의 문장에 "시이성인재천하흡흡언^{是以聖人在天下歙歙焉}, 심무소주야^{心無所主也}."라고 한 것으로 보아, 왕필본에는 본래 '흡흡^{歙歙}' 아래에 언^焉이 있었다고 본다. 따라서 '흡흡언^{歙歙焉}'으로 보는 것이 옳다. 흡^歙에 대하여 범응원^{范應元}은 "흡^歙은 수렴을 뜻한다.[歙, 收斂也.]"고 풀이하였다.

주2 왕필 - "이러한 까닭에 성인이 천하에 대하여 흡흡^{歙歙}하다는 것은 마음이 주장하는 것이 없음이다. 천하를 위해 마음을 혼돈스럽게 한다는 것은 자신의 뜻을 전적으로 주장함도 전적으로 주장하지 않음도 없음이다. [是以聖人在天下歙歙焉, 心無所主也. 爲天下渾其心焉, 意無所適莫也.]"

하상공 - "성인이 천하 백성들을 위하여 자신의 마음을 혼탁하게 함이 마치 어리석고 몽매하여 통하지 않는 것처럼 함을 말한 것이다.[言聖人爲天下百姓渾濁其心, 若愚闇不通也.]"

••• 해설

흡^歙은 '수렴^{收斂}'의 뜻으로서, 흡흡언^{歙歙焉}이란 '자신을 고집함이 없이 외물^{外物}을 있는 그대로 받아들이는 모양'을 뜻한다. 즉 앞 문장에서의 '고집하는 마음이 없음[無常心]'과 의미상으로 비슷하다. 혼渾은 박樸・우愚・무명無名・혼混・탁濁 등과 비슷한 의미로서, 사리를 구별하지 않아 혼돈스런 모양을 뜻한다.

흔히 사리를 명찰明察하여 시비를 분명히 가르는 왕을 현명하고 훌륭한 왕이라고 부른다. 그런데 노자는 오히려 사리를 구별하려 하지 않는 왕이야말로 가장 훌륭한 왕이라고 보았다. '무분별無分別'이란 단어가 우리에게 부정적인 이미지로 다가옴은 부인할 수 없는 사실이다. 왜냐하면 '무분별'이란 사리를 구별하지 못함이며, 사리를 구별하지 못함은 곧 '멍청함'과 통하는 말이기 때문이다. 따라서 노자의 주장을 직설적으로 표현한다면 '멍청한 임금이 가장 훌륭한 임금이다'가 된다. 일반적 상식을 가진 사람이라면 이러한 주장을 납득하기 어렵다. 그렇다면 노자는 어째서 '명찰明察'을 말하지 않고, 하필이면 '혼돈[渾]'을 말한 것일까? 이것을 '우민정치愚民政治'와 관련시켜 보려는 학자들도 있지만, 이러한 견해는 노자의 본래 취지와 거리가 멀다. '우민정치'에 있어서 어리석게 만드는 대상은 – '우민'이란 말에서도 볼 수 있듯이 – 반드시 백성들을 가리키는 것이지 왕을 가리키는 것이 아니다. 그러나 여기서는 왕 자신이 어리석어야 한다고 말하고 있다. 또한 '우민정치'의 목적은 위정자의 권력 강화를 위한 것이라는 점에서 위정자를 위한 것인데, 노자는 '천하를 위하여 자신의 마음을 혼돈스럽게 한다[爲天下渾其心]'고 하였듯이 왕이 혼渾해야 하는 까닭은 순전히 천하 백성들을 위함 때문이라고 말하고 있다. 따라서 본 문장을 '우민정치愚民政治'와 연관시키려는 견해들은 타당하지 못하다.

이제 위정자가 혼渾할 것을 강조한 이유가 무엇 때문인가에 대하여 살펴보자. 솔로몬과 같은 지혜로운 왕이란 사물을 명찰明察하고 시비를 분별할 줄 아는 왕이다. 그런데 사물을 명찰明察하고 시비를 판단하기 위해서는 반드시 자신의 판단기준이 있어야 한다. 흔히 자신을 지혜롭다고 믿는 왕일수록 자신의 판단기준을 전적으로 신뢰하여 이것을 단호히 결행하려

하기 마련이다. 그러나 노자는 이러한 것을 '상심常心'이라고 보았다. '상심常心'은 자신을 고집하는 마음이다. 그런데 자신을 고집하는 마음은 한곳에 치우쳐 있는 마음인 '편심偏心'을 낳는다. 또한 편심을 갖게 되면 변화하는 상황과는 무관하게 자신의 뜻을 관철하려고 하며, 자신의 판단 기준에 의거하여 만사를 재단裁斷하려고 한다. 이에 의거할 경우 필연적으로 '쓸모 있음'과 '쓸모없음'이 나누어지게 되며, 쓸모 있는 것에 대해선 편애하게 되고 쓸모없는 것에 대해선 엄단하게 된다. 여기에는 잘 구해주는 것이 있지만 동시에 쓸모없다고 하여 가차 없이 버려지는 것도 있다. 사람들이 지혜로운 왕을 칭송하는 까닭은 잘 구해주는 긍정적인 측면만을 보았기 때문인데, 노자는 이와 반대로 구원해줌의 이면 속에 쓸모없다고 여겨 가차 없이 버려지는 부정적인 측면도 있음을 직시하였던 것이다. 따라서 노자는 분별하지 않는 마음인 '혼渾'을 중시하였다.

 혼渾은 사리를 구별하지 않음이다. 사리를 구별하려는 마음이 떠나 있기 때문에 자신의 판단기준을 고수하려 하지 않는다. 그렇다면 일체의 판단기준이란 정녕 없는 것인가? 노자는 있다고 보았으며, 그것이 바로 백성들의 마음이다. 왕이란 백성들을 통치하는 자이다. 통치한다는 것은 자신의 뜻을 백성들에게 관철시킴이다. 반면에 노자는 왕이란 민심을 대변해주는 자일뿐이라고 여겼다. 여기에는 백성들을 낱낱이 살피는 명찰明察이나, 자신의 판단기준이 되는 지혜라는 것들이 필요하지 않다. 또한 사리를 구별하지 않고 모든 일체의 것들을 하나로 포용하기 때문에 '쓸모 있음'과 '쓸모 없음'이란 것이 없으며, 모두가 다 귀중한 생명을 가진 쓸모 있는 자들인 것이다. 따라서 노자는 왕이란 사리를 구별하지 말아야 한다고 보았다. 그리고 사리를 구별하지 않음이야말로 진정으로 백성들을 위한 것이라고 믿었다.

 노자의 이러한 주장 속에는 인간에 대한 강한 신뢰감이 전제되어 있다. 한비韓非와 같은 법가에서는 인간을 부정적으로 보았기 때문에, 백성들을 법이라고 하는 규제 속에다 집어넣고서 강제화 시켜 통치하여야 비로소 안정적으로 사회적 질서를 이룰 수 있다고 보았다. 그러나 노자의 경우엔 백성들을 그대로 놔두면 자발적으로 질서와 조화를 이룰 수 있다고 보았다.

百姓皆注其耳目, 聖人皆孩之.

백성들이 모두 그의 이목에 집중되어 있더라도, 성인은 그들을 모두 어린아이처럼 다룬다.

주1 주注가 백서갑본에는 '촉屬, 따르다'으로 되어 있는데, 고명高明은 촉屬, 따르다 과 주注를 동자同字라고 보았다. 하상공·왕필본·백서을본帛書乙本 등의 고본에는 '해孩, 어린아이'로 되어 있으나, 부혁본과 범응원본에는 '해咳, 어린아이의 웃음'로 되어 있으며, 엄준본嚴遵本에는 '해駭, 놀라다'로 되어 있으며, 돈황본敦煌本과 수주본邃州本에는 '해㤥, 마음 편치 않다'로 되어 있다. '해孩'가 옳다고 본다.

주2 하상공 - "주注는 사용함이다. 백성들은 모두가 이목을 사용하여 성인이 보고 듣는 것으로 삼는다.[注, 用也. 百姓皆用其耳目, 爲聖人視聽也.]"
　　　감산憨山 - "백성들이 모두 그의 이목에 집중되어 있다는 것은 주목하여 보고 귀를 기울여 들어 분명한 시비를 엿보려고 함을 말한 것이다.[百姓皆注其耳目者, 謂注目而視, 傾耳而聽, 伺其是非之昭昭.]"

●●● 해 설

주注는 '주목注目하다'란 뜻이다. '해孩'는 본래 명사로서 '어린아이'란 뜻이지만, 여기서는 '어린아이처럼 다루다'란 동사로 쓰였다. 지之는 백성을 가리킨다.

어린아이처럼 다룬다는 것은 우민정치에서와 같이 백성들을 어리석은 존재처럼 다룬다는 의미가 아니다. 황등산黃登山이 "노자가 즐겨 사용하는 소素・박樸・해孩・영아嬰兒는 순진한 천성을 상징한다."고 하였듯이, 해孩는 순박함을 뜻하기도 한다. 따라서 어린아이처럼 다룬다는 것은 백성들에게 순박한 마음을 잃지 않게 한다는 뜻이다.

백성들은 뭔가를 자신들에게 해주기를 기대하는 마음으로 언제나 위정자에게 이목이 집중되어 있다. 더욱이 메마른 땅일수록 단비를 갈망하듯, 정치가 황폐화될수록 백성들은 위정자에게 더욱 이목이 집중되어 있다. 그 이유는 위정자들이 자신들의 갈증을 해소해 주기를 갈망하기 때문이다. 그렇다면 백성들이 위정자에게 이목이 집중되었다는 것은 오히려 정치가 황폐화되었음에 대한 반증이기도 하다. 백성들은 이처럼 뭔가를 기대하는 심정으로 위정자에게 이목이 집중되어 있지만, 도를 체득한 성인은 그들을 오히려 어린아이처럼 다룬다. 이것은 성인이 백성들에게 무엇인가를 이루어주기보다는 그들 각자가 순수한 본성 그대로 살아가도록 놔둔다는 의미이다.

제 50 장

出生入死. 生之徒十有三, 死之徒十有三, 人之生, 動之死地, 亦十有三.
夫何故. 以其生生之厚.
蓋聞善攝生者, 陸行不遇兕虎, 入軍不被甲兵, 兕無所投其角, 虎無所措其爪, 兵無所容其刃. 夫何故? 以其無死地.

 나옴을 '삶'이라고 하며, 돌아감을 '죽음'이라고 한다. 사는 무리가 열 가운데 셋이 있고, 죽는 무리가 열 가운데 셋이 있고, 사람이 살아가면서 (분주히) 활동하다가 죽는 곳으로 가는 자 또한 열 가운데 셋이 있다.
무엇 때문인가? 삶을 살아가기를 지나치게 중시하였기 때문이다.
듣건대 잘 섭생하는 자들은 육지에 가더라도 외뿔소나 호랑이를 만나지 않고, 전쟁터에 들어가도 갑옷과 병기에 의해서 해를 당하지 않고, 외뿔소는 그 뿔을 들이받을 곳이 없고, 호랑이는 그 발톱을 둘 곳이 없고, 병기도 그 칼날을 허용할 곳이 없다고 한다. 무엇 때문인가? 죽음의 여지가 없기 때문이다.

出生入死, 生之徒十有三, 死之徒十有三, 人之生, 動之死地, 亦十有三.

나옴을 '삶'이라고 하며, 돌아감을 '죽음'이라고 한다. 사는 무리가 열 가운데 셋이 있고, 죽는 무리가 열 가운데 셋이 있고, 사람이 살아가면서 (분주히) 활동하다가 죽는 곳으로 가는 자 또한 열 가운데 셋이 있다.

주1 출생입사出生入死 :

한비韓非 - "사람들은 생生에서 시작하여 사死에서 끝마친다. 시작함을 '출出'이라고 말하고, 끝마침을 '입入'이라고 말한다. 따라서 '나오면 살고 들어가면 죽는다[出生入死]'고 하였다.[人始於生而卒於死. 始謂之出, 卒謂之入. 故曰, 出生入死]"

왕필王弼 - "생지生地에서 나와 사지死地로 들어감이다.[出生地, 入死地.]"

오징吳澄 - "출出은 생生이고 입入은 사死이다. 출出이란 무로부터 유에로 드러남을 말한 것이며, 입入이란 유로부터 무에로 돌아감을 말한 것이다.[出則生, 入則死, 出謂自無而見於有, 入謂自有而歸於無.]"

장석창蔣錫昌 - "이것은 사람이 세상에 태어나 살게 되고, 땅에 묻혀 죽게 됨을 말한 것이다.[此言人出於世爲生. 入於地爲死.]"

주2 생지도生之徒 :

장석창 - "장수長壽와 같은 종류이다.[長壽之類.]"

주3 십유삼十有三 :

왕필 - "십유삼十有三이란 십 등분에 삼 등분을 가졌다는 말과 같다.[十有三, 猶云十分有三分.]"

주4 사지도死之徒:

장석창蔣錫昌 – "단명短命과 같은 것이다.[短命之類.]"

고연제高延第 – "사지도死之徒란 태어날 때부터 단명短命을 얻어 도중에 요절함을 말한 것이다.[死之徒, 謂得天薄者, 中道而殀.]"

주5 동지사지動之死地, 역유십삼亦+有三:

고연제高延第 – "활동하여 죽는 곳으로 간다는 것은, 천성적인 근본의 두터움을 얻어 장수할 수 있었는데도 제 스스로 보존하지 못하여 스스로가 사지死地를 밟는다는 것을 말한 것이다.[動之死地, 謂得天本厚, 可以久生, 而不自保持, 自蹈死地.]"

● ● ● 해 설

'출생입사出生入死'에서 출出은 세상에 '태어남'을 의미하고, 입入은 귀歸의 뜻으로서 죽어서 자연계로 '돌아감'을 의미한다. 『장자』「경상초庚桑楚」에서 "삶과 죽음이 있고, 나오고 들어감이 있다. 들어오고 나가지만 그 모습을 볼 수 없는 것을 '천문天門'이라고 말한다.[有乎生, 有乎死. 有乎出, 有乎入. 入出而无見其形, 是謂天門.]"고 한 것을 참고할 만하다. '십유삼十有三'이란 열을 크게 세 등분으로 나누어 볼 때 그 중의 하나를 지칭한다.

일반적으로 '사는 무리'와 '죽는 무리'를 '장수하는 자'와 '요절하는 자'로 해석하고 있는데, 이러한 해석은 적당하지 않다. 76장에서 "견고하고 강한 자는 죽음의 무리이고, 유약한 자는 삶의 무리이다.[堅强者死之徒, 柔弱者生之徒.]"고 하였다. 이 말의 의미는 견고한 자는 죽음을 지향하는 자들이고 유약한 자는 삶을 지향하는 자들이란 의미이다. 본 구절의 의미도 앞 구절의 '출생입사出生入死'의 의미와 관련시켜 볼 때 요절과 장수의 의미보다는 생과 사의 문제로 보는 것이 합당하다. 따라서 '생지도生之徒'는 세상에 태어나 성장해 가는 무리로서 어린아이들을 그 예로 들 수가 있으며, '사지도

死之徒'는 쇠퇴하여 죽어 가는 무리로서 노인들을 그 예로 들 수가 있다.

'동지사지動之死地'는 '동이지사지動而之死地'가 생략된 것이다. 동動은 '조躁'와 같은 말로서 '분주히 활동함'이란 뜻이고, 지之는 '가다'의 뜻이다. 사지死地는 '죽는 곳'이란 뜻이다. 본 구절은 지나치게 활동함으로서 스스로가 죽음을 재촉한다는 의미이다. 제 스스로가 죽음을 재촉한다는 말은 42장의 '제 수명을 다하지 못한다[不得其死]'나 『장자』「인간세人間世」에서의 "그 천수天壽를 다 마치지 못하였다.[未終其天年]"와 같은 뜻으로서, 자연으로부터 부여받은 천수를 온전히 다하지 못한 채 중도에 죽음을 뜻한다.

夫何故. 以其生生之厚.

무엇 때문인가? 삶을 살아가기를 지나치게 중시하였기 때문이다.

주　하상공 - "활동하다 죽는 곳으로 가는 까닭은, 삶을 살아가는 일을 구함이 지나치게 두터웠고, 도에 어긋나 하늘의 뜻에 거역하였고, 함부로 행동하여 기강을 잃었기 때문이다.[所以動之死地者, 以其求生活之事太厚, 違道忤天, 妄行失紀.]"

고형高亨 - "생생生生이란 '삶을 기른다養生'고 한 것과 같다.[生生猶養生也.]"

• • • 해 설

생생生生에서 앞의 생生은 동사이고 뒤의 생은 명사로서, '삶을 살아가다'의 뜻이다. 후厚는 '두터이 하다' '중시하다'의 뜻이다.

만물이 도에 의해서 세상에 나온 것을 '생生'이라고 하며 다시 도에로 돌아감을 '사死'라고 한다. 도는 지도리[道樞]와 같은 것이어서 무한한 변화에 응하여 만물을 출입시킨다. 모든 만물은 끊임없이 출出하여 생겨났다가 입入하여 죽어가며, 또다시 출出하여 생겨난다. '생사에는 명命이 있다[死生有命]'란 말이 있듯이, 태어났다 죽는 것은 이미 정해진 이치이다. 사람 가운데 삼분의 이는 바로 자연의 이치에 응하여 태어나고 자연의 이치에 응하여 죽어간다. 명이란 필연적인 것으로서 우리들이 의당 따라야[順] 하는 것이기 때문에 자연적인 것이다. 여기서 문제가 되는 것은 나머지 삼분의 일이다. 삼분의 일은 제 수명대로 살아가지 못하고 도중에 요절하고 만다. 노자는 이에 대하여 "무엇 때문인가?[夫何故.]"라고 자문하고, 그 이유에 대하여, "삶을 살아가기를 지나치게 중시하려 하기 때문이다."고 자답하고 있다. 우리는 자신의 삶만을 기르려 하여, 온갖 재물과 명예를 좇으며 살아간다. 그러나 이것은 자신을 올바로 기르기는커녕 우리 자신을 지나치게 혹사시켜 정력을 낭비토록 하고 온갖 위험을 자초케 하기 때문에 죽음만을 재촉할 뿐이라고 보았다.

蓋聞善攝生者, 陸行不遇兕虎, 入軍不被甲兵, 兕無所投其角, 虎無所措其爪, 兵無所容其刃. 夫何故? 以其無死地.

듣건대 잘 섭생하는 자들은 육지에 가더라도 외뿔소나 호랑이를 만나지 않고, 전쟁터에 들어가도 갑옷과 병기에 의해서 해를 당하지 않고, 외뿔소는 그 뿔을 들이받을 곳이 없고, 호랑이는 그 발톱을 둘 곳이 없고, 병기도 그 칼날을 허용할 곳이 없다고 한다. 무엇 때문인가? 죽음의 여지가 없기 때문이다.

주1 섭攝:

하상공-"섭攝이란 기름이다.[攝, 養也.]"

주2 우遇:

초횡焦竑-"기약하지 않았는데도 만나는 것을 '우遇'라고 한다.[不期而會曰遇.]"

주3 시兕: 외뿔소

초횡-"『산해경山海經』에서는 '시兕는 상수湘水의 남쪽에서 서식하였는데, 검푸른 색이다.'고 하였으며,『이아爾雅』에서는 '형태는 흡사 들소와 같고 뿔은 하나로서 무게는 천근이나 된다.'고 하였다.[山海經, 兕出湘水之南, 蒼黑色, 爾雅云, 形如野牛, 一角, 重千斤.]"

주4 피被:

왕필본을 비롯한 통행본에는 피被로 되어있는데, 하상공본에는 '피避'로 되어 있고,『한비자』「해로解老」에는 '비備'로 되어 있다. 고형高亨이 "왕필본에서와 같이 '피被'로 된 것이 옳다. 피被는 수受와 같다.[王作被是也. 被猶受也.]"고 한 것을 참고할 만하다.

주5 왕필-"섭생을 잘하는 자는 생生을 생生으로 삼지 않기 때문에 죽을 곳이 없다. 해를 끼치는 기물器物 중에서 창보다 심한 것이 없고 해를 끼치는 짐승 중에 외뿔소와 호랑이만한 것이 없는데도, 창으로 하여금 그 창끝을 허용하는 곳이 없게 하고 호랑이나 외뿔소로 하여금 발톱과 뿔을 둘 곳이 없게 한다. 이처럼 진실로 욕망으로써 자신을 얽매이게 하지 않는다면 어찌 죽을 곳이 있겠는가?[善攝生者, 無以生爲生, 故無死地也. 器之害者, 莫甚乎兵戈, 獸之害者, 莫甚乎兕虎, 而令兵戈無所容其鋒刃, 兕虎無所措其爪角. 斯誠不以欲

累其身者也, 何死地之有.]"

장석창^{蔣錫昌} – "우^遇와 피^被는 모두 수동사^{受動詞}이다. '육행불우시호^{陸行不遇兕虎}, 입군불피갑병^{入軍不被甲兵}'이란 육지로 가더라도 외뿔소나 호랑이를 만나지 않고, 전쟁터에 들어가더라도 병기에 의해서 해를 당하지 않음을 말한 것이다.[遇被皆爲受動詞. 陸行不遇兕虎, 入軍不被甲兵, 言陸行不爲兕虎所遇, 入軍不爲甲兵所加也.]"

••• 해 설

섭생^{攝生}에서의 섭^攝은 '기르다' '보양^{保養}하다'의 의미로서, 섭생은 『장자』에서 말하는 양생^{養生}과도 통한다. 섭생^{攝生}이란 것은 타고난 정력을 잘 보존한다는 뜻이다. 기^期가 '기약할 날짜에 만나다'의 뜻이라고 한다면, 우^遇는 '우연히 만나다'의 뜻이다. 시^兕는 '외뿔소'란 뜻이다. 피갑병^{被甲兵}에서 피^被는 '해를 당하다'의 뜻이다. 갑병^{甲兵}은 80장에서와 같이 '갑옷과 병기'란 뜻이다. '갑옷과 병기'는 총체적으로 '병기^{兵器}'로 볼 수 있다.

"잘 섭생하는 자들은 육지로 가도 외뿔소와 호랑이를 만나지 않고, 전쟁터에 들어가도 무장한 병사들에게서 해를 당하지 않고, 외뿔소가 그 뿔을 들이받을 곳이 없고, 호랑이는 그 발톱을 둘 곳이 없고, 병기도 그 칼날을 허용할 곳이 없다고 한다."란 문장은 다소 신비스럽게 표현되어 있으며, 이 점을 들어 노자의 사상을 도교의 신선술과 연관 짓는 학자들이 많았다. 그러나 이 문장은 노자 자신의 말이 아니라 노자가 다른 곳에서 들은 이야기를 재차 인용한 것이라고 보아야 한다. '듣건대[聞]'라고 표현한 것이 그 단적인 예이다. 더욱이 개^蓋는 '무엇이다'라고 하는 단정의 뜻보다 '무엇일 것이다'라는 추측의 말이라는 점에서, 노자가 이 사실을 확고히 믿어서 주장한 것은 아니라, 단지 자신이 들은 바의 이야기를 끌어들여 자신의 논리근거로 삼은 것이다. 또한 본 문장의 대의^{大義}는, 자연에 잘 따른다면 위험요소들을 미연에 방지하여 장수할 수 있음을 말하고자 함에 있다. 이 점에 대해서 『장자』「추수秋水」에서 "임기응변에 밝은 자는 사물로써 자기를 해치는 것이 없다. 덕이 지극한 자는 불로도 뜨겁게 할 수 없고, 물로도 빠지게 할 수 없고, 추위나 더위로도 해칠 수 없고, 짐승으로도 해칠 수 없지만, 그것은 실제로 닥쳐왔음을 말한 것이 아니라, 안전과 위급함을 살피고 화복禍福에 편안히 하고 가고 옴에 신중히 하기 때문에 해칠 수가 없음을 말한 것이다.[明於權者, 不以物害己. 至德者, 火不能熱, 水不能溺, 寒署不能害, 禽獸不能賊, 非謂其薄之也, 言察乎安危, 寧於禍福, 謹於去就, 莫之能害也.]"라고 잘 말해주고 있다.

제 5 1 장

道生之, 德畜之, 物形之, 勢成之.
是以萬物莫不尊道而貴德.
道之尊, 德之貴, 夫莫之命而常自然.
故道生之, 德畜之. 長之育之, 亭之毒之, 養之覆之.
生而不有, 爲而不恃, 長而不宰. 是謂玄德.

도는 낳고, 덕은 기르고, 물物은 드러내고, 세勢는 이루게 한다.
이러한 까닭에 만물이 도를 존중하고 덕을 귀하게 여기지 않음이 없다.
도와 덕은 존귀하지만 만물에 대하여 명령함이 없이 항상 저절로 그러하도록 놔둔다.
따라서 도는 (만물을) 생겨나게 하고 덕은 (만물을) 기른다. 잘 자라도록 하고 길러주며, 안정케 하고 도탑게 하며, 양육하고 감싸준다. 생겨나게 하면서도 소유하지 않고, 행하면서도 의존하지 않고, 기르게 하면서도 관여하지 않는다. 이것을 현덕玄德이라고 한다.

道生之, 德畜之, 物形之, 勢成之.
도는 낳고, 덕은 기르고, 물物은 드러내고, 세勢는 이루게 한다.

주1 도생지道生之:

왕회王淮 - "만물이 모두 도로 말미암아 창생創生 되었음을 말한 것이다. 도는 창생의 원리이다. 만물이 실현될 수 있었던 원동력原動力의 원인이 바로 도이다. 따라서 도는 곧 만물의 실현원리이다. 만물은 도로 말미암아 창생創生되었고, 도로 말미암아 실현되었다. 따라서 '도가 만물을 낳았다'고 하였다.[言萬物皆由道所創生. 蓋道爲創生之原理. 萬物所以能實現之根本動力, 其原因卽是道. 故道亦卽是萬物之實現原理. 萬物由道所創生, 因道而實現. 故曰, 道生之.]"

주2 덕휵지德畜之:

왕회 - "덕은 본성[性]이다. 만물[物]의 덕은 곧 일물一物의 본성이며, 일물의 본성은 곧 일물의 본질이다. 도가 만물을 창생한 원리原理라고 한다면, 덕은 만물의 본질本質을 이루는 이치이다. 만물은 본래 도로 말미암아 창생되었지만 반드시 제각기 하나의 본질을 갖추어 일물을 이룰 수가 있었으므로, 같지 않은 만물 속에 같지 않은 본질이 있게 되었다. 따라서 '덕이 길러준다'고 하였다.[德者, 性也. 物之德, 卽一物之性, 一物之性, 卽一物之本質. 道爲萬物創生之原理, 德則萬物本質之理. 萬物固由道所創生, 然必各具一本質, 乃能成其爲一物, 不同之物有不同之本質. 故曰, 德畜之.]"

주3 물형지物形之:

왕회王淮 - "물物은 물질이며, 형形은 체현體現됨이다. 여기서는 만물이 구체적으로 체현體現되기 위해서는 반드시 물질의 조건을 기다린 이후에야 비로소 상象을 갖추어 형태를 이룰 수가 있었음을 말한 것이다. 여기서의 '물物'자는 특별한 의미로 쓰였다. 즉 음양·오행 등과 같이 우주의 기본이 되는 물질을 가리켜 말한 것으로서 만물의 기본 원질原質임을 의미하는 것이지, 개별의 사물(닭·개·종이·붓)을 가리키는 것은 아니다. 만물은 모두 이러한 종류의 질료성의 물질에 의해서 조성된 것이다. 따라서 '물이 이루어준다'고 하였다.[物者, 物質也. 形者, 體現也. 此言萬物之具體體現必待萬物條件始能具象而成形. 此處物字特別. 指陰陽五行等基本宇宙物質而言, 爲萬物之基本原質, 而非指個別之物(鷄·犬·紙·筆). 萬物皆由此種原料性之物質所組成. 故曰, 物形之.]"

주4 세성지勢成之 :

장석창蔣錫昌 – "세勢란 각각의 사물이 처한 환경을 가리켜 말한 것이다. 이를테면 지역의 변천變遷, 기후의 차이, 물과 육지의 다름 등이 이와 같다.[勢指各物所處之環境而言. 如地域之變遷. 氣候之差異, 水陸之不同是也.]"

왕회 – "세勢는 정세情勢로서, 모종의 시공時空이나 과정을 가리켜 말한 것이다. 하나의 사물이 진정으로 완성되려면 비록 앞에서의 세 가지 조건이 갖추어져 있더라도 충분히 설명하기에 부족하며, 반드시 하나의 시공이나 과정의 조건을 다시 가정해야만 비로소 하나의 사물로 하여금 발전 완성케 할 수가 있었다.······ 따라서 '세勢가 이루어준다'고 하였다.[勢者, 情勢也. 指某種時空或過程而言. 蓋一物之眞正完成, 雖有以上三種條件, 仍不足以充分說明, 必須再假定一物時空或過程的條件, 才能使一物發展完成.······故曰, 勢成之.]"

주5 왕필 – "물物이 생겨난 후에는 기르고, 기른 후에는 드러내고, 드러낸 후에는 이룬다. 무엇으로 말미암아 생겨나는 것인가? 도에 의해서이다. 무엇을 얻어 기르는가? 덕에 의해서이다. 무엇에 기인하여 드러내는가? 물物에 의해서이다. 누구를 시켜서 이루게 하는가? 세에 의해서이다.[物生後畜, 畜生後形, 形而後成. 何由而生. 道也. 何得而畜. 德也. 何因而形. 物也. 何使而成. 勢也.]"

왕원택王元澤 – "이 네 자는 모두가 도이다. 각각의 것들이 도를 얻었기 때문에 단지 덕이라고 한 것이다. 덕이라는 것은 기름일 따름이므로, 기름을 이른바 '덕德'이라고 하였다. (이미 선천적으로) 얻었던 것을 얻어서 형태를 이루게 되면 사물이 된다. 사물은 형태가 있어서 멀고 가까운 것이 서로 취하고 강과 유가 서로 만나, 각각 그 세에 기인하여 모습을 이룬 것이다. 따라서 덕德은 도의 분수分數요, 물物은 덕의 그릇이오, 세勢는 사물의 이치이다.[此四字皆道也. 以其各得其道, 故但爲德. 爲德則畜之而已, 然畜之所謂爲德也. 及乎得其得以成形, 則物而已矣. 物有其形, 則遠近相取, 剛柔相交, 各因其勢而成狀. 故德者道之分, 物者德之器, 勢者物之理.]"

●●● 해 설

'도생지道生之'란 '도가 만물을 생겨나게 한다'란 뜻한다. '도생지道生之'에 대하여 10장에서도 "도는 만물을 낳고 기른다.[生之畜之]"고 하였다. 10장에서는 낳고 기르는 주체가 모두 도인 반면에, 여기서는 도와 덕을 구별하여 도가 만물을 낳고, 덕이 만물을 기른다고 하였다.

'덕휵지德畜之'란 '덕이 만물을 기르다'란 뜻이다. 덕이라고 하는 것은 넓은 의미에서 보면 도의 한 측면이다. 도와 덕을 구별한다면, 도는 일자의 측면에서 말한 것인 반면에 덕은 개체화된 다자의 측면에서 말한 것이다. 또한 도는 만물들을 생성케 한다는 점에서 부父인 반면에, 덕은 만물을 기른다는 점에서 모毋이다. 따라서 "덕이 만물을 기른다."고 하였다.

'물형지物形之'란 '물物에 의해서 형태가 이루어지다'란 뜻이다. 『노자』에 나타난 물物에는 두 가지 뜻이 있다. 무형의 물질인 기와 유형의 만물이 바로 그것이다. 여기서의 물은 무형의 물질인 기를 뜻한다. 형形은 외형화外形化된 형태를 말한다. 많은 학자들이 도란 만물을 생겨나게 한 모종의 원리로서 송대 신유학에서 말하는 이치[理]와 비슷한 의미라고 풀이하고 있다. 도가 이치의 의미를 내포하고는 있지만, 21장에서 "도 가운데 물物이 있다.[其中有物]"고 하였듯이 무형의 물질인 기氣 역시 포함하고 있다. '세성지勢成之'란 '세勢가 만물을 형성한다'란 뜻이다. 세勢에 대해 장석창蔣錫昌이 "세勢란 각각의 사물이 처한 환경을 가리켜 말한 것이다. 이를테면 지역의 변천變遷, 기후의 차이, 물과 육지의 다름 등이 이와 같다."로 풀이한 것이 좋다. 세勢란 구체적으로 말하면 생명이 성장하도록 하는 외적 조건(환경)을 말한다. 불교에서 말하는 인연因緣에서의 '연緣'과 유사한 의미이다. 나무의 씨앗 속에는 나무가 될 수 있는 모든 것을 구비하고 있지만, 나무 자체는 아니다. 헤겔Hegel의 표현대로라면 일종의 잠재태潛在態로 있다. 씨앗이 나무로 자라기 위해서는 외적인 조건에 맞아야 한다. 가령 아스팔트 위에 씨앗이 떨어지면 더 이상 자라날 수 없으며 죽고 만다. 그 이유는 모든 성장의 '내적인 조건[因]'들을 다 갖추었더라도 '외적인 조건[緣]'이 맞아떨어지지 않았기 때문이다. 노자 역시 내적인 조건이 다 구비되었다고 할지라도 무작정 만물을 이룰 수 있는 것이 아니며, 외적인 조건이 맞아떨어져야 한다고 보았다. 따라서 만물을 최종적으로 이루는 것은 외적인 조건인 세勢에 의해서라고 하였다.

是以萬物莫不尊道而貴德.

이러한 까닭에 만물이 도를 존중하고 덕을 귀하게 여기지 않음이 없다.

주 왕필 - "도란 만물이 말미암는 것이며, 덕이란 만물이 얻은 것이다. 도로 말미암아 덕을 얻기 때문에 도를 높이지 않을 수가 없고, 덕을 잃으면 해롭게 되기 때문에 덕을 귀하게 여기지 않을 수가 없다.[道者, 物之所由也. 德者, 物之所得也. 由之乃得, 故不得不失「尊」, 尊「失」之則害, (故)不得不貴也.]"

엄영봉嚴靈峰 - "만물은 도를 본받지 않음이 없기 때문에 반드시 도를 높이고, 덕은 만물을 기르기 때문에 반드시 덕을 귀하게 여긴다.[萬物莫不法道, 故必尊道, 德畜萬物, 故必貴德.]"

• • • 해 설

도에 의해서 만물이 생겨난다는 점에서 도는 '만물의 아버지'가 되며, 덕에 의해서 만물이 길러진다는 점에서 덕은 '만물의 어머니'가 된다. 이처럼 도와 덕은 만물을 낳고 기른다는 점에서 부모와도 같은 존재이다. 나를 낳아 주시고 나에게 조건 없이 베풀어주시는 부모님만큼 천하에 존귀한 존재가 또 어디에 있겠는가? 우리는 하염없는 은택을 베푸는 부모의 존재를 존귀하게 여기지 않을 수 없듯, 부모와 같은 역할을 하는 도덕에 대해서도 존귀하게 여기지 않을 수 없다.

道之尊, 德之貴, 夫莫之命而常自然.

도와 덕은 존귀하지만 만물에 대하여 명령함이 없이 항상 저절로 그러하도록 놔둔다.

주　하상공 - "도는 언제나 만물에 명령하지 않더라도 만물은 항상 저절로 그러하지만, 도에 부응하는 것이 마치 그림자나 메아리와 같다.[道一不命召萬物而常自然, 應之如影響.]"

이식재李息齋 - "사물은 도가 아니면 생겨날 수가 없고, 덕이 아니면 길러질 수가 없다. 형태가 있음으로부터 세勢가 자라남에 이르기까지 도덕으로써 위주로 삼지 않음이 없다. 따라서 도가 높고 덕이 귀함이 이처럼 지극한 곳에까지 이르렀다. 그러나 높음에 대하여 스스로 높다고 여기지 않고

귀함에 대하여 스스로 귀하게 여기지 않으며, 사물에게 베풀지만 사물에 대하여 의도적인 마음을 갖고 있는 것이 아니므로, 명령함이 없더라도 항상 저절로 그러하다. 즉 저절로 그렇게 생겨나고 저절로 그렇게 길러지는 것이다.[物非道不生, 非德不畜. 自其有形, 以至於勢長, 莫不以道德爲主. 道之尊, 德之貴, 至於此極矣. 然不自尊其尊, 不自貴其貴, 其施於物, 非有心於物也, 莫之命而常自然. 自然而生, 自然而畜.]"

장석창 - "도가 높고 덕이 귀하게 된 까닭은 곧 만물을 명령하거나 간섭하지 않지 않고 스스로 화하고 스스로 이루도록 맡겨둠에 있다.[道之所以尊, 德之所以貴, 卽在於不命令干涉萬物, 而任其自化自成也.]"

후꾸나가 미쓰지福永光司 - "무위자연의 도덕道德이 존귀하다는 것은 다른 것에 의해 혹은 인위적인 것에 의해 주어진 비본래적非本來的인 것이 아니며, 유구悠久한 그 자체의 가치에 의해서 저절로 이루어졌다는 것이다."

••• 해설

본 구절은 두 가지로 해석할 수 있다. "도와 덕이 존귀하지만, 만물에 대하여 명령함이 없이 항상 스스로 그러하도록 한다."와 "도와 덕이 존귀할 수 있었던 까닭은 그러하도록 명한 것 없이 도와 덕 스스로가 그러하기 때문이다."가 바로 그것이다. 전자의 뜻이 적합하다고 본다.

본 구절에서의 명命은 16장에서 "근본으로 돌아감을 일컬어 '고요함'이라고 하고, 고요함을 일컬어 '명을 회복한다'고 한다.[歸根曰靜, 靜曰復命.]"고 할 때의 명命과는 다르다. 16장에서 말한 명은 생사生死와 같은 자연의 이치를 의미한다. 여기서의 명命은 '명령命令'의 뜻으로 행동에 대하여 일일이 간섭함을 뜻한다. 노자는 자연의 이치로서의 명은 거역할 수 없는 것이므로 마땅히 따라야 한다고 보았지만, 개인의 행위를 간섭하는 명에 대해서는 단호히 부정하였다. 자연自然이란 어떠한 명령 없이 '저절로 그러함'을 의미한다.

부모는 나를 낳아주시고 길러주셨다는 점에서 천하에 더할 나위 없는 존귀한 존재이다. 그러나 존귀함을 내세워 나에게 행동 하나하나를 명령하거나 간섭하지 않는다. 생명이란 것은 어떠한 간섭에 의해서 생장^{生長}하는 것이 아니라 제 스스로 생장하기 때문이다. 만일 부모가 낳고 질러준 공덕을 내세워 행동 하나하나에 명령을 내린다면 이것은 존귀함을 내세운 또 하나의 폭력일 수 있다. 실제로 자식을 낳고 길렀다는 점을 내세워 자식에게 일일이 명령하고 간섭하려고 하는 부모가 없지 않다. 그런데 명령과 간섭이 심하면 이것 역시 일종의 폭력일 수 있다. 더욱 큰 문제는 이러한 폭력이 사회적으로 암암리에 묵인되고 있다는 점이다.

도와 덕은 만물을 생겨나게 하고 기른다는 점에서 만물에 대하여 부모와도 같은 존재이다. 부모야말로 세상에서 가장 존귀한 존재이듯, 도 역시 만물에 대하여 존귀한 존재가 아닐 수 없다. 그러나 도는 만물에 대하여 무한한 은혜만을 베풀 뿐으로 대가를 바라지 않을 뿐만 아니라 일체의 명령함이 없다. 일체 명령함이 없이도 만물은 스스로 질서를 이루며 살아간다.

(故)道生之, (德)畜之. 長之育之, 亭之毒之, 養之覆之.

따라서 도는 (만물을) 생겨나게 하고 덕은 (만물을) 기른다. 잘 자라도록 하고 길러주며, 안정케 하고 도탑게 하며, 양육하고 감싸준다.

주1 엄준본^{嚴遵本}과 백서본에서는 '고^故'자가 없다. 왕필본과 하상공본 등에는 '덕^德'자가 있으나, 백서본^{帛書本}·어주본^{御注本}·이현본^{易玄本}·누고본^{樓古本}·고환본^{顧歡本}·소자유본^{蘇子由本}·휘종본^{徽宗本}·팽사본^{彭耜本} 등에는 '덕^德'자가

빠져 있다. '덕德'자가 없는 것이 옳다고 본다. '정지독지亭之毒之'가 하상공본 · 경룡본景龍本 · 어주본御注本 · 돈황본敦煌本 · 경복본景福本 · 팽사본彭耜本 등에는 '성지숙지成之熟之'로 되어 있다.

주2 독毒 :

　　엄영봉 – "『설문說文』에 '독은 두터움이다.[毒, 厚也.]'고 하였으며, 『광야廣雅』에는 '안야安也'라고 하였으며, 『장자』「인간세人間世」의 '무문무독無門無毒'에 대한 곽상주郭象注에는 '치야治也'라고 하였으며, 『문선文選』「변명辨命」의 주注에 인용된 왕필王弼의 말에 '독毒이란 그 바탕을 이룸을 말한 것이다.[毒, 謂成其質.]'고 하였다."

주3 하상공 – "도는 만물을 생겨나게 할뿐만 아니라, 다시 잘 자라도록 길러주고, 성숙하게 하고, 덮어서 길러준다. 임금은 나라를 다스리고 몸을 다스림에 있어서 또한 마땅히 이와 같아야 한다.[道之於萬物, 非但生之而已, 乃復長養, 成熟, 覆育, 全於性命. 人君治國治身亦當如是也.]"

●●● 해 설

'덕德'자가 없는 판본도 많은데, '덕德'자의 유무에 따라서 다소 다르게 풀이된다. 가령 '덕德'이 없는 경우 본 문장은 모두 도에 대한 설명이 되고, '덕德'이 있는 경우 휵지畜之, 장지長之, 육지育之, 정지亭之, 독지毒之, 양지養之, 복지覆之는 모두 덕에 대한 설명이 된다. 의미상에 있어서는 크게 다를 바가 없다. 10장에서 "도는 만물을 생겨나게 하고 기른다.[生之, 畜之.]"고 한 것처럼, 도는 만물을 생겨나게 함과 동시에 기른다. 그러면서도 노자는 앞에서 "도는 (만물을) 낳고 덕은 기른다.[道生之, 德畜之]"고 하여, 도와 덕이 다른 역할을 한다고 말하고 있다. 두 문장의 본래의 의미는 같은 것이다. 도와 덕은 본래 같은 것으로서, 하나에 대한 이의적異義的인 측면에서 도와 덕을 나누어 말한 것일 따름이다. 즉 넓은 의미에서의 도는 생生과 양養의 두 뜻을 포섭하고 있으나, 역할을 나눌 경우 도는 생生이 되고 덕은 양養이 된다. 하상공이 "도가 만물에 대하여 생겨나게 할뿐만 아니라, 다시 잘 자라도록 길러주고, 이루어주어 도탑게 하고, 감싸서 길러준다."고 하여 생지生之, 휵지畜之, 장지長之, 육지育之, 정지亭之, 독지毒之, 양지養之, 복지覆之를 모두 하나의 도로써 포섭하여 설명하려고 한 것도 도를 광의적인 의미로 파악하였기 때문이다.

장長은 '성장시키다'의 뜻으로서 『맹자』에 나오는 유명한 '조장助長, 성장을 돕는다'에서의 장長과 같다. 육育은 '잘 자라나도록 길러준다'의 뜻이다. 정亭은 '안정시키다'는 뜻이고, 독毒은 독篤의 차자로서 '도탑게 하다'의 뜻이다. 양養은 '길러준다'의 뜻이고, 복覆은 34장의 의양衣養에서의 의衣와 유사한 말로 '덮어주다' '감싸주다'의 뜻이다.

본 문장을 풀이해 보자. 도는 일체의 만물을 생겨나게 하고 덕은 일체 만물을 자라나게 한다. 도와 덕의 공덕功德을 구체적으로 세분화시켜 보며, 만물을 잘 자라도록 길러내며, 삶을 안정케 하고 도탑게 하며, 무럭무럭 자라도록 하고 정성스레 길러주며, 삶의 기반을 안정케 하고 본성을 도탑게 하며, 양육함에 있어서 어머니가 포대기를 꼭 껴안고 있듯이 포근히 감싸준다.

生而不有, 爲而不恃, 長而不宰. 是謂玄德.

생겨나게 하면서도 소유하지 않고, 행하면서도 의존하지 않고, 기르게 하면서도 관여하지 않는다. 이것을 현덕玄德이라고 한다.

주1 생이불유生而不有 :

왕필 – "행하되 소유하지 않는다.[爲而不有.]"

주2 장이부재長而不宰 :

왕필 – "덕을 가지고 있으면서도 그 덕의 주인이 누구인지를 알지 못한다.[有德而不知其主也.]"

주3 현덕玄德 :

왕필 – "그윽이 어두운 데에서 나오기 때문에 '현덕玄德'이라고 하였다.[出乎幽冥, 故謂之玄德也.]"

이식재李息齋 – "무릇 자라도록 하고 기르고 이루고 성숙하도록 함에서부터 그르고 감싸주는 데 이르기까지 저절로 그러하지 않음이 없다. 저절로 그러함으로 말미암기 때문에 일찍이 사물이 보답하는 것을 바라지 않는다. 낳으면서도 수고롭다고 말하지 않으며, 베풀면서도 보답을 구하지 않기 때문에, '현덕玄德'이라고 한 것이다.[凡所以長育成熟, 以至於養之覆之, 莫非自然者. 由其自然, 故未嘗望物之報. 生不辭勞, 施不求報, 是謂玄德.]"

∘∘∘● 해 설

이 구절과 유사한 문장이 이미 10장에 나온 바 있으므로 자세한 내용은 10장을 참고하기 바란다. 다만 본 문장의 대의에 대해 간략히 논의해보면 다음과 같다.

'생이불유生而不有'란 만물을 생겨나게 하였지만 자신의 소유물로 여기지 않는다는 뜻이다. '위이불시爲而不恃'란 도 역시 만물에게 무한한 공덕을 베풀지만 그 공덕에 의존하지 않는다는 뜻이다. '장이부재長而不宰'란 만물을 길러 자라나게 하지만 그것을 빌미로 하여 시시콜콜하게 관여하지 않는다는 뜻이다.

도와 덕은 만물을 생겨나게 하고 자라나게 한다. 만물의 영장이라고 하는 사람으로부터 깊은 골짜기에서 자라난 작은 풀 한포기에 이르기까지 모두 도와 덕의 은덕을 입지 않고서는 생겨날 수 없을 뿐만 아니라 한순간도 살아갈 수 없다. 이 점에서 본다면 도와 덕은 만물에게 무한한 은혜를 베풀고 있다. 우리는 남에게 조금만 은혜를 베풀어도, 이 은혜를 내세워 소유하려 하고, 자랑하려 하고, 행동 하나하나에 시시콜콜 관여하려고 한다. 노자 당시의 위정자들이 바로 그러했다. 위정자들은 약간의 은혜를 내세워 백성들을 마치 가축인 양 소유하려 하였고, 약간의 은혜를 베풀면서도 자신의 공덕을 자랑하였고, 백성들을 기르는 어버이라고 자칭 하면서 백성들의 행동 하나하나여 관여하며 이에 따르지 않을 경우 엄격히 처벌하였다. 반면에 무한한 공덕을 베푼 도와 덕은 어떠한가? 생겨나게 하면서도 소유하지 않고, 은덕을 행하면서도 공덕에 의존하지 않고, 기르게 하면서도 관여하지 않는다고 하였다. 이것이야말로 참으로 큰 은혜이며 참으로 큰 사랑인 것이다! 노자는 이것을 '현덕玄德'이라고 하였다. 현玄은 무한함의 뜻으로, 현덕이란 무한한 덕을 뜻한다.

제 5 2 장

天下有始, 以爲天下母.
旣得其母, 以知其子. 旣知其子, 復守其母, 沒身不殆.
塞其兌, 閉其門, 終身不勤. 開其兌, 濟其事, 終身不救.
見小曰明, 守柔曰强.
用其光, 復歸其明, 無遺身殃. 是爲襲常.

천하에 시초가 있어 이로써 천하의 어미가 된다.
이미 그 어미를 얻었으므로 그 자식을 알 수가 있다. 이미 그 자식을 알고서 다시 그 어미를 지킨다면 죽을 때까지 위태롭지 않게 된다.
구멍(감각기관)을 막고 욕정의 문을 닫으면 죽을 때까지 수고롭지 않다. 그 구멍을 열고 일을 이룬다면 죽을 때까지 구할 수가 없다.
작은 것을 보는 것을 '명明'이라 하고, 부드러움을 지키는 것을 '강强'이라고 한다.
빛을 써서 밝음으로 돌아간다면 몸에 재앙이 미치지 않을 것이다. 이것이야말로 '항상됨을 간직함'이다.

天下有始, 以爲天下母.

천하에 시초가 있어 이로써 천하의 어미가 된다.

주　　하상공河上公 – "시始는 도道이다. 도는 천하 만물의 어머니이다.[始者, 道也. 道爲天下萬物之母.]"

　　소자유蘇子由 – "무명無名은 천지의 시작임을 지칭하고, 유명有名은 만물의 어머니임을 지칭한다. 도는 바야흐로 이름이 없지만, 만물이 이에 의존하여 시작을 이루게 되었고, 이름이 있음에 미쳐서는 만물이 이에 의존하여 생겨나게 되었다. 따라서 그것을 '시始'라고 말하였으며, 또한 그것을 '모母'라고 말하였다. 그 자식이란 만물이다.[無名, 天地之始, 有名, 萬物之母. 道方無名, 則物之所資始也, 及其有名, 則物之所資生也. 故謂之始, 又謂之母. 其子則萬物是也.]"

••• 해 설

시始와 모母는 1장에서의 '천지지시天地之始' '만물지모萬物之母'에서의 시始와 모母를 말한다. 1장에서 이미 살펴보았듯, 시는 유有와 무無에 있어서 무를 지칭하고, 도道와 덕德에 있어서 도道를 지칭한다. 반면에 모는 유와 무에 있어서 유를 지칭하고, 도와 덕에 있어서 덕을 지칭한다.

　　51장에서 "도는 만물을 낳는다.[道生之]"고 한 것처럼, 도는 만물을 개시開始한다. 따라서 "천하에 시초가 있어[天下有始]"라고 하였다. 또한 "덕은 만물을 기른다.[德畜之]"고 한 것처럼 덕은 만물을 기른다는 점에서 모母가 된다. 따라서 "천하의 어머니가 된다."고 하였다. 모母는 만물을 기르기는 하지만 그 스스로 만물을 생겨나게 할 수는 없다. 어머니만으로 자식이 생겨날 수 없으며 아버지의 정자 생산이 있어야 비로소 자식이 생겨날 수 있는 것과 같다. 따라서 부父로서의 시始가 있으므로 해서 모가 있다고 하였다.

旣得其母, 以知其子. 旣知其子, 復守其母, 沒身不殆.

이미 그 어미를 얻었으므로 그 자식을 알 수가 있다. 이미 그 자식을 알고서 다시 그 어미를 지킨다면 죽을 때까지 위태롭지 않게 된다.

주　　왕필 - "모母는 근본이오, 자子는 말단이다. 근본을 얻어 말단을 알게 된다면 근본을 버리고 말단만을 좇지 않게 된다.[母, 本也. 子, 末也. 得本以知末, 不舍本以逐末也.]"

　　　고형高亨 - "모母는 도道이다. 자子는 천하이니, 만물을 말한다.[母者, 道也. 子者, 天下也, 爲物也.]"

••• 해 설

대다수의 학자들은 모母를 도로 보았으나, 모는 구체적으로 '덕德'을 지칭한다. 자子는 '만물'을 지칭한다.

　　일체 만물은 도를 얻어 생겨났다. 도가 만물 속에 내재된 것을 '덕'이라고 한다. 이 덕은 앞서 보았듯이 '기름[畜]'인 동시에 '어미'가 된다. 도는 모든 만물을 통괄하는 이치를 갖고 있다는 점에서, 도를 알게 되면 만물의 통용되는 이치를 알 수가 있다. 그런데 우리는 이미 덕을 가지고 있으므로 이 덕에 의거해 만물을 통괄하는 이치를 알 수가 있다. 따라서 "이미 그 어미를 얻었으므로 그 자식을 알 수가 있다."고 하였다.

　　덕을 통하여 구체적인 만물이 이루어졌지만, 구체적인 만물들은 점차적으로 한곳에 치우쳐 있고자 하는 편재성偏在性에 빠져든다. 이것은 결과적으로 도로부터 더욱 멀어져가게 된다. 도로부터 멀어지게 된다는 것은 곧 우리의 마음속에 간직한 덕德이 가려지게 됨을 의미한다. 그러나 '극즉반極則反'의 이치에 의거할 때, 만물이 도로부터 가장 멀어지게 되면 다시 본래적 상태의 도에로 돌아간다. 따라서 "그 어미를 다시 지킨다."고 하였다. 도에로의 복귀는 구체적으로 말하면 16장에서도 이미 살펴본 것처럼,

다자^{多者}의 일자화^{一者化}이다. 그러나 일자를 지향한다고 해서 개별들의 말살을 뜻하는 것이 아니며, 오히려 개별들의 조화를 뜻한다. 따라서 복귀의 전제조건으로 '이미 그 자식을 알고서'라고 덧붙여 말하였다. 이것은 복귀가 일자를 지향하는 것이지만, 이미 개별적인 만물들을 간직하고 있음을 의미한다.

그렇다면 각각의 개별을 간직한 채 전체적 조화를 도모할 수 있는 방법으로는 무엇이 있겠는가? 노자는 42장에서 "충기^{沖氣}로써 조화로 삼는다.[沖氣以爲和]"고 하였다. 충기^{沖氣}란 자신을 비우고 자연적인 기운^{氣運}에 따름을 말한다. 이와 같이 만물이 조화를 이루기 위해서는 자신을 비우고 조화로운 기운에 따라야 한다. 노자는 자신의 개별성을 간직하면서도 자신을 비운 채 조화로운 기운에 따르게 된다면 죽을 때까지 위태롭지 않다고 보았다.

塞其兌, 閉其門, 終身不勤. 開其兌, 濟其事, 終身不救.

구멍(감각기관)을 막고 욕정의 문을 닫으면 죽을 때까지 수고롭지 않다. 그 구멍을 열고 일을 이룬다면 죽을 때까지 구하여 얻을 수가 없다.

주1 일반 판본에는 '색기태^{塞其兌}, 폐기문^{閉其門}'으로 되어 있는데, 죽간본^{竹簡本}에는 순서가 도치되어 '폐기문^{閉其門}, 색기태^{塞其兌}'로 되어 있다. 또한 '종신불구^{終身不救}'에서의 '구^救'가 '구^逑'로 되어 있다. 주겸지^{朱謙之}는 "구^救는 구^逑의 차자^{借字}이다. 『설문^{說文}』에 '구^逑란 거둬들임이다.[逑, 聚斂也.]'고 했다."고 말했다. 또한 죽간본에는 '제기사^{濟其事}'가 '색기사^{塞其事}'로 되어 있다. '제기사^{濟其事}'와 '색기사^{塞其事}'는 의미상으로 정반대이다. 여기서는 기존의

판본을 좇아 해석하였다.

주2 태兌·문門:

하상공 - "태兌는 눈이다. 눈으로 하여금 망령되이 보지 않게 함이다. 문은 입이다. 입으로 하여금 망령되이 말하지 않게 함이다.[兌, 目也. 使目不妄視也. 門, 口也. 使口不妄言.]"

왕필 - "태兌는 욕심거리가 생겨나는 곳이오, 문門은 욕심거리가 쫓는 곳이다.[兌, 事欲之所由生. 門, 事欲之所由從也.]"

주3 제濟:

하상공 - "제濟는 보탬이다. 정욕적情欲的인 것을 보태어 화난禍亂을 이룸이다.[濟, 益也. 益情欲之事, 禍亂成也.]"

••• 해설

태兌에 대하여 『회남자淮南子』「도응훈道應訓」에서 "왕이 오랫동안 유지하고자 한다면 백성들의 감각기관[兌]을 막는다.[王者欲久持之, 則塞民於兌.]"고 하였는데, 고유高誘의 주注에 "태兌는 이목구비耳目口鼻이다. 노자가 '색기태塞其兌'라고 한 것이 이것이다.[兌, 耳目口鼻也. 老子塞其兌是也.]"라고 하였다. 태兌는 이목구비耳目口鼻에서의 구멍을 뜻하는 것으로 감각기관을 지칭하며, 문門은 마음의 문을 지칭한다.

종신終身은 '죽을 때까지'의 뜻이다. 근勤은 본래 '부지런하다' '애써 노력하다'의 뜻인데, 여기서는 뜻이 확대되어 '수고스럽다'의 의미로 사용되었다. 불근不勤에 대해 하상공은 '수고스럽지 않다.[不勤苦]'고 풀이하였으며, 왕필이 "일이 없으면 영원히 편안하다.[無事永逸]"고 풀이하였듯이 '수고스럽지 않다' '편안하다'의 뜻이다. '제기사[濟其事]'에서 제濟는 본래 '물을 건너다'의 뜻으로서, '자신이 목적하던 바를 이루다'의 의미이다. 구救가

제52장 625

'죽간본에 '구ᄲ'로 되어 있듯이 '구하여 얻다'의 뜻이다.

　　감각기관은 만물을 인식하는 도구이지만, 외부와 관련을 맺게 되면 욕심을 발하게 하는 통로가 되기도 하다. 색兌이란 이 욕심을 발하게 하는 통로를 막는다는 의미로서, 외부와 차단시킴을 말한 것이다. 문門은 출입하는 통로를 지칭하는 것으로서 욕정을 동하게 하는 문을 지칭한다. 욕정을 발동하게 하는 문을 닫아버리면 외부와 차단되어진다. 노자는 이목구비의 감각기관을 막고 욕정을 일으키는 문을 차단시켜 외부와 단절시킨다면 죽을 때까지 수고롭지 않다고 하였다.

　　우리가 외부의 것에 집착하고 이루려고 하는 까닭은 자신이 원하는 바를 구하기 위해서이다. 그러나 우리 안에 있는 밝음[明]을 방치한 채 외부의 세계에 마음이 이끌리게 되면 오히려 죽을 때까지 참됨을 구하지 못한 채 탐욕만을 얻게 될 뿐이다.

見小曰明, 守柔曰强.

작은 것을 보는 것을 '명明'이라 하고, 부드러움을 지키는 것을 '강强'이라고 한다.

주1　하상공본 · 오징본吳澄本에는 '왈曰'자가 '일日'자로 되어 있다. 그러나 왈曰로 보는 것이 좋다.

주2　하상공 - "싹이 아직 활동하지 않고 재난이 아직 보이지 않음이 '소小'이고, 환하게 홀로 봄이 '명明'이다. 유약柔弱함을 지키게 되면 날마다 강대해진다.[萌芽未動, 禍亂未見爲小, 昭然獨見爲明. 守柔弱, 日以强大也.]"

　　왕필 - "다스리는 공은 큰 것에 있는 것이 아니므로, 큼을 보는 것이 밝음이 아니라 작음을 보는 것이 밝음이며, 강强을 지키는 것이 강함이 아니라 부드러움을 지키는 것이 강함이다.[爲治之功不在大, 見大不明, 見小乃明, 守强不强, 守柔乃强也.]"

◦ ◦ ● 해설

'견소왈명見小曰明'에 대해 진고응陳鼓應은 "세미한 것을 관찰할 수 있다면 비로소 밝아질 수 있다."고 풀이하였는데, 노자는 분석적인 것을 비판하였다는 점에서 이러한 해석은 그릇된 것이다. '견소왈명見小曰明'에서의 소小는 34장에서 "도는 항상 무욕하기에 작은 것이라고 지칭할 만하다.[常無欲, 可名於小.]"고 한 것처럼, 무욕의 마음을 형용한 것이다. 사람들은 모두가 큼을 지향하고자 한다. 가령 견문을 넓히려 하고, 많은 재물을 모으려 하고, 남보다 높아지고자 한다. 따라서 큼을 지향하게 되면 자연히 외적인 것에 이끌리게 된다. 반면에 내가 무욕의 마음을 간직하고 있다면, 외적인 것들이 아무리 나의 마음을 현혹시킨다고 하더라도 이러한 것들에 의해 나의 마음이 미동조차 하지 않는다. 그렇게 되면 자연적으로 감각기관[兌]을 막고 마음의 문[門]을 닫치게 된다. 이처럼 외부의 것을 차단한다면 결과적으로 무지無知를 초래하게 된다. 그러나 그가 말한 무지는 외물外物에 이끌리는 앎의 없음을 말한 것이지, 앎 자체가 없음을 의미하는 것은 아니다. 오히려 무지를 통해서 내 마음에 본래 간직하고 있는 명철함[明]을 볼 수가 있다. 따라서 "작은 것을 보는 것을 명明이라고 한다."고 하였다.

'수유왈강守柔曰强'에서의 강强은 다른 장에서 말한 강약强弱에서의 강强과는 의미가 다르다. 가령 강약强弱에서의 강强이 '경직성'을 뜻하는 것이라면, 여기서의 강은 본래적 의미의 '진정으로 강함'이란 뜻이다. 상식적으로 보면 굳건하고 힘 있는 것을 강强이라고 여긴다. 그러나 이러한 강함은 조만간 쇠락衰落의 길로 빠져들고 말 일시적인 강함일 따름이다. 노자는 진정한 강함이란 오히려 부드러움을 지키는 데 있다고 보았다.

用其光, 復歸其明, 無遺身殃, 是爲襲常.

빛을 써서 밝음으로 돌아간다면 몸에 재앙이 미치지 않을 것이다. 이것이야말로 '항상됨을 간직함'이다.

주1 습襲 :

왕필본과 하상공본 등에는 습習으로 되어 있으나, 백서본·부혁본傅奕本·범응원본范應元本·엄준본嚴遵本·성현영본成玄英本·초횡본焦竑本·팽사본彭耜本 등에는 습襲으로 되어 있다. 초횡은 "습상習常은 앞에서 말한 습명襲明과 같다.[習常猶前言襲明.]"고 하였다. 습習과 습襲은 서로 통용된다.

주2 왕필 – "도를 드러내어 백성들의 미혹을 제거하고, 밝게 살피지 않는다.[顯道以去民迷, 不明察也.]"

소자유蘇子由 – "성인이 막아서 닫아버린다는 것은 사물과의 관계를 끊어버림을 의미하는 것이 아니다. 신명[神]으로써 사물에 응함에 그 빛을 사용할 따름으로 몸은 함께하지 않는다는 의미이다. 귀는 들을 수 있고, 눈은 볼 수 있고, 코로 냄새를 맡을 수 있고, 입으로 맛볼 수 있고, 몸은 접촉할 수 있고, 마음은 생각할 수 있으므로, 모두 '빛'이라고 한다. 빛은 사물과 접하게 되면 사물은 지나감이 있더라도 밝음은 덜어냄이 없다. 이 때문에 온갖 변화에 응하여 무궁해지면서도 재앙이 몸에까지 미치지 않는다.[聖人塞而閉之, 非絶物也. 以神應物, 用其光而已, 身不與也. 夫耳之能聽, 目之能見, 鼻之能臭, 口之能嘗, 身之能觸, 心之能思, 蓋所謂光也. 蓋光與物接, 物有去而明無損. 是以應萬變而不窮, 殃不及於身.]"

●●● 해설

'용기광用其光, 복귀기명復歸其明'에서의 광光은 58장의 "빛이 있으되 밝히지 않는다.[光而不燿]"에서의 광光과 같다. 즉 밖으로 드러나는 빛이 아니라 우리의 내면에 간직하고 있던 명^{明}이 저절로 빛남이다. 명^{明}은 인간이 본래부터 가지고 있는 명지^{明知}를 뜻한다. 광^{光}이 용^{用}의 의미라면 명^{明}은 체^{體}와 같은 의미이다. 유^{遺}는 '미치다'의 뜻이며, 앙^{殃}은 '재앙'의 뜻이다.

본 문장의 의미는 앞 문장의 "이미 그 자식을 알고서 다시 그 어머니를 지킨다면 죽을 때까지 위태롭지 않게 된다."와 상통한다. 만물을 안다는 것은 분주히 운동하는 생성계를 보고 이해한다는 뜻이며, 다시 그 어미를 지킨다는 말은 일자로서의 도를 간직한다는 뜻이다. 이것은 동^{動}하되 정^{靜}을 간직한 동이어야 한다는 말과도 통한다. 이미 분주히 활동하는 만물이 도를 간직하고 있다면 부단히 활동하더라도 조금의 위태로움도 없다. 동과 정이 일체가 되어야 함에 대하여, 승조^{僧肇}의 『조론^{肇論}』「반야무지론^{般若無知論}」에서도 "작용이 곧 고요함이며 고요함이 곧 작용이다. 작용과 고요함은 본래 그 본체가 하나로서, 같이 나와 이름만을 달리하였을 따름이다.[用卽寂, 寂卽用. 用寂體一, 同出而異名.]"고 하였다.

'빛[光]을 쓴다[用其光]'는 것은 지혜를 드러낸다는 뜻이다. 그런데 지혜란 자칫 내면을 방치한 채 밖으로만 향하려고 할 수 있으며 이것은 결과적으로 외부로만 지향하려는 분별지[智]가 될 수 있다. 따라서 만물을 밝게 비추지만 안에 간직하고 있는 지혜를 다시 지키게 된다면 몸에 재앙이 미치지 않는다고 보았다.

명^{明}을 간직함을 습상^{習常}이라고 한 까닭은 무엇 때문인가? 습상^{習常}에서의 습^{習}은 27장에서의 '습명^{襲明}'의 습^{襲}과 같은 말로서 '간직하다[藏]'의 뜻이다. 명^{明}이란 우리가 자연적으로 지닌 '밝은 지혜'란 뜻이다. 상^{常}이란 변화에 적극적으로 적응함으로 인하여 영원함을 획득함이다. 우리들이 궁극적으로 추구하는 밝은 지혜란 것도 별다른 것이 아니며 부단히 변화하는 환경에서 적합함을 얻는 시의^{時宜}인 것이다. 따라서 명^{明}을 간직함을 습상^{習常}이라고 하였다. 16장에서도 "상^{常}을 아는 것을 '밝다[明]'고 한다.[知常曰明.]"고 하였다.

제53장

使我介然有知, 行於大道, 唯施是畏.
大道甚夷, 而民好徑.
朝甚除, 田甚蕪, 倉甚虛. 服文采, 帶利劍, 厭飮食, 財
貨有餘, 是謂盜夸, 非道也哉.

만일 내가 조금이라도 지혜가 있다면, 큰길로 가 옆길로 새는 것을 두려워 할 것이다.
큰길은 아주 평탄하지만, 백성들은 빠른 길을 좋아한다.
조정은 지나치게 정돈되어 있고, 논밭은 아주 황폐해졌고, 창고는 텅 비어있다. 게다가 위정자들은 화려한 비단 옷을 입었으며, 예리한 칼을 찼으며, 물리도록 먹고 마셨으며, 재화財貨는 (물 쓰듯 써도) 남아돌았다. 이것을 일컬어 '도둑질하여 얻은 부귀영화'라고 하는 것이니, 참다운 도가 아니다.

使我介然有知, 行於大道, 唯施是畏.

만일 내가 조금이라도 지혜가 있다면, 큰길로 가 옆길로 새는 것을 두려워할 것이다.

주1 아我 :

아我에 대하여 왕진王眞은 "아我는 후왕이다.[我, 候王也.]"라고 하여 왕으로 본 반면에, 범응원范應元은 "'나로 하여금'이란 노자가 의탁한 말이다.[使我者, 老子託言也.]"라고 하여 노자 자신으로 보았다. 노자 자신으로 보는 것이 타당하다.

주2 개연介然 :

개연介然에는 1)'견고한 모양' 2)'아주 작은 모양' 3)'큰 모양' 4)'잠시'라는 네 가지 견해가 있다. 1)을 주장하는 학자들로는 노건勞健·임계유任繼愈 등이 있는데, 이들은 『순자』「수신修身」에서의 "선행이 자신에게 있으면, 굳건히 하여 반드시 스스로 만족해한다.[善在身, 介然必以自好也.]"에 대한 양경楊倞의 주注에서 "개연介然은 견고한 모양이다.[介然, 堅固貌.]"라고 한 것에 근거하고 있다. 2)의 견해에 대하여 성현영成玄英은 "개연介然은 미소微小함이다.[介然, 微小也]"고 하였으며, 초횡焦竑은 "'개연유지介然有知'란 '조금 알고 있다'는 말과 같다.[介然有知, 猶言微有知也.]"고 하였다. 3)의 견해에 대하여 하상공河上公은 "개介는 대大이다. 노자는 당시의 왕이 대도를 행하지 않았음을 싫어하였으므로 이 말을 한 것이다. 내가 크게 정사政事에 대한 앎을 갖고 있다면, 나는 대도를 행하고 무위의 교화를 몸소 실천할 것이라는 의미이다.[介, 大也. 老子疾時王不行大道, 故說此言, 使我介然有知政事. 我則行大道, 躬行無爲之化.]"라고 하였다. 4)의 견해에 대하여 박세당朴世堂은 "개연介然이란 '잠깐 사이'란 뜻이다.[介然, 少頃之間.]"고 하였으며, 서명응徐命膺도 "개연介然이란 '잠시'라고 말한 것과 같다.[介然, 猶云暫也.]"고 하였다. 2)의 견해가 타당하다고 본다. 『열자列子』「양주楊朱」에서도 "조금의 우려함도 없는 자이다.

[無介然之慮者.]"라고 하여, 개연介然을 '적음'의 뜻으로 사용하였다.

주3 이施:

여기에는 크게 세 가지 견해가 있다. '베풀다'로 보는 견해와 '사된 길'로 보는 견해와 '샛길'로 보는 견해가 그것이다. 왕필과 하상공은 모두 '베풀다'라는 의미인 '시위施爲'로 풀이하였다. 이에 대하여 『한비자』 「해로解老」에는 "이른바 이[施]라는 것은 사된 길이다.[所謂施也者, 邪道也.]"라고 하였다. 그러나 여기서는 '샛길'로 보는 것이 옳다.

● ● ● 해 설

'사아개연유지使我介然有知'에서 아我란 노자 자신을 말한 것이고, '개연介然'이란 '아주 적은 모양'을 말한 것이다. '행어대도行於大道'에서 '대도大道'는 '큰길大路'과 같은 뜻이다. 도란 본래 길[路]이란 뜻이다. 지구도 궤도를 따라 움직이며, 사계절도 자연운행의 길을 따라 변화한다. 사람들도 저마다의 길을 따라 간다. 길은 우리들이 마땅히 가야할 방향을 제시해준다. 그런데 길에는 다양한 길이 있다. 이를테면 좁은 길 · 넓은 길 · 사람들로 복작거리는 길 · 아무도 가지 않는 길 · 순탄한 길 · 울퉁불퉁한 길 등이 있다. 노자는 이러한 다양한 길 가운데서 오직 큰 길만을 가겠다고 하였다. 큰 길은 일반적으로 많은 사람들이 다니는 길로서, 안정되면서도 가장 빠르게 목적지로 안내한다.

'행어대도行於大道'에 대비되는 말로써 '유이시외唯施是畏'라고 하였다. 이[施]에 대하여 왕념손을 비롯한 많은 주석가들이 '사도邪道'로 보았는데, 사도를 말하게 되면 길에 있어서 차별성이 있음을 뜻하는 것이 되므로 가치의 차별을 인정하지 않았던 노자의 본래 취지에 어긋난다. 이[施]는 본래 '비스듬한[斜] 길'이란 뜻으로서 대로大路에 대한 '좁은 샛길'을 의미한다. 『맹자』「이루장離婁章」(하)에서 "양인良人이 가는 곳을 샛길[施]로 앞질러 쫓아갔다.

[施從良人之所之.]"고 하였다. 여기서의 이[施] 역시 '샛길'의 뜻이다.

본래 정도니 사도니 하는 것은 없다. 저마다 제각기 가야할 다양한 길만이 있을 따름이다. 여기서 문제가 되는 것은 길을 감에 있어서의 마음가짐이다. 우리는 저마다의 개별성을 좇아 평범하게 큰길을 따라가면 그만이다. 큰 길을 가야 함은 너무도 쉬운 일이며 당연한 일이다. 그러나 사람들은 남을 앞지르기 위하여 좀 더 빠른 지름길로 가고자 자꾸만 옆길로 샌다. 그런데 옆길로 빠지면 운이 좋을 경우 빨리 갈 수도 있지만 오히려 미궁에 빠져드는 경우가 허다하다. 따라서 노자는 큰길을 도외시하고 오직 옆길로만 가려는 것을 경계한 것이다.

大道甚夷, 而民好徑.
큰길은 아주 평탄하지만, 백성들은 빠른 길을 좋아한다.

주1 이夷 :

하상공河上公 – "이夷는 평이함이다.[夷, 平易也.]"

주2 경徑 :

엄준본嚴遵本에는 경邏(좁은 길)으로 되어 있고, 송대宋代에 간행된 하상공본·경룡본景龍本·어주본御注本에는 경俓으로 되어 있다. 경俓은 경徑의 속자俗字이다. 경徑에는 '바르지 못한 길'과 '지름길'이라고 하는 두 가지 설이 있다. 하상공은 "경徑은 삿되어 평탄하고 바르지 못함이다. 대도大道는 아주 평탄하지만, 백성들은 삿된 길을 좇는 것을 좋아한다.[徑, 邪不平正也. 大道甚平易, 而民好從邪徑也.]"고 하여 전자의 뜻으로 풀이하였다. 초횡은 "길이 좁지만 빠른 길을 '경徑'이라고 한다.[路狹而捷爲徑.]"고 하여 '지름길'로 풀이하였다. 후자 쪽의 견해가 옳다.

● ● ● 해 설

이夷는 '평탄한 길'을 말한다. 많은 학자들이 경徑을 '바르지 못한 길'로 풀이하고 있는데, 여기서의 경은 '지름길'을 뜻한다. 『논어』 「옹야雍也」에서도 "길을 갈 적에 지름길[徑]을 쫓지 않는다.[行不由徑]"고 하여, 경徑을 '지름길'로 보았다. 경徑 자체에는 '바르지 못한 길'이란 뜻이 포함되어 있지 않지만, 정도를 무시하고 빠른 길만을 쫓는다면 결과적으로 바르지 못한 길로 향하기 쉽다.

노자는 70장에서 "내 말은 아주 알기 쉽고, 아주 행하기 쉽다.[吾言甚易知, 甚易行.]"고 하였다. 나의 말이 가리키는 대상이 도라는 점에서, "내 말은 아주 알기 쉽고, 아주 행하기 쉽다."란 말은 "도란 아주 알기 쉽고, 아주 행하기 쉽다."란 말과 의미상으로 상통한다. 옛날에는 오늘날과는 달리 길이 잘 닦여있지 않아 험난한 길이 많았다. 이에 비하면 큰길은 잘 닦여져 있어서 가장 평탄하고 안전하다. 그런데도 사람들은 잘 닦여진 평탄한 큰길을 도외시하고 빨리 가고자 하는 마음이 앞선 나머지 좁은 지름길로 가려고 한다. 그 결과 오히려 위험을 자초할 수도 있으므로, 노자는 지름길보다는 평탄한 큰길을 따르라고 하였다.

朝甚除, 田甚蕪, 倉甚虛. 服文采, 帶利劍, 厭飮食, 財貨有餘,
是謂盜夸, 非道也哉.

조정은 지나치게 정돈되어 있고, 논밭은 아주 황폐해졌고, 창고는 텅 비어있다. 게다가 위정자들은 화려한 비단 옷을 입었으며, 예리한 칼을 찼으며, 물리도록 먹고 마셨으며, 재화財貨는 (물 쓰듯 써도) 남아돌았다. 이것을 일컬어 '도둑질하여 얻은 부귀영화'라고 하는 것이니, 참다운 도가 아니다.

주1 제除 :

제除에는 크게 두 가지 뜻이 있다. '더럽다' '부패하다'의 뜻과 '정돈되다' '다스려지다'의 뜻이 그것이다. 전자에 대하여 마서륜馬紋倫은 "조심제朝甚除에서 제除는 오汚, 더럽다의 차자借字이다.[朝甚除, 除借爲汚.]"라고 하였으며, 범응원范應元은 "조정이 심히 더럽혀졌다.[朝甚除]란, 조정이 사邪되게 행함을 숭상하여, 뇌물을 요구하고 군자를 제거하고 사사로운 길을 심하게 열어 놓았음을 말한 것이다.[朝甚除者, 謂朝廷尙施爲, 要賄賂, 去君子, 甚開私小之路也.]"라고 하였다. 후자에 대하여 왕필은 "제除란 깨끗하고 좋음이다.[除, 潔好也.]"라고 하여 '깨끗하고 좋음'의 뜻으로 보았다. 후자의 뜻으로 보는 것이 좋다. 『주역』「췌괘萃卦」에서도 "군자는 그것으로써 병기兵器를 수선하여 뜻밖의 일에 대비한다.[君子以, 除戎器, 戒不虞.]"고 하여, '수선하다' '정돈하다'의 뜻으로 보았다.

주2 문채文采 :

왕필본에는 '채綵'로 되어 있으나, 백서본 · 엄준본嚴峻本 · 반계본磻溪本 · 누정본樓正本 · 초횡본焦竑本 · 팽사본彭耗本 · 범응원본范應元本에는 '채采'로 되어 있다. 또한 이현본易玄本에는 채彩로 되어 있다. '채綵'와 '채采'와 '채彩'는 동자同字이다. 문채에 대해『한서漢書』「화식전貨殖傳에서의 '문채천필文采千匹'이란 구절에 대한 안사고주顔師古注에서 "문文은 비단이다. 흰 비단에 색이

636

있는 것을 '채采'라고 한다.[文, 文繪也. 白帛有色者, 曰采.]"고 하였다.

주3 재화財貨:

왕필본에는 '재화財貨'로 되어 있으나, 한비자본·돈황기본敦煌己本·수주본遂州本·고환본顧歡本·초횡본에는 '자화資貨'로 되어 있고, 백서을본·휘종본徽宗本·오징본吳澄本에는 '자재資財'로 되어 있고, 부혁본傅奕本·범응원본范應元本·소자유본蘇子由本에는 '화재貨財'로 되어 있다.

주4 도과盜夸:

왕필본·경룡본·맹조본孟頫本·부혁본 등에는 과夸로 되어 있는데, 엄준본嚴遵本·소약우본邵若遇本·반계본磻溪本·누고본樓古本·휘종본徽宗本·팽사본 등에는 과誇로 되어 있고,『한비자』「해로」와 초횡본에는 우竽로 되어 있다. 「해로」에서 우竽에 대하여 "우竽란 오성五聲 중에서 우두머리 격이다. 따라서 우가 앞서면 종과 비파가 모두 뒤따르고, 우가 선창하면 여러 음악들이 화답한다. 이제 큰 간사함이 생겨나면 세속의 백성들이 선창하게 되고, 세속의 백성들이 선창하면 작은 도둑들이 반드시 화답하게 된다.[竽也者, 五聲之長者也, 故竽先則鍾瑟皆隨, 竽唱則諸樂皆和. 今大姦作則俗之民唱, 俗之民唱則小盜必和.]"고 하였다. 도우盜竽로 보면 '도둑놈의 우두머리'란 뜻이 된다. 그러나 여기서는 과夸로 보는 것이 좋다.

주5 『한비자』「해로」- "조정이 매우 부패하게 되면 송사가 번거로워진다. 송사가 번거로우면 전원이 황폐해지며, 전원이 황폐해지면 창고가 비며, 창고가 비면 나라가 가난해지며, 나라가 가난해지면 백성들의 풍속은 음탕해지고 사치스러워지며, 백성들의 풍속이 음탕하고 사치스러워지면 의식衣食에 관한 생업이 끊기며, 의식에 관한 생업이 끊기면 백성들은 교활한 속임수를 치장하지 않을 수가 없으며, 교활한 속임수를 치장하면

아름다운 문채文彩를 알게 된다. 아름다운 문채를 아는 것을 말하여 아름다운 광채 나는 옷을 입는다고 하였다. 송사가 번거롭고 창고가 비어있으면서도 음탕함과 사치로써 풍속을 삼는다면 이것은 곧 나라의 손상됨이다. 이것은 마치 예리한 검으로 찌르는 것과 같으므로, '예리한 검을 찼다'고 말하였다.[朝甚除也者, 獄訟繁也. 獄訟繁則田荒, 田荒則府倉虛, 府倉虛則國貧, 國貧而民俗淫侈, 民俗淫侈則衣食之業絶, 衣食之業絶則民不得無飾巧詐, 飾巧詐則知采文. 知采文之謂腹文采. 獄訟繁, 倉廩虛而有以淫侈爲俗, 則國之傷也. 若以利劍刺之, 故曰帶利劍.]"

왕필 – "조朝는 궁궐이다. 제除란 깨끗하고 좋음이다. 조정이 아주 깨끗하게 되면, 전원은 아주 황폐화되고 창고는 비게 된다. 이처럼 궁궐 하나를 설치하는 데에도 오만가지의 해로움이 생겨난다. 무릇 사물은 도로써 얻지 않으면 삿되게 되며, 삿되면 도둑질하게 된다. 호화로움이 도로써 얻은 것이 아니라면 그 호화로움을 도둑질 한 것이며, 고귀함이 도로써 얻은 것이 아니면 그 직위를 훔친 것이다. 그러므로 도가 아님을 들어서 밝힌 것이니, 도로써가 아니면 모두 도둑질하여 얻은 호화로움일 따름이다. [朝, 宮室也. 除, 潔好也. 朝甚除, 田甚蕪, 倉甚虛. 設一而衆害生也. 凡物, 不以其道得之, 則皆邪也, 邪則盜也. 夸而不以其道得之, 盜夸也, 貴而不以其道得之, 竊位也. 故擧非道以明, 非道則皆盜夸也.]"

◈◈◈ 해설

'조심제朝甚除'에서의 조朝는 '조정朝廷'을 뜻하고, 제除는 '정돈되어 있음'을 뜻한다. 따라서 '조심제朝甚除'란 조정이 사치와 화려함으로 잘 꾸며져 있음을 의미한다. '전심무田甚蕪'에서의 전田은 '전원田園'을 뜻하며, 무蕪는 '황폐화'를 뜻한다. 따라서 '전심무田甚蕪'란 전원이 황폐화되었음을 의미한다. '창심허倉甚虛'에서의 창倉은 공창公倉을 뜻한다. 따라서 '창심허倉甚虛'란 조정의 관리들이 국가의 재산을 사유화하여 사가私家의 창고에 비축하였기에 공창

公倉에 비축한 식량이나 재물이 텅 비어 있음을 의미한다. '복문채服文采'에서의 복服은 '옷을 입다'의 뜻이고, 문채文采란 아름다운 무늬로 수놓은 화려한 비단옷을 말한다. 따라서 '복문채服文采'란 관리들이 아름다운 문채가 나는 옷을 입었다는 의미이다. '대이검帶利劍'이란 일제 때의 순사들처럼 날카로운 검을 차고서 백성들을 위협한다는 의미이다. '염음식厭飮食'이란 관리들이 질리도록[厭] 먹고[食] 마신다는[飮] 의미이다. '재화유여財貨有餘'란 관리들이 백성들로부터 온갖 착취를 하여 화려한 옷을 즐겨 입고 실컷 먹고 마심에도 불구하고 재화는 여전히 남아돌았음을 의미한다. '도과盜夸'에서 과夸란 '부귀영화'를 뜻한다. 따라서 '도과盜夸'란 '도둑질하여 얻은 부귀영화'를 뜻한다.

노자의 진술처럼 당시의 위정자들은 온갖 사치스런 생활을 하였는데, 그렇다면 과연 이러한 사치는 정당한 것인가? 당시의 지식인들은 백성들의 기준으로 보기보다는 위정자 위주로 보았으므로 이러한 위정자들의 폐단에 침묵하였다. 이와는 달리 노자는 위정자의 부귀영화에 대해 '도둑질하여 얻은 부귀영화'에 지나지 않는다고 신랄히 비난하였다. 노자의 말에 따르면, 당시의 위정자들은 한마디로 말하면 남의 것을 강탈한 도둑놈들에 지나지 않는다. 노자의 이러한 비판적 언설은 철저한 계급 사회였던 당시로선 참으로 과격한 정치적 발언이 아닐 수 없었다.

이처럼 도둑질하여 얻은 부귀영화는 결코 참다운 도가 아니다. 왜냐하면 도란 바르고 공평한 것이기 때문이다. 77장에서도 "하늘의 도는 남음이 있는 것을 덜어서 부족한 것에 보태준다.[天之道損有餘而補不足.]"고 하였다. 그런데 위정자들은 남음이 있음에도 불구하고 부족한 자의 것을 빼앗아 더욱 부유해지려고 한다는 점에서, 참다운 도가 아님은 명백한 일이다.

제 5 4 장

善建者不拔, 善抱者不脫, 子孫以祭祀不輟.
修之身, 其德乃眞, 修之家, 其德乃餘, 修之鄕, 其德乃長, 修之國, 其德乃豊, 修之天下, 其德乃普.
故以身觀身, 以家觀家, 以鄕觀鄕, 以國觀國, 以天下觀天下. 吾何以知天下然哉, 以此.

덕을 잘 세운 자는 뽑히지 않고, 도를 잘 지키는 자는 벗어나지 않아, 자손 대대로 제사 지내어 끊어지지 않는다.
도로써 몸을 닦으면 그 덕은 바르게 되고, 도로써 집안을 닦으면 그 덕은 여유롭게 되고, 도로써 마을을 닦으면 그 덕은 오래갈 수 있고, 도로써 한 나라를 닦으면 그 덕은 풍요로워지고, 도로써 온 천하를 닦으면 그 덕은 널리 퍼진다.
따라서 몸으로써 몸을 보고, 집안으로써 집안을 보고, 마을로써 마을을 보고, 국가로써 국가를 보고, 천하로써 천하를 보아야 한다. 내가 무엇으로써 천하가 그러한지에 대해 아는가? 이것으로써 이다.

善建者不拔, 善抱者不脫, 子孫以祭祀不輟.

덕을 잘 세운 사람들은 뽑히지 않고, 도를 잘 지키는 사람들은 벗어나지 않아, 자손 대대로 제사 지내어 끊어지지 않는다.

주1 불철不輟:

통행본에는 불철不輟로 되어 있으나, 백서을본帛書乙本에는 불철不輟이 불절不絶로 되어 있다. 철輟에 대하여 『한비자』「유로解老」에서 "자손이 제사지냄에 대대손손 끊어짐이 없음이다.[子孫祭祀世世不輟]"라고 하였는데, 「해로解老」에서는 '제사불절祭祀不絶'이라고 하였다. 철輟은 절絶과 같은 뜻으로서, 불철不輟은 '끊어짐이 없이 계속됨'을 뜻한다.

주2 하상공河上公 - "건建은 세움이다. 도로써 몸과 나라를 잘 세운 자는 끌어당겨 뽑을 수가 없다.[建, 立也. 善以道立身國者, 不可得引而拔也.]"

왕필王弼 - "근본을 견고하게 한 이후에 말단을 경영하므로 뽑히지 않는다. 많음을 탐내지 않고 잘하는 것을 가지런히 하므로 벗어나지 않는다.[固其根而後營其末, 故不拔也. 不貪於多, 齊其所能, 故不脫也.]"

오징吳澄 - "평지 위에 나무를 심으면 반드시 뽑혀서 쓰러지는 때가 있기 마련이며, 하나의 사물을 두 손으로 꼭 쥐고 있으면 반드시 손아귀에서 벗어나는 날이 있기 마련이다. 잘 세운 자는 세우지 않음으로써 세우기 때문에 영원히 뽑히지 않으며, 잘 껴안는 사람은 껴안지 않음으로써 껴안기 때문에 영원히 벗어나지 않는다.[植一木於平地之上, 必有拔而偃仆之時, 持一物於兩手之中, 必有脫而離去之日. 善建者以不建爲建, 則永不拔, 善抱者以不抱爲抱, 則永不脫]"

● ● ● 해설

건建은 입立의 뜻이고, 선善은 '잘' '훌륭히'란 뜻이다. 따라서 '선건자善建者'란

'도를 굳건히 잘 세운 자'란 의미이다. 잘 세웠다는 것은 뿌리를 굳건히 하였음을 뜻한다. 뿌리를 굳건히 한다면 그 어떠한 외부적 악조건 하에서도 쉽사리 뽑히지 않는다.

'선포자善抱者'에서 포抱는 '가슴으로 껴안다'의 의미로서, 노자가 즐겨 사용한 말이다. 이를테면 19장에서 '견소포박見素抱樸'이라고 하였으며, 22장에서 "성인은 하나를 안아서[抱] 천하의 법도로 삼는다.[聖人抱一, 以爲天下式.]"고 하였다. 포抱의 대상인 박樸이나 일은 모두 도를 형용한 것이다. '선포자善抱者' 역시 도를 잘 지키는 자를 뜻한다. 따라서 '잘 지키는 사람은 벗어나지 않는다[善抱者不脫]'란 도를 잘 간직한 자들은 도에서 벗어나지 않는다는 의미이다.

그런데 여기서 유의할 점은 '건덕建德'에서의 건은 단순히 확고부동함을 뜻하는 것이 아니라는 점이다. 대상 세계는 끊임없이 변한다는 점에서 변화를 거부한 (혹은 변화를 초월한) 불변하는 덕을 세운다는 것은 애초부터 불가능한 일이다. 변화를 거부한 채 불변성만을 고수하려 하는 자를 노자는 강강剛強한 무리라고 보았으며, 이러한 무리들은 변화에 적응하지 못한 채 조기에 사멸하고 말 것이라고 보았다. 따라서 41장에서도 '건덕약투建德若偸'라고 하였다. 즉 '굳건히 세운 덕은 부단히 변화하기에 방정맞은 것 같다'고 하였다. 포抱 역시 단순히 소중한 것을 '꼭 껴안다'의 의미가 아니다. 도는 고정된 형태로 있는 것이 아니라 잡을 수 없는 바람과도 같다. 잡을 수 없는 것을 잡고자 하는 것은 허망한 몸짓에 지나지 않는다. 포抱란 본래 가지고 있는 도를 잘 간직한다는 의미이다.

이처럼 도의 근본을 잘 세우고 이것을 품에 꼭 껴안을 수만 있다면 도는 자손 대대로 이어져 번창할 것이라고 보았다. 도는 영원하여 태초부터 지금에 이르기까지 끊어짐이 없이 계속적으로 이어져 내려왔다. 도는 미래에도 영원할 것이다. 따라서 도를 굳건히 지킨다면 앞으로도 영원함을 얻을 수 있을 것이라고 보았다.

여기서 우리는 다음과 같은 점을 지적해 볼 수 있다. 서양에서는 일찍이 '영혼불멸'의 사상을 가지고 있어서 육신은 비록 썩어서 한줌의 재가 된다고 할지라도 영혼은 영원히 죽지 않는다고 보았다. 반면에 동양에서는 '영원불멸'의 사고가 거의 희박하였다. 물론 고대로부터 제사를 지내 조상신을 섬기기는 했지만, 이것은 반드시 '영원불멸'을 믿어서라기보다는 돌아가신 부모나 선조의 은덕을 기리기 위해서였으며 후손들의 복을 기원하기 위해서였다. 공자가 제사의 중요성을 강조했지만, 사후의 일에 대해서는 오히려 냉정함을 보인 것도 바로 이러한 이유에서였다. 가령 『논어』 「술이述而」에서 "공자께서는 괴력난신怪力亂神에 대하여 말씀하시지 않으셨다.[子,不語, 怪力亂神.]"고 하였으며, 「선진先進」에서 "자로가 귀신 섬기는 일에 대하여 물으니, 공자는 '사람도 아직 섬길 줄 모르는데 어찌 귀신을 섬길 수 있겠느냐?'라고 대답하였다. 죽음에 대하여 감히 묻자 '삶도 모르는 데 어찌 죽음 따위를 알겠는가?'라고 대답하였다.[季路問, 事鬼神. 子曰, 未能事人 焉能事鬼. 敢問死, 曰未知生, 焉知死.]"고 하였다. 이처럼 귀신을 섬기는 제사를 중시한 공자조차도 사후세계나 귀신에 대해서는 냉담했다. 그렇다고 동양에서 영원성을 전혀 상정하지 않은 것은 아니다. 서양의 기독교에서는 죽은 후에는 내세를 통하여 영원함을 얻을 수 있다고 본 반면에 동양에서는 자신이 비록 죽지만 후손의 번창함을 통하여 자신의 영원성이 획득될 수 있다고 보았다. 따라서 당시 사람들에게 있어서 가장 두려운 일 중의 하나가 자손이 끊겨서 제삿밥을 먹지 못하는 것이었으며, 노자 역시 '제사가 끊어지지 않음'을 가지고 말하였던 것이다.

"修之身, 其德乃眞, 修之家, 其德乃餘, 修之鄕, 其德乃長, 修之邦, 其德乃豊, 修之天下, 其德乃普.

도로써 몸을 닦으면 그 덕은 바르게 되고, 도로써 집안을 닦으면 그 덕은 여유롭게 되고, 도로써 마을을 닦으면 그 덕은 오래갈 수 있고, 도로써 한 나라를 닦으면 그 덕은 풍요로워지고, 도로써 온 천하를 닦으면 그 덕은 널리 펴진다.

주1 왕필본王弼本을 비롯한 많은 판본들이 '수지어신修之於身' '수지어가修之於家' '수지어향修之於鄕' '수지어국修之於國' '수지어천하修之於天下'로 되어 있는데, '수지신修之身' '수지가修之家' '수지향修之鄕' '수지방修之邦' '수지천하修之天下'로 보는 것이 타당하다. 왜냐하면 왕필본보다 시기적으로 앞서 있는 죽간본·백서본·『한비자』「해로」에는 모든 '어於'자가 빠져 있기 때문이다. 왕필주에서도 '수지신修之身' '수지가修之家'로 되어 있다는 점에서 왕필의 원본에는 '어於'가 빠져 있었다고 본다. 또한 『한비자』와 죽간본·백서을본·범응원본范應元本에는 국國이 방邦으로 되어 있다.

주2 장長:

장長에 대하여 여러 설說들이 있다. 하상공河上公이 "마을에서 도를 닦으면 장로長老들을 존경하게 된다.[修之於鄕, 尊敬長老]"고 하여 장로長老의 뜻으로 보았다. 임희일林希逸은 "장長은 존중함이다.[長, 尊也.]"라고 하여 존숭尊崇의 뜻으로 보았다. 엄영봉嚴靈峰은 "마을에서 도를 닦으면 은택恩澤이 이웃 마을에까지 미쳐서 온 마을들이 그 마을을 칭송하므로, 그 덕이 '자라난다[長]'고 한 것이다."라고 하여 장長을 '자라나다'의 뜻으로 보았다. 당唐나라 현종玄宗은 "한 마을이 덕을 닦으면 장구長久해질 수 있다.[一鄕盡修德乃長久.]"고 하여 '장구長久'의 뜻으로 보았다. 장구長久의 뜻으로 보는 것이 좋다.

주3 왕필 - "자신에게서부터 다른 사람에게까지 미침이다. 자신을 닦으면

제54장 645

바르게 되고, 집안을 닦으면 여유가 있게 되니, 닦음을 폐지하지 않는다면 베푸는 것이 더욱 커질 것이다.[以身及人也. 修之身則眞, 修之家則有餘, 修之不廢, 所施轉大.]"

••• 해 설

지ᄎ는 도를 뜻한다. 본 문장은 덕이란 개인적인 삶의 지표가 될 뿐만 아니라, 집안·마을·국가 더 나아가 천하 전체의 지표가 된다는 의미이다. 본 문장은 『대학』에서 말한 '수신제가치국평천하修身齊家治國平天下'와 의미상으로 유사해 보이지만 중요한 차이점이 있다. 무엇보다도 『대학』에서는 수신修身하면 제가齊家할 수 있고, 제가齊家하면 치국治國할 수 있고, 치국治國하면 평천하平天下할 수 있다는 도덕의 확충擴充을 말하고 있다. 유가에서는 소小로부터 대大로 나아가는 확충을 선호하고 있다. 그러나 노자는 애초부터 대를 지향하였으며, 도 그 자체가 바로 대의 특성을 가지고 있다. 여기서 대라는 것은 대립되는 일체의 것, 심지어 지극히 미세한 것까지도 포괄하는 것이며, 본 문장은 바로 이러한 도의 포괄성을 말하고 있는 것이다. 즉 도를 가지고 자신의 몸을 닦으면 자신의 덕이 바르게 되고, 집안을 닦으면 그 덕은 다 쓰고도 남음이 있고, 자신의 마을을 닦으면 그 덕은 장구해지고, 나라를 닦으면 그 덕은 풍요로워지고, 천하를 닦으면 덕이 천하에 널리 퍼지게 된다.

본 문장 속에는 도의 일자적 측면과 덕의 다자적 측면에 대해 설명하고 있다. 천하 만물은 일자로서의 도를 얻어 생겨났다. 그러나 일자는 획일적인 보편성의 일자가 아니다. 왜냐하면 만물이 일자를 얻어 생겨났다고 한다면 만물은 모두 똑같은 본질을 갖게 되어 다양성이 없어지기 때문이다. 만물은 덕을 갖게 됨으로 해서 오히려 개별성을 갖게 된다. 가령 참다움[眞]이 되며, 여유로움[餘], 장구함[長], 풍요로움[豊], 드넓음[普]이 된다. 따라서 덕은 일자를 이어받아 개별성을 구현하였다.

故以身觀身, 以家觀家, 以鄕觀鄕, 以邦觀邦, 以天下觀天下.
吾何以知天下然哉, 以此.

따라서 몸으로써 몸을 보고, 집안으로써 집안을 보고, 마을로써 마을을 보고, 국가로써 국가를 보고, 천하로써 천하를 보아야 한다. 내 무엇으로써 그러함을 아는가? 이것으로써 이다.

주　이차以此 :

왕필 – "'이것此'이란 위에서 말한 것들이다. 내가 어떻게 천하를 알 수 있겠는가? 자신을 살펴서 아는 것이지 밖으로부터 구하는 것이 아니다. 이것은 이른바 문 밖을 나서지 않더라도 천하를 알 수가 있다는 말이다.[此, 上之所云也. 言吾何以得知天下乎. 察己以知之, 不求於外也. 所爲不出戶以知天下者也.]"

••• 해 설

본 문장은 두 가지로 해석할 수 있다. "도를 닦은 몸으로써 도를 닦지 않은 몸을 본다."란 해석과 "몸으로써 몸을 닦아야지 몸이 아닌 다른 것, 가령 집안을 닦는 것으로써 몸을 닦아서는 안 된다."란 해석이 그것이다. 전자에 대해 하상공은 "도를 닦은 몸으로 도를 닦지 않는 몸을 관찰하고 ……도를 닦은 집안으로 도를 닦지 않은 집안을 관찰하고, 도를 닦지 마을로써 도를 닦지 않는 마을을 관찰하고, 도를 닦은 인군人君이 도를 닦지 않는 인군을 관찰한다.[以修道之身, 觀不修道之身……, 以修道之家, 觀不修道之家也, 以修道之鄕, 觀不修道之鄕也, 以修道之主, 觀不修道之主也.]"고 하였다. 후자와 관련하여, 『관자管子』「목민牧民」에서도 "집안을 다스리는 것으로 마을을 다스릴 수는 없으며, 마을을 다스리는 것으로 나라를 다스릴 수는 없으며, 나라를 다스리는 것으로 천하를 다스릴 수는 없다. 집안으로써 집안을 다스려야 하며, 마을로써 마을을 다스려야 하며, 국가로써 국가를 다스려야 하며,

천하로써 천하를 다스려야 한다.[以家爲鄕, 鄕不可爲也, 以鄕爲國, 國不可爲也, 以國爲天下, 天下不可爲也. 以家爲家, 以鄕爲鄕, 以國爲國, 以天下爲天下.]"고 하였다. 고형高亨은 『관자』에 인용된 문장과 본 문장의 대의가 같다고 보았다. 이에 의거하여 본 문장을 풀이한다면, "몸을 다스릴만한 것으로써 몸을 다스려야지 몸을 다스리는 것으로써 마을이나 그 외의 것을 다스려서는 안된다. ……"는 뜻이 된다.

후자의 해석이 타당하다고 본다. 만일 하상공과 같은 견해를 따르게 되면 '이천하관천하以天下觀天下'는 '도를 닦은 천하가 도를 닦지 않은 천하를 관찰한다'로 풀이되는데, 천하가 어떻게 '도를 닦은 천하'와 '도를 닦지 않은 천하' 둘로 나누어질 수 있는가에 대한 설명이 불가능해진다. 본 문장의 대의는 덕의 다자적 측면을 설명하고 있다

앞서 말했듯 도는 일자란 점에서 보편을 갖고 있다. 따라서 도를 닦게 되면 이로써 자신뿐만 아니라 집안·마을·국가·천하를 알 수가 있다. 그런데 모든 만물이 일자를 얻었다고 하여 똑같은 것은 아니다. 만물들은 동시에 개별성을 갖는다. 개별은 개별의 도리가 있다. 즉 몸은 몸의 도리가 있으므로 몸으로써 몸을 보며, 집안은 집안의 도리가 있으므로 집안의 도리로써 집안을 본다. 이와 같은 사고는 『대학』에서 말하는 '수신제가치국평천하修身齊家治國平天下'와는 다른 사고이다. 유가에서는 보편적 도리를 중시하였으므로 확충을 중시하였다. 그러나 노자는 개별성을 중시하였으므로 각각의 개별들은 그것에 맞는 각각의 도리를 갖고 있다고 보았다.

제 5 5 장

含德之厚者, 比於赤子. 蜂蠆蟲蛇弗螫, 攫鳥猛獸弗搏.

骨弱筋柔而握固.

未知牝牡之合而朘怒, 精之至也.

終日號而不嗄, 和之至也.

知和曰常, 知常曰明.

益生曰祥, 心使氣曰強.

物壯則老, 謂之不道, 不道早已.

두터운 덕을 품고 있는 사람은 갓난아이에 비유할 수 있다. 살무사·전갈·벌레·뱀이 독을 쏘지 못하고, 사나운 맹금이나 사나운 짐승도 채가지 못한다.
뼈는 약하고 근육은 부드럽지만 움켜잡는 힘이 세다.
암컷과 수컷의 교합交合을 모르면서도 성기가 발기되는 까닭은 정력이 지극했기 때문이다.
종일토록 울어도 목쉬는 법이 없는 까닭은 조화로움이 지극하기 때문이다.

조화를 아는 것을 '항상됨'이라고 하고, 항상됨을 아는 것을 '밝음'이라고 한다.
삶에 군더더기의 보탬이 있음을 '재앙'이라 하고, 마음이 기운을 부리는 것을 '강彊'이라고 한다.
사물은 왕성하면 곧 노쇠해지니, 이것을 일컬어 '도에 어긋나다'라고 하는 것이다. 도에 어긋나면 일찍 죽고 만다.

含德之厚(者), 比於赤子. 蜂蠆蟲蛇弗螫, 攫鳥猛獸弗搏.

두터운 덕을 품고 있는 사람은 갓난아이에 비유할 수 있다. 살무사·전갈·벌레·뱀이 독을 쏘지 못하고, 사나운 맹금이나 사나운 짐승도 채가지 못한다.

주1 함덕지후자含德之厚者, 비어적자比於赤子:

왕필본·하상공본 등에는 '함덕지후含德之厚, 비어적자比於赤子'로 되어 있으나, 백서본에는 '함덕지후자含德之厚者, 비어적자比於赤子'로 되어 있어 '자者'자가 첨가되어 있다. 죽간본에도 자者가 있는 것으로 보아 '자者'자가 있는 것이 좋다.

주2 봉채훼사불석蜂蠆虺蛇弗螫, 확조맹수불박攫鳥猛獸弗搏:

여러 가지 판본들이 있다. 죽간본에는 "회채충사불석蜂蠆蟲蛇弗螫, 확조맹수불구攫鳥猛獸弗扣."로 되어 있고, 백서갑본에는 "봉채훼사불석蜂蠆虺蛇弗螫, 확조맹수불박攫鳥猛獸弗搏."로 되어 있고, 왕필본에는 "봉채훼사불석蜂蠆虺蛇弗螫, 맹수불거猛獸不據, 확조불박攫鳥不搏."로 되어 있고, 범응원본范應元本에는 "독충훼사불석毒蟲虺蛇不螫, 맹수확조불박猛獸攫鳥不搏."으로 되어 있다. 여기서는 죽간본에 근거하였다.

주3 왕필 - "어린아이는 구함도 없고 욕심도 없어서 사물들을 침범하지 않기에, 독충도 그들을 침범하지 않는다. 덕을 품은 것이 두터운 자는 사물에 의해 침범 당하지 않기 때문에, 어떠한 것도 그 온전함을 손상시킴이 없다.[赤子無求無欲, 不犯衆物, 故毒蟲之物無犯於人也. 含德之厚者, 不犯於物, 故無物以損其全也.]"

초횡焦竑 - "독충은 벌이나 전갈의 무리이다. 꼬리의 끝으로 독을 쏘는 것을 '사螫'라고 한다. 맹수는 범이나 표범의 무리이다. 발톱으로 끌어당기는 것을 '거據'라고 한다. 맹금猛禽은 수리나 물수리의 무리이다. 날개나 발톱으로 움켜잡는 것을 '박搏'이라고 한다.[毒蟲, 蜂蠆之類. 以尾端肆毒曰螫. 猛獸, 虎豹之類, 以爪按拏曰據. 攫鳥, 鵰鶚之類. 以羽距繫觸曰搏.]"

●●● 해 설

'함덕지후자含德之厚者'에서의 함含에 대하여 하상공은 "안에 품고 있음을 말한 것이다.[謂含懷]"고 하였듯이, 함含은 '안에 품고 있다'의 뜻이다. 적자赤子는 영아嬰兒와 같은 말로서 갓난아기를 말한다. 『한서漢書』「가의전賈誼傳」 안사고주顔師古注에서 "적자赤子란 막 태어나 눈썹과 머리카락이 없고, 얼굴색이 붉음을 말한 것이다.[赤子, 言新生未有眉髮, 其色赤.]"라고 하였다.

"회채충사불석蝍蠆蟲蛇弗螫, 맹수불거猛獸不據, 확조불박攫鳥不搏"에서의 회蝍에는 여러 가지 뜻이 있다. 『한비자』「세림說林」에서 "짐승 중에 회蝍라는 것이 있는데, 하나의 몸에 두 개의 머리가 있다. 먹이를 다투어 서로 깨물다가, 마침내 서로 죽이고 말았다.[蟲有蝍者, 一身兩口, 爭食相齕也. 遂相殺也.]"고 하였으며, 『설문說文』에는 "회蝍, 용야蛹也."라고 하였다. 용蛹은 '누에'란 뜻이다. 그런데 『안씨가훈顔氏家訓』「면학勉學」에 "내가 처음 『장자』를 읽었을 때 '회이수蝍二首'라는 말이 있었다. 『한비자』에서는 '짐승 중에 회蝍라는 것이 있는데, 하나의 몸에 두 개의 머리가 있다. 먹이를 다투어 서로 깨물다가, 마침내 서로 죽이고 만다.'고 하였다. 망연히도 이 글자가 어떠한 음인지를 몰라, 사람들을 만날 때마다 물어보기도 했지만 도무지 이해할 수가 없었다. 살펴보건대 『이아爾雅』와 같은 여러 글에서는 누에蠶蛹를 지칭하여 '회蝍'라고 하였으며, 두 개의 머리와 두 개의 입을 가지고서 서로가 탐하여 해치는 짐승이 아니다. 뒤에 가서 고금古今의 자구字句에 대한 주석을 보니, 이 역시 옛날의 '훼虺, 살무사'자였다.[吾初讀莊子 '蝍二首', 韓非子曰, 蟲有蝍者, 一身兩口, 爭食相齕, 遂相殺也. 茫然不識此字何音, 逢人輒問, 了無解者. 案, 爾雅諸書, 蠶蛹名蝍, 又非二首兩口貪害之物. 後見古今字詁, 此亦古之虺字.]"고 하였다. 이상의 것에 의거할 때 회蝍에는 '머리 두 개 달린 뱀' '누에' '살모사[虺]'라는 세 가지 뜻이 있는데, 여기서는 독을 가진 생물체에 관한 것이라는 점에서, 살모사를 뜻하는 것으로 보아야 한다.

　채蠆는 '전갈'을 뜻한다. 충蟲은 '벌레'를 뜻하는 데 뒤의 '쏘다'와 관련해 볼 때 '쏘는 벌레'를 뜻한다. 사虵는 '뱀'을 뜻한다. 석螫은 '쏘다'의 뜻이다. 오징吳澄은 "독충은 벌이나 전갈의 무리로서, 꼬리 끝으로 독을 쏘는 것을 '석螫'이라고 한다.[毒蟲, 蜂蠆之屬, 以尾端肆毒曰, 螫]"고 하였다. 확조攫鳥는 독수리나 매와 같이 발톱으로 낚아채는 맹금류를 뜻하고, 맹수猛獸는 사나운 맹수를 뜻한다. 박搏은 죽간본에 구𢰇로 되어 있는데, 양자는 같은 뜻으로서 '발톱으로 내리침'을 뜻한다.

　갓난아이는 어른들처럼 탐욕이나 인위가 없기 때문에 무위자연에 가장 잘 따른다. 아이가 무위자연에 따르므로 자연에 동화되어 도와 하나가 된다. 이미 도와 하나가 되었기 때문에 그 어떠한 것도 갓난아이를 해칠 수가 없다. 가령 살무사 · 전갈 · 독벌레 · 뱀이 비록 사람을 상해입힐 만한 독을 품고 있더라도 쏘지 못하고, 사나운 맹금류나 사나운 짐승도 채가지 못한다.

　본 문장에서는 어린아이와 같이 자연 본성에 잘 따라야 한다고 말하고 있다. '어린아이처럼 되라'와 유사한 구절로, 『맹자』「이루장離婁章」(하)에서 "대인이란 어린아이의 마음을 잃지 않은 자이다.[大人者, 不失其赤子之心者也.]"라고 하였다. 『성경』에서도 "너희가 어린아이들과 같이 되지 아니하면 결단코 천국에 들어가지 못하리라."(「마태복음」 18장, 3절)고 하였다.

骨弱筋柔而握固.

뼈는 약하고 근육은 부드럽지만 움켜잡는 힘이 세다.

주   하상공 - "어린아이의 근육과 뼈는 부드럽고 약하지만 사물을 잡는
것이 견고한 까닭은 뜻을 하나같이 하여 마음이 다른 곳에로 옮겨가지 않
았기 때문이다.[赤子筋骨柔弱而持物堅固, 以其意專而心不移也.]"

••• 해 설

악握은 '쥐는 힘'을 뜻하고, 고固는 '꽉 움켜짐'을 뜻한다. 본 문장과 관련하
여 『순자荀子』 「권학勸學」에서도 "지렁이는 손톱이나 어금니의 날카로움과
근육과 뼈의 강함이 없지만, 위로는 진흙을 먹고 아래로는 지하수를 마시
는 까닭은 마음 쓰기를 하나같이 하였기 때문이다.[螾無爪牙之利, 筋骨之强,
上食埃土, 不飮黃泉, 用心一也.]"라고 하였다. 이 주장은 노자의 주장과 흡사
한 듯이 보이지만 차이점이 있다. 순자가 '마음 쓰기를 하나같이 하라'고
한 것은 곧 뜻[志]을 하나같이 하라는 말이다. 그러나 노자는 뜻[志]을 하나
같이 함을 비판하였다. 아이들의 뼈가 약하고 부드럽지만 움켜잡는 힘이
센 까닭은 '뜻'을 하나같이 하였기 때문이 아니라 '기운'을 하나같이 하였기
때문이다. '뜻을 하나같이 하라'와 '기운을 하나같이 하라'는 의미상으로
전혀 다르다. 가령 뜻을 하나같이 함이 어떠한 하나의 대상에 집착하며 하
나의 방향성을 고집하는 것이라는 점에서 유위有爲의 범주에 속한다고 한
다면, 기운을 하나같이 함은 자연본성에 그대로 따르는 것이라는 점에서
무위無爲의 범주에 속한다.

未知牝牡之合而朘怒, 精之至也.

암컷과 수컷의 교합交合을 모르면서도 성기가 발기되는 까닭은 정력이 지극했기 때문
이다.

주1 최노脧怒 :

왕필본을 비롯한 일반 판본에는 '전작全作'으로 되어 있으나, 백서본·부혁본傅奕本·범응원본范應元本에는 '최노脧怒'로 되어 있다. 돈황본敦煌本·경복본景福本·수주본遂州本·반계본磻溪本·누정본樓正本·엄준본嚴遵本·고환본顧歡本·초횡본焦竑本·팽사본彭耜本·조맹조본趙孟頫本 등에는 최㖮로 되어 있다. 최脧와 최㖮는 동자同字로서, 최노脧怒가 타당하다고 본다. 죽간본에 연노然怒로 되어 있는데, 대다수 학자들이 '연然'자를 최脧의 차자借字로 보았다. 『설문』에 "최脧는 어린아이의 성기를 뜻한다.[脧, 赤子陰也.]"고 하였다.

주2 하상공 – "어린아이는 남녀의 교합을 알지 못하면서도 성기가 발기하는 까닭은 정기가 많이 모여들었기 때문이다.[赤子未知男女之合會, 而陰作怒者, 由精氣多之所致也.]"

성현영成玄英 – "『자림字林』에서 '최㖮는 어린아이의 성기를 말한 것이다'고 하였다. 이것은 어린아이가 처음 태어나서는 암수 성적결합의 이치를 이해하지 못하면서도 성기가 발기되어 있는 까닭은 곧 정기가 지극히 충만해 있기 때문임을 말한 것이다.[字林云, 㖮, 小兒陰也. 言赤子初生未解雄雌交合之道, 而陰怒作, 乃精氣滿實之至也.]"

• • • 해 설

빈모牝牡란 본래 암컷과 수컷을 뜻하지만, 여기서는 남녀를 질박한 언어로써 표현한 말이다. 합合이란 남녀 사이의 섹스를 뜻한다. 남녀의 섹스에 대해 노자는 동물세계에서의 암컷과 수컷의 짝짓기와 같은 것이라고 보았다. 최노脧怒에서 최脧는 '어린아이의 성기'를 뜻하고, 노怒은 "고추가 성났다."라는 말이 있듯이 '성기가 발기됨'을 뜻한다. '정지지야精之至也'에서 정精은 정력精力을 뜻하고, 지至는 지극함을 뜻한다. 흔히 성기가 자주 발기되는 사람을 '정력이 세다'고 한다. 그런데 어린아이들은 남녀 사이의 섹스에 대하여 전혀 알지 못하면서도 성기가 수시로 발기된다. 노자는 그 이유에 대하여 "정력이 지극하기 때문이다."고 보았다.

왕필본을 비롯한 많은 판본에서 최노脧怒를 전작全作으로 되어 있는데, 그 까닭은 당시의 사회적 풍토가 성적인 표현들을 금기시하였기 때문인 듯하다. 그런데 본 문장에서 남녀의 성관계를 빈모牝牡로써 표현한 것이나 성격결합으로서의 합合을 말한 것이나 성기가 발기한다는 뜻의 최노脧怒를 노골적으로 표현한 것에서도 볼 수 있듯이, 노자는 질박한 표현을 주저하지 않고 사용하고 있다. 여기서 우리는 인간의 질박한 본성을 중시한 노자 사상의 한 단면을 엿볼 수가 있다.

終日號而不嗄, 和之至也.

종일토록 울어도 목쉬는 법이 없는 까닭은 조화로움이 지극하기 때문이다.

주1 사嗄:

엄영봉嚴靈峰 – "육덕명陸德明의 『음의音義』에서는 '기氣가 거꾸로 흐름이다.[氣逆也]'로 되어 있다. 『장자』「경상초庚桑楚」에는 '어린아이가 종일토록 소리내어 울더라도 목이 쉬지 않는다.[兒子終日嗥而不嗄.]'고 하였다. 성현영본成玄英本에는 '사嗄란 목소리가 파열됨이다.[嗄, 聲破也.]'고 했다."

주2 하상공 – "어린아이가 아침부터 저녁때까지 울어도 목소리가 변하지 않는 까닭은 조화로운 기운이 많이 모여들었기 때문이다.[赤子從朝至暮啼號, 聲不變易者, 和氣多之所致.]"

왕필 – "다투어 욕심 낼만한 마음이 없기 때문에 종일토록 소리를 질러도 목쉬지 않는다.[無爭欲之心, 故終日出聲而不嗄也.]"

• • • 해 설

호號는 『이아爾雅』「석언釋言」에서 "호號는 소리내어 우는 것이다.[號, 謼也.]"고 한 것처럼, '소리내어 우는 것'을 뜻한다. 불사不嗄란 '목쉬지 않음'을 뜻한다. 화和는 기운의 조화로움을 뜻하고, 지至는 지극至極을 뜻한다.

어른들은 자연적으로 나오는 소리를 무시하고 무리하게 소리 지르기 때문에 조금만 소리를 질러도 쉽게 목이 쉰다. 반면에 아이들은 하루 종일을 소리 내어 울더라도 목이 쉬는 법이 없다. 그 이유는 하루 종일 울더라도 그것은 애써 우는 것이 아니라 자연적으로 우는 것이므로 조화로움이 지극하였기 때문이다. 『장자』「경상초庚桑楚」에서도 "어린아이가 종일토록 소리 내어 울더라도 목이 쉬지 않는다.[兒子終日嗥而不嗄.]"라고 하였다.

知和曰常, 知常曰明.

조화를 아는 것을 '항상됨'이라 하고, 항상됨을 아는 것을 '밝음'이라고 한다.

주1 지화왈상知和曰常 :

왕필 – "사물은 조화로써 '항상됨[常]'으로 삼기 때문에, 조화를 알면 '항상됨[常]'을 얻게 된다.[物以和爲常, 故知和則得常也.]"

주2 지상왈명知常曰明 :

왕필 – "밝지도 않고 어둡지도 않고, 따뜻하지도 않고 차갑지도 않은 것을 '항상됨[常]'이라고 한다. 형태가 없어서 볼 수가 없기 때문에 '항상됨 [常]'을 아는 것을 밝음이라 한다'고 하였다.[不曒不昧, 不溫不凉, 此常也. 無形 不可得而見, 故曰, 知常曰明.]"

•••해 설

'지화왈상知和曰常'에서의 화和는 동同과 구별해야 한다. 동同이 무차별적인 통일을 뜻한다고 한다면 화和는 개별들의 조화를 뜻한다. 화和와 동同의 차이점에 대해, 『국어國語』「정어鄭語」에서 주周나라 태사太師인 사백史伯이 "음양의 기가 화합[和]하여야 만물이 생겨날 수 있으니, 같은 것끼리[同] 모인다면 생성될 수가 없다.[夫和實生物, 同則不繼.]"고 하였다. 『논어』「자로子路」에서도 공자孔子가 "군자는 화和하지만 동同하지 않고, 소인은 동同하지만 화和하지 않는다.[君子, 和而不同, 小人, 同而不和.]"고 하였다. 이처럼 동同이 개별을 무시한 무차별적인 통일을 말한 것이라고 한다면, 화和는 독자적 개별들의 전체적 조화를 뜻한다. 노자는 이러한 개체들의 조화로움을 아는 것을 '상常'이라고 하였다. 상常에 대하여 왕필王弼이 "밝지도 않고 어둡지도 않고, 따뜻하지도 않고 차갑지도 않은 것을 상常이라고 한다."고 하였다. 왕필의 주장처럼 상常에는 일정불변한 형태가 없다. 일정불변한 형태의 없음은 일정불변의 형태를 고수하지 않음이다. 일정불변의 형태를 고수하지 않음으로 해서 변화하는 것을 두루 포용할 수가 있었으며, 이 포용을 통해 화和를 이룰 수가 있었던 것이다.

'지상왈명知常曰明'에 대해선 이미 16장에서 나온 바 있다. 16장의 해석을 참조 바람.

益生曰祥, 心使氣曰强.

생에 군더더기의 보탬이 있음을 '재앙'이라고 하고, 마음이 기운을 부리는 것을 '강强' 이라고 한다.

주1 익생왈상益生曰祥 :

　　왕필 – "삶에 (군더더기를) 보태어서는 안 된다. 만일 보태게 된다면 요절하게 된다.[生不可益. 益之則夭也.]"

　　해동奚侗 – "대개 삶은 보태어서는 안 되는 것이니, 보태려고 한다면 자연에 반대가 되어 재앙이 뒤따르게 된다.[蓋以生不可益, 益之則反乎自然, 而災害至矣.]"

주2 심사기왈강心使氣曰强 :

　　왕필 – "마음은 마땅히 소유함이 없어야 하니, 마음이 기운을 부리는 것을 '강强'이라고 한다.[心宜無有, 使氣則强.]"

●●● 해설

익생益生에 대하여 『장자』 「덕충부德充符」에서 "항상 자연에 따르기에, (불필요한 것을) 삶에 보태지 않는다.[常因自然, 而不益生也.]"고 하였다. 익益은 24장에서의 "찌꺼기 밥과 군더더기 행위[餘食贅行]"와 같은 말이다. 삶에 무엇인가를 자꾸만 더하려고 하는 것은 전혀 불필요할 뿐만 아니라 오히려 해로움만을 준다. 따라서 "삶을 자꾸 보태려고 하면 오히려 재앙祥이 된다."고 하였다. 상祥은 본래 '상서롭다'의 뜻이지만, 『춘추좌씨전春秋左氏傳』 「희공僖公・16년」에서의 두예주杜預注에 "상祥이란 길흉을 미리 보는 것이다.[祥, 吉凶之先見者.]"고 하였듯이, 길흉에 대한 '징조'를 뜻하기도 한다. 징조에는 상서로운 것과 상서롭지 못한 것이 있으므로, 상祥에는 '상서롭다祥'란 뜻과 함께 '상서롭지 못하다[不祥]'란 두 상반된 뜻을 내포하고 있다. 여기서는

'상서롭지 못하다' '재앙'이란 뜻으로 사용되었다.

'심사기왈강^{心使氣曰强}'에서의 기^氣는 기운^{氣運}을 뜻한다. 『노자』에 세 곳 나오는데, 본 구절과 10장에서의 "기운을 하나같이 하고 유^柔를 극진히 하여, 어린아이와 같아질 수 있겠는가?[專氣致柔, 能如嬰兒乎.]"와 42장에서의 "충기^{沖氣}로써 조화를 이룬다.[沖氣以爲和]"가 그것이다. 노자는 세 곳 모두 기운^{氣運}이란 의미로 사용하고 있다. 후대에서는 기가 무형의 물질이란 의미로 쓰이고 있지만, 노자는 무형의 물질에 대해선 '물^物'이라고 표현하고 있다. 가령 21장의 "도^道 속에 물^物이 있다.[其中有物]"와 25장의 "물^物과 뒤섞인 것이 있으니, 천지가 생겨난 것보다 앞서 있었다.[有物混成, 先天地生.]"와 51장의 "물이 형태를 이룬다.[物形之]"에서의 물은 모두 무형의 물질인 정기^{精氣}를 뜻한다. 노자가 말한 유^柔가 변화에 대한 '유연성'을 뜻한다고 한다면, 강^强은 변화에 대한 '경직성'을 뜻한다.

심^心에는 욕^欲으로서의 심과 사물인식으로서의 심이 있다. 그런데 욕^欲으로서의 심이든 사물인식으로서의 심이든 항상 외물^{外物}과 관계를 맺고 있다. 따라서 마음은 외물에 현혹되어 과욕^{過欲}이 생겨나게 되며, 외물의 지식에 이끌려 편견과 분별지^{分別智}를 낳는다. 반면에 기운^{氣運}은 저절로 발현되는 것이므로 어떠한 대상에의 집착이 없다. 기운은 대상에의 집착이 없으므로 바람이 부는 대로 움직인다. 그런데 우리는 심의 활동에 의해 무엇인가에 집착하며 살아가고 있다. 아울러 심이 한곳에 집착하면서부터 우리의 기운을 좌지우지 한다. 노자는 심이 기운을 좌지우지함을 '강^强'이라고 하였다. 그러나 강^强이 되면 우리는 유연성을 상실하여 경직되고 만다.

노자가 마음이 기운을 부리는 것을 비판한 반면에, 맹자는 오히려 긍정하였다. 가령『맹자』「공손추^{公孫丑}」에서 "지^志란 기^氣의 장수이다.[夫志, 氣之帥也.]"라고 하였다. 맹자가 말한 지^志란 어떠한 목적을 향해 나아가는 마음을 뜻한다. 따라서 "지^志란 기^氣의 장수이다."란 기운이 어떠한 방향성도 없는 맹목적 충동으로 향할 수 있으므로, 장수가 병사들을 통솔하듯 지^志가

이 충동적인 것들을 통솔하여야만 비로소 올바른 방향으로 나아갈 수 있다는 의미이다. 노자는 기운이 자연과의 조화로움을 이룬다고 보았던 반면에, 맹자는 기운을 맹목적 충동으로 보아 심에 의해 통제되고 절제되어야 할 대상으로 간주하였다. 우리는 이 양자의 차이를 통해 도가와 유가의 차이를 읽을 수 있다.

物壯則老, 謂之不道, 不道早已.

사물은 왕성하면 곧 노쇠해지니, 그것을 일컬어 '도에 어긋나다'라고 하는 것이다. 도에 어긋나면 일찍 죽고 만다.

주　하상공 – "만물의 왕성함이 극도에 달하면 메마르고 늙게 된다.[萬物壯極則枯老也.]"

　　소자유^{蘇子由} – "삶에 (군더더기와 같이 쓸모없는 것을) 덧붙여 기운을 부리고, 저절로 그러함을 들을 수가 없고, 날마다 강강^{剛强}한 것에로 들어가 늙음이 이를 좇게 된다면, 어린아이의 본성을 잃게 된다.[益生使氣, 不能聽其自然, 日入於剛强而老從之, 則失其赤子之性矣.]"

　　감산^{憨山} – "사람의 정신과 원기를 기를 줄 몰라서 깎아내고 손상시킴이 너무 지나치게 되면, '도에 어긋난 것이 심하다'고 할만하다. 도에 어긋난 것이 심해지면, 빨리 죽게 된다. 따라서 '도에 어긋나면 일찍 사라진다'고 한 것이다. 이^已란 끊김이다.[人之精神元氣不知所養, 而斲喪太過, 可謂不道之甚矣. 不道之甚, 乃速其死也. 故曰, 不道早已. 已者, 絶也.]"

●●● 해설

장壯은 왕성한 활동을 의미하지만, 이것은 단순히 왕성함만을 의미하는 것이 아니다. 흔히 주석가들은 하상공의 "만물의 왕성함이 극도에 달하면 메마르고 늙게 된다."란 주석을 따르고 있는데, 만물의 왕성함이 극도에 달하여 늙게 됨 그 자체는 자연의 섭리이다. 즉 때에 응하여 왕성하게 되고 때에 응하여 쇠하게 되니, 그 자체는 바로 자연이라고 할 수 있다. 본 문장에서 장壯을 비판한 이유는 장壯 속에 '강강剛强'의 의미가 내포되어 있기 때문이다. 강강剛强이란 변화에 응함이 없이 단지 자신만을 고집함이다. 즉 앞에서의 "마음이 기운을 부리는 것을 '강强'이라고 한다."와 같은 의미이다. 50장에서도 "사는 무리가 열 가운데 셋이 있고, 죽는 무리가 열 가운데 셋이 있고, 사람이 살아감에 있어서 활동하다 죽는 곳으로 가는 자가 또한 열 가운데 셋이 있다.[生之徒十有三, 死之徒十有三, 人之生, 動之死地, 亦十有三.]"고 하였는데, 삼분의 일은 태어나는 무리이고 삼분의 일은 죽어가는 무리이다. 이들은 자연에 응하여 죽고 사는 것이므로 문제가 될 것이 없다. 문제는 나머지 삼분의 일로서, 이들은 자신 스스로가 죽음을 재촉하여 제 수명을 다하지 못하고 도중에 죽는 자들이다. 본 문장에서 장壯이라고 한 것도 제 스스로 변화에 응하지 못하고 자신의 것만을 고집함으로 해서, 자신의 정력을 일찍부터 고갈시킴이다. 노자는 이것을 '부도不道'라고 하였다. '부도不道'란 '도에 어긋나다' 혹은 '무도無道하다'의 뜻이다. 자연의 변화에 응하지 않고 자신만을 고집하는 것은 곧 도에 어긋나는 것이다. 또한 42장에서 "강강剛强한 사람은 제 수명을 다하지 못하고 죽는다.[强梁者, 不得其死.]"고 하였고, 76장에서도 "굳세고 강한 자는 죽음의 무리이다.[堅强者死之徒.]"고 한 것처럼, 강강剛强한 자는 제 수명을 다하지 못하고 일찍 죽게 되므로 '조이루已'라고 말하였다. 이已란 사死의 뜻으로 '조이루已'란 42장의 '제 수명을 다하지 못하고 죽는다[不得其死]'와 같은 뜻이다.

제 5 6 장

知者不言, 言者不知.
塞其兌, 閉其門. 挫其銳, 解其紛. 和其光, 同其塵. 是謂玄同.
故不可得而親, 亦不可得而疏, 不可得而利, 亦不可得而害, 不可得而貴, 亦不可得而賤. 故爲天下貴.

아는 자는 말하지 않고 말하는 자는 알지 못한다.
구멍(감각기관)을 막고 욕정의 문을 닫는다. 날카로움을 꺾어 어지러움을 푼다. 빛을 조화롭게 하여 티끌에 동화되게 한다. 이것을 '현동玄同'이라고 한다.
그러므로 친근하게 할 수가 없고, 소원하게 할 수도 없으며, 이롭게 할 수가 없고, 해롭게 할 수도 없으며, 귀하게 할 수가 없고, 천하게 할 수도 없다. 이 때문에 천하의 귀한 것이 된다.

知者不言, 言者不知.

아는 자는 말하지 않고 말하는 자는 알지 못한다.

주1 죽간본竹簡本은 통행본과 달리 "지지자불언知之者弗言, 언지자불지言之者弗知."로 되어 있어, 두 개의 '지之'자가 첨가되어 있다. 여기서의 '지之'를 어떻게 해석하느냐가 중요한 관건이다. 여기에는 세 가지 해석이 가능하다. 첫째는 '지之'를 지시대명사로 보아, '도'를 지칭한다는 해석이 그것이다. 둘째는 『중용』에서 '성자誠者'와 '성지자誠之者'를 구별한 것과 같이, '지자知者'와 '언자言者'를 '아는 자'와 '말하는 자'로 풀이하고, '지지자知之者'와 '언지자言之者'를 '알려고 하는 자' 와 '말하려고 하는 자'로 풀이하는 방법이다. 셋째는 64장에서 통행본엔 '위자패지爲者敗之, 집자실지執者失之'로 되어 있는 반면에 죽간본에는 '위지자패지爲之者敗之, 집지자원지執之者遠之'로 되어 있다는 점에 의거하여, '지之'자를 연자衍字로 보는 견해이다. 필자의 견해로는 연자衍字로 봄이 좋다고 본다.

주2 하상공河上公 – "아는 자는 행동을 귀하게 여길 뿐, 말을 귀하게 여기지 않는다.[知者貴行, 不貴言也.]"

왕필王弼 – "('아는 자는 말하지 않는다'고 함은) 자연에 따름이다. ('말하는 자는 알지 못한다'고 함은) 일의 실마리로 나아감이다.[因自然也. 造事端也.]"

소자유蘇子由 – "도는 말할 수 있는 것이 아니지만, 또한 말에서 벗어나지도 않는다. 그렇기에 아는 자라고 해서 반드시 말하는 것은 아니며, 말하는 자라고 해서 반드시 아는 것도 아니다.[道非言說, 亦不離言說. 然能知者未必言, 能言者未必知.]"

••• 해설

'아는 자는 말하지 않는다'는 자칫 '아는 자는 전혀 말하지 않는다'는 식으로 해석하기가 쉽다. 백낙천白樂天 역시 이와 같이 해석하여 다음과 같은 불만을 토로하였다.

> 말하는 사람은 알지 못하고 아는 사람은 침묵한다.
> 이 말을 나는 노자에게서 들었다.
> 만일 노자가 이처럼 아는 자라고 한다면
> 무슨 연유로 스스로 오천자五千字의 글을 지었는가?
> 言者不知知者黙,
> 此語吾聞於老君,
> 若道老君是知者,
> 緣何自著五千文.

그러나 본 문장의 의미는 단순히 '아는 자는 말하지 않는다'란 뜻이 아니다. 아는 것이 적을수록 오히려 말이 많아지는 것이 인간사의 모습이다. 가령 우물 안의 개구리와 같이 좁은 세계에서 살아가는 사람은 자신의 세계에 대하여 많은 말을 한다. 그들이 많은 말을 하는 까닭은 자신의 세계가 지극히 편협하였기 때문이다. 반면에 우리는 바다에 대하여 말하기가 어렵다. 왜냐하면 어떠한 언설로도 바다의 전모를 표현하기가 불가능하다는 것을 잘 알기 때문이다. 따라서 '지자불언知者不言'은 사실상 '지자불능언知者不能言' 즉 '아는 사람은 말할 수 없다'의 의미이다. 『맹자』「진심盡心」(상)에서도 "그러므로 바다를 본 자는 물을 형용하기가 어렵고, 성인의 문하에서 유학遊學한 자는 말하기가 어렵다.[故觀於海者, 難爲水. 遊於聖人之門者, 難爲言.]"고 하였다.

본 문장과 관련하여, 『장자』「천도天道」에서 "그렇기에 아는 자는 말하지 않고 말하는 자는 알지 못한다. 그러나 세상 사람들이 어찌 그것을 알겠는가![則知者不言, 言者不知. 而世豈識之哉.]"라고 하였으며, 「지북유知北遊」

에서도 "대저 아는 자는 말하지 않고 말하는 자는 알지 못한다. 따라서 성인은 말없는 가르침을 행한다.[夫知者不言, 言者不知. 故聖人行不言之敎.]"고 하였으며, 『회남자』「도응훈道應訓」에서도 "따라서 아는 자는 말하지 않고 말하는 자는 알지 못한다.[故知者不言, 言者不知.]"고 하였다.

塞其兌, 閉其門.
구멍을 막고 욕정의 문을 닫는다.

주   52장에 이미 나온 바 있으며 이에 의거해 많은 학자들은 52장의 문장이 거듭 나온 것이라고 보았으나, 죽간본에는 본 장과 52장이 함께 수록되어 있다는 점에서 단순히 중복되어 나온 문장이 아니라고 본다. 그런데 죽간본엔 본 문장이 "폐기태閉其兌, 색기문塞其門."으로 되어 있다. 기존의 판본과는 달리 폐閉와 색塞이 서로 도치되어 있다. 의미상으로 볼 때 기존 판본에서의 "색기태塞其兌, 폐기문閉其門."으로 보는 것이 좋다는 점에서 기존의 판본을 쫓았다.

••• 해설

태兌는 '구멍'을 뜻하지만, 여기서는 감각기관과 외부 사이를 이어주는 통로를 뜻한다. 문門은 '욕정의 문'을 뜻한다. 노자는 인간들이 욕심을 발하는 까닭을 외부에서 찾고자 하였다. 왜냐하면 소박성이야말로 인간의 참된 본성이라고 보았기 때문이다. 감각기관에는 이중성을 가지고 있는데, 내부의 것이 외부로 발현되는 역할과 외부 사물을 수용하는 역할이 바로 그것이다. 전자는 내부로부터 외부로 발산되는 것으로서, 정情의 형태로 나타난다. 노자는 정을 결코 부정하지 않았다. 그 단적인 예로 동물의 본능과 인간의 본능 사이의 차이를 나누지 않았다는 점이다. 즉 인간만이 갖고 있다고 하는 이성이라는 것을 상정하지 않았으며 오직 본능만이 유일한 실재라고 보았다. 본능은 감정으로 드러나며, 감정은 감각기관을 통하여 표출된다. 따라서 감각기관을 통한 감정의 발산은 곧 살아있음에 대한 증거이기도 하다. 그런데 감각기관이란 또 다른 한편으론 외부로부터 내부로 들어오는 통로이기도 하며 노자는 이 점을 단호히 비판하였다. 왜냐하면 감각기관이 외물外物에 이끌리게 되면 과욕寡慾이 생겨나기 때문이다. 가령 배고픔을 느끼는 것은 하나의 감정이며, 곰 발바닥과 같이 진귀한 음식을 탐하는 것 또한 하나의 감정이다. 노자는 전자로서의 감정을 긍정하였지만, 후자의 감정에 대해서는 비판하였다. 왜냐하면 곰 발바닥과 같은 진귀한 음식을 탐하는 것은 배고픔이란 원초적 본능과는 무관하게 외물에 현혹되어 생겨난 일종의 과욕에 지나지 않는다고 보았기 때문이다. 따라서 "구멍을 막고, 욕정의 문을 닫는다."란 외부에 현혹되어 과욕이 생겨남을 막으라는 뜻이다.

挫其銳, 解其紛.

날카로움을 꺾어서 어지러움을 푼다.

주1 좌기예挫其銳 :

　　이식재李息齋 - "'날카로움을 꺾는다'란 자신 안을 다스림이다.[挫其銳者, 治其內也.]"

주2 해기분解其紛:

왕필 – "다툼의 근원을 제거한다.[除爭原也.]"

이식재 – "'어지러움을 푼다'란 밖을 다스림이다.[解其紛者, 理其外也.]"

••• 해 설

'좌기예挫其銳'에서 예銳는 각각의 개별자들이 서로 첨예하게 맞서고 있는 상태를 뜻하며, 좌挫는 『장자』「산목山木」에서 '날까로우면 꺾인다[廉則挫]'에서의 '좌挫'로 '꺾다' '꺾이다'의 뜻이다. '해기분解其紛'에서 분紛은 실타래가 어지럽게 뒤엉켜 있는 듯한 모습으로서 난亂의 뜻이며, 해解는 어지럽게 뒤엉킨 것을 '풀다'의 뜻이다.

각각의 만물들은 자신들만의 독자적 경계를 갖고 있으며, 이 독자적 경계에 각기 다른 개성을 이룬다. 도가道家에서는 이 개성을 중시하고 있다. 『장자』「변무駢拇」에서도 "물오리는 비록 다리가 짧지만 그것을 길게 이어주면 근심하게 되고, 학은 비록 다리가 길지만 그것을 짧게 잘라주면 슬퍼하게 된다. 따라서 본래부터 긴 것은 잘라서는 안 되며, 본래부터 짧은 것은 길게 이어 주어서도 안 된다.[鳧脛雖短, 續之則憂, 鶴脛雖長, 斷之則悲, 故性長非所短, 性短非所續.]"고 하였다. 학은 학의 개성이 있고, 오리는 오리의 개성이 있다. 그런데도 하나의 획일적인 척도에 의거해 학의 다리가 길다고 자르고 오리 다리가 짧다고 길게 늘어트리는 것은 그야말로 개성을 말살하는 것이 되며, 장자는 이러한 것에 대해 신랄히 비판하고 있다. 만물은 자신의 타고난 본성에 이끌려 자생自生·자화自化한다. 이 점에서 본다면 개별성 자체는 아무런 문제가 없을 뿐만 아니라 개별성을 적극 긍정하였다. 문제의 발단은 자신의 개별을 개별로 인정하지 않고 보편이라고 고집한다는 데 있다. 즉 자신의 생각을 진리라고 여길 뿐만 아니라 이것을 타인에게까지 관철시키려고 한다. 타인 역시 자신의 앎을 진리라고 여겨, 마침내 쌍방이 첨예하게 맞선다. 이처럼 서로가 첨예하게 맞서고 있는 상태가 바로 '예銳'이다. 각각의 만물들이 첨예하게 자신의 에고를 드러내면 전체의 조화가 깨져 혼란을 초래하게 된다. 이 혼란은 궁극적으로 개별자들에게 악영향으로 돌아간다. 따라서 노자는 "첨예하게 맞서 있는 상태를 억제하여 실타래처럼 뒤엉켜 있는 어지러움을 풀어야 한다."고 말하였다.

和其光, 同其塵. 是謂玄同.

빛을 조화롭게 하여 티끌들과 동화되게 한다. 이것을 '현동玄同'이라고 한다.

주1 화기광和其光 :

    왕필 - "특별히 드러내는 것이 없으므로, 사물은 특별히 다툴 것이 없다.[無所特顯, 則物無所偏爭也.]"

    이식재李息齋 - "빛을 조화롭게 한다는 것은 자기에게 있는 것을 억제함이다.[和其光者, 抑其在己也.]"

주2 동기진同其塵 :

    왕필 - "특별히 천하게 여기는 것이 없으므로, 사물은 특별히 수치스러울 것이 없다.[無所特賤, 則物無所偏恥也.]"

    이식재李息齋 - "티끌들과 같아지게 함이란 사물에게 있는 것을 따름이다.[同其塵者, 隨其在物也.]"

    왕회 - "티끌들과 같아지게 함이란 물아物我가 일체가 되어, 귀천을 나누지 않음이다.[同其塵, 是物我一體, 不分貴賤.]"

주3 시위현동是謂玄同 :

　　이식재李息齋 - "나옴도 없고 들어감도 없으며, 안도 없고 바깥도 없으며, 자기도 없고 외물外物도 없는 것을 '현동玄同'이라고 한다.[無出無入, 無內無外, 無己無物, 是謂玄同.]"

••• 해 설

'화기광和其光, 동기진同其塵'에서 광光은 '귀함' '총명함' 등을 의미하고, 진塵은 '천함' '어리석음' 등을 의미한다. 화和는 '누그러트리다'의 의미이지만『장자』에 나오는 '만물제동萬物齊同'에서의 제齊와 같이 '가지런히 하다' '조화롭게 하다'의 의미를 내포하고 있다. 동同은 '만물제동萬物齊同'에서의 동同과 같이 '하나로 동화되다'의 의미다.

　　인간세상엔 귀한 자와 천한 자가 있으며, 총명한 자와 어리석은 자가 있다. 이러한 구별은 상하의 차별로 나타난다. 즉 귀하고 총명한 자들을 존중하고, 천하고 어리석은 자들을 멸시한다. 이러한 상하의 차별은 온갖 사회적 분쟁의 원인이 된다. 왜냐하면 귀하고 총명한 자들은 더욱 귀하고 총명해지기 위해 다투고, 천하고 어리석은 자들 역시 귀하고 총명해지기 위해 다투기 때문이다. 그러나 도의 입장에서 보면 일체 만물들은 차별이 없다. 즉 일체 만물 그대로가 일여一如이므로, 잘난 것도 못난 것도 없으며, 총명한 것도 어리석은 것도 없으며, 친한 것도 소원한 것도 없다. 모두가 도에 의해 생겨난 소중한 자식들이기 때문이다. 따라서 노자는 잘난 것들을 누그러트려 가지런히 하고, 못난 것들을 잘난 것들과 같아지게 하여야 한다고 하였다.

　　이상과 같이 구멍(감각기관)을 막아 마음의 문을 닫으며, 날카로운 기운을 꺾어서 어지러움을 풀고, 빛을 누그러트려 티끌과 동화됨을 '현동玄同'이라고 한다. 현玄이란 1장에서 살펴보았듯이 '검다' '깊다[深]' '일자一者'의 뜻을 포괄하고 있다. 동同은『장자』에 나오는 '만물제동萬物齊同' 즉 일체 만물을 가지런히 하여 하나로 봄이다. 이와 같은 경지에 대하여, 『장자』「천지天地」에서 "만물은 하나의 창고이며, 죽고 사는 것이 한 가지 모양이다.[萬物一府, 死生同狀.]"라고 하였다.

(故)不可得而親, (亦)不可得而疏, 不可得而利, (亦)不可得而害, 不可得而貴, (亦)不可得而賤. 故爲天下貴.

그러므로 친근하게 할 수가 없고, 소원하게 할 수도 없으며, 이롭게 할 수가 없고, 해롭게 할 수도 없으며, 귀하게 할 수가 없고, 천하게 할 수도 없다. 이 때문에 천하의 귀한 것이 된다.

주1 왕필본을 비롯한 다수의 판본에는 '고故'자와 세 개의 '역亦'자가 빠져 있으나, 백서본과 하상공에는 '고故'자와 세 개의 '역亦'자가 들어있다. 죽간본에도 백서본에서와 같이 '고故'자와 세 개의 '역亦'자가 들어있다는 점에서, 들어있는 것이 옳다고 본다.

주2 왕필 - "가까이 할 수 있다면 소원해질 수 있으며, 이롭게 할 수 있다면 해롭게 할 수 있으며, 귀하게 할 수 있다면 천하게 할 수 있다. 따라서 어떠한 사물도 덧붙일 수가 없다.[可得而親, 則可得而疏也, 可得而利, 則可得而害也, 可得而貴, 則可得而賤也. 無物可以加之也.]"

소자유 - "도를 체득한 자는 균등하게 만물을 감싸고 있으니, 그 누가 가까이하거나 멀리할 수 있겠는가? 거슬림과 따름을 공평하게 보고 있으니, 그 누가 이롭게 하거나 해롭게 할 수 있겠는가? 영화로움과 욕됨을 알지 못하니, 그 누가 귀하게 하고 천하게 할 수 있겠는가? 정情의 헤아림으로도 미칠 수 없으니, 이것은 천하의 귀함이 되는 것이다.[體道者, 均覆萬物, 而孰爲親疎. 等觀逆順, 而孰爲利害. 不知榮辱, 而孰爲貴賤. 情計所不及, 此所以爲天下貴也.]"

●●● 해 설

친애함[親愛]・이로움[利]・귀함[貴] 등은 사람들이 추구하기 좋아하는 것들이다. 그러나 친애함[親愛]・이로움[利]・귀함[貴]이야말로 차별을 낳게 하는 주범이기도 하다. 왜냐하면 일체 만물은 이것이 있음으로 해서 저것이 생겨났고, 저것이 있음으로 해서 이것이 생겨나기 때문이다.『장자』「제물론齊物論」에서도 "저것은 이것에서 나오고, 이것 역시 저것에서 기인한다.[彼出於是, 是亦因彼.]"고 하였다. 따라서 친근함이 있으면 반드시 소원함이 있고, 이롭게 함이 있으면 반드시 해롭게 함이 있고, 귀하게 함이 있으면 반드시 천하게 함이 있다. 이에 의거할 때 친함을 추구하는 것은 소원함을 추구하는 것과 같으며, 이로움을 추구하는 것은 해로움을 추구하는 것과 같으며, 귀함을 추구하는 것은 천함을 추구하는 것과 같다.

그런데 '현동玄同'의 입장에서 보면 일체의 만물들은 모두가 하나이다. 각각의 만물들이 모두 도로부터 나왔기 때문이다. 도로부터 나왔다는 점에서 만물들은 모두가 도의 소중한 자식들이다. 모두가 도의 자식이란 점에서 친함도 소원함도 없으며, 이로움도 해로움도 없으며, 귀함도 천함도 없다. 그런데 이처럼 친함도 소원함도 없으며, 이로움도 해로움도 없으며, 귀함도 천함도 없기 때문에 만물들은 진정으로 천하의 귀중한 존재가 될 수 있다.

제 5 7 장

以正治邦, 以奇用兵, 以無事取天下.
吾何以知其然哉.
天下多忌諱, 而民彌貧,
民多利器, 而邦滋昏,
人多伎巧, 奇物滋起,
法物滋彰, 盜賊多有
故聖人云, 我無爲而民自化, 我好靜而民自正, 我無事
而民自富, 我無欲而民自樸.

정도正道로써 나라의 질서를 바로잡고, 임기응변[奇]으로써 군대를 부리고, 무사無事로써 천하를 취한다.
내 무엇으로써 그러함을 알겠는가?
천하에 금기시하는 것들이 많으면 백성들은 더욱 빈곤해지고,
백성들에게 편리한 도구가 많아지면 국가가 더욱 혼란스러워지고,
사람들이 기교가 많아지면 이상한 물건들이 더욱 생겨나고,
법령이 더욱 늘어날수록 도둑이 많아진다.
그러므로 성인은 말하기를, "내가 무위로 다스리면 백성들은 저절로 교화되고, 내가 고요함을 좋아하면 백성들은 저절로 바르게 되고, 내가 일함이 없으면 백성들은 저절로 부유해지고, 내가 무욕하면 백성들은 저절로 순박해진다."고 했다.

以正治邦, 以奇用兵, 以無事取天下. 吾何以知其然哉, (以此).

정도正道로써 나라의 질서를 바로잡고, 임기응변[奇]으로써 군대를 부리고, 무사無事로써 천하를 취한다.

주1 형현본邢玄本·반계본磻溪本·부혁본傅奕本에는 정正이 정政으로 되어 있으나 타당하지 않다. 왜냐하면 정正과 기奇가 짝을 이루고 있으며, 죽간본竹簡本에도 정正으로 되어 있기 때문이다. 왕필본王弼本에는 방邦이 국國으로 되어 있으나, 죽간본과 백서갑본帛書甲本에는 '방邦'으로 되어 있다.

주2 오하이지기연재吾何以知其然哉, 이차以此 :

왕필본을 비롯한 현행본에서는 "오하이기연재吾何以知其然哉, 이차以此"로 되어 있다. 본 문장과 유사한 구절로서 21장에서 "오하이지중보지연재吾何以知衆甫之然哉, 이차以此."라고 하였으며, 54장에서 "오하이지천하지연재吾何以知天下之然哉, 이차以此."라고 하였다. 그런데 두 문장은 각 장 맨 끝에 놓여 있다. 이 점을 들어 유월兪樾은 본 문장 역시 앞 장(56장)에 속해 있어야 한다고 주장했다. 이에 반하여 장석창蔣錫昌의 경우 차此는 아래문장을 가리킨다고 주장하였다. 내용상으로 볼 때는 '이차以此'가 가리키는 내용은 장석창의 주장대로 이하의 문장이어야 한다. 그런데 죽간본·백서본·반계본磻溪本·고환본顧歡本·초횡본焦竑本 등에는 '이차以此'가 없다. 따라서 '이차以此'가 없는 것이 옳다.

주2 기奇 :

장석창蔣錫昌 - "권모술수로 군대를 사용함을 말한 것이다.[言以權詐用兵.]"

주3 취천하取天下:

주겸지朱謙之 – "'천하를 취한다'란 민심을 얻음을 말한 것이다.[取天下者, 謂得民心也.]"

주4 왕필 – "도로써 나라를 다스린다면 나라가 평온해지고, 바름으로써 나라를 다스린다면 기이한 군대가 생겨나게 되고, 일없음으로써 한다면 천하를 취할 수가 있다. 위장에서 말하기를 '천하를 취하려면 항상 일없음으로써 해야 한다. 일 있음에 미쳐서는 또한 천하를 취하기에 부족하다.'고 하였다. 그러므로 바름으로써 나라를 다스린다면 천하를 취하기에 부족해져 술수로써 군대를 사용하게 된다. 도로써 나라를 다스린다는 것은 근본을 높이어 말단을 자라나게 함이며, 바름으로써 나라를 다스린다는 것은 편벽된 것(형벌을)을 세워서 말단을 공략함이다. 반면에 근본이 서지 못하고 말단이 천박하게 된다면 백성들은 이를 곳이 없게 되므로, 반드시 술수로써 군대를 사용하는 데에까지 이르게 된다.[以道治國則國平, 以正治國則奇兵起也, 以無事, 則取天下也. 上章云, 其取天下者, 常以無事, 及其有事, 又不足以取天下也. 故以正治國, 則不足以取天下, 而以奇用兵也. 夫以道治國, 崇本以息末, 以正治國, 立辟以攻末. 本不立而末淺, 民無所及, 故必至於(以)奇用兵也.]"

범응원范應元 – "바름으로써 나라를 다스리고 기奇로써 군대를 부림은 대도大道와 무사無事로써 천하를 취함만 못하다.[以正治國, 以奇用兵, 不若以大道無事而取天下.]"

이식재李息齋 – "내가 정正으로써 사람들을 다스리는 까닭은 사람들이 본래 바르기 때문이며, 기奇로써 군대에 사용하는 까닭은 군대는 본래 비정상적이기 때문이며, 무사無事로써 천하를 취하는 까닭은 천하가 본래 일 없음이기 때문이다. 무릇 내가 사물에 응한 것이 어찌 나로 말미암아서였겠는가? 사물로 말미암았을 따름이다.[我以正治人, 由人之本正也, 以奇用兵, 由兵之本奇也, 以無事取天下, 由天下之本無事也. 凡我之應物者, 豈以我哉. 亦由物而已矣.]"

••• 해 설

많은 학자들이 본 문장을 "사람들은 정도正道로써 나라를 다스리고 임기응변[奇]으로써 군대를 부려야 한다고 말하지만, 무사無事로써 천하를 취해야 한다."로 풀이하고 있다. 그 이유로써 58장에서 "올바른 것은 다시 기이한 것이 된다.[正復爲奇]"고 하였듯이 노자는 정正과 기奇를 상대적인 가치로 보았으며, 그가 궁극적으로 지향하고자 한 것은 무위無爲이기 때문이다. 그러나 문법상으로 볼 때 세 구절이 모두 병렬관계로 보아야 한다. 풀이하면 "정도正道로써 나라의 질서를 바로잡고, 임기응변[奇]으로써 군대를 부리고, 무사無事로써 천하를 취한다."가 된다.

이정치방以正治邦에서의 치治는 단순히 위정자가 백성들을 '다스리다'의 뜻이 아니라 난亂에 반대되는 '질서'의 뜻이다. 또한 여기서의 정正은 45장에서의 "맑고 고요한 것이야말로 천하의 바름이 된다.[淸靜爲天下正]"에서의 정正과 같은 말로서 정도正道를 뜻한다.

나라의 질서를 바로 잡는 데 있어서 정도正道라는 것이 반드시 필요하지만, 오직 정도만을 고집할 수는 없다. 왜냐하면 전쟁과 같은 비정상적인 상황에서는 비정상적인 기奇를 사용해야 할 때가 있기 때문이다. 정正이 '정도正道'란 뜻이라고 한다면, 기奇는 권權과 같은 말로서 '임기응변'이란 뜻이다. 노자는 평상시엔 정도로써 나라의 질서를 바로잡아야 하지만, 전쟁과 같은 비상시에는 '임기응변[奇]'이 필요하다고 보았다. 『손자병법孫子兵法』「세勢」에서도 "무릇 전쟁에서는 정도[正]로써 합하고, 임기응변[奇]으로써 이긴다.[凡戰者, 以正合, 以奇勝.]"고 하였으며, 『한비자』「난일難一」에서도 구범舅犯이 진문공晉文公에게 "(신이 듣건대) 전쟁 중에는 거짓을 싫어하지 않습니다.[戰陣之間, 不厭詐僞.]"라고 하였으며, 『사마법司馬法』「인본仁本」에서도 "의로써 다스림을 바름[正]이라고 한다. 그런데 바르고도 뜻하던 바를 얻지 못할 경우에는 권權을 행사하였다. 권權이란 전쟁에서부터 생겨난 것이니, 중용과 인애仁愛에서부터 생겨난 것은 아니다.[以義治之爲正. 正不獲意則權.

權出於戰, 不出於中人.]"라고 하였다. 이처럼 전쟁에서는 정도正道만을 고집할 수 없으며 불가피하게 '임기응변'으로서의 기奇를 사용하여야 할 때가 있다.

또한 왕이 백성들을 직접 다스릴 경우에는 철저히 무사無事로써 해야 한다고 주장하였다. 여기서 무사無事란 다스리기 위한 일거리를 만들어내지 않음을 뜻한다. 왕이 이미 다스릴만한 어떠한 일거리도 없다면 할 일이 없어지게 되며, 할 일이 없어지게 되면 자연히 무위에 처하게 된다.

(夫)天下多忌諱, 而民彌貧
천하에 금기시 하는 것들이 많아지면 백성들은 더욱 빈곤해지고

주1 부夫 :
왕필본을 비롯한 많은 판본에는 '부夫'자가 없으나, 죽간본・백서본・부혁본傅奕本・누고본樓古本・휘종본徽宗本・팽사본彭耜本 등에는 '부夫'자가 있다. 부夫가 있는 것이 옳다.

주2 하상공 – "기휘忌諱란 막고 금지함이다. 법령이 번거로우면 간사한 것들이 생겨나고 금지하는 것이 많아지면 백성들이 속이게 되어서 서로가 위태로워지기 때문에 빈곤해진다.[忌諱者, 防禁也. 令煩則姦生, 禁多則下詐, 相殆故貧.]"

소자유蘇子由 – "임금이 꺼리고 기피하는 것이 많아져서 아래의 실정이 위로 전달되지 못한다면 백성들은 빈곤해지면서도 하소연 할 데가 없어지게 된다.[人主多忌諱, 下情不上達, 則民貧而無告.]"

● ● ● 해 설

기휘忌諱란 '꺼려하여 기피함'이란 뜻으로서, '금기시함'이란 의미이다. 빈貧은 단순히 물질적 빈곤함만이 아닌 '생활의 각박함'을 뜻한다. 미彌는 '더욱'이란 뜻이다.

  금기시 하는 것이 많은 이유는 무엇 때문인가? 대부분의 금기는 백성들을 위해서가 아닌 위정자를 위해서이다. 따라서 금기시 하는 것이 많다는 것은 위정자 자신을 두텁게 하기 위해서 백성들의 삶을 빈곤하게 만든 것이라는 의미와도 같다. 이와 관련하여 『맹자』「양혜왕梁惠王」(하)에서 "신臣이 처음 국경에 이르러, 나라에서 크게 금지하는 것을 물은 뒤에야 감히 들어오게 되었습니다. 신이 듣기로는, 서울 근교의 관문 안에 동산이 있는데, 사방 사십 리나 된다고 합니다. 그런데 동산 안의 사슴을 죽인 자는 사람을 죽인 죄와 같이 취급한다고 하니 이것이야말로 나라 안에다가 함정을 설치하는 격입니다. 따라서 백성들이 크다고 여기는 것은 당연하지 않겠습니까?[臣始至於境, 問國之大禁然後, 敢入. 臣聞, 郊關之內, 有囿, 方四十里, 殺其麋鹿者, 如殺人之罪, 則是方四十里, 爲阱於國中. 民以爲大, 不亦宜乎.]"라고 하였다. 맹자의 말처럼 백성들의 생활과는 무관하게 단지 위정자의 편익만을 위해 금지하는 것을 만들어 놓고서 이것을 어겼을 경우 벌주는 행위는 바로 백성들을 함정에 빠트려 놓고 그물질하는 것과 진배없다. 이처럼 금기시 하는 것들이 많아질수록 백성들의 생활은 오히려 각박해진다고 하였다.

民多利器, 而邦滋昏

백성들에게 편리한 도구가 많아지면 국가가 더욱 혼란스러워지고

주1 왕필본에는 '민다이기民多利器, 국가자혼國家滋昏'으로 되어 있으나, 백서 갑본에는 '민다이기民多利器, 이방가자혼而邦家滋昏'으로 되어 있고, 죽간본에는 '민다이기民多利器, 이방자혼而邦滋昏'으로 되어 있다. 죽간본이 옳다고 본다.

주2 하상공 – "이기利器란 권모權謀이다. 백성들에게 권모가 많아지면 보는 자는 눈에 의해 어지러워지고 듣는 자는 귀에 의해 미혹되어 위아래가 친해지지 않게 되므로 국가가 혼란스러워진다.[利器者權也. 民多權則視者眩於目, 聽者惑於耳, 上下不親, 故國家昏亂.]"

　　왕필 – "이기利器란 자기를 이롭게 하는 도구이다. 백성들이 강해지면 국가는 약해진다.[利器, 凡所以利己之器也. 民強則國家弱.]"

　　소자유 – "이기利器란 권모權謀이다. 현명한 임금이 윗자리에 있으면 항상 백성들로 하여금 무지·무욕케 하는데, 백성들에게 권모가 많아지면 임금은 현혹되어 (실정에) 어두워진다.[利器, 權謀也. 明君在上, 常使民無知無欲, 民多權謀, 則其上眩而昏矣.]"

　　왕순보王純甫 – "이기利器란 곧 국가의 이기利器로서, 지혜智慧나 지모權謀와 같은 종류이다.[利器, 卽國家之利器, 智慧權謀之類也.]"

• • • 해설

이기利器는 생활을 편리하게 만드는 도구를 뜻한다. 자滋는 앞 문장에서의 '미彌'와 같은 말로서 '더욱'이란 뜻이다. 혼昏은 '혼란昏亂'의 뜻이다.

　　많은 주석가들이 이기利器를 권모술수로 보아, 본 문장을 풀이하기를 '백성들에게 권모술수를 보이게 되면 백성들의 힘이 강해지고, 백성들의 힘이 강해지면 국가의 힘이 상대적으로 약해져 나라가 어지러워지게 된다.'는 식으로 풀이하였다. 그러나 이러한 견해는 법가적 관점에 의거한 것으로 노자의 본의가 아니다.

　　이기利器는 '권모술수'를 뜻하는 것이 아니라, 생활을 편리하게 만드는 도구를 뜻하는 것으로서 오늘날의 '문명의 이기利器'와 유사한 개념이다. 오늘날 우리들은 문명의 이기를 열심히 추구하고 있으며, 문명의 이기가 발달함과 함께 역사도 함께 진보한다고 보았다. 그러나 노자는 이러한 것들의 발전은 오히려 자연적인 상태로부터 더욱 멀어지게 된다고 보았다. 현대인들은 발전의 척도를 문명 발전의 척도에서 찾고 있으나, 노자의 관점에선 이러한 것들이 역사의 발전척도가 아닐뿐더러 국가를 더욱 혼란스럽게 만드는 주범이라고 역설하고 있다. 우리는 여기서 노자의 문명 비판적 사고를 엿볼 수가 있다.

人多伎巧, 奇物滋起
사람들이 기교가 많아지면, 이상한 물건들이 더욱 생겨나고

주1 기伎 :

왕필본에는 기伎로 되어 있으나, 여길보본呂吉甫本·진상고본陳象古本·임희일본林希逸本 등에는 기技로 되어 있다. 하상공본의 경우 영송본影宋本에는 기伎로 되어 있으나, 도장본道藏本에는 기技로 되어 있다. 엄영봉嚴靈峰은 기伎와 기技가 서로 통한다고 말했다. 그런데 백서갑본과 죽간본에는 '인다지이기물자기人多知而奇物滋起'로 되어 있어 기교伎巧가 지知로 되어 있다. 여기서는 기존의 판본을 따랐다.

주2 왕필 - "백성들에게 지혜가 많아지면 교묘한 거짓이 생겨난다. 교묘한 거짓이 생겨나면 사특한 일이 생겨난다.[民多智慧, 則巧僞生. 巧僞生, 則邪事起.]"

••• **해 설**

기伎와 기技는 동자同字로서 '재주'를 뜻하고, 교巧는 '기교'를 뜻한다.『서경書經』
「태서泰誓」(하)에서는 "기묘한 재주[技]와 음탕한 기교를 부리어 여인네들을
즐겁게 하였다.[作奇技淫巧, 以悅婦人.]"고 하였으며,『예기』「왕제王制」에서
는 "음탕한 음악과 이상한 복장과 기묘한 재주[技]와 기이한 기물을 만들어
서 무리를 현혹시킨 자는 죽인다.[作淫聲異服奇技奇器以疑衆, 殺.]"고 하였다.
기물奇物에서 기奇는 정正에 반대되는 말로 정상적이지 않은 이상한 물건들
을 뜻한다. 사람들은 뛰어난 솜씨에 의해서 만들어진 물건들을 보면 훌륭
한 작품이라고 여기며 감탄한다. 그러나 노자는 이러한 것들은 사람들의
마음을 현혹시키는 기이한 물건들에 지나지 않는다고 보았다.

法物(令)滋彰, 盜賊多有.

법령이 더욱 드러날수록 도둑이 많아진다.

주1 왕필본을 비롯한 통행본에는 '법령자창法令滋彰'으로 되어 있으나, 죽간
본·백서본·하상공본·상이본想爾本·경룡본景龍本·경복본景福本·돈황
경본敦煌庚本에는 '법물자창法物滋彰'으로 되어 있다.

주2 이식재李息齋 – "내가 법으로 백성들을 다스린다면 백성들 또한 법을 훔
쳐서 스스로 편리하도록 한다. 이처럼 위아래가 서로 범한다면 도둑이 어
찌 많아지지 않을 수 있겠는가?[我以法治民, 則民亦竊法而自便. 上下相冒, 則盜
賊安得而不多.]"

●●● 해 설

법물法物이란 법에 의해서 파생되어 나온 온갖 '법령'들을 뜻한다. 자창滋彰은 '더욱 밖으로 드러남'을 뜻하는 것으로서 '더욱 번잡해짐'을 의미한다.

　　　법가의 경우 도둑질과 같이 사회의 질서를 어지럽히는 일이 성행하는 까닭은 법이 미약했기 때문이라고 보았다. 따라서 만일 법을 더욱 엄격히 실행한다면 사회를 어지럽히는 무리들이 자연히 사라질 것이라고 주장하였다. 이것은 비단 법가만의 주장이 아닌 오늘날에도 통용되는 주장이기도 하다. 오늘날 실행되고 있는 법의 실상을 한번 살펴보자. 정치가들은 사회의 문제를 단순히 법으로만 풀려고 한다. 따라서 온갖 번잡하고 시시콜콜한 법들을 만들어 놓았다. 그 결과로 인해, 국민 중에서 과연 법에 저촉되지 않고 살아가는 자가 몇이나 되겠는가? 우리는 크고 작은 법들을 숱하게 어기며 살아가고 있다. 현실적으로 법에 저촉되지 않고 살아갈 수 있는 자들은 거의 없다. 이 주장은 결코 과장된 말이 아니며 슬픈 우리들의 현주소이다. 엄밀한 의미에서 법을 그대로 지키며 살아갈 수 있는 사람들은 거의 없다. 대부분의 사람들이 범법자가 되어 살아가야 하는 원인은 무엇보다 실현불가능 하거나 현실성이 없는 숱한 법들을 자꾸만 만들어냈기 때문이다. 물론 법을 만들어 낸 자들은 사회의 질서를 도모하기 위해선 법이 반드시 필요하다고 강변하다. 그렇다면 법의 강화가 과연 본래의 취지대로 질서를 도모하는 데 결정적인 역할을 하였는가? 현실은 슬프게도 법의 강화와 질서는 서로 무관한 듯이 움직이는 경우가 많다. 노자의 주장처럼 도둑을 금지하기 위한 법령이 더욱 번거로울수록 오히려 더욱 많은 도둑이 생겨난다. 어째서 그러한가? 누군가가 법을 어겨 처벌을 받게 되면 그는 자신의 잘못을 뉘우치기보다는 '재수가 없어서 나만 걸려들었다'고 자신을 합리화한다. 또한 범법자들이 많아지면 그 속에는 정말로 진짜 범법자들이 설 땅이 그만큼 넓어진다. 그렇다면 법은 오히려 진짜 범법자들의 가장 좋은 은신처를 제공해주는 셈이다. 또한 대다수가 법을 어기며 살아간다는 것은 법을 어기지 않고서는 살아가기가 만만치 않기 때문이다. 법을 어기지 않고서 살기 힘들다는 점에서 종종 '법대로 해서 되는 것이 없다'는 말을 한다. 그러나 '법대로 해서 되는 것이 없다'는 말은 거꾸로 말하면 '법대로 해서 안 되는 것이 없다'는 의미이기도 하다. 즉 법은 사람들을 모두 그물질하여 법망에 걸려들게 하지만, 이와 동시에 법은 항상 빠져나갈 구멍을 만들어 놓는다. 그렇다면 그 구멍으로부터 누가 빠져 나오는가? 의당 힘 있는 자, 빽이 있는 자, 영악한 자들이 여기에 해당할 것이다. 그런 가운데 진짜 도둑은 이미 모두 빠져 나오고 힘없는 가짜 도둑만이 법망에 걸려드는 경우가 허다하다. 이처럼 법의 강화는 사람들에게 무거운 족쇄의 역할만을 하여 오히려 더욱 많은 도둑을 양산하는 측면도 없지 않다. 그렇다면 정치가들은 이런 불필요한 법을 어째서 자꾸만 강화시키려고 하는가? '법의 강화를 통하여 사회의 질서를 도모한다'는 허울좋은 껍데기를 벗겨보면, 정치가들이 사회의 문제를 천천히 심도있게 풀어나가기 보다는 단박에 큰 성과를 과시하고자 함 때문이며, 국민들의 편의를 생각하기에 앞서 행정적 편의를 먼저 도모하기 위해서이다. 그러나 이 보다 더욱 큰 원인은 법을 엄격하게 하면 할수록 국민들을 손쉽게 장악할 수가 있으며 손쉽게 장악할수록 제멋대로 권력을 휘두를 수가 있기 때문이다.

是以(故)聖人云, 我無爲而民自化, 我好靜而民自正, 我無事而民自富, 我無欲而民自樸.

그러므로 성인은 말하기를, "내가 무위로 다스리면 백성들은 저절로 교화되고, 내가 고요함을 좋아하면 백성들은 저절로 바르게 되고, 내가 일함이 없으면 백성들은 저절로 부유해지고, 내가 무욕하면 백성들은 저절로 순박해진다."고 했다.

주1 시이是以 :

왕필본에는 '고故'로 되어 있으나, 죽간본·백서본·오징본吳澄本에는 '시이是以'로 되어 있다. 죽간본과 백서본에 '성인운聖人云'이 '성인지언왈聖人之言曰'로 되어 있다. 죽간본에는 본 문장과 순서가 다르다. 즉 "아무사이민자부我無事而民自富, 아무(무)위이민자화我亡(無)爲而民自化, 아호정이민자정我好靜而民自正, 아욕불욕이민자박我欲不欲而民自樸."으로 되어 있다.

주2 왕필 - "윗사람이 하고자 하면 백성들은 그것을 속히 따를 것이다. 반면에 내가 원하는 것이 전적으로 무욕無欲에 있다면 백성들 역시 무위하여 저절로 순박해진다. 이 네 가지는 근본을 높여 말단을 자라나게 하는 것이다.[上之所欲, 民從之速也. 我之所欲唯無欲, 而民亦無爲而自樸也. 此四者, 崇本以息末也.]"

••• 해 설

자화自化란 '저절로 변화됨'이란 뜻이고, 자정自正이란 '저절로 바르게 됨'이란 뜻이고, 자부自富란 '저절로 생활이 윤택해짐'이란 뜻이고, 자박自樸이란 '저절로 순박해짐'이란 뜻이다. 이것을 총체적으로 언급하면 '다스려지지 않음이 없음[無不治]'을 뜻한다. '다스려지지 않음이 없음[無不治]'에 대하여 3장에서 이미 "무위를 행하면 다스려지지 않음이 없다.[爲無爲, 則無不治.]"고 하였다. 무위無爲·호정好靜·무사無事·무욕無欲은 모두 '무위無爲'에 해당하고, 자화自化·자정自正·자부自富·자박自樸은 '무불치無不治'에 해당한다. 성인은 어떠한 인위적인 행위를 하지 않고 단지 고요히 있기를 좋아하고 애써 행함도 없으며 욕심도 없다. 이러한 위정자는 소극적으로 보일 수 있다. 그러나 이러한 소극적인 정치를 통해서만이 백성들은 저절로 교화되고, 저절로 바르게 되고, 저절로 삶이 풍요로워지고, 저절로 순박해진다고 보았다.

서양의 전통적 세계관에 입각할 경우 편리한 도구·기교·법 등은 모두 이성의 산물이며, 자연적인 것은 모두 본능의 산물이다. 서양에서는 일반적으로 이성을 높이 인정하였으며, 이 이성의 유무에 의해 인간과 동물이 구별된다고 보았다. 본능에 대한 이성의 우위를 강조하는 서양의 전통적 세계관이 과연 옳으냐 아니냐 하는 문제는 많은 검토를 필요로 하므로 여기서 우리가 쉽게 단정할 수 있는 문제는 아니다. 다만 생각해볼 문제는 우리가 아무리 정교한 로봇을 만들더라도 가장 하등한 생명체인 박테리아의 정교함에도 미칠 수 없으며, 우리가 매일 신약을 개발한다 하더라도 생명체 스스로가 만들어 낸 항체에 미칠 수 없으며, 우리가 제 아무리 정교한 예술품을 만들더라도 자연계의 아름다움에는 미칠 수 없으며, 우리가 아무리 정교한 법을 만들어 사회적 질서를 도모하더라도 자연계의 질서에는 미칠 수 없다는 사실이다. 이러한 점에서 본다면 본능을 천시하고 이성적인 것을 중시하는 것은 인간 중심적 편견과 오만에서 나온 것일 수 있다. 노자는 서양에서 이성적이라고 하는 것들을 오히려 비판하였으며, 본능적인 것들을 중시하였다.

제 58 장

其政悶悶, 其民淳淳, 其政察察, 其民缺缺.
禍兮福之所倚, 福兮禍之所伏, 孰知其極.
其無正, 正復爲奇, 善復爲妖. 人之迷, 其日固久.
是以聖人方而不割, 廉而不劌, 直而不肆, 光而不燿.

그 정치가 답답해 보이면 백성들은 순박해지고, 그 정치가 까다롭게 살피면 백성들은 부족하게 된다.
재앙이란 복이 의지하는 곳이며, 복이란 재앙이 잠복되어 있는 곳이니, 누가 그 귀착점을 알 수 있겠는가?
변하지 않는 원칙이란 것은 없는 것이니, 올바른 것은 다시 기이한 것이 되고, 선한 것은 다시 요망한 것이 된다. 백성들의 미혹됨이 나날이 오래 되었다.
이런 까닭에 성인은 방정하되 잘라내지 않으며, 청렴하되 상처 내지 않으며, 정직하되 방자하게 굴지 않으며, 빛나지만 빛내지 않는다.

其政悶悶, 其民淳淳, 其政察察, 其民缺缺.

그 정치가 답답해 보이면 백성들은 순박해지고, 그 정치가 까다롭게 살피면 백성들은 부족하게 된다.

주 하상공河上公 - "정치적 교화의 관대함이 답답해 보이고 어두운 것 같아서 마치 밝지 않은 것 같다. (그러나) 정치적 교화가 관대하기 때문에 백성들은 순박해지고 생활이 윤택해져서 서로가 화목해진다.[其政教寬大, 悶悶昧昧, 似若不明也. 政教寬大, 故民醇醇, 富厚相親睦也.]"

여길보呂吉甫 - "바름[正]으로써 나라를 다스리고 일없음으로써 천하를 취한다면, 그 정치는 민민悶悶해진다. 민민悶悶이란 백성들을 살피는 것으로써 즐거움으로 삼지 않음을 말한 것이다. 그렇게 되면 백성들은 순순淳淳해진다. 순순淳淳이란 천박한 것에 의해 흔들리지 않음을 말한 것이다. 지智로써 나라를 다스리고 일이 있음으로써 천하를 위한다면, 그 정치는 세밀히 살피게[察察] 된다. 찰찰察察이란 민민悶悶에 반대가 된다. 그렇게 되면 백성들은 결결缺缺하게 된다. 결결缺缺이란 천박한 것에 의해 완전해지지 못함을 말한 것이다.[以正治國, 以無事取天下, 則其政悶悶. 悶悶者, 言其不以察爲快也. 故其民淳淳. 淳淳者, 言其不澆於薄也. 以智治國, 以有事爲天下, 則其政察察. 察察者, 反悶悶者也. 故其民缺缺. 缺缺者, 言其不全於薄也.]"

● ● ● 해설

후외려侯外廬는 "정치가 어수룩하면 백성들은 순박해진다.[其政悶悶, 其民淳淳]"란 통치와 피통치가 아직 분화되지 않은 상태를 말하는 것으로서 '씨족공동체 사회'를 지칭한 것이고, "정치를 면밀히 살피면 백성들은 각박해진다.[其政察察, 其民缺缺]"란 통치와 피통치의 대립적 상태를 말하는 것으로서 '국가가 아직 확고히 세워지지 않은 고대사회'를 지칭한 것이라고 하였다. (『中國思想通史』 제1권, 289쪽.) 후외려侯外廬의 이러한 견해는 역사발전단계로써 설명한 것인데, 본 구절은 정치의 유형을 말한 것이지 역사 발전단계를 염두 해 두고 말한 것은 아니다.

민민悶悶이란 20장의 '아독민민我獨悶悶'과 같이 사리를 구별하지 못하여 답답한 모습을 뜻한다. 순순淳淳이란 순박한 모습을 뜻한다. 17장에서 "최상의 정치는 백성들이 군주가 있음만을 아는 정치이다.[太上, 下知有之]"라고 한 것처럼, 위정자가 무위의 정치를 행하게 되면 백성들은 그가 있는지 없는지조차 알지 못하게 된다. 민민悶悶이란 바로 이러한 위정자의 무위가 마치 사리도 구별하지 못한 채 멍하니 않아만 있는 것이 마치 답답해 보임을 형용한 것이다. 그러나 노자에게 있어서 무위는 하나의 수단이며, 진정한 목적은 '하지 않음이 없음[無不爲]'에 있다. 본 구절에서도 위정자가 아무 것도 하지 않는 것이 마치 민민悶悶한 것 같지만, 그 결과는 백성들의 삶이 오히려 순순淳淳해진다고 하였다. 순순淳淳이란 현실에 의해 때 묻지 않은 순박함이다. 백성들이 순박하게 살아가기에 자신의 생계에 필요한 것 이상의 사리사욕을 탐하지 않으며, 그리 많은 지식이 필요 없기에 지식으로 인한 시비是非의 분쟁도 없다. 노자는 이것이야말로 최상의 정치라고 본 것이다.

찰찰察察이란 '세밀하고 까다롭게 살피는 모습'을 뜻하고, 결결缺缺이란 '부족한 모습' 혹은 '각박해진 모양'을 뜻한다. 缺은 『설문說文』에 "그릇이 깨트려지다.[器破也]"라고 하였고, 초횡焦竑이 "결缺은 부서짐이다.[缺, 殘缺也.]"라고 하였듯이, '그릇이 깨지다'란 뜻이다. 여기서는 '부족해지다'의 의미로 사용되었다. 45장에서 "크게 이룬 것은 부족한 것 같다.[大成若缺]"고 하였는데, 여기서의 결缺 역시 '부족하다'의 의미로 사용되었다. 위정자는 시비를 가린다는 명분하에 깐깐하고 까다롭게 살핀다. 그러나 그 진정한 목적은 결코 백성들을 온정溫情으로 보살피기 위해서가 아니며, 단지 백성들에게서 뭔가 결점을 찾아내어 법으로 재단하기 위해서이다. 이러한 정치는 잘 행하는 것 같지만 까다로운 정치에 의해 백성들의 생활이 오히려 각박해진다고 하였다.

禍兮福之所倚, 福兮禍之所伏, 孰知其極.

재앙이란 복이 의지하는 곳이며, 복이란 재앙이 잠복되어 있는 곳이니, 누가 그 귀착점을 알 수 있겠는가?

주 하상공 - "의倚는 기인함이다. 복福이란 재앙[禍]에 기인하여 생겨나는 것이다. 사람들이 재앙을 만날 경우 잘못을 뉘우쳐 자기를 책망하고 선을 닦아 도를 행할 수만 있다면, 재앙은 사라지고 복이 찾아들 것이다. 재앙은 복福 가운데 잠복되어 있으므로, 사람들이 복을 얻고서 교만 방자해진다면 복은 떠나가고 재앙이 초래된다.[倚, 因. 夫福因禍而生. 人遭禍而能悔過責己, 修善行道, 則禍去而福來. 禍伏匿於福中, 人得福而爲驕恣, 則福去禍來.]"

●●● 해설

가치는 끊임없이 변화하므로 불변의 가치기준이란 것은 없다. 따라서 복은 재앙이 될 수도 있으며, 반대로 재앙이 복이 될 수도 있다고 하였다. 또한 자연의 무한한 변화 가운데서 보면, 재앙은 복이 되고 복은 재앙이 되는 과정을 끊임없이 되풀이하므로 누구도 그 극極을 알지 못한다고 하였다. 여기서의 극極이란 궁극적으로 돌아갈 '귀착점'을 뜻한다.

앞서 보았듯 위정자들이 정치를 행함에 있어서 너무 까다롭게 살피면 백성들의 삶은 오히려 각박해진다. 본 문장 이하는 그 이유에 대하여 구체적으로 논의한 것이다. 가령 위정자가 까다롭게 살피고 엄격하게 시비를 가리기 위해서는 어떠한 객관적인 판단기준이 있어야 한다. 그러나 자연의 이치는 변화 가운데 있기 때문에 객관적인 판단기준을 가질 수 없다. 이처럼 객관적인 판단기준을 정할 수 없는 마당에 무엇에 의거하여 판단하고 무엇에 의거하여 재단할 수 있겠는가?

其無正, 正復爲奇, 善復爲妖. 人之迷, 其日固久.

변하지 않는 원칙이란 것은 없는 것이니, 올바른 것은 다시 기이한 것이 되고, 선한 것은 다시 요망한 것이 된다. 사람들의 미혹됨이 나날이 오래 되었다.

주1 통행본에는 '기무정其無正'으로 되어 백서본에는 '기무정야其無正也'로 되어 있는 반면에, 형현본邢玄本・초횡본焦竑本・반계본磻溪本・소자유본 등에는 '기무정야其無正邪'로 되어 있다. 또한 『도덕경집주道德經集注』의 주에서 "명황明皇과 왕필王弼의 두 판본에는 정正 아래에 '야邪'자가 있다.[明皇王弼二本正下有邪字]"고 하였다. '기무정其無正'으로 볼 경우에는 '바름이 없다'의 뜻이 되는 반면에, '기무정야其無正邪'로 볼 경우에는 두 가지 해석이 가능하다. '바름이 없는 것인가?'라는 의문의 뜻으로 해석하는 경우와 '바름이 없겠는가!'라는 강조의 뜻으로 해석하는 경우가 그것이다.

주2 기무정其無正 :

범응원范應元 – "무정無正이란 '정해짐이 없다'고 말하는 것과 같다.[無正, 猶言不定也.]"

주겸지朱謙之 – "기무정其無正에서 정正을 해석하면 정定이 되니, 정해짐이 없음[無定]을 말한 것이다."

•••해 설

정正은 경經과 유사한 의미로서, 변하지 않는 원칙을 뜻한다. 이에 반해 기奇는 원칙에 벗어난 변칙을 뜻한다. 선善이란 정해진 원칙에 잘 따름을 말하고, 요妖란 정해진 원칙에 벗어난 행동을 말한다. 대다수의 학자들은 인人을 백성으로 풀이하고 있으나, 본 문장은 위정자의 치治를 주제로 한 것이기 때문에 '위정자'를 가리키는 것이라고 보아야 한다.

위 구절에서 살펴보았듯 복은 재앙으로 변하고, 재앙은 다시 복으로 변하여 끊임없이 반복되기에 그 '귀착점[極]'을 알 수가 없다. 이 말은 당시에 통용되는 가치란 것은 고정불변하는 가치로 있는 것이 아니며 단지 시류에 따라서 언제든지 바뀔 수 있음을 의미한다. 따라서 노자는 "변하지 않는 원칙[正]이란 없는 것이니, 올바른 것은 다시 기이한 것이 되고, 선한 것은 다시 요망한 것이 된다."고 하였다.

이처럼 세상사는 대립물이 '상호유전相互流轉' 하기에 불변하는 정해진 원칙[正]이란 것은 없다. 오늘날의 타당한 원칙이 내일에는 오히려 원칙을 벗어난 기이함이 되기도 하고, 오늘날의 원칙에 잘 순응하여 선하다고 여기던 자가 내일에는 오히려 원칙을 벗어난 죄인이 되기도 한다. 그런데도 위정자들은 자신의 표준에 의거하여 백성들을 재단하려고 한다. 이것은 옷에다가 변화하는 자신의 몸을 맞추려는 것과 같다. 따라서 노자는 "사람들의 미혹됨이 나날이 오래 되었다!"고 하였다.

是以聖人方而不割, 廉而不劌, 直而不肆, 光而不燿.
이런 까닭에 성인은 방정하되 잘라내지 않으며, 청렴하되 상처 내지 않으며, 정직하되 방자하게 굴지 않으며, 빛나지만 빛내지 않는다.

주1 방이불할方而不割 :
왕필 – "방정함으로 사물을 이끌어 사특한 것을 제거하면서도 방정함 때문에 사물을 해치지 않으니, 이것은 이른바 '큰 방정함에는 모서리가 없다'이다.[以方導物, 舍去其邪, 不以方害物, 所謂大方無隅]"

주2 염이불귀廉而不劌 :
본 구절은 '청렴하지만 상처 내지 않는다'로 보는 견해와 '날카롭지만

상처 내지 않는다'로 보는 두 견해가 있다. 첫 번째 견해에 대해 왕필은 "렴廉은 '청렴함'의 뜻이고, 귀劌는 '상처 내다'의 뜻이다.[廉, 淸廉也. 劌, 傷也.]"라고 하였으며, 하상공도 "성인이 청렴한 것은 백성들을 교화시키고자 함에 있는 것이지, 사람들을 해치고자 함에 있는 것이 아니다.[聖人廉淸, 欲以化民, 不以傷害人也.]"라고 하였다. 후자의 견해에 대하여 장석창蔣錫昌은 "렴廉은 '이利, 날카로움'의 차자借字이다."라고 하였다. 염廉에는 '청렴함'과 '날카롭다'의 두 뜻을 동시에 포함하고 있다.

주3 직이불사直而不肆 :

왕필 – "곧음으로써 사물을 이끌어 편벽偏僻된 것을 제거하지만 곧음으로써 사물과 부딪치지 않음이니, 이것은 이른바 '크게 바른 것은 굽은 것 같다'이다.[以直導物, 令「舍」去其僻, 而不以直激拂於物也, 所謂大直若屈也.]"

주4 광이불요光而不燿 :

왕필 – "미혹된 까닭을 밝게 비추지만 그렇다고 감추어진 곳까지 비추어 구하려는 것이 아니니, 이것은 이른바 '밝은 도는 어두운 것 같다'이다. 이것은 모두 근본을 높임으로써 말단을 자라나게 하는 것이며, 공략하지 않더라도 (근본을) 회복하게 하는 것이다.[以光鑑其所以迷, 不以光照求其隱慝也, 所謂明道若昧也. 此皆崇本以息末, 不攻而使復之也.]"

••• 해 설

'방이불할方而不割'에서의 방方은 '네모'란 뜻으로서 '방정함'이란 의미이고, 할割은 분할分割의 뜻으로서 '잘라냄' '재단함'이란 의미이다. 자연계 속에서는 완전히 곧은 네모로 된 물체가 없기 때문에 곧바른 네모를 만들기 위해서는 반드시 곱자와 같은 도구에 의해서 재단하게 된다. 그런데 문제는 재단하게 되면 반드시 그 나머지 부분은 쓸모없다고 하여 잘라내야 한다는 사실이다. 반면에 성인은 방정함을 갖고 있지만, 방정함에 의거하여 백성들을 재단하여 잘라냄이 없다고 하였다.

'염이불귀廉而不劌'에서의 염廉에 대하여『한비자』「현학顯學」에서 "칠조씨의 의로움은 (칼이 들어와도) 얼굴이 움찔하지 않았으며 (눈을 찌르려고 하여도) 눈동자가 피하지 않았으며, 자신의 행동이 굽으면 노비한테서도 도망쳤으나 자신의 행동이 옳으면 제후한테도 화를 냈으니, 세상의 임금들은 '청렴하다廉' 여겨 그를 예우하였다.[漆雕之議, 不色撓, 不目逃, 行曲則違於臧獲, 行直則怒於諸侯, 世主以爲廉而禮之.]"고 하였다. 이처럼 염廉이란 청렴결백함을 말한 것인데, 이 청렴함은 모퉁이처럼 날카로워 불의에 대하여 추호도 용납하지 않음이란 점에서 '날카롭다'란 의미로도 쓰인다. 가령『장자』「산목山木」에서 '날카로우면 꺾인다[廉則挫]'고 하였다. 귀劌는 '상처 입히다'의 뜻이다.『예기禮記』「빙의聘義」의 정현鄭玄의 주註에서는 '귀劌, 상야傷也.'라고 하였다. 지나치게 청렴한 사람은 불의에 대하여 추호의 용납함이 없으므로 남에게 쉽게 상처를 줄 수 있으므로, 비록 자신이 청렴함을 갖고 있더라도 그 청렴함을 다른 사람에게 강요함으로 해서 상처를 줘서는 안 된다고 하였다.

'직이불사直而不肆'에서의 직直은 '바름'을 뜻하고, 사肆는 '방자함'을 뜻한다. 직直의 반대말은 '굽히다[枉]'이다. 지나치게 곧은 사람은 결코 남에게 굽히지 않는다. 이것은 자칫 교만하게 보일 수 있다. 반면에 도를 행하는 자는 곧지만 언제나 겸허한 자세를 취하므로 방자하지 않다. 따라서 자신은 비록 바름을 간직하고 있지만 이 바름을 앞세워 사람들에게 오만하게 굴지 않는다고 하였다.

'광이불요光而不燿'에서의 광光은 저절로 드러남을 말하며, 불요不燿는 드러내려 하지 않음을 말한다. 따라서 '광이불요光而不燿'란 자신의 밝은 지혜[明]가 저절로 드러날 뿐이며 이 지혜를 과시하기 위해 함부로 드러내지 않는다는 뜻이다.

인간들은 저마다 나름대로의 진리를 가지고 살아간다. 그러나 앞에서 '변하지 않는 원칙이란 것은 없다'고 하였듯이, 보편적 표준으로서의 진리란 존재하지 않는다. 그럼에도 불구하고 사람들은 보편적 표준으로서의 진리가 있다고 믿는다. 따라서 '보편적 표준이란 없다'고 하는 주장을 직면하게 되면 즉시 '허무주의'로 규정하려고 한다. 허무주의란 것은 '있어야 할 것이 없다'란 의미이다. 왜냐하면 '없어야 할 것이 없다'고 한다면 허무주의란 말이 생겨날 수 없기 때문이다. 그렇다면 여기서 '있어야 할 것'은 무엇을 말하는가? 사람들은 '있어야 할 것'과 '있는 것'이 같은 것이라고 생각하지만 사실은 엄연히 다르다. 가령 '영원한 사랑' '변하지 않는 우정' '영원하고 보편적인 진리' '절대적 자유' 등은 모두 '있어야 할 것'이지 결코 '있는 것'이 아니다. 따라서 '있어야 할 것'은 있는 것에 대한 표현이 아니며 단지 절대적 그 무엇이 있어야 한다는 우리들의 희망에 대한 표현에 지나지 않는다. 그렇다면 사람들은 어째서 절대적인 것에 그토록 열망하고 있는가? 그것은 절대적 지知 그 자체를 사랑하기 때문이 아니며, 단지 자신의 진리가 절대적이기를 바라기 때문이다. 사람들은 누구나 자신의 판단이 절대적 진리에 의거한 것이라고 믿고 싶어 한다. 이 믿고 싶은 마음이 강렬해지면 실재로 그러하다고 믿게 되며, 타인도 나의 기준에 따라오기를 기대한다. 따라서 자신의 행동 하나하나가 절도에 맞아 방정한 사람은 남에게도 방정해지기를 강요하며, 청렴결백하여 한 점의 욕됨도 허용하지 않는 사람은 남에게도 청렴결백하기를 강요하며, 굽히면 많은 이익을 얻음에도 불구하고 결코 굽히지 않는 곧은 사람은 남에게도 굽히지 않기를 요구하며, 뛰어난 덕을 가진 사람은 자신의 덕을 다른 사람에게 과시하기를 좋아한다. 이러한 것 역시 진리라는 이름하에 남에게 강요하는 것이므로 일종의 폭력일 수도 있다. 어느 의미에서 본다면 정말 두려운 폭력은 무력을 앞세운 폭력보다도 오히려 진리와 정의라는 미명美名에 의한 폭력일 수 있다. 왜냐하면 전자의 경우엔 누구나 쉽게 감지하고 방어할 수

제58장 695

있지만, 후자의 경우엔 상대방은 물론이거니와 강요하는 자기 자신도 감지하지 못하는 경우가 허다하기 때문이다.

제 59 장

治人事天, 莫若嗇.
夫唯嗇, 是以早服. 早服, 是謂重積德.
重積德, 則無不克. 無不克, 則莫知其極.
莫知其極, 可以有國. 有國之母, 可以長久.
是謂深根固柢, 長生久視之道.

사람들이 질서를 이루고 하늘을 섬기는 데에는 검소함보다 좋은 것이 없다.
오직 검소하기 때문에 (도에) 일찍 따를 수가 있다. 일찍 따름, 이것을 일컬어 '거듭 덕을 쌓음'이라고 한다.
거듭 덕을 쌓으면 극복하지 않음이 없다. 극복하지 않음이 없으면 그 귀착점을 알지 못하게 된다.
그 귀착점을 알 수 없으면 나라를 다스릴 수가 있다. 나라를 다스리는 어머니는 장구할 수 있다.
이것을 일컬어 '깊은 뿌리와 견고한 뿌리'라고 하는 것이니, 영구히 살 수 있는 도인 것이다.

治人事天, 莫若嗇.

사람들이 질서를 이루고 하늘을 섬기는 데에는 검소함보다 좋은 것이 없다.

주1 형현본^{邢玄本}・육희성본^{陸希聲本}・강사재본^{强思齋本} 등에는 '인^人'자가 '민^民'자로 되어 있다.

주2 치인^{治人}:

하상공^{河上公} - "치인^{治人}이란 임금이 백성들을 다스리고자 함을 말한 것이다.[治人, 謂人君欲治理人民.]"

주3 사천^{事天}:

하상공 - "사^事는 사용함이다. 의당 천도^{天道}를 사용하여 사계절에 따라야 한다.[事, 用也. 當用天道, 順四時.]"

성현영^{成玄英} - "천^天은 자연^{自然}이다.[天, 自然也.]"

왕순보^{王純甫} - "'하늘을 섬긴다[事天]'란 하늘이 부여한 것을 온전히 함을 말한 것으로, 곧 '자신을 닦음[修身]'과 같은 말이다.[事天, 謂全其天之所賦, 卽修身之謂也.]"

주4 색^嗇, 아끼다:

하상공 - "색^嗇은 아낌[愛]이다. 나라를 다스리는 자는 마땅히 백성들의 재물을 아끼어 사치를 행하지 않아야 한다. 자신을 다스리는 자는 마땅히 정기^{精氣}를 아껴서 방탕함을 행하지 않아야 한다.[嗇, 愛也. 治國者, 當愛民財, 不爲奢泰. 治身者, 當愛精氣, 不爲放逸.]"

왕필 - "색은 농부이다.[嗇, 農夫也.]"

••• 해설

많은 학자들이 치인治人을 치민治民과 같은 말로 보아, '백성들을 다스리다'의 뜻으로 풀이하고 있다. 치治를 단순히 통치로만 보았을 경우 치인治人을 치민治民으로 보는 견해가 타당하다. 그러나 노자가 말한 치治의 본래적 의미는 '통치'가 아닌 '질서'의 의미이다. 여기서 치민治民이라 하지 않고 치인治人이라고 한 까닭은 질서를 이루는 대상이 비단 백성들만이 아니라 인간들 모두에 해당하기 때문이다. 인人이 인간 사회를 총칭한 것이라고 한다면, 천天은 자연계를 총칭하는 것이다. 사천事天은 『맹자孟子』 「진심장盡心章」(상)에서 "자신의 마음을 보존하여 자신의 본성을 기름이 바로 하늘을 섬김이다.[存其心, 養其性, 所以事天也.]"라고 하였듯이 '하늘이 부여한 본성을 기르다'의 뜻이다. '사천事天'에서의 천은 구체적으로 천도天道를 의미하고, 사事는 주자주朱子注에서 "사事란 받들어 계승하여 어긋나지 않음이다.[事, 則奉承而不違也.]"라고 하였듯이 '정성껏 섬기어 어긋나지 않음이다'의 뜻이다.

색嗇에 대하여 『안자춘추晏子春秋』 「내편문內篇問」(하)에서 "재화의 많고 적음을 헤아려서 절약해 쓰고 부유하면서도 금을 저장하지 않고 가난하면서도 남에게서 빌리지 않는 것을 '색嗇'이라고 말한다. 쌓은 것이 많지만 남에게 나누어주지 않고, 자신만을 두텁게 기르는 것을 '인吝'이라고 한다. 남에게 나누어줄 수 없고 또 스스로도 기르지 못하는 것을 '애愛'라고 한다. 따라서 색嗇은 군자의 도이고 인吝과 애愛는 소인의 행동거지이다.[稱財多寡, 而節用之, 富無金藏, 貧不假貸, 謂之嗇. 積多不能分人, 而厚自養謂之吝. 不能分人, 又不能自養謂之愛. 故夫嗇者君子之道, 吝愛者小人之行也.]"라고 하였다. 『안자춘추』에 의거해 보면, 인吝은 '인색하다'의 뜻이고, 애愛는 '아끼다'의 뜻이고, 색嗇은 '검소하다'의 뜻이다. 이것으로 보건대 색嗇은 67장에서의 검儉과 같은 의미로, '검소하다'의 뜻이다. 후꾸나가 미쓰지福永光司도 "그것[嗇]은 색부嗇夫라는 말이 농부를 가리키는 말인 것으로도 알 수 있듯이 (왕필도 색을

제59장 699

농부로 풀이하고 있다) 원래 자급자족하는 농촌 경제를 기반으로 하는 농민들의 검소한 생활을 상징하는 말이다."라고 하였다.

위정자가 백성에게서 무거운 세금을 거둬들여 온갖 사치스러운 생활을 일삼고, 전쟁을 도발하여 무고한 백성들의 인명을 빼앗아간 까닭은 생활의 검소함을 알지 못하였기 때문이다. 무위정치에 있어서 필수적으로 행해야 할 전제조건이 바로 검소함이다. 검소함이란 작은 것에도 만족해하고 쓸모없이 낭비하지 않음이다. 만일 만족해하지 못하고 사치를 일삼게 된다면, 임금은 백성들로부터 더욱 많은 세금을 탈취하려 할 것이며 백성들 역시 작은 이득에도 치열히 다툴 것이다. 따라서 사람들이 질서를 이루고 하늘을 섬기는 데에는 '검소함[嗇]'보다 좋은 것이 없다고 하였다.

夫唯嗇, 是以(是謂)早服. 早服, 是謂(謂之)重積德.

오직 검소하기 때문에 도에 일찍 따를 수가 있다. 일찍 따름, 이것을 일컬어 '거듭 덕을 쌓음'이라고 한다.

주1 시이조복是以早服에서의 시이是以가 왕필본 등에는 '시위是謂'로 되어 있으나, 죽간본과 백서을본에는 시이是以로 되어 있다. 또한 '시위중적덕是謂重積德'에서의 '시위是謂'가 왕필본 등에는 '위지謂之'로 되어 있으나, 죽간본·『한비자』「해로解老」·백서을본·하상공본 등에는 '시위是謂'로 되어 있다.

주2 하상공 - "조早는 선先이오, 복服은 얻음이다.[早, 先也, 服, 得也.]"
왕필 - "조복早服이란 항상됨을 일찍 따름이다. 오직 거듭 덕을 쌓아서 신속히 하려고 하지 않은 뒤라야 일찍 항상됨에 따를 수가 있다. 따라서

'일찍 따름, 이것을 일컬어 덕을 거듭 쌓음이라 한다'고 하였다.[早服, 常也. 唯重積德, 不欲銳速, 然後乃能使早服其常. 故曰, 早服謂之重積德者也.]" 누우렬樓宇烈은 "조복早服, 상야常也."를 "조복기상야早服其常也."로 보았다.

  요내姚鼐 – "복服이란 일事이다. 검소하게 되면 시간적으로 한가해지고 여력餘力이 있게 된다. 따라서 사물이 아직 이르지 않았는데도 능하여져 일찍부터 일을 좇아 덕을 많이 쌓게 되므로, 일의 지극함에 미쳐서 능하지 않음이 없게 된다.[服者, 事也. 嗇則時暇而力有餘. 故能於事物未至, 而早從事以多積其德, 逮事之至而無不克矣.]"

••• 해 설

조복早服에 대하여 고형高亨은 "조복早服 아래에 목적어가 없어서 뜻이 만족스럽지 못하다."고 하였듯이, '조복어도早服於道'가 생략된 말이다. 조早란 '빨리'란 뜻이고, 복服은 '따른다順'의 뜻이다. 조복早服은 55장의 "사물은 왕성하면 곧 노쇠해지니, 그것을 말하여 '도에 어긋나다'고 하는 것이다. 도에 어긋나면 일찍 죽는다.[物壯則老, 謂之不道. 不道早已.]"에서의 '조이早已'와 대립되는 개념이다. 왕성함[壯]은 색嗇과 반대되는 개념으로 지나치게 낭비함을 뜻한다. 왕성하게 되면 빨리 고갈되어 노老하게 된다. 이처럼 노老란 지나치게 낭비한 결과로서의 노쇠老衰함이다. 이것은 도의 본성과는 반대가 되는 것으로서, 일찍 죽게 된다고 하였다. 반면에 검소하여[嗇] 낭비하지 않으면 일찍 도에 따르게 된다.

  사람들이 검약을 알지 못하고 자신의 정력을 함부로 낭비하게 되면 도로부터 더욱 멀어져 일찍 죽고 말지만 검약하게 되면 도에로 일찍 돌아가게 된다. 도와 가까워진다는 것은 곧 욕망과 외물의 지식에 의해 가려진 덕을 회복한다는 의미이도 하다. 따라서 "도에 일찍 따름, 그것을 말하여 '거듭 덕을 쌓음'이라 한다.[早服, 謂之重積德.]"고 하였다.

  적덕積德은 적선積善과 비슷한 의미로서, 선진先秦에서 한대漢代에 이르기까지 자주 인용된 개념이다. 가령『서경書經』「반경盤庚」(상)에서는 "너는 덕을 쌓음이 있게 하라.[汝有積德]"고 하였으며,『순자』「권학勸學」에서는 "선을 쌓아 덕을 이룬다.[積善成德.]"고 하였으며,「유효儒效」에서는 "자신에게서 덕을 쌓음에 힘써서 도를 높이는 데 처한다.[務積德於身而處之以遵道.]"고 하였으며,『회남자淮南子』「추형墜形」에서는 "산은 덕을 쌓는 것이 된다.[山爲積德]"고 하였으며,『주역』「곤괘坤卦」(문언전文言傳)에서는 "선을 쌓는 집안은 반드시 많은 경사가 있게 된다.[積善之家. 必有餘慶.]"고 하였다.

重積德, 則無不克. 無不克, 則莫知其極.

거듭 덕을 쌓으면 극복하지 않음이 없다. 극복하지 않음이 없으면 그 귀착점을 알지 못하게 된다.

주 하상공 - "극克이란 이김[勝]이다. 자기에게서 거듭 덕을 쌓으면 이기지 않음이 없게 된다. 이기지 않음이 없게 된다면 자신의 덕이 무궁하다는 사실을 알지 못하게 된다.[克, 勝也. 重積德於己, 則無不勝. 無不克勝, 則莫有知己德之窮極也.]"

●●● 해설

극克에 대해 하사공은 '이김이다'라고 풀이하였으며, 양웅揚雄의『법언法言』에서도 "자기의 사사로움을 이기는 것을 '극克'이라고 한다.[勝己之私謂之克.]"라고 하였듯이, '이기다'의 뜻이다. 그러나 상대방을 이긴다는 의미보다는 자기 자신을 이긴다는 의미이므로 '극복克服하다'의 의미이다. '막지기극[莫知其極]'에서의 극極은 58장의 "누가 그 귀착점을 알 수 있겠는가[孰知

其極]"에서의 극極과 같은 뜻으로서 '귀착점' '종극終極'의 뜻이다.

앞 문장에서 검소함을 통해 도를 일찍 따름을 '적덕積德'이라고 하였다. 흔히 재물과 같은 것을 쌓음을 '채움'이라고 한다. 그러나 덕을 쌓음은 '채움'에 있는 것이 아니라 오히려 '비움'에 있다. 이러한 비움은 외물에 허심虛心으로 응한다. 물의 덕성이야말로 자신을 고집하는 마음이 없는 허심虛心이며, 물이 이러한 허심을 가지고 있기 때문에 어떠한 장애물도 물과 대적할 수 없다. 이와 같이 덕을 쌓으며 그 어떠한 난관이 앞에 가로놓여 있을지라도 극복하지 못함이 없다. 따라서 "거듭 덕을 쌓으면 극복하지 못함이 없다."고 하였다.

강한 것은 이윽고 부러지고 만다. 부러진다는 것은 곧 종말을 의미한다. 반면에 물과 같이 유약한 것은 변화에 가장 잘 적응하기에 극복하지 못함이 없다. 극복하지 못함이 없으므로 계속적으로 흘러가서 장구함을 얻을 수가 있다. 장구함을 얻으므로 "그 귀착점을 알 수가 없다.[莫知其極]"고 하였다. 이와 관련하여 『장자』「대종사大宗師」에서 "외물外物과의 관계 속에서 마땅함을 얻어 그 귀착점을 알 수가 없다.[與物有宜而莫知其極.]"고 하였다.

莫知其極, 可以有國. 有國之母, 可以長久.

그 귀착점을 알 수 없으면 나라를 다스릴 수가 있다. 나라를 다스리는 어머니는 장구할 수 있다.

주 왕필 - "거듭 덕을 쌓음은 오직 그 근본을 도모한 이후에 말단을 경영하여 이에 유종有終의 미를 얻음이다.[重積德, 是唯圖其根, 然後營末, 乃得其終也.]"

● ● ● 해설

우리는 허심을 통하여 부단히 변화하는 사물에 대응함으로 해서 순간순간의 마땅함을 획득하여 영속성을 획득할 수가 있다. 또한 이처럼 영속성을 획득할 수 있기에 귀착점을 알지 못하게 된다. 노자는 이러한 덕성을 가진 자가 나라를 다스려야 한다고 보았다. 따라서 "그 귀착점을 알지 못하게 되면 나라를 다스릴 수 있다."고 말하였다. 도가에서는 내성외왕內聖外王을 정치의 이상 목표로 삼았다. 즉 성인의 덕성을 가진 자가 왕위에 올라야 한다고 보았다. 노자는 여러 곳에서 왕을 긍정적으로 말하고 있는데, 이것은 통치계급으로서의 왕을 지칭한 것이 아니라 자신의 이상적인 인물인 성인을 지칭한 것이다. '가이유국可以有國'의 본래 의미는 물과 같은 덕성을 완전히 체득한 자인 성인이야말로 나라를 온전히 바로잡을 수 있다는 말이다.

유국지모有國之母에서 유有는 나라를 소유한다는 의미보다는 나라를 다스린다는 치治의 의미가 더욱 강하다. 모母에 대하여 『한비자』「해로」와 하상공주에서는 "모母, 도야道也."라고 하였듯이, 대다수의 학자들은 도로 보고 있는데, 『노자』에 있어서의 모母는 덕의 측면을 말한 것이다. 여기서는 구체적으로 말하면 도를 완전히 체득한 성인을 지칭한다. 덕德은 '기르다[養]'의 뜻이다. 도란 만물을 길러내는 것처럼, 성인 역시 백성을 길러낸다. 이러한 성인의 역할은 덕의 역할을 대신하는 대리모와도 같다. 도는 장구한 것이라는 점에서, 도를 대신하여 대리모의 역할을 하는 성인 역시 장구할 수 있다고 하였다.

是謂深根固柢, 長生久視之道.

이것을 일컬어 '깊은 뿌리와 견고한 뿌리'라고 하는 것이니, 영구히 살 수 있는 도인 것이다.

주 　『한비자』「해로」 - "서 있는 나무에는 (큰 뿌리에 붙어있는) '가는 뿌리[曼根]'가 있고 큰 뿌리[直根]가 있다. 큰 뿌리는 노자서老子書에서 말하는 저柢이다. 저柢란 나무가 삶을 굳건하게 하는 원동력이 되고, 가는 뿌리는 (자양분을 흡수함으로써) 삶을 유지케 하는 원동력이 된다. 덕이란 사람들의 삶을 굳건하게 해주는 원동력이 되고, 녹祿이란 사람들의 삶을 유지케 해주는 원동력이 된다. 이제 다스림에서 굳건히 하고 녹을 유지함이 오래되었기 때문에 '그 뿌리가 깊다'고 말한 것이며, 삶이 나날이 오래가기에 '그 뿌리가 견고하다'고 말한 것이다.[樹木有曼根, 有直根. 直根者, 書之所謂柢也. 柢也者, 木之所以建生也. 曼根者, 木之所以持生也. 德也者, 人之所以建生也. 祿也者, 人之所以持生也. 今建於理者, 其持祿也久, 故曰深其根, 其生日長, 故曰固其柢.]"

●●● 해 설

만蔓이 굵은 뿌리 곁에 생겨난 가는 뿌리로서 자양분을 흡수하는 기능을 하는 것이라면, 저柢는 나무를 굳건히 지탱케 해주는 굵은 뿌리를 말한다. 『이아爾雅』「석언釋言」에 "저柢, 본야本也."라고 한 것처럼 '근본'이란 뜻을 함의하기도 한다. 장생長生의 장長은 7장의 '천장지구天長地久'에서의 구久와 같은 뜻으로서 단순히 장수長壽를 뜻하는 것이 아니라 영원함을 뜻한다. '장생구시長生久視'는 『순자』「영욕榮辱」, 『여씨춘추呂氏春秋』「중기重己」, 『포박자抱朴子』의 「대속對俗」「변문辯問」「근구勤求」 등 여러 곳에도 나온다는 점에서 노자의 독창적인 개념이 아닌 당시의 유행하던 개념을 노자가 재차 인용한 것이라고 볼 수 있다. 『여씨춘추』「중기」의 고유주高誘注에 "시視는 활活이다.[視, 活也.]"라고 하였듯이, 시視는 활동성을 뜻한다. 따라서 장생구시長生久視란 장구한 삶과 영원한 활동성을 뜻한다.

　　덕을 거듭 쌓아 영원성을 얻게 됨은 마치 깊은 뿌리나 견고한 뿌리와도 같다. 뿌리가 이미 깊고 견고하다면 영원한 삶과 영원한 활동성을 가질 수가 있게 된다. 이것이야말로 영원히 살 수 있는 도인 것이다.

제60장

治大國, 若烹小鮮.
以道莅天下, 其鬼不神. 非其鬼不神, 其神不傷人.
非其神不傷人, 聖人亦不傷人.
夫兩不相傷, 故德交歸焉.

큰 나라를 다스린다는 것은 마치 작은 생선을 삶는 듯이 해야 한다. 도로써 천하에 임하게 되면 귀신은 영험하지 못하게 된다. 귀신이 영험하지 못할 뿐만 아니라, 신령한 것도 사람을 헤칠 수가 없다.
신령한 것도 사람을 헤치지 못할 뿐만 아니라 성인聖人도 사람을 해치지 못한다.
신령함[神]이나 성인聖人이 해치지 못하기 때문에, 덕들이 함께 만나 도에로 돌아가게 된다.

治大國, 若烹小鮮.

큰 나라를 다스린다는 것은 마치 작은 생선을 삶는 듯이 해야 한다.

주1 소선小鮮:

왕필본을 비롯한 통행본通行本에는 선鮮으로 되어 있는데, 범응원본에는 '인鱗'으로 되어 있다. 돈황신본과 수주본遂州本에는 '성腥'으로 되어 있다.

주2 『한비자韓非子』「해로解老」-"작은 생선을 삶을 때 자주 휘저으면 그 요리를 헤치게 되고, 큰 나라를 다스릴 때에 자주 법을 고치면 백성들이 괴로워한다. 이러한 까닭에 도를 소유한 군주는 허정虛靜을 귀하게 여기고 변법變法을 소중하게 여긴다.[烹小鮮而數撓之, 則賊其宰, 治大國以數變法, 則民苦之. 是以有道之君, 貴虛靜而重變法.]"

하상공河上公-"선鮮은 물고기이다. '팽소선烹小鮮'이란 창자를 제거하지 않고 비늘을 벗기지 않고 감히 휘젓지 않음이다. 자칫 뭉개질 수 있음이 염려되기 때문이다.[鮮, 魚也. 烹小鮮, 不去腸, 不去鱗, 不敢撓. 恐其糜也.]"

왕필王弼-"어지럽히지 않음이다. 조급하면 해가 많아지고, 고요하면 참됨을 보존하게 된다. 따라서 나라가 더욱 커질수록 군주는 더욱 고요해야 한다. 그러한 이후에야 널리 민심을 얻을 수가 있다.[不擾也. 躁則多害, 靜則全眞. 故其國彌大, 而其主彌靜, 然後乃能廣得衆心矣.]"

범응원范應元-"소린小鱗이란 작은 물고기이다. 큰 나라를 다스림은 비유컨대 작은 물고기를 삶는 듯이 해야 한다. 작은 물고기를 삶는 자는 휘저을 수 없다. 휘젓게 되면 물고기가 뭉개지기 때문이다. 큰 나라를 다스릴 때에는 의당 행함이 없어야 한다. 행하게 되면 백성들이 상처를 입기 때문이다. 이것이 '천하란 신령스런 그릇과도 같으니, 행해서는 안 된다'의 뜻이다.[小鱗, 小魚也. 治大國譬如亨小鱗. 夫亨小鱗者, 不可擾. 擾之則魚爛. 治大國者, 當無爲. 爲之則民傷. 蓋天下神器不可爲也.]"

••• **해설**

팽烹은 '삶다'의 뜻이고, 소선小鮮은 '소어小魚'의 뜻이다. '작은 생선[小鮮]'을 삶을 때에는 배를 갈라서 내장을 제거하거나 비늘을 벗기거나 마구 휘젓는 짓을 하지 않는다. 자칫하면 뭉개질 염려가 있기 때문이다. "큰 나라를 다스리는 것은 마치 작은 생선을 삶는 듯이 해야 한다."란 말도 인위적으로 자꾸만 뭔가를 만들어서는 안 된다는 뜻이다. 우리가 아무리 많은 지혜를 동원한다고 할지라도 그것이 이미 인위적인 것이라고 한다면 소지小知에 불과하다. 반면에 자연自然에 맡긴다면, 도라고 하는 대지大知에 의해 대국이 길러진다고 보았다. 따라서 큰 나라를 다스릴 경우 작은 행정단위로 나누어 일일이 간섭하지 말고 작은 생선을 요리할 때와 같이 그냥 놔두라고 하였다.

以道莅天下, 其鬼不神. 非其鬼不神, 其神不傷人.

도로써 천하에 임하게 되면 귀신은 영험해지지 못하게 된다. 귀신이 영험해지지 못할 뿐만 아니라, 신령한 것도 사람을 해칠 수가 없다.

주1 이莅 :

왕필본을 비롯한 많은 판본에는 이莅로 되어 있으나, 백서을본帛書乙本에는 입立으로 되어 있고, 부혁본傅奕本에는 이涖로 되어 있고, 임희일본林希逸本에는 위蒞로 되어 있다. 이莅 · 이蒞 · 이涖 · 입立은 모두 통용되는 글자로서, 임臨,임하다과 같은 뜻이다.

제60장

주2 귀신鬼神 :

범응원 - "귀신이란 음양 가운데의 영험함이다. 귀鬼란 돌아감[歸]이며, 신神이란 폄[伸]이다.[鬼神, 陰陽中之靈也. 鬼, 歸也, 神, 伸也.]"

주3 『한비자』「해로」- "사람들이 병에 걸리면 의사를 귀하게 여기고, 재난이 있으면 귀신을 두려워하게 된다. 그런데 성인이 백성들 위에 있으면 백성들은 욕심이 적어진다. 백성들의 욕심이 적어지면 혈기와 거동이 다스려진다. 거동이 다스려지면 재난이 적어진다. 만일 신체적으로 옴·종기·황달·치질의 해가 없고 사회적으로는 처벌하고 법에 의해 죽이는 해가 없다면, 귀신을 가볍게 여기어 태연히 하는 것이 커질 것이다. 따라서 '도로써 천하에 임하게 되면 그 귀신도 신령스럽지 못하게 된다.'고 하였다.[人處疾則貴醫, 有禍則畏鬼. 聖人在上, 則民少欲. 民少欲, 則血氣治而擧動理. 擧動理則少禍害. 夫內無痤疽癉痔之害, 而外無刑罰法誅之禍者, 其輕恬鬼也甚. 故曰, 以道莅天下, 其鬼不神.]"

하상공 - "귀신이라고 하여 정신精神이 없는 것은 아니지만, 삿된 것이 바른 것에 침투할 수 없기 때문에 자연히 그러한 사람에게는 상해를 입힐 수가 없다.[其鬼非無精神, 邪不入正, 不能傷自然之人.]"

왕필王弼 - "도로써 천하에 임할 경우엔 귀신은 영험해지지 않으며 신령함은 자연히 그러한 것을 해치지 못한다. 만물이 자연히 그러함을 지키면 신령함도 해를 가함이 없다. 신령함이 해를 가할 것이 없으면, 신령함이 신령스럽게 됨에 대하여 알지 못하게 된다.[以道莅天下, 則其鬼不神, 神不害自然也. 物守自然則神無所加. 神無所加則不知神之爲神也.]"

황등산黃登山 - "노자의 귀신에 대한 관점은 종교가와는 다르다. 그가 인식한 귀신은 단지 음양陰陽이란 두 기氣의 영험함을 대표한 것에 불과하다."

● ● ● 해설

"비기귀불신非其鬼不神, 기신불상인其神不傷人."에는 두 가지 해석이 있다. 뒤 구절의 신神을 앞 구절의 귀鬼와 대對를 이루는 개념으로 풀이하는 방법과, 귀鬼를 동일한 주어로 하면서 앞의 신神을 그대로 이어받아 풀이하는 방법이 그것이다. 전자에 의거하여 풀이하면, "귀신도 신령스럽지 못할 뿐만 아니라, 신神도 사람을 해칠 수가 없다."가 되며, 후자에 의거하여 풀이하면 "귀신이 신령하지 않아서가 아니라 귀신의 신령함이 사람을 해치지 않아서이다."가 된다. 여기서는 전자의 풀이가 좋다.

이莅는 '임하다[臨]'의 뜻이다. '도로써 천하에 임하게 되면'이란 '도를 가지고 천하의 군주가 되어 다스리려고 한다면'의 뜻이다. 도를 가지고 천하에 임하는 구체적인 내용은 '무위의 다스림[無爲之治]'이란 뜻이다. 『장자』「재유在宥」에서도 "군자는 부득이 한 경우에만 천하에 임한다.[君子不得已, 而臨莅天下.]"고 하였다.

'기귀불신其鬼不神'에서의 귀鬼를 범응원范應元이나 황등산黃登山은 음양陰陽이기二氣의 영험함으로 보았으나, 음양이기의 개념은 후대에 구체화된 개념이므로 타당하지 않다. 여기서는 자의字意 그대로 귀신으로 보는 것이 무방하다. 귀鬼에 대하여 『이아爾雅』「석훈釋訓」에서 "귀鬼란 돌아감을 말한 것이다.[鬼之爲言歸也.]"라고 하였으며, 『열자列子』「천서天瑞」에서도 "귀란 돌아감이니, 그 본래의 집으로 돌아감이다.[鬼, 歸也, 歸其眞宅.]"고 하였다. 이처럼 귀鬼란 귀歸의 뜻으로서, 인간은 본래 자연에서 나왔듯이 죽으면 다시 자연으로 돌아간다는 의미이다. 이처럼 귀鬼는 죽어서 자연으로 돌아감이란 뜻이지만, 한편으론 죽은 자를 뜻한다. 여기서는 구체적으로 '죽은 자'를 지칭한다.

'기귀불신其鬼不神'에서의 신神은 형용사로 '신령스러움'을 뜻한다. 신령스러움이란 인간의 인식을 초월해 있어서 우리의 인식으로는 감히 이해할 수 없는 것, 신령스러워 감히 근접할 수 없는 것에 대한 이미지를 말한다.

신에 대해, 39장에서도 '신령스러움[神]은 하나를 얻어서 영험해지고[神得一以靈]'라고 하였으며, 『맹자』「진심盡心」(하)에서도 "신령스러워서 알 수가 없는 것을 '신神'이라고 한다.[聖而不可知之, 之謂神.]"고 하였다. 따라서 '기귀불신其鬼不神'란 '귀신이 신령스럽지 않다'란 의미이다.

'기신불상인其神不傷人'에서의 신神은 명사로서, 신령스런 존재를 뜻한다. 즉 '기귀불신其鬼不神'에서의 신神이 신령스러움에 대한 이미지라고 한다면, 여기서의 신은 정령이 깃든 나무, 어떤 부족이 섬기는 특정의 동물, 성지聖地와 같은 신령스런 대상을 말한다.

본 문장에 의거한다면 노자는 귀신의 존재를 믿었다는 주장도 가능하다. 그러나 노자가 과연 귀신의 존재를 믿었는가에 대해선 진지한 검토가 필요하다. 흔히들 동양에서는 전통적으로 귀신의 존재를 믿었다고 보고 있다. 그 근거로서 제사를 들고 있다. 제사란 죽은 조상을 섬기기 위한 예식 행위이기 때문이다. 제사는 예로부터 지금에 이르기까지 중요한 사회적 의식儀式이었던 것만은 사실이다. 또한 당시의 사람들로서는 후사가 끊기어 '제삿밥'을 먹지 못하게 됨을 두려워하였다. 노자도 54장에서 "덕을 잘 세운 사람은 뽑히지 않고, 도를 잘 지키는 사람은 벗어나지 않아, 자손 대대로 제사 지내어 끊어지지 않는다.[善建者不拔, 善抱者不脫, 子孫以祭祀不輟.]"고 하였다. 노자 역시 제사가 끊이지 않고 계속 이어나가는 것을 중시하고 있다. 제사의 목적은 말 그대로 조상신인 귀신을 섬기는 것이다. 그러나 조상신을 섬기는 까닭은 반드시 사후의 귀신에 대한 존재를 믿어서라기보다는 현세의 복을 구하기 위해서이다. 유가의 경우 제사를 중시하였지만, 귀신의 존재를 반드시 믿어서 제사를 지냈던 것은 아니다. 공자조차도 귀신이니 사후세계니 하는 것들에 대하여 무관심했다. 유가에서의 제사의 목적은 사후세계를 위해서가 아니라 후세의 가족 유대강화를 위해서였다.(54장 참조)

사실상 강한 부정은 강한 긍정을 전제로 하여 생겨난 것이다. 선진시대의 사상가들은 귀신에 대하여 그다지 큰 관심이 없었기 때문에 강한 긍정도 강한 부정도 없었다. 노자 역시 마찬가지이다. 노자는 귀신을 부정하지 않았기 때문에, 귀신이 영험함을 발휘한다는 사실에 대해서도 굳이 부정하지 않았다. 또한 당시의 민간신앙에서 재난의 원인을 귀신에 두었기에 재난을 벗어나기 위해서는 귀신의 분노를 풀어야 한다고 보았는데, 노자 역시 귀신에 의해서 재난을 당할 수도 있다는 사실에 대해 굳이 부정하지 않았다. 다만 귀신이 영험함을 갖고 있어서 사람들을 해칠 수 있다고 할지라도 도로써 임하게 된다면 결코 어떠한 영험함도 발휘할 수 없다고 보았다. 또한 귀신도 사람을 해칠 수 없을 뿐만 아니라 신령스러운 존재도 인간을 해칠 수 없다고 보았다.

非其神不傷人, 聖人亦不傷人.

신령한 것도 사람을 해치지 못할 뿐만 아니라 성인도 사람을 해치지 못한다.

주　『한비자』「해로」 – "귀신이 빌미를 주어 사람들을 병들게 하는 것을 가리켜 '사람을 해친다'고 하였으며, 사람이 그것을 쫓아내어 제거하는 것을 가리켜 '사람이 귀신을 해친다'고 하였다. 백성들이 법령을 범하는 것을 가리켜 '백성들이 위정자를 해친다'고 하였으며, 위정자가 백성들에게 형벌로 처단하는 것을 가리켜 '위정자가 백성들을 해친다'고 하였다. 반면에 백성들이 법을 어기지 않아서 위정자 역시 형벌을 실행하지 않는 것을 가리켜 '위정자가 사람을 해치지 않는다'고 하였다. 따라서 '성인도 사람을 해치지 못한다'고 말한 것이다.[鬼祟也疾人之謂鬼傷人, 人逐除之之謂人傷鬼也. 民犯法令之謂民傷上, 上刑戮民之謂上傷民. 民不犯法, 則上亦不行刑. 上不行刑之謂上不傷人. 故曰, 聖人亦不傷民.]"

왕필 - "도와 합치되면 신神도 사람을 해치지 못한다. 신이 사람을 해치지 못하면 신령함이 신령스러운 줄 알지 못하게 된다. 도와 합치되면 성인 역시 사람을 해치지 못한다. 성인이 사람을 해치지 못하면 또한 성인이 성스러운 줄 알지 못하게 된다.[道洽, 則神不傷人. 神不傷人, 則不知神之爲神. 道洽, 則聖人亦不傷人. 聖人不傷人, 則亦不知聖人之爲聖也.]"

●●● 해 설

성聖이란 본래 '왕壬 + 이耳 + 구口'로 구성된 말로서, '왕이 들어서 말하다'의 뜻이다. 제정일치祭政一致 사회에서는 왕이 신의 목소리를 들어 백성들에게 전달하는 역할을 담당하였으므로, 왕을 성인聖人으로 보았다. 그런데 훗날 제정祭政이 분리되면서 사제司祭가 신의 소리를 들어서 백성들에게 전달하는 역할을 전담하게 되자, 사제(무당)를 가리켜 '성인聖人'이라고 부르기도 하였다. 본 문장에서의 성인은 하늘의 신령함을 사람들에게 전달하는 사제로서의 성인을 말한 것이다.

당시 사람들은 하늘의 소리를 듣고 사람들에게 전달하는 무당을 신령스런 자로 여겼다. 또한 이들은 재난을 예고해주는 자들이었으므로 두려움을 느꼈다. 그러나 노자는 도를 가지고서 천하를 다스린다면 신령스런 것이나 신령스런 무당에 의해 해를 입는 일이 없을 것이라고 하였다. 이런 의미에서 본다면 신神이나 성인聖人이 신비성을 대변하는 것이라면, 도는 합리성을 대변하는 것이라고 할 수 있다.

夫兩不相傷, 故德交歸焉.

신神이나 성인이 해치지 못하기 때문에, 덕들이 함께 만나 도에로 돌아가게 된다.

주1 부량불상상夫兩不相傷 :

왕필王弼 – "신이 사람을 해치지 않으므로 성인도 사람을 해치지 않고, 성인이 사람을 해치지 않으므로 신 또한 사람을 해치지 않는다. 따라서 '둘이 서로 해치지 않는다.'고 하였다.[神不傷人, 聖人亦不傷人, 聖人不傷人, 神亦不傷人, 故曰, 兩不相傷也.]"

주2 귀歸 :

돌아감[歸]의 대상을 도道로 보는 견해와 백성[民]으로 보는 견해가 있다. 전자에 대하여 왕필은 "신과 성인이 도에 합치되어 모두 도에로 돌아간다.[神聖合道, 交歸之也.]"고 하여 전자의 의미로 풀이하였다. 반면에 『한비자』 「해로」에서는 "따라서 '신神이나 성인이 모두 해치지 못하기 때문에, 덕이 함께 백성에게로 돌아가게 된다.'고 하였으니, 이것은 덕이 위아래로 서로 흥성하여져 모두 백성에게로 돌아감을 말한 것이다.[故曰, 兩不相傷, 則德交歸焉, 言其德上下交盛, 而俱歸於民也.]"고 하여 후자의 의미로 풀이하였다. 여기서는 전자의 의미로 풀이하는 것이 좋다.

◦ ◦ ● 해 설

'둘[兩]'은 '신神'과 '성인聖人'을 가리킨다. '교交'는 61장의 "천하의 것들이 만나게 되고[天下之交也]"에서의 교交와 같은 의미로서 '함께 만나다'란 뜻이다. 귀歸는 '도에로 돌아감'이란 뜻이다. 도와 덕은 본래 같은 것이지만, 보는 측면에 따라 다르게 불려진다. 즉 일자의 측면에서 보면 도가 되고, 다자의 측면에서 보면 덕이 된다. 28장에서 "통나무가 흩어져서 그릇이 된다.[樸散則爲器]"고 하였듯이, 도의 전개과정은 일자에서 다자로 나아감이다. 그러나 도의 운동법칙은 거꾸로 다자에서 일자로 향하기도 한다. 다자에서 일자로 나아감을 '복귀'라고 한다. 이러한 복귀는 만물 속에 깃들여 있는 무수한 덕들이 하나로 모여 도에로 나아가는 것이라는 점에서 '덕이 함께 만나 도에로 돌아가게 된다'고 하였다.

    신령한 것이나 무당은 신령스런 존재들이어서 사람들에게 경외심을 불러일으키게 하지만 때로는 재앙을 주고 재앙을 예견하는 두려운 존재였다. 반면에 무위자연의 도를 행한다면 설령 그 어떠한 신비적인 초월의 힘이 있다고 하더라도 사람들에게 해를 끼칠 수 없다고 보았다. 이처럼 사람들에게 신령한 것이나 무당이 사람에게 해를 끼칠 수 없다면, 결국에는 사람들 마음속에 간직된 하나하나의 덕이 함께 만나 모두 도에로 향하게 된다.

제 61 장

大邦者下流, 天下之交, 天下之牝.
牝常以靜勝牡. 以靜爲下.
故大邦以下小邦, 則取小邦, 小邦以下大邦, 則取於大邦. 故或下以取, 或下而取.
大邦不過欲兼畜人, 小邦不過欲入事人.
夫兩者各得其所欲, 大者宜爲下.

큰 나라는 하류에 거처하므로, 천하의 것들이 만나게 되고, 천하의 암컷이 된다.
암컷이 항상 고요함으로 수컷을 이긴다. 고요함으로써 아래에 거처하기 때문이다.
그러므로 대국은 소국의 아래에 있음으로 해서 소국을 취하게 되고, 소국은 대국의 아래에 있음으로 해서 대국에게서 취해진다. 이처럼 대국이 아래에 있음으로 해서 취하기도 하고 소국이 아래에 있음으로 해서 취해지기도 한다.
대국은 남을 포용하고 기르려고 함에 불과하고, 소국은 대국에 귀의하여 섬기려고 함에 불과하다.
이 양자(대국과 소극)가 각자 자신들이 원하는 것을 얻고자 한다면, 큰 자는 마땅히 아래에 있어야 한다.

大邦者下流(也), 天下之交(也), 天下之牝(也).

큰 나라는 하류에 거처하므로, 천하의 것들이 만나게 되고, 천하의 암컷이 된다.

주1   왕필본 및 통행본에는 "대국자하류大國者下流, 천하지교天下之交, 천하지빈天下之牝."으로 되어 있다. 백서갑본帛書甲本에는 "대방자하류야大邦者下流也, 천하지빈天下之牝, 천하지교야天下之郊也."로 되어 있고, 백서을본帛書乙本에는 "대국자하류야大國者下流也, 천하지빈야天下之牝也, 천하지교야天下之交也."로 되어 있어, 통행본과 어순이 바뀌어있다. 백서갑본에는 '국國'자가 '방邦'자로 되어 있다. 백서갑본에 방邦으로 되어 있는 까닭은 한漢나라 고조高祖인 유방劉邦의 이름을 휘諱하여 방邦을 국國이라고 고쳤기 때문이다.

주2   대방자하류大邦者下流:

하상공 - "대국을 다스리는 자는 마치 강과 바다가 하류에 거처하는 듯이 하여서 미세하다 할지라도 사양하지 않는다.[治大國者當如江海居下流, 不逆細微.]"

왕필 - "강과 바다가 아래에 처하게 되면 온갖 시냇물이 그것에로 흘러간다. 대국이 크면서도 아래에 거처하면 천하가 그것에로 흘러간다. 따라서 '대국은 하류에 거처한다'고 말하였다.[江海而處下, 則百川流之. 大國居大而處下, 則天下流之. 故曰大國下流也.]"

주3   천하지교天下之交:

하상공 - "대국이란 천하의 선비들과 백성들이 모여 든 곳이다.[大國者, 天下士民之所交會.]"

왕필 - "천하가 귀의歸依하여 모여듦이다.[天下所歸會也.]"

오징吳澄 - "강과 바다가 잘 아래에 있음으로 해서 온갖 물이 모여드는 것과 같다.[猶江海善下而爲衆水之交會也.]"

주4 천하지빈天下之牝 :

하상공 – "암컷이란 음의 무리이다. 유약하고 겸손하고 온화하여 선도하지 않음이다.[牝者, 陰類也. 柔謙和而不唱也.]"

왕필 – "고요한 채 구하지 않더라도 사물들이 제 스스로 찾아든다.[靜而不求, 物自歸之也.]"

••• 해 설

'대방자하류야大邦者下流'는 두 가지로 풀이된다. '큰 나라는 아래로 흘러간다'로 풀이하는 방법과 '큰 나라는 하류에 거처한다'로 풀이하는 방법이 그것이다. 아래로 흘러가는 것은 소국小國이며 아래에 거처하는 것은 대국大國이란 점에서 후자의 풀이가 옳다. 본 구절은 '대방자거하류야大邦者居下流'에서의 '거居'가 생략된 형태로서, '큰 나라는 하류에 거처한다.'로 풀이하는 것이 좋다. 본 구절은 66장에서 "강과 바다가 온갖 계곡의 왕이 될 수 있었던 까닭은 잘 아래에 처하였기 때문이다.[江海所以能爲百谷王者, 以其善下之]"라고 말한 것과 의미가 상통한다. 물은 높은 곳에서 낮은 곳으로 흘러간다. 높은 곳은 고귀한 자리지만 자신의 것을 흘려보내어 더 이상의 발전이 없다. 반면에 낮은 곳은 비천한 자리이지만, 비천한 자리에 있음으로 해서 오히려 온갖 물들을 다 받아들여 제왕의 지위에 설 수가 있었다.

'천하지교야天下之交'에서 교交에 대하여 하상공은 '교회交會'로 보았고, 왕필은 '귀회歸會'로 보았듯이 '모여든다[會]'의 뜻이다. 대국大國이 대국이 될 수 있었던 까닭은 하류에 거처하였기 때문으로, 하류에 거처함으로 해서 천하의 온갖 나라들이 그것에로 모여들 수가 있었다.

대국은 하류에 거처함으로 해서 천하의 온갖 나라들이 모여들 뿐만 아니라, 천하의 암컷[牝]이 된다고 하였다. 어째서인가? 하류의 특징을 살펴보면, 낮은 곳에 거처하고 있으며, 온갖 물들을 받아들이기에 포용성을 갖추고 있으며, 깊으며 고요하다. 이러한 겸허함 · 포용성 · 깊음 · 고요함은

제61장 719

바로 암컷의 특징과 일치하기 때문이다.

　그런데 여기서 주목할 점은 하류에는 두 가지 상반된 특성을 가지고 있다는 사실이다. 하류로 내려갈수록 점점 커진다는 점과 하류로 내려갈수록 온갖 더러운 것들이 씻겨내 내려오기 때문에 탁류를 이룬다는 점이 그것이다. 전자가 긍정적인 측면에서 본 것이라고 한다면 후자는 부정적인 측면에서 본 것이다. 노자는 전자를 취하였으나, 공자孔子는 오히려 후자를 취하였다. 가령 공자는 『논어』・「양화陽貨」에서 "(나는) 하류에 거처해 있으면서도 윗사람을 비방하는 자를 미워한다.[惡居下流而上者.]"고 하였으며, 「자장子張」에서는 "이러한 까닭에 군자는 하류에 거처하는 것을 싫어하니, 천하의 온갖 추악한 것들이 다 모여들기 때문이다.[是以君子, 惡居下流, 天下之惡, 皆歸焉.]"고 하였다. 이처럼 같은 사물에 대해서 정반대로 해석한 이유는 관심의 차이에 의거한 것이다. 즉 노자는 하향下向을 중시하였기 때문에 하류에 거처함을 긍정했던 것이고, 공자는 상향上向을 중시하였기 때문에 하류에 거처함을 부정했던 것이다.

牝常以靜勝牡. 以靜爲下.

암컷이 항상 고요함으로 수컷을 이긴다. 고요함으로써 아래에 거처하기 때문이다.

주　하상공 - "여자가 남자를 굴복시킬 수 있고 음이 양을 이길 수 있는 까닭은 안정되어 있어서 먼저 구하려 하지 않기 때문이다.[女所以能屈男, 陰勝陽, 以其安靜, 不先求之也.]"

　왕필 - "고요하기 때문에 아래에 있을 수가 있었다. 빈牝은 암컷이다. 수컷은 분주히 활동하여 탐욕스러운 반면에 암컷은 하나같이 고요하기 때문에 수컷을 이길 수가 있다. 또한 다시 아래에 있을 수 있기 때문에 사물이 그것에로 돌아간다.[以其靜, 故能爲下也. 牝, 雌. 雄躁動貪欲, 雌常以靜, 故能勝雄也. 以其復能爲下, 故物歸之也.]"

오징吳澄 - "암컷은 먼저 움직여 수컷을 구하지 않으며, 수컷이 항상 먼저 움직여 암컷을 구한다.[牝不先動以求牡, 牡常先動以求牝.]"

소자유蘇子由 - "천하가 대국에로 돌아감은 마치 온갖 물들이 하류로 나아감과 같다. 여러 움직이는 것들이 정靜에로 나아감은 마치 여러 높은 것들이 낮은 곳에로 나아감과 같다.[天下之歸大國, 猶衆水之趨下流也. 衆動之赴靜, 猶衆高之赴下也.]"

●●● 해 설

수컷은 양에 속하므로 동적이며, 암컷은 음에 속하므로 정적이다. 또한 수컷은 분주히 움직이면서 짝을 구하려고 하지만, 암컷은 고요히 있으면서 짝이 오기만을 기다린다. 하류下流야 말로 암컷의 특징을 가장 잘 드러내고 있다. 왜냐하면 상류는 흘러가므로 동적인 반면에 하류는 고요히 있으면서 온갖 물줄기들이 자신에게로 찾아들기만을 기다리기 때문이다. 그런데 높은 곳의 물은 결코 낮은 곳에 처한 물을 이길 수가 없다. 왜냐하면 높은 곳의 물은 활동하면 할수록 자신의 것을 내주는 반면에, 낮은 곳의 물은 고요하면 할수록 온갖 물줄기들을 다 포용할 수가 있기 때문이다.

故大邦以下小邦, 則取小邦, 小邦以下大邦, 則取於大邦. 故
或下以取, 或下而取.

그러므로 대국은 소국의 아래에 있음으로 해서 소국을 취하고, 소국은 대국의 아래에
있음으로 해서 대국에게 취해진다. 이처럼 대국이 아래에 있음으로 해서 취하기도 하
고 소국이 아래에 있음으로 해서 취해지기도 한다.

주1   소방이하대방小邦以下大邦, 즉취어대방則取於大邦 :

　　왕필본을 비롯한 통행본에는 '소국이하대국小國以下大國, 즉취대국則取大國'
으로 되어 있다. 그런데 백서갑본帛書甲本에는 국國이 방邦으로 되어 있고,
'어於'자가 하나 더 첨가되어 있다. 즉 '소방이하대방小邦以下大邦, 즉취어대방
則取於大邦'으로 되어 있다. 백서갑본帛書甲本이 타당하다고 본다.

주2   취소방取小邦, 취어대방取於大邦 :

　　왕필은 '취소국取小國'을 "소국이 병합된다.〔小國則附之.〕"로 풀이하였으
며, '취대국取大國'을 "대국이 받아들인다.〔大國納之也.〕"로 풀이하였다.

주3   혹하이취或下以取, 혹하이취或下而取 :

　　오징吳澄 – "'하이취下以取'란 대국이 아래에 있어 소국이 부속附屬되어짐
을 취하였음을 말한 것이고, '하이취下而取'란 소국이 잘 아래에 있으므로 해
서 대국의 관용을 취하였음을 말한 것이다.〔下以取, 謂大國能下以取小國之附,
下而取, 謂小國能下以取大國之容也.〕"

• • • 해 설

'대국이 소국의 아래에 있음으로 해서 소국을 취하게 되고'란 바다가 낮은
곳에 있음으로 해서 온갖 계곡의 물들을 흡수하여 제왕이 될 수 있었던 것
처럼 대국이 겸허한 자세를 취하면 소국들이 덕에 감화되어 저절로 흡수

되기를 원한다는 말이다. '소국이 대국의 아래에 있음으로 해서 대국에게서 취해짐을 얻게 되니'란 소국이 대국에 대하여 겸허한 태도를 보이므로 해서 속국屬國이 됨을 말한 것이다. 당시 속국은 비록 외교상으론 대국에 종속되어 있었지만, 엄연히 자주권自主權과 자치권自治權을 가진 독립된 나라였다. 작은 나라가 큰 나라를 섬기는 것은 분명 수치스런 일이기는 하다. 그러나 당시는 대국이 소국을 잡아먹는 그야말로 약육강식弱肉强食의 시대였으므로, 소국이 대국을 섬김은 불가피한 생존전략이었다. 이와 관련하여 『맹자』 「양혜왕梁惠王」에서 "오직 지자智者만이 작은 것으로써 큰 것을 섬길 수가 있다. 따라서 태왕이 훈육을 섬겼고, 구천이 오나라를 섬겼다.[惟智者, 爲能以小事大. 故大王事獯鬻, 句踐事吳.]"고 하였다.

　　노자가 살았던 춘추ㆍ전국시대는 이미 힘의 논리에 의해 지배당하는 그야말로 약육강식의 시대였다. 노자는 이러한 정세에서 오직 '겸허함'만이 최상의 외교정책이라고 보았다. 왜냐하면 겸허謙虛를 통해서만이 대국은 소국으로부터 무력에 의한 복종이 아닌 자발적인 복종을 얻어낼 수 있고, 소국은 대국을 섬겨 부속됨으로 해서 일국이 멸망당하는 최악의 상태를 모면할 수 있기 때문이다. 이 점에 대하여 『맹자』 「양혜왕」에서도 "큰 나라로써 작은 나라를 섬김은 하늘의 뜻을 즐기는 것이며, 작은 나라로써 큰 나라를 섬김은 하늘의 뜻을 두려워하는 것이다. 하늘의 뜻을 즐기는 자는 천하를 편안하게 하고, 하늘의 뜻을 두려워하는 자는 일국一國을 보존하게 한다.[以大事小者, 樂天者也, 以小事大者, 畏天者也. 樂天者, 保天下, 畏天者, 保其國.]"고 하였다.

大邦不過欲兼畜人, 小邦不過欲入事人. 夫兩者各得其所欲,
大者宜爲下.

대국은 소국을 포용하고 기르려고 함에 불과하고, 소국은 귀의하여 섬기려는 것에 불과하다. 이 양자(대국과 소국)가 각자 자신들이 원하는 것을 얻고자 한다면, 큰 자는 마땅히 아래에 있어야 한다.

주 왕필 - "소국은 다만 겸손히 하여 스스로를 보존해야만 할 따름으로, 천하로 하여금 자신에게 귀의하도록 할 수는 없다. 대국은 겸손히 하면 천하가 자신에게로 귀의한다. 따라서 '각각 그 원하는 바를 얻을 수가 있으니, 큰 자는 마땅히 아래에 있어야 한다.'고 하였다.[小國修下, 自全而已, 不能令天下歸之. 大國修下, 則天下歸之. 故曰, 各得其所欲, 大者宜爲下.]"

오징吳澄 - "대국이 소국의 아래에 있음은 소국을 아울러 기르고자 함에 있을 따름이며, 소국이 대국의 아래에 있음은 대국에 귀의하여 섬기고자 함이 있을 따름이다. 양자가 모두 아래에 있을 수 있음으로 해서 대국과 소국이 각각 자신들이 원하는 바를 얻게 되었다. 그런데 소국은 본래 남의 아래에 있기 때문에 아래에 있을 수 없음에 대해서 걱정하지 않았으나 대국은 본래 남의 아래에 있지 않기 때문에 대국이 아래에 있을 수 없을까를 염려하였으므로, '큰 자는 마땅히 아래에 있어야 한다.'고 말한 것이다.[大國下小國者, 欲兼畜小國而已, 小國下大國者, 欲入事大國而已. 兩者皆能下, 則大小各得其所欲. 然小者素在人下, 不患乎不能下, 大者非在人下, 或恐其不能下, 故曰, 大者宜爲下.]"

●●● 해 설

'대방불과욕겸휵인大邦不過欲兼畜人'에서의 겸兼이란 '널리 포용함'이란 뜻이며 휵畜이란 '기르다'의 뜻이다. 물은 높은 곳에서 낮은 곳으로 흘러들어 간다. 낮은 곳에 있는 바다는 어떠한 무력에 의해서 온갖 계곡의 물들을 흡수한 것이 아니라 비하의 덕을 갖춤으로 해서 저절로 찾아든 것이다. 즉 바다가 낮은 곳에 처하려는 마음은 널리 포용하려는 마음이다. 이와 마찬가지로 대국은 아래에 있음으로 해서 자신에게로 귀의하려는 천하 사람들을 널리 포용할 수 있을 뿐만 아니라, 자국自國의 백성들과 똑같이 기르고 보살핀다. 따라서 "대국은 남을 포용하고 기르려 함에 지나지 않는다."고 하였다.

'소방불과욕입사인小邦不過欲入事人'에서의 입入은 온갖 계곡이 바다로 흘러 들어감과 같이 소국이 대국에로 귀속됨을 말하며, 사事란 낮은 사람이 윗사람을 섬김이다. 온갖 계곡의 물들은 저절로 바다로 향해가듯 소국은 자발적으로 대국에 귀의하여 섬기려고 한다. 따라서 "소국은 귀의하여 섬기려는 것에 불과하다."고 하였다.

본 문장에선 당시의 외교에 대하여 피력하고 있다. 당시는 숱한 전쟁들이 행해졌으며 잠시도 그칠 줄 몰랐다. 그 가장 큰 이유는 대국은 소국을 집어삼키려 했고, 소국 역시 굽힐 줄 모르고 대국에게 거세게 저항했기 때문이다. 이들은 서로가 실리를 취하고자 한 것이지만, 전쟁엔 승자도 패자도 없으며 오직 폐허와 죽음만이 남게 될 뿐이라는 점에서 양자가 모두 패망의 길로 치달았다. 이러한 비극은 모두 겸허의 미덕을 알지 못함으로 해서 생겨난 것이다. 반면에 겸허를 갖게 된다면 대국과 소국은 각각 자신들이 원하는 것을 얻게 된다. 즉 대국은 겸허함을 통해서 소국의 자발적인 귀의를 얻어낼 수가 있으며, 소국은 겸허함을 통해서 대국의 관용과 은혜를 얻어낼 수가 있다. 따라서 "큰 자는 마땅히 아래에 있어야 한다.[大者宜爲下.]"고 하였다. 노자가 여기서 소국은 언급하지 않고 단지 대국만을 언급한 까닭은 대국이 잘 아래에 처할 수만 있다면 소국은 자연히 대국에 귀의할 수 있다고 보았기 때문이다.

제62장

道者, 萬物之奧也, 善人之寶, 不善人之所保也.
美言可以市, 尊行可以加人. 人之不善, 何棄之有. 故立天子, 置三公.
雖有拱璧以先駟馬, 不如坐進此道.
古之所以貴此道者何. 不曰以求得, 有罪以免邪. 故爲天下貴.

도란 만물의 아랫목과 같으니, 착한 사람들은 보배로 여기고 착하지 않은 사람들은 보존하고 있다.
번지르르한 말은 사고 팔 수가 있고, 거만한 행동은 남으로부터 접대를 받을 수 있다. 착하지 못한 사람이라고 하여 어찌 버릴 것이 있겠는가? 그러므로 천자를 세우고 삼공三公을 둔 것이다.
비록 큰 구슬로써 네 필 말이 끄는 수레에 앞질러 바친다고 하더라도, 앉아서 이 도를 진상함만 못하다.
옛날 사람들이 이 도를 귀하게 여긴 까닭은 무엇 때문인가? '구하면 얻을 수 있고, 죄가 있더라도 이로써 모면할 수 있다'고 말하고 있지 않는가? 따라서 천하의 귀한 것이 된다.

道者, 萬物之奧(也), 善人之寶, 不善人之所保(也).

도란 만물의 아랫목과 같으니, 착한 사람들은 보배로 여기고 착하지 않은 사람들은 보존하고 있다.

주1 왕필본王弼本을 비롯한 통행본에는 두 구절 끝에 '야也'가 없으나, 백서본帛書本・휘종본徽宗本・소약우본邵若愚本・팽사본彭耜本 등에는 '야也'가 있다. '야也'가 있는 것이 옳다고 본다. 또한 '소보所保'가 돈황신본敦煌辛本・경룡비본景龍碑本・수주본遂州本・엄준본嚴遵本 등에는 '소불보所不保'로 되어 있다. '소불보所不保'로 볼 경우에는 '선하지 않은 사람은 보존할 수 없다'의 뜻이 되어 기존의 해석과 정반대가 된다. 엄영봉嚴靈峰 또한 엄준본嚴遵本・경룡본景龍本・차해본次解本에는 '보保'자 아래에 모두가 '불不'자가 있다. 왕필주에는 '보존함으로써 온전하게 한다[保以全也]'고 하였는데 옳지 않다. 살펴보건대 '불不'자가 있는 것이 옳다. 67장에 "나에게는 세 가지 보배가 있으니, 그것을 계속적으로 지니고 있다.[我有三寶, 持而保之.]"는 선한 사람의 보배를 말한 것으로 선한 사람은 보존할 수 있음이다. 반면에 9장의 "예리하게 갈아 날카롭게 하면 오래 보존하지 못한다.[揣而梲之, 不可長保.]"는 불선不善한 사람의 보배를 말한 것으로 불선不善한 사람은 보존할 수 없음을 말한 것이다. 69장의 "적을 가볍게 여기면 거의 나의 보배를 잃는다.[輕敵幾喪吾寶]" 역시 보존할 수 없음을 말한 것이다. 따라서 마땅히 엄준본嚴遵本을 좇아서 '보保' 위에 '불不'자를 첨가해야 한다."고 하였다. 그러나 전통적 견해를 좇아 '착한 사람들에게는 보배가 되고 착하지 않은 사람들에게는 보존하는 것이 된다'라로 보는 것이 타당하다. 그 이유는 도가 모든 존재의 존립기반이므로 착하지 않다고 하여 사라지는 것이 아니기 때문이다. 그 증거로 뒤의 문장에서 "착하지 못한 사람이라고 하여 어찌 버릴 것이 있겠는가?"라고 하였다.

주2 오奧 :

    오奧는 본래 방의 서남쪽 모퉁이를 뜻한다. 가령 오징奧澄은 "만물지오[萬物之奧]란 만물 중에서 가장 귀한 것이다. 오奧란 집에서의 서남쪽 모퉁이다. …… 오奧는 존귀한 자가 거처하는 곳이다. 따라서 오奧를 귀함으로 삼는다.[萬物之奧, 萬物之最貴也. 奧, 室之西南隅. …… 奧, 尊者所居, 故奧爲貴.]"고 하였다. 하상공河上公은 "오奧는 간직함이다.[奧, 藏也.]"고 하여 '간직함'의 뜻으로 보았고, 왕필은 "오奧는 가림과 같은 것으로, 감쌀 수 있음을 말한 것이다.[奧, 猶暖也. 可得庇蔭之辭.]"고 하여 '가리어 감싸다'의 뜻으로 보았다. 백서본에는 오奧가 주注로 되어 있다.

주3 이식재李息齋 – "어진 자는 도로써 보배로 삼기 때문에 얻음을 흔쾌히 얻고, 어질지 못한 자는 도가 아니면 보존할 수 없기 때문에 죄를 기꺼이 면하게 된다.[賢者以道爲寶, 故樂得其得, 不賢者非道莫保, 故樂免其罪.]"

●●● 해설

  오奧는 『논어』「팔일八佾」에서 "아랫목[奧] 신에게 아첨할 바엔 차라리 부엌[竈] 신에게 아첨하라.[與其媚於奧 寧媚於竈.]"고 하였듯이, '아랫목'을 뜻한다. 구체적으로 말하면 집의 '서남쪽 모퉁이'를 지칭한다. 당시에는 집의 서남쪽 모퉁이에 신주神主를 설치하여 그 곳에서 제사를 지냈다는 점에서, '가장 귀한 곳'이란 의미로 쓰였다. 또한 오奧는 집에 있어서 가장 구석에 있으므로 가장 깊고 어두운 곳이기도 하다. 도 역시 가장 귀중한 것이면서도 깊고 어두운 곳에 간직되어 있으므로 도를 오奧에 비유한 것이다. 보保란 보존保存의 뜻이다.

    모든 일체 만물은 도로부터 생겨났다는 점에서 만물은 아랫목과 같은 깊숙한 곳에 도를 간직[藏]하고 있다. 이 도가 구체적인 만물 속에선 덕德으로 나타난다. 모든 사람들이 공통적으로 덕을 간직하고 있기 때문에 근본적으로 모두가 선하다. 탐욕에 의해서 덕이 가려질 수는 있어도 덕 그 자체는 사라질 수 없다. 왜냐하면 덕이 사라진다는 것은 도가 사라짐을 뜻하는 것이며, 도가 사라진다는 것은 삶의 총체적 근거가 사라지는 것이기 때문이다. 이처럼 모든 일체의 존재가 덕을 간직하고 있기 때문에 "착한 사람들은 보배라고 여기고, 착하지 않은 사람들은 보존하고 있다.[善人之寶, 不善人之所保也.]"고 하였다. 덕은 만물의 근본이 되므로 선한 사람은 이것을 자신의 가장 귀한 보배로 삼는다. 또한 비록 현실적으로 착하지 않은 사람이라고 할지라도 덕이 사라진 것이 아니며 단지 가려져 있을 따름이다. 따라서 착하지 않은 사람의 마음속에도 도는 깊숙이 보존되어 있다. 이처럼 노자는 비록 착하지 않은 자라도 구제불능이라고 간주하기보다는 언제든지 그 본래의 마음을 되찾아 선한 사람이 될 수가 있다고 믿었다.

美言可以市, 尊行可以加人, 人之不善, 何棄之有. 故立天子, 置三公.

번지르르한 말은 사고 팔 수가 있고, 거만한 행동은 남으로부터 접대를 받을 수 있다. 착하지 못한 사람이라고 하여 어찌 버릴 것이 있겠는가? 그러므로 천자를 세우고 삼공三公을 둔 것이다.

주1 왕필본·하상공본 등을 비롯한 대다수 판본들에는 '미언가이시美言可以市, 존행가이가인尊行可以加人'으로 되어 있는데, 『회남자淮南子』「도응훈道應訓」과 「인간훈人間訓」에는 '미언가이시존美言可以市尊, 미생가이가인美行可以加人'으로 되어 있다. 이 문장을 해석하면 "아름다운 말은 존귀함을 살 수가 있고, 아름다운 행동은 남에게 보탬이 될 수 있다."로 풀이된다. 유월兪樾 또한

"지금의 판본에는 아래에 '미美'자가 누락되었다.[今本脫下美字.]"고 하였다. 유월의 견해에도 일리는 있지만, '미언가이시존美言可以市尊, 미행가이가인美行可以加人'으로 된 판본이 없다는 점에서 통행본을 그대로 따르는 것이 옳다.

주2 왕필 - "도는 어떠한 것보다 우선하지 않음이 없으므로 사물 중에는 이보다 더욱 귀한 것은 없다고 말한 것이다. 비록 진귀한 보물과 옥과 말이 있다고 하더라도 그것에 필적할 수는 없다. 유창히 말하면 많은 재화財貨를 가진 장사치에게서 빼앗을 수 있기 때문에, '유창한 말솜씨는 팔수가 있다'고 하였다. 고귀하게 행동하면 천리 밖에서도 그를 대접하게 되므로, '다른 사람들로부터 접대를 받을 수 있다'고 하였다.[言道無所不先, 物無有貴於此也. 雖有珍寶璧馬, 無以匹之. 美言之, 則可以奪衆貨之賈, 故曰美言可以市也. 尊行之, 則天里之外應之, 故曰可以加於人也.]"

••• 해설

많은 주석가들은 '미언美言' '존행尊行'을 '훌륭한 말' '훌륭한 행동'으로 풀이하고 있는데 이것은 그다지 적합한 풀이가 아니다. 만일 이 해석에 따른다면 뒤 문장의 "착하지 못한 사람이라고 하여 어찌 버릴 것이 있겠는가?"에 대한 해석이 불분명해진다. '미언美言'에서의 '미美'는 '겉만 번지르르하게 꾸미다'의 뜻이다. 즉 81장에서 "번지르르한 말에는 신의가 없다.[美言不信]"고 말한 것처럼, 내실보다 겉만을 치장하는 언행을 말한다. '존행尊行'은 존귀한 사람처럼 보이기 위해 거만 떠는 모습을 의미한다. 삼공三公은 태사太師·태부太傅·태보太保를 지칭한다. 대다수의 학자들은 "따라서 천자를 세우고 삼공三公을 둔 것이다.[故立天子, 置三公.]"란 문장을 뒤와 연결시켜 해석하려고 하는데, 이것은 어법상으로도 문맥상으로도 이상하다. 본 문장은 뒷문장과 연관된 것이 아니라 앞문장과 연관된 것이다.

'번지르르한 말은 사고 팔 수 있다美言可以市'에서의 미언美言은 진실과는 무관한 '유창한 말솜씨'란 뜻이고, 시市는 동사로서 '시장에서 물건을 사고판다.'의 뜻한다. 시장 바닥에서 장사꾼에게 가장 필요한 것은 번지르르한 유창한 말솜씨이다. 말솜씨가 유창할수록 물건을 사고파는 데 많은 이익을 얻을 수 있다. 따라서 "유창한 말솜씨는 물건을 사고파는 데 유익하다."고 하였다. '거만한 행동은 남에게 접대 받을 수 있다.[尊行可以加人]'에서 존행尊行은 '존귀한 듯이 거만하게 행동함'을 뜻하며, 가加는 '접대를 받다'의 뜻이다. 사람들은 겉만을 보고 평가하므로 존귀한 듯이 행동하게 되면 그와 좋은 관계를 맺기 위해 온갖 아첨을 하며 접대하기에 바쁘다. 따라서 "존귀한 행동은 남에게 대접받을 수 있다."고 하였다.

좋게 꾸민 말이나 존귀한 행동은 참다움을 포장한 외형적인 꾸밈이기는 하지만, 이것으로 말미암아 장사에서 이익을 챙길 수 있으며, 다른 사람들로부터 대접을 받을 수도 있다. 이처럼 진실이 없는 행위라고 하더라도 전혀 무가치한 것만은 아니며 현실적으론 나름의 쓸모가 있다. 따라서 "착하지 않다고 해서 어찌 버릴 것이 있겠는가?"라고 하였다. '선하지 않다고 하여 버리는 일이 없다'와 관련된 문장으로서, 27장에서 "이러한 까닭에 성인은 항상 남을 잘 구하기에 남을 버리지 않는다.[是以聖人常善求人, 故無棄人.]"고 하였으며, 49장에서도 "선한 자는 내가 선하게 여기고, 선하지 않은 자도 내가 또한 선하게 여기니, 덕이 선하기 때문이다.[善者吾善之, 不善者吾亦善之, 德善.]"고 하였다.

정치에 있어서 가장 최상의 정치는 무위정치라고 할 수 있다. 이에 대해 우리는 다음과 같은 의문을 제기해볼 수 있다. 무위정치를 행한다면 천자나 삼공三公인 태사太師・태부太傅・태보太保란 것이 굳이 필요한 것인가? 필요하지 않다면 버리는 것이 오히려 마땅하지 않은가? 그런데 노자는 이들이 필요하다고 보았다. 앞서 언급했듯이 꾸미는 말이나 존귀한 행동은 비록 진심과는 무관한 형식적인 것이므로 선한 것이 아니지만, 이것으로 인해 물건을 사고 팔 수가 있으며 남으로부터 접대를 받을 수도 있다.

이에 의거할 때 비록 진실한 것이 아니라고 반드시 불필요한 것만은 아니다. 천자나 삼공을 세우는 것 또한 인간의 자연본성에 의거한 것은 아니지만, 사회적인 필요성에 의해 생겨난 것이라는 점에서 이 역시 필요하다고 보았다.

雖有拱壁以先駟馬, 不如坐進此道.

비록 큰 구슬로써 네 필 말이 끄는 수레에 앞질러 바친다고 하더라도 앉아서 이 도를 진상함만 못하다.

주1 공벽拱璧 :
　　공벽拱璧에 대하여 이순정易順鼎은 "『춘추좌씨전春秋左氏傳』「양공襄公·31년」에서 '숙중대가 공벽拱璧을 훔쳤다.[叔仲帶竊其拱璧]'고 하였는데, 두예杜預의 주에 '공벽拱璧이란 공公들이 소유한 큰 옥이다.[拱璧, 公大璧]'고 하였다. 옥편玉篇에는 '공珙은 큰 옥이다.[珙, 大璧也]'고 하였다. 공벽拱璧은 곧 공벽拱璧이다."고 하여, '큰 옥'으로 풀이하였다. '공벽拱璧'이란 두 손끝이 겨우 맞닿을 만큼 큰 구슬을 말한다.

주2 하상공 – "불선不善한 사람을 교화시키고자 함이다.[欲使敎化不善之人.]"
　　왕필 – "존귀함으로써 도를 행한다는 말이다.[言以尊行道也.]"
　　장석창蔣錫昌 – "옛날에 물건을 헌납할 때에는 가벼운 물건을 먼저하고 귀중한 물건을 뒤에 하였다. '공벽이선사마拱璧以先駟馬'란 공벽拱璧을 사마駟馬보다 먼저 바침을 말한 것이다."

제62장　733

●●● 해 설

'공벽拱璧'이란 두 손끝이 겨우 맞닿을 만큼 큰 구슬로서, 당시 귀족만이 소유할 수 있었던 귀중한 보물이었다. 사駟는 '네 필의 말이 끄는 수레'를 말한다.

고대의 예禮에서는 예물을 바칠 때 두 번에 나누어서 바쳤는데, 가벼운 것을 먼저 선사하고 귀중한 것을 나중에 선사하였다. 이것은 당시에 통용되었던 예법禮法이었다. 가령 『춘추좌씨전春秋左氏傳』「희공僖公·33年」에서도 "네 마리의 가죽을 먼저 헌납하고, 이어 소 열두 마리를 군사에게 주어 위로하였다.[以乘韋先, 牛十二犒師]"고 하였으며, 「양공襄公·19年」에서도 "순언荀偃에게 다섯 필 길이의 비단과 비단 옷에 붙이는 구슬과 네 필의 말을 주었는데, 오나라 수몽壽夢에게서 선물 받은 솥을 먼저 주었다.[賄荀偃束錦加璧乘馬, 先吳壽夢之鼎.]"고 하였다.

큰 옥을 먼저 바치고 나중에 네 필의 말을 바친다는 것은 당시로서는 예의 극치였다. 노자는 좋게 꾸민 말이나 존귀한 행동, 그리고 천자나 삼공을 세움은 모두 나름의 가치를 가지고 있다는 점에서 필요하다고 본 것처럼, 형식적인 예 역시 필요하다고 보았다. 그러나 이것은 어디까지나 진실성이 없는 형식적인 것일 따름이다. 노자가 말하고자 한 의도는, 이러한 형식적인 것들이 정말로 중요한 것이므로 이러한 것들을 추구하라는 의미가 아니라, 이러한 것들조차 나름의 가치를 가지고 있다고 한다면 우리의 마음 속 깊이 간직된 도의 소중함은 더할 나위 없이 중요한 것임을 강조한 것이다. 따라서 제후에게 예를 극진히 하는 것은 제후와 대면해 앉아 도를 진상하는 것만 못하다고 하였다.

古之所以貴此道者何. 不曰求以(以求)得, 有罪以免邪. 故爲天下貴.

옛날 사람들이 이 도를 귀하게 여긴 까닭은 무엇 때문인가? '구하면 얻을 수 있고, 죄가 있더라도 이로써 모면할 수 있다'고 말하고 있지 않는가? 따라서 천하의 귀한 것이 된다.

주1　왕필본에는 '이구득以求得'으로 되어 있으나, 백서본·경룡비본景龍碑本·부혁본傳奕本·범응원본范應元本·휘종본徽宗本·소자유본蘇子由本·팽사본彭耜本·초횡본焦竑本 등에는 '이구득以求得'이 '구이득求以得'으로 되어 있다. 유월은 "당나라 경룡비본 및 부혁본에는 모두 '구이득求以得'으로 되어 있어, 올바로 '유죄이면야有罪以免邪'와 서로 대對가 되는 문장을 이루고 있으니, 마땅히 이를 좇아야 한다."고 하였다. '구이득求以得'이 옳다.

주2　하상공 - "유죄란 어지러운 시대를 만나 나쁜 임금이 제멋대로 처형함을 말한 것이다. 도를 닦으면 죽음으로부터 벗어나 처형당하는 무리들로부터 모면할 수가 있었다.[有罪謂遭亂世, 闇君妄行刑誅. 修道則可以解死, 免於衆耶也.]"

　　왕필 - "구하면 구함을 얻게 되고 죄를 면하고자 하면 죄 면함을 얻게 되니, 베풀지 않음이 없다. 따라서 천하의 귀함이 된다.[以求則得求, 以免則得免, 無所而不施. 故爲天下貴也.]"

　　여길보呂吉甫 - "'구하면 얻는다'란 선한 사람의 보배임을 말한 것이고, '죄가 있어도 면할 수 있다'란 불선不善한 사람들이 보존하는 것이 된다는 말이다.[求以得, 則所謂善人之寶, 有罪以免, 則所謂不善人之所保也.]"

* * * 해설

왈曰이 있다는 점에서 '구하면 얻을 수 있고, 죄가 있더라도 이로써 모면할 수 있다.'란 말은 노자의 말이 아니라, 당시에 널리 퍼져 있던 말을 노자가 재차 인용했던 것으로 보인다.

도란 멀리 있는 것이 아니며 추구하기 어려운 것도 아니다. 왜냐하면 우리들은 이미 타고날 때부터 도를 가지고 있기 때문이다. 따라서 '구하다 [求]'란 밖으로부터 '구하다'의 뜻이 아니라 잃어버린 것을 다시 '되찾다'의 뜻이다. 이것은 맹자의 "잃어버린 마음을 찾는다.[求放其心]"란 말과 같다. 도는 우리들이 이미 간직하고 있기에 찾기만 한다면 이내 다시 되찾을 수 있다.

'죄가 있더라도 이로써 모면할 수 있다'에 대하여 하상공을 비롯한 많은 학자들이 '비록 죄가 있다고 하더라도 도를 얻으면 형벌을 모면할 수 있다'는 식으로 풀이하였으나 이것은 노자의 본뜻이 아니다. 기독교에서 사람의 죄를 진정으로 용서하는 것은 사람이 아닌 하나님이라고 보았듯이 노자 역시 사람이 아닌 도道라고 보았다. 위정자는 하늘을 대신하여 사람들을 재판한다고 하지만 이들은 큰 목수[大匠]를 어설프게 흉내 내는 자일 뿐이다.(74장 참조) 도야말로 인류에 있어서 진정한 법法이며 재판관裁判官이다. 그런데 도는 불선不善하다고 하여 버리지 않으며 단지 만물을 감싸 안는다. 따라서 우리는 비록 죄를 지었다고 하더라도 이미 도를 간직하고 있기에 도에 의해서 죄사함을 받을 수 있다.

이처럼 도를 찾으면 얻을 수 있고, 설령 도를 찾지 못하여 죄를 짓더라도 우리는 이미 도를 갖고 있기에 죄 사함을 받을 수 있다는 점에서 도야말로 참으로 귀한 것이 아닐 수 없다. 따라서 도는 천하의 귀함이 된다고 하였다.

제 63 장

爲無爲, 事無事, 味無味.
大小多少, (報怨以德,) 圖難於其易, 爲大於其細.
天下難事, 必作於易, 天下大事, 必作於細.
是以聖人終不爲大, 故能成其大.
夫輕諾必寡信, 多易必多難.
是以聖人猶難之, 故終無難矣.

행하지 않음을 행하고, 일삼지 않음을 일삼고, 맛보지 않음을 맛본다.
큰 것은 작은 것에서 생겨나고 많은 것은 적은 것에서 생겨나며, (원망 갚기를 덕으로써 하며,) 어려운 것은 쉬운 것에서부터 도모하며, 큰 것은 미세한 것에서부터 행한다.
천하의 어려운 일은 반드시 쉬운 것에서부터 시작하고, 천하의 큰일은 반드시 작은 일에서부터 시작한다.
이처럼 성인은 끝내 큼을 이루었다고 여기지 않으므로 큼을 이룰 수가 있었다.
가볍게 승낙하면 반드시 믿음이 적어지고, 쉬운 것이 많으면 반드시 어려운 것이 많아진다.
이처럼 성인은 오히려 어렵게 여기기 때문에 끝내 어려움이 없게 된다.

爲無爲, 事無事, 味無味.

행하지 않음을 행하고, 일삼지 않음을 일삼고, 맛보지 않음을 맛본다.

주   왕필王弼 – "행하지 않음으로써 거처하고, 말하지 않음으로써 가르치며, 담백함으로써 맛보니, 참으로 지극한 다스림이다.[以無爲爲居, 以不言爲敎, 以恬淡爲味, 治之極也.]"

　　　엄영봉嚴靈峰 – "무위無爲란 정정靜을 말한 것이다. 무사無事란 허虛를 말한 것이다. 무미無味란 담백함[淡]을 말한 것이다. 무위無爲로써 거처하고 무사無事로써 다스리고 무미無味로써 기른다."

••• 해 설

노자는 허정虛靜과 무위無爲를 강조하였지만, 그렇다고 허정과 무위를 목적으로 삼은 것은 아니다. 다만 어떠한 행위를 처음부터 긍정하게 되면 집착에 빠져들어 오히려 그 행위가 제대로 이루어지지 않는다고 보았을 따름이다. '위무위爲無爲'란 '무위를 행하라'의 뜻으로서, '행함을 의식하지 말고 행하라'의 의미이다. 행하되 행함을 의식하게 되면 행함에 얽매이게 된다. 행함에 얽매이게 되면 그 얽매인 일에 대해선 할 수가 있지만 얽매이지 않은 그 밖의 일에 대해선 할 수가 없게 된다. 이것은 행하는 것인 동시에 행하지 않는 것이기도 하다. 행하되 오히려 행함을 의식하지 않는다면 행하고자 하는 것을 이루고도 그곳에 얽매이지 않을 수가 있다. 이와 같이 행함에 얽매이지 않기 때문에, 행하되 행하지 않음이 없게 된다. 무미無味 역시 단순히 '맛이 없음'이란 뜻이 아니라 '일정한 맛이 없음'이란 뜻이다. 하나의 고유한 맛을 가지고 있다면 하나의 맛은 잘 표현할 수 있지만 그 밖의 맛에 대해서는 표현할 수가 없다. 이미 채색되어진 종이 위에는 더 이상 그림을 그릴 수가 없는 것과도 같다. 반면에 흰 종이에는 무한한 것들을 그릴 수 있는 것처럼, 무미하여 담백한 맛은 무한한 맛을 표현해 낼 수가 있다.

大小多少, (報怨以德,) 圖難於其易, 爲大於其細.

큰 것은 작은 것에서 생겨나고 많은 것은 적은 것에서 생겨나며, 원망 갚기를 덕으로써 하며, 어려운 것은 쉬운 것에서부터 도모하며, 큰 것은 미세한 것에서부터 행한다.

주1   대소다소大小多少 :

'대소다소大小多少'의 뜻은 불분명하므로 다양한 견해들이 제기되었다. 학자들의 견해에 대하여 살펴보자. 첫째, 글자가 탈락되어 있어서 뜻을 해석할 수가 없다고 보는 견해가 있다. 가령 요내姚鼐는 "'대소다소大小多少'의 아래에 탈락된 글자가 있어서 억지로 해석하는 것은 옳지 않다.[大小多少, 下有脫字, 不可强解.]"고 하였으며, 장석창蔣錫昌도 "뜻을 해석할 수가 없다는 점에서 의당 잘못된 문장이 있다.[誼不可解, 當有誤文.]"고 하였다. 둘째, '크고 작고 많고 적건 간에'로 풀이하는 견해가 있다. 가령 소자유蘇子由는 "크고 작고 많고 적건 간에 하나같이 도로써 만날 따름이다.[其于大小多少, 一以道遇之而已.]"고 하였다. 셋째, '큰 것은 작은 것에서 생겨나고, 많은 것은 적은 것에서 생겨난다.'로 풀이하는 견해가 있다. 『한비자』「유로喩老」에서도 "형태가 있는 종류에서 큰 것은 반드시 작은 것에서부터 생겨나고, 오래가는 사물에서 많은 것은 반드시 적은 것에서 생겨난다. 따라서 '천하의 어려운 일은 반드시 쉬운 것에서부터 시작하고, 천하의 큰일은 반드시 작은 일에서부터 시작한다.'고 말하였다.[有形之類, 大必起於小, 行久之物, 族必起於少. 故曰, 天下之難事必作於易, 天下之大事必作於細.]"고 하였다. 넷째, '작은 것을 크다고 여기고, 적은 것을 많다고 여긴다.'로 풀이하는 견해가 있다. 가령 고형高亨은 "대소大小란 작은 것을 크게 함이니, 작으면서도 크다고 여김이다. 다소多少란 적은 것을 많게 함이니, 적으면서도 많다고 여김이다.[大小者, 大其小, 小而以爲大也. 多少者, 多其少也, 少而以爲多也.]"고 하였다.

그런데 죽간본竹簡本에는 "대소지다이大小之多易, 필다난必多難."으로 되어 있으며, "다소多少, 보원이덕報怨以德, 도난어기이圖難於其易, 위대어기세爲大於其細,

제63장   739

천하난사天下難事, 필작어이必作於易, 천하대사天下大事, 필작어세必作於細, 시이성인종불위대是以聖人終不爲大, 고능성기대故能成其大. 부경낙필과신夫輕諾必寡信."이 빠져 있다. 죽간본에 의거할 때 "다소多少, 보원이덕報怨以德, 도난어기이圖難於其易, 위대어기세爲大於其細. 천하난사天下難事, 필작어이必作於易, 천하대사天下大事, 필작어세必作於細, 시이성인종불위대是以聖人終不爲大, 고능성기대故能成其大. 부경낙필과선夫輕諾必寡信."은 후대에 삽입된 것이라고 볼 수 있다. "대소지다이大小之多易, 필다난必多難."을 풀이하면 "크고 작은 것들을 막론하고 쉬운 일이 많아지면 반드시 어려운 일이 많아진다."로 풀이된다. 죽간본에 의거할 경우 뜻이 보다 명확해진다.

주2 보원이덕報怨以德 :

'보원이덕報怨以德'에 대한 설명이 한비韓非의 주注에 빠져 있다는 점에서 한비가 본 판본에는 '보원이덕報怨以德'이란 말이 빠져 있었다고 본다. 따라서 '보원이덕報怨以德'은 후대에 첨가된 구절이라고 본다.

* * * 해 설

'대소다소大小多少'에 대하여 많은 학자들이 뭔가 결자缺字가 있어서 해석이 불가능하다고 주장했으며, 죽간본에 의거해 볼 때도 정상적인 문장이 아니다. 다만 기존의 판본을 그대로 따를 경우 『한비자』에서의 풀이와 같이 "큰 것은 작은 것에서 생겨나고 많은 것은 적은 것에서 생겨난다."로 보는 것이 좋다. 이러한 풀이는 뒤의 "어려운 것은 쉬운 것에서부터 도모하며, 큰 것은 미세한 것에서부터 행한다."와 짝을 이룰 수가 있기 때문이다.

'원망 갚기를 덕으로써 한다報怨以德'에 대하여 『논어』 「헌문憲問」에서 누군가가 "원한을 덕으로 갚으라는 말에 대하여 어떻게 생각하십니까? [報怨以德, 何如.]"라고 묻자, 공자는 "어떻게 덕德으로써 원한을 갚을 수 있겠는가? 올바름[直]으로써 원한을 갚고, 덕으로써 덕을 갚아야 한다.[何以報

德? 以直報怨, 以德報德.]"고 하였다. 덕이란 '자애로움'을 뜻하는 것으로서 '널리 포용함'을 의미하는 것이라고 한다면, 직直은 '정의正義'를 뜻하는 것으로서 굽은 것에 대하여 포용하지 않음이다. 노자는 원한조차도 널리 포용할 것을 말한 반면에, 공자의 경우 원한 관계는 정의란 이름에 의거하여 심판해야 한다고 보았다. 그런데 많은 학자들이 '노자가 공자보다 연장자이다'라는 주장에 대한 근거로 본 구절을 자주 인용하고 있다. 즉 공자는 누군가가 '원망 갚기를 덕으로써 한다[報怨以德]'라고 말하였다고 하였는데, 이것을 말한 사람은 필시 노자일 것이라고 주장하고 있다. 그러나 이러한 주장은 타당성이 없다. 본 구절은 죽간본에 빠져 있을 뿐만 아니라 한비자본韓非子本에도 없다는 점에서 유가와의 대립을 의식한 노자 후학에 의해서 후대에 첨가된 문장이라고 본다. 어쨌든 우리는 노자와 공자의 두 진술 속에서 상이한 차이점을 엿볼 수 있다. 공자는 하나의 '올바름[直]'을 제시하였으며, 이 올바름을 통하여 옳지 않음을 재단하고자 했다. 반면에 노자는 사람들을 하나의 일정한 틀에 의거하여 재단하려 함을 반대하였다. 왜냐하면 재단하게 되면 반드시 버림이 있게 되는데, 도는 일체 만물을 모두 포용하고 있어서 쓸모없다고 하여 버리는 일이 없기 때문이다. 따라서 62장에서도 "착하지 못한 사람이라고 하여 어찌 버릴 것이 있겠는가?[人之不善, 何棄之有.]"라고 하였다.

天下難事, 必作於易, 天下大事, 必作於細. 是以聖人終不爲大, 故能成其大.

천하의 어려운 일은 반드시 쉬운 것에서부터 시작하고, 천하의 큰일은 반드시 작은 일에서부터 시작한다. 이처럼 성인은 끝내 큼을 이루었다고 여기지 않으므로 큼을 이룰 수가 있었다.

주   소자유蘇子由 – "쉬운 것은 도모하기가 쉽고, 어려운 것은 도모하기가 어렵다. 도모하기 쉬운 처음에서 도모하지 않고 어려운 것에서 도모한다면 일이 어려워진다.[易而圖之則易也. 難而圖之則難矣. 不圖之于易圖之始, 而圖之於難, 則難矣.]"

• • • 해 설

모든 매사의 일은 작은 것에서부터 시작하여 큰 것에로 나아간다. 이와 관련하여 64장에서도 "한 아름 크기의 나무도 터럭처럼 작은 것에서 생겨나고, 9층의 누대도 한 삼태기의 흙에서 생겨나고, 천리 길도 발아래에서 시작된다.[合抱之木, 生於毫末, 九層之臺, 起於累土, 千里之行, 始於足下.]"고 하였다. 따라서 매사에 있어서, 어려운 일을 도모하기 위해서는 반드시 쉬운 일에서부터 시작해야 하고, 큰일을 도모하기 위해서는 반드시 작은 일에서부터 시작해야 한다.

'불위대不爲大'에서 위爲는 '여기다'의 뜻이다. '불위대不爲大'란 비록 큼을 이루었을지라도 큼을 이루었다고 여기지 않음이다. 사람들은 큼을 추구하기 위해 부단히 노력한다. 그러나 큼 속에 큼이 있는 것이 아니라 작은 것이 모여서 큰 것이 이루어진 것이다. 작은 계곡의 물이 모여서 강이 되고, 강이 모여서 바다가 되는 것과 같은 이치이다. 그런데 바다가 온갖 계곡과 강의 제왕이지만, 바다가 바다일 수 있었던 까닭은 본래 높은 곳에 있었기 때문이 아니라 오히려 낮은 곳에 있었기 때문이다. 낮은 곳에 있다고 함은 나를 낮춤이며, 나를 낮춘다는 것은 나를 작다고 여김이다. 이처럼 성인은 나를 낮추고 작아짐으로 해서 오히려 큼을 이룰 수 있는 것이다.

夫輕諾必寡信, 多易必多難. 是以聖人猶難之, 故終無難矣.

가볍게 승낙하면 반드시 믿음이 적어지고, 쉬운 것이 많으면 반드시 어려운 것이 많아진다. 이처럼 성인은 오히려 어렵게 여기기 때문에 끝내 어려움이 없게 된다.

주　왕필 – "성인의 재주로도 오히려 작고 쉬운 것조차 어렵다고 여기는데, 하물며 성인의 재주가 없음에도 불구하고 이것을 소홀히 할 수 있겠는가? 따라서 '오히려 어렵게 여긴다'고 말하였다.[以聖人之才, 猶尙難於細易, 況非聖人之才, 而欲忽於此乎. 故曰, 猶難之也.]"

　　왕회王淮 – "가볍게 승낙하는 자는 말에 있어서 신중하지 않다. 말이 신중하지 않은 자는 행동이 따라가질 못한다. 따라서 '가볍게 승낙하면 반드시 믿음이 적어진다.'고 하였다. 쉬운 것이 많은 자는 생각이 신중하지 못하다. 생각이 신중하지 못하면 일에 있어서 반드시 곤란함을 겪게 될 것이다. 따라서 '쉬운 것이 많으면 반드시 어려운 것이 많아진다.'고 하였다.

● ● ● 해 설

경낙輕諾이란 '쉽게 승낙하다'의 뜻이고, 과신寡信이란 '믿음성이 적다'의 뜻이다. 과이多易는 '쉬운 일이 많다'의 뜻이고, 다난多難은 '어려운 일이 많다'의 뜻이다. '유난지猶難之'에 대하여 박세당朴世堂이 "유난지猶難之란 비록 쉬운 일일지라도 마음속으로 오히려 어렵게 여겨서 감히 소홀히 하지 않는다는 뜻이다.[猶難之, 雖事之易者心猶難之, 未敢小忽也.]"라고 풀이한 것이 좋다. 매사의 일에 있어서 가볍게 승낙하는 사람 치고 신뢰할만한 사람이 드물다. 왜냐하면 쉽게 승낙하는 자는 자신이 내뱉은 말에 대해 책임감이 없기 때문이다. 따라서 "가볍게 승낙하면 반드시 믿음이 적어진다."고 하였다. 또한 매사에 쉬운 일만 있으면 반드시 감당하기 어려운 큰 일이 생겨난다. 위기가 기회라고 한다면 거꾸로 기회가 오히려 위기일 수도 있다. 따라서 "쉬운 것이 많으면 반드시 어려운 것이 많아진다."고 하였다. 인생의 길에 있어서 탄탄대로로 걸어가게 되면 반드시 헤쳐 나올 수 없는 절망으로 빠져들 수 있으므로 성인은 비록 지금에 있어서는 탄탄대로를 걷는다고 할지라도 훗날에 닥칠 위험을 미리 염두에 두고서 매사의 일을 신중하게 처리한다. 이처럼 성인은 미리 어렵다고 느끼고 있으므로 비록 큰 어려움이 닥치더라도 미연에 방지하여 끝내 어려움이 없어지게 된다.

제64장

其安也易持也, 其未兆也易謀也, 其脆也易判也, 其微也易散也. 爲之於未有, 治之於未亂.
合抱之木, 生於毫末, 九成之臺, 起於累土, 千里之行, 始於足下.
爲者敗之, 執者失之. 是以聖人無爲故無敗, 無執故無失.
民之從事, 常於幾成而敗之. 愼終如始, 則無敗事.
是以聖人欲不欲, 不貴難得之貨.
學不學, 復衆人之所過, 以輔萬物之自然, 而不敢爲.

안정된 것은 유지하기가 쉽고, 조짐조차 보이지 않는 것은 도모하기가 쉽고, 연약한 것은 갈라지기가 쉽고, 작은 것은 흐트러트리기 쉽다. 아직 생겨나기 전에 행해야 하고 아직 어지러워지기 전에 다스려야 한다.
한 아름 크기의 나무도 터럭처럼 작은 것에서부터 생겨난 것이고, 9층의 누대도 흙이 쌓여서 생겨난 것이고, 천리의 길도 발아래에서부터 시작된 것이다.

억지로 행하는 자는 실패하고, 집착하는 자는 잃게 된다. 이처럼 성인은 작위作爲가 없기 때문에 실패함이 없고, 집착함이 없기 때문에 잃음이 없다.

백성들은 종사從事함에 있어서 항상 거의 이루다가 (끝에 가서) 실패한다. 끝을 신중히 하기를 처음의 마음가짐처럼 한다면 실패하는 일이 없을 것이다.

이러한 까닭에 성인은 욕심 내지 않음을 원하고, 얻기 어려운 재화를 귀하게 여기지 않는다.

배우지 않음을 배워서 여러 사람들의 과실을 되돌리게 함으로 해서 만물이 저절로 그러함을 돕는다면, (위정자가) 감히 할 수 없을 것이다.

其安(也)易持(也), 其未兆(也)易謀(也), 其脆(也)易判(也), 其微(也)易散(也). 爲之於未有, 治之於未亂.

안정된 것은 유지하기가 쉽고, 조짐조차 보이지 않는 것은 도모하기가 쉽고, 연약한 것은 갈라지기가 쉽고, 작은 것은 흐트러트리기 쉽다. 아직 생겨나기 전에 행해야 하고 아직 어지러워지기 전에 다스려야 한다.

주1 통행본에는 '야也'가 없으나, 죽간본竹簡本과 백서갑본帛書甲本에는 '야也'가 있다. 또한 왕필본에는 반泮으로 되어 있으나, 부혁본傅奕本과 초횡본焦竑本에는 판判으로 되어 있고, 백서갑본・하상공본河上公本・경룡본景龍本・어주본御注本・경복본景福本・돈황본敦煌本 등에는 파破로 되어 있다. 죽간본에는 판判으로 되어 있다는 점에서 판判으로 보는 것이 옳다. 주겸지朱謙之는 "부혁본傅奕本에는 반泮이 판判으로 되어 있는데, 반泮과 판判은 옛날에 통용해 썼으며 분分의 뜻이다."라고 하였다.

주2 기안야이지야其安也易持也, 기미조야이모야其未兆也易謀也 :

하상공 - "몸과 나라를 다스림에 있어서 안정된 자는 쉽게 지킬 수가 있다. 욕정과 재난이 아직 조짐을 드러내지 않았을 때에는 쉽게 그침을 도모할 수가 있다.[治身治國, 安靜者易守持也. 情欲禍患未有形兆時, 易謀正「止」也.]"

왕필 - "편안할 때에는 위태로움을 잊지 않아야 하고, 가지고 있을 때에는 없어질 것을 잊지 않아야 한다. 결실이 아직 생겨나지 않는 형세에서 도모하기 때문에 '쉽다'고 하였다.[以其安不忘危, 持之不忘亡. 謀之無功之勢, 故曰, 易也.]"

주3 기취야이판야其脆也易判也, 기미야이산야其微也易散也 :

왕필 - "비록 무를 잃고 유에로 들어간다고 할지라도 그것이 미약하기 때문에 큰 공을 들이지 않아도 되므로 쉬운 것이다. 이 네 가지는 모두 마침을 신중히 함을 말한 것이다. (아직 미세하여) 없다고 하더라도 잡아두지 않으면 안 되며, (재앙과 같은 것이) 미약하다고 하더라도 흐트러트리지 않으면 안 된다. 이처럼 마칠 때의 우환을 염려하기를 처음에 재앙이 있는 것처럼 한다면 그르치는 일이 없을 것이다.[雖失無入有, 以其微脆之故, 未足以興大功, 故易也. 此四者, 皆說愼終也. 不可以無之故而不持, 不可以微之故而弗散也. 無而弗持則生有焉, 微而不散則生大焉. 故慮終之患如始之禍, 則無敗事.]"

주4 위지어미유爲之於未有, 치지어미란治之於未亂 :

여길보呂吉甫 - "안정됨과 조짐이 아직 나타나지 않음이란 생겨나기 전에 행함이다. 연약함과 미세함이란 아직 어지러워지기 전에 다스림이다. [安也, 未兆也, 則是爲之於未有也. 脆也, 微也, 則是治之於未亂也.]"

*•• 해 설

판判은 부판剖判과 같은 말로서, '갈라지다'의 뜻이다. 『한비자』「해로解老」에서도 '오직 하늘과 땅이 갈라질 때[剖判] 함께 생겨나서[唯夫與天地之剖判也具生]'라고 하였다. 조兆는 일이 발생하기 이전의 '조짐兆朕'을 뜻하며, 취脆는 '취약脆弱'을 뜻하며, 미微는 '미세微細'를 뜻한다.

이미 기반을 잡아 안정된 것은 그 스스로의 관성에 의해 계속 안정을 취하려고 하므로 유지하기가 쉽고, 조짐조차 보이지 않는 것은 사전에 조치를 취할 수가 있기 때문에 도모하기가 쉽고, 연약한 것은 갈라지게 하기 쉽고, 미세한 것은 흐트러트리기가 쉽다. 이처럼 매사의 일은 문제가 커지기 전에 미리 조치를 취한다면 미연에 방지할 수가 있다.

合抱之木, 生於毫末, 九成(層)之臺, 起於累土, 千里之行, 始於足下.

한 아름 크기의 나무도 터럭처럼 작은 것에서부터 생겨난 것이고, 9층의 누대도 흙이 쌓여서 생겨난 것이고, 천리의 길도 발아래에서부터 시작된 것이다.

주1 대다수 판본에는 층層으로 되어 있으나, 죽간본 · 백서갑본 · 범응원본范應元本 · 초횡본焦竑本 등에는 성成으로 되어 있다. 『여씨춘추呂氏春秋』「계하기季夏紀」에서 "유융씨에게는 일녀佚女 둘이 있었는데 그녀들에게 9층[九成]의 대를 만들어 주었다.[有娀氏有二佚女, 爲之九成之臺.]"고 한 점으로 보아, 성成으로 보는 것이 타당하다. 성成과 층層은 동자同字이다.
　　　'천리지행千里之行'이 백서본 · 수주본遂州本 · 조지견본趙志堅本에는 '백인지고百刃之高'로 되어 있다. 엄준본嚴遵本에는 '인刃'이 '인仞'으로 되어 있다. 마서륜馬敍倫은 "멂 또한 인仞이라고 칭할 수 있다. 그러나 고서古書에서 말하는 인仞은 모두 높음에 속하는 것이다. 아마도 위의 구층九層이란 구句는 백인百仞으로 되어 있었는데 옮겨 쓸 때 천리라고 잘못 바뀐 것 같다.[言遠亦得稱仞. 然古書言仞, 皆屬於高. 疑上九層句, 蓋有作百仞者, 傳寫乃以誤易千里耳.]"고 말하였다. 그러나 『순자』「권학勸學」에 "한 걸음 한 걸음 쌓이지 않는다면 천리를 갈 수 없다.[不積蹞步, 無以至千里.]"는 말도 있듯이, '천리 길도 한 걸음부터'라는 말은 당시에 유행하던 속담이었다고 본다. 따라서 '천리千里'로 보는 것이 무방하다.

주2 누토累土 :

　　　두 가지 해석이 있다. '흙이 쌓이다'로 보는 견해와 '한 삼태기의 흙[一籠土]'으로 보는 견해가 있다. 전자에 대하여 엄영봉嚴靈峰은 "누累는 동사이다. 『순자』「권학」에서도 "흙이 쌓여서 산을 이룬다.[積土成山.]"고 하였으며, 또한 「수신修身」에서 "흙 쌓음을 그만두지 않는다면 언덕이나 산과 같은 높음을 이루게 할 수 있다.[累土不輟, 丘山崇成.]"고 하였다. 하상공의 주注에서도 "낮음으로부터 높음에 이른다.[從卑至高]"고 하였다."고 하여, '쌓다[積]'의 뜻으로 보았다. 후자에 대하여 임희일林希逸은 "한 삼태기의 흙이다.[一籠之土]"라고 하였으며, 고형高亨은 "누累는 마땅히 유虆로 읽어야 하니, 토롱土籠을 뜻한다. 누토累土에서 시작한다는 말은 삼태기 흙에서부터 시작한다는 말과 같다.[累當讀爲虆, 土籠也. 起於累土, 猶言起於虆土也.]"고 하였다. 전자의 풀이가 좋다고 본다.

주3 여길보呂吉甫 – "한 아름 크기의 나무도 터럭처럼 작은 것에서부터 생겨난다는 것은 큰 것이 작은 것에서부터 생겨난다는 의미이고, 9층의 누대도 흙이 쌓여서 생겨났다는 것은 높은 것이 낮은 것에서부터 생겨난다는 의미이고, 천리의 길도 발아래에서 시작된다는 것은 멂이 가까운 곳에서부터 시작된다는 의미이다. 이는 곧 있지 않음에서 행하고, 어지럽지 않음에서 다스리는 것이니, 그 본말이 하나같이 이와 같다.[合抱之木生于毫末, 大生于小也, 九層之臺起于累土, 高起于下也, 千里之行始于足下, 遠始于近也. 則爲之于未有, 治之于未亂, 其本末常如此也.]"

••• 해설

합포合抱란 한 아름 크기를 말한다. 호말毫末이란 '가는 털 끝'이란 뜻으로 아주 작음을 비유한 것이다. 성成은 층層과 같은 말로 '층'의 뜻이다. 누토累土는 '흙이 쌓이다'의 뜻이다.

속담에 '천리 길도 한 걸음부터'라는 말이 있듯이 자신이 의도하던 목표가 단번에 이루어지는 것이 아니며 작은 것이 차츰 쌓여서 이루어진 것이다. 본 구절과 유사한 의미의 구절들이 여러 텍스트에도 보인다. 가령 『중용』 15장에도 "군자의 도는 비유하자면 먼 곳을 가려면 반드시 가까운 곳에서부터 하고, 높은 데 오르려면 반드시 낮은 곳에서부터 하는 것과 같다.

[君子之道, 辟「譬」如行遠必自邇, 辟「譬」如登高必自卑.]"고 하였으며,『순자』「권학」에서도 "따라서 반걸음이 쌓이지 않으면 천리를 갈 수가 없고, 작은 물줄기들이 쌓이지 않으면 강과 바다를 이룰 수 없다.[故不積蹞步, 無以至千里, 不積小流, 無以成江海.]"고 하였다.

爲(之)者敗之, 執(之)者失之, 是以, 聖人無爲故無敗, 無執故無失.

억지로 행하는 자는 실패하고, 집착하는 자는 잃게 된다. 이처럼 성인은 작위作爲가 없기 때문에 실패함이 없고, 집착함이 없기 때문에 잃음이 없다.

주 왕필본을 비롯한 통행본과『문자文子』「상인上仁」에는 '위자패지爲者敗之, 집자실지執者失之'로 되어 있는데, 백서을본帛書乙本에는 '위지자패지爲之者敗之, 집지자실지執之者失之'로 되어 있으며, 죽간본에는 '위지자패지爲之者敗之, 집지자원지執之者遠之'로 되어 있다. '지之'자는 연자衍字로 봄이 좋다. 해동奚侗·마서륜馬敍倫·엄영봉嚴靈峰 등은 주장하기를, 본 문장은 위 단락과 의미상으로 관련이 없으며, 아마도 29장의 문장이 잘못 들어온 것 같다고 하였다. 그런데 이상의 단락(…千里之行, 始於足下.)과 이하의 단락(爲者敗之, 執者失之…)이 죽간본에서는 서로 분리되어 수록되어 있다. 아마도 "위자패지爲者敗之, 집자실지執者失之, 시이성인무위고무패是以聖人無爲故無敗, 무집고무실無執故無失."은 29장의 것이 착간錯簡된 것이 아니라 상하 두 단락이 본래 다른 장의 것이었는데, 잘못하여 하나의 장으로 삼은 것 같다.

●●● 해설

"위자패지야爲者敗之也, 집자실지야執者失之也."는 이미 29장에 나왔다. (29장의 해설을 참고)

民之從事, 常於幾成而敗之, 愼終如始, 則無敗事.

백성들은 종사從事함에 있어서 항상 거의 이루다가 (끝에 가서) 실패한다. 끝을 신중히 하기를 처음의 마음가짐처럼 한다면 실패하는 일이 없을 것이다.

주1 대다수 판본에는 '민지종사民之從事, 상어기성이패지常於幾成而敗之'로 되어 있으나, 죽간본에는 '임사지기臨事之紀'로 되어 있다.

주2 왕필 - "끝을 신중히 하지 않음이다.[不愼終也.]"
   하상공 - "종從이란 행함이다. 백성들은 일을 행함에 있어서 항상 공덕功德이 거의 이루어지려 할쯤에 직위를 탐하고 명예를 좋아하고 사치스러워지고 채우려 하기 때문에 실패하게 된다. 끝을 마땅히 처음과 같이 한다면 의당 태만해지지 않게 된다.[從, 爲也. 民之爲事, 常於(其)功德幾成, 而貪位好名奢泰盈滿而敗之也. 終當如始, 不當懈怠.]"

●●● 해설

'신종여시愼終如始'란 '끝을 신중히 하기를 처음에 결심했던 그 마음가짐처럼 하라'의 뜻이다. 『주역』에 '유종有終'이란 말이 무려 9차례나 나올 만큼 '유종有終'을 중시하였다. '유종有終'이란 '좋은 끝맺음이 있음'을 뜻한다. 대다수 사람들은 일을 종사함에 있어서 처음에는 비장한 각오로 출발하지만,

끝에 가서는 그 결심이 흐지부지 되어 실패의 비운을 맛보는 경우가 허다하다. 세상엔 성공한 사람들의 숫자가 실패한 사람들의 숫자보다 압도적으로 적은 이유도 바로 이러한 이유에서일 것이다. 따라서 만일 처음의 각오를 끝까지 유지만 할 수 있다면 매사에 실패하지 않을 것이라고 하였다.

(是以)聖人欲不欲, 不貴難得之貨.

이러한 까닭에 성인은 욕심 내지 않음을 원하고, 얻기 어려운 재화를 귀하게 여기지 않는다.

주1 대다수 판본에는 시이是以가 있으나, 죽간본에는 없다.

주2 왕필 – "좋아하고 욕심내는 것이 비록 미미할지라도 다툼이 오히려 그것 때문에 흥기興起하고, 얻기 어려운 제물이 비록 적을지라도 탐욕과 도둑질이 그것 때문에 생겨난다.[好欲雖微, 爭尙爲之興, 難得之貨雖細, 貪盜爲之起也.]"

● ● ● 해 설

얻기 어려운 재화란 누구나 탐하는 귀한 재물을 뜻한다. 본 문장과 유사한 말로서 3장에서 "얻기 어려운 귀한 재물을 귀하게 여기지 않으면 백성들로 하여금 도둑질하지 않게 할 수 있다. (따라서) 욕심내게 할 만한 것을 보이지 않는다면 백성들의 마음을 어지럽히지 않게 할 수 있다.[不貴難得之貨, 使民不爲盜. 不見可欲, 使心不亂.]"고 하였다.

불교적 관점에서 본다면 욕심 내지 않으려는 것 자체가 이미 욕심이다. 그러나 노자는 욕심 자체를 부정한 것이 아니며, 단지 과욕寡慾을 언급한

것이다. 이 점에 대하여 왕원택王元澤이 "욕심 내지 않는다[不欲]에서의 욕欲
은 무욕無欲이 아니라, 욕심 내지 않으려고 하는 욕심에 있다. 따라서 얻기
어려운 재화를 귀하게 여기지 않을 따름이다.[不欲之欲, 非無欲也, 欲在于不欲
耳. 故不貴難得之貨而已.]"라고 하였다. 그렇다면 욕심 내지 않기 위해서는
어떠해야 하는가? 인간은 덕을 가지고 있으며, 이 덕은 선한 것이다. 그럼
에도 불구하고 인간이 지나친 탐욕에 빠져든 까닭은 순전히 외적인 것에
미혹되었기 때문이다. 따라서 노자는 사람들이 탐하는 외적 대상을 귀하
게 여기지 말라고 경고하였다.

學不學, 復衆人之所過, 以輔萬物之自然, 而不敢爲.

배우지 않음을 배워서 여러 사람들의 과실을 되돌리게 함으로 해서 만물이 저절로 그
러함을 돕는다면, (위정자가) 감히 할 수 없을 것이다.

주   왕필 – "배우지 않고도 능한 것은 자연이다. 배워서 깨닫는 것은 과실
이다. 따라서 배우지 않음을 배워서 일반 사람들의 허물을 (자연의 상태로)
회복시킨다.[不學而能者, 自然也. 喩於學者過也. 故學不學, 以復衆人之(所)過.]"

••• 해 설

지양止揚, Auf-heben에는 '그치게 하다[止]'와 '지향하다[揚]'의 이중적 의미를 가
지고 있듯이, 복復 역시 '지止'와 '향向'의 이중적 의미를 가지고 있다. 즉 여
기서의 복復은 허물을 '그치게 한다[止]'와 도에로 '향하다[向]'의 뜻을 동시
에 포함하고 있다. 과過는 과실過失을 뜻한다. '감히 할 수 없을 것이다'의 주
체를 백성으로 보는 견해가 있으나, 여기서는 위정자나 지자들을 뜻한다.
'감히 할 수 없을 것이다'란 위정자가 어떤 미혹된 것을 내세워 백성들을

감히 현혹하지 않는다는 의미이다. 3장에서도 "하나같이 백성들을 무지·무욕케 하여, 식자[知者]들로 하여금 감히 다스릴 수 없도록 만들어야 한다.[常使民, 無知無欲, 使夫知者, 不敢爲也.]"고 하였다.

우리의 마음속에는 도가 체현된 덕을 가지고 있다. 덕은 저절로 드러나는 것이므로 굳이 배우지 않아도 능한 것이다. 덕이 발현된다면 우리의 행동에 어떠한 과실도 없다. 우리의 과실은 오히려 배움에서 비롯된다. 즉 배움이란 본래부터 가지고 있는 덕을 자칫 손상시켜 결과적으론 과실을 낳는다. 노자가 말한 성인聖人이란 한마디로 말하면 배우지 않음을 배우는 자이다. 성인이 배우지 않음을 배워 다른 사람에게도 이것을 일깨워준다면 다른 사람들 역시 과실을 더 이상 범하지 않고 덕을 회복할 것이다. 이것은 곧 만물이 저절로 그러함을 돕는 일이다. 세상이 무위자연의 도를 실현한다면, 온갖 인위적인 것을 만들어 내기 좋아하는 위정자나 지식인들이 감히 행할 수 없게 된다.

제 65 장

古之善爲道者, 非以明民, 將以愚之. 民之難治, 以其
智多.
故以智治國, 國之賊, 不以智治國, 國之福.
知此兩者亦稽式. 知稽式, 是謂玄德.
玄德深矣遠矣, 與物反矣, 然後乃至大順.

옛날에 도를 잘 행한 사람은 백성들을 총명하게 만들려고 하지 않고 어리석게 만들려고 했다. 백성들을 다스리기 어려웠던 까닭은 그들의 앎이 많아졌기 때문이다.
그러므로 앎으로써 나라를 다스림은 나라의 해됨이며, 앎으로써 나라를 다스리지 않음은 나라의 복됨이다.
이 두 가지를 알아야 법도를 갖게 된다. 법도를 아는 것을 '현묘한 덕'이라고 한다.
현묘한 덕은 심원하니, 사물과 더불어 반대가 된 이후에야 크게 따름에 이르게 된다.

古之善爲道者, 非以明民, 將以愚之. 民之難治, 以其智多.

옛날에 도를 잘 행한 사람은 백성들을 총명하게 만들려고 하지 않고 어리석게 만들려고 했다. 백성들을 다스리기 어려웠던 까닭은 그들의 앎이 많아졌기 때문이다.

주1 왕필본을 비롯한 대다수 판본에는 '민지난치民之難治, 이기지다以其智多'로 되어 있으나, 백서본에는 '민지난치民之難治, 이기지야以其智也'로 되어 있다.

주2 왕필 – "명明이란 많이 보고 교묘하게 속여서 순박함[樸]을 가림을 말한 것이다. 우愚란 앎을 없게 하고 참됨을 지키어 자연에 따름을 말한 것이다.[明謂多見巧詐, 蔽其樸也. 愚謂無知守眞, 順自然也.]"

●●● 해 설

노자는 지智를 비판하고 우愚를 긍정하였는데, 지智와 우愚에 대하여 『순자』 「수신修身」에서 "옳음을 옳다고 하고 그름을 그르다고 하는 것을 '지智'라고 하며, 옳음을 그르다고 하고 그름을 옳다고 하는 것을 '우愚'라고 한다.[是是, 非非謂之智, 非是 是非謂之愚.]"고 하였다. 이에 의거할 때, 지智란 시비是非를 분명히 하는 '분별지分別智'를 뜻하며, 우愚는 시비를 분간하지 못하는 '어리석음'을 뜻한다. 순자의 논리에 따른다면 노자는 백성들에게 시비를 분간 못하도록 하여야 한다고 주장한 셈이 된다. 그렇다면 노자는 어째서 백성들에게 시비를 분간하지 못하도록 해야만 나라가 다스려질 수 있다고 보았는가? 많은 학자들은 노자가 이렇게 말한 까닭은 우민정치愚民政治를 주장하기 위해서라고 말하고 있다. 일찍이 법가에서는 통치술의 한 방법으로서 우민정치를 논하였다. 가령 상앙商鞅은 "백성들이 약하면 국가가 강해지고, 국가가 강해지면 백성들이 약해진다. 따라서 도가 있는 나라는 백성들을 약하게 하는 데 힘쓴다. 백성들이 순박[樸]하면 나라는 강해지고, 음탕하면 나라는 약해진다.[民弱國强, 國强民弱, 故有道之國, 務在弱民. 樸則强,

淫則弱.]"고 하였다.(『商君書』「弱民」) 상앙의 논리에 따르면, 부국강병을 위해서는 백성들을 약하게 만들어야 하며, 백성들을 약하게 만들기 위해서는 백성들을 어리석게 만들어야 한다는 것이다. 이 논리는 얼핏 보기에 본 문장의 논리와 유사해 보이므로, 많은 학자들이 본 장을 우민정치로써 해석하려고 하였다. 그러나 이러한 해석에서는 노자의 정치와 법가에서의 우민정치 사이의 본질적인 차이를 간과하고 있다. 우민정치의 목적은 왕권강화를 통한 부국강병에 있다. 만일 노자 역시 우민정치를 주장하기 위한 것이었다면, 그 역시 법가에서와 같이 위정자의 통치를 강력히 지지하고 부국강병을 중시하여야 한다. 그러나 노자는 위정자의 권력강화를 단호하게 비판하고 있을 뿐만 아니라, 백성들의 무지와 함께 왕의 무지도 함께 주장했으며, 부국강병을 중시하지도 않았다. 이것은 노자가 말한 무위정치와 법가에서 말한 우민정치가 서로 다른 것임을 의미한다. 그렇다면 노자가 지智를 비판하고 우愚를 지향하고자 했던 까닭은 무엇 때문인가?

당시는 극도로 혼란스러웠던 사회였으므로 백성들을 다스리기가 어려웠다. 노자는 그 원인이 백성들의 지智가 많았기 때문이라고 보았다. 여기서의 지智는 순자의 말처럼, 시비를 나누는 분별지分別智이다. 맹자 역시 시비지심是非之心을 지智의 단서端緖라고 말하고 있다. 시비를 분명히 하는 것 그 자체는 문제 될 것이 전혀 없다. 노자 역시 시비를 나누는 것에 대해 반대한 것이 아니다. 정작 문제는 과연 무엇에 기준하여 시비를 분명히 나눌 수 있느냐 하는 점이다. 이와 관련하여 『장자』「제물론齊物論」에 다음과 같은 말이 있다.

"이미 나와 당신이 논쟁을 벌였다고 칩시다. 당신이 나를 이기고 내가 당신을 이기지 못했다고 해서 당신이 과연 옳고 나는 과연 틀렸다고 할 수 있을까요? 반대로 내가 당신을 이기고 당신이 나를 이기지 못했다고 해서 내가 과연 옳고 당신이 과연 틀렸다고 할 수 있을까요? 정녕 한쪽만이 옳고 한쪽은 틀린 것일까요?

아니면 둘 다 옳은 것일까요, 둘 다 틀린 것일까요? 이것은 나나 당신이나 서로 알 수 없는 일이오. 이점에 있어서는 제3자도 본시 판단하기 어려운 법인데, 과연 누구를 시켜 판단 내리게 할 수 있겠소? (가령 제삼자를 내세워 판단토록 하더라도) 이미 당신과 입장이 같은 사람에게 판단을 내리게 한다면, (이미 당신과 입장이 같으니) 어찌 공정할 수가 있겠소? 나와 입장이 같은 사람에게 판단을 내리게 한다면 (이미 나와 입장이 같으니) 어찌 공정할 수 있겠소? 나나 당신과 입장이 다른 제삼자에게 판단을 내리게 한다면, 이미 나나 당신과 입장이 다르니 어찌 공정할 수 있겠소? 그렇다면 나도 당신도 제삼자도 모두 서로 알 수가 없는 것이니, 누구에게 의탁하여 판단 내린단 말이오?"(旣使我與若辯矣. 若勝我, 我不若勝, 若果是也, 我果非也邪. 我勝若, 若不吾勝, 我果是也, 而果非也邪. 其或是也, 其或非也邪. 其俱是也, 其俱非也邪. 我與若不能相知也. 則人固受黮闇, 吾誰使正之. 使同乎若者正之. 旣與若同矣, 惡能正之. 使同乎我者正之. 旣同乎我矣, 惡能正之. 使異乎我與若者正之, 旣異乎我與若矣, 惡能正之. 使同乎我與若者正之, 旣同乎我與若矣, 惡能正之. 然則我與若與人, 俱不能相知也, 而待彼(=誰)也邪.]"

장자의 말처럼 사실상 객관적 판단기준은 존재하지 않으며, 객관적이라고 믿는 대부분의 판단은 단지 나의 옳은 바를 좇아서 나온 것일 따름이다. 사람들은 자신의 옳은 판단이 보편이기를 원하며 심지어 보편이라고 믿지만 과연 이 판단이 보편적인 것임을 누가 보증해주겠는가? 더욱이 이 시대에 옳은 판단이라고 하여도 그것은 시간이 흐르면 얼마든지 그릇된 판단이 될 수 있다. 즉 어제는 옳았던 것이 오늘에 와서는 그릇된 경우가 얼마든지 있다. 이처럼 모든 사람들에게 통용되는 보편적 것 혹은 시간을 초월한 불변적인 것은 존재하지 않는다. 우리가 지智라고 하는 것이 오히려 서로가 끊임없이 싸우게 되는 원인 제공자인 동시에 싸움을 정당화시키기 위한 훌륭한 무기가 될 수도 있다. 노자가 우愚를 강조한 이유도 바로 여기에 있다. 순자는 우愚를 단순히 '시비를 분간하지 못함'으로 보았지만 노자가 말하고자 한 우愚의 본래적 의미는 '시비를 분간하지 않음'이다. 이처럼 시비를 분간하지 않기 때문에 내가 옳고 네가 그르다는 식의 논쟁이 생겨날리 없으며, 시비에 대한 논쟁이 없기 때문에 다툼도 없다.

故以智治國, 國之賊, 不以智治國, 國之福.

그러므로 앎으로써 나라를 다스림은 나라의 해됨이며, 앎으로써 나라를 다스리지 않음은 나라의 복됨이다.

주1 백서갑본帛書甲本에는 세 개의 '국國'자가 모두 '방邦'자로 되어 있다.

주2 하상공 - "총명한 사람으로 하여금 나라의 정사를 다스리게 한다면 반드시 도덕을 멀리하고 위엄과 부를 제멋대로 이루므로 나라의 적이 된다. 총명한 사람으로 하여금 나라의 정사를 다스리지 않게 한다면, 백성들은 정직함을 지키어 삿된 꾸밈을 행하지 않아, 위아래가 서로 친애親愛하게 되고 군신 간에 힘을 같이 하기 때문에 나라의 복됨이 된다.[使智慧之人治國之政事, 必遠道德, 妄爲威福, 爲國之賊也. 不使智慧之人治國之政事, 則民守正直, 不爲邪飾, 上下相親, 君臣同力, 故爲國之福也.]"

왕필본 - "지智는 '다스림'과 같다. 지로써 나라를 다스리는 것을 해침이라고 하기 때문에 '적賊'이라고 하였다. 백성들을 다스리기 어려운 까닭은 그들에게 지智가 많기 때문이다. 마땅히 (감각기관으로서의) 구멍을 막고 (마음의) 문을 닫는데 힘써 무지와 무욕케 하여야 한다. 그런데 지모와 술수로써 백성들을 움직이게 하면 (백성들은) 사특한 마음이 이미 발동하게 된다. 다시 교묘한 술수로써 백성들의 거짓을 막으로고 하더라도, 백성들도 그 술수를 알아차려 (위정자들이) 막으려는 것을 피하게 된다. 이처럼 생각이 교묘해질수록 간사한 거짓도 더욱 늘어나기 때문에 '지^智로써 나라를 다스림은 나라의 해됨이다'고 하였다.[智, 猶治也. 以智而治國, 所以謂之賊者, 故謂之智也. 民之難治, 以其多智也. 當務塞兌閉門, 令無知無欲. 而以智術動民, 邪心旣動. 復以巧術防民之僞, 民知其術, 隨防而避之. 思惟密巧, 奸僞益滋, 故曰, 以智治國, 國之賊也.]"

　　유중평劉仲平 - "지^智로써 나라를 다스리지 않으면 자연[天]이 열리게 된다. 지^智로써 나라를 다스리면 인위[人]가 열리게 된다. 자연이 열리면 따르게 되고, 따르게 되면 '일삼지 않음[無事]'을 행하게 되어 그 정치가 엄격하지 않더라도 다스려진다. 인위가 열리게 되면 파헤치게 되고, 파헤치면 지나친 살핌에 의해서 (순박한 본성을) 잃게 된다. 이것이야말로 백성들이 순박하지 못하고 결핍되어진 원인이다.[不以智治國者, 開天者也. 以智治國者, 開人者也. 開天則順, 順則行所無事, 其政所以不嚴而治. 開人則鑿, 鑿則失於太察. 其民所以不淳而缺.]"

●●● 해설

적賊은 해害와 같은 말이며, 지^智란 시비를 분명히 나누려는 분별지分別智이다. 그런데 노자는 58장에서 "그 정치가 답답해 보이면 백성들은 순박해지고, 그 정치가 까다롭게 살피면 백성들은 뭔가 부족하게 된다.[其政悶悶, 其民淳淳, 其政察察, 其民缺缺.]"고 하였듯이, 위정자가 무위정치를 행하여 있는 듯 없는 듯이 한다면 백성들의 삶은 순박해지는 반면에, 위정자가 시비를 너무 까다롭게 살피고 따진다면 백성들의 삶은 오히려 각박해진다. 따라서 지^智로써 나라의 질서를 바로잡으려고 한다면 오히려 나라를 해치는 주범이 되며, 반대로 이러한 지를 버릴 때만이 진정한 나라의 복됨이 된다고 하였다.

知此兩者亦稽式, (常)知稽式, 是謂玄德.

이 두 가지를 알아야 법도를 갖게 된다. 법도를 아는 것을 '현묘한 덕'이라고 한다.

주1 왕필본에는 지知로 되어 있는데, 부혁본傅奕本에는 '상지常知'로 되어 있고, 백서본에는 '항지恒知'로 되어 있다. 왕필본을 비롯한 많은 판본에는 '계식稽式'으로 되어 있는데, 하상공본·엄준본嚴遵本·돈황본敦煌本·초횡본焦竑本에는 '해식楷式'으로 되어 있다. '계식稽式'의 계稽는 해楷와 같다.

주2 계식稽式 :
  계식稽式에 대하여 왕필은 "계稽란 '같음[同]'이다. 지금과 옛날이 똑같은 것은 폐지할 수가 없다.[稽, 同也. 今古之所同, 則不可廢.]"고 하여 '동同'의 뜻으로 풀이하였다. 하상공본에는 '해식楷式'으로 되어 있으며 "이는 몸을 다스리고 나라를 다스리는 법식法式이다.[是治身治國之法式也.]"고 하여 '법식'으로 풀이하였다. 장석창蔣錫昌은 후자의 견해를 지지하며 "『광아廣雅』「석고釋詁」에서 '해楷, 법야法也.'라고 했으니, 계식稽式은 곧 법식法式이다."고 하였다. 여기서는 '법식法式'의 뜻으로 보는 것이 좋다.

• • • 해 설

차양자此兩者는 '지智로써 나라를 다스림은 나라의 해침이다'와 '지智로써 나라를 다스리지 않음은 나라의 복됨이다'라는 두 가지 사실을 지칭한다. 계식稽式은 법식法式과 같은 말이다. 법法과 식式은 모두 '본받다'의 뜻으로서, 자연계의 항상된 이치를 본받아 인륜을 다스리는 이치로 삼는다는 의미를 내포하고 있다.

  본 문장의 의미를 풀이하면 다음과 같다. 위정자가 지智를 사용하게 되면 백성들의 소박한 본성을 가리게 되어 나라의 재앙을 초래하게 된다. 반대로 위정자가 지智를 사용하지 않는다면 백성들이 소박한 본성대로 살아가게 되어 나라의 복됨을 이룬다. 이 두 가지는 세상사의 변치 않는 이치이기 때문에, 이 두 가지 사실을 아는 것은 곧 세상사의 이치를 아는 셈이 된다. 이러한 세상사의 이치를 아는 것을 '현묘한 덕'이라고 한다.

玄德深矣遠矣, 與物反矣, 然後乃至大順.

현묘한 덕은 심원하니, 사물과 더불어 반대가 된 이후에야 크게 따름에 이르게 된다.

주1 여물반의與物反矣 :

　　하상공 - "현묘한 덕을 가진 사람은 사물과 상반되어 다르다. 왜냐하면 만물은 자기를 보태려고 하는 반면에 현묘한 덕은 남에게 베풀어주기 때문이다.[玄德之人與萬物反異. 萬物欲益己, 玄德施與人也.]"

　　왕필 - "그 참됨으로 돌아감이다.[反其眞也.]"

주2 연후내지어대순然後乃至於大順 :

　　하상공 - "현묘한 덕은 사물과 상반되어 다르기 때문에, 크게 따름에 이를 수가 있다. 순順은 곧 천리天理이다.[玄德與萬物反異, 故能至大順. 順, 天理也.]"

••• 해 설

물物은 본래 사물을 뜻이지만, 구체적으로는 '천하 사람들'을 뜻한다. 반反은 두 가지로 해석된다. '반대'란 의미로 풀이하는 경우와 '돌아감[返]'으로 풀이하는 경우가 그것이다. 왕필은 '돌아가다'의 뜻으로 풀이하였고, 하상공은 '반대'의 뜻으로 풀이하였다. 여기서는 '반대'의 뜻으로 보는 것이 좋다. 순順은 '따르다'의 뜻으로서, '크게 따른다[大順]'란 '도에 크게 따르다'의 의미이다.

노자는 당시의 사회가 혼란스런 이유는 지智로써 나라를 다스렸기 때문이라고 하였다. 지智란 옳고 그름을 나누는 분별지分別智이다. 이와 동시에 33장에서 "남을 아는 자는 앎[智]만이 있고[知人者, 智]"라고 하였듯이, 지智는 외부로부터 구하여 얻는 '앎'이다. 따라서 지智는 항상 외적인 대상만을 구하여 알려고 하며, 외적인 앎에 의거해 시비를 나누려고 한다. 가령 사람들의 겉모습만을 보고 좋고 나쁨을 평가한다. 이러한 지智야말로 정녕 참을 수 없는 존재의 가벼움에 지나지 않는다. 그럼에도 불구하고 사람들은 지자智者를 총명한 자 혹은 식자識者라고 평가한다.

그런데 우리의 마음속에는 현덕玄德을 가지고 있다. 현玄은 이미 1장에서도 살펴보았듯, '심원深遠함'이다. 따라서 "현묘한 덕은 심원하다.[玄德深矣遠矣]"고 하였다. 이 심원함은 곧 무한함을 뜻한다는 점에서, 표면적인 것만을 추구하려는 지智와 견줄 때 그 무게와 깊이 면에 있어서 도저히 비교할 바가 못 된다. 그럼에도 불구하고 천하 사람들은 이 무한한 현덕玄德을 버리고 가벼운 지智만을 좇는다. 그 결과 당시 사회는 깊이가 전혀 없는 천한 것들을 중시하였으며, 항상 옳고 그름을 나누려고 하여 분쟁이 끊이지 않았다. 이러한 사회는 순박성과 진실이 없고 영악함과 천박함만이 통하는 사회로서 그야말로 참을 수 없는 존재의 가벼움과 천박함만이 판치는 사회이기도 하다. 이러한 사회는 곧 심원한 덕과 상반된 것이기도 하다. 따라서 "사물과 더불어 반대가 된다.[與物反矣]"고 하였다.

여기서의 반反은 '반대'의 뜻이지만 동시에 '돌아가다'의 뜻을 담고 있다. 자연의 이치는 필연적으로 '극즉반極則反'의 원리에 따른다. 가령 어둠이 짙어질수록 새벽이 가까워졌음을 의미하듯, 당시의 사회가 극도의 혼란[亂]에 이를수록 질서[治]와 가까워졌음을 의미한다. 그렇다면 심원한 덕과 반대가 된다는 것은 곧 심원한 덕으로 돌아간다는 의미이기도 하다. 따라서 "사물과 더불어 반대가 된 이후에야 크게 따름에 이른다."고 하였다.

제 66 장

江海所以能爲百谷王, 以其善下之. 是以能爲百谷王.
是以聖人欲上民, 必以言下之, 欲先民, 必以身後之.
聖人處上而民不重, 處前而民不害. 是以天下樂推而不厭.
以其不爭也, 故天下莫能與之爭.

강과 바다가 온갖 계곡의 왕이 될 수 있었던 까닭은 아래에 잘 거처해 있기 때문이다. 이 때문에 온갖 계곡의 왕이 될 수 있었다.
이처럼 성인이 백성들의 위에 서고자 한다면 반드시 말로써 그들 아래에 처해야 하고, 백성들보다 앞서고자 한다면 반드시 자신을 뒤로 하여야 한다.
성인은 위에 거처하되 백성들은 무겁다고 여기지 않고, 앞에 거처하되 백성들은 방해된다고 여기지 않는다. 이러한 까닭에 천하가 흔쾌히 추대하며 싫증내지 않는다.
그가 다투려고 하지 않기 때문에 천하에 그와 더불어 다툴 자가 없다.

江海所以(能)爲百谷王(者), 以其善下之, 是以(故)能爲百谷王.

강과 바다가 온갖 계곡의 왕이 될 수 있었던 까닭은 아래에 잘 거처해 있기 때문이다. 이 때문에 온갖 계곡의 왕이 될 수 있었다.

주1 강해소이능위백곡왕자^{江海所以能爲百谷王者} :

백서본^{帛書本}과 왕필본^{王弼本} 등 각 판본에는 왕^王 아래에 '자^者'자가 있으나, 경룡비본^{景龍碑本}과 『치요^{治要}』에 인용된 곳에는 '자^者'자가 없다. 죽간본^{竹簡本}에도 '자^者'자가 없다는 점에서 후대에 첨가된 것이라고 본다. 또한 죽간본에는 '능^能'자가 없다.

주2 왕^王 :

주겸지^{朱謙之} - "왕^王은 왕^往이다. '백곡왕^{百谷王}'이란 온갖 냇물들이 돌아가기 때문에 온갖 계곡의 우두머리가 될 수 있었음을 말한 것이다.[王, 往也. 百谷王, 謂爲百川之所歸往, 故能爲百谷長也.]"

주3 이기선하지^{以其善下之} :

죽간본에는 '이기능위백욕(곡)하^{以其能爲百浴(谷)下}'로 되어 있다.

주4 시이^{是以} :

대다수 판본에는 '고^故'로 되어 있으나, 죽간본과 백서본엔 '시이^{是以}'로 되어 있다.

주5 하상공 - "강과 바다가 비하^{卑下}한 곳에 있으므로 해서 온갖 물줄기들이 강과 바다로 귀의^{歸依}하게 된다. 이것은 마치 백성들이 왕에게로 귀의^{歸依}하는 것과 같다.[江海以卑, 故衆流歸之, 若民歸就王.]"

●●● 해 설

강^江과 하^河는 양자강^{揚子江}과 황하^{黃河}를 뜻한다는 점에서, 여기서의 강^江은 구체적으로 양자강을 말한다. 중국의 가장 대표적인 강은 황하^{黃河}임에도 불구하고 여기서 양자강을 예로 든 까닭은 양자강이 당시 노자의 본국인 초^楚나라를 경유하여 바다로 흘러 들어갔기 때문이다. 『논어』와 『맹자』에선 강^江이란 단어 대신에 하^河란 단어를 사용하고 있다. 그 이유는 황하가 공자와 맹자의 출생지인 산동성^{山東省}을 경유하여 바다로 흘러들어갔기 때문이다. 하^下란 '겸하^{謙下}' 즉 '자신을 겸손히 낮춤'을 뜻한다.

주겸지가 "왕^王은 왕^往이다.[王, 往也.]"고 하였듯이, 왕^王에는 왕^往의 뜻이 있다. 『설문^{說文}』에도 "왕이란 천하가 돌아감이다.[王, 天下所歸往也.]"라고 하였으며, 초횡^{焦竑}도 "왕이란 말은 천하가 돌아감이다.[王之爲言, 天下所歸往也.]"라고 하였다. 그렇다면 천하가 어떻게 하여야 왕에게로 귀의할 수 있는가? 강과 바다가 낮은 곳에 거처하여 온갖 계곡의 물들을 받아들일 수 있었던 것처럼, 자신을 낮추었기 때문이다. 61장에서 "대국은 남을 포용하고 기르려 함에 지나지 않는다.[大邦不過欲兼畜人]"고 하였듯이, 왕은 낮은 곳에 거처함으로 해서 천하백성들을 널리 '포용하고[兼]' 자식처럼 '길러냄[畜]'을 덕으로 삼는다. 그렇게 되면 천하백성들은 어린 자식이 부모에게 찾아가듯 저절로 찾아들 것이라고 보았다.

높아지고자 하는 자는 낮아지고 낮아지고자 하는 자는 높아진다는 사실은 인간사회에 그대로 통용되는 이치다. 어째서 그러한가? 높아지려고 하는 자는 가르치려고만 하기 때문에 자신의 장점을 흘려보낸다. 반면에 낮아지려고 하는 자는 배우기에 힘쓰므로 타인의 장점을 수용한다. 역사가 흥망성쇠를 거듭 반복하는 이유도 강한 나라는 가르치려고만 할 뿐 배우려고 하지 않고, 약한 나라는 강한 나라로부터 부단히 배우려고 하기 때문이다. 본 문장과 유사한 구절로서 『회남자』 「설산훈^{說山訓}」에서도 "강과 바다가 온갖 계곡의 왕이 될 수 있었던 까닭은 잘 아래에 처해있기 때문이다.

제66장   769

이처럼 전적으로 아래에 있었기 때문에 위에 있을 수가 될 수 있었다.[江海
所以能長百谷者, 能下之也, 夫唯能下, 是以能爲上之.]"고 하였다.

是以(聖人)欲上民, 必以言下之, 欲先民, 必以身後之.

이처럼 성인이 백성들의 위에 서고자 한다면 반드시 말로써 그들 아래에 처해야 하고,
백성들 보다 앞서고자 한다면 반드시 자신을 뒤로하여야 한다.

주1 죽간본에는 "성인지재민전야聖人之在民前也, 이신후지以身後之, 기재민상야
其在民上也, 이언하지以言下之."로 되어 있다. 무엇보다 두드러진 차이점은 두 구
의 순서가 기존의 판본과 도치되어 있다는 점이다. 해석하면 "성인이 백성
들의 앞에 서려고 한다면 자신을 뒤로하여야 하고, 백성들의 앞에 서고자
한다면 말로써 낮추어야 한다."가 된다. 대부분의 판본에는 '시이是以'가 있
으나 죽간본에는 없다. 또한 왕필본에는 '성인聖人'이 없지만 죽간본·백서
본·하상공본·수주본遂州本·반계본磻溪本·누정본樓正本·고환본顧歡本·팽
사본彭耜本·부혁본傅奕本·범응원본范應元本에는 '성인聖人' 두 자가 있다. '성
인聖人'이 있는 쪽이 옳다. 경룡비본景龍碑本·어주본御注本·돈황경본敦煌庚本·
돈황신본敦煌辛本에는 '민民'이 '인人'으로 되어 있다.

••• 해설

"백성들의 위에 서고자 한다면 반드시 말로써 그들 아래에 처해야 한다."
에 대한 구체적인 예로 42장에서 "사람들이 싫어하는 것은 '고孤·과寡·불
곡不穀'이지만, 왕은 이로써 자칭한다.[人之所惡, 唯孤寡不穀, 而王公以爲稱.]"
고 하였다. 즉 왕은 자신을 겸칭謙稱하여 '홀로 된 자[孤]' '덕이 부족한 자[寡]'

'착하지 못한 자[不穀]'라고 하였다. 그런데 왕은 스스로를 겸칭하기 때문에 오히려 진정한 칭송을 받게 된다. 따라서 왕이 진정으로 백성들의 위에 서고자 한다면 자신을 높이려고 하기보다는 스스로를 낮추는 것이 필요하다고 보았다.

'백성들의 위에 있는 자'의 역할에 대하여 『맹자』「양혜왕梁惠王」에서 "윗사람에게서 자신의 뜻을 얻지 못하였다고 하여 윗사람을 비방하는 것은 잘못이지만, 백성의 위에 있으면서 백성들과 더불어 즐거움을 함께 하지 않는다면 이 역시 잘못이다.[不得而非其上者非也, 爲民上而不與民同樂者, 亦非也.]"라고 하였다. 맹자는 위정자가 백성들과 함께 즐거움을 공유해야 한다고 보았다. 즉 맹자의 경우 위정자는 어버이가 자식을 사랑하듯 백성들을 사랑해야 한다고 주장하였다. 그러나 위정자와 백성 사이에는 분명히 상하의 차별이 존재한다. 또한 위정자가 백성이 될 수 없고 백성이 위정자가 될 수 없는 항상된 도리를 갖추고 있다. 맹자는 이 상하의 차별을 긍정하였다. 반면에 노자는 상하의 절대적 차별을 긍정하지 않았다. 가령 상上은 하下로 향하고 하下는 상上으로 향한다고 보았다. 따라서 위정자가 위에 처할 수 있었던 까닭은 본래부터 위에 있었기 때문이 아니라 오히려 아래에 처하였기 때문이라고 말하였다.

(是以)聖人處上而民不重, 處前而民不害. 是以天下樂推而不厭.

성인은 위에 거처하되 백성들은 무겁다고 여기지 않고, 앞에 거처하되 백성들은 방해된다고 여기지 않는다. 이러한 까닭에 천하가 혼쾌히 추대하며 싫증내지 않는다.

주1 죽간본에는 "기재민상야^{其在民上也}, 민부후야^{民弗厚也}, 기재민전야^{其在民前也}, 민불해야^{民弗害也}."로 되어 있다. 백서본에는 '고^故'로 되어 있고 왕필본에는 '시이^{是以}'로 되어 있으나, 죽간본에는 없다. 왕필본에는 '성인^{聖人}'이 있으나 백서본^{帛書本}에는 빠져있다.

주2 고형^{高亨} – "백성들이 임금을 받든다는 것은 마치 무거운 것을 짊어져 크게 얽매어 있다고 여기는 것과 같으니, 곧 이 문장에서 말하는 '중^重'이다. 따라서 중^重은 '누^累'와 같다. 백성들이 무겁다고 여기지 않는다는 것은 백성들이 얽매어 있다고 여기지 않음을 말한 것이다.〔民戴其君, 若有重負以爲大累, 卽此文所謂重. 故重猶累也. 而民不重, 言民不以爲累也.〕"

••• 해 설

노자가 말한 '불^不'자에는 '불위^{不爲}(여기지 않다)'에서의 위^爲가 생략된 사례가 많음에 대하여 앞서 살펴본 바 있다. 불중^{不重}과 불해^{不害} 역시 불위중^{不爲重}과 불위해^{不爲害}가 생략된 형으로서 '무겁다고 여기지 않는다' '해^害된다고 여기지 않는다'의 뜻이다. 또한 해^害는 방해^{妨害}의 뜻이고, 추^推는 '추대^{推戴}'의 뜻이고, 염^厭은 '싫증내다'의 뜻이다.

노자에게 있어서 성인은 도를 체득한 왕을 뜻하기도 한다. 이처럼 성인이 왕을 뜻한다는 점에서 성인은 백성들 위에 군림하고 있는 자이다. 그런데 성인은 말할 때마다 매사에 겸칭으로 자신을 낮추고, 다스림에 있어서 백성들 위에 군림하기보다는 오히려 섬기려고 한다. 그렇기에 백성들은 비록 그가 자신들의 위 자리에 처해 있으면서도 무겁다고 여기지 않으며, 자신들의 앞에 있으면서도 자신들의 진로를 방해한다고 여기지 않는다. 따라서 '백성들은 성인을 흔쾌히 추대하며 싫증내지 않는다'고 하였다.

그런데 여기서 주목할 만한 사실은 노자가 어째서 '백성들이 성인을 칭송한다'고 말하지 않고 단순히 '백성들이 싫증내지 않는다'고만 말하였는가 하는 점이다. 아무리 맛있는 음식일지라도 똑같은 것을 매일 먹으면 싫증을 느끼기 마련이다. 정치에 있어서도 아무리 훌륭한 정치를 한다고 할지라도 이 또한 언젠가는 싫증나기 마련이다. 반면에 무미無味한 것은 특별이 좋아하는 것도 없지만 특별이 싫증날 것도 없다. 무위정치란 역시 무미無味한 정치란 점에서 싫증을 느끼지 않는다.

以其不爭(也), 故天下莫能與之爭.

그가 다투려고 하지 않기 때문에 천하에 그와 더불어 다툴 자가 없다.

주1 죽간본과 돈황경본敦煌庚本에는 '야也'가 있다.

주2 여길보呂吉甫 – "말로써 아래에 있고자 하고 자신은 남의 뒤에 서고자 한다면 이는 다투지 않는 자이다. 사람들이 그를 흔쾌히 추대하여 싫어하지 않는다면, 천하 사람들 중에 그와 더불어 다툴 자가 없다. 현덕玄德을 체득한 자가 아니라면 누가 이와 같을 수가 있겠는가? 따라서 '그가 다투려 하지 않기 때문에 천하 가운데 그와 더불어 다툴 자가 없다'고 하였다.[夫以其言下之, 以其身後之, 則不爭者也. 樂推而不厭, 則天下莫能與之爭者也. 非體玄德者, 其能若是乎. 故曰夫唯不爭, 故天下莫能與之爭.]"

●●● 해 설

기其는 구체적으로 덕을 체현體現한 왕을 말한다. 우리는 역사 속에서 숱한 정치적 혼란을 목격하게 된다. 그렇다면 과연 무엇 때문에 혼란이 초래된 것인가? 혼란이 초래된 가장 큰 이유는 위정자가 높아지고자 하기 때문이다.

위정자는 매사에 백성들 위에 군림하려고 한다. 그러나 군림 당하는 백성들은 자신들 위에 군림하여 짓누르고 있는 위정자들을 무겁다고 여긴다. 짓누름이 강할수록 이에 비례하여 대항하려는 마음 또한 강해진다. 그런데 위정자들은 자신의 기득권을 잃지 않기 위하여 대항세력을 강압적으로 저지하려 들 것이다. 이와 같이 대항에 비례하여 이를 저지하려는 힘 역시 강화될 것이며, 저지하려는 힘이 강화될수록 대항하는 힘 또한 더욱 강해질 것이다. 급기야는 통제 불가능한 혼란과 투쟁이 뒤따르게 된다. 이것이야말로 비극적인 투쟁사의 한 단면이 아닐 수 없다. 그러나 성인은 겸허한 자세로 자신을 낮추고 자신을 뒤에 두려고 한다. 따라서 사람들은 비록 그가 자신들의 위에 처하여 있으면서도 자신들에게 군림한다는 사실을 의식하지 못하기 때문에 무겁다고 느끼지 않는다. 또한 백성들이 무겁다고 느끼지 않기 때문에 위정자에게 대항하려 하지 않으며, 일체의 대항함이 없기 때문에 투쟁할 것이 없다.

제 67 장

天下皆謂我大, 似不肖. 夫唯大, 故似不肖. 若肖, 久矣其細也夫.
我有三寶, 持而保之. 一曰慈, 二曰儉. 三曰不敢爲天下先.
慈, 故能勇, 儉, 故能廣, 不敢爲天下先, 故能成器長.
今舍慈且勇, 舍儉且廣, 舍後且先, 死矣.
夫慈以戰則勝, 以守則固. 天將救之, 以慈衛之.

'천하사람들이 나의 말이 크기는 하되 비슷하지 않는 것 같다'고 말한다. 이처럼 크기 때문에 비슷해 보이지 않는 것이다. 만일 비슷해 보였다면 오래 전에 자질구레해졌을 것이다.
나에게는 세 가지 보배가 있으니, 그것을 잘 지키어 보존하고 있다. (三寶란) 첫째는 자비요, 둘째는 검소함이오, 셋째는 감히 천하에 앞서지 않음이다.
자비롭기 때문에 용감할 수 있었고, 검소하기 때문에 널리 베풀 수 있었고, 감히 천하에 앞서지 않기 때문에 백성들의 우두머리(군주)가 될 수 있었다.
이제 자비를 버리고 용감해지려 하고, 검약을 버리고 넓어지려 하고, 뒤로함을 버리고 앞서려고 한다면, 패망하고 말 것이다.
자비로써 전쟁을 하면 승리하게 되고, 이로써 지키면 견고해진다. 하늘도 장차 그를 구제할 것이니, 인자함으로써 지켜주기 때문이다.

天下皆謂我(道)大, 似不肖. 夫唯大, 故似不肖. 若肖, 久矣其細也夫.

'천하사람들이 나의 말이 크기는 하되 비슷하지 않는 것 같다'고 말한다. 이처럼 크기 때문에 비슷해 보이지 않는 것이다. 만일 비슷해보였다면 오래 전에 자질구레해졌을 것이다.

주1   왕필본에는 '아도我道'로 되어 있으나, 백서본·하상공본 등 제본諸本에는 '아我'로 되어 있다. 또한 여러 학자들은 본 문장과 뒤 문장이 의미상으로 서로 연관성이 없다고 보아 서로 다른 장으로 나누었다. 가령 진주陳柱는 "마서륜馬敍倫은 이 문장과 아래 문장을 서로 다른 장으로 나누었는데 옳다.[馬敍倫以此與下分章, 是也.]"고 하였다.

주2   왕필 - "'오래 전에 자질구레했다久矣其細'란 '자질구레함이 오래되었다'고 말한 것과 같다. 닮았으면 크게 되는 까닭을 잃게 되기에, '만일 닮았더라면 오래 전에 자질구레해졌을 것이다'고 말한 것이다.[久矣其細, 猶曰其細久矣. 肖則失其所以爲大矣, 故曰, 若肖, 久矣其細也夫.]"
  소자유蘇子由 - "도는 텅 빈 것 같아서 형태가 없고 쇠락衰落하는 듯하여 이름이 없으면서도 만물에 두루 미치므로, 만물과 비슷한 데가 한군데도 없다. 그러나 이것이야말로 크게 된 원인인 것이다. 만일 사물과 흡사하다면, 이 또한 하나의 사물일 따름이므로 어찌 크다고 할 수 있겠는가?[夫道曠然無形, 頹然無名, 充徧萬物, 而與物無一相似. 此其所以爲大也. 若似於物, 則亦一物耳, 而何足大哉.]"

••• 해설

'불초不肖'에 대해 『설문說文』에서 "혈육 간에는 서로 비슷한 법인데, 선대와 비슷하지 않음을 '불초'라고 한다.[骨肉相似也, 不似其先, 故曰, 不肖也.]"라고 하였다. '불초不肖'란 '닮지 않았다'란 뜻이다. 그런데 단순히 '닮지 않았다'는 뜻만이 아니라, '잘나지 못했다' '~만 못하다'란 뜻도 담고 있다. 『맹자』「만장萬章」(상)에서도 '순의 아들 역시 불초했으며[舜之子亦不肖]'라고 했는데, 이 말은 '순의 아들이 순만 못했다'란 의미이다. 세細는 곡冊의 뜻이다. 곡冊은 '자세히 하다'의 뜻이지만, 너무 자세하게 되면 자질구레한 것에 얽매이게 되기 때문에 '자질구레하다'의 뜻이기도 하다.

　본 구절의 의미는 41장의 "최상의 선비는 도를 들으면 그 속에서 부지런히 행할 수 있고, 중간의 선비는 도를 들으면 듣는 듯 마는 듯하며, 하등의 선비는 도를 들으면 크게 웃는다. 하등의 선비가 (크게) 웃지 않는다면 도라고 하기에 부족한 것이다.[上士聞道, 勤能行於其中, 中士聞道, 若聞若亡, 下士聞道, 大笑之. 不大笑, 不足以爲道.]"와 서로 상통한다.

　'아대我大'에 대해 왕필본에는 '아도我道, 대大'로 되어 있듯이, '나의 도가 크다'란 뜻이다. 대大는 '대소'로서의 대가 아니며, 무한으로서의 대이다. 따라서 도는 대이면서도 무이다. 노자는 도를 추구하였기 때문에 자연히 큼을 추구하였다. 이 큼은 무한으로서의 대大이므로 세상사람들은 참으로 크다고 느낀다. 반면에 일반사람들은 자신들이 보고 들은 것만을 믿는다. 그러므로 우물 안의 개구리처럼 좁은 세계에 갇혀 살면서도 그것이 세계의 전부라고 믿는다. 우물 안의 개구리에게 커다란 바다를 말한다면 크게 비웃으며 믿으려 하지 않을 것이다. 이와 마찬가지로 커다란 도를 이야기 한다면 사람들은 크기는 참으로 크지만 현실성이 없어 보인다고 말한다. 노자가 이처럼 터무니없이 큰 것을 말하므로 사람들은 도와 닮지 않은 것 같다고 말한다. 어째서인가? 초상화가 실물과 닮기 위해서는 세밀해야 한다. 두리뭉실하게 그린다면 사람들은 닮지 않았다고 말한다. 이와 마찬가지로 도와 닮기 위해서는 세밀해야 함에도 노자의 말은 너무도 크기 때문에 닮지 않았다고 말한 것이다.

　그렇다면 과연 도를 세밀히 논의할 수 있는 것인가? 드넓은 바다에 대해조차 세밀히 묘사하는 것은 불가능할진데, 바다보다 더 큰 도에 대해서 어찌 세밀히 논의할 수 있겠는가? 만약에 도에 대한 논의가 정말로 닮았다고 세상사람들이 평가했다면, 이것은 곧 그 논의가 세밀했음을 의미한다. 그러나 세밀히 할 수 없는 무한한 도를 세밀히 논의한다는 것은 우물 안의 개구리가 우물만을 상세히 논의하면서 이것이 세계의 전부라고 말하는 것과도 같다.

我有三寶, 持而保之. 一曰慈, 二曰儉, 三曰不敢爲天下先.

나에게는 세 가지 보배가 있으니, 그것을 잘 지키어 보존하고 있다. (삼보三寶란) 첫째는 자비요, 둘째는 검소함이오, 셋째는 감히 천하에 앞서지 않음이다.

주1 왕필본에는 지이보지持而保之로 되어 있으나, 『한비자』 「해로解老」· 하상공본 · 경룡본景龍本 등에는 지이보지持而寶之로 되어 있다.

주2 자慈 :
하상공 – "백성들을 사랑하기를 어린아이 사랑하듯이 한다.[愛百姓若赤子.]"

주3 검儉 :
하상공 – "세금 거둬들임을 마치 자기에게서 취하듯이 한다.[賦斂若取己也.]"

주4 불감위천하선不敢爲天下先 :

하상공 - "겸허하게 물러남을 고수하여 먼저 앞장 서 시작하지 않는다.[執讓退, 不爲倡始也.]"

●●● 해 설

보寶란『대학大學』의 "오직 선으로써 보배로 삼는다.[唯善以爲寶]"에서의 보寶로 자신이 평소에 가장 보배로 여기는 신조를 말한다. '아유삼보我有三寶, 지이보지持而保之'에서의 지持는 9장의 "가득 찬 것을 지키려는 것은[持而盈之]"에서의 지持와 같은 말로서 '지키다[守]' 뜻이다. 보保는 '오래 보존함'이란 뜻이다. 따라서 본 문장은 "나에게 평소 보배처럼 여기던 신조가 세 가지가 있는데, 이것을 평소에 잘 지키어 오랫동안 잘 보존하고 있다."는 의미이다. 불교에도 삼보三寶란 것이 있다. 불교에서 말하는 삼보란 승보僧寶·법보法寶·불보佛寶를 뜻한다.

삼보三寶에서의 첫 번째 자慈는 '자애로움'의 뜻이지만, 구체적으로 말하면 '부모가 자식을 보살피다' '윗사람이 아랫사람을 자식처럼 보살피다'의 뜻이다.(18장 참조)

두 번째의 검儉은 59장의 색嗇과 같은 말로서 '절약하다' '낭비하지 않는다'의 뜻이다. 노자는 검약를 중시하였는데, 그 이유는 온갖 사회적 폐단의 원인은 바로 과욕過慾 때문에 생겨난 것이라고 보았기 때문이다. 따라서 노자는 사치스러운 삶을 배척하고 검소한 생활 속에서 삶의 본성에 충실히 따를 것을 강조하였다.

세 번째의 '감히 천하에 앞서지 않는다'란 66장에서 "이런 까닭에 왕은 스스로 고孤·과寡·불곡不穀이라고 말한다.[是以候王自謂孤, 寡, 不穀.]"라고 한 것처럼, 자신을 낮춤이다. 물은 하나같이 높은 곳에서 낮은 곳으로 흘러간다. 낮은 곳은 비하의 위치이지만, 낮은 곳에 있음으로 해서 오히려 온갖 물들이 자신에게로 모여든다. 이와 마찬가지로, 왕은 자신을 낮춤으로 해서 천하백성들이 모여들게 된다.

慈, 故能勇, 儉, 故能廣, 不敢爲天下先, 故能成器長.
자비롭기 때문에 용감할 수 있었고, 검소하기 때문에 널리 베풀 수 있었고, 감히 천하에 앞서지 않기 때문에 백성들의 우두머리가 될 수 있었다.

주1 자고능용慈, 故能勇 :

왕필 – "자애로움으로 진陣을 치면 승리할 수 있고 자애로움으로 지키면 견고할 수 있기 때문에 용맹스러울 수가 있다.[夫慈, 以陳「陣」則勝, 以守則固, 故能勇也.]"

주2 검고능광儉, 故能廣 :

왕필 – "검소히 하여 씀씀이를 아끼니 천하가 고갈됨이 없어서 넉넉할 수가 있다.[節儉愛費, 天下不匱, 故能廣也.]"

주3 불감위천하선不敢爲天下先, 고능성기장故能成器長 :

왕필 – "오직 자기 자신을 도외시하여 사물이 (자신에게로) 귀의하게 한 후에 그릇을 세우고 이루어 천하의 이로움으로 삼을 수만 있다면, 만물의 우두머리가 될 수 있다.[唯後外其身, 爲物所歸, 然後乃能立成器爲天下利, 爲物之長也.]"

• • • 해설

자慈, 고능용故能勇 : 흔히 힘만을 앞세운 용기만을 용기라고 간주하나, 이것은 범부의 용기에 지나지 않는다. 『맹자』「양혜왕梁惠王」(하)에서도 "범부의 용기는 한 사람만을 대적할 따름이다.[匹夫之勇, 敵一人者也.]"고 하였다. 범부의 용기는 더욱 큰 힘 앞에 굴복 당할 수밖에 없다. 반면에『논어』「헌문憲問」에서 "어진 자는 반드시 용감하지만, 용감한 자라고 하여 반드시 어진 것은 아니다.[仁者必有勇, 勇者不必有仁.]"고 하였다. 공자는 어째서 "어진 자는 반드시 용감하다"고 했는가? 전쟁을 예로 들어보자. 과연 어느 부모가 자기 자식이 적군의 칼날에 의해 죽게 되는 것을 목격하고서도 수수방관만 하겠는가? 반드시 자식을 지키기 위하여 자신의 죽음조차 개의치 않을 것이다. 이처럼 죽음조차 불사不辭하지 않는 용기야말로 진정한 용기라고 할 수 있다. 이와 마찬가지로 부모가 자식을 사랑하는 것과 같은 자애심에서 나온 용기야말로 진정한 용기이다.

검儉, 고능광故能廣 : 사람이 사치할수록 외물外物에 더욱 현혹되어 박薄하게 된다. 박薄이란 외화外華에 치중한 나머지 내실內實이 적어짐이다. 내실이 적어진다는 것은 인간들이 타고날 때부터 간직한 덕이 엷어진다는 뜻이기도 하다. 반면에 검약하면 외물보다는 내실을 충실히 하게 되고, 내실을 충실히 하게 되면 덕이 쌓이게 된다. 그런데 덕이란 내실인 동시에 허虛라는 점에서 덕을 쌓을수록 내실이 넓어진다. 59장에서도 "오직 검소한 것만이 (도에) 일찍 따를 수 있는 것이다. 도에 일찍 따름, 그것을 말하여 덕을 거듭 쌓음이라 한다.[夫唯嗇, 是以早服, 早服, 謂之重積德.]"고 하였다. 검소하면 할수록 많은 덕을 쌓게 되며, 많은 덕을 쌓을수록 내실이 더욱 많아지며, 내실이 많아질수록 더욱 넓어진다.

不敢爲天下先, 故能成器長.

감히 천하에 앞서지 않기 때문에 백성들의 우두머리(군주)가 될 수 있었다.

••• 해설

'기장器長'에서의 기器는 본래 자연계에 있어서는 만물을 뜻하나, 여기서는 왕과 짝을 이루고 있다는 점에서 '백성들'로 보아야 한다. 장長은 '우두머리'를 뜻한다. 따라서 기장器長은 백성들의 우두머리인 왕을 뜻한다. 강과 바다가 온갖 계곡의 제왕이 될 수 있었던 까닭은 아래에 처하려 했기 때문이듯, 왕 역시 자신을 낮추어 위에 서거나 앞서려 하지 않기 때문에 백성들의 우두머리가 되어 통솔할 수가 있었다.

今舍慈且勇, 舍儉且廣, 舍後且先, 死矣.

이제 자비를 버리고 용감해지려 하고, 검약을 버리고 넓어지려 하고, 뒤로함을 버리고 앞서려 한다면, 패망하고 말 것이다.

주1 사舍:

대다수 판본에는 사舍로 되어 있는 반면에, 하상공본과 소약우본邵若愚本에는 사捨로 되어 있다. 사舍와 사捨, 버리다는 같은 자이다.

주2 차且:

왕필 - "차且란 '취하다[取]'의 뜻이다.[且, 取也.]"

주3 하상공 - "지금의 세상 사람들은 인자함을 버리고 다만 용감해지려고만 하며, 검소함으로 버리고 다만 사치만을 행하며, 자신을 뒤로함을 버리고

다만 남보다 앞서려고 한다. 행하는 것이 이와 같으므로 움직여 사지^{死地}로 들어가게 된다.[今世人舍慈仁, 但爲勇武, 舍其儉約, 但爲奢泰, 舍其後己, 但爲人先. 所行如此, 動入死地.]"

●●● 해 설

차^且에 대해 왕필이 "차^且란 '취하다[取]'의 뜻이다."고 한 것이 좋다. 차^且는 사^{舍,버리다}의 대구로 '취하다'의 뜻이다. 사^死는 패망^{敗亡}을 뜻한다.

    자비심이 없이 용기만을 앞세우는 자는 범부의 용기로서, 이러한 자들이 전쟁에 임할 경우 오로지 자신의 용맹스러움만을 과시하기 위해 많은 사람들을 죽이게 된다. 이들은 많은 사람을 죽일수록 자신을 과시하지만 어느 의미에서 본다면 이들은 사람 죽이기를 좋아하는 자들에 불과하다. 또한 검약을 통하여 자기 내면의 덕을 쌓기보다는 오로지 사치와 향락을 일삼으면서도 더욱 부유해지려고만 한다면 반드시 백성들로부터 온갖 착취를 서슴지 않는다. 또한 위정자가 단지 백성들의 위에 군림하려만 한다면 반드시 독단적으로 전행^{專行}할 것이며 이에 백성들을 무겁게 짓누를 것이다. 이처럼 권력자들이 전쟁을 일삼아 자신의 용맹만을 과시하기를 좋아하고, 자신의 부귀를 위하여 백성들의 소유물을 착취하고, 스스로를 백성의 주인이라고 여기며 백성들 위에 군림하려고 든다면, 그 결과 패망하지 않을 수 없다.

夫慈以戰則勝, 以守則固. 天將救之, 以慈衛之.

자비로써 전쟁을 하면 승리하게 되고, 이로써 지키면 견고해진다. 하늘도 장차 그를 구제할 것이니, 인자함으로써 지켜주기 때문이다.

주　왕필 - "서로 연민憐憫의 정을 느껴 난리를 피하지 않으므로 승리하게 된다.[相愍而不避於難, 故勝也.]"

하상공 - "자애로운 자에게는 백성들이 친히 따르게 되어 마음이 함께하고 뜻이 한결같아진다. 따라서 이로써 전쟁을 하면 적을 이기게 되고, 이로써 지키면 견고해진다. 하늘은 선한 사람을 도우려고 할 것이니, 반드시 자애로운 본성과 더불어 스스로 돕도록 해야만 한다.[夫慈仁者, 百姓親附, 幷心一意. 故以戰則勝敵, 以守衛則堅固. 天將救助善人, 必與慈仁之性, 使能自營助也.]"

●●● 해 설

고固는 방어가 '견고해지다'의 뜻이다. 위衛는 보위保衛와 같은 말로서 '지켜준다' '보호해준다'의 뜻이다.

　　노자는 전쟁을 단호히 비판하고 있지만, 그렇다고 하여 간디의 무저항주의처럼 전쟁을 무조건 반대한 것은 아니다. 사실상 무조건 전쟁을 반대하는 것은 당시의 현실을 무시한 극단적 이상주의에 지나지 않는다. 상황에 따라서는 불가피하게 전쟁을 해야 할 때가 있다. 그 경우에 반드시 전제되어져야 할 것이 자애심을 갖는 일이다. 자애심을 갖고 전쟁에 임하면 사람 죽이는 것을 슬퍼하게 된다. 사람 죽이는 것을 슬퍼하므로 싸움하는 데 적극적이지 않다. 싸움하는데 적극적이지 않다는 것과 비겁함은 구별해야 한다. 비겁함은 자신의 안위를 위주로 한 것인 반면에, 자애심에 의거해 싸움에 적극적이지 않다는 것은 타인의 안위를 위주로 한 것이다.

　　역사적으로 보건대, 전쟁이 날 때 가장 용감히 싸우는 자들은 잘 훈련받은 군인보다 자신의 가족을 지키기 위한 의병들이었다. 그들은 가족을 지키고자 하는 자애심에서 우러나온 것이므로 진정으로 용감해 질 수 있기 때문이다. 따라서 자애로움을 가지고 전쟁을 하면 승리하게 된다고 말했다. 31장에서도 "사람 죽이기를 좋아하는 자는 천하에서 자신의 뜻을 얻을 수가 없다.[夫樂殺人者, 則不可得志於天下矣.]"고 하였으며, 69장에서도

"무기를 들고 싸우면 슬퍼하는 자가 이긴다.[抗兵相加, 哀者勝矣.]"고 하였다. 『맹자』「공손추公孫丑」에서도 "도를 얻은 자는 도와주는 사람이 많고, 도를 잃은 자는 도와주는 사람이 적다. 도와주는 사람이 아주 적은 데까지 미치게 되면 친척이 그를 배반하게 되고, 도와주는 사람이 아주 많음에 이르게 되면 천하가 그를 따른다. 천하를 따르는 것으로써 친척이 배반하는 것을 공격한다. 따라서 군자는 싸우지 않음이 있을지언정 한번 싸우게 되면 반드시 승리하게 된다.[得道者多助, 失道者寡助. 寡助之至, 親戚畔之, 多助之至. 天下順之. 以天下之所順, 攻親戚之所畔. 故君子有不戰, 戰必勝矣.]"고 하였다.

자애로운 자가 승리한다는 것은 비단 전쟁에만 해당되는 것은 아닐 것이다. 정치에서도 그대로 적용이 된다. 가령 진시황은 비록 천하통일을 완수하였지만 가혹한 폭정을 행하였으므로 그가 죽자마자 천하가 그를 배반하여 멸망하고 말았다. 반면에 위정자가 덕을 행하면 천하의 민심이 그에게로 향한다. 이와 관련하여 『맹자』「양혜왕梁惠王」(상)에서 양양왕梁襄王이 "누가 천하를 통일시킬 수 있습니까?[孰能一之.]"하고 묻자, 맹자가 "사람 죽이기를 좋아하지 않는 자가 통일시킬 수 있습니다.[不嗜殺人者能一之.]"라고 하였다. 사람 죽이기를 좋아하지 않는다는 것은 백성들에게 자애로움을 갖는다는 것을 뜻한다. 자애로움을 갖게 된다면 온 천하의 민심이 왕에게로 돌아가게 되어 필시 천하를 통일할 수 있는 왕이 될 것이라고 보았다. 따라서 "백성을 지키고자 하는 자애로운 마음으로써 전쟁을 하면 전쟁에서 이기게 되고, 이러한 자애로움으로써 수비하면 견고해진다."고 하였다.

하늘 역시 사람 죽이는 것을 좋아하는 자를 미워하며, 백성들을 보호하고 지키려는 인자한 마음으로써 전쟁을 하는 자를 돕는다. 그 이유는 하늘 역시 인자한 덕을 갖고 있기 때문이다. 따라서 "하늘도 장차 그를 구제할 것이니, 인자함으로써 지켜주기 때문이다."고 하였다.

제 68 장

善爲士者不武, 善戰者不怒, 善勝敵者不與, 善用人者
爲之下.
是謂不爭之德, 是謂用人之力, 是謂配天, 古之極.

장수의 역할을 잘 수행하는 자는 무력을 앞세우지 않으며, 잘 싸우
는 자는 화내지 않으며, 적과 잘 싸워 이기는 자는 맞서지 않으며, 사
람을 잘 쓰는 자는 그의 아래에 처한다.
이것을 일컬어 '다투지 않는 덕'이라고 하며, 이것을 일컬어 '사람을
부리는 능력'이라고 하며, 이것을 일컬어 '하늘과 짝한다'고 하는 것
이니, 옛날 도의 극치이다.

善爲士者不武, 善戰者不怒, 善勝敵者不與, 善用人者爲之下.

장수의 역할을 잘 수행하는 자는 무력을 앞세우지 않으며, 잘 싸우는 자는 화내지 않으며, 적과 잘 싸워 이기는 자는 맞서지 않으며, 사람을 잘 쓰는 자는 그의 아래에 처한다.

주1 선위사자불무 善爲士者不武 :

하상공 - "도덕을 귀하게 여기며 무력을 좋아하지 않는다는 말이다. [言貴道德, 不好無力也.]"

왕필 - "사士는 병졸들의 장수이다. 무武란 먼저 다른 사람을 침범함을 선호함이다.[士, 卒之帥也. 武, 尙先陵人也.]"

주3 선전자불노 善戰者不怒 :

왕필 - "뒤로할 뿐 먼저 하지 않고 응수만 할 뿐 주도하지 않기 때문에 노여워하지 않는다.[後而不先, 應而不唱, 故不在怒.]"

주4 선승적자불여 善勝敵者不與 :

하상공 - "적과 싸우지 않더라도 적이 스스로 복종한다.[不與敵爭, 而敵自服也.]"

왕필 - "여與란 다툼이다.[與, 爭也.]"

주5 선용인자위지하 善用人者爲之下 :

하상공 - "남을 잘 써서 스스로를 보좌하는 사람은 항상 남을 위하여 겸하謙下함을 간직한다.[善用人自輔佐者, 常爲人執謙下也.]"

왕필 - "사람을 쓸 때 그의 아래에 있지 있으면 다른 사람의 힘을 사용할 수가 없다.[用人而不爲之下, 則力不爲用也.]"

●●● 해 설

선위사자불무善爲士者不武 : 사士는 후대後代에 문文에 힘쓰는 '선비'란 뜻으로 변했지만, 그 본래적인 의미는 '장수'를 뜻한다. 여기서의 사士는 '장수'란 뜻이다. 15장에서도 "옛날에 훌륭히 장수의 역할을 행한 자는[古之善爲士者]"이라고 하여, 사士를 장수의 뜻으로 사용하였다. 무武는 무력武力을 뜻한다. 흔히들 장수의 위용偉容이란 적과 대적하여 잘 싸우는 데 있다고 보았다. 그러나 무력을 앞세운 싸움은 단지 소수만을 상대하는 것일 따름이다. 진정으로 잘 싸우는 장수는 힘으로 싸우는 맹장猛將이 아니라 덕으로써 싸우는 덕장德將이다. 장수의 역할을 잘 수행하는 자는 무력이 아닌 덕을 앞세우므로 '불무不武'라고 하였다. 30장에서도 "도로써 왕을 돕는 사람은 병력으로써 천하의 강자가 되려고 하지 않는다.[以道佐人主者, 不以兵强於天下.]"고 하였다.

선전자불노善戰者不怒 : 잘 싸우는 자들은 침입에 대하여 대응만 할 뿐 주도하지 않는다. 대응만 할 뿐 주도하지 않기 때문에 노함을 앞세우지 않아 평상심을 유지할 수가 있다. 전쟁에서도 분노와 같은 사사로운 감정에 사로잡히기 십상인데, 사사로운 감정에 휩싸이게 되면 정확한 상황판단을 그르치기 쉽다. 반면에 진정으로 잘 전쟁을 수행하는 자들은 자신의 감정에 휩싸이지 않기에 정확한 상황판단을 할 수 있으며, 잘 싸울 수가 있다. 따라서 『손자병법』「화공火攻」에서도 "임금은 노함으로써 군대를 일으키지 않는다.[主不可以怒興師.]"고 하였다.

선승적자불여善勝敵者不與 : 여與는 접전接戰 즉 '직접 대적하여 싸우다'의 뜻이다. 적과 싸워 잘 이기는 자는 직접 대적하지 않는다. 왜냐하면 직접 싸우게 되면 어떠한 경우에든 자국의 손실이 커져 비록 이겼더라도 이긴 것이 아니기 때문이다. 반면에 물의 경우를 보자. 물은 바위가 있으면 바위를 비켜나가고 나무가 있으면 나무를 비켜나간다. 이것은 곧 대적함이 있을지라도 맞붙어 싸우지 않음이다. 그러나 물은 맞붙어 싸우지 않기 때문에 오히려 자신의 목적지로 향해 나아갈 수 있었다. 이처럼 진정으로 잘 싸운 자는 접전하지 않고서도 상대방을 굴복시켜 자신의 목적을 달성하는 자이다.『손자병법』「모공謀攻」에서도 "이런 까닭에 백 번 싸워서 백 번을 이기더라도 이것은 최상이 아니다. 싸우지 않고서도 다른 군대를 굴복시키는 것이야말로 최상이다.[是故百戰百勝, 非善之善也. 不戰而屈人之兵, 善之善者也.]"고 하였다.

선용인자위지하善用人者爲之下 : 용인用人은 인재를 등용함이며, 위지하爲之下는 인재를 등용하기 위해서는 자신을 굽히어 '등용하려는 자'의 아래에 있어야 한다는 뜻이다. 유비가 제갈량을 얻기 위하여 자신을 굽히고 세 번이나 그의 집을 방문했다는 '삼고초려三顧草廬'의 유명한 고사가 그 예이다. 바다가 자신을 낮춤으로 해서 온갖 물들이 흘러 들어온 것처럼, 인재를 등용하려는 왕도 자신을 낮춤으로 해서만이 인재들이 모여든다. 반면에 교만한 자세로 위에 군림하려고 한다면 덕 있는 자들이 모여드는 것이 아니라 단지 이利를 좋아하는 자들만이 모여들 뿐이다.

是謂不爭之德, 是謂用人之力, 是謂配天, 古之極.
이것을 일컬어 '다투지 않는 덕'이라고 하며, 이것을 일컬어 '사람을 부리는 능력'이라고 하며, 이것을 일컬어 '하늘과 짝한다'고 하는 것이니, 옛날 도의 극치이다.

주1 유월兪樾은 천天과 고古가 옛날에 같이 사용되었음을 근거로 하여, '고古'

자를 연문으로 보았다.

주2 하상공 – "자신을 남의 아래에 둘 수 있음을 가리켜 '신하를 사용하는 힘'이라 말한 것이다. 이것을 행할 수 있는 자는 덕이 하늘에 짝하는 것이니, 이것은 곧 옛날의 지극한 도인 것이다.[能身爲人下[者], 是謂用人臣之力也. 能行此者, 德配天也, 是乃古之極要道也.]"

엄영봉嚴靈峰 – "그 덕은 하늘과 짝이 되니, 이것은 옛날 도덕道德의 극치이다.[其德與天匹, 此古之道德之極致也.]"

●●● 해 설

용인지력用人之力에서의 용用은 '부리다' '기용하다'의 뜻이며, 역力은 '능력能力'의 뜻이다. 고古는 14장의 '옛날의 도[古之道]'와 같은 말이다. 극極은 '극치極致'를 뜻한다. 배配는 '짝하다' '합치되다'의 뜻으로서, 『주역』「계사전繫辭傳」에서도 "광대함이 천지에 짝한다.[廣大配天地.]"고 하였다.

하늘의 이치는 변화에 응하여 나아가고 변화에 응하여 물러난다. 이처럼 나아가고 물러남은 단지 때에 기인하는 것이므로 일체의 다툼이 없다. 하늘이 때에 응하여 나아가고 물러날 수 있었던 까닭은 그 자신이 겸허한 미덕을 가지고 있었기 때문이다. 하늘은 겸허한 덕을 가지고 있으므로 모든 일체 만물은 천에 귀속될 수가 있었다. 성인 역시 부쟁不爭의 덕을 가지고 있으며, 잘 아래에 처함으로 해서 백성들을 잘 부리는 자들이다. 따라서 천에 짝한다고 하였다. 또한 이것은 비단 천에 짝할 뿐만 아니라 옛 도의 극치이기도 하다.

제 69 장

用兵有言曰. 吾不敢爲主而爲客, 不敢進寸而退尺.
是謂, 行無行, 攘無臂, 執無兵, 仍無敵.
禍莫大於輕敵. 輕敵幾喪吾寶.
故抗兵相加, 哀者勝矣.

병법에 이런 말이 있다. "나는 감히 주동이 되지 않고 피동이 되며, 감히 한 치를 전진하지 않고 한 자를 후퇴한다."
이것을 일컬어 항렬 없는 행군, 팔뚝 없는 휘두름, 무기 없는 잡음, 적이 없는 잡아당김이라고 한다.
적을 가볍게 여기는 것보다 큰 재앙이 없다. 적을 가벼이 여긴다면 십중팔구 우리들의 보배를 잃게 될 것이다.
그러므로 무기를 들고 서로 싸운다면 마음아파 하는 자가 이긴다.

用兵有言(日), 吾不敢爲主而爲客, 不敢進寸而退尺.

병법에 이런 말이 있다. "나는 감히 주동이 되지 않고 피동이 되며, 감히 한 치를 전진하지 않고 한 자를 후퇴한다."

주1 왕필본을 비롯한 대다수 판본에는 '왈曰'자가 없으나, 백서본帛書本 · 부혁본傅奕本 · 범응원본范應元本에는 '왈曰'자가 있다. 이하의 문장은 노자 자신의 말이기보다는 당시에 널리 퍼져 있었던 말을 노자가 인용한 것이라고 볼 수 있으므로 '왈'이 있는 것이 옳다고 본다.

주2 용병유언用兵有言 :

하상공河上公 – "병사를 사용하는 도리를 진술한 것이다. 노자는 당시에 병사를 사용하는 것을 싫어하였기 때문에 자신에 의탁하여 그 뜻을 말한 것이다.[陳用兵之道. 老子疾時用兵, 故託己說其義也.]"

초횡焦竑 – "'용병유언用兵有言'이란 옛날 병가에 이런 말이 있다는 말이다.[用兵有言, 古兵家有此言也.]"

주3 오불감위주이위객吾不敢爲主而爲客, 불감진촌이퇴척不敢進寸而退尺 :

하상공 – "주主는 앞섬이다. 감히 먼저 군대를 일으키지 않음이다.[主, 先也. 不敢先擧兵.]"

소자유蘇子由 – "주主란 일을 이루는 자이고, 객客이란 적에 대응만 하는 자이다. 진進이란 전쟁에 뜻을 둔 자이고, 퇴退란 전쟁에 뜻을 두지 않은 자이다.[主, 造事者也. 客, 應敵者也. 進者, 有意於爭者也, 退者, 無意於爭者也.]"

● ● ● 해설

용병用兵이란 병법을 말한다. 용병유언用兵有言이란 '병법에 이런 말이 있다'란 말로서, 구체적으로는 병가서兵家書에 기록된 말이라고 볼 수 있다. "나는 감히 주동이 되지 말고 피동이 되며, 감히 한 치를 전진하지 말고 한 자를 후퇴하라."란 구절은 노자 자신의 말이 아니라, 병가서兵家書에 나온 문장을 인용한 것이다. 주主는 능동을 뜻하고 객客은 수동을 뜻한다. 구체적으로 말하면 주主는 전쟁에 있어서 먼저 선제공격함을 의미하고, 객客은 선제공격에 대해 방어함을 의미한다. 진進은 적극성을 뜻하고, 퇴退는 소극성을 뜻한다.

노자는 전쟁을 비판했지만, 그렇다고 무조건 전쟁을 반대한 것은 아니다. 다만 천하패권을 탐하거나 호전적 기질로 인하여 먼저 전쟁을 도발하는 능동적인 주체가 되는 것에 대해서는 단호하게 반대하였으며, 상대편이 공격해 올 때에만 불가피하게 대응하는 수동적인 객체가 될 것을 말한 것이다. 따라서 "나는 감히 주동이 되지 않고 피동이 된다."고 하였다. 이와 관련하여 31장에서도 "부득이한 경우에만 행한다.[不得已而用之]"고 하였다.

또한 전쟁을 수행하는 과정에 있어서도 적극적인 공격을 위해 앞으로 무조건 돌진하기보다는 항상 방어 위주의 소극적인 자세를 취해야 한다고 보았다. 따라서 "감히 한 치를 전진하지 말고 한 자를 후퇴하라."고 말하였다. '한 치를 전진하지 말라'는 것은 불가피하게 앞으로 나아가 싸워야 할 상황에서 앞으로 나아가더라도 겨울에 내를 건너는 것처럼 조심스러워 해야 하며 사방에 적으로 둘러싸여 있는 것처럼 신중해야 한다는 의미이다. '한 자를 후퇴하라'는 것은 후퇴하여야 할 상황에서는 일찌감치 멀리 물러나야 한다는 의미이다.

是謂, 行無行, 攘無臂, 執無兵, 仍無敵.

이것을 일컬어 항렬 없는 행군, 팔뚝 없는 휘두름, 무기 없는 잡음, 적이 없는 잡아당김이라고 한다.

주1 일반 판본에는 "시위是謂, 행무행行無行, 양무비攘無臂, 집무병執無兵, 잉무적仍無敵."으로 되어 있는데, 백서본에는 "시위행무항是謂行无行, 양무비攘无臂, 집무병執无兵, 내무적乃无敵."으로 되어 있어, 일반 판본과는 달리 끝의 두 구 순서가 서로 뒤바뀌어 있다. 돈황본敦煌本과 수주본遂州本에도 '집무병執无兵, 내무적乃无敵'으로 되어 있다. 백서본의 순서가 옳다고 본다. 왕필의 주註에도 "양무비攘無臂, 집무병執無兵, 잉무적야扔無敵也,"로 되어 있다는 점에서 원본에는 백서본의 순서와 같았을 것이라고 본다. 또한 왕필본에는 잉扔으로 되어 있는 데 하상공본을 비롯한 대다수 판본엔 잉仍으로 되어 있다.

주2 행行:

　　왕필 – "행行은 행군함을 뜻한다.[行, 謂行陳[陣]也.]"

　　초횡 – "아래의 '항行'자는 항렬行列을 말한다.[下行子, 言行列也.]"

주3 잉무적仍無敵:

　　하상공 – "비록 잡아당기려고 하더라도 만일 적이 없다면 잡아당길 수 있겠는가?[雖欲引之, 若無敵可仍也.]"

주4 오징吳澄 – "싸우려고 나가는 자는 그 항렬行列을 정비하고서 나아가고, 팔뚝을 휘둘러서 무기를 잡고, 전진해 적과 맞서 싸운다. 항렬이 없기에 비록 행군이 있더라도 감이 없는 것 같고, 휘두름이 없기에 비록 어깨는 있지만 어깨가 없는 것 같고, 무기를 잡음이 없기에 비록 무기가 있더라도 무기가 없는 것 같고, 맞서 싸움이 없기에 비록 적이 앞에 있지만 적이 없는

것 같다.[進戰者, 整其行陳而行, 攘臂以執兵, 前進以仍敵. 不行則雖有行如無行, 不攘則雖有臂如無臂, 不執則雖有兵如無兵, 不仍之則雖有敵在前如無敵也.]"

••• 해설

앞의 문장은 어느 병가서의 말을 인용한 것이고, 본 문장은 병가서에서 인용한 말에 노자 자신의 생각을 덧붙인 것이다. 행무항行無行에서 앞의 행行은 '행군'을 뜻하고, 뒤의 항은 '항렬行列'을 뜻한다. 따라서 행무항行無行이란 '항렬 없는 행군'을 뜻한다. 양무비攘無臂란 '팔뚝[臂] 없는 휘두름[攘]'을 뜻한다. 이와 관련되어 38장에 "팔뚝을 휘두르고[攘臂]"란 말이 있다. 집무병執無兵에서의 집執은 '잡다'의 뜻이다. 잉仍은 '당기다[引]'의 뜻으로서, 서로가 몸을 잡아당겨 육박전하는 모습을 표현한 것이다.

본 문장에서는 전쟁에 대한 노자 자신의 생각을 재차 피력하였다. 일반적으로 전쟁을 하게 되면, 잘 정돈된 항렬行列을 따라 행군하고, 적군에게 팔을 마구 휘두르며, 적군의 멱살을 잡아당기며, 무기를 꼭 잡고 적군을 향해 힘껏 찌른다. 그런데 노자는 "이것을 일컬어 항렬 없는 행군, 팔뚝 없는 휘두름, 무기 없는 잡음, 적이 없는 잡아당김이라고 한다."라고 하였다. 우리는 흔히 상대편과 정면으로 충돌하여 어느 쪽이 터지든 피터지게 싸우는 것만을 싸움이라고 생각한다. 그러나 싸움에는 싸우는 싸움과 싸우지 않는 싸움이 있다. 싸움의 목적은 싸움 그 자체에 있는 것이 아니라 이기기 위해 있는 것이다. 만일 직접 부닥쳐 싸우지 않더라도 승리한다면 이것이야말로 가장 최상의 싸움이다. 이와 관련하여 68장에서 "적과 잘 싸워 이기는 자는 맞서지 않는다.[善勝敵者不與]"고 하였다. 이러한 싸움은 '싸우지 않는 싸움'인 것이다. 노자는 이것을 구체적으로 표현하여 항렬 없는 행군, 팔 없는 휘두름, 적이 없는 잡아당김, 무기 없는 잡음이라고 하였다. 노자는 싸우지 않는 싸움이야말로 최상의 싸움이라고 본 것이다. 『손자병법』「모공謀攻」에서도 "이런 까닭에 백 번 싸워서 백 번을 이기더라도

이것은 최상이 아니다. 싸우지 않고서도 다른 군대를 굴복시키는 것이야말
로 최상이다.[是故百戰百勝, 非善之善也. 不戰而屈人之兵, 善之善者也.]"고 하였다.

禍莫大於輕敵. 輕敵幾喪吾寶.

적을 가볍게 여기는 것보다 큰 재앙이 없다. 적을 가벼이 여긴다면 십중팔구 우리들의
보배를 잃게 될 것이다.

주1 보寶 :

보寶에 대해 많은 견해들이 있다. 왕필은 "보寶는 삼보三寶이다.[寶, 三寶
也.]"고 하여, 67장의 삼보三寶와 같은 의미로 보았다. 하상공은 '보寶, 신야身也'
라고 하여 '몸[身]'으로 보았다. 소자유蘇子由는 '자비慈'로 보았다.

주2 소자유 - "성인은 자비로써 보배로 삼는다. 만일 적을 가벼이 여긴다
면 경솔히 전쟁하게 되고, 경솔히 전쟁하게 된다면 경솔히 사람을 죽이게
되어 자비가 되는 까닭을 잃게 될 것이다.[聖人以慈爲寶. 輕敵則輕戰, 輕戰則
輕殺人, 喪其所以爲慈矣.]"

• • • 해 설

기幾는 '거의', '십중팔구'란 뜻이다. 화禍는 '재앙'을 뜻한다. 오보吾寶란 자신
이 보배처럼 가장 귀하게 여기는 것을 말한다.

　　본 문장 역시 앞의 문장을 이어받아 전쟁에 임함에 있어서 수동적인
자세를 취해야 함을 피력하고 있다. 적을 가볍게 여기지 않는다면 결코
함부로 타국을 침략할 수 없다. 역으로 말해 타국을 침략하는 까닭은 적을

가볍게 보았기 때문이다. 그런데 적을 가볍게 여겨 함부로 공격하면 이보다 큰 재앙이 없다고 하였다. 왜냐하면 그 결과 십중팔구 자신이 가장 소중시 여기는 보배를 잃게 되기 때문이다. 보寶는 구체적으로 말하면 67장에서 말하는 '자비[慈]' '검소함[儉]' '감히 천하에 앞서지 않음[不敢爲天下先]' 삼보三寶를 말한다. 그렇다면 어째서 먼저 전쟁을 도발하면 십중팔구 보배를 잃게 된다고 말하였는가? 공격의 목적이 천하를 취하려고 하는 야심에 의거한 것이므로 '검소함[儉]'을 잃게 되고, 선제공격을 하면 필연적으로 많은 사람들을 죽이게 되므로 '자비[慈]'를 잃게 되고, 공격의 목적이 천하의 패자가 되어 천하 위에 군림하려는 것이기 때문에 '감히 천하에 앞서지 않음[不敢爲天下先]'을 잃게 된다.

故抗兵相加, 哀者勝矣.

그러므로 무기를 들고 서로 싸운다면 마음 아파하는 자가 이긴다.

주 　왕필 – "항抗은 '들다'의 뜻이다. 가加는 '부닥치다'의 뜻이다. 슬퍼하는 자는 반드시 서로를 아껴주며 이득을 도모하지 않고 해로움을 피하려 하지 않기 때문에, 반드시 이긴다.[抗, 擧也. 加, 當也. 哀者必相惜而不趣利避害, 故必勝.]"

　　고형高亨 – "무기를 들고 서로 공격함에 있어서 그것을 즐기는 자가 있고 그것을 슬퍼하는 자가 있다. 그것을 즐기는 자는 패배당하고 그것을 슬퍼하는 자는 승리한다. 슬퍼하는 자에게는 차마 남을 죽이지 못하는 마음이 보존되어 있으므로, 어쩔 수 없이 전쟁하는 경우에 처하게 되더라도 천도와 인사人事에 있어서 모두 반드시 승리하는 이치를 갖는다.[抗兵相加, 有樂之者, 有哀之者. 樂之者敗, 哀之者勝. 蓋哀之者, 存不忍殺人之心, 處不得不戰之境,

在天道人事皆有必勝之理也.]"

••• 해설

항抗에 대해 왕필은 '들다[擧]'로 풀이하였듯이 '들다'의 뜻이다. 가加에 대해 왕필은 '부닥치다[當]'로 풀이하였고, 하상공은 "두 적이 서로 전쟁하는 것이다.[兩敵戰也.]"라고 하여 '전쟁하다'로 풀이하였다. 가加에는 '해를 가하다'의 뜻이 있으므로 그냥 자의 그대로 보는 것도 무방하다. 따라서 항병상가抗兵相加란 '무기를 들고 서로 싸우다'의 의미이다. 애哀에 대해 『설문說文』에서 "애哀, 민야閔也."라고 하였듯이, '마음 아파하다' '불쌍히 여기다'의 뜻이다.

   흔히 말하는 전쟁의 영웅이란 누구를 말하는가? 말 그대로 잘 싸우는 자들이다. 그러나 잘 싸운다는 것은 그만큼 많은 사람들을 죽인다는 의미와도 같기에, 잘 싸우는 자들은 살인을 잘하는 자들이기도 하다. 우리는 과연 이러한 전쟁의 영웅들을 마냥 칭송만 할 수 있겠는가? 영웅이 되기를 원한다면 이들은 극단적으로 말해 사람 죽이기를 좋아하는 자들이다. 그런데 노자는 사람 죽이기를 좋아하는 자와 죽이는 것을 마음아파 하는 자가 서로 싸우게 되면, 마음 아파하는 자가 이긴다고 말하고 있다. 어째서인가? 이와 관련해 『맹자』「양혜왕梁惠王」에서 "지금 천하의 인목人牧, 사람을 인도하는 목자 중에는 사람 죽이기를 좋아하지 않는 자가 있지 않다. 만일 사람 죽이기를 좋아하지 않는 자가 있다면 천하 백성들이 모두 목을 늘어트려 그를 바라다 볼 것이다. 진실로 이와 같으면 백성들이 그에게로 돌아감이 마치 물이 아래로 흘러감과 같아질 것이다. 그렇다면 그 누가 막을 수 있겠는가?[今夫天下之人牧, 未有不嗜殺人者也. 如有不嗜殺人者, 則天下之民, 皆引領而望之矣. 誠如是也, 民歸之, 由水之就下, 沛然. 誰能禦之.]"라고 잘 말해주고 있다. 민심은 결국 잘 싸우는 자보다 자애심을 갖는 자에게로 향하기 마련이며, 민심이 자애심을 갖는 자에게로 향한다면 비록 일시적으로 전쟁에서 패할지라도 궁극적으로는 승리할 것이다.

제 70 장

吾言甚易知, 甚易行, 而天下莫之能知, 莫之能行.
言有宗, 事有君, 夫唯無知, 是以不我知.
知我者希, 則我者貴.
是以聖人被褐懷玉.

내 말은 아주 알기 쉽고 아주 행하기 쉽지만, 천하사람들은 그것을 알 수도 없고 행할 수도 없다.
말에는 근본이 있고 일에는 기강이 있지만, 이것을 모르기 때문에 나를 알지 못하는 것이다.
나를 아는 자가 드물기 때문에 내가 귀하게 되었다.
이처럼 성인은 거친 베옷을 입고 있지만, 옥을 품고 있다.

吾言甚易知, 甚易行, (而)天下莫(之)能知, 莫(之)能行.

내 말은 아주 알기 쉽고 아주 행하기 쉽지만, 천하사람들은 그것을 알 수도 없고 행할 수도 없다.

주1 왕필본王弼本을 비롯한 많은 판본에는 "오언심이지吾言甚易知, 심이행甚易行, 천하막능지天下莫能知, 막능행莫能行."으로 되어 있으나, 백서을본帛書乙本에는 "오언심이지야吾言甚易知也, 심이행야甚易行也, 이천하막지능지야而天下莫之能知也, 막지능행야莫之能行也."로 되어 있다. 백서을본에서와 같이 '이而'가 있는 것이 옳다고 본다.

주2 하상공河上公 - "노자는 '내가 말한 것은 간략하여 알기가 쉽고, 요약되어 있어 행하기가 쉽다'고 말하였다.[老子言, 吾所言省而易知, 約而易行.]" "사람들은 유약柔弱한 것을 싫어하고, 강강剛强한 것을 좋아한다.[人惡柔弱, 好剛强也.]"

왕필 - "문밖을 나가거나 창문을 엿보지 않더라도 알 수가 있으므로 '매우 알기가 쉽다'고 하였으며, 행하지 않더라도 이루어지므로 '아주 실천하기가 쉽다'고 하였다. 성급한 욕심에 의해 현혹되기에 '알 수가 없다'고 하였다. 영화榮華와 이익에 미혹되기에 '행할 수가 없다'고 하였다.[不出戶窺牖而知, 故曰, 甚易知也. 無爲而成, 故曰, 甚易行也. 惑於躁欲, 故曰, 莫之能知也. 迷於榮利, 故曰, 莫之能行也.]"

소자유蘇子由 - "도의 큼은 본성[性]을 회복하는 것만으로도 충분하다. 본성의 미묘함은 기거하고 먹고 마시는 동안에 드러날 따름이다. 성인은 이 점을 지적하여 사람들에게 보여주었을 뿐이므로 어찌 쉽게 알 수 있는 것이 아니겠는가? 사람들은 이것을 체득하여 사물에 대응한 것일 뿐이므로 어찌 쉽게 행할 수 있는 것이 아니겠는가?[道之大, 復性而足. 而性之妙, 現於起居飮食之間耳. 聖人指此以示人, 豈不易知乎. 人能體此以應物, 豈不易行乎.]"

••• 해설

나의 말[吾言]이란 '도에 관한 언설'을 뜻한다. 사람들은 도를 이해하기가 어려워 알 수 없으며, 도를 실천하기가 어려워 행할 수 없다고 말한다. 그러나 노자는 이와 반대로 도란 아주 알기 쉽고 아주 행하기 쉽다고 말하고 있다. 어째서인가? 이와 관련해 왕필은 "문밖을 나가거나 창문을 엿보지 않더라도 알 수가 있으므로 '매우 알기가 쉽다'고 하였으며, 행하지 않더라도 이루어지므로 '아주 실천하기가 쉽다'고 하였다."고 말하였다. 소자유는 "도의 큼은 본성[性]을 회복하는 것만으로도 충분하다. 본성의 미묘함은 기거하고 먹고 마시는 동안에 드러날 따름이다."라고 하였다.

　모든 만물은 덕을 가지고 있다. 덕은 곧 밝은 지혜[明知]를 가지고 있다. 우리 안에 이처럼 명지明知를 간직하고 있으므로 문밖을 나가거나 창문을 엿보지 않더라도 저절로 알 수가 있다. 저절로 알고 있으므로 이것보다 알기 쉬운 것이 없다. 또한 덕이란 애써 드러내는 것이 아니라 기거하고 먹고 마시는 가운데 저절로 드러나는 것이다. 저절로 드러나는 것이므로 이보다 행하기 쉬운 것은 없다. 따라서 '내 말은 아주 알기 쉽고 아주 행하기 쉽지만'이라고 하였다.

　그럼에도 불구하고 사람들은 쉬운 것을 버리고 어려운 것을 택한다. 즉 이미 가지고 있는 명지明知를 버리고 외물의 지식을 배우기 위해 밤낮으로 노력하며, 이미 가지고 있는 덕을 버리고 앎을 실천하기 위해 각고의 노력을 한다. 사람들은 오랜 시간 동안 어려운 것에 이미 익숙해져 있으므로 급기야 가장 쉬운 것을 가장 어렵다고 여기에 되었다. 따라서 세상사람들은 가장 알기 쉽고 가장 행하기 쉬운 도에 대하여, 가장 알기 어려워 도저히 알 수 없고 가장 행하기 어려워 도저히 행할 수 없다고 말한다.

言有宗, 事有君, 夫唯無知, 是以不我知.

말에는 근본이 있고 일에는 기강이 있지만, 이것을 모르기 때문에 나를 알지 못하는 것이다.

주1   왕필본을 비롯한 통행본通行本에는 '언유종言有宗, 사유군事有君'으로 되어 있으나, 부혁본傅奕本과 범응원본范應元本에는 군君이 주主로 되어 있다. 백서갑본帛書甲本에는 '언유종言有宗, 사유종事有宗'으로 되어 있다. 『회남자』「도응훈道應訓」과 『문자文子』「미명微明」에도 통행본에서와 같이 '언유종言有宗, 사유군事有君'으로 되어 있다는 점에서 통행본이 옳다.

주2   왕필 – "종宗이란 만물의 주主이다. 군君이란 모든 일에 있어서의 주主이다.[宗, 萬物之主也. 君, 萬事之主也.]"

왕회王淮 – "종宗은 근본을 말한 것이다. 군君은 주체를 말한 것이다. '말에는 근본이 있고, 일에는 기강이 있다[言有宗, 事有君]'란 일체의 이론과 사물이 모두 통일된 불변의 본체를 가지고 있음을 말한 것으로서, 도가 이것이다. 『한비자』「주도主道」에선 '도란 만물의 근원이며 시비의 기강이다. 이로써 현명한 군주는 처음을 지키어 만물의 근원을 알고 기강을 다스려 승패의 단서를 안다.[道者萬物之始. 是非之紀也, 是以明君守始以知萬物之源, 治紀以知善敗之端.]'고 하였다. '도는 만물의 시작이다'란 곧 '일에는 기강이 있다[事有君]'이고, '시비의 기강이다'란 곧 '말에는 근본이 있다[言有宗]'이다. 이러한 것들은 본시 얄팍하게 알아서 얻어들을 수 있는 것이 아니므로, 마땅히 세상 사람들이 나를 알아주지 못하는 것이다."

••• 해설

여기서의 사事는 실천을 뜻한다. 따라서 언言과 사事는 곧 언행言行을 의미한다. 종宗은 '근본'이란 뜻이고, 군君은 만사를 하나로 엮는 '기강紀綱'이란 뜻이다. 불아지^{不我知}는 부지아^{不知哦}와 같은 말로서, '나를 알지 못한다'의 뜻이다.

　　사람들이 도가 알기 어렵고 행하기 어렵다고 말하는 가장 큰 이유는 복잡하다고 느끼기 때문이다. 그러나 도란 모든 만물의 뿌리가 되는 근본이면서도, 모든 개별들을 하나로써 조화를 이루게 하는 '기강^{紀綱}'이 된다. 근본을 알면 알기 쉽고, '기강^{紀綱}'을 얻으면 행하기 쉽다. 이처럼 도란 알기 쉽고 행하기 쉬운 것이다. 더욱이 모든 만물은 도를 가지고 태어났으므로 저절로 근본을 알 수 있으며 이미 기강을 간직하고 있다. 그럼에도 불구하고 사람들은 이와 같은 사실들을 알지 못하기 때문에 도를 말하고 있는 노자의 말을 어렵다고만 여긴다. 따라서 노자는 "사람들이 자신을 알지 못한다."고 토로하였다.

知我者希, 則我者貴. 是以聖人被褐懷玉.

나를 아는 자가 드물기 때문에 내가 귀하게 되었다. 이처럼 성인은 거친 베옷을 입고 있지만, 옥을 품고 있다.

주　　하상공 - "희^{希}란 '적다'이다. 오직 도에 통달한 자만이 나를 알 수가 있기 때문에, 나는 귀한 것이다. 베옷을 입었다는 것은 밖을 엷게 함이며, 옥을 품었다는 것은 안을 두텁게 함이다.[希, 小也. 唯達道者乃能知我, 故爲貴也. 被褐者薄外, 懷玉者厚內.]"

　　왕필 - "거친 베옷을 입었다는 것은 세속과 같게 함이며, 옥을 품었다는 것은 참됨을 귀중히 함이다. 성인을 알아보기 어려운 까닭은 그가 티끌에 동화되어 있어서 유별날 게 없고, 옥을 품고 있어서 번덕스럽지 않기 때문이다. 따라서 알기 어려워 귀한 것이다.[被褐者, 同其塵, 懷玉者, 寶其眞也. 聖人之所以難知, 以其同塵而不殊, 懷玉而不渝. 故難知而爲貴也.]"

••• 해설

희希란 '드물다'의 뜻이다. 피갈被褐에서 피被는 '입다'의 뜻이고, 갈褐은 '거친 베옷'의 뜻이다. 회옥懷玉에서 회懷는 '마음속에 품다'의 뜻이다. 회옥懷玉은 55장의 '함덕含德'과 같은 뜻이다.

'귀하다'는 말은 그 스스로 정립된 말이 아니며 '흔하다'란 말에 의해서 정립된 상대적 개념에 지나지 않는다. 따라서 '귀하다'란 말은 곧 '드물다'는 말과 같다. 가령 다이아몬드가 진귀하고 돌맹이가 평범한 까닭은 본래부터 규정된 귀천貴賤 때문이 아니라 희소성 때문인 것과 같다. 따라서 노자는 "나를 아는 자가 드물기 때문에 나는 귀하다."고 말하였다.

본 구절의 의미에 대해 "도를 간직한 자는 외물外物에 힘쓰지 않고 무소유無所有의 정신을 구가하고 있기에 청빈淸貧한 삶을 살아가지만, 그 마음속에는 값을 매길 수 없을 만큼 보배로운 덕을 간직하고 있다."의 뜻으로 풀이하는 견해들도 있다. 가령 감산憨山은 "가난하기 때문에 육신은 항상 남루한 옷을 입지만, 도를 지녔기 때문에 값을 매길 수 없는 보배를 간직하고 있다.[貧則身常披縷褐, 道則心藏無價珍]"고 하였다.

본 문장의 대의는 다음과 같다. 사람들은 어째서 알기 쉽고 행하기 쉬운 도를 버리고 굳이 어려운 길을 택하려고 하였는가? 그것은 사람들이 뭔가 심오하고 화려한 것에서 진리를 찾으려고 하였기 때문이다. 그러나 깨달음이란 진귀한 보옥寶玉은 각고의 수행 끝에 얻어지는 것이 아니라, 매 순간의 소박한 삶 속에서 자연적으로 얻어지는 것이다. 왜냐하면 도란 심오함이나 화려함 속에 있는 것이 아니라 소박한 삶 속에 있기 때문이다. 소박한 삶에 대해 노자는 '거친 베옷'이라고 표현하였다. 그러나 이 소박함 속에는 모든 사물의 근본과 벼리가 되는 더할 나위 없이 귀중한 보옥이 들어있다. 따라서 "성인은 거친 베옷을 입고 있지만, 옥을 품고 있는 것이다."라고 하였다.

제 71 장

知, 不知, 上, 不知, 知, 病.
是以聖人不病, 以其病病. 是以不病.

알면서도 안다고 여기지 않는 것이 최상이오, 모르면서도 아는 체하는 것은 병폐이다.
이처럼 성인이 병폐가 없는 까닭은 병폐를 병폐로 여기기 때문이다. 이 때문에 병폐가 없는 것이다.

知, 不知, 上, 不知, 知, 病.

알면서도 안다고 여기지 않는 것이 최상이오, 알지 못하면서도 아는 체하는 것이 병폐이다.

주1 왕필본을 비롯한 일판 판본에는 "지부지知不知, 상上, 부지지不知知, 병병病." 으로 되어 있는데, 백서을본帛書乙本・부혁본傳奕本・범응원본范應元本・팽사본彭耜本 등에는 "지부지知不知, 상의尙矣, 부지지不知知, 병의病矣."로 되어 있어, 두 개의 '의矣'자가 첨가되어 있다. 『회남자淮南子』「도응훈道應訓」에는 "지이부지知而不知, 상의尙矣, 부지이지不知而知, 병야病也."로 되어 있고, 『문자文子』「부언符言」에는 "지부지知不知, 상야上也, 부지지不知知, 병야病也."로 되어 있어, '야也' 자가 첨가되어 있다.

주2 여기에는 두 가지 해석이 있다. "알지 못하는 것을 아는 것이 최상이고, 앎을 알지 못하는 것이 병폐이다."로 해석하는 것과 "알되 알지 못함이 최상이고, 알지 못하면서도 아는 체 하는 것이 병폐이다."로 해석하는 것이 바로 그것이다. 전자에 대하여 왕필은 "지知란 맡기기에 부족하다는 것을 알지 못하면 병폐가 된다.[不知知之不足任則病也.]"고 하였으며, 여길보呂吉甫는 "도의 체體됨은 알지 못하면서도 알 수가 있다. 알지 못함을 알고, 그 알지 못함으로써 안다면 이것이야말로 앎의 지극함이다. 따라서 '알지 못함을 아는 것이 최상이다'고 하였다. 비록 알지 못함으로 알면서도 앎으로써 알려고 애써 노력한다면 그 마음이 어찌 편안할 수 있겠는가? 따라서 '앎을 알지 못하는 것이 병폐이다'고 말하였다.[道之爲體, 不知而能知者也. 知其不知而以不知知之, 知之至者也. 故曰知不知, 上. 雖知其不知而以知知之, 則其心庸詎而寧乎. 故曰不知知, 病.]"고 하였다. 후자에 대하여 하상공은 "도를 알되 알지 못한다고 말하는 것은 최상의 덕이다. 도를 알지 못하면서 안다고 말하는 것은 덕의 병폐이다.[知道, 言不知, 是乃德之上也. 不知道, 言知, 是乃德之

病.]"고 하였다. 후자의 풀이가 타당하다. 『회남자』「도응훈道應訓」에 "지이 부지知而不知, 상의尙矣, 부지이지不知而知, 병야病也."로 되어 있어 두 개의 이而가 첨가되어 있다는 점이 그 유력한 증거라고 할 수 있다.

••• 해설

『노자』에는 '불不'자가 '불위不爲'의 축약형으로 쓰인 사례가 많음에 대해 이미 앞에서 살펴보았다. 부지不知는 단순히 '알지 못한다' 혹은 '알지 못한 체한다'는 말이 아니다. '부지不知'는 '불위지不爲知'에서 '위爲, 여기다'가 생략된 것으로, '안다고 여기지 않는다'는 의미이다. 알면서도 모른 체 하는 것은 거짓 위선일 뿐이다. 노자가 말하고자 한 것은, 알면서도 앎을 의식하지 않음이다. 강호의 물고기가 물속에서 헤엄치면서도 헤엄치고 있다는 사실조차 모르는 것과 같다. 노자는 이러한 상태를 상上이라고 하였다. 노자에게 있어서의 상上은 상대적 상하上下를 넘어선 '최상'을 뜻한다. 따라서 '지知, 부지不知, 상上'이란 "비록 알고 있다고 하더라도 (앎을 의식하지 않기에) 안다고 여기지 않는다. 이것이야말로 최상의 앎인 것이다."란 뜻이다.

부지不知, 지知, 병病은 이와 반대되는 문장이다. 여기서의 부지不知는 말 그대로 알지 못함이다. 두 번째 지知는 알지 못하면서도 아는 체 함이다. 병病은 병폐를 말한다. 따라서 본 문장을 풀이해보면, "사람들은 알지 못하면서도 자신이 무엇을 알지 못하는지조차 알지 못하기에 안다고 여긴다. 가령 우물 안의 개구리는 우물 안만을 보고서 천하를 안다고 말한다. 개구리는 우물 안이 천하의 전부인줄로만 알기 때문이다. 이것은 정녕 알지 못함에도 불구하고 안다고 말하는 것이므로 참으로 심각한 병폐가 아닐 수 없다."란 의미이다.

(夫唯病病,) 是以(不病), 聖人不病, 以其病病. 是以不病.

이처럼 성인이 병폐가 없는 까닭은 병폐를 병폐로 여기기 때문이다. 이 때문에 병폐가 없는 것이다.

주1 왕필본을 비롯한 많은 판본에는 "부유병병夫唯病病, 시이부병是以不病. 성인부병聖人不病, 이기병병以其病病, 시이부병是以不病."으로 되어 있으나, 경룡비본景龍碑本과 돈황신본敦煌辛本에는 "시이성인부병是以聖人不病, 이기병병以其病病, 시이부병是以不病."으로 되어 있고, 백서갑본帛書甲本에는 "시이성인지부병是以聖人之不病, 이기병병以其病病, 시이부병是以不病."으로 되어 있다. 본 문장은 "시이성인부병是以聖人不病, 이기병병以其病病. 시이부병是以不病."으로 보는 것이 옳다. 『한비자』 「유로喩老」에도 "성인지부병聖人之不病, 이기병병以其病病. 시이무병야是以無病也."로 되어 있다.

주2 하상공 - "성인은 통달한 앎을 간직하고 있으면서도 알지 못함에 의탁한 까닭은 천하를 질박質朴하고 충정忠正되게 하여 각각 순수한 본성을 지키도록 하기 위해서이다. 소인은 도의 참다운 뜻을 알지 못하고, 함부로 행하고 억지로 알려는 것으로써 스스로를 드러내려고 함으로 해서, 안으로는 정신이 손상되고 목숨이 감소되어 수명이 단축되었다.[夫聖人懷通達之知, 託於不知者, 欲使天下質朴忠正, 各守純性. 小人不知道意, 而妄行强知之事以自顯著, 內傷精神, 減壽消年也.]"

••• 해설

우물 안의 개구리에게는 병폐가 있고 바다의 거북이에게는 병폐가 없는 까닭은 무엇 때문인가? 그것은 단순히 개구리가 우물이라고 하는 좁은 세계 속에 살고 있어서 무지하고, 거북이가 바다라고 하는 넓은 세계 속에 살고 있어서 무불통지하기 때문이 아니다. 『중용』 12장에서 "지극함에 미쳐서는 성인이라도 모르는 것이 있다.[及其至也. 雖聖人亦有所不知焉.]"고 한 것처럼, 무불통지한 사람은 세상에 없다. 사람들은 흔히 천하를 알기 위해서는 천하를 보아야 하고 풀잎을 알기 위해서는 풀잎을 보아야 한다고 말한다. 그러나 천하를 보고도 하나의 풀잎조차 이해할 수 없는 경우가 있고, 하나의 풀잎을 보고도 천하를 이해하는 경우가 있다. 따라서 앎에 있어서 정작 중요한 것은 무엇을 보느냐에 있는 것이 아니라 무엇을 볼 수 있는 마음이 있느냐에 있다. 정녕 개구리의 병폐는 자신이 살아가는 세계의 작음에 있는 것이 아니라, 자신의 세계가 세계의 전부인 양 믿고 있는 편협한 마음에 있다. 만일 거북이가 우물 안의 거북이처럼 자신이 살아가고 있는 바다가 세상의 전부라고 믿는다면 이 역시 개구리와 다를 바가 없다. 왜냐하면 거북이가 자신의 세계를 세계의 전부라고 믿는다면 이 역시 굴레에 얽매이는 것이 되기 때문이다. 굴레에는 비록 대소가 있지만, 굴레라는 점에 있어서는 매한가지다. 따라서 거북이에게 병폐가 없는 까닭은 개구리보다 상대적으로 더 큰 세계 속에서 살고 있어서 더욱 많은 것을 알고 있다는 데 있는 것이 아니며, 자신이 살아가는 세계가 단지 작은 세계에 지나지 않음을 아는 데 있는 것이다. 이처럼 자신의 병폐를 병폐로 여기게 된다면 이것이야말로 오히려 병폐가 없게 된다.

　　본 문장과 유사한 의미로 『논어』「위정爲政」에서도 "아는 것을 안다고 하고 모르는 것을 모른다고 하는 이것이야말로 참다운 앎인 것이다.[知之爲知之, 不知爲不知, 是知也.]"고 하였다. 모르면서 아는 체 하는 것은 거짓된 어리석음이지만, 그렇다고 하여 아는 것을 모르는 체 하는 것 역시 거짓 위선일 따름이다. 우리는 세상의 모든 것을 다 알 수가 없으며 일일이 다 알 필요도 없다. 다만 아는 것을 안다고 하고 모르는 것을 모른다고 하는 진솔함, 이것이야말로 참다운 앎이라 할 수 있다.

제 7 2 장

民不畏威, 則大威至.
無狹其所居, 無厭其所生.
夫唯不厭, 是以不厭.
是以聖人自知不自見, 自愛不自貴. 故去彼取此.

백성들이 위엄을 두려워하지 않는다면, 더 큰 위압威壓이 뒤따르게 된다.
백성들로 하여금 자신들이 거처하는 곳을 협소하게 여김이 없도록 해야 하고, 자신들의 삶에 대하여 싫증냄이 없도록 해야 한다.
싫증내지 않는지라, 이로써 싫어함을 당하지 않게 된다.
이런 까닭에 성인은 자신을 알되 몸소 자신을 드러내려 하지 않고, 자신을 아끼되 몸소 자신을 귀하게 여기지 않는다. 그러므로 저것을 버리고 이것을 취한다.

民不畏威, 則大威至.

백성들이 위엄을 두려워하지 않는다면, 더 큰 위압威壓이 뒤따르게 된다.

주1 백서본에는 "민지불외외民之不畏畏, 즉대외장지의則大畏將至矣."로 되어 있다. 이현본易玄本과 수주본邃州本에는 '민民'자가 '인人'자로 되어 있다. 마서륜馬敍倫은 "여기서의 '민民'자는 의당 '인人'이 되어야 한다. 당나라 사람들은 휘諱하여 '민民'자를 모두 '인人'으로 고쳐 썼다. 후세에는 다시 원래대로 썼는데 전달되는 과정에서 '인人'자를 잘못 고쳐 '민民'으로 되었다. 여기가 바로 그 중의 하나이다.[此民字當作人. 唐人避諱, 於民字均改作人. 後世復之, 轉於人字誤改爲民. 此其一也.]"고 하였다. 이와 같이 마서륜은 '인人'자가 옳다고 주장했으나, 고명高明은 이에 대해 반론을 제기하며, 당나라 판본엔 모두 '인人'으로 되어 있는데 이것은 당나라 태종太宗의 이름을 휘諱하여 '민'을 '인'으로 고친 것으로 원문이 아니라고 하였다. 고명의 주장처럼 '민民'으로 보는 것이 옳다.

주2 왕필王弼 – "위압威壓으로는 백성들을 다시 다스릴 수가 없다. 백성들이 위압을 견딜 수 없는 지경에 이르게 된다면, 위아래의 질서가 크게 무너지고 만다.[威不能復制民. 民不能堪其威, 則上下大潰矣.]"

초횡焦竑 – "위威와 외畏는 옛날엔 통용되었다. 사람이 마땅히 두려워해야 할 것을 두려워하지 않는다면 크게 두려워할만한 것이 찾아든다.[威畏古通用. 人不畏其當畏, 則大可畏者至矣.]"

진주陳柱 – "백성들 중에 그 누가 생을 즐기고 죽음을 두려워하지 않을 자가 있겠는가? 그러나 억압하는 힘이 더욱 셀수록 반항하려는 힘도 더욱 거세진다. 이러한 전제정치 하에서는 난폭함이 많아지기 마련이다.[民孰不樂生而畏死. 然壓制之力愈强, 則反抗之力愈猛. 此專制政體下, 所以多暴也.]"

● ● ● 해 설

첫 번째의 위威는 『시경詩經』 「주송周頌」 〈아장我將〉에서 "하늘의 위엄[威]을 두려워하여[畏天之威]"라고 한 위威와 같이 '위엄威嚴'을 뜻한다. 두 번째의 위는 '위압威壓'을 뜻한다.

도가에서는 왕의 겸손과 자비를 중시한 반면에, 법가에서는 왕의 위엄을 중시하였다. 특히 법가에서는 왕의 위엄을 갖기 위해서는 신하나 백성들이 두려움을 느끼게 하여야 한다고 보았다. 신상필벌信賞必罰은 왕의 위엄을 느끼게 하는 가장 좋은 수단이다. 따라서 가혹한 형벌을 시행하면 신하나 백성들은 두려워하게 되어 왕의 위엄이 서게 된다고 보았다. 그런데 노자는 74장에서 "백성들이 죽음을 두려워하지 않는다면, 어찌 죽음으로써 그들을 두렵도록 할 수 있겠는가?[民不畏死, 奈何以死懼之.]"라고 하였다. 위정자가 가혹한 세금을 거둬들이고 전쟁만을 일삼아 전원이 황폐화 된다면 백성들의 삶은 너무도 궁핍해진다. 그 궁핍이 극도에 달하면 백성들은 더 이상 살아갈 희망조차 없어진다. 희망조차 없어진다면 위정자가 죽인다고 엄포하여도 백성들은 이미 죽음을 두려워하지 않는다. 백성들이 이미 죽음조차 두려워하지 않는 마당에 그 무엇으로 그들을 두렵게 할 수 있겠는가? 위정자의 폭정만을 일삼게 되면 백성들은 그 위엄을 두려워하지 않지 않을 뿐만 아니라 오히려 경멸할 뿐이다. 노자는 이처럼 백성들이 이미 위엄을 두려워하지 않게 되어 따르려고 하지 않는다면, 더 강압적인 위압威壓을 동원하게 된다고 보았다. 그 예로 엄한 형벌을 만들어 사람들을 두렵게 하고, 온갖 비판의 목소리를 틀어막고, 비판자에 대해서는 본보기로 엄단함을 들 수 있다. 그러나 강압적으로 백성들의 불만을 억누르려고 한다면 일시적으로는 억누를 수는 있지만 지속적으로는 억누를 수가 없다. 힘으로 억누르려고 한다면 그만큼 반항하는 힘도 거세어지기 때문이다. 따라서 『관자管子』 「목민牧民」에서도 "따라서 엄격한 형벌로는 백성들의 마음을 두렵게 하기에 부족하며, 죽인다고 하여도 백성들의 마음을 복종시키기에 부족하다.[故刑罰不足以畏其意, 殺戮不足以服其心.]"고 하였다.

無狹其所居, 無厭其所生.

백성들로 하여금 자신들이 거처하는 곳을 협소하게 여김이 없도록 해야 하고, 자신들의 삶에 대하여 싫증냄이 없도록 해야 한다.

주   왕필본에는 압狎으로 되어 있으나, 하상공 등에는 협狹으로 되어 있다. 압狎으로 볼 경우에는 '업신여기다'의 뜻으로 풀이되고, 협狹으로 볼 경우에는 '협소하게 여기다'의 뜻으로 풀이된다. 협狹으로 보는 것이 좋다.(해설 참조)

••• 해설

'무협기소거無狹其所居'에서의 협狹은 '협착狹窄'이란 뜻으로서 '협소하게 여기다'의 의미이다. '무염기소생無厭其所生'에서 염厭은 '염증厭症'을 뜻한다.

"백성들로 하여금 자신들이 거처하는 곳을 협소하게 여김이 없도록 해야 하고, 자신들의 삶에 대하여 싫증냄이 없도록 해야 한다."와 비슷한 의미의 문장으로서 80장의 "백성들로 하여금 죽음을 중히 여기게 하여 멀리 이사 가지 못하도록 하여야 한다.[使民重死而不遠徙.]"가 있다. 죽음을 소중히 여기고 자신의 영역을 굳게 지키고자 함은 비단 인간뿐만이 아닌 모든 동물들에게 공통된 본성이다. 그럼에도 불구하고 "백성들로 하여금 죽음을 중히 여기게 하여 멀리 이사 가지 못하도록 하여야 한다."고 하는 지극히 당연한 말을 한 까닭은 당시의 현실에서 이 당연함조차 지켜지지 못하였기 때문이다. 위정자의 폭정에 시달리던 당시의 백성들은 더 이상 견디지 못하여 '이처럼 사느니 차라리 죽느니만 못하다.' '이처럼 앉아서 죽기만을 기다리느니 차라리 살길을 도모하기 위해 여기를 떠나야겠다.'라는 절박한 심정을 갖게 된다.

본 문장 역시 이와 비슷한 의미이다. 백성들이 삶에 염증을 느끼고, 자신의 영역에 만족하지 못한 채 떠나려고 하는 가장 큰 이유는 위정자의 폭정 때문이다. 따라서 위정자가 백성들로 하여금 자신들이 거처하는 곳을 협소하게 여김이 없도록 해야 하고, 자신들의 삶에 대하여 싫증냄이 없도록 해야 한다고 말하였다.

夫唯不厭, 是以不厭.

싫증내지 않는지라, 이로써 싫어함을 당하지 않게 된다.

주   왕필 – "자신이 싫증내지 않는다. 자신이 싫증내지 않기 때문에 천하가 싫증냄이 없다.[不自厭也. 不自厭, 是以天下莫之厭.]"

주겸지朱謙之 – "'시이무염是以不厭'은 곧 '시이무오是以不惡'이다. 위정자가 압박하는 정치가 없기 때문에 백성들 또한 그를 싫어하지 않는다.[是以不厭, 卽是以不惡也. 夫唯爲上者無壓窄之政, 是以人民亦不厭惡之也.]"

● ● ● 해설

첫 번째 염厭은 '염증' '싫증'을 뜻한다. 두 번째의 염厭은 오惡와 같은 의미로서 '싫어하다'의 뜻이다.

백성들이 현실을 경멸하고 삶에 염증을 느끼는 원인은 무엇보다 위정자의 폭정 때문이다. 백성들이 위정자의 정치와 자신의 삶에 대해 염증을 느끼지 않는다면 위정자를 싫어할 리 만무하다. 따라서 노자는 "백성들이 싫증내지 않는지라, 이로써 싫어함을 당하지 않게 된다."고 말하고 있다.

여기서 주목할 사실은, 노자가 내세운 군주의 역할이란 기껏해야 백성들로부터 싫어함을 당하지 않음에 있다고 보았다는 점이다. 한비가 군주란 강압적인 힘에 의해서 위엄[威]을 느끼게 하여야 한다고 본 반면에 노자는 백성들에게 자애로움을 베풂으로 해서 자발적으로 위엄을 느끼도록 해야 한다고 보았다. 그런데 이 점은 유가에 있어서도 마찬가지이다. 즉 유가 역시 인덕을 베풀어 백성들이 저절로 감화되어 복종하는 것을 최고의 이상 정치로 삼았다. 그렇다면 노자와 유가 사이에는 차이점이 없는 것인가?

정치에 있어서 최고의 관심사는 어떻게 하면 백성의 마음을 얻을 수 있느냐 하는 데 있다. 이 점은 유가에 있어서도 예외가 아니다. 즉 유가에서의 훌륭한 왕이나 성인 역시 백성들로부터 칭송을 받는 자이다. 백성들로부터 칭송을 받기 위해서는 반드시 적극적인 일을 도모해야 한다. 그러나 노자가 보기에 왕이 아무리 훌륭한 일을 도모한다고 할지라도 이것은 유위有爲에 지나지 않으며, 이러한 정치는 위정자가 아무 것도 하지 않고 무위의 일에 처한 것만 못하다고 보았다. 무위 정치를 행하면 왕은 크게 칭송 받을 것이 없다. 그러나 칭송 받을 것이 없기 때문에 특별히 비난받을 것도 없다. 이처럼 유가에서는 군주란 모름지기 백성들로부터 칭송을 받아야 한다고 본 반면에, 노자는 군주란 칭송 받기 위하여 무엇인가를 애쓰는 자가 아니라 단지 비난받지 않기 위해 애쓰는 자라고 보았다. 따라서 17장에서 "가장 훌륭한 정치는 백성들이 군주가 있음만을 아는 정치이고, 그 다음가는 정치는 백성들이 군주를 몸소 칭송하는 정치이다.[太上, 下知有之, 其次, 親譽之]"고 하였다.

유가의 정치는 도가 정치와 법가 정치 사이의 중도를 밟고 있다. 즉 도가가 위정자의 소극적인 통치를 주장하고 법가가 위정자의 적극적인 통치를 강조한 반면에 유가에서는 교화를 강조하였다. 공자는 법가의 한계에 대해 『논어』「위정爲政」에서 "법령으로 이끌고 형벌로써 다스린다면, 설령 백성들이 이것을 모면한다고 하더라도 수치로 여기지 않을 것이다. 그러나 덕으로써 인도하고 예로써 다스린다면 백성들은 수치심을 알게 되어 바름에 이르게 된다.[道之以政, 齊之以刑, 民免而無恥. 道之以德, 齊之以禮, 有恥且格.]"고 하였다. 유가의 정치는 이처럼 교화에 중점을 두었다. 또한 그 교화는 노자와 같이 백성들의 자발적인 교화이다. 그러나 노자의 입장에서 보면 유가 역시 위정자의 적극적인 역할을 중시한 것이다. 왜냐하면 백성들을 교화해야 한다는 말은 곧 백성들을 이끌어야 할 대상이란 말과 같은 것이기 때문이다. 노자는 백성들 스스로가 질서를 이루며 살아가야 한다고 보았으므로 백성들을 이끌어야 할 대상으로 보지 않았다.

是以聖人自知不自見, 自愛不自貴, 故去彼取此.

이런 까닭에 성인은 자신을 알되 몸소 자신을 드러내려 하지 않고, 자신을 아끼되 몸소 자신을 귀하게 여기지 않는다. 그러므로 저것을 버리고 이것을 취한다.

주 　왕원택王元澤 – "스스로를 안다면 본성이 밝아져 망령됨을 행하지 않게 된다. 스스로를 사랑하게 된다면 자신을 보존하여 잘못을 행하지 않게 된다.[自知則明乎性, 而不爲妄. 自愛則保其身而不爲非.]"

● ● ● 해 설

'자지自知'란 '자기 자신을 안다'란 뜻이다. '불자현不自見'이란 '(자신을 알면서도) 자신을 드러내지 않는다'란 뜻이다. 사람들은 자신이 알고 있는 것을 남에게 드러내기를 원한다. 그러나 그 드러냄 속에는 필연적으로 자신의 뜻을 타인에게 관철시키려는 강요가 들어가 있기 마련이다. 따라서 '자신을 알되 자신을 드러내지 않는다'고 하였다.

자애自愛란 자신을 아낌이다. 불교에서는 육신이란 일체 번뇌의 근원이 되므로 망신忘身을 주장했지만 노자는 자아를 적극 긍정했다. 다만 '자귀自貴'함에 대해서는 비판하였다. 귀貴란 후厚와 같은 뜻으로 자신의 삶만을 두텁게 함이다. 위정자가 자신만을 두텁게 하고자 한다면, 호화스런 생활을 위해 온갖 세금을 거둬들일 것이며, 천하패권의 꿈을 실현하기 위해 온갖 전쟁을 도발할 것이다. 그 결과는 필연적으로 백성들을 해치기 마련이다. 따라서 "자신을 아끼되 자신을 귀하게 여기지 않는다."고 한 것이다.

제 7 3 장

勇於敢則殺, 勇於不敢則活.
此兩者或利或害. 天之所惡, 孰知其故. 是以聖人猶難之.
天之道, 不爭而善勝, 不言而善應, 不召而自來, 繟然而善謀.
天網恢恢, 疏而不失.

감히 하는 데 용감하면 죽이고, 감히 하지 않는 데 용감하면 살려둔다. 이 둘은 혹 이롭게 되기도 하고 혹 해롭게 되기도 한다. 하늘이 미워하는 것에 대하여 누가 그 까닭을 알겠는가! 이러한 까닭에 성인조차 오히려 이를 어렵다고 여긴다.
하늘의 도는 다투지 않아도 잘 이기고, 말하지 않아도 잘 응하고, 부르지 않아도 저절로 찾아들고, 관대하면서도 잘 도모한다.
 하늘의 그물은 넓고 넓어서 성긴 듯하지만 누실됨이 없다.

勇於敢則殺, 勇於不敢則活.

감히 하는 데 용감하면 죽이고, 감히 하지 않는데 용감하면 살려둔다.

주　하상공河上公 - "감히 유위함에 용감하면 곧 그 자신은 죽게 되고, 감히 유위하지 않음에 용감하면 그 자신은 살게 된다.[勇於敢有爲, 則殺其身也. 勇於不敢有爲, 則活其身.]"

여길보呂吉甫 - "강강剛强한 것을 사용하여 사물에 대하여 기약하는 자는 감히 하는 데 용감한 자로서, 죽음의 무리일 따름이다. 따라서 '감히 하는 데 용감하면 죽는다.'고 하였다. 유약柔弱에 이르러서는 기약하는 것이 없어서 감히 하지 않는 데 용감한 자이니, 삶의 무리일 따름이다. 따라서 '감히 하지 않는 데 용감하면 산다.'고 하였다.[用其剛强而必於物者, 勇於敢者也, 則死之徒是已. 故曰, 勇於敢則殺. 致其柔弱, 而無所必者, 勇於不敢者也, 則生之徒是已. 故曰, 勇於不敢則活.]"

장석창蔣錫昌 - "76장에서 '견강堅强한 것은 죽음의 무리이고, 유약柔弱한 것은 삶의 무리이다.[堅强者死之徒, 柔弱者生之徒.]'고 하였는데, 감敢은 곧 견강堅强이오, 불감不敢은 곧 유약柔弱이다."

●●● 해 설

대다수의 학자들이 살殺과 활活을 사생死生의 뜻으로 보아 "감이 하는 데 용감하면 죽고, 감히 하는 데 용감하지 않으면 산다."는 식으로 풀이하고 있으나 이러한 풀이는 옳지 않다. 살殺·활活은 '죽다' '살다'라고 하는 자동사가 아니라, '죽이다' '살리다'라고 하는 타동사이다. 또한 감敢을 하상공이 '유위'의 뜻으로 풀이하였고 장석창이 '견강堅强'의 뜻으로 풀이하였으나, 여기서의 감敢은 74장의 "요망한 것을 행하는 자를 내가 잡아다가 죽인다면, 누가 요망한 짓을 감히[敢] 하겠는가?[爲奇者, 吾得執而殺之, 孰敢.]"에서의 '감敢'과 같은 뜻으로서, '감히 행하다'의 뜻이다. 구체적으로 말하면 법을 어기면 가혹한 형벌이 가해짐에도 불구하고 감히 법을 어긴다는 의미이다.

본 문장은 앞의 72장 뒤의 74장과 마찬가지로 위정자의 정치에 관한 내용이다. 당시의 위정자들은 통치를 위하여 엄격한 법령을 만들어 놓고서, 이 법령을 감히 어기는데 용감한 자는 가차 없이 죽였고 죽임 당하는 것이 두려워 감히 어기지 않는 자는 살려두었다. 노자는 당시의 법이 얼마나 살벌하였는지를 단적으로 표현했던 것이다.

此兩者或利或害, 天之所惡, 孰知其故. 是以聖人猶難之.

이 둘은 혹 이롭게 되기도 하고 혹 해롭게 되기도 한다. 하늘이 미워하는 것에 대하여 누가 그 까닭을 알겠는가! 이러한 까닭에 성인조차 오히려 이를 어렵다고 여긴다.

주1   시이성인유난지是以聖人猶難之 :

왕필본을 비롯한 많은 판본에 '시이성인유난지是以聖人猶難之'란 구절이 들어 있는데, 백서본·경룡본景龍本·엄준본嚴遵本·수주본遂州本 등에는 본 구절이 빠져있다. 해동奚侗은 "아마도 63장의 문장이 여기에 중복되어 나온 것 같다."고 하였다.

주2   하상공 - "차양자此兩者란 감敢과 불감不敢을 말한다. 자신을 살리는 것을 이로움으로 삼고, 자신을 죽이는 것을 해로움으로 삼는다.[此兩者, 謂敢與不敢也. 活身爲利, 殺身爲害.]"

왕필 - "다 같이 용감하더라도 실행하는 것이 다른 까닭은 이해관계가 같지 않기 때문이다. 따라서 '어떤 것은 이롭고 어떤 것은 해롭게 된다'고 하였다.[俱勇而所施者異, 利害不同. 故曰, 或利或害也.]"

여길보呂吉甫 – "감히 하는 데에 용감한 것을 사람들은 이롭다고 여기지만 해로움이 혹 그 가운데 있을 수 있고, 감히 하지 않는 데에 용감하지 않는 것을 사람들은 해롭다고 여기지만 이로움이 혹 그 가운데 있을 수 있다.[勇於敢者, 人以爲利, 而害或在其中矣, 勇於不敢者, 人以爲害, 而利或在其中矣.]"

● ● ● 해 설

'차양자此兩者'는 '감히 법을 어기는 자'와 '감히 법을 어기지 않는 자'를 지칭한다. 위정자는 법에 의거한 '생사여탈권生死與奪權'을 가지고 있어서, 법을 감히 어기지 않는 자는 살려두지만 법을 감히 어기면 가차 없이 죽인다. 당시의 법의 집행은 생사를 판가름하는 서슬 퍼런 칼날과도 같다. 법의 판단 여부에 의해 귀중한 생명이 왔다갔다 하므로 판단에 있어 한 치의 오류도 허용해서는 안 된다. 한 치의 오류라도 생기면 무고한 사람이 죽게 되기 때문이다. 단 한사람의 생명일지라도 천하의 그 무엇과 바꿀 수 없는 귀중한 존재이다. 죽이고 살리는 척도인 이 법이란 것이 정말로 시비를 명확히 가를 수 있는 것인가? 애석하게도 이 질문에 대한 대답은 회의적이다.

한비는 법을 중시하였는데, 그 역시 도를 자연으로부터 찾으려고 하였다. 따라서 『한비자』, 「주도主道」에서 "도란 만물의 근원이요, 시비是非의 기강紀綱이다.[道者萬物之始, 是非之紀也.]"라고 하였다. 노자와 한비가 모두 도를 일체 존재와 일체 가치의 근원으로 보았다는 점에서 서로 유사하다. 그러나 우리가 유의해야 할 점은 서로가 유사한 개념을 사용했다고 해서 서로 유사한 사상이라고 단정하는 것은 섣부른 판단이다. 도가 일체 존재와 가치의 근원이 된다고 하는 점에 있어선 한비의 사상과 노자의 사상이 그대로 일치하지만, 그 목적에 있어선 오히려 전혀 상반된다. 그렇다면 어떠한 차이점이 있는가?

법이란 보편성과 객관성이 있어야 한다. 왜냐하면 법이 사람에 따라 적용이 달라지고 순간순간의 상황에 따라 바뀌게 되면 법은 이미 주관에 빠지게 되어 그 신뢰성을 상실하고 말기 때문이다. 법의 보편성과 객관성에 대하여, 『한비자』「유도有度」에서 "형벌을 추구함에 있어선 대신大臣이라도 피하지 않고, 선한 일에 상 줌에 있어선 필부라도 빠트리지 않는다.[刑過不避大臣, 賞善不遺匹夫.]"고 하였다. 법이란 것은 귀천을 막론하고 모든 사람에게 똑같이 적용된다는 의미이다. 객관성과 보편성은 '규정'을 통해서 이루어진다. 법은 시비是非에 따라 상벌을 내리는 것인데, 무엇이 좋고 무엇이 나쁜지를 규정하기 위해서는 이것을 판가름할 수 있는 척도란 것이 필요하다. 한비는 이 시비의 궁극적인 척도를 도에서 찾으려고 하였다. 따라서 '도가 시비是非의 기강紀綱이 된다'고 하였다. 그렇다면 한비에 있어서의 도란 '규정의 척도'라고 할 수 있다.

이러한 한비의 사상은 분명히 노자의 사상과 다르다. 왜냐하면 노자는 시비是非 자체를 비판하고 있기 때문이다. 가령 20장에서 "선이라고 하는 것과 악이라고 하는 것의 차이가 얼마나 된단 말이냐?[善之與惡, 相去若何.]"라고 하였다. 한비는 도란 시비是非를 판가름하는 보편의 척도라고 보았던 반면에, 노자는 시비란 결코 자연적인 것이 아니며 단지 사람들이 인위적인 잣대로 정해놓은 것에 지나지 않는다고 보았다. 즉 시비란 본래부터 존재하는 것이 아니며 단지 자신들의 이해관계에 의거해 생겨난 것에 지나지 않는다.

법가에서는 하나의 보편을 만들기 위해서는 모든 것을 하나로 획일화시킬 수 있는 객관적 척도가 있어야 한다고 보았지만, 이 객관적 척도는 무수한 다양성을 모두 담아낼 수 없다. 거꾸로 다양성을 담아낼 수 있는 척도라면 이것은 이미 보편성과 객관성을 상실하고 만다. 따라서 객관적 척도를 중시하기 위해서는 척도를 개별에 맞추는 것이 아니라 무수한 개별들을 하나의 객관적 척도에 맞추어야 한다. 하나의 척도에 맞추기 위해서는 필연적으로 남아도는 것과 모자란 것이 있게 되는데 여기에는 반드시 재단裁斷을 수반하게 된다. 이처럼 법가에서는 하나의 틀을 가지고 각각의 개별들을 획일화시키려고 하였다. 그런데『장자』「마제馬蹄」에선 "목수는 '나는 나무 다루는 솜씨가 뛰어나다. 굽은 것을 만들면 그림쇠에 딱 들어맞고, 곧은 것을 만들면 먹줄에 꼭 맞는다.'고 한다. (그러나) 흙이나 나무의 본성이 어찌 컴퍼스·곱자·그림쇠·먹줄에 들어맞기를 바라겠는가![匠人曰, 我善治木. 曲者中鉤, 直者應繩, 夫埴木之性, 豈欲中規矩鉤繩哉.]"라고 하였다. 생명체는 자신의 본성을 좇아 자연적으로 살아가는 존재들이다. 또한 생명체는 이 자연적인 것을 통하여 오히려 최상의 자기 적합성을 구현하고 있다. 그런데 느닷없이 획일적인 틀로 자연본성을 해치며 획일화시킨다면 생명체들은 과연 이것을 달갑게 받아들일 수 있겠느냐고 반론을 제기하였다.

법에는 시비의 척도가 있어야 하지만, 노자는 이러한 시비의 척도를 발견할 수 없다고 보았다. 더욱이 이러한 시비의 척도인 법은 개별성을 담을 수 없을 뿐만 아니라, 시비의 척도란 것이 시간에 따라 변화한다는 점이다. 따라서 노자는 '어느 경우[或]'에는 이롭기도 하고 '어느 경우'에는 해롭기도 하다고 말하고 있다. 이와 관련하여 9장에서 "사물에는 먼저 가는 것도 있고 뒤따라가는 것도 있으며, 후후 불어서 따뜻이 하는 것도 있고 혹 불어서 식히는 것도 있으며, 강한 것도 있고 약한 것도 있으며, 싣는 것도 있고 떨어뜨리는 것도 있다.[物或行或隨, 或噓或吹, 或强或羸, 或載或隳.]"고 하였다. 자연계는 끊임없이 변화하여 대립물이 상호유전相互流轉하기 때문에 시간을 초월한 정론을 정할 수가 없다고 보았다. 따라서 58장에서 '변하지 않는 표준[正常]이란 없는 것이니[其無正]'라고 하였다. 자연계나 인간사회의 가치는 부단히 변화하기에 우리는 하나의 일정한 표준을 정할 수가 없다. 법을 어기게 되면 죽이는 까닭은 그 사회에서 해로운 자라고 낙인 찍혔기 때문이다. 그러나 이미 하나의 일정한 표준을 정할 수가 없는 마당에 무엇에 의거하여 해로운 자라고 규정할 수 있는가? 변화 속에서 해로운 자라고 규정하여 죽임을 당한 자가 내일에서는 영웅으로 떠오를 수 있으며,

실제로 이와 같은 사례를 역사 속에서 얼마든지 찾아볼 수가 있다. 인간 사회에서는 제멋대로 표준을 정하여 놓고 상주고 벌주지만, 노자는 단호히 "하늘이 정말 무엇을 미워하여 벌을 주려고 하는지 혹은 무엇을 좋아하여 상을 주려 하는지에 대하여 알기가 어렵다."고 하였다. 아울러 최고의 지혜를 가진 성인조차도 이것을 올바로 판단하기가 어려운 문제라고 말하고 있다. 그렇다면 소지小知에 얽매여 하나의 표준을 정하고, 이 표준에다가 일체 변화하는 것들을 맞추려 하는 행위는 실로 어리석은 짓거리일 뿐만 아니라 무고한 사람의 생명을 앗아갈 수도 있다는 점에서 위험한 것이 아닐 수 없다.

天之道, 不爭而善勝, 不言而善應, 不召而自來, 繟然而善謀.

하늘의 도는 다투지 않아도 잘 이기고, 말하지 않아도 잘 응하고, 부르지 않아도 저절로 찾아들고, 관대하면서도 잘 도모한다.

주1 천연繟然 :

왕필본과 하상공본에는 천연繟然으로 되어 있는데, 백서갑본帛書甲本에는 '탄彈'으로 되어 있으며, 백서을본에는 '단單'으로 되어 있으며, 부혁본傅奕本과 범응원본范應元本에는 '묵연黙然'으로 되어 있고, 돈황경본敦煌庚本·엄준본嚴遵本·오징본吳澄本·휘종본徽宗本·팽사본彭耜本 등에는 '탄坦'으로 되어 있다. 여기서는 왕필본을 따라 '천연繟然'으로 보았다.

주2 천지도天之道, 부쟁이선승不爭而善勝 :

하상공 – "하늘은 사람과 더불어 귀천을 다투지 않지만, 사람들은 자발적으로 하늘을 두려워한다.[天不與人爭貴賤, 而人自畏之.]"

주3 불언이선응不言而善應 :
왕필 - "하늘의 도에 따르면 길하고 거슬리면 흉하니, 말하지 않더라도 잘 응하는 것이다.[順則吉, 逆則凶, 不言而善應也.]"

주4 불소이자래不召而自來 :
왕필 - "아래에 처하면 사물들이 저절로 귀의한다.[處下則物自歸.]"

주5 천연이선모繟然而善謀 :
왕필 - "상象을 드리워 길흉을 보고, 일에 앞서서 정성을 드리고, 편안할 때에도 위태로움을 잊지 않고, 아직 조짐이 드러내지 않았을 때에 꾀한다. 따라서 '느긋하게 잘 도모한다.'고 하였다.[垂象而見吉凶, 先事而設誠, 安而不忘危, 未召「兆」而謀之, 故曰, 繟然而善謀也.]"

••• 해 설

천天은 '자연自然'과 같은 말이다. 천지도天之道는 곧 자연의 도를 뜻한다. 천繟은 『광아廣雅』「석고釋詁」에서 "천繟이란 느릿함이다.[繟, 緩也.]"고 하였듯이, '느릿느릿함'을 뜻하며, 대다수 학자들도 '느릿느릿함'으로 풀이하였다. 하상공이 "천繟이란 관대함이다.[繟, 寬也.]"라고 하였는데, 이 풀이가 좋다.

당시 노자가 살던 춘추전국시대春秋戰國時代는 그야말로 어지러운 시대였다. 이 어지러움을 바로잡기 위하여 온갖 보편의 원칙을 제시하였지만, 이것은 노자의 관점에서 보면 정말 무모하기 짝이 없는 일이다. 왜냐하면 자연계와 인간계는 무수한 변화 가운데 있기 때문에 어떠한 하나의 보편적인 원칙을 가지고서 무수한 변화에 일일이 대응할 수가 없기 때문이다. 그렇다고 하여 무수한 변화에 응하는 무수한 원칙들을 일일이 제시할 수도 없다. 원칙은 객관성과 불변성의 의미를 갖고 있어서 수시로 원칙이 달라진다면 그것은 이미 원칙이라고 할 수 없기 때문이다. 정말 비극적인 사실은 이 분명하지 않은 객관적인 척도에 맞으면 살려두지만 맞지 않으면 가차 없이 죽인다는 것이다.

서양의 기계론적 세계관에선 자연 상태에서의 사람들은 게을러 활동하지 않으며 이기적이어서 서로가 다투어 마침내 전체가 파멸된다고 보았다. 따라서 이들을 이끌어 갈 어떤 외부적인 힘이 필요하다고 주장하였다. 이러한 세계관에 입각할 때, 노자의 사상은 대책 없는 현실 비판에만 그친다는 인상을 줄 수도 있다. 그러나 노자 역시 질서[治]를 중시하였다. 다만 질서의 실현이 통치가 아닌 자치自治에 의해서 구현된다고 보았다. 자치란 '스스로가 다스림'이오, 그 결과 '저절로 다스려짐'이다. 노자는 자치를 이룰 수 있는 이유에 다음과 같이 기술하고 있다.

첫째, 하늘의 도는 '다투지 않아도 잘 이긴다'고 하였다. 노자는 덕성을 물에 자주 비유하고 있다. 물은 바위가 있으면 바위를 비켜나가고 나무가 있으면 나무를 비켜나가므로 다툼이 없다. 다툼이 없지만 궁극적으로 자신의 목적지에 무리 없이 도달한다는 점에서 잘 이긴다. 우리는 투쟁을 통해서만이 승리할 수 있다고 생각하기 쉬우나, 하늘의 도는 다투지 않고도 잘 이기는 지혜를 가지고 있다.

둘째, '말하지 않아도 잘 응한다'고 하였다. 여기서의 응應은 상대방의 대응을 뜻한다. 이와 관련하여 『논어』「양화陽貨」에서 "하늘이 무슨 말을 하겠는가? 사계절이 운행되고 온갖 만물이 생겨나지만 하늘이 무슨 말을 하겠는가?[天何言哉, 四時行焉, 百物生焉, 天何言哉.]"라고 하였으며, 『장자』「지북유知北遊」에서도 "천지는 커다란 아름다움을 가지고 있으면서도 말하지 않고, 사계절은 뚜렷한 법칙이 있으면서도 의론하지 않고, 만물에는 이루는 이치가 있으면서도 언설言說하지 않는다.[天地有大美而不言, 四時有明法而不議, 萬物有成理而不說.]"고 하였다. 사람들은 말을 통해서만이 상응한다.

그러나 반드시 말을 통해서만 상응하는 것은 아니다. 자연계는 일체의 말이 없지만, 수많은 만물들은 서로가 관계를 이루며 살아간다. 관계를 이루며 살아간다는 것은 곧 서로가 상응한다는 의미이다. 이처럼 자연계는 말이 없지만 서로가 잘 응한다고 하였다.

셋째, '부르지 않아도 저절로 찾아든다'고 하였다. 하늘의 도는 무한한 은덕을 갖고 있으면서도 공덕을 과시하지 않는 이유는 겸허의 미덕을 가지고 있기 때문이다. 겸허한 미덕을 갖추고 있기 때문에 비하한 위치에 처한다. 바다는 낮은 곳에 처해 있으므로 해서 온갖 하천과 강물들이 자신에게로 흘러들어온다. 바다는 하천과 강물이 자신에게 흘러들어오도록 일체 강요한 것이 아니며, 단지 하천과 강물이 제 스스로 찾아든 것이다. 이처럼 하늘의 도는 겸허의 덕을 간직하고 있으므로 자신에게 오라고 부르지 않더라도 일체 만물들이 자발적으로 찾아든다.

넷째, '관대하면서도 잘 도모한다'고 하였다. 사람의 도는 엄격하면서도 일의 성과는 적다. 이것은 결과적으로 보잘것없는 성과를 얻기 위하여 엄단嚴斷함이다. 반면에 하늘의 도는 사람들 각자의 개성대로 살도록 놔두어 관대하므로 엄격하게 재단하지 않는다. 법을 어겼다고 죽이는 법도 없다. 그러나 하늘의 도는 일체 만물들에게 질서를 부여한다. 따라서 하늘의 도는 관대하지만 일을 잘 도모한다.

이상과 같이 하늘의 도는 다투지 않아도 잘 이기고, 말하지 않아도 잘 응하고, 부르지 않아도 저절로 찾아들고, 관대하면서도 잘 도모한다. 여기서 '다투지 않음' '말하지 않음' '부르지 않음' '관대함'은 무위의 뜻이고, '잘 이김' '잘 응함' '저절로 찾아옴' '잘 도모함'은 질서[治]의 뜻이다. 하늘은 이와 같이 무위를 통해 질서를 잘 도모한다. 노자는 인간 사회 역시 이러한 하늘의 도를 그대로 따른다면, 무위를 통해 질서 즉 무위지치無爲之治의 이상을 실현할 수 있다고 보았다.

天網恢恢, 疏而不失.

하늘의 그물은 넓고 넓어서 성긴 듯하지만 누실됨이 없다.

주1 대부분의 판본은 '소이부실疏而不失'로 되어 있으나, 경룡비본景龍碑本에는 '실失'이 '누漏'로 되어 있다.

주2 하상공 – "하늘이 그물질하는 것은 넓고 넓은 것이 아주 커서 비록 소원하기는 하지만, 사람들의 선악을 살펴봄에 잃어버리는 것이 없다.[天所網羅, 恢恢甚大, 雖疏遠, 司察人善惡, 無有所失.]"

••• 해 설

'하늘의 그물[天網]'이란 자연계를 널리 포괄하고 있는 도를 말한 것이며, '회회恢恢'란 '넓고 넓은 모양'을 말한 것이다. 소疏는 그물코 사이사이가 성기어 넓음을 뜻하고, 부실不失이란 '빠트림[漏失]이 없다'는 의미이다. 도를 그물로 비유한 까닭은 자연의 질서를 도모한다는 점에서 인간사에서 말하는 법망과 유사하기 때문이다.

　　본 문장에서는 하늘의 도와 인간의 도 사이의 차이점을 단적으로 말해주고 있다. 하늘의 도와 인간의 도는 모두 질서를 도모하는 수단으로 사용되었다는 점에서 공통점이 있다. 따라서 양자를 모두 그물에 비유할 수 있다. 그런데 노자는 사회적인 법망과 자연의 그물을 구별하고 있다.

　　당시 노자가 살았던 사회는 가혹한 법망을 만들어 놓고 사람들을 그물질하였다. 따라서 사람들이 기대할 수 있는 것은 오직 요행히 법망에 걸리지 않는 길 뿐이다. 그러므로 사람들의 가장 큰 관심거리는 법망을 요리조리 피하는 데 있다. 힘 있는 사람은 힘 있는 사람 나름대로 힘없는 사람은 힘없는 사람 나름대로 법망을 빠져나가기 위해 온갖 궁리를 한다. 그러다가 간혹 법망에 걸려 잡히면 재수가 없어서 잡혔다고 여긴다.

노자는 자연의 그물이 넓다고 하였다. 사회의 법망은 촘촘하기는 하지만 모든 사람들을 그물질 할 수는 없으므로 작은 것이다. 작기 때문에 법망에 걸리는 사람보다 빠져 나가는 사람들의 수가 압도적으로 많다. 그러나 하늘의 그물은 천하를 그물질 하므로 참으로 크다. 하늘의 그물은 천하 모두를 그물질 하는 것이므로 하늘의 그물망에서 도저히 빠져나갈 방법이 없다. 따라서 하늘의 그물은 누실漏失됨이 없다고 하였다. 그런데 사회의 법은 참으로 엄격하여 일단 그물망에 걸려드는 사람들은 가혹한 처벌을 받는다. 반면에 하늘의 그물은 생명체들을 하나하나 간섭하지 않으며, 설사 걸려들었다고 하더라도 처벌하는 법이 없다. 따라서 하늘의 그물은 '성기다'고 하였다.

진시황은 한비의 법가이론을 채택하여 가혹한 법치를 중시하였다. 그러나 진시황이 죽자 진제국은 곧바로 무너지고 말았다. 그 가장 큰 이유는 백성들이 가혹한 법에 더 이상 견딜 수가 없었기 때문이다. 한漢나라는 진나라의 가혹한 법치에 의해 짓눌렸던 사람들이 자유를 열망하는 가운데서 탄생한 것이다. 한나라가 표면적으로 내세워야 했던 것은 법의 엄격함을 통한 규제보다는 법의 관대함을 통한 자율이었다. 따라서 당시에는 엄격한 형벌보다는 백성들에게 자율권을 허용하였다. 이러한 면모에 대하여 『사기』「혹리열전酷吏列傳」에서 "한나라가 흥하자 (고조는) 가혹함을 버리고 관대함을 행하였고, 깎아내기 보다는 소박함을 행하였고, 법망은 배를 삼킬만한 큰 고기조차 빠져나갈 만큼 느슨했다.[漢興, 破觚而爲圜, 斲雕而爲朴, 網漏於吞舟之魚.]"고 하였다.

혹자 중엔 "하늘의 그물은 아무런 역할을 하지 못한다는 점에서 그물이 아닌 것이 아니냐?" 하는 반문을 제기할 수 있다. 이러한 반문 속에는 법망이란 것에는 어떠한 적극적인 기능이 있어야 하는 데 하늘의 법망은 아무런 역할도 하지 않고 있으므로 없는 것과 진배없다고 하는 비판이 들어가 있다. 그러나 우리가 여기서 유의할 점은 법망의 가장 큰 역할은 질서를 이루기 위함에 있다는 사실이다. 즉 중요한 목적은 법망 그 자체에 있는 것이 아니라 질서에 있다. 사회의 법이 자연의 법보다 적극적이며 우월한 것이라고 한다면 결과적으로 사회는 자연계보다 더욱 질서를 이루어야 한다. 그러나 과연 사회의 법이 자연의 법보다 더욱 우월하다고 단언할 수 있는가? 만일 그러하다고 생각한다면 이러한 생각은 인간중심의 편견에서 나온 것일 수도 있다.

제 74 장

民不畏死, 奈何以死懼之.
若使民常畏死而爲奇者, 吾得執而殺之, 孰敢.
常有司殺者殺. 夫代司殺者殺, 是謂代大匠斲.
夫代大匠斲者, 希有不傷其手矣.

백성들이 죽음을 두려워하지 않는다면, 어찌 죽음으로써 그들을 두렵도록 할 수 있겠는가?
만일 백성들로 하여금 항상 죽음을 두려워하게 하고서 괴이怪異한 짓거리를 행하는 자들을 내가 잡아다가 죽인다면, 누가 감히 요망한 짓을 하겠는가?
항상 죽임을 맡아서 다스리는 자가 있어서 죽이는 것이다. 죽임을 맡은 자를 대신하여 죽이는 것, 이것을 일컬어 '큰 목수를 대신하여 나무를 자른다.'고 한다.
큰 목수를 대신하여 나무를 자르는 사람치고서 자신의 손을 다치지 않는 자가 드물다.

民不畏死, 奈何以死懼之.

백성들이 죽음을 두려워하지 않는다면, 어찌 죽음으로써 그들을 두렵도록 할 수 있겠는가?

주　하상공河上公 – "나라를 다스리는 자가 형벌을 혹독하게 하면 백성들은 편안히 살지 못하게 되기 때문에, 죽음을 두려워하지 않게 된다.[治國者, 刑罰酷甚, 民不聊生, 故不畏死也.]"

소자유蘇子由 – "정사가 번거롭고 형벌이 무거우면 백성들은 (편안히) 수족을 둘 곳이 없어지게 되어 하나같이 죽음을 두려워하지 않게 되므로, 비록 사형으로써 그들을 두렵게 만들려고 할지라도 소용없는 일이다.[政煩形重, 民無所措手足, 則常不畏死, 雖以死懼之, 無益也.]"

● ● ● **해 설**

모든 본능의 양태는 궁극적으로 삶의 본능에 귀속된다. 의식주를 충족시키려는 본능, 남녀의 섹스를 통해 후손에게 유전자를 남기려고 하는 본능, 종교를 가지려는 본능 모두가 삶의 본능의 한 양태에 지나지 않는다. 삶의 본능이야말로 일체 본능의 대전제大前提라고 할 수 있다. 그런데도 노자가 "백성들이 죽음을 두려워하지 않는다.[民不畏死]"고 말한 것은 당시 백성들의 극한 상황을 묘사한 것이다. 당시엔 위정자의 포학한 정치에 의해 생활고에 찌든 백성들이 더 이상 살아갈 희망을 잃어 삶을 자포자기하였다. 『맹자』「양혜왕梁惠王」(상)에서도 "이 해는 언제 없어질꼬? 내 너와 함께 망하리라.[時日害喪, 予及女, 偕亡.]"라고 하였다. 여기서의 해는 하夏나라 걸왕桀王을 지칭한다. 당시의 백성들은 걸왕의 폭정에 못 견디어 하나라와 함께 망하기를 기원했던 것이다. 이것은 바로 노자가 말한 "백성들이 죽음을 두려워하지 않는다."란 말과 의미상으로 상통한다. 노자는 자신의 가장 귀한 생명조차 버리고 죽음을 두려워하지 않는 당시의 현 실정에 대하여

"이미 백성들은 죽음조차 무서워하지 않는 마당에 무엇을 가지고 그들을 두렵게 만들 수 있겠는가?"라고 반문하였다.

若使民常畏死而爲奇者, 吾得執而殺之, 孰敢.

만일 백성들로 하여금 항상 죽음을 두려워하게 하고서 괴이한 짓거리를 행하는 자들을 내가 잡아다가 죽인다면, 누가 감히 요망한 짓을 하겠는가?

주1   기奇 :

　　왕필 – "괴이한 짓거리로 무리를 어지럽히는 것을 '기奇'라고 말한다. [詭異亂群謂之奇.]"

주2　소자유蘇子由 – "백성들이 정치에 대해서 편안함을 느낀다면 항상 삶을 즐기고 죽음을 두려워하게 된다. 그러한 뒤에야 괴이한 짓거리로 무리를 어지럽히는 자를 잡아다가 죽인다면 누가 감히 복종하지 않겠는가?[民安于政, 常樂生畏死. 然後執其詭異亂羣者而殺之, 孰敢不服哉.]"

● ● ● 해 설

기奇란 왕필의 말처럼 '괴이怪異한 짓거리로 무리를 어지럽힘'을 뜻한다. 노자는 각자의 개성을 중시하였기 때문에, 그 어느 하나라도 버릴 것이 없음을 강조하였다. 그런데 개별을 지나치게 중시하게 되면 전체의 조화가 깨질 수도 있다. 법가에서는 사회의 질서를 어지럽히는 무리들을 형벌로써 엄단해야 한다고 강변하였다. 노자 역시 "이러한 괴이한 짓거리를 행하는 자를 잡아다가 죽인다면 누가 감히 이러한 짓을 할 수가 있겠는가?"라고 하였다. 이것은 언뜻 보기에 사회의 질서를 어지럽히는 자는 형벌로 엄단해야 한다는 법가식의 사고에 동조하고 있는 듯이 보인다. 노자는 표면적으로 이 점에 대하여 반대하지 않았지만, 그가 말하고자 하는 본래의 의도를 이해할 필요가 있다.

위정자들은 사회의 질서를 깨트리는 원인을 언제나 백성들의 탓으로 돌린다. 가령 배고파 굶주려 죽을 지경에 처한 자들이 도둑이 되어 도둑질을 하였을 경우에도 위정자들은 왜 도둑질을 하였는가에 대한 근본적인 원인을 살피지 않고 다만 도둑질을 한 결과만을 살핀다. 그리고 이처럼 도적이 성행한 까닭은 법이 미약하기 때문이므로 이를 막기 위해선 더욱 엄격한 처벌이 필요하다고 주장한다. 그러나 노자는 이에 대하여 반문하고 있다. "만일 백성들의 삶을 윤택하고 풍요롭게 해준 다음에 사회질서를 혼란시키는 자들을 엄단하여 죽이겠다고 선포한다면 누가 감히 그런 짓거리를 할 수 있겠느냐?"라고 말이다. 사람들이 괴이한 짓거리를 하면 죽게 됨을 뻔히 알면서도 괴이한 짓을 한 까닭은 삶의 희망이 송두리 채 뽑혀 삶을 체념하였기 때문이다. 그렇다면 백성들이 삶을 가볍게 여긴 까닭은 무엇 때문인가? 그 이유에 대해 75장에서 "백성들이 죽음을 가벼이 여긴 까닭은 위정자가 자신의 삶을 두텁게 함을 구하려 했기 때문이다.[民之輕死, 以其求生之厚.]"고 하였다.

백성들에게 엄격한 형벌을 가하여도 범죄가 줄어들지 않는 까닭은 단순히 형벌이 미약해서가 아니라, 가혹한 현실에 찌들린 나머지 이미 가혹한 형벌에 대하여 더 이상 두려워하는 마음이 없어졌기 때문이다. 따라서 노자는 형벌을 논하기에 앞서 형벌이 더 이상 필요하지 않는 사회를 만드는 것이 더욱 급선무라고 보았다. 『논어』「안연顏淵」에서도 "계강자가 도둑을 걱정하여 공자에게 대책을 묻자, 공자는 다음과 같이 말하였다. '진실로 그대가 욕심 내지 않는다면 비록 백성들에게 상을 주어 도둑질하게 할지라도 도둑질하지 않을 것이다.'[季康子患盜, 問於孔子, 孔子對曰. 苟子之不

欲, 雖賞之, 不竊.]"고 하였다. 위정자가 욕심을 내지 않는다면 백성들에게 범죄를 저지르라고 아무리 권장하더라도 하지 않을 것이라는 공자의 진술은 곧 노자가 말하고자 한 의미와 상통한다.

常有司殺者殺. 夫代司殺者殺, 是謂代大匠斲, 夫代大匠斲者, 希有不傷其手矣.

항상 죽임을 맡아서 다스리는 자가 있어서 죽이는 것이다. 죽임을 맡은 자를 대신하여 죽이는 것, 이것을 일컬어 '큰 목수를 대신하여 나무를 자른다.'고 말한다. 큰 목수를 대신하여 나무를 자르는 사람치고서 자신의 손을 다치지 않는 자가 드물다.

주 하상공 – "죽임을 담당하는 자는 하늘이다. 하늘은 높은 데 있으면서 아래를 내려다보며 사람들의 허물을 살핀다. 하늘의 그물은 넓고 넓어서 성기지만 누실됨이 없다. 천도는 지극히 밝아서 죽임을 담당함에 있어서 일정한 법도가 있다. 가령 봄에 생겨나고 여름에 자라나고 가을에 거두고 겨울에는 저장시키며, 북두칠성의 운행이 절도 있게 움직이는 것과 같다. 임금은 하늘을 대신하여 죽이려고 하지만 서툰 잡부가 큰 목수를 대신하여 나무를 자르는 것처럼 헛수고로 끝나고 만다.[司殺者謂天. 居高臨下, 司察人過. 天網恢恢, 疏而不失也. 天道至明, 司殺有常, 猶春生夏長秋收冬藏, 斗杓運移, 以節度行之. 人君欲代殺之, 是猶拙夫代大匠斲木, 勞而無功也.]"

소자유 – "죽임을 담당하는 것은 하늘이다. 바야흐로 세상을 다스림에 있어서 기이한 짓거리로 무리를 어지럽히는 사람이 무리들 사이에서 제멋대로 행한다면 하늘이 버리게 된다. 따라서 내가 그를 죽이더라도 이것은 하늘이 죽인 것이지 내가 죽인 것이 아니다. 하늘이 죽인 것이 아닌

내 스스로가 죽이는 것은 죽임을 담당하는 자를 대신하여 죽이는 것이다. 큰 목수를 대신하여 자르게 되면 손을 다치는 것처럼, 죽임을 담당하는 자를 대신하여 죽이게 되면 그 죽음이 자신에게까지 미치게 된다.[司殺者, 天也. 方世之治, 而詭異亂羣之人, 恣行于其間, 則天之所棄也. 而吾殺之, 則是天殺之, 而非我也. 非天之所殺, 而吾自殺之, 是代司殺者殺也. 代大匠斲, 則傷其手矣, 代司殺者殺, 則及其身矣.]

●●● 해 설

노자 당시의 위정자들은 엄격한 법을 만들어 놓고서 이 법에 저촉되면 가차 없이 죽였다. 그들이 법에 저촉된 자를 죽일 수 있는 권리는 무엇 때문인가? 당시의 사람들은 진정 죽일 수 있는 권리를 가진 자는 하늘뿐이라고 여겼으며, 위정자가 이 권리를 부여받았다고 보았다. 노자 역시 위정자가 하늘로부터 생사여탈권生死與奪權을 부여받았다는 당시의 가치관을 굳이 부인하지는 않았다. 따라서 위정자가 법으로 엄단하여 죽이는 것을 '죽임을 맡은 자인 하늘을 대신하여 죽이는 것이다'고 하였다.

서양의 법철학에서도 사회의 법을 자연법에서 찾았다. 가령 홉스, 로크, 루소 등과 같은 사상가들은 법의 기원을 모두 자연법에서 찾으려고 하였다. 법가의 집대성자인 한비 역시 자연법에서 찾으려고 하였다. 따라서 『한비자』, 「주도主道」에서 "도란 만물의 근원이요, 시비是非의 기강紀綱이다[道者萬物之始, 是非之紀也]"고 하였다. 자연의 도가 사회에 적용된 것이 바로 법이었다.

노자는 사회법이 자연법을 반영하였음에 대해 "큰 목수를 대신하여 나무를 자른다."고 하였다. 큰 목수는 대자연을 의미하고, 자른다는 것은 사형시킴을 의미한다. 생사여탈의 권리는 본래 자연에 있는 것인데, 위정자는 이 자연을 대신하여 사람을 죽이고 살린다. 그러나 문제는 위정자가 하늘을 대신하여 재판한다고 하지만 과연 하늘의 뜻을 올바로 대변할 수 있느냐 하는 점이다. 노자는 이에 대하여 부정적으로 보았다. 그 이유는 73장에서 "하늘이 미워하는 것에 대하여 누가 그 까닭을 알겠는가? 이러한 까닭에 성인조차 오히려 이를 어렵다고 여긴다.[天之所惡, 孰知其故, 是以聖人猶難之.]"고 하였듯이, 하늘이 진정 미워하는 자들에 대해서는 최고의 지혜를 가진 성인조차 어려워하는 문제라고 보았기 때문이다.

흔히들 사람을 죽이고 살리는 것에 대해 공의(公義)란 대의명분을 내세우지만 언제나 자기중심적으로 판단한다. 그런데 이러한 자기중심적 판단에는 항상 오류가 뒤따르기 마련이다. 가령 죽여야 할 사람은 오히려 살려두고, 살려야 할 사람들은 오히려 죽이는 경우가 허다해진다. 노자는 이러한 위정자들에 대해 '큰 목수[大匠]를 어설프게 흉내내는 서투른 잡부'에 지나지 않는다고 냉소적으로 평가하였다.

"큰 목수를 대신하여 나무를 자르는 사람치고서 그의[其] 손을 상하지 않는 자가 드물다."에서의 기(其)란 큰 목수를 어설프게 흉내 내는 잡부를 지칭한다. 어설프게 자연법을 흉내 내는 위정자들은 무고한 생명들을 다치게 하지만, 그 결과는 항상 자신에게로 돌아온다. 가령 백성들은 위정자의 폭정에 더 이상 견디지 못하면 삶을 포기하게 되며, 삶을 포기하게 되면 더 이상 무서울 것이 없어진다. 그렇게 되면 앞서 『맹자』「양혜왕(梁惠王)」(상)에서 "이 해는 언제 없어질꼬? 내 너와 함께 망하리라."고 한 것처럼 함께 멸망하기만을 바라게 될 뿐이다. 백성들이 삶을 포기하고 함께 멸망하기만을 바라는 지경에까지 이르게 되면 이제 더 이상 무서울 것이 없어지게 된다. 위정자가 반란군을 처단한다고 아무리 위협하더라도 더 이상 백성들에게는 아무런 위협이 될 수가 없다. 이제 백성들이 더 이상 위협을 느끼지 않는다면 위정자에게 항거할 것이며, 위정자는 끝내 백성들의 항거에 의해 다치게 된다고 보았다.

위정자가 엄격한 형벌로 백성들을 재단해야 한다고 주장한 대표적인 학파가 바로 법가였다. 그런데 재미있는 사실은 당시 법가의 걸출한 인물들이 모두 제명에 죽지 못했다는 사실이다. 법가의 창시자라고 할 수 있는 상앙商鞅은 처형되었고, 임금의 역린逆鱗을 조심하라고 경고했던 법가의 집대성자인 한비는 오히려 그 역린逆鱗에 의해 독살되었고, 법가를 현실정치에 옮기어 천하 통일을 주도한 이사李斯 역시 독배毒杯를 마셔야 했다. 물론 이들은 모두 노자 이후의 인물들이다. 법을 중시한 법가의 인물들이 자신들의 죽음을 통해 노자의 "큰 목수를 대신하여 나무를 자르는 사람치고서 자신의 손을 상하지 않는 자가 드물다."고 한 경고가 오히려 옳았음을 입증시켜 주었다. 참으로 미묘한 역설이다.

제 75 장

民之饑, 以其上食稅之多. 是以饑.
民之難治, 以其上之有爲. 是以難治.
民之輕死, 以其求生之厚. 是以輕死.
夫唯無以生爲者, 是賢於貴生.

백성들이 굶주렸던 까닭은 위정자가 세금을 거둬들이는 것이 많았기 때문이다. 이 때문에 굶주린 것이다.
백성들을 다스리기가 어려웠던 까닭은 위정자가 인위적으로 다스리려고 하였기 때문이다. 이 때문에 질서 이루기가 어려웠던 것이다.
백성들이 죽음을 가벼이 여긴 까닭은 위정자가 자신의 삶을 두텁게 함을 구하려 했기 때문이다. 이 때문에 죽음을 가벼이 했던 것이다.
오직 삶에 있어서 인위적인 데가 없는 것, 이것이야말로 삶을 귀하게 여기는 것보다 현명하다.

民(人)之饑, 以其上食稅之多. 是以饑.

백성들이 굶주렸던 까닭은 위정자가 세금을 거둬들이는 것이 많았기 때문이다. 이 때문에 굶주린 것이다.

주1 왕필본을 비롯한 통행본에는 민民으로 되어 있으나, 백서본帛書本・이현본易玄本・돈황신본敦煌辛本・수주본遂州本 등에는 인人으로 되어 있다. 의미상으로도 민民으로 보는 것이 좋다.

주2 하상공河上公 – "백성들이 굶주리고 추위에 떨었던 까닭은 임금이 백성에게서 세금을 거둬들인 것이 너무 많았기 때문이다.[人民之所以饑寒者, 以其君上稅食下太多.]"

여길보呂吉甫 – "한 사내가 경작하여 여러 식구가 풍족히 먹을 수만 있다면 어찌 굶주리겠는가? 그럼에도 불구하고 많은 사람들이 굶주린다. 위정자가 세금을 거둬들인 것이 많았기 때문에 굶주린 것이 아니겠는가?[一夫之耕, 足以食數口, 則奚至於饑哉. 而至於饑者. 非以其上食稅之多, 故饑耶.]"

••• 해 설

상上은 위정자를 뜻하는 것이지만, 벼슬아치들까지도 포괄한다. 식세食稅에서의 식食은 취取와 같은 말로서 '거둬들임'의 뜻이고, 세稅는 '조세租稅'의 뜻이다. 따라서 식세食稅란 '세금을 거둬들이다'란 뜻이다.

본 장에선 노자가 무위정치를 행하게 된 이유에 대하여 잘 설명해주고 있다. 노자는 위정자의 권력을 전적으로 부정한 것은 아니지만 적어도 배제하려고 하였다. 왜냐하면 위정자가 생겨난 이유는 치治를 위한 것이지만, 위정자가 애써 다스리지 않더라도 백성들 스스로 자치自治를 이룰 수 있으며, 위정자의 치는 오히려 많은 역기능을 낳는다고 보았기 때문이다. 그 역기능의 하나는 위정자가 가혹한 세금을 부과함으로서 당시의 백성들이 굶주림에 허덕였다는 데 있다. 백성들이 자기 땅을 소유하여 경작하며 살아간다면, 풍년에는 배불리 먹을 수 있고 흉년일지라도 최소한 굶주림은 모면할 수 있을 것이다. 그러나 현실은 그렇지 못했다.『맹자』「양혜왕梁惠王」(상)에서 "풍년에는 죽을 때까지 몸이 고달프고, 흉년에는 죽음을 모면할 수 없다.[樂歲終身苦, 凶年不免於死亡.]"고 한 것처럼, 당시에는 풍년이 들더라도 근근이 생계만을 유지하기에 급급했고 흉년이 들면 그나마 살아남기조차 힘든 실정이었다. 이처럼 백성들의 생활이 각박해진 까닭은 무엇 때문인가? 위정자들이 자신의 호사스런 생활을 도모하기 위하여 백성들에게 가혹한 세금을 부과하였기 때문이라고 하였다.

民之難治, 以其上之有爲. 是以難治.

백성들을 질서잡기가 어려웠던 까닭은 위정자가 인위적으로 다스리려고 하였기 때문이다. 이 때문에 질서 이루기가 어려웠던 것이다.

주　하상공 - "백성들이 다스려지지 않았던 까닭은 임금이 욕심이 많아서 유위有爲를 좋아했기 때문이다.[民之不可治者, 以其君上多欲, 好有爲也.]"

왕필 - "백성들이 비뚤어지고 정치가 어지러워진 까닭은 모두 위정자로 말미암은 것이지 백성으로 말미암은 것이 아니다. 왜냐하면 백성들은 위정자를 쫓기 때문이다.[言民之所以僻, 治之所以亂, 皆由上, 不由其下也. 民從上也.]"

여길보 - "베를 짜서 입고 경작하여 먹음을 일컬어, '덕을 같이함'이라고 하는 것이니 어찌 다스리기가 어렵겠는가? 그런데도 다스리기가 어려웠다. 위정자의 유위 때문에 어지러워진 것이 아니겠는가?[織而衣, 耕而食,

是謂同德, 奚難治哉. 而至於難治者, 非以其上之有爲, 故難治哉.]"

●●● 해설

많은 학자들이 치治를 통치의 의미로 해석하였지만, 치治의 본래적 의미는 난難에 대립되는 '질서'를 뜻한다. 후대 사람들은 위정자가 다스리는 '통치'를 통해 질서를 이룬다고 생각했기 때문에 치를 좁은 의미로 '통치'의 뜻으로 사용하였다. 그러나 노자는 치治의 의미를 '통치'가 아닌 '자치'로 사용하였다는 점에 우리는 주목할 필요가 있다. '민지난치民之難治'에서의 치治는 '통치함'의 의미가 아니라 '질서를 이룸'의 의미이다. 따라서 본 구절에선 '백성들을 통치하기가 어렵다'는 것을 말한 것이 아니라 '질서 이루기가 어렵다'는 것을 말한 것이다. 그렇다면 당시 백성들을 질서 잡기가 어려웠던 까닭은 무엇 때문인가? 노자는 그 원인을 위정자의 '유위有爲' 때문이라고 말하고 있다. 여기서의 '유위有爲'는 위정자의 통치를 뜻한다. 흔히 위정자가 통치하는 목적은 질서를 바로잡기 위해서라고 한다. 그러나 노자는 위정자의 통치[爲]가 질서[治]를 이루기는커녕 오히려 혼란[亂]만을 가중시켰다고 말하고 있다.

民之輕死, 以其求生之厚. 是以輕死.

백성들이 죽음을 가벼이 여긴 까닭은 위정자가 자신의 삶을 두텁게 함을 구하려 했기 때문이다. 이 때문에 죽음을 가벼이 했던 것이다.

주   기其를 백성[民]으로 보느냐 위정자[上]로 보느냐에 따라서 본 문장에 대한 해석이 달라진다. 즉 기其를 백성[民]으로 볼 경우 '자신의 삶을 두텁게 함을 구함[求生之厚]'의 주체가 백성이 되며, 기其를 위정자[上]로 볼 경우 '자신의 삶을 두텁게 함을 구함[求生之厚]'의 주체가 위정자가 된다. 기其를 민民으로 보는 견해에 대하여 소자유蘇子由는 "위정자가 이욕利欲을 가지고 백성들에게 앞세우면, 백성들 역시 자신의 삶을 다투어 두텁게 하려고 하기 때문에, 비록 죽게 된다고 할지라도 이로움을 추구하는데 싫증냄이 없다.[上以利欲先民, 民亦爭厚其生, 故雖死而求利不厭.]"고 하였다. 위정자로 보는 견해에 대하여, 감산憨山은 "이로 말미암아 미루어 보건대 백성들이 죽음을 가벼이 여기는 까닭은 진실로 위정자가 자신의 삶을 두텁게 함을 구함으로 말미암아 초래된 것으로, 다른 까닭이 있어서가 아니다. 후厚는 중重의 뜻이다. 이 구는 앞에 비추어볼 때 마땅히 하나의 '상上'자가 있어야 그 묘미를 다할 수가 있다.[由是推之, 民之輕死, 良由在上求生之厚以致之, 非別故也. 厚, 重也. 此句影前當有一上字, 方盡其妙.]"고 하였다. 전체 문장은 위정자와 백성들의 관계에 대해 논의한 것이므로, 감산의 주장과 같이 '상上'자가 생략된 형태라고 보는 것이 좋다.

●●● 해설

기其는 위정자를 뜻하고, 후厚는 자신만을 위한 영리榮利를 도모함을 뜻한다. 본 문장 역시 당시 위정자에 대한 비판이 담겨있는 글이다. 삶에의 의지는 모든 생명체의 가장 강렬한 충동이다. 따라서 죽는 것을 두려워하는 것은 만고의 불변하는 진리라고 할 수 있다. 그럼에도 불구하고 당시 백성들이 죽음을 가벼이 여긴 까닭은 무엇 때문인가? 그 이유는 당시 백성들이 폭정에 의해 찌들 린 삶을 살아가야 했기 때문이다. 그들은 찌든 삶에 의해 희망을 잃은 채 삶을 포기 하였던 것이다. 또한 백성들이 이처럼 찌들 린 삶을 살아가야 했던 이유는 위정자들이 자신들의 영리榮利만을 좇으려 했기 때문이다.

夫唯無以生爲者, 是賢於貴生.

오직 삶에 있어서 인위적인 데가 없는 것, 이것이야말로 삶을 귀하게 여기는 것보다 현명하다.

주1   이식재李息齋 – "성인은 삶에 있어서 부득이 한 것처럼 해야 한다. 그가 자신의 삶을 보기를 마치 삶에 있어서 인위적인 것이 없는 것처럼 한다면 어찌 기꺼이 나의 삶을 두텁게 하기 위하여 다른 사람의 삶을 강탈하겠는가? 이것을 일러 '삶을 귀하게 여기는 것보다 현명하다고' 말하는 것이다.[聖人之於生, 蓋不得已. 彼視其生, 若無以生爲也, 豈肯厚吾之生, 而奪人之生哉. 是之謂賢於貴生.]"

고형高亨 – "'무이생위자無以生爲者'란 '삶을 위주로 하지 않음'이란 의미로서, 곧 삶을 귀하게 여기지 않음이다. 임금이 삶을 귀하게 여기면 기름을 두터이 하게 되고, 기름을 두터이 하게 되면 가혹하게 착취하고, 가혹하게 착취하면 백성들은 고통에 빠져들고, 백성들이 고통에 빠져들면 죽음을 가벼이 여기게 된다. 따라서 임금이 삶을 귀하게 여기지 않음은 삶을 귀하게 여기는 것보다 현명하다.[無以生爲者, 不以生爲事也, 即不貴生也. 君貴生則厚養, 厚養則苛斂, 苛斂則民苦, 民苦則經死. 故君不貴生, 賢於貴生)"

••• 해설

무이생위자無以生爲者는 두 가지로 풀이할 수 있다. '삶에 있어서 인위적인 것이 없음'으로 풀이하는 방법과 '삶을 위주로 하지 않음'으로 풀이하는 방법이 그것이다. 전자는 위爲를 '인위人爲'로 풀이한 것이고, 후자는 위를 '위주爲主'로 풀이한 것이다. 노자가 말한 위爲는 대부분 '인위'의 뜻으로 사용되었다는 점에서 여기서도 전자의 뜻으로 풀이했다. '귀생貴生'은 72장의 "자신을 아끼되 자신을 귀하게 여기지 않는다.[自愛不自貴]"에서의 '자귀自貴'와 같은 말이다. 노자가 자애自愛를 말하였다는 점에서도 볼 수 있듯이 자신을 아낄 것을 강조하고 있지만, 그렇다고 하여 양주楊朱의 '위아주의爲我主義'처럼 자신만을 사랑할 것을 주장한 것과는 거리가 멀다. 만일 자신만을 사랑하게 되면 자칫 극단적인 이기주의로 치달을 수 있다. 따라서 노자는 자신을 소중히 여기는 것을 긍정하였지만, 자신만을 귀하게 여기는 것에 대해선 반대하였다.

노자는 53장에서 "조정은 지나치게 화려했고, 논밭은 심각하게 황폐해졌고, 창고는 텅 비어있었다. 게다가 위정자들은 사치스럽게 장식한 옷을 입었으며, 예리한 칼을 찼으며, 물리도록 먹고 마셨으며, 재화財貨는 (물 쓰듯 써도) 남아돌았다.[朝甚除, 田甚蕪, 倉甚虛. 服文綵, 帶利劍, 厭飮食, 財貨有餘.]"고 하였다. 위정자들이 화려한 생활을 영위하기 위해서는 백성들에게 과다한 세금을 부과할 수밖에 없다. 결과적으로 위정자들을 살찌우게 하기 위해서 백성들은 굶주림에 허덕여야 했다. 그렇다면 위정자들은 무엇 때문에 온갖 착취를 자행하고 있는가? 노자는 그 이유에 대해 '귀생貴生' 때문이라고 하였다. 즉 자신의 삶만을 너무 지나치게 중시하였기 때문이라는 것이다. 자신의 삶만을 지나치게 중시하면 타인에 대한 배려가 없어질 뿐만 아니라, 타인의 희생을 강요하게 된다.

위정자가 자신만을 귀하게 여김으로 해서 가혹한 세금을 거두고, 반항하는 백성들에게 폭력을 휘두른다. 그 결과 백성들은 위정자를 원망하며, 심지어 죽음조차 마다하지 않고 격렬히 항거한다. 이처럼 위정자가 자신만을 위할 경우 그 폐단은 너무도 크다. 노자는 오직 삶에 있어서 인위적인 것을 버릴 것을 강조하였다. 인위적인 것을 버리면 허심으로 돌아가며, 허심으로 돌아가면 무위자연의 도리를 터득하게 된다. 그렇게 되면 백성들은 위정자를 어버이처럼 여길 것이며, 백성들이 자신들의 삶을 귀하게 여겨 질서를 어지럽히는 행동을 하지 않는다. 이것이야말로 위정자의 참다운 도리이며, 궁극적으론 자기 자신을 위한 것이 된다. 따라서 노자는 "오직 삶에 있어서 인위적인 데가 없는 것, 이것이야말로 삶을 귀하게 여기는 것보다 현명하다."고 하였다.

제 76 장

人之生也柔弱, 其死也堅强. 草木之生也柔脆, 其死也枯槁.
故曰, 堅强者死之徒, 柔弱者生之徒.
是以兵强則不勝, 木强則折.
强大處下, 柔弱處上.

사람이 태어날 때에는 부드럽고 유연하지만, 죽을 때에는 딱딱하고 경직되어진다. 초목이 태어날 때에는 유연하지만, 죽을 때에는 말라서 딱딱해진다.
그러므로 "딱딱하고 경직된 것은 죽음의 무리이고, 부드럽고 유연한 것은 삶의 무리이다."고 하였다.
이러한 까닭에 군대가 경직되면 적을 이기지 못하며 나무가 경직되면 부러지게 된다.
강대強大한 것은 아래에 처하고, 유약柔弱한 것은 위에 처한다.

人之生也柔弱, 其死也堅强. (萬物)草木之生也柔脆, 其死也
枯槁.

사람이 태어날 때에는 부드럽고 유연하지만, 죽을 때에는 딱딱하고 경직되어진다.
초목이 태어날 때에는 부드럽고 유연하지만, 죽을 때에는 말라서 딱딱해진다.

주1 왕필본·하상공본 등 일반 판본에는 '만물萬物'이 들어 있으나, 누고
본樓古本·엄준본嚴遵本·부혁본傅奕本·휘종본徽宗本·오징본吳澄本·팽사본彭
耜本·초횡본焦竑本에는 '만물萬物' 두 자가 없다. 문맥상으로 없는 것이 좋다.
수주본遂州本에는 취脆가 취膬로 되어 있다.

주2 하상공 - "사람이 살아서는 '조화로운 기운[和氣]'을 품고 정신精神을
포용하기 때문에 유약하다. 사람이 죽게 되면 '조화로운 기운[和氣]'이 고
갈되고 정신이 사라지게 되므로, 견강堅强해진다.[人生含和氣, 抱精神, 故柔弱
也. 人死和氣竭, 精神亡, 故堅强也.]"

이식재李息齋 - "이 장은 유약柔弱한 것은 반드시 살고, 강강剛强한 것은
반드시 죽게 됨을 말한 것이다. 유약柔弱이 비록 도가 되는 것은 아니지만
무위에 가깝고, 강강剛强한 것이 비록 도를 벗어난 것은 아니지만 유위를
이룬다. 무위하게 되면 도와의 거리가 멀지 않게 되며, 유위하게 되면 길
함·재앙·후회·애석함이 뒤따르게 되어 도에서 더욱 멀어지게 된다.[此
章汎言柔弱之必生, 剛强之必死. 柔弱雖非所以爲道, 而近於無爲, 剛强雖未離於道, 而
涉於有爲. 無爲則去道不遠, 有爲則吉凶悔吝隨之, 盆遠於道矣.]"

오징吳澄 - "사람이 태어날 때에는 피부가 유연하고 활동적이어서 굽
히고 펼 수가 있으나, 죽게 되면 싸늘하게 굳고 뻣뻣해져서 굽히고 펼 수가
없다.[人生則肌膚柔軟而活動, 可以屈伸, 死則冷硬而强直, 不能屈伸.]"

● ● ● **해설**

유柔는 '부드러움'을 뜻한다. 약弱을 일반적으로 '약함'으로 풀이하는데, 여기서는 '유연함'을 뜻한다. 견강[堅]은 견고함을 뜻하고, 강强은 '경직됨'을 뜻한다. 취脆는 '취脃'와 같은 말로서 '유연함'을 뜻한다. 고枯와 고槁 둘 다 '마르다'의 뜻으로서, 고고枯槁는 '바짝 말라서 딱딱해지다'란 의미이다.

노자가 말한 유약柔弱은 단순히 '연약함'을 뜻하는 것이 아니라 변화에 대한 '유연성'을 뜻한다. 반면에 견강堅强은 변화에 대한 '경직성'을 뜻한다. 나무를 예로 들어보자. 어린 초목은 유연하다. 이 유연함에 의해 생기발랄함을 갖는다. 반면에 늙은 고목은 뻣뻣하여 경직되어 있다.

이 점은 우리들의 사고에 있어서도 그대로 적용이 된다. 흔히들 나이를 먹을수록 오랜 연륜年輪과 함께 경험이 쌓이게 되어 사물을 폭넓게 수용하고 유연성 있게 대처할 수 있다고 말한다. 그러나 과연 이마의 주름살만큼이나 인생에 있어서 포용력과 유연성이 커지는 것일까? 솔직히 말하자면 이것은 우리들이 노인을 공경하도록 하기 위해 만들어 놓은 허구라고 본다. 나이가 먹어갈수록 몸이 경직되는 것과 마찬가지로 사실상 우리의 사고도 경직되어 간다. 자신의 고정된 틀에 갇혀 변화에 발 빠르게 적응하지 못하고 자신의 고정된 틀을 지키기 위하여 더욱 권위주의를 앞세우려는 것이야말로 늙어감의 특징이라 할 수 있으며, 이러한 특징을 노자는 '견강堅剛'이라고 말한 것이다.

故(曰), 堅强者死之徒, 柔弱者生之徒.

그러므로 '딱딱하고 경직된 것은 죽음의 무리이고, 부드럽고 유연한 것은 삶의 무리이다.'고 하였다.

주　왕필본을 비롯한 많은 판본에는 "고견강자사지도故堅强者死之徒, 유약자생지도柔弱者生之徒."로 되어 있으나, 백서본에는 "고왈故曰, 견강자사지도야堅强者死之徒也, 유약자생지도야柔弱者生之徒也."로 되어 있다. 돈황경본敦煌庚本에도 '고왈故曰'로 되어 있다. 부혁본傅奕本에는 '고강강자사지도故剛彊者死之徒'로 되어 있다. '고왈故曰'로 보는 것이 옳다고 본다.

••• 해설

'왈曰'이라고 한 것에서도 볼 수 있듯이 본 문장은 노자의 말이 아니라 당시의 격언을 노자가 인용한 말이다. 『노자』엔 병가의 말을 인용한 곳이 이미 여러 곳 있으며, 병가의 사상에서도 변화와 유약柔弱을 중시하고 있다는 점들을 고려한다면, 본 문장은 필시 어느 병가의 문장을 인용한 것 같다.

생명체의 가장 큰 특징의 하나는 변화에 대한 유연한 적응성에 있다. 모든 환경은 변화한다. 변화하는 환경이 나의 고정된 틀에 맞출 수는 없다. 우리 자신이 변화에 맞추어 살아가야 한다. 만약 변화에 더 이상 적응하지 못한다면 요절하고 만다. 견강堅强한 것은 변화에 대한 경직성을 뜻한다는 점에서 변화에 발 빠르게 적응하지 못하여 죽음을 재촉하게 된다. 반면에 유약한 것은 변화에 대한 유연성을 뜻한다는 점에서 변화에 적극적으로 적응하여 삶을 지향하게 된다. 따라서 "견고하고 강한 것은 죽음의 무리이고, 부드럽고 약한 것은 삶의 무리이다."고 하였다.

是以兵强則不勝, 木强則折(兵). 强大處下, 柔弱處上.

이러한 까닭에 군대가 경직되면 적을 이기지 못하며 나무가 경직되면 부러지게 된다. 강대强大한 것은 아래에 처하고, 유약柔弱한 것은 위에 처한다.

주1 절折 :

　　하상공본 · 왕필본 · 어주본御注本 · 경복본景福本 · 팽사본彭耜本 · 돈황본敦煌本에는 '공共'으로 되어 있다. 도장道藏에 수록된 왕필본에는 병兵으로 되어 있다. 그러나 공共으로 보든 병兵으로 보든 문의文意가 잘 통하지 않는다. 황무재黃茂材는 "『열자列子』에 수록된 노담老聃의 말에 '병강즉멸兵强則滅, 목강즉절木强則折'이라고 하였다.『열자』란 책은 대체로 노자의 뜻을 기술하였으며, 또한 노자 때와의 거리가 그다지 멀지 않았다. '목강즉절木强則折'로 보는 것이 문의에 적합하다.[列子載老聃之言曰, '兵强則滅, 木强則折'. 列子之書, 大抵祖述老子之意, 且其世相去不遠. 木强則折, 其文爲順.]"고 하였다.『열자』「황제黃帝」뿐만 아니라『회남자』「원도原道」와『문자文子』「도원道原」에서도 '병강즉멸兵强則滅, 목강즉절木强則折'로 되어 있다는 점에서, 절折로 보는 것이 옳다.

주2 왕필 – "강한 군사로 천하를 난폭하게 구는 자를 모두가 싫어하기 때문에 결코 승리할 수 없다.[强兵以暴於天下者, 物之所惡也, 故必不得勝.]"

　　오징吳澄 – "군대를 사용함에 있어서 약함을 보이는 자는 도모하는 것이 깊고도 교묘하여 적이 가볍게 보아 함부로 하게 되므로 승리할 수 있다. 강함만을 믿는 자는 사려함이 천박하고 교만하여 적이 두려워하여 무장태세를 갖추려 하므로 승리할 수 없다.[用兵示弱者, 謀深而工, 敵輕而玩之, 故勝. 恃强者, 慮淺而驕, 敵懼而備之, 故不勝.]"

● ● ● 해 설

　병兵은 '군대'의 뜻이고, 강强은 단순한 '강함'의 뜻이 아니라 '변화에 대한 경직성'을 뜻한다. 절折은 '꺾이다' '부러지다'의 뜻이다.

　　자연계는 무한한 변화 가운데 있기 때문에 하나의 모습만을 고집하지 않는다. 이것을 바둑으로써 비유해 보자. 무한한 변화 가운데 있는 바둑에는 정석이라는 것이 있으며, 이에 의거하여 정수와 악수를 판가름한다.

그러나 정수니 악수니 하는 것들은 변화를 초월하여 본래부터 규정되어진 것이 아니다. 정수라고 하는 것도 상황에 따라서는 악수가 될 수 있고, 악수라고 하는 것도 상황에 따라서는 묘수가 될 수도 있다. 따라서 정수니 악수니 하는 것은 철저히 상황 속에서 고려되어져야만 한다. 전쟁에 있어서도 마찬가지다. 전쟁에는 기본적인 원칙이 있고 '큰 줄거리[大綱]'의 전략만이 있을 뿐이다. 무한한 변화와 변수들이 있으므로 자신의 경직된 원칙만을 고집할 수는 없다. 만일 자신의 원칙만을 고집한다면 전쟁에서 이길 수가 없다.

이러한 점은 자연계의 사물에도 그대로 적용된다. 가령 곧은 나무는 바람에 거세게 저항하며 부러지지 않으려고 한다. 그 이유는 바람에 저항하여 강함을 드러내고자 하기 때문이다. 그런데 아이러니한 것은 나무가 부러지지 않으려고 할수록 오히려 더욱 잘 부러지고 사실이다. 반면에 풀은 유약하지만 아무리 거세게 바람이 불어도 부러지는 법이 없다. 그것은 변화에 잘 응하였기 때문이다.

이처럼 세상의 이치란 강대한 것은 더 이상 새로운 것을 받아들이지 못하고 현재의 것만을 고수하려 하기 때문에 쇠퇴의 길로 나아가며, 유약한 것은 변화에 발 빠르게 적응하여 부단히 새로운 것을 받아들이려 하기 때문에 강대해진다. 따라서 "강대한 것은 아래에 처하게 되고, 유약한 것은 위에 처하게 된다."고 하였다.

우리는 여기서 노자의 사상에 대해 새삼 음미해볼 필요가 있다. 노자는 병가로부터 많은 영향을 받았으며, 후대의 병가와 법가에게 지대한 영향을 주기도 하였다. 그런데 병가와 법가는 공통적으로 윤리를 철저히 배제하고 부국강병이라고 하는 이익만을 중시하였다. 그렇다면 병가나 법가의 사상이 노자의 사상과 도대체 어떠한 연관성이 있기에 병가와 법가가 노자로부터 그토록 많은 영향을 받은 것인가?

세상을 살아감에 있어서 '이익이 더 중요하냐' 아니면 '사회적 윤리가 더 중요하냐 하는 문제는 동서를 막론하고 풀기 어려운 공통된 화두였다. 유가의 경우엔 개인의 이익보다 사회적 윤리를 더욱 중요시하였다. 가령 『논어』, 「이인里人」에서 공자는 "군자는 의義에 밝고, 소인은 이로움[利]에 밝다.[君子, 喩於義, 小人, 喩於利.]"고 하였다. 맹자 역시 이익보다 윤리를 더욱 앞세웠다. 따라서 국가의 이익을 묻는 왕에게 맹자는 "왕께서는 하필이면 이로움만을 말씀하십니까? 인의仁義만이 있을 따름입니다.[王, 何必曰利, 亦有仁義而已矣.]"라고 면박을 주었다.(『맹자』, 「梁惠王」) 유가에서는 이처럼 이익보다 윤리를 더욱 앞세워 강조하였다. 많은 학자들이 노자 역시 궁극적으론 이익보다 사회적 윤리를 더욱 중시한 것처럼 생각하였으나, 실제론 윤리보다 이익을 더욱 중시하였다. 이러한 점에서 본다면 노자의 사상은 현실주의적 사상이다.

문제는 무엇이 진정한 전체의 이익이냐 하는 점이다. 노자 당시의 위정자들은 백성들의 착취를 통해 자신의 삶을 두터이 하였다. 이것은 위정자들이 오직 자신의 이익만을 도모하였기 때문이다. 노자는 당시의 이러한 위정자들을 신랄히 비판하였지만, 그 비판은 윤리적 측면에서의 비판이 아니라 이익이란 측면에서의 비판이었다. 즉 위정자가 자신만의 이익을 도모하게 되면 사회적 혼란을 가중시키게 되어 마침내는 자신의 위치조차 위태롭게 된다는 것이다. 이것은 결과적으로 작은 이익만을 도모하다가 오히려 더 큰 이익을 놓치는 것이라고 보았다. 노자는 위정자의 겸허를 중시하였다. 겸허를 중시한 이유도 단순히 겸허의 덕을 설파하기 위해서가 아니라 겸허를 통해서만이 백성들로부터 자발적인 심복을 얻어내어 더욱 강해질 수 있다고 보았기 때문이다. 노자는 유약柔弱과 같은 여성적인 것을 중시하였다. 그가 여성적인 것을 중시한 것은 페시미즘의 주장처럼 여성의 권리를 주장하기 위해서가 아니라 여성적인 부드러움이 남성적인 강함을 이긴다고 보았기 때문이다.

많은 사람들이 노자의 사상으로부터 불교에서와 같은 무소유의 정신,

문명 비판의 자연주의적 정신, 고원한 삶의 지혜를 기대하고 있다. 이러한 것 역시 노자 사상의 일면임에는 부인할 수 없는 사실이다. 그러나 노자의 일관된 사상은 병가나 법가와 같이 이익을 추구하기 위한 사상이다. 다만 병가나 법가와 다른 점은 무엇이 우리에게 참다운 이익을 주느냐 하는 관점의 차이에 있다.

제77장

天之道, 其猶張弓與. 高者抑之, 下者擧之, 有餘者損之, 不足者補之.
天之道損有餘而補不足, 人之道則不然. 損不足以奉有餘.
孰能有餘以奉天下. 唯有道者.
是以聖人爲而不恃, 功成而不處, 其不欲見賢.

하늘의 도는 마치 활을 매는 것 같구나! 높은 곳은 아래로 누르고 낮은 곳은 위로 올리어, 남음이 있는 것은 덜어내고 부족한 것은 보충한다.
하늘의 도는 남음이 있는 것을 덜어서 부족한 것에 보태어주지만, 사람의 도는 그렇지가 않다. 부족한 것을 덜어서 남음이 있는 것을 봉양한다.
누가 남음이 있는 것으로써 천하를 봉양할 수 있겠는가? 오직 도를 가진 자만이 그러할 수 있을 뿐이다.
이러한 까닭에 성인은 베풀지만 기대지 않으며, 공을 이루지만 그 공에 거처하려 하지 않으며, 자신의 현명함을 드러내려고 하지 않는다.

天之道, 其猶張弓與. 高者抑之, 下者擧之, 有餘者損之, 不足
者補之.

하늘의 도는 마치 활을 매는 것 같구나! 높은 곳은 아래로 누르고 낮은 곳은 위로 올리어, 남음이 있는 것은 덜어내고 부족한 것은 보태어준다.

주1 왕필본에는 '장궁여張弓與'로 되어 있으나, 백서본에는 '장궁야張弓也'로 되어 있다. 경룡본景龍本·돈황신본敦煌辛本·엄준본嚴遵本에는 '장궁張弓'으로 되어 있으며, 부혁본傅奕本·범응원본范應元本에는 '장궁자여張弓者歟'로 되어 있으며, 형현본邢玄本·경양본慶陽本·반계본磻溪本·누정본樓正本·고환본顧歡本·팽사본彭耜本·초횡본焦竑本 등에는 '장궁호張弓乎'로 되어 있다. 여기서는 왕필본을 따랐다.

주2 하상공 – "활을 맴에 조화를 이루어야 사용할 수가 있음을 말한 것이다. 높은 곳은 누르고 낮은 곳은 올리며, 강한 부분은 덜어내고 약한 부분은 보태어줌이 하늘의 도이다.[言張弓和調之, 如是乃可用耳. 夫抑高擧下, 損强益弱, 天之道也.]"

••• 해 설

'천지도天之道'란 '천지자연의 이치'를 뜻한다. 장궁張弓이란 '활시위를 맴'이란 뜻이다. 원래 활은 줄을 매기 전에 줌통이 위쪽에 있고 활고자가 아래쪽에 있는데, 줄을 맬 때에는 줌통을 누르고 활고자를 올라가게 한다. 본 문장에서는 자연의 이치란 남는 쪽의 것을 덜어서 부족한 쪽에 보충하려는 속성이 있음을 비유한 것이다. 『주역』 「겸괘謙卦」(象傳)에서도 "천도는 가득 찬 것을 덜어내어 겸손한 것에 보태어준다.[天道虧盈而益謙.]"고 하였다.

天之道損有餘而補不足, 人之道則不然, 損不足以奉有餘.

하늘의 도는 남음이 있는 것을 덜어서 부족한 것에 보태어주지만, 사람의 도는 그렇지가 않다. 부족한 것을 덜어서 남음이 있는 것을 봉양한다.

주 　하상공 - "하늘의 도는 남음이 있는 것을 덜어서 겸손한 것에 보태어 주는데, 이것은 항상 중화中和로써 최상으로 삼았기 때문이다. 사람의 도는 하늘의 도와 반대이다. 세속의 사람들은 가난한 자들의 것을 덜어서 부유한 자를 봉양하며, 약한 자의 것을 빼앗아 강한 자에게 보태준다.[天道損有餘而益謙, 常以中和爲上. 人道則與天道反. 世俗之人損貧以奉富, 奪弱以益强也.]"

　　왕필 - "천지와 더불어 덕이 합치된다면 곧 포용하기를 마치 하늘의 도와 같이 할 수 있다. 사람의 역량은 제각기 몸을 소유하고 있어서 평등해질 수가 없다. 만약 몸도 없고 사사로움도 없이 저절로 그러하게 된다면, 천지와 더불어 덕을 합치할 수 있을 것이다.[與天地合德, 乃能包之如天之道. 如人之量, 則各有其身, 不得其均. 如惟無身無私乎自然, 以後乃能與天地合德.]"

　　소자유蘇子由 - "하늘은 사사로운 것이 없기 때문에 평등할 수 있으며, 사람은 사사로운 것이 많기 때문에 평등하지 못하다. 도가 있는 자는 만물을 넉넉히 하면서도 자신의 공덕을 말하지 않지만, 이미 남을 위하기 때문에 자기는 더욱 있게 되며, 이미 남에게 주기 때문에 자기는 더욱 많아진다. 도가 있는 자가 아니라면 이와 같은 것을 감당해낼 수가 없다.[天無私故均, 人多私故不均. 有道者贍足萬物而不辭, 旣以爲人己愈有, 旣以與人己愈多. 非有道者, 無以堪此.]"

●●● 해설

노자의 사상을 비판하는 데 있어서 가장 큰 이론적 무기는 아마도 적자생존適者生存의 법칙일 것이다. 왜냐하면 노자가 궁극적으로 자연의 상태로 돌아갈 것을 말한 까닭은 자연계(혹은 자연계)란 궁극적으로 참다운 조화와 질서가 있는 세계라고 보았기 때문인데, 적자생존을 주장하는 학자들은 자연계란 질서와 조화가 있는 세계가 아니라 오히려 강한 자가 약한 자를 잡아먹는 약육강식의 세계라고 보았기 때문이다. 그런데 우리가 주목할 점은 적자생존을 주장한 맬서스 · 스펜서 · 다윈 등은 모두가 영국 사람들이었다는 점이다. 이들의 사상은 의식적인 것이든 무의식적인 것이든 간에 당시의 영국현실을 그대로 반영한 것이었다. 당시의 영국은 자본주의가 가장 먼저 발달한 나라로서, 자본의 축적을 위하여 대내외적으로 부단한 착취가 이루어졌다. 가령 자본가들은 자본축적을 위하여 온갖 만행을 저질렀으며, 국외적으로는 제국주의의 선봉에 나서 온갖 착취를 자행하였다. 그들은 식민지 국가로부터 온갖 자원의 약탈을 일삼았고 건장한 사내를 잡아다가 노예로 부렸고 부녀자들은 몸종이나 성적 노리개로 삼았다. 이미 강한 자 앞에 약한 자는 사람이 아닌 일종의 가축 떼에 지나지 않았다. 이러한 부당한 약탈에 정당성을 부여한 이론이 다름 아닌 '적자생존'이었다. 맬서스는 일찍이 식량은 산술급수로 늘어나는 반면에 인구는 기하급수로 늘어나기 때문에 반드시 식량이 부족해지기 마련이며, 이 부족한 식량 때문에 필연적으로 투쟁이 생겨나게 된다고 보았다. 이에 감명을 받은 다윈도 자연 상태에서는 한정된 먹이를 차지하기 위하여 치열하게 싸우며 이런 가운데 강한 것만이 반드시 살아남게 된다고 보았다. 또한 이것은 바로 우리들의 피할 수 없는 자연법칙이라고 주장하였다. 이러한 '적자생존'에 의거할 경우 자본가가 노동자를 착취하고 강대국이 약소국을 침략하는 것은 자연스런 자연의 섭리가 된다.

    노자 당시의 사회도 이와 유사하였다. 당시의 군주들은 백성들로부터 온갖 착취를 통해 호화로운 생활을 하였으며, 강한 국가들이 약소국들을 집어삼켰다. 이처럼 당시의 사회는 힘의 논리에 의하여 철저히 지배당하고 있었으며, 노자 역시 이러한 것을 현실로 받아들여 "사람의 도는 자연의 도가 공평한 것과는 같지 않으니, 부족한 것을 덜어서 남음이 있는 것을 봉양한다."고 토로하였다. 이 점에서 본다면 노자 역시 다원주의에서 말한 적자생존의 법칙을 인정한 셈이다. 다만 적자생존을 주장하는 자들은 이것을 자연의 법칙이라고 본 반면에, 노자는 사회적인 것일 뿐 결코 자연적인 것이 아니라고 보았다. 인간사를 보면 많이 가진 자는 더욱 많이 소유하려 하고 적게 가진 자는 있는 것마저 빼앗기는 경우가 허다했다. 그러나 부조리한 인간사와는 반대로 천도天道는 오히려 많이 가진 것을 가지고 적게 가진 자에게 나누어주어 평등을 도모한다고 보았다.

그렇다면 적자생존을 주장한 자들과 노자 중에서 과연 누가 옳고 누가 그른가? 물론 다수의 사람들은 과학이란 이름의 강력한 무기를 소지한 다윈의 주장을 더 옳다고 여길 것이다. 그러나 엄밀히 말하면 자본가가 노동자를 부단히 착취하고 강대국이 약소국을 침략하여 온갖 약탈을 자행하는 것은 사실상 '적자생존'과는 무관한 것이다. 왜냐하면 이들의 약탈은 생존을 위해서가 아니라 탐욕을 위해서이기 때문이다. 노자 또한 자연계에서는 일체의 생존을 위한 투쟁이 없음을 말하고자 했던 것도 아니다. 실제로 사자와 같은 맹수는 약한 짐승을 잡아먹으며, 이것 역시 엄연한 자연계의 현실이다. 그러나 자연계 속에서 살아가는 생명체들은 자신의 무한한 탐욕으로 다른 생명체를 해치는 법이 없다. 다른 생명체를 해치는 것은 '탐욕'을 위해서가 아니라 단지 '생존'을 위해서이다. 이것은 탐욕을 위해서 다른 생명을 해치는 인간과는 사뭇 다른 점이다. 가령 위정자가 자신의 호화스런 삶을 영위하기 위하여 굶주린 백성들의 고혈을 짜내었으며, 그것도 모자라 천하를 소유하고자 백성들을 징집하여 사지死地로 몰아넣었다. 정녕 슬픈 것은 위정자가 생존을 위해 그러했던 것이 아니라 단지 만족할 줄 모르는 탐욕의 노예가 되어 백성들을 고통스런 사지로 몰아넣었던 것이다. 어느 의미에서 본다면 탐욕은 지구상의 수많은 종種 중에서 유독 인간종人間種만이 갖는 유일의 특징이라 할 수 있다. 사람들은 탐욕을 위해선 자신들과 같은 종인 다른 사람들까지 마구 살상하였고 더욱 많은 것을 소유하고자 잔혹한 약탈을 일삼았다. 다윈은 자연 상태를 적자생존의 투쟁 상태로 보았으나, 이것은 자연 상태가 정말로 투쟁관계에 있기 때문이 아니라 투쟁을 일삼는 인간의 탐욕성에 의거하여 자연계를 바라본 것은 아닌가? 따라서 노자는 투쟁鬪爭의 상태란 자연계의 본래 모습이 아니라 슬픈 인간사회의 자화상自畵像에 불과하다고 보았다.

孰能有餘以奉天下. 唯有道者.

누가 남음이 있는 것으로써 천하를 봉양할 수 있겠는가? 오직 도를 가진 자만이 그러할 수 있을 뿐이다.

주　　왕필 - "'그 누가 가득 채워진 곳에 처해 있으면서 비움을 온전히 할 수 있으며, 유를 덜어서 무에 보탤 수 있으며, 빛을 누그러뜨려 티끌에 동화될 수 있으며, 넓으면서도 평등할 수가 있겠는가? 오직 도를 가지 사람만이 그러할 수 있을 뿐이다.'고 말한 것이다. 이처럼 성인은 자신의 현명함을 보이지 않음으로 해서 천하를 고르게 하였다.[言誰能處盈而全虛, 損有以補無, 和光同塵, 蕩而均者. 唯其有道者也. 是以聖人不欲示其賢, 以均天下.]"

●●● 해 설

그렇다면 사람들 중에서 누가 남음이 있는 것을 가지고 부족한 자에게 나누어줌으로 해서 천하에 기여할 수 있겠는가? 오직 도를 체득한 자만이 가능하다고 노자는 말하고 있다. 도는 만물을 기르는 어머니와도 같다. 어머니는 편애함이 없이 자식을 골고루 사랑하는 것처럼 도 역시 만물을 골고루 사랑한다. 즉 만물에 대하여 친소親疎나 귀천貴賤이 없기 때문에 좋다고 하여 보태거나 싫다고 하여 덜어내는 법이 없다. 만물을 두루 자애慈愛하며 공평무사하게 행할 뿐이다. 따라서 이러한 도를 체득한 자만이 진실로 공평할 수 있다고 본 것이다.

是以聖人爲而不恃, 功成而不處, 其不欲見賢.

이러한 까닭에 성인은 베풀지만 기대지 않으며, 공을 이루지만 그 공에 거처하려 하지 않으며, 자신의 현명함을 드러내려고 하지 않는다.

주 하상공 – "성인은 덕을 베풀지만, 보답을 바라지 않는다. 공덕이 이루어지고 일이 성취되었어도 직위에 거처하지 않는다. 사람으로 하여금 자신의 어짊을 알도록 하지 않으며, 공덕을 감추고 부귀영화에 거처하지 않으며, 하늘을 경외하여 남음이 있는 것을 덜어낸다.[聖人爲德施, 不恃其報也. 功成事就, 不處其位. 不欲使人知己之賢, 匿功不居榮, 畏天損有餘也.]"

　　이식재李息齋 – "능함이 만물에 미치면서도 자신의 능함을 자랑하지 않으며, 공덕이 천하를 덮으면서도 그 공덕에 거처하지 않으며, 이로운 은택恩澤이 천하에 베풀어지면서도 자신의 어짊을 드러내려고 하지 않는다. 오직 도가 있는 후에야 이와 같을 수가 있다.[能及萬物而不恃其能, 功蓋天下而居其功, 利澤施於天下而不欲見其賢. 唯有道者而後如此.]"

●●● 해 설

'위이불시爲而不恃'는 10장과 50장에도 이미 나왔고, '공성이불처功成而不處'는 2장에 이미 나왔다. 위爲는 시施의 뜻으로 '은혜를 베풀다'의 뜻이고, 시恃는 '의지하다' '기대다'의 뜻이다. '불욕현현不欲見賢'은 비록 현명함을 가지고 있더라도 그것을 밖으로 드러내어 과시하려고 하지 않음이다.

앞서 말했듯 도를 가진 자만이 남음이 있는 것을 가지고 부족한 자에게 보태어 공평함을 도모한다고 보았다. 성인 즉 도를 체득한 군주는 구체적으로 어떠한 자인가? 백성들에게 무한한 은혜를 베풀었을지라도 그 공덕을 빙자하여 은혜로 여기려 하지 않으며, 비록 현저한 성과를 거두어 큰 공[大功]이 있을지라도 그 공에 처하려 하지 않으며, 자신은 비록 현명함을 가지고 있을지라도 그것을 밖으로 드러내려 하지 않는다.

제 78 장

天下莫柔弱於水. 而功堅强者, 莫之能勝, 以其無以易之.
柔之勝剛也, 弱之勝强也, 天下莫不知, 莫能行.
是以聖人云. 受國之垢, 是謂社稷主, 受國不祥, 是謂天下王.
正言若反.

천하만물 중에는 물보다 부드럽고 유연한 것은 없다. 그러나 딱딱하고 경직된 것을 공격하는 데에는 물보다 더욱 나은 것이 없는 까닭은 (그 어떠한 것도) 물의 성질을 바꾸게 할 수가 없기 때문이다.
부드러운 것이 딱딱한 것을 이기고, 유연한 것이 경직된 것을 이긴다는 사실을 천하에 모를 자가 없지만, 행할 수가 없다.
이러한 까닭에 성인은 "나라의 오욕을 받는 자를 일컬어 '사직의 주인'이라고 하고, 나라의 재난을 한 몸에 받는 자를 일컬어 '천하의 왕'이라고 한다."고 말하였다.
올바른 말은 (마치) 반대되는 것 같다.

天下莫柔弱於水. 而功堅强者, 莫之能勝, 以其無以易之.

천하만물 중에는 물보다 부드럽고 유연한 것은 없다. 그러나 딱딱하고 경직된 것을 공격하는 데에는 물보다 더욱 나은 것이 없는 까닭은 (그 어떠한 것도) 물의 성질을 바꾸게 할 수가 없기 때문이다.

주 　하상공河上公 – "물은 유약하므로 원 가운데 있으면 원이 되고, 네모 가운데 있으면 네모가 되고, 막으면 머무르고, 물꼬를 트면 흘러가게 됨을 말한 것이다. 물은 산을 품고서 언덕에 오를 수 있고, 쇠를 마멸시키고 동을 소멸시킬 수가 있기 때문에 (그 무엇도) 물을 이겨서 공을 이룰 수가 없다. 따라서 견고하고 강한 것을 공격하는 데는 물과 견줄만한 것이 없다.[言水柔弱, 圓中則圓, 方中則方, 擁之則止, 決之則行. 水能懷山襄陵, 磨鐵消銅, 莫能勝水而成功也. 夫攻堅强者, 無以易於水.]"

　　　왕필王弼 – "이以는 사용함이다. 기其는 물을 말한다. 물의 유약함을 사용하면 어떠한 사물도 그것을 대신할만한 것이 없음을 말한 것이다.[以, 用也. 其, 謂水也. 言用水之柔弱, 無物可以易之也.]"

••• 해설

76장에서 이미 살펴보았듯이, '견강堅强'이 변화를 거부하고 자신만을 고집하는 변화에 대한 '경직성'을 뜻한다고 한다면 '유약柔弱'은 변화에 대한 '유연성'을 뜻한다. '이기무이역지以其無以易之'는 크게 두 가지로 해석된다. '그 어떠한 것도 물을 대신할만한 것이 없다'와 '그 무엇도 물의 성질을 바꾸게 할 수가 없다'가 그것이다. 진고응陳鼓應은 "어떠한 것도 물을 대체할만한 것이 없다."고 풀이하여 전자의 뜻으로 본 반면에, 엄영봉嚴靈峰은 "어떠한 것도 물의 설질을 바꾸게 할 수 없음을 말한 것이다.[言無物可以易水之性也.]"라고 하여 후자의 뜻으로 보았다. 대다수 학자들은 전자의 뜻을 취하였으나, 의미상으로 후자가 더욱 타당하다고 본다. 여기서의 역易은 '자발적으로 바뀌다'의 뜻이 아니라 '외부의 힘에 의해 바꾸게 하다'의 뜻이다. 『한비자』「애신愛臣」에서도 "신하가 너무 귀하면 반드시 임금의 직위를 찬탈[易]하게 된다.[人臣太貴, 必易主位.]"고 하여, 역易을 '빼앗다'의 의미로 사용하고 있다. '역성혁명易姓革命'에서의 역성易姓이란 말은 '성씨를 강압적으로 바꾸게 하다'의 의미이다.

한 나라를 망하게 하는 가장 큰 원인은 견강堅强함 때문이다. 왜냐하면 시대가 바뀌면 한 나라를 지탱하던 기강도 바뀌어야 하는데, 견강堅强만을 고수하게 되면 옛 것만을 그대로 고수하고 답습하려 하기 때문이다. 모든 일체 만물은 필연적으로 '엔트로피의 법칙'을 따라 질서에서 무질서로 향하게 된다. 그러나 생명체는 이 거역할 수 없는 엔트로피의 법칙에 역행하여 오히려 더욱 고도의 질서를 이루는 방향으로 나아갔다. 이것을 일컬어 '진화'라고 한다. 이 진화의 과정은 마치 새가 무거운 중력의 법칙을 거스르고 창공으로 향해 날아가는 것과 같다. 물리적인 것들은 모두 예외 없이 높은 곳에서 낮은 곳으로 흐르기 마련이다. 따라서 새가 창공을 향해 날아가는 것은 거역할 수 없는 물리적 법칙에 역행하는 위대한 생명의 몸짓이다. 이처럼 '엔트로피의 법칙'에 의한 하강에 역류하여 더욱 고도의 질서구조로 나아갈 수 있는 원인은 바로 변화에 대한 부단한 역동적 개방성에 의해서이다. 만일 이 역동성을 갖지 못한 채 옛 것만을 고수하며 폐쇄성을 고집한다면 '엔트로피의 법칙'으로부터 벗어날 수 없으며, 필연적으로 무질서로 향하게 된다. 또한 무질서가 극도에 달하게 되면 자발적으로 무너지거나 외부의 강압적인 힘에 의해 '바뀌게[易]' 되는 것은 필연적이다.

노자는 "천하 만물 중에는 물보다 부드럽고 유연한 것은 없다."고 말하였다. 부드럽다는 것은 곧 변화에 대한 유연성을 뜻한다. 물은 가장 유연하므로 일정한 모양이 없다. 왜냐하면 사물의 형상을 쫓아 그 자신도 끊임없이 바뀌기 때문이다. 원의 모양에 임하면 원이 되고, 네모의 모양에 임하면 네모가 된다. 그런데 물은 변화에 부단히 적응함으로 해서 영속성을 얻는다. 어째서인가? 물은 아무리 큰 장애물이 앞에 가로놓여 있을지라도 그것을 장애물로 여기지 않는다. 물이 이처럼 장애물을 장애물로 여기지 않으므로 장애물은 이미 더 이상 장애물이 될 수 없다. 더 이상 장애물이 없으므로 물은 영원한 시간의 영겁 속으로 도도히 흘러간다. 물이 이처럼 영원히 흘러가기에 노자는 '천하의 그 어떠한 강압적인 힘으로도 물을 바뀌게 할 수는 없다'고 하였다.

노자는 물이 변화의 적응을 통해 영원함을 얻지만, 이와 동시에 참으로 강한 존재라고 말하고 있다. 흔히 천하 가운에 바위가 가장 견고하고 강하다고 생각한다. 실제로 자신의 견고함을 자랑하며 38억 년의 세월을 지탱해 온 바위도 있다. 그러나 물의 유연함은 천하에서 가장 단단하다고 하는 바위조차 뚫는다. 제 아무리 견고하고 강한 존재라 할지라도 유연한 물 앞에 무릎을 꿇지 않을 재간이 없다. 따라서 노자는 "견고하고 강한 것을 공격하는 데에는 물보다 더욱 나은 것이 없다."고 말하였다.

물은 병법에서도 자주 언급되고 있다. 가령『손자병법』「허실虛實」에서 "군대의 형상[形]은 물의 성질을 본뜬 것이다. 물이 흘러감에 높은 곳을 피하고 낮은 곳으로 흘러 들어가듯 군대의 모습도 적의 강한 부분[實]을 피하여 허점[虛]을 찌른다. 물은 지형에 의거하여 흐름을 제압하듯, 군대도 적에 의거하여 승리를 제압한다. 따라서 군대는 한결같은 세력이 없으며 물은 일정한 모양이 없다. 적에 따라 변화하여 승리를 취할 수 있는 자를 '귀신같은 자[神]'라고 한다.[夫兵形象水. 水之行, 避高而趨下, 兵之形, 避實而擊虛. 水因地而制流, 兵因敵而制勝. 故兵無常勢, 水無常形, 能因敵變化而取勝者, 謂之神.]"고 하였다. 『위료자尉繚子』「무의武議」에서도 "승리한 군대는 마치 물과 같다. 물이란 지극히 유약하지만, 물이 접촉하게 되면 언덕도 반드시 그것 때문에 붕괴되고 만다. 이것은 다른 이유 때문이 아니라, 성질이 한결같고 접촉함이 정성스럽기 때문이다.[勝兵似水, 夫水至柔弱者也, 然所以觸, 丘陵必爲之崩. 無異也, 性專而觸誠也.]"라고 하였다.

柔之勝剛(也), 弱之勝强(也), 天下莫不知, 莫能行.

부드러운 것이 딱딱한 것을 이기고, 유연한 것이 경직된 것을 이긴다는 사실을 천하에 모를 자가 없지만, 행할 수가 없다.

주   왕필본을 비롯한 많은 판본들이 '약지승강弱之勝强, 유지승강柔之勝剛'으로 되어 있는데, 백서을본帛書乙本에는 두 구의 순서가 뒤바뀌어 '수「유」지승강야水「柔」之勝剛也, 약지승강야弱之勝强也'로 되어 있고, 부혁본傅奕本 · 범응원본范應元本 · 팽사본彭耜本 등에도 '유지승강柔之勝强, 약지승강弱之勝强'으로 되어 있다. 백서본의 것이 타당하다고 본다. 그 이유는 『회남자淮南子』「도응훈道應訓」에도 '유지승강야柔之勝剛也, 약지승강야弱之勝强也'로 되어 있으며, 36장에서 "유약승강장柔弱勝剛强."이라고 하였고, 76장에서 "강대허하强大處下, 유약처상柔弱處上."이라고 하여 듯이 다른 장에서도 유柔가 약弱의 앞에 와 있기 때문이다.

● ● ● 해 설

"부드러운 것이 딱딱한 것을 이기고 유연한 것이 경직된 것을 이긴다는 것을 천하에 모를 자가 없다."고 한 것은 이미 당시에 널리 퍼진 격언으로 누구나 다 알고 있는 사실이라는 뜻이다. 대부분의 학자들은 '유약한 것이 강한 것을 이긴다.'는 이 유명한 구절이 노자로부터 나온 것이라고 보았으나, 이것은 노자의 말이 아니라 당시에 유행하던 말을 노자가 인용한 것이라고 본다. 『삼략三略』「상략上略」에서도 "『군참軍讖』에서 '유柔는 강剛을 제어하고, 약弱은 강强을 제어하다.'라고 하였다.[軍讖曰, 柔能制剛, 弱能制强.]"고 하여, 『군참』의 말이라고 출처를 밝히고 있다. 과연 『군참』에서 처음 나온 말인지에 대한 진위 여부를 가릴 수는 없지만, 적어도 '유약한 것이 강한 것을 이긴다.'는 말이 병가兵家에서 널리 인용된 말이라는 점에서 병가에서부터 나온 말이라고 본다. 이처럼 유약함이 강한 것을 이긴다는 것은 당시에 널리 회자에 오르내렸고 노자 역시 이에 의거하여 "천하에 모르는 자가 없다."고 한 것이다.

(是以)聖人云, 受國之垢, 是謂社稷主, 受國不祥, 是謂天下王.

이러한 까닭에 성인은 "나라의 오욕을 받는 자를 일컬어 '사직의 주인'이라고 하고, 나라의 재난을 한 몸에 받는 자를 일컬어 '천하의 왕'이라고 한다."고 말하였다.

주1 왕필본 및 일판 판본에는 시이是以로 되어 있으나, 백서갑본·하상공본·경룡본景龍本 등에는 고故로 되어 있다.

주2 하상공 – "임금 중에 나라의 더러움을 받아들일 수 있는 자가 마치 강과 바다가 작은 물줄기들을 거부하지 않는 것과 같이 한다면, 사직을 오랫동안 보존할 수 있으며 일국一國의 군주가 될 수 있다. 임금이 백성들의 허물을 끌어다가 자기에게 더하고, 백성들을 대표하여 상서롭지 않은 재앙을 받아들인다면, 천하의 왕 노릇 할 수가 있을 것이다.[人君能受國之垢濁者, 若江海不逆小流, 則能長保其社稷, 爲一國之君主也. 人君能引過自與, 代民受不祥之殃, 則可以王天下.]"

• • • 해 설

구垢는 온갖 더러운 것으로서 '오욕汚辱'을 뜻한다. 사직社稷은 '국가'를 의미하는 것으로서, 사社는 '토지 신'을 뜻하고 직稷은 '오곡五穀'을 뜻한다. 불상不祥이란 '상서롭지 못한 일' 혹은 '재앙'을 뜻한다.

'성인운聖人云'이란 말을 통해서 볼 수 있듯이 본 문장은 노자의 말이 아니라 당시의 성어成語를 인용한 말임을 알 수 있다. 『춘추좌씨전春秋左氏傳』 「선공宣公·15년」에서도 백종伯宗이 "임금이 오욕을 받아들이는 것은 하늘의 도이다.[國君含垢, 天之道也.]"라고 하였다.

'나라의 오욕을 받는 자'란 백성들 밑에 있음을 뜻하는 것으로, 마치 하류에 거처하는 것과 같다. 하류에 거처할수록 온갖 더러운 물들이 다 모여들기 마련인데, 이것을 다 받아들인다는 말은 온갖 오욕汚辱을 모두 다 수용한다는 의미이다. 그런데 강과 바다가 천하 계곡들의 제왕이 될 수 있었던 까닭은 낮은 곳에 임하여 온갖 오욕을 다 받아들일 수 있었기 때문이다. 따라서 '오욕을 받아들인 자는 사직 즉 국가의 주인이 될 수 있다'고 말하였다.

또한 군주들 중에서 나라의 상서롭지 못한 재난을 자신 스스로가 모두 감내하며 받아들일 수 있는 자야말로 가장 겸허한 자세를 취한 자이다. 이러한 자라면 천하의 왕 노릇을 할 수가 있다고 말하였다. 『서경書經』「태서泰誓」(중)에서도 무왕武王이 "백성들에게 잘못이 있다면 그것은 나 한사람에게 책임이 있다.[百姓有過, 在予一人.]"고 하였다. 무왕은 백성들의 허물을 자신의 책임으로 돌림으로 해서, 노자가 언급한 바처럼 천하의 왕 노릇을 할 수가 있었다.

하류란 비하한 곳에 거처하여 천하의 오욕을 다 받아들인다는 노자의 관점은 유가의 관점과는 상반된다. 유가에서는 하류에 거처하는 것을 천한 것으로 보았다. 따라서 공자는 『논어』「자장子張」에서 "이러한 까닭에 군자는 하류에 거처하는 것을 싫어하니, 천하의 온갖 추악한 것들이 다 모여들기 때문이다.[是以君子, 惡居下流, 天下之惡, 皆歸焉.]"라고 하였다. 하류로 내려갈수록 물이 더러워지기 마련이며, 공자는 이러한 관점에서 하류에 거처하는 것을 싫어하였다. 반면에 노자는 하류로 내려갈수록 온갖 더러움을 다 받아들이지만, 비하한 곳에 처하여 온갖 더러움을 마다하지 않고 모두 포용함이야말로 진정한 제왕의 덕이라고 보았다.

正言若反.

올바른 말은 마치 반대되는 것 같다.

주 하사공 – "이것은 정직한 말인데도, 세상사람들은 이를 알지 못하고 반대되는 말이라고 여긴다.[此乃正直之言, 世人不知, 以爲反言.]"

  소자유蘇子由 – "올바른 말이란 도에 합치되고 세속과 반대됨이다. 왜냐하면 세속에선 더러운 때를 받아들이는 것을 '욕됨'이라고 여기고, 상서롭지 않은 것을 받아들이기는 것을 '재앙'이라고 여기기 때문이다.[正言合道而反俗. 俗以受垢爲辱, 受不祥爲殃故也.]"

● ● ● 해 설

동서고금을 통하여 노자만큼 많은 부정과 역설을 자주 언급한 인물도 드물 것이다. 역설을 즐겨 말한 것으로써 본다면 서양에서의 니체에 비견될 수 있다. 노자 역시 자신이 '반언反言'을 말하고 있다고 고백하고 있다. 여기서 '반언反言'이란 자신의 주장이 당시 사람들이 추구하는 것과 상반된 듯이 보인다는 의미이다. 그러나 노자는 자신이 단순히 역설을 말함으로 해서 사람들을 현혹시키려고 한 것이 아니며 단지 '정언正言'을 말하고자 한 것인데 일반사람들의 눈으로 볼 때 역설적으로 비쳐졌을 뿐이라고 하였다.

  사람들은 높음을 통해 높음을 추구하고, 큼을 통해 큼을 추구하고, 존귀함을 통해 존귀함을 추구한다. 노자 역시 긍정을 지향하고 있다는 점에서 정언正言을 말하였다. 즉 노자 역시 '높음' '존귀함' 등을 추구하려고 하였다. 다만 일반 사람들이 추구하는 방법과 노자가 추구하는 방법에 있어서 차이점이 있다. 그것은 사람들이 긍정의 방법을 통하여 긍정을 지향하고자 한 반면에 노자는 부정의 방법을 통하여 긍정을 지향하고자 했다는 점이다. 그런데 세상사의 이치는 높아지고자 하면 할수록 오히려 더욱 낮아지고, 커지고자 하면 할수록 오히려 더욱 작아지고, 많이 갖고자 하면 할수록 오히려 더욱 작아진다. 그럼에도 불구하고 사람들은 긍정의 방법이야말로 유일의 방법론이라고 믿는다. 반면에 노자는 긍정화의 길을 통해서는 긍정을 추구할 수 없으며, '반언反言'처럼 보이는 부정화의 길을 통해서만이 오히려 참다운 긍정이 실현될 수 있다고 보았다. 가령 낮아짐으로 해서 높아지고, 작아짐으로 해서 커지고, 무소유의 정신을 구가할수록 더욱 많아진다는 것이다.

    노자는 그 누구보다도 긍정적인 삶을 강조하였던 긍정의 사상가다. 다만 긍정을 추구하는 방법에 있어서 세인世人들과 달랐을 뿐이다. 중요한 것은 방법에 있는 것이 아니라 지향하고자 하는 목적에 있다. 노자가 비록 부정의 방법을 취했다고 하더라도 목적이 긍정에 있다면 이 역시 긍정을 지향한 것이다. 이 점에서 본다면 노자의 사상을 '부정의 사상'이라고 단정하는 것은 단지 외형만을 보고 판단한 것일 따름이다.

제 79 장

和大怨, 必有餘怨, 安可以爲善.
是以聖人執左契, 而不責於人.
故有德司契, 無德司徹.
天道無親, 常與善人.

큰 원망을 화해하여 풀더라도 반드시 남은 앙금이 있게 마련이니, 어찌 좋다고 하겠는가!
이러한 까닭에 성인은 증서의 왼쪽만을 잡고 있을 뿐이지, 남에게 (빚을) 독촉하지 않는다.
그러므로 덕 있는 자는 증서만을 살피고, 덕 없는 자들은 거둬들이는 것만을 살핀다.
하늘의 도는 친애함이 없으니, 항상 선량한 사람과 함께 한다.

和大怨, 必有餘怨, 安可以爲善.

큰 원망을 화해하여 풀더라고 반드시 남은 앙금이 있게 마련이니, 어찌 좋다고 하겠는가!

주1 왕필본王弼本을 비롯한 일반판본에는 안安으로 되어 있으나, 백서본帛書本에는 언焉으로 되어 있다. 『문자文子』「미명微明」에는 '내하기위불선柰何其爲不善'으로 되어 있다. 안安・언焉・내하柰何는 모두 '어찌'란 뜻이다.

주2 하상공河上公 – "남을 죽인 자는 자신도 죽게 되고 남에게 상해를 입힌 자는 자신도 형벌을 받게 되므로 서로가 보복으로 화답하는 것이다. 형벌에만 의존하면 인정人情을 잃게 되므로 반드시 선량한 사람에게까지도 원망할만한 일이 생기게 된다.[殺人者死, 傷人者刑, 以相和報. 任刑者失人情, 必有怨及於良人也.]"

왕필 – "어음을 분명하게 관리하지 않아서 큰 원망이 이미 생겨나게 되었다면, 덕으로써 화해하려고 하더라도 그 상처가 아물지 않을 것이다. 그러므로 반드시 남은 원망이 있게 된다.[不明理其契, 以致大怨已至, 以德「以」和之, 其傷不復. 故必有餘怨也.]"

이식재李息齋 – "원망하는 것이 화해할 수가 없음은 마치 불 자체가 차가워질 수 없고 물 자체가 뜨거워질 수 없는 것과 같다. 설령 억지로 화해시킨다고 할지라도 반드시 남은 원망이 있기 마련이다. 따라서 이것으로써 선으로 삼기에는 부족하다.[怨之不可和, 猶火之不可寒, 水之不可熱. 若强和之, 必有餘怨. 以此爲善, 未足也.]"

● ● ● 해 설

'큰 원망'이란 작은 원망이 쌓여서 생겨난 깊은 원한을 말한다. 화和는 화해和諧의 뜻으로서, 원한관계를 '화해하여 풀다'란 의미이다.

본 장은 위정자의 덕을 위주로 하여 말한 것이다. 사람들 간의 작은 원망은 화해를 통해 그나마 풀 수 있지만, 이미 원망의 골이 깊어진 상태에 이르게 되면 원상태로 회복하기란 거의 불가능하다. 이와 마찬가지로 이미 백성들에게 큰 원망이 생겨난다면 별의 별 유화책을 다 동원하여 원망의 실타래를 푼다고 할지라도 반드시 씻을 수 없는 앙금이 남기 마련이다. 큰 원망은 이미 깨진 사기그릇과 같아서 이것을 아무리 단단한 접착제로 붙인다고 하더라도 원래 상태로 회복될 수 없다. 따라서 이미 원망을 만들어 놓고서 이것을 푸는 것은 어디까지나 차선책일 따름이며, 원망이 생기지 않도록 미연에 방지하는 것이야말로 최선책이라고 보았다.

是以聖人執左契, 而不責於人.

이러한 까닭에 성인은 증서의 왼쪽만을 잡고 있을 뿐이지, 남에게 빚을 독촉하지 않는다.

주1　계契 :

　　오징吳澄 - "계契란 나무에 새겨 증서로 삼은 것으로서, 중간을 나누어 각각 그 하나씩을 갖고 있다가 (훗날에) 그것을 합하여 신용을 표시한 것이다.[契者刻木爲券, 中分之, 各執其一而合之, 以表信.]"

주2　고형高亨 - "무릇 남에게 빌려준 자는 증서의 왼쪽을 갖고, 남에게서 빌린 자는 증서의 오른쪽을 갖는다. 남에게 빌려준 자는 증서의 왼쪽을 갖고 남에게 빌려준 것을 요구하여 상환케 한다. 성인聖人이 증서의 왼쪽을 잡고 남에게서 요구하지 않는다는 것은 베풀기만 할 뿐 그 보답을 요구하지

않는다는 의미이다.[凡貸人者執左契, 貸於人者執右契. 貸人者可執左契以責貸於
人者, 令其償還. 聖人執左契而不責於人, 卽施而不求報也.]"

●●● 해 설

좌계左契는 채무에 대한 증서, 즉 어음으로 쓰이는 부절符節의 왼쪽을 말한
다. 당시에는 채무에 대한 증서를 나무 판지에다 쓰고서 반으로 자른 다음,
왼쪽은 채권자에게 주었고 오른쪽은 채무자에게 주었다. 『예기』「곡례曲禮」
(상)에서도 "곡식을 되돌려주는 자는 증서의 오른쪽을 갖는다.[獻粟者, 執右
契.]"고 말하였다.

여기서의 성인이란 도를 체득한 왕을 지칭한다. 성인이 좌계左契를 가
지고 있다는 것은 채권자의 입장에 서 있다는 말이다. 채권자의 입장에 서
있다는 말은 백성들에게 은혜를 베푼다는 의미이기도 하다. 그러나 성인
은 "남에게 (빚을) 독촉하지 않는다.[不責於人]"고 하였다. 책責은 '요구하다'
'독촉하다'의 뜻으로, 성인은 백성들에게 은혜를 베풀 뿐 그 은혜의 대가를
요구하지 않는다는 말이다. 가령 기근이 들면 위정자들은 백성들에게 곡
식을 대준다. 이 때 채무의 증서를 주게 되는데, 증서는 빚을 갚지 않을 경우
독촉하기 위한 것이다. 그러나 성인은 백성들에게 덕을 베풀어주면서도 덕
을 덕으로 여기지 않기 때문에 덕을 베푼 대가를 바라지 않는다.

사람들은 남에게 뭔가를 줄 경우 항상 그 대가를 바란다. 대가를 바라
기 때문에 상대방이 그 대가에 보답하지 않으면 상대방을 원망한다. 그가
지나치게 대가를 요구하면 상대방 또한 그를 원망한다. 이처럼 서로가 원
망하게 되면, 그 원망의 골이 점차 깊어지게 되어 나중엔 아무리 화해를 하
려고 해도 앙금은 여전히 남게 된다. 반면에 도를 체득한 위정자들은 남에
게 베풀어주면서도 그 대가를 기대하지 않는다. 대가를 기대하지 않으므
로 상대편이 보답하지 않더라도 원망하지 않는다. 그가 상대편을 원망하
지 않으므로 상대편 역시 그를 원망하지 않는다. 따라서 베풀되 그 대가를

바라지 않아야 참되게 베푸는 것이다.

(故)有德司契, 無德司徹.

그러므로 덕 있는 자는 증서만을 살피고, 덕 없는 자들은 거둬들이는 것만을 살핀다.

주1   고故 :

　　　하상공본과 왕필본에는 '고故'가 없으나, 백서본・경룡본景龍本・이현본易玄本・누고본樓古本・돈황신본敦煌辛本・부혁본傅奕本・범응원본范應元本 등에는 '고故'가 있다. '고故'가 있는 것이 옳다.

주2   하상공 – "덕 있는 군주는 신의에 합치되는지 여부만을 관리할 뿐이다. 반면에 덕이 없는 군주는 신의에 합치되는지 여부에 대해서는 관심이 없고 오직 사람의 잘못된 점만을 살핀다.[有德之君, 司察契信而已. 無德之君, 背其契信, 司人所失.]"

　　　왕필 – "철徹이란 사람들의 잘못을 살핌이다.[徹, 司人之過也.]"

　　　마서륜馬敍倫 – "사司를 풀이하면 '사찰伺察,살피다'의 사司이다.[司, 讀爲伺察之司.]"

● 해 설

　　사계司契에서의 사司는 '살피다'의 뜻이고, 계契는 앞서 살펴보았듯이 '증서'의 뜻으로서 '베풀다'란 의미이다. 따라서 사계司契란 남에게 베풀어 주는 것만을 전담한다는 의미이다. 철徹에 대하여 『맹자』「등문공滕文公」(상)에서 "주나라 사람은 백 묘에 철徹하였다.[周人, 百畝而徹.]"고 하였다. 철徹은 본래 주나라 세법稅法의 하나로, 백 묘의 땅에서 나온 곡물 중에 십분의 일을 세금으로 내는 것을 뜻한다. 그러나 이 뜻이 옮겨져 '취하다[取]'의 뜻이 되었다. 조기주趙岐注에 "밭가는 자는 백 묘에서 십 묘를 취하여 이것을 세금으로 바쳤다. 철徹은 취取와 같다.[耕者百畝徹取十畝以爲賦. 徹猶取也.]"고 하였다. 『시경詩經』「빈풍豳風」〈치효鴟鴞〉의 "저 뽕나무 뿌리를 주워 다가[徹彼桑土]"에서의 주자주朱子注에서도 "철徹, 취야取也."라고 하였다. 이와 같이 사철司徹에서의 철徹은 '취하다[取]'의 뜻으로서, 사철司徹이란 남에게 빌려준 대가를 얻는 데에만 주력한다는 의미이다. 유덕有德은 덕이 있는 군주나 관리를 지칭하고 무덕無德은 덕이 없는 군주나 관리를 지칭한다.

세속적인 위정자들은 채권자의 입장에 서 있다. 백성들이 필요할 때 꿔준다는 점에서 보면 은혜로운 것 같지만 항상 그 대가를 요구한다는 점에서 볼 때 사채업자와 하등 다를 바가 없다. 위정자들이 이처럼 꿔준 것을 거둬들이는 데에만 주력한다면 필시 백성들의 원망을 받게 된다. 반면에 성인은 백성들에게 은혜를 베풀지만 그 베풂을 은혜로 여기지 않는다. 이미 은혜로 여기지 않으므로 어떠한 대가도 바라지 않는다. 이와 관련하여 『춘추좌씨전春秋左氏傳』「양공襄公 · 29년」에서 "송宋나라 또한 기근이 들자, 사성씨司城氏는 군주인 평공에게 요청하여 국가의 곡식을 내어 빌려주었으며, 대부大夫들로 하여금 빌려주도록 권유했다. 사성씨司城氏는 이처럼 빌려주었으면서도 (빌려준 내용을) 기록하지 않았다.[宋亦饑, 請於平公, 出公粟以貸, 使大夫皆貸. 司城氏貸而不書.]"고 하였다. '빌려주었으면서도 기록하지 않았다'는 말은 곧 앞에서의 '성인은 증서의 왼쪽만을 잡고 있을 뿐이지, 남에게 빚을 독촉하지 않는다.'와 같은 의미이다. 이처럼 성인은 은혜를 베풀기만 하고 그 대가를 일체 생각하지 않으므로 백성들로부터 원망 받을 것이 없다.

天道無親, 常與善人.

하늘의 도는 친애함이 없으니, 항상 선량한 사람과 함께 한다.

주 하상공 - "하늘의 도가 친함과 소원함이 없이 오로지 선한 사람과 함께 한다는 것은 곧 증거만을 살피는 자와 함께 함이다.[天道無有親疏, 唯與善人, 則與司契者也.]"

●●● 해설

'하늘의 도는 친애함이 없으니[天道無親]'와 유사한 의미로『장자』「천운天運」에서도 '지인무친至仁無親'이라고 하였다. 본 구절의 대의는 5장의 "천지는 어질지 않으니, 만물을 '지푸라기로 만든 개[芻狗]'처럼 여긴다.[天地不仁, 以萬物爲芻狗.]"와 같다. 하늘의 도는 만물에 대하여 친애함이 없다. 친애함이 없으므로 냉정한 듯이 보인다. 그 냉정함은 마치 '지푸라기로 만든 개[芻狗]'처럼 필요할 때 잠시 사용했다가 필요 없어지면 가차 없이 길거리에 버리는 것과도 같다. 그러나 친애함이 있으면 친애하지 않음이 반드시 생겨나기 마련이고, 은혜로움이 있으면 은혜롭지 않음이 반드시 생겨나기 마련이다. 친애함이란 결국 사사로운 개인의 감정에 얽매이므로 공의로움에 역행하게 된다. '천도는 친애함이 없다'란 자연의 냉정함을 말한 것이 아니라, 자연의 공평무사함을 말한 것이다. 공평무사한 것이 마치 개인의 감정에 냉담한 것처럼 보일 수 있지만, 사실은 공평무사함이야말로 진정한 공의로움이 되므로 항상 선한 사람의 편에 서게 된다. 따라서 "항상 선량한 사람과 함께 한다."고 하였다.

우리가 유의할 점은 여기서의 선善은 악이나 불선不善에 대립되는 선이 아니라는 사실이다. 만일 선을 악이나 불선의 상대적 개념으로 이해한다면 '항상 선량한 사람과 함께 한다.'가 '선량하지 않은 사람과는 함께하지 않는다.'란 의미로 해석되어 노자가 마치 선악의 차별을 긍정한 것처럼 오인될 수도 있다. 여기서 말한 선은 선과 불선을 모두 포용하는 선을 말한다. 이와 관련하여 49장에서 "선한 자는 내가 선하게 여기고, 선하지 않은 자도 내가 또한 선하게 여기니, 덕이 선하기 때문이다.[善者吾善之, 不善者吾亦善之, 德善.]"고 하였다. 본 구절에서 말한 선량한 사람을 위문장과 관련시켜 말한다면 항상 은혜를 베풀기만 하고 그 보답을 바라지 않는 자이다. 유가에서는 '친친親親'을 중시하였다. 친친親親이란 '혈육을 친애함'이다. 그러나 친함이 있으면 반드시 소원함이 생겨나기 마련이다. 따라서 유가에서는 '친친'을 중시하였기 때문에 친한 사람에게는 베풀어주기를 좋아하지만 상대적으로 소원한 사람에겐 인색해지기 마련이다. 반면에 노자는 진정으로 선한 사람은 친함이니 소원함이니 따위를 가리지 않고 모두 친하게 대한다고 보았다. 천도天道 역시 친함[親]과 소원함[疏]을 차별하지 않고 모두를 친하게 대하므로 선량한 사람과 함께 한다고 하였다.

제 8 0 장

小國寡民.
使有什佰之器而不用, 使民重死而不遠徙.
雖有舟輿, 無所乘之, 雖有甲兵, 無所陳之.
使民復結繩而用之, 甘其食, 美其服, 安其居, 樂其俗.
隣國相望, 鷄犬之聲相聞, 民至老死不相往來.

나라를 작게 만들고 백성들을 적게 만들라.
열 명 백 명의 군인들이 소지한 병기를 가지고 있더라도 그것을 사용하지 못하도록 해야 하고, 백성들로 하여금 죽음을 소중히 여기게 하여 멀리 이사가지 못하도록 해야 한다.
비록 배와 수레가 있다고 하더라도 그것을 탐이 없게 해야 하고, 비록 갑옷과 무기가 있다고 하더라도 그것을 진열함이 없게 해야 한다.
백성들로 하여금 다시 새끼줄로 매듭지어서 사용하게 해야 하고, 음식을 달게 여기도록 해야 하고, 옷을 아름답게 여기도록 해야 하고, 거처함을 편안히 여기도록 해야 하고, 풍속을 즐기게 해야 한다.
이웃나라끼리 서로 마주보고 있어 닭과 개 짖는 소리를 서로 들을 뿐, 백성들은 늙어 죽을 때까지 서로 왕래하지 않는다.

小國寡民.

나라를 작게 만들고 백성들을 적게 만들라.

주1 대부분의 판본에는 '국國'자로 되어 있으나, 백서갑본帛書甲本에는 '방邦'자로 되어 있다.

주2 소자유蘇子由 - "노자는 쇠퇴한 주나라에서 태어났다. (당시는) 꾸밈이 압도하여 풍속이 무너졌기 때문에 장차 무위로써 구제하려고 하였다. 따라서 노자서老子書 끝에다가 자신이 뜻하던 바를 말하였다.[老子生于衰周. 文勝俗獘, 將以無爲求之. 故于書之終, 言其所志.]"
　여길보呂吉甫 - "삼대[夏殷周]로부터 주나라의 쇠퇴에 이르기까지 그 꾸밈의 폐단이 아주 심각하였음으로 백성들은 성명性命의 실정實情을 잃게 되었다. 따라서 노자의 말은 바탕으로써 구하여 태고적의 처음 상태로 돌아가고자 함에 있었다.[三代以來至于周衰, 其文獘甚矣, 民失其性命之情. 故老子之言, 求之以質, 以反太古之始.]"

••• 해 설

일반적으로 '나라는 작고 백성들은 적어서'로 풀이하고 있으나, "나라를 작게 만들고 백성들을 적게 만들라."로 풀이하는 것이 옳다. 그 이유는 첫째, 뒤 구절들에서 '하게 하여야 한다[使]'고 말하고 있기 때문이다. 전자로 해석할 경우 '나라는 작고 백성들은 적어서 ~을 하게 하여야 한다'로 풀이되는데, 이 경우엔 해석이 이상해진다. 둘째, 이 문장과 비슷한 용례로 19장의 '소사과욕少私寡欲'이 있기 때문이다. '소사과욕少私寡欲'을 풀이하면, '사사로움과 욕심을 적게 하여야 한다.'는 뜻으로서, 여기서도 '동사+목적어'의 형식으로 되어 있다.

"나라를 작게 만들고 백성을 적게 만들라."는 말속에서 우리는 노자가 촌락 공동체 사회를 이상목표로 하였음을 엿볼 수 있다. 그렇다면 노자는 어째서 촌락 공동체 사회를 지향하고자 했는가? 노자는 궁극적으로 '무위지치無爲之治'의 이상을 피력하고 있다. 국가라는 것이 백성들에게 어떠한 역할을 하는가? 혹자 중에는 국가란 외부의 침략을 막아주고, 치안을 유지해주고, 전체의 복지를 증진시켜준다는 점에서 반드시 필요하다고 하는 상식적인 견해를 피력할 것이다. 그러나 노자 당시의 왕과 귀족들은 사치와 향락을 일삼았으며 백성들은 그들을 살찌우기 위하여 굶주려야 했다. 또한 위정자가 천하패권의 야욕을 채우기 위해 숱한 전쟁을 도발했으며 그 결과로 무고한 백성들은 전쟁터에서 헛되이 죽어갔다. 반면에 국가의 행정이 아직 뻗칠 여력이 없는 깊은 산골의 촌락을 살펴보자. 촌락의 사람들은 어떠한 경쟁의식도 없으며 탐욕도 없이 단지 자연에 동화되어 유유자적한 삶을 살아간다. 이들에게는 경쟁심이나 분쟁을 일으킬만한 지식이 없기에 다툼이 없으며, 탐욕이 없기에 법이란 것도 필요가 없다. 이들은 국가라고 하는 것이 무엇 때문에 있어야 하는지 조차 알지 못한다. 따라서 노자는 국가의 간섭을 배제하여 백성들 스스로 질서를 이루어야 하다는 '자치自治'를 주장하였다. 그런데 자치를 이루기 위해서는 거대하고 복잡한 행정기구를 필요로 하는 국가보다는 수많은 작은 촌락 공동체로 이루어져야 한다고 보았다.

使有什佰之器而不用, 使民重死而不遠徙.
열 명 백 명의 군인들이 소지한 병기를 가지고 있더라도 그것을 사용하지 못하도록 해야 하고, 백성들로 하여금 죽음을 소중히 여기게 하여 멀리 이사 가지 못하도록 해야 한다.

주1 왕필본을 비롯한 통행본에는 사유십백지기이불용使有什佰之器而不用으로
되어 있는데, 하상공본에는 '사유십백인지기이불용使有什佰人之器而不用'로 되어
있다. 여기서는 통행본을 따랐다.

주2 십백지기什佰之器 :

십백什佰에는 다양한 뜻이 있다. 하상공河上公은 "백성들로 하여금 각
대오隊伍를 열 명 백 명으로 짝지어서, 귀함이나 천함이 서로 침범할 수 없
도록 한 것이다.[使民各有部曲什伯, 貴賤不相犯也.]"고 하여, 십백을 '열 명·
백 명'의 뜻으로 풀이하였다. 소자유蘇子由는 "십백지기什佰之器란 재주가 열
사람 백 사람의 우두머리를 담당할만한 사람을 뜻한다.[什佰之器, 則材堪什
夫佰夫之長者也.]"고 하여, '열 사람·백 사람의 우두머리가 될 만한 재주'로
보았다. 소자유가 말한 기器는 『논어』 「위정爲政」에서 "군자불기야君子不器
也.]"에서의 기器와 같은 의미이다. 그런데 유월兪樾은 십백은 군대의 대오隊伍
에서 사용하는 단위라고 하였다. 이와 관련해 "살펴보건대 십백지기什佰之器
란 병기兵器이다. 『후한서後漢書』 「선병전宣秉傳」의 주注에서 말하기를 "군법에
서 다섯 사람을 오伍라고 하고, 두 오伍를 십什이라고 하니, 그 무기도 한가
지로 한 것이다.[軍法五人爲伍, 二伍爲什, 則共其器物.]"고 하였다. ······ 아울러
백佰을 말한다면, 옛날 군법에는 백 사람을 백佰으로 삼았다. 『주서周書』 「무
순武順」에 "25명을 원졸元卒(기본 단위로 구성된 병사)이라 하고, 네 졸卒이 호
위하기에 백佰이라고 하였다.[五五二十五日元卒, 四卒成衛日伯.]"고 하였다."
고 하였다. 유월은 이처럼 십백什佰을 군대의 대오隊伍로 보았으며, 십백지
기什佰之器를 '열 명·백 명의 군인이 소지한 병기'의 뜻으로 풀이하였다. 십
백什佰은 '열 배·백 배'라는 의미로도 쓰인다. 가령 『맹자』 「등문공滕文公」
(상)에서 "물건의 같지 않음은 사물의 참모습이다. 가령 서로 배가 되거나
다섯 배가 되기도 하고, 서로 열 배가 되거나 백 배가 되기도 하고 서로 천배
가 되거나 만 배가 되기도 하거늘 그대는 이것을 나란히 하여 똑같이 하려고

한다. 이것은 정녕 천하를 어지럽히는 것이다.[夫物之不齊, 物之情也. 或相倍蓰, 或相什佰, 或相千萬, 子比而同之. 是亂天下也.]"고 하였다. 주자주朱子注에 "십백천만什佰千萬은 모두 배倍를 나타내는 수이다.[什佰千萬, 皆倍數也.]"고 하였다.

주2 사민중사이불원사使民重死而不遠徙 :

왕필王弼 – "백성들로 하여금 (문명적인 것을) 사용하지 않게 하고 오직 자신만을 보배로 여기게 하고 재물과 뇌물을 탐하지 않게 하기 때문에, 백성들 각자가 자신이 거처하는 곳을 편안히 여기고 죽음을 소중히 하여 멀리 이사가지 않는다.[使民不用, 惟身是寶, 不貪貨賂, 故各安其居, 重死而不遠徙也.]"

● ● ● 해 설

민중사民重死란 '백성들이 죽음을 귀중히 여김'이란 의미이다. 불원사不遠徙란 '멀리 이사가지 않음'이다. 십백지기什佰之器는 '열 명·백 명의 군인이 소지한 무기'란 뜻으로 보는 것이 좋다. 그 이유는 "열 명 백 명의 군인이 소지한 병기를 가지고 있더라도 그것을 사용하지 못하도록 해야 한다."와 다음 문장의 "비록 갑옷과 무기가 있다고 하더라도 그것을 진열함이 없게 해야 한다."가 서로 상응하고, "백성들로 하여금 죽음을 중히 여기게 하여 멀리 이사가지 못하도록 해야 한다."와 다음 문장의 "비록 배와 수레가 있다고 하더라도 그것을 탐이 없게 해야 한다."가 서로 상응하기 때문이다.

46장에서 "천하에 도가 있으면 잘 달리는 말도 (전쟁터에서) 철회시켜 거름주는 데 사용한다.[天下有道, 却走馬以糞, 天下無道, 戎馬生於郊.]"고 하였듯이, 전쟁이 일어나지 않으면 전쟁에 아무리 적합한 잘 달리는 말이라고 하더라도 더 이상 사용할 필요가 없어 농촌에서 거름주는 일에나 사용하게 된다. 이와 마찬가지로 전쟁이 일어나지 않는다면 병사들이 소지한 무기는 더 이상 사용할 길이 없어 무기고에서 썩을 것이다. 따라서 '열 명 백 명의 군인이 소지한 병기를 가지고 있더라도 그것을 사용하지 못하도록 해야 한다.'란 더 이상 전쟁이 일어나지 않아 더 이상 무기란 것이 필요 없어져야 한다는 의미다.

'백성들이 죽음을 소중히 여긴다.'는 말과 관련해서, 74장에서 "백성들이 죽음을 두려워하지 않는다면, 내 무엇으로써 두려워하게 할 수 있겠는가?[民不畏死, 奈何以死懼之.]"라고 하였다. 천하에서 가장 귀중한 것은 단연코 인명人命이라 할 수 있다. 그런데 위정자가 포악한 정치를 행한다면 백성들은 견디다 못해 죽기를 갈망하게 되어 죽음을 가벼이 여기게 된다. 따라서 '죽음을 소중히 여기게 하라'는 말은 '어진 덕을 베풀어 백성들이 자신의 삶을 소중히 여기도록 하라'의 뜻이다. 또한 백성들이 포악한 정치에 시달리게 되면 자포자기의 심정으로 자신들의 삶의 터전을 버리고 멀리 이사가게 된다. 오늘날에는 이사가 비교적 용이하지만, 당시 사회에선 자신의 오랜 터전을 버리고 멀리까지 이사가는 것은 목숨을 건 위험스런 행위였다. 그럼에도 불구하고 그들이 멀리까지 이사가야 했던 까닭은 마냥 앉아서 죽기만을 기다리기보다는 차라리 삶의 터전을 다 버리더라도 살길을 도모하는 것이 낫다고 판단했기 때문이다. 따라서 노자는 백성들에게 삶의 터전을 만들어서 편안하게 살도록 하여 멀리 이사 가는 불상사가 생겨나게 해서는 안 된다고 본 것이다. 본 문장과 유사한 의미로서 72장에서도 "백성들로 하여금 자신들이 거처하는 곳을 협소하게 여김이 없도록 해야 하고, 자신들의 삶에 대하여 싫증냄이 없도록 해야 한다.[無狹其所居, 無厭其所生.]"고 하였다.

雖有舟輿, 無所乘之, 雖有甲兵, 無所陳之.

비록 배와 수레가 있다고 하더라도 그것을 탐 없게 해야 하고, 비록 갑옷과 무기가 있다고 하더라도 그것을 진열함이 없게 해야 한다.

●●● 해설

주舟란 '배'를 뜻하고 여輿는 '수레'를 뜻한다. 갑병甲兵을 직역하면 '갑옷과 무기'를 뜻하지만 '병기'를 총체적으로 지칭한 것으로서, 50장에서도 이미 나온 바 있다. 진지陳之란 '병기[之]를 무기고에 진열해 놓다'의 뜻이다.

앞 문장에서 "백성들로 하여금 죽음을 소중히 여기게 하여 멀리 이사가지 못하도록 하여야 한다."고 하였듯이, 백성들이 자신의 삶의 터전에 만족해한다면 굳이 멀리 이사갈 이유가 없다. 멀리 이사갈 필요가 없기 때문에 비록 배나 수레가 있더라도 그것을 탈 필요가 없다고 하였다. 이미 수만리의 영토를 가진 대국이 타국을 침범한 까닭은 자신이 소유한 영토에 만족해하지 않았기 때문이다. 만일 나라를 작게 하고 백성들을 적게 한다면 굳이 전쟁할 하등의 이유가 없다. 전쟁이 없다면 설령 갑옷과 무기가 있다고 하더라도 그것을 쓸 일이 없으므로 무기고에 진열할 필요가 없다고 하였다.

使民復結繩而用之, 甘其食, 美其服, 安其居, 樂其俗.

백성들로 하여금 다시 새끼줄로 매듭을 지어 사용하게 해야 하고, 음식을 달게 여기도록 해야 하고, 옷을 아름답게 여기도록 해야 하고, 거처함을 편안히 여기도록 해야 하고, 풍속을 즐기게 해야 한다.

주　왕필본에는 '사인使人'으로 되어 있으나, 백서본・하상공본・부혁본傅
奕本・경룡본景龍本・고환본顧歡本・강사재본强思齋本 등에는 '사민使民'으로 되어
있다. 『장자』「거협胠篋」에서도 '민결승이용지民結繩而用之'로 되어 있다는 점
에서 '사민'이 옳다고 본다.

주　왕필 – "구하고자 하는 것이 없음이다.[無所欲求.]"

　　소자유蘇子由 – "안으로 만족해한다면 밖으로 원하는 것이 없어지게 된
다. 따라서 소유한 것을 좋게 여기고, 처한 곳에서 서로 즐겨, 또 다시 구하
려고 하지 않는다.[內足而外無所慕. 故以其所有爲美, 以其所處相樂, 而不復求也.]"

••• 해 설

승繩은 색索과 같은 말로서 '새끼줄'을 뜻한다. '결승結繩'이란 새끼줄로 매
듭을 지어서 의사를 표현하던 가장 원시적인 문자 형태이다. 다시 결승을
사용하자고 주장한 이유는, 한자와 같은 복잡한 문자는 식자와 무식자를
구별하는 원인이 될 뿐만 아니라, 문식文飾을 꾸미어 소박한 본성을 해치는
주범이 된다고 보았기 때문이다. 노자는 문文에 치중하기보다는 소박한
의식주에 만족하여야 한다고 보았다. 즉 저 자연계 속에서 살아가는 동물
들은 문자란 것이 전혀 없이도 잘만 살아가듯이 인간의 삶 역시 문자와 같
은 것들이 굳이 필요 없다고 보았다.

　'음식을 달게 여기도록 해야 하고, 옷을 아름답게 여기도록 해야 하고,
거처함을 편안히 여기도록 해야 한다'란 현재 주어진 의식주에 만족해하
여야 함을 말한 것이다. 사람들이 생존하는 데 있어서 의식주가 가장 기본
이 됨은 두말할 나위가 없다. 만일 소박한 음식이라도 달게 여기고, 비싼
옷이 아닐지라도 아름답다고 여기고, 누추한 집이라도 편안하게 여긴다면
사회적 문제가 생겨날 것이 없다. 그런데 문제는 사람들이 진귀한 음식을
좋아하고, 사치스런 옷을 입기 좋아하고, 화려한 집에서 살기 원한다는 데
있다. 이러한 것들은 생존과 무관한 것들이다. 따라서 노자는 생존하는 데

필요한 소박한 의식주의 해결에 만족해야 한다고 말하였다.

노자는 아울러 각 지역의 풍속을 즐기라고 하였다. 세계 각국의 풍속은 저마다 각각의 개별성을 갖고 있다. 그런데 우리는 흔히 보편의 문화 척도를 제시하며 이 척도에 의거해 각각의 풍속들을 우월함과 미개함으로 규정한다. 이 점은 당시 사회에서도 마찬가지였다. 유가의 경우 문왕과 주공이 제정한 풍속은 우수한 것이며, 오랑캐의 풍속은 미개한 것이라고 보았다. 이에 반해 노자는 지방마다 독자적인 다양한 풍속들이 있으며 이 독자적인 풍속에 따를 것을 주장하였다.

본 문장은 소박한 삶의 모습을 구체적으로 묘사한 것이기는 하지만, 복고주의적인 성향의 한 단면을 여실히 엿볼 수 있다. 많은 학자들이 본 장을 지적하며 노자가 '원시사회로의 복귀'를 주장하였다고 강조했을 뿐만 아니라, 노자사상의 치명적인 약점으로 자주 지적하곤 하였다. 그러나 본 문장이 과연 당시의 문명을 모두 파괴시키고 소박한 원시상태로 돌아가야 할 것을 주장한 것인가에 대해서는 진지한 검토가 있어야 할 것 같다. 루소는 일찍이 "자연으로 돌아가라!"고 하였는데 이것은 사회의 일체 문명을 파기하고 원시사회로 돌아가자는 의미인가? 마르크스가 '원시공동체사회'에서 '공산주의 사회'의 이상적 모델로 삼았다고 해서 양자가 같다고 할 수 있는가? 이러한 질문 자체가 이미 우문愚問일 것이다. 루소는 현실의 불평등한 권력구조를 비판하고 미래의 평등한 권력구조를 지향하기 위하여 과거에서 모델을 찾은 것이며, 마르크스 역시 현실의 불평등한 소유구조를 비판하고 미래의 평등한 소유구조를 지향하기 위하여 과거에서 모델을 찾은 것이다. 그들의 과거지향은 곧 현실비판을 위한 도구였으며 이러한 현실비판 속에는 미래 지향성이 들어가 있다. 따라서 복고주의를 단순히 과거지향주의와 동일시하는 견해엔 동의할 수 없다.

노자의 복고주의 역시 현실비판과 미래 지향성을 동시에 가지고 있다. 당시의 위정자들은 자신의 권력을 휘두르며 온갖 착취와 폭행을 자행하였으며, 그것도 모자라 천하 패권을 장악하기 위해 숱한 전쟁을 도발하여 백성들을 사지死地로 몰아넣었다. 노자는 이러한 현실을 목도하고 위정자의 통치가 더 이상 필요 없는 사회를 지향하려고 하였다. 따라서 사람들이 복잡한 문자나 윤리규범 등을 애초부터 알지 못한다면 상하 구별이라는 것이 생겨날 수 없으며, 소박한 의식주에 만족해한다면 더 이상의 탐욕을 위해 분쟁하는 일이 없으며, 각각의 풍속을 즐긴다면 서로가 조화를 이룰 수가 있다고 보았다. 만일 분쟁이 없고 자신의 삶에 만족해하고 풍속에 서로 동화되어 산다면, 여기에 국가가 더 이상 개입해야 할 뚜렷한 이유가 사라진다. 따라서 노자가 과거를 언급한 까닭은 단순히 원시 사회로의 복귀를 주장하기 위해서가 아니며, 이상향을 제시함으로 해서 현실 모순을 타파하기 위해서이다.

隣國相望, 鷄犬之聲相聞, 民至老死不相往來.

이웃 나라끼리 서로 마주보고 있어 닭과 개 짖는 소리를 서로 들을 뿐, 백성들은 늙어 죽을 때까지 서로 왕래하지 않는다.

주　　하상공河上公– "서로의 거리가 가까움이다.[相去近也.]"

●●● 해설

'이웃 나라끼리 서로 마주보고 있다'는 말은 나라 사이의 거리가 아주 가까움을 말한 것이다. 이 양국 간의 가까움을 다소 과장되게 표현하여, "닭과 개 짖는 소리를 서로 듣는다."고 하였다. 이와 같이 노자는 촌락 단위를 가장 이상적인 국가단위로 보았다. 노자가 말한 국가는 촌락이라는 작은 단위로 쪼개져 있다는 점에서 이웃국가와의 왕래란 이웃마을 사이의 왕래처럼 용이하다. 그럼에도 불구하고 노자는 어째서 "백성들은 늙어 죽을 때까지 서로 왕래하지 않는다."라고 하였는가? 당시의 백성들은 위정자의 가혹한 착취와 엄격한 법령의 시행으로 인해 삶을 포기하였다. 자포자기의 상태로 고향의 모든 것을 버리고 멀리 타지방으로 떠나간다. 마지막 살 길을 도모하기 위한 불가피한 선택이었다. 그러나 자신이 거쳐하는 곳에서 윤택한 삶을 구가하게 된다면 백성들은 아무리 가까운 나라에 인접하고 있다 하더라도 이사를 가려고 하지 않을 것이다. 굳이 이사갈 필요가 없으므로 비록 이웃국가가 지척에 있더라도 늙어 죽을 때까지 서로 왕래하지 않는다고 한 것이다.

여기서 우리는 노자가 말한 국가의 단위는 더 이상 국가가 아니며 오히려 마을에 가깝다는 것을 알 수 있다. 노자는 이미 '국國'을 말한 이상 국가를 긍정하였으며, 당시의 시대적 상황에 비추어 볼 때 국가를 부정할 수는 없었다. 국가에 대한 부정은 오늘날에도 가장 급진적인 사상으로 간주되고 있는 마당에 철저한 계급 사회였던 당시 사회에서 국가를 전면 부정한다는 것은 상상조차 할 수 없는 일이다. 노자 역시 국가의 필요성을 인정하기는 했지만, 그 이면에는 커다란 국가의 해체와 함께 촌락 사회를 지향하려고 하는 의도가 들어가 있다. 그렇다면 어째서 국가를 해체하고 촌락 사회를 지향하려고 하였는가? 노자가 가장 지향하고자 한 사회는 백성이 주체가 되는 자치自治의 사회였다. 그는 자치를 이루기 위해서는 국가가 작은 단위로 쪼개져야 한다고 보았다. 왜냐하면 국가가 커질수록 국가 권력이 비대해질 수밖에 없으며, 국가 권력이 비대해지면 국가 권력을 장악한 권력자들에 의해 국가의 행정이 전행專行되며, 소수 권력자에 의해 국가 행정이 전행되면 이 소수의 권력에 의해 백성들이 이끌려가게 되며, 백성들이 소수 권력자에 의해 이끌려가게 되면 백성들의 자발적인 자치와 상충된다고 보았기 때문이다. 이러한 점에서 본다면 노자는 중국 사상가 중에서 가장 민중의 편에 서 있었던 혁명적 사상가였다고 할 수 있다.

제 81 장

信言不美, 美言不信.
善者不辯, 辯者不善.
知者不博, 博者不知.
聖人不積. 旣以爲人, 己愈有, 旣以與人, 己愈多.
天之道, 利而不害, 聖人之道, 爲而不爭.

진실한 말은 아름답지 못하고, 번지르르한 말은 신의가 없다.
선량한 자는 말을 잘하지 못하고, 말을 잘하는 사람은 선량하지 못하다.
아는 사람은 박식하지 못하고, 박식한 사람은 알지 못한다.
성인은 쌓아두지 않는다. 이미 이로써 남을 위한다면 자신은 더욱 있게 되며, 이미 이로써 남과 함께 한다면 자기는 더욱 많아진다.
하늘의 도는 이롭게 할 뿐이지 해롭게 하지 않으며, 성인의 도는 잘 행할 뿐이지 다투지 않는다.

信言不美, 美言不信.

진실한 말은 아름답지 못하고, 번지르르한 말은 신의가 없다.

주　왕필王弼 - "실재는 질박함[質]에 있고, 근본은 소박함[樸]에 있다.[實在質也, 本在樸也.]"

　　소자유蘇子由) - "신의信義는 실재를 위한 것일 따름이기 때문에 반드시 아름다울 필요는 없다. 아름다움은 보이기 위한 것일 따름이기 때문에 반드시 신의가 있을 필요는 없다.[信則爲實而已, 故不必美, 美則爲觀而已, 故不必信.]"

● ● ● 해설

'신언信言'이란 '진실한 말'이란 뜻이고, '미언美言'이란 '겉만 번지르르한 말'이란 뜻이다.

　　흔히들 진실의 힘은 상대방을 감동시킨다고 말하고 있다. 그러나 상대방을 감동시키는 것은 진실한 말이 아니라 꾸미는 말일 경우가 더욱 많다. 가령 위대한 웅변가가 청중들을 울리고 웃겨 감동을 주는 까닭은 그가 위대한 진실을 말하였기 때문이 아니라 화려하게 꾸며서 말하였기 때문이다. 위대한 웅변가가 되기 위해서는 먼저 '숙련된 기술'을 익혀야 한다. 그러나 스킬skill은 진실과 무관할 뿐만 아니라 스킬이 늘어날수록 거짓도 이와 함께 늘어난다. 실제로 신의가 있는 말은 조금의 과장도 없이 있는 그대로를 말하는 것이므로 조금도 아름답지 못하다. 반면에 화려하게 꾸미는 말은 참으로 아름답다.

　　그렇다면 사람들은 무엇 때문에 말을 꾸미려고 하는 것인가? 가장 큰 이유는 자신의 이익을 취하기 위해서이다. 본 문장과 관련해 62장에서 "번지르르한 말은 사고 팔 수가 있다.[美言可以市]"고 하였다. 시장 바닥에서 장사꾼에게 가장 필요한 것은 꾸미는 말이다. 말을 꾸밀수록 물건을 사고파는 데 있어서 많은 이익을 얻을 수 있기 때문이다. 사람들은 이처럼 온갖 꾸미는 말로 사람들을 속임으로 해서 이익을 얻으려고 한다. 따라서 "온갖 겉만 번지르르한 말에는 신의가 없다."고 하였다.

공자 역시 꾸밈을 싫어하였다. 『논어』 「학이學而」에서 "말을 꾸미고 얼굴빛을 좋게 하는 사람 중에는 어진 이가 드물다.[巧言令色, 鮮矣仁.]"고 하였으며, 「이인里仁」에서도 "군자는 말에서는 어눌하지만 실천에 있어서는 민첩하고자 한다.[君子, 欲訥於言而敏於行.]"고 하였다.

善者不辯, 辯者不善.

선량한 사람은 말을 잘하지 못하고, 말을 잘하는 사람은 선량하지 못하다.

주 　하상공 - "변辯이란 '잘 꾸민 말'을 말한 것이다.[辯者, 謂巧言也.]"
　　소자유 - "선을 위주로 한다면 말 잘함을 구하지 않게 되며, 말 잘함을 위주로 한다면 반드시 선한 것은 아니다.[以善爲主, 則不求辯, 以辯爲主, 則未必善.]"

●●● 해 설

'선자불변善者不辯'에서 변辯은 '말 잘함'을 뜻한다. 본 문장과 관련해 41장에서 "크게 말 잘하는 것은 어눌한 것 같다.[大辯若訥.]"고 하였다.

선한 사람들은 진실만을 말하기 때문에 그 말이 아름답지 못하며, 아름답지 못하기 때문에 말을 잘하지 못하는 것 같다. 심지어 어눌한 듯이 보이기까지 한다. 반면에 유창하게 말을 잘하는 사람들은 말을 아름답게 포장하는 때문에 진실하지 못하며, 진실하지 못하기 때문에 불선不善한 것이 된다. 당시의 달변자達辯者를 꼽으라고 한다면 유세遊說하는 자들을 들 수 있다. 당시에 유세하는 자들은 자신을 기용할 왕을 찾기 위해 천하를 주유하였다. 그들은 표면적으론 부국강병이란 대의명분을 내세우고 있지만 그 궁극적인 목적은 왕에게 환심을 사 권력을 얻으려는 데 있다. 그들은 이처럼 오직 자신만을 위하기 때문에 선하지 못한 자이다.

본 문장과 관련하여『논어』「헌문憲問」에서 공자는 "덕이 있는 자는 반드시 훌륭한 말이 있지만, 훌륭한 말이 있는 자라고 하여 반드시 덕이 있는 것은 아니다.[有德者, 必有言, 有言者, 不必有德.]"라고 하였다. "말 잘하는 자가 반드시 선한 사람은 아니다."라는 공자의 진술은 노자의 진술과 대략적으로 일치한다. 다만 "덕이 있는 자는 반드시 훌륭한 말이 있다."고 한 공자의 진술은 노자의 진술과 차이점이 있다. 그렇다면 양자의 차이는 무엇 때문에 생겨난 것인가? 말이란 꾸민다는 점에서 전형적인 문文에 속한다. 공자는 바탕이 없는 형식적인 꾸밈에 대해서는 개탄慨嘆하였지만, 궁극적으론 주나라의 예제를 중요시 하였을 뿐만 아니라 예제를 회복시키려고 하였다. 그 일환으로 바탕을 드러내는 꾸밈에 대해서 적극적으로 긍정하였다. 따라서 덕이 없는 말에 대해서는 비판하였지만 덕이 있는 말에 대해서는 긍정하였다. 반면에 노자는 문文이란 말 그대로 꾸밈일 뿐으로 질質과는 전혀 무관한 것이라고 보았다. 문文은 질質과는 무관할 뿐만 아니라 질박함을 오히려 가리고 왜곡시키는 주범이라고 보았다. 말 역시 꾸미면 꾸밀수록 질박함으로부터 멀어져간다고 보았으므로 말 잘함 자체를 비판하였다.

知者不博, 博者不知.

아는 사람은 박식하지 못하고, 박식한 사람은 알지 못하다.

주　　소자유 – "하나[道]로써 관통하면 박식함을 사용할 필요가 없다. 널리 배워서 나날이 지식이 늘어난 자라고 하여 반드시 도를 아는 것은 아니다. [有一以貫之則無所用博. 博學而日益者, 未必知道也.]"

●●● 해 설

지자知者는 '도를 아는 자'를 뜻한다. 불박不博에서 박博은 '박학다식함'을 뜻하는 것으로서, 외물에 대한 지식이 풍부함을 의미한다.

　　본 문장과 관련하여 47장에서 "문밖을 나서지 않더라도 천하의 이치를 알 수가 있고, 창문을 엿보지 않더라도 자연의 이치를 볼 수가 있다. 나아감이 더욱 멀어질수록 그 앎이 더욱 적어진다.[不出戶, 知天下, 不窺牖. 見天道, 其出彌遠者, 其知彌少.]"고 하였다. 도란 것은 밖에서 구하는 것이 아니라 안에서 구하는 것이다. 왜냐하면 도란 것이 이미 우리들 마음속에 덕의 형태로 내재되어 있기 때문이다. 우리는 이 덕을 굳게 간직함으로 해서만 이 참다운 앎을 얻을 수 있다. 그럼에도 불구하고 사람들은 안의 것을 방치한 채 밖으로부터 지식을 구한다. 밖으로부터 많은 지식을 얻은 사람을 우리는 '박식한 사람'이라고 부른다. 또한 사람들은 박식한 사람을 식자識者 즉 '아는 사람'이라고 부른다. 그러나 이것은 단순히 박식한 것일 뿐 진정으로 아는 것이 아니다. 어째서인가? 33장에서 "남을 아는 자를 '지智'라고 한다.[知人者, 智.]"고 하였듯이, 밖으로부터 얻어진 앎을 노자는 '지智'라고 하였다. 지智란 분별지分別智를 의미한다. 분별지는 피상적인 외물만을 앎의 대상으로 삼기 때문에 근본을 알지 못하고 오직 가지만을 알게 된다. 또한 이 분별은 상하의 차별로 나아가며, 이 차별은 개별들의 조화를 꾀하기보다는 오히려 더욱 많은 분열만을 조장하였다. 따라서 이러한 앎은 단지 피상적인 앎일 뿐, 진정한 앎이 아니라고 보았다.

　　반면에 노자는 70장에서 "말에는 근본이 있고 일에는 기강紀綱이 있다. [言有宗, 事有君]"고 말하고 있다. 진정한 앎이란 피상적인 것에 대한 이해에 있는 것이 아니라 근본에 대한 이해에 있으며, 개체들에 대한 차별에 있는 것이 아니라 개체들의 조화에 있다고 보았다. 도야말로 근본과 기강을 갖고 있는데 우리는 이 도를 본래부터 간직하고 있다. 따라서 우리는 이 도를 굳게 간직함으로 통해 저절로 근본과 기강을 알 수가 있다. 노자는 이것이야말로 진정한 앎이라고 보았다.

聖人不積. 旣以爲人, 己愈有, 旣以與人, 己愈多.

성인은 쌓아두지 않는다. 이미 이로써 남을 위한다면 자신은 더욱 있게 되며, 이미 이로써 남과 함께 한다면 자기는 더욱 많아진다.

주　　하상공 – "성인은 덕을 쌓을 뿐 재물을 쌓지 않으므로, 덕을 가지고서 어리석은 사람을 가르치며 재물을 가지고서 가난한 사람들에게 나누어준다. 이미 남을 위해 덕스런 교화를 베풀어주면 자기는 더욱 덕이 있게 되고, 이미 재물의 여유가 있어서 사람들에게 베풀어주면 재물은 더욱 많아진다. 이것은 마치 일월의 빛이 다하는 때가 없는 것과도 같다.[聖人積德不積財, 有德以敎愚, 有財以與貧也. 旣以爲人施設德化, 己愈有德, 旣以財賄布施與人, 而財益多, 如日月之光, 無有盡時也.]"

　　여길보呂吉甫 – "성인은 도와 몸이 합치되었으니, 어찌 쌓아둠이 있겠는가? 오직 쌓아둠이 없기에 만물은 나와 함께 하나가 된다. 만물이 나와 함께 하나가 되니, 나는 참으로 부유한 자이다. 따라서 이미 이로써 다른 사람을 위한다면 자기는 더욱 있게 되고, 이미 이로써 다른 사람과 함께 한다면 자기는 더욱 많아진다. 쌓아 둔 것으로 하여금 사용하게 할 경우엔 때가 되면 고갈됨이 있게 되니, 어찌 더욱 가질수록 더욱 많아진다고 할 수 있겠는가?[聖人與道合體, 夫何積之有哉. 唯其無積, 故萬物與我爲一. 萬物與我爲一, 則至福者也. 故旣以爲人己愈有, 旣以爲人己愈多. 使其有積也, 則用之有時而旣矣, 安能愈有而愈多乎.]"

●●● 해설

성인은 도를 체득한 군주를 뜻한다. '쌓아두지 않는다[不積]'는 것은 앞 문장과 결부시켜 볼 때 재물·권력·명예와 같은 외적인 것을 쌓아두지 않는다는 말이다. 旣는 '이미'의 뜻이다. 與는 '주다'와 '함께하다' 두 가지 뜻으로 풀이할 수 있다. 대다수 학자들은 앞 구절의 '남을 위하다[爲人]'와 결부시켜 '주다'로 풀이하고 있는 데 여기서는 '함께하다'의 뜻으로 풀이하는 게 좋다. 그 이유는 노자가 다른 곳에서도 與를 대부분 '함께하다'의 뜻으로 사용하였을 뿐만 아니라, 與는 뒤의 '부쟁不爭'과 관련된 말인데 양자를 결부시켜볼 때 '함께하다'로 보는 것이 의미상으로 더욱 타당하기 때문이다.

사람들은 쌓아두기를 좋아한다. 장사꾼들은 갖은 속임수를 써서 재물을 쌓아두기 좋아하며, 유세하는 자들은 온갖 유창한 달변으로 왕에게 유세遊說하여 권력을 쌓아두기 좋아하며, 지식인들은 자신의 박학다식함을 과시하며 명예를 쌓아두기 좋아한다. 사람들이 재물·권력·명예를 쌓기 위해 온갖 노력을 할수록 오히려 내적인 덕과 진실로부터 더욱 멀어져만 간다. 거짓된 것들은 금세 무너지고 마는 사상누각과도 같은 것이다. 그렇다면 그들은 허망한 사상누각을 위해 부단히 노력하는 자들에 지나지 않는다.

반면에 성인은 재물을 탐하지도, 권력을 탐하지도, 명예를 탐하지도 않는다. 이처럼 탐하려는 마음이 없으므로 쌓아두지 않는다. 쌓아두지 않음으로 해서 남은 여력이 있으면 남에게 베풀어 주며, 남과 함께 더불어 살아가려고 한다. 성인이 이처럼 쌓아두지 않고 남에게 베풀 수 있었고 남과 더불어 살아갈 수 있었던 까닭은 외적인 것에 집착하지 않음으로 해서 내실을 더욱 중시하였기 때문이다. 가령 자신의 명예나 권력을 초개草芥처럼 여기며, 외부의 지식을 구하지 않고, 소박한 의식주의 삶에 만족해한다. 성인은 이처럼 권력을 탐하지 않고 남을 위해 살아가지만 진실함·선함·진정한 앎을 얻을 수 있어서 더욱 많은 것을 얻게 된다. 또한 남과 함께 항상 더불어 살아가려 하므로 더욱 많은 사람들이 자발적으로 모여들기 때문에 자신의 것이 더욱 많아진다.

天之道, 利而不害, 聖人之道, 爲而不爭.

하늘의 도는 이롭게 할 뿐이지 해롭게 하지 않으며, 성인의 도는 잘 행할 뿐이지 다투지 않는다.

주1 천지도天之道, 이이불해利而不害 :
하상공 - "하늘은 만물을 생겨나게 하고 자애로움으로 기르고 성장시키기 때문에 해롭게 함이 없다.[天生萬物, 愛育之, 令長大, 無所傷害也.]"
왕필 - "움직여 항상 생겨나게 하고 이루게 한다.[動常生成之也.]"

주2 성인지도聖人之道, 위이부쟁爲而不爭 :
하상공 - "성인은 하늘이 베푸는 것을 본받는다. 가령 교화시키고 이루어 일이 성취되었음에도 불구하고 백성들과 더불어 공과 명예를 다투지

않는다. 따라서 성인의 공업功業을 온전히 할 수 있다.[聖人法天所施爲. 化成事就, 不與下爭功名. 故能全其聖功也.]"

주3 소자유 – "세勢는 사람들을 이롭게 할 수 있지만 사람들을 해치게 할 수도 있다. 힘은 사람들을 위할 수 있지만 사람들과 다투게 할 수도 있다. 이롭게 할 수도 있고 해롭게 할 수도 있지만 일찍이 해되지 않고, 이롭게 할 수도 있고 다툴 수도 있지만 일찍이 다투지 않는 것, 이것 때문에 하늘과 성인이 보통사람보다 크게 뛰어나 만물의 종주가 될 수 있었다.[勢可以利人, 則可以害人矣, 力足以爲之, 則可以爭之矣. 能利能害而未嘗害, 能爲能爭而未嘗爭, 此天與聖人大過人, 而爲萬物宗者也.]"

여길보呂吉甫 – "무릇 사물은 이로운 것이 있으면 이롭지 못한 것이 있게 되고, 이롭지 못한 것이 있으면 해롭지 않을 수 없다. 오직 하늘의 도만이 이로운 것이 없기 때문에 이롭지 않은 것이 없고, 이롭지 않은 것이 없기 때문에 이로움만을 줄 뿐 해롭지 않다. 무릇 사물들 중에 행위가 있는 것들은 나를 의식하지 않을 수 없는데, 나를 의식하기 때문에 다툼이 있게 된다. 성인의 도는 비록 행하지만 (인위적인) 행함이 없고, 인위적인 행함이 없기 때문에 나를 의식하지 않고, 나를 의식하지 않기 때문에 다툼이 없으니, 이것이야말로 하늘의 도인 것이다.[凡物有所利, 則有所不利, 有所不利, 則不能不害矣. 唯天之道無所利, 則無所不利, 無所不利, 則利而不害矣. 凡物之有爲者, 莫不有我, 有我故有爭. 聖人之道, 雖爲而無爲, 無爲故無我, 無我故不爭, 是天之道而已矣.]"

• • • 해 설

위이부쟁爲而不爭에서의 위爲는 단순한 행위를 뜻하는 것이 아니라, 앞의 이利와 연관되어 백성들에게 '이롭게 함'이란 뜻한다.

앞에서 언급한 '좋게 꾸민 말' '말 잘하는 사람' '박식한 사람'들이 하나같이 내세우는 주장은 '타인의 이로움'이다. 가령 장사꾼들은 자신이 손해 보고 판다고 말하며, 유세하는 자들은 부국강병이란 대의를 가지고 유세하며, 지식인들은 진리라는 이름을 가지고 논의한다. 그러나 현실은 그들의 주장과는 정반대로 이로움이 없을 뿐더러 오히려 해롭게 하는 사례들이 너무도 많다. 가령 장사꾼들은 많은 재물을 모으기 위해 온갖 거짓으로 남들을 부단히 속이며, 유세하는 자들은 권력을 얻기 위해 왕을 현혹시키며, 지식인들은 진리라는 이름을 빌미로 하여 저마다 학파를 이루어 서로 다툰다.

반면에 하늘의 도는 이롭게 할 뿐 해롭게 하지 않는다고 하였다. 어째서 그러한가? 모든 사물은 그 스스로 존재하는 것이 아니라 관계성 속에서 존재한다. 즉 이것은 저것에서부터 생겨나고 저것은 이것으로부터 생겨난다. 따라서 친근함이 있으면 소원함이 있게 되며, 이로움이 있으면 해로움이 있게 되며, 귀함이 있으면 천함이 있게 된다. 그러나 하늘의 바른 길은 허심虛心으로 만물을 공평무사하게 대한다. 즉 하늘의 도는 친애함이 없기 때문에 미워함이 없으며, 미워함이 없기 때문에 해침도 없다. 56장에서도 "친근하게 할 수도 없고, 소원하게 할 수도 없고, 이롭게 할 수도 없고, 해롭게 할 수도 없고, 귀하게 할 수도 없고, 천하게 할 수도 없다.[不可得而親, 不可得而疏, 不可得而利, 不可得而害, 不可得而貴, 不可得而賤.]"고 말하였다. 이처럼 귀천貴賤이나 친소親疎 · 호오好惡가 없기 때문에, 만물에 대하여 오로지 이롭게만 할 뿐 해로움을 주지 않는다.

성인은 바로 이러한 하늘의 도를 체득한 자이다. 즉 허심에 임하기 때문에 재물 · 권력 · 명예 등을 탐하지 않으며, 오직 모든 만물을 평등하게 대한다. 모든 만물을 평등하게 대하므로 나쁘거나 싫다고 하여 버리는 일이 없다. 따라서 27장에서 "이처럼 성인은 항상 남을 잘 구제해주기 때문에 남을 버리는 일이 없으며, 항상 잘 만물을 구제해주기 때문에 만물을 버림이 없다.[是以聖人常善求人, 故無棄人. 常善救物, 故無棄物.]"고 하였다. 성인은 자신만을 위하기보다는 항상 남을 위해 살아가려 하기 때문에 백성들에게 항상 이로움만을 준다. 또한 이미 남과 구별하려는 분별지를 버림으로 해서 남과 더불어 살아가려고 하기 때문에 일체의 다툼도 없다. 따라서 "성인의 도는 잘 행할 뿐이지 다투지 않는다."고 하였다.

□ 역대의 대표적 주석가 및 판본

당대^{唐代} 이전

죽간본^{竹簡本} 1993년 겨울 호북성^{湖北省}·형문시^{荊門市}에 있는 곽점^{郭店} 1호의 초^楚나라 묘지에서 통행본『노자』의 5분의 2 정도인 2,000여자의『노자』가 출토되었다. 대나무에 글씨를 썼기 때문에 통상 죽간본이라고 칭한다. 죽간본『노자』는 전국 시대의 판본이란 점에서, 판본 연구에 있어서 아주 중요한 자료이다. 죽간본과 가장 가까운 판본으론 백서본이 있다. 이로써 오래된 판본일수록 원본에 가깝다는 정설이 또 다시 입증된 셈이다.

한비^{韓非} 한비는 전국시대 말기의 법가의 집대성자이다. 한비는 비록 법가의 인물이기는 하지만 「해로^{解老}」와 「유로^{喩老}」 두 편의『노자』주석서를 썼다. 이 두 편은 현존하는 최초의 노자 주석서라고 하는 점에서 주석사적 의의가 크다. 그러나 한비는 도가의 취지를 따라 노자의 사상을 해석하기보다는 법가적 관점에 의거하여 해석하였다. 가령 노자의 사상을 '형명지술^{刑名之術}'과 '권모술수'로 해석했다는 점이 그 대표적인 일례이다.

백서본^{帛書本} 1973년 호남성^{湖南省} 장사^{長沙}에 있는 마왕퇴^{馬王堆} 한묘^{漢墓}에서 다량의 문헌들과 함께 백서 갑본^{甲本}과 을본^{乙本} 두 종류의『노자』가 발굴되었다. 두 판본은 비단에 글씨를 썼기 때문에 통상「백서본」이라고 칭한다. 두 판본은 한나라 초기의 판본이란 점에서 판본연구에 있어서 중요한 자료이다. 특이한 점은 왕필본을 비롯한 통행본에서는 「도경」이 「덕경」보다 앞서 있었으므로 일반적으로 『도덕경』이라고 칭하였는데, 백서본 『노자』에선 통행본과는 달리 「덕경」이 「도경」보다 앞에 놓여 있다는 사실이다. 이에 근거해 학자들 사이에선 『덕도경』이라고 불러야 한다는 견해가 제기되기도 하였다. 백서본은 왕필본에 비해 '의矣'나 '야也'와 같은 허사虛辭가 많다.

엄준嚴遵 엄준의 자는 군평君平으로, 서한西漢 말기의 촉군蜀郡의 사람이다. 그는 복서卜筮로 생계를 유지하였으며, 『노자지귀老子指歸』를 저술하였다. 『노자지귀』는 「도경」 6권, 「덕경」 7권 모두 13권으로 되어 있었는데, 「도경」은 모두 일실逸失되어, 오늘날 「덕경」 7편만이 남아있다. 『노자지귀』의 특징은, 무에서 유가 생겨난다는 우주 진화론을 주장했으며, 무로써 근본으로 삼아야 한다고 주장했으며, 만물의 자생自生・자화自化를 주장하였다. 『노자지귀』를 통해 노자에 대한 한대漢代의 관점을 엿볼 수가 있다.

『하상공장구河上公章句』 『하상공장구』는 왕필주와 함께 노자 주석 중에서 가장 대표적인 주석으로 꼽힌다. 일설에 의하면 하상공에 의해 『하상공장구』를 썼다고 한다. 그러나 『사기』에 의거할 경우 하상공은 전국시대에 속하는 인물이란 점에서 믿을만한 것이 못되며, 하상공의 이름에 의탁한 것이라고 보아야 한다. 『하상공장구』는 후한 시대에 성행한 양생술적 황로학黃老學으로부터 영향을 받고 있다는 점에서, 동한東漢의 황로학자의 저작으로 보는 견해가 우세한 입장에 있다. 『하상공장구』에선 한대에 유행하였던 황로학파의 무위정치無爲政治와 허정淸淨과 양생養生의 관점에서 노자의 경문을 해석하고 있다. 『하상공장구河上公章句』의 특징 중의 하나는, 도를 원기元氣로 보았고, 곡谷을 무로 보지 않고 '기르다[養]'의 뜻으로 보았다는 데 있다.

왕필王弼 왕필(226~249)의 자는 보사輔嗣이다. 위진현학魏晋玄學의 대표적인 이론가의 한 사람이다. 그의 저서로는 『주역주周易注』, 『주역약례周易略例』, 『노자주老子注』, 『노자지략老子指略』, 『논어석의論語釋疑』가 있는데, 『노자주』는 역대의 주석 중에서 가장 백미로 손꼽히며 오늘날까지도 왕필본을 통행본으로 삼고 있다. 왕필은 무無를 귀하게 여겨, 귀무론적貴無論的 입장에서 『노자』를 해석하였다. 무를 철학 사상의 기초로 삼는 전통은 그로부터 비롯된 것이다.

당대唐代

육덕명陸德明 육덕명(대략 550~630)은 『주역』에 관심이 많아 『주역주周易注』, 『주역겸의周易兼义』, 『역석문易释文』 등 『주역』 관련 저서가 많다. 그는 『노자도덕경음의老子道德經音義』를 지었는데, 『노자도덕경음의』는 왕필본에 의거해 음과 뜻을 풀이한 것이다. 『노자』 자구의 음과 뜻을 연구하는 데 있어서 중요한 자료이다.

부혁傳奕 부혁(555~639)은 당나라 초기의 학자. 천문과 역수에 정통했으며, 정삭正朔을 고치고, 복색服色을 바꾸고, 율령律令을 고칠 것을 주장하였다. 그는 유물주의적 자연관과 유가윤리 도덕으로 이론의 기초로 삼았으며, 불교에 대해선 비판적 입장에 있었다. 그는 『도덕경고본편道德經古本篇』을 지었다. 『도덕경고본편』은 왕필본에 기초하고 있으나, 특징적인 것은 백서본에서와 같이 문장 끝에 '의矣'나 '야也'와 같은 허사가 유독 많다는 점이다. 부혁본은 판본 연구에 있어서 중요한 판본으로 꼽힌다.

성현영成玄英 당나라 초기의 도사로서 걸출한 도교 학자이다. 중현학重玄学은 당나라 초기 도교 철학의 가장 큰 주류였는데, 그는 중현重玄 사상에 지대한 영향을 미친 중현학파의 대표적인 인물이다. 그는 『노자』와 『장자』의 역주서인 『노자의소老子義疏』 『장자소莊子疏』를 저술하였는데, 『노자』보다 『장자』의 주석으로 더 유명하다. 『노자의소』엔 장자의 설을 많이 인용하였으며, 도교와 불교의 관점이 많이 들어가 있다.

왕진王真 왕진은 당나라 헌종憲宗 때의 인물로서 『도덕경논병요의술道德經論兵要義述』을 저술하였다. 그는 독특하게도 『노자』를 일종의 병서兵書로 보았다. 즉 "한 장이라도 병兵의 뜻에 속하지 않는 것이 없다."고 주장하였다. 후대 송학에서 『노자』를 병가서 혹은 권모술수로 보았는데, 이러한 관점엔 왕진의 영향이 크다.

육희성陸希聲 육희성은 당나라 때의 인물로서, 『도덕진경전道德眞經傳』을 저술하였다. 그는 공자와 노자가 모두 '난세를 구한다'고 하는 동일한 목적을 가지고 있다는 점에서 상통한다고 주장하였다. 아울러 "노자의 술術은 질質에 있으며,

질로써 성性을 회복한다."고 하였듯이, '정情(질質)을 변화시켜 성을 회복시킨다' 고 하는 관점에서 『노자』를 풀이하였다.

송대宋代

왕안석王安石 왕안석(1021~1086)의 자는 개보介甫이다. 그는 북송 때의 뛰어난 정치가이며, 문학가이며, 사상가였다. 그는 사회제도의 개혁을 위해 신법新法을 만들려고 하였으나, 소식, 사마광 등의 반대로 좌절되었다. 그는 『노자주』를 썼으나 일실逸失되었으며, 다만 팽사彭耜의 『도덕진경집주道德眞經集註』안에 일부 수록되어 있다. 독특한 것은 『노자』 1장에서 이전 사람들이 '무명無名' '유명有名'에 구두점을 찍었던 반면에, 그는 '무'와 '유'에 구두점을 찍었다는 점이다. 그는 또한 도에는 본말本末이 있다고 하는 특이한 주장을 펼쳤다.

진경원陳景元 진경원(1024~1094, 一说1025)은 북송北宋 때의 도사로서, 저명한 도교학자이다. 스스로를 창허자碧虛子라고 불렀다. 그는 『도덕진경장실찬미道德眞經藏室纂微』를 저술하였다. 그는 노장 철학으로써 근본으로 하여 송대에 유행한 연단과 실천을 결합시켜 '자연상도自然常道' '연형장생煉形長生'을 주장하였다. 또한 『노자』 1장에서 이전에는 '차양자此兩者, 동출同出'로 구두점을 찍었던 반면에, 진경원은 '차양자此兩者, 동同'으로 구두점을 찍었다.

소철蘇轍 소철(1039年－1112年)의 자는 자유子由이다. 소철은 그의 아버지 소순蘇洵, 그의 형 소식蘇軾과 함께 당송팔대가의 한 사람으로 꼽힌다. 그는 명문 유가의 집안에서 태어난 유자였으면서도 도가에도 지대한 관심을 가져 『도덕경주道德經註』를 저술하였다. 그는 비록 유가적 관점에 의거해 해석하기는 하였지만 노자의 원뜻을 비교적 충실히 해설하였으므로, 왕필과 하상공 다음으로 대표적인 노자 주석가로 손꼽힌다.

임희일林希逸 임희일(1252년 전후로 살았음)의 자는 소옹肅翁이다. 그는 유자였으나 도가 사상에도 지대한 관심을 가져, 『남화진경구의南華眞經口義』와 『도덕진경구의道德眞經口義』를 저술하였다. 그의 장자의 주에 있어서는 명성을 떨쳤지만, 노자의 주는 아무래도 장자의 주만 못하다. 또한 유가적 관점에 의해 『노자』를 해석한 부분이 많을 뿐만 아니라, 많은 부분에 있어서 소철의 견해를 따르고 있다.

범응원范應元 범응원은 송대의 사람으로서, 『노자도덕고본집주老子道德古本集註』를 썼다. 『노자도덕고본집주』는 왕필본, 하상공본, 육덕명, 부혁, 사마광, 소철 등 30인의 역주를 정선하여 수록하였다는 점에서 참고할만한 가치가 있다. 또한 판본연구에 있어서도 주요한 가치를 갖는다.

오징吳澄 오징(1249~1333)의 자는 유청幼淸이다. 그는 원대의 걸출한 유가 사상가로서, 원조元朝에 유학을 전파시키고 발전시키는 데 지대한 공헌을 하였다. 그는 도가에도 관심이 많아 『도덕진경주道德眞經注』 4권을 썼는데, 그 내용이 정밀하여 참고할만한 부분이 많다. 오징은 도道와 덕德이 본래 동일한 본질에서 나온 것으로서 단지 이름상의 차이만이 있다고 봄으로 해서, 도와 덕의 불이론不二論을 주장하였다.

팽사彭耜 팽사는 남송南宋 말의 도사이다. 그는 『도덕진경집주道德眞經集註』 18권을 썼다. 『도덕진경집주』는 송대 위주의 노자 주석가들을 집대성하여 수록하였다는 점에서, 송대의 다양한 학자들의 노자 주석을 연구하는 데 있어서 중요한 참고 자료가 된다.

명대明代

설혜薛惠 설혜(1489~1541)의 자는 군채君采이다. 그의 유자로서 『노자집해老子集解』를 저술하였다. 『노자집해』에는 왕필로부터 소철, 사마광, 오징, 엄군평嚴君平

과 같은 다수의 주석가들을 인용하였으며, 주렴계, 이정二程, 주희와 같은 송유까지도 언급하였다. 그는 단순한 소개에 그친 것이 아니라, 이전 사람들의 노자사상 연구에 대해 광범위하게 비판하였다. 설혜는 노자의 학이 유가의 이단이 아니며 유가에서와 같이 성인의 도를 말하였음을 강조하였다.『노자집해』의 저술동기 역시 이러한 오해를 불식시키기 위함에 있다고 덧붙여 설명하였다. 또한 그는 노자의 도를 '성명性命'으로 보아,『노자』를 '성명지설性命之說'로 풀이하였다.

주득지朱得之 주득지는 명나라 사람으로 자는 본사本思이고, 호는 근재近齋이다. 그는『노자통의老子通義』를 저술하였다.『노자통의』에서는 기존의 상하 81장을 나름대로 상하 64장으로 재편집한 동시에 선인들의 주석들을 광범위하게 인용하였다.

왕도王道 왕도의 자는 순보純甫이다. 그는『노자억老子億』을 저술했다. 그는 원시 유가적 관점에서 노자를 해석하였다. 그는 또한 선대 사람들이『도경』과『덕경』을 나눈 것에 대해 반대하였다.

석덕청釋德淸 덕청(1546~1623)의 호는 감산憨山으로, 명대의 4대 고승 중 한 사람이다. 그는『감산도덕경해憨山道德經解』를 저술하였다. 감산은 도가와 불교의 상통相通을 주장하였다. 그는 불교와 도가가 서로 통할 뿐만 아니라 유불도가 모두 상통한다고 보았다. 감산은 유불도의 회통을 주장하고 있지만 근본적으로 불교적 입장에 서 있었다. 가령 노자의 '무'개념을 불교식으로 해석한 부분이 많으며, 노자가 육체를 고뇌의 덩어리로 보아 '망신忘身'해야 할 것을 주장했다고 말하고 있다.

초횡焦竑 초횡(1540~1620)의 자는 약후弱侯이다. 그는『노자익老子翼』을 저술하였는데, 한비자 이후 64명의 방대한 주를 정선해 수록하였다. 그 중에 소철, 여길보呂吉甫, 이식재, 왕순보 등의 주를 상세히 다루고 있다.『노자』주석서를 연구하는 데 있어서 중요한 자료로 손꼽힌다.

청대淸代

왕부지王夫之 왕부지(1619~1692)는 황종희黃宗羲, 고염무顧炎武와 더불어 명말 청초의 3대 학자 중의 한 사람으로, 『노자연老子衍』을 저술하였다. 왕부지는 유가의 논리로 도가를 해석하고 도가의 논리로 불교를 해석하는 폐단을 지적하며, 도가는 도가의 논리대로 보아야지, 유가의 설이나 불교의 설에 의해 도가를 이해해서는 안 된다고 주장하였다. 그는 노자의 종지를 올바로 이해시키기 위해 『노자연』을 썼다고 말하고 있다. 그런데 그는 노자의 도가 겉으로 보기엔 심오한듯하지만 유가에 비해 수준이 낮은 것이라고 폄하하고 있다. 선대의 많은 유자들이 노자를 주해하였지만 대부분이 호의적 입장에서 주해한 반면에, 왕부지는 철저히 유가의 입장에 의거해『노자』를 비판적 시각에서 주해하였다. 『노자연』은 반대파의 관점을 참조하는 데 있어서 중요한 자료가 된다.

위원魏源 위원(1794~1857)의 자는 묵심黙深으로 청나라 말기의 저명한 사상가이다. 그는『노자평의老子本義』를 저술하였다.『노자본의』에는 판본과 자구의 해석, 기존의 역주를 정선하여 수록하고 있으므로 노자연구에 있어서 중요한 저서이다. 위원은 노자의 학이 정치적 학술사상으로서, 단순한 철학계통이 아니라고 주장하였다. 즉 노자의 도는 태고의 도를 말하는데, 태고의 때에는 사람들이 무위, 무욕하여 가장 이상적인 사회였으며 노자는 이 이상적 사회를 모델로 하여『노자』를 저술하였다고 말하였다.

요내姚鼐 요내는 청나라 사람으로 자는 희전姬傳이다. 그는『노자장의老子章義』를 저술하였다. 그는 하상공이 잘못하여 상하 81장으로 나누었다고 비판하였다. 또한 불교적 해석, 유가적 해석, 병가적 해석, 형명刑名에 의한 해석, 신선술로의 해석 등은 노자 사상의 말류라고 비판하였다.

한국

이이李珥 이이(1539~1584)는 이황과 더불어 조선시대 성리학의 양대 거봉이다. 그는 유가의 거봉이었지만, 도가에도 관심을 가져 『순언醇言』을 저술하였다. 『순언』은 제목에서도 알 수 있듯이 도덕경 중에서 정수가 될 만한 것을 꼽아서 주해를 한 책이다. 즉 『노자』 중에서 성리학으로 해명될만한 부분을 골라 40장으로 재구성하여 주를 달아놓았다. 『순언』에선 동사정董思靖, 주희, 사마광과 같은 유자들의 주를 주로 인용하였다.

박세당朴世堂 박세당(1629~1703)은 『신주도덕경新註道德經』을 저술하였다. 『신주도덕경』에선 유자의 주석인 임희일, 소철, 사마광, 여혜경, 주희의 주를 많이 인용하였다. 그는 노자사상이 비록 유가와는 같지 않지만, 그 본질은 '수기치인修己治人'에 있다고 보았다. 아울러 노자가 진晉나라 왕필의 주 이후 현허玄虛하고 무실無實한 사상으로 변질되었다고 주장하였다. 『신주도덕경』의 특징은 『노자』에 나타난 도와 명名을 체와 용의 관계로 보아, 체용일원體用一源의 관점으로 해석하였다는 데 있다.

서명응徐命膺 서명응(1716~1787)은 『도덕지귀道德指歸』를 저술하였다. 『도덕지귀』의 독특한 점은 무엇보다도 『역』에 의거하여 『노자』를 풀이하였다는 데 있다. 『역』에 의거하여 『노자』를 풀이하는 경우는 이전에도 있었다. 그런데 서명응은 『노자』 주해에 있어서 정이천이나 주자의 역리보다는 '선천역학先天易學'이라는 역리를 따르고 있다. 따라서 후한의 위백양魏伯陽이 썼다고 하는 『참동계參同契』와 소강절邵康節의 역리易理로부터 지대한 영향을 받고 있다. 그는 '선천역학先天易學'에 의거해 노자를 풀이하였는데, 그 단적인 예로 도를 '태극太極'으로 풀이하였다는 점이다.

홍석주洪奭周 홍석주(1774~1842)는 『정로訂老』를 저술하였다. 홍석주는 많은 선대 사람들이 노자를 잘못 이해하고 있다고 말하였다. 즉 어떤 이는 노자를 형명가刑名家로, 어떤 이는 노자를 병가로, 어떤 이는 노자를 연단과 불로장생과 연관시켜 설명하였는데, 이러한 견해들은 잘못 된 견해들이라고 주장하였다. 따라서 제목에서 볼 수 있듯이 노자의 잘못된 해석을 바로 잡으려는 목적으로

『정로』를 썼다고 한다. 그는 노자의 사상 중엔 유가에서의 성인의 말씀과 일치하는 부분이 있으므로, 일치하는 부분은 수용하고 일치하지 않는 부분에 대해선 논변해야 한다고 말하였다.

□ 참고문헌

주석류註釋類

1. 先秦時代
竹簡,『郭店楚墓竹簡』, 文物出版社, 1998.
韓非子, 陳寄猷, 校注,『韓非子集釋』, 上海人民出版社.

2. 漢-魏晋南北朝時代
帛書,『馬王堆漢墓帛書〈老子〉』, 文物出版社, 1976.
高明 撰,『帛書老子校注』, 中華書局, 1996.
河上公,『河上公章句』, 道藏本, 文物出版社.
─────, 王卡譯,『老子道德經河上公章句』, 道教典籍選刊, 1984.
嚴遵(嚴君平),『道德眞經指歸』, 道藏本, 文物出版社.
─────, 王德有點校,『老子指歸』, 中華書局, 1994.
想爾本, 饒宗頤譯,『老子想爾注校證』, 上海古籍出版社, 1991.
王弼,『道德眞經注』, 道藏本, 文物出版社.
──, 樓宇烈譯,『王弼集校釋』, 華正書局, 中華民國, 81.

3. 唐代
陸德明,『老子道德經音義』, 華聯出版社, 1962.
傅奕,『道德經古本篇』, 道藏本, 文物出版社.

成玄英, 『老子義疏』, 廣文書局, 民國63.
唐玄宗, 『御注道德眞經疏』, 道藏本, 文物出版社.
李榮, 『老子道德經注』, 道藏本, 文物出版社.
李約, 『老子道德眞經新註』, 道藏本, 文物出版社.
王眞, 『道德經論兵要義述』, 道藏本, 文物出版社.
陸希聲, 『道德眞經傳』, 道藏本, 文物出版社.
唐玄宗, 『御注道德眞經』, 道藏本, 文物出版社.
顧歡, 『道德眞經註疏』, 道藏本, 文物出版社.

4. 宋代-元代

陳景元, 『道德眞經藏室纂微』, 道藏本, 文物出版社.
陳象古, 『道德眞經解』, 道藏本, 文物出版社.
宋徽宗, 『御解道德眞經』, 自由出版社印行.
王安石, 『老子注』, 無求備齊老子集成, 藝文印書館.
蘇轍(蘇子由), 『道德經註』, 自由出版社印行.
呂惠卿(呂吉甫) 『道德眞經傳』, 道藏本, 文物出版社.
葉夢得, 『老子解』* 彭耜의 『道德眞經集註』로부터 인용.
林希逸, 『道德眞經口義』, 道藏本, 文物出版社.
趙至堅, 『道德眞經疏義』, 道藏本, 文物出版社.
何道全, 『太上老子道德經』, 自由出版社印行.
吳澄, 『道德眞經注』, 道藏本, 文物出版社.
彭耜, 『道德眞經集註』, 道藏本, 文物出版社.

5. 明代

薛惠, 『老子集解』, 無求備齊老子集成, 藝文印書館.
朱得之, 『老子通義』, 自由出版社印行.
王道(王純甫), 『老子億』, 無求備齊老子集成, 藝文印書館.
歸有光, 『道德經評點』, 自由出版社印行.
憨山(釋德清), 『憨山道德經解』, 自由出版社印行, 民國68.
焦竑, 「老子翼」, 『漢文大系 九卷』, 富山房(東京), 昭和59.

6. 清代

王夫之,『老子衍』,『船山全書』(13冊), 嶽麓書事, 1996.
魏源,『老子本義』, 華聯出版社, 1962.
淸世祖,『御註道德經』, 自由出版社印行.
宋常星,『道德經講義』, 自由出版社印行.
姚鼐,『老子章義』, 自由出版社印行.
兪樾,『老子平議』, 世界書局.
易順鼎,『讀老札記』, 無求備齊老子集成, 藝文印書館.

7. 近代-現代(가나다순)

高亨,『老子正詁』, 新文豐出版公司, 民國70.
劉師培,『老子斠補』*『帛書老子校劉師培「老子斠補」疏證』으로부터 인용.
馬敍倫,『老子校詁』, 華聯出版社.
蕭天石,『道德經聖解』, 道德經名注選輯(八卷), 自由出版社印行, 民國68.
王淮,『老子探義』, 商務印書館(臺灣), 1995.
嚴靈峰,『老子達解』, 華正書局, 民國 81.
尹振环,『楚簡老子辨析』, 中華書局, 2000.
李若暉,『郭店竹書老子論考』, 齊魯書社, 2003.
任繼愈,『老子新譯』, 中華書局, 1987.
蔣錫昌,『老子校詁』, 商務印書館.
葉程義,『帛書老子校劉師培「老子斠補」疏證』, 文史哲出版社, 民國83.
　　　,『老子道經管窺』, 文史哲出版社, 民國82.
張默生,『老子章句新釋』, 成都古籍書店, 1988.
張松如,『老子校讀』, 吉林人民出版社, 1981.
朱謙之,『老子校釋』, 華正書局, 民國75.
周紹賢,『老子要義』, 中華書局, 民國66.
陳鼓應註譯,『老子今註今譯』, 臺灣商務印書館發行, 民國80.
陳柱,『老子集訓』, 商務印書館.
彭浩,『郭店楚簡〈老子〉校讀』, 湖北人民出版社, 2001.
馮達甫,『老子譯注』, 上海古籍出版社, 1991.
黃登山,『老子釋義』, 學生書局, 民國80.

8. 韓國 註釋書

李珥,『醇言』, 이주행 역, 인간사랑, 1993.
朴世堂, 김항목,『新註道德經』, 예문서원, 1999.
徐命膺, 김경수 외 역주,『道德指歸』, 예문서원, 2008.
洪奭周,『訂老』, 예문서원, 2001.

9. 日本 註釋書

福永光司,『老子』, 朝日新聞社, 昭和49.
池田知久,『郭店楚簡老子研究』, 2000

10. 英譯本

Translated by James Legge,『Tao Te Ching』.
Translated by John C.H. Wu,『Tao Teh Ching』, SHAMBHALA, 1989.

『老子』에 관한 저서 및 논문

1. 中國(가나다순)

葛榮晉,『道家文化與現代文明』, 中國人民大學出版社, 1997.
譚宇權,『老子哲學評論』, 文津出版社, 民國81.
勞思光, [中國哲學史](一), 三民書局印行, 民國79.
牟宗三,『中國哲學十九講』, 學生書局(臺灣), 民國78.
　　　,『才性與玄理』, 學生書局(臺灣), 民國78.
徐復觀,『中國人性論史』(先秦篇), 臺灣商務印書館發行, 民國64.
聶中慶,『郭店楚簡〈老子〉硏究』, 中華書局, 2004.
蕭兵, 叶舒憲 共著,『老子的文化解讀』, 湖北人民出版社, 1991.
王博,『老子思想的史官特色』, 文津出版社, 民國82.
王邦雄,『老子的哲學』, 東大圖書公司印行, 1991.
王明,『道家与傳統文化研究』, 中國社會科學出版社, 1995.
王叔岷,『先秦道法思想講稿』, 中央硏究院中國文哲硏究所, 民國81.
王中江,「郭店楚簡〈老子〉略說」,『中國哲學』(第20輯), 遼寧教育出版社, 1999.
王煌,『老莊思想論集』, 聯經, 民國79.
嚴靈峰,『老莊硏究』, 中華書局(臺北), 民國55.
吳康,『老莊哲學』, 臺灣商務印書館發行, 民國76.
熊十力,『十力語要』(上), 廣文書局, 民國74.
李連生,『老子』, 學杯出版社, 2000.
張舜徽,『周秦道論發微』, 中華書局, 1982.
張智彦,『老子與中國文化』, 貴州人民出版社, 1996.
張起鈞,『老子哲學』, 正中書局(臺北), 1983.
錢穆,『莊老通辨』, 東大, 民國80.
陳鼓應,『老莊新論』, 中華書局, 1991.
陳柱,『老學八篇』, 嗚宇出版社, 1969.
哲學研究編輯部,『老子哲學討論集』, 中華書局, 1959.
賀榮一,『老子之朴治主義』, 百花文藝出版社, 1993.
詹劍峰,『老子其人其書及其道論』, 湖北人民出版社, 1982.
馮友蘭,『中國哲學史』上册, 三聯書店(香港)有限公司, 1992.

[美] 韓祿伯(Robert G. Henricks),『簡帛老子硏究』, 學苑出版社, 2004.
胡適,『中國古代哲學史』, 臺灣商務印書館發行. 民國75.
黃公偉,『道家哲學系統探微』, 新文豊出版公司, 民國78.
許抗生,『老子與道家』, 新華出版社, 1991.
   ,『老子評傳』, 廣西教育出版社, 1996.
候外廬外,『中國思想通史』제1권, 人民出版社, 1992.

2. 日本書

大濱晧,『老子の哲學』, 勁草書房, 1993.
楠山春樹,『老子』, 集英社, 1992.
木村英一,『老子の新硏究』, 創文社, 昭和61.
小柳司氣太,『老莊の思想と道敎』, 森北書店藏版.
森三樹三郎,『無爲自然の思想』, 人文書院, 1992.
加藤常賢,『老子原義の硏究』, 明德出版社, 昭和41.

3. 國內書

金恒培,『老子哲學의 硏究』, 思社硏, 1991.
金忠烈,『노장철학강의』, 예문서원.
김경수,『출토문헌을 통해서 본 고대사상』, 심산, 2008.
   ,『老子의 '否定의 사상' 硏究』, 成均館大 박사논문, 1999.
김용옥,『노자와 21세기』, 통나무, 2000.
이효걸 외,『노장 철학의 현대적 조명』, 외계출판사, 1990.
이재권,『도가철학의 현대적 해석』, 문경출판사, 1995.
임채우 역,『왕필의 노자』, 예문서원, 1997.

본문에 자주 인용한 원전

(宋) 朱熹 撰,『四書章句集注』, 中華書局, 1995.
(淸)郭慶藩撰,『莊子集釋』(全4册), 中華書局.
福永光司,『莊子』, 朝日新聞社, 昭和61.
안동림 역주,『莊子』, 현암사.
池田知久,『莊子』, 學習硏究士, 1992.
『淮南子』,『漢文大系』, 富山房(東京), 昭和59.
房立中,『姜太公全書』, 學苑出版社, 1996.
吳仁傑 註譯,『孫子讀本』, 三民書局印行.
易中天 注譯,『國語讀本』, 三民書局, 民國84.
傅傑注譯,『三略讀本』, 三民書局印行, 民國86.
司馬遷,『史記會注考證附校補』, 上海古籍出版社. 1985.
『墨子閒詁』,『漢文大系』, 富山房(東京), 昭和59.
王利器校注,『鹽鐵論校注』, 中華書局, 1992.
李滌生,『荀子集釋』, 學生書局(臺灣), 民國68.
『說文解字段注』, 成都古籍書店, 1990.3!@